Curso de Direito Civil

Volume 1

Parte Geral

FABRÍCIO ZAMPROGNA MATIELLO

Advogado.

CURSO DE DIREITO CIVIL

VOLUME 1

PARTE GERAL

EDITORA
LTr
SÃO PAULO

Dados Internacionais de Catalogação na Publicação (CIP)
(Câmara Brasileira do Livro, SP, Brasil)

Matiello, Fabrício Zamprogna
Curso de direito civil, volume 1 : parte geral / Fabrício Zamprogna Matiello. — São Paulo : LTr, 2008.

Bibliografia.
ISBN 978-85-361-1085-1

1. Direito civil 2. Direito civil — Brasil
I. Título.

07-8780 CDU-347(81)

Índice para catálogo sistemático:

1. Brasil : Direito civil 347(81)

Produção Gráfica e Editoração Eletrônica: **PETER FRITZ STROTBEK**

Capa: **ELIANA C. COSTA**

Impressão: **GEOGRÁFICA EDITORA**

(Cód. 3551.8)

LTr®

EDITORA LTDA.

Rua Apa, 165 - CEP 01201-904 - Fone (11) 3826-2788 - Fax (11) 3826-9180
São Paulo, SP - Brasil - www.ltr.com.br

Janeiro, 2008

SUMÁRIO

Capítulo 1

O DIREITO - ENFOQUE GERAL

1.1. Conceito de Direito

O direito existe para disciplinar a vida do ser humano em sociedade, harmonizando interesses e fixando normas para nortear relações. Não há como apresentar um conceito exato e acabado de direito, haja vista a amplitude de nuanças e de variantes que impõe e permite. Nenhuma formulação seria capaz de decifrar o direito como fenômeno social e jurídico, e todos os estudiosos que ao longo do tempo tentaram assim proceder deixaram em aberto aspectos de suma relevância.

O certo é que todos os aglomerados humanos, desde a mais longínqua notícia que se tem da civilização, dependeram sempre e cada vez mais da existência de normas de conduta para sobreviver como grupo. Isso vale tanto para o mais restrito e fechado dos conjuntos — a família — como para as maiores nações da atualidade. A fixação de regras de comportamento é a base da sustentação do agrupamento como universo apto a existir e a se desenvolver com razoabilidade. Mesmo nas situações em que o poder é exercido com base na prevalência de uma só pessoa, a determinação de normas e a sua imposição aos membros da coletividade é pressuposto indeclinável para a estabilidade do grupo.

A tônica do direito é o reconhecimento da sua coercitividade pelos componentes do agrupamento humano, seja em virtude de livre adesão ou de necessidade que resulta do temor de sanções ou reprimendas. A propósito, as normas de conduta que possuem caráter jurídico são dotadas de conseqüências para a hipótese de descumprimento, traduzidas naquilo que se convencionou denominar *sanção.* Há regras de comportamento que não dispõem de sanção direta ou indireta, mas nelas não se vislumbra conteúdo jurídico. São imposições de natureza moral, consuetudinária, religiosa ou de gênese diversa, cuja inobservância acarreta apenas, segundo o meio de que derivem, reflexos como a reprovação dos membros da coletividade, a dificuldade de inserção do indivíduo no agrupamento, o desprezo alheio e assim por diante. A idéia de regra de conduta, portanto, não se limita ao âmbito do direito como fenômeno jurídico, deitando raízes em aspectos muito anteriores, em termos temporais, à organização dos indivíduos em sociedade fundada em imposições provindas de um pode soberano e dotadas de sanções de conotação jurídica.

Nos primórdios da convivência humana, admitia-se que o próprio ofendido promovesse vindita pessoal contra quem o houvesse prejudicado, inclusive por meio de mecanismos de retribuição física, como era o caso da punição corporal ao autor de lesões. Tal prática ainda remanesce na atualidade, mas vem sendo paulatinamente suprimida em nome da necessidade de se criar um aparato mais eficiente e menos arcaico, mesmo porque tais práticas destoam dos princípios que norteiam a evolução da convivência humana. Tem-se como fundamental a idéia de que toda repulsa a atos contrários às normas postas tenha como origem um poder maior, aceito pelos integrantes do grupo e apto a desencadear procedimentos que culminem com a edição de regras de comportamento aplicáveis a todos. Essa autoridade é que legitima uma reação superior com vistas à disciplina da conduta humana.

Determinadas situações exigem a interferência da autoridade constituída, tanto para a criação de normas de direito como para a sua efetiva aplicação aos casos concretos. Dessas regras, reveladoras do fenômeno jurídico que limita e refreia os impulsos naturais do ser humano, emerge uma força coercitiva que as torna de observância obrigatória. Ninguém pode legitimamente furtar-se da sua incidência senão nas hipóteses admitidas pelas próprias normas. Assim, por exemplo, quem deixa de pagar uma dívida pode ser judicialmente acionado e ter os seus bens penhorados, com posterior venda pública e entrega do produto ao credor até o montante da obrigação pendente. É a força cogente da norma que permite a geração desse conjunto de atividades comandadas pelo poder público e destinadas a atribuir a cada um o que é seu. Ao conjunto dessas normas de direito atribui-se a denominação de *direito positivo*, eis que posto genericamente para a regulação da vida em sociedade. Uma das diferenças mais marcantes entre as normas de direito e as que provêm de outras fontes é exatamente o conteúdo obrigatório daquelas e o caráter não-cogente destas. Como já se disse, o desatendimento das normas de direito acarreta a incidência das sanções a elas correspondentes, ao passo que a falta de observância de regras morais, religiosas, puramente consuetudinárias e de origem afim apenas provocam a repercussão que cada meio social lhes atribuir em função dos princípios que norteiam aquela específica coletividade.

Outro aspecto que chama a atenção é a possibilidade de que regras primariamente despidas de conteúdo jurídico venham a adquiri-lo com o passar do tempo, sendo dotada da respectiva sanção e da conseqüente coercitividade. É o caso, por exemplo, de norma de conteúdo moral que, de tanto ser posta em prática pela sociedade, acaba passando a integrar o ordenamento jurídico. Imagine-se uma situação em que determinado agrupamento tenha na interrupção da gravidez para fins terapêuticos unicamente um ato desprezível sob o prisma moral, e que venha a adotá-lo como fonte de repulsa jurídica por meio de norma positiva que preveja a pena de prisão. Estar-se-á diante de uma regra de ordem moral que se converte em jurídica, assumindo a obrigatoriedade que lhe é inerente. O contrário também é possível, embora de menos freqüente ocorrência, eis que, geralmente, ao ser abolida como imposição de direito a regra já terá deixado de ser uma exigência no plano moral.

Ainda no concernente ao conceito de direito, mister observar que no vocábulo situam-se matizes de variadas tendências. Afinal, um indivíduo pode abordar o tema sob o ângulo do seu próprio direito como pessoa, do direito alheio, do direito civil ou penal, do direito como ordenamento integral de uma nação, do direito como fenômeno filosófico e assim sucessivamente. Daí o porquê da dificuldade de se estabelecer uma fórmula capaz de abarcar a totalidade das abordagens possíveis, mormente porque *direito* não deve ser entendido apenas como a *lei*, mas sim como um conjunto de regras de conduta genericamente postas, para incidência sobre todos os que estiverem em determinada condição jurídica similar. Porém, há um ponto a respeito do qual todos são concordes: o direito é constituído por normas provindas do poder estatal, que se destinam a disciplinar a vida em sociedade, refreando os impulsos egocêntricos e individualistas do ser humano, harmonizando interesses e viabilizando uma convivência minimamente sustentável. A ausência de direito importaria na colocação do caos como ordem comum da estrutura do agrupamento, com prevalência da força — seja física, psíquica, religiosa etc. — sobre a racionalidade que deve presidir as relações entre as pessoas. As limitações e as restrições aos arroubos individuais são iniciativas absolutamente imprescindíveis à manutenção da ordem social, fazendo do direito o mais relevante instrumento de preservação da convivência coletiva.

1.2. Direito Civil

O direito civil tem seus primórdios umbilicalmente vinculados ao direito romano, ao menos no que diz respeito à sua conformação mais elaborada. Para o direito romano, direito civil era o próprio direito das cidades, de maneira que cada uma poderia organizar e dispor sobre as regras de comportamento dos integrantes da sociedade. É preciso dizer, ainda, que as cidades dispunham de ampla autonomia nesse particular, admitindo-se que pudessem editar normas não apenas no concernente à matéria civil como hoje conhecida, mas igualmente no tocante às imposições de natureza penal, administrativa, negocial e tudo o mais que lhes aprouvesse. Assim era visto o direito civil, como genuína organização de todos os elementos relacionados à conduta do indivíduo frente aos demais. Não havia, até então, a noção dos ramos estanques do direito que modernamente adotamos, pois tudo cingia-se ao direito das cidades como unidades autônomas.

A evolução do entendimento jurídico e a crescente necessidade de regular as relações interpessoais determinou a geração de novas fontes para o regramento da conduta. Destarte, ao direito civil em sua concepção original ampla juntaram-se, já na Idade Média, novos institutos destinados a disciplinar a atividade humana, como, por exemplo, o chamado direito canônico, tendente a orientar o ser humano na condição de integrante do conglomerado cristão.

Com o aumento da complexidade dos vínculos sociais, e dada a sua projeção para infinitas hipóteses de verificação no plano concreto, houve a constatação de que o direito civil, como formulado, não mais atendia aos reclamos da coletividade. Nessa esteira, os sistemas jurídicos que adotavam a concepção romana viram-se compelidos a promover acentuada especialização na disciplina do convívio social. Disso surgiu o entendimento de que o direito civil deveria voltar-se especificamente para questões relacionadas aos vínculos de natureza privada, deixando para outras áreas do conhecimento jurídico a abordagem das nuanças atinentes ao direito público. Não obstante, mesmo diante de tal perspectiva permaneceu excessiva carga sobre o direito civil, que era visto como mecanismo de regramento de todas as situações estranhas ao direito público, tornando-o extenso e inespecífico.

Foi com o ingresso do século XIX que o direito civil passou a tomar uma forma menos abrangente, voltando-se para a disciplina das matérias que nele depois foram consagradas, entre outros, pelo Código Civil Brasileiro de 1916, verdadeiro monumento jurídico construído sobre bases aperfeiçoadas ao longo de muitos séculos. Naquele momento, porém, ainda estava integrado ao direito civil o ramo posteriormente conhecido como direito comercial, em união relativamente harmoniosa que perdurou ao longo de várias décadas. Não se conhecia esta última variante como elemento autônomo e apto a seguir adiante sem o apoio das instituições puramente civilistas, junto a quem apanhava noções básicas. Somente com o avanço do estudo do direito como um todo é que se constatou a necessidade de criar um lugar independente para o direito comercial, que se apartou do direito civil para gerar disciplina especificamente voltada para o regramento das atividades de mercancia. Com esse desiderato, foi editado o Código Comercial de 1850, seguido pelo Código Civil de 1916, separando razoavelmente esses dois ramos do direito.

Com o advento do Código Civil de 2002 e com a inserção do chamado Direito de Empresa como um de seus Livros, o legislador voltou a reunir conceitos puramente civis com questões que outrora pertenciam ao vetusto direito comercial. Cabe observar, todavia, a circunstância de que mesmo o emprego do vocábulo *comercial* não mais se mostra adequado, pois as normas evoluíram e hoje não cuidam exclusivamente de atividades mercantis, mas de todas aquelas que digam respeito aos entes ideais e suas peculiaridades de criação, funcionamento e extinção. De resto, a ampla e necessária gama de diplomas legais extravagantes afastou a perspectiva da existência de um *direito comercial* como originalmente concebido.

O que se tem atualmente, em termos de direito civil, é a conjugação de um Código Civil moderno e ajustado à realidade social, ao qual se juntam leis *(lato sensu)* extravagantes que o complementam e reforçam, evitando que perca a adequação ao tempo e ao espaço. O avançado direito civil, nas nações mais evoluídas do mundo, dedica-se à disciplina das instituições de direito privado, criando regras que determinem limites e restrições ao agir individual e que norteiem os atos e as relações jurídicas travadas entre as pessoas. De tão relevante, empresta conceitos ao direito público e a todos os demais ramos do conhecimento jurídico, sendo inegável que aspectos como a capacidade e a personalidade, a prescrição e a decadência, a nulidade e a anulabilidade, assim como tantos outros institutos, são de interesse comum a todas as áreas do direito. Assim, o direito civil funciona hoje como fonte de definição dos contornos de elementos fundamentais para o desenvolvimento da ciência jurídica. Não haveria como chegar ao atual estágio de evolução da disciplina das relações humanas (de natureza pessoal e patrimonial, do particular com o Estado etc.) se não fosse a estrutura do moderno direito civil.

Em termos específicos, o direito civil assume tamanha envergadura e relevância que é responsável pelo estabelecimento de normas relativas aos direitos da pessoa antes mesmo da aquisição, pelo indivíduo, desse *status* jurídico. Exemplo disso são os preceitos que resguardam a filiação futura que advier do casal ou do testador, a fecundação homóloga e heteróloga, os interesses do nascituro (que ainda não é *pessoa*) e assim por diante. Por outro lado, aspectos como a proteção da derradeira vontade testamentária e a legitimação dos herdeiros para a proteção da memória do falecido revelam a preocupação do direito civil em abordar matérias que ultrapassam a finitude da vida do ser humano, prevendo situações para depois da sua morte.

De tudo o que se expôs, percebe-se que o direito civil não encontra fronteiras nas antigas instituições de matéria civilista pura, estendendo o seu território para temas mais amplos e ponteados por princípios de relevância comum a todos os demais ramos do direito, o que faz dele a espinha dorsal do ordenamento jurídico. Não obstante, a crescente complexidade das relações humanas e as infinitas facetas que apresenta obstam qualquer iniciativa razoável em torno da produção de uma só codificação destinada a regrar todas as possibilidades práticas. Em razão disso, convivem hoje no Brasil o Código Civil e diversos diplomas de caráter específico, como é o caso do Código de Defesa do Consumidor, da legislação referente a transplantes de órgãos, das leis de bioética etc., visando exatamente à solução de conflitos e à regulamentação de interesses na esfera privada, com reflexos evidenciados também no patamar público. Essa especialização fortalece o direito civil e o conserva dentro de padrões aceitáveis de atualidade e adequação.

1.3. Direito e moral

É impossível imaginar uma norma jurídica sem algum grau de conteúdo moral. Isto porque a regra de direito somente se legitima aos olhos dos membros da coletividade quando pode ser sustentada como procedimento aceitável e dotado de razoabilidade. Normas despidas desse atributo tendem a ser repelidas e mesmo desrespeitadas, porque carentes de sustentação no meio social. Daí o porquê de se estabelecer íntima relação entre as normas de direito e aquelas ditadas pela moral.

Há normas comuns de procedimento que não estão previstas no ordenamento jurídico, e que nem por isso deixam de conter certo nível de imposição frente aos indivíduos. É entendimento médio dos seres humanos, por exemplo, que o comportamento em reuniões, celebrações e solenidades deve atender ao padrão ditado pelas recomendações de civilidade, em respeito aos demais participantes e às práticas locais. Enquanto não for afrontado nenhum preceito de direito, estar-se-á diante de norma de cunho moral puro, sem componente jurídico perceptível. Todavia, a conduta indicada e exigida pelos pares é a de observância da obrigação moralmente posta.

Tendo em vista a existência de pontos de contato entre o direito e a moral, muitas vezes não será fácil distingui-los de pronto. Possuindo uma base comum de sustentação, e estando lastreadas na colocação de princípios definidos pela evolução da sociedade, direito e moral são institutos originalmente éticos. Definem regras de conduta na vida em sociedade, cujo teor a todos se antepõe como forma de assegurar o convívio pacífico e a preservação de interesses. O que se espera, tanto das normas de direito como daquelas de cunho moral, é que possam viabilizar o relacionamento harmonioso entre os indivíduos, por meio de um sistema de limitações, restrições e prerrogativas apto ao estabelecimento do padrão normal de conduta aceito por todos.

Em exposição altamente didática, *Washington de Barros Monteiro* sintetiza as diferenças entre direito e moral ("Curso de Direito Civil", volume 1, p. 03): a) maior amplitude da moral, pois abrange os deveres do homem para com Deus, para consigo mesmo e para com os semelhantes, ao passo que o direito, mais restrito, envolve unicamente os deveres do homem para com os semelhantes; b) o direito tem coação, traduzida na sanção prevista, enquanto a moral é incoercível e não há previsão de sanção externa (imposta por mecanismos de coerção do poder estatal), sujeitando-se o indivíduo apenas àquela repercussão que a sua própria consciência e os pares ditarem; c) tem-se na moral um instrumento que objetiva a prática do bem e à abstenção do mal, ao passo que o direito pretende evitar que outrem seja lesado ou prejudicado; d) a moral volta-se ao aspecto interno do ser humano, preocupando-se com a intenção da pessoa como elemento antecedente ao ato; já o direito se dirige ao momento externo, físico, ao ato exteriorizado; e) a unilateralidade da moral (o freio do indivíduo é a sua própria consciência) e a bilateralidade do direito (há um sistema exógeno de controle coercitivo da atitude); f) o caráter mais amplo e difuso da moral em termos de abrangência, que se contrapõe à natureza definida e específica do direito.

Diante do que se expôs *retro*, constata-se que, embora constituídos a partir de uma estrutura ética comum, direito e moral apresentam nítidas diferenças. Isso não impede, todavia, que o preceito moral acabe incorporando-se ao ordenamento jurídico por meio da elaboração de regra de direito. O fenômeno deriva da ampla aceitação da imposição moral e da insuficiência do sistema interno de contenção como forma de torná-la completamente eficaz. Disso emerge a necessidade do estabelecimento de meios coercitivos de fazê-la observada por todos, o que se traduz na geração de regra de direito acompanhada de sanção. Pode-se dizer que a imensa maioria dos ditames jurídicos teve origem ou inspiração em preceitos instituídos pela evolução da sociedade em seu aspecto moral. Por outro lado, como já acenado alhures, a criação da norma de direito sem lastro mínimo na moral faz frágil o teor inibitório e inconsistente a faculdade produzida, levando, não raramente, ao integral desprestígio da regra jurídica e ao seu fenecimento. Em geral, é a maior importância da norma que a faz passar do plano puramente ético para o âmbito do direito, haja vista a já referida insuficiência do aparato de contenção e de resguardo produzidos pela imposição de natureza moral. A tendência humana de superar limites e derrubar barreiras pode levar à imperiosa afirmação do poder estatal sobre a conduta singular, cominando-se, a quem infringir o preceito jurídico, reprimenda mais severa do que a decorrente da regra moral. Possível obtemperar, então, que a mais evidenciada diferença entre o direito e a moral, no concernente às regras que produzem, está na existência ou não de sanção efetivada de aparato coercitivo.

1.4. Direito objetivo e Direito subjetivo

Ao se mencionar a palavra *direito*, uma imensa gama de impressões podem surgir, dada a amplitude de nuanças passíveis de serem extraídas do citado vocábulo. Haverá quem de imediato pense no próprio direito de agir (*v. g.*, fazer uma cobrança), enquanto outro imaginará o ordenamento jurídico de um País (a Constituição, o Código Civil, o sistema todo etc.). Certamente alguém aludirá ao dever que se contrapõe ao direito alheio (por exemplo, a obrigação de pagar), ao passo que pessoa diversa encetará raciocínio em torno da regra de conduta como fonte de prerrogativas. Conclui-se, à vista dessa dinamicidade, que se faz mister concentrar o exame da matéria em compartimentos diferentes, mas que reduzam a dispersão da exegese em veios infinitos.

A rigor, o fenômeno jurídico é único, não havendo distinções a fazer em torno da sua raiz principal. Todavia, ele pode ser examinado com fulcro em mais de um aspecto. Ampliando-se o exercício de compreensão e resumindo-se o volume das facetas possíveis, chega-se à conclusão de que o direito é norma de conduta geral ou repositório de prerrogativas individuais. Sob o primeiro ângulo, convém salientar que todo sistema jurídico é constituído por normas de direito cujo conteúdo tem potencial de aplicabilidade a todos aqueles que se postarem em determinada situação prevista. Sob o segundo, importa asseverar que das normas assim colocadas emerge a possibilidade de ação específica por parte do indivíduo a quem aproveita o seu teor jurídico. A apreensão desses dois fatores traz à tona a verificação da existência do direito objetivo e do direito subjetivo, respectivamente idealizados como regra de conduta e faculdade imediata de atuação.

Desde o momento em que a previsão abstrata posta na regra de direito passa ao âmbito do interesse individual, a norma jurídica deixa de ser apenas uma hipótese teórica e se converte em fonte concreta que viabiliza a iniciativa do sujeito interessado. Destarte, se a lei prevê que o locador habilita-se à percepção do aluguel, obviamente que ninguém terá o direito de reclamar pagamento enquanto não celebrar contrato na condição de alienante locador. A regra genericamente apresentada (direito objetivo) informa que todo locador pode exigir o pagamento de aluguel, mas somente com a assunção da qualidade efetiva de locador é que o indivíduo especificamente considerado terá a prerrogativa (direito subjetivo) de reclamar em juízo a solução da dívida. Diz-se, então, que o direito objetivo é a regra de direito, a norma ampla de conduta a que ficam submetidas as pessoas inseridas em determinado contexto (*v. g.*, a estrutura de certo contrato). Há um mecanismo estatal de coação apto a ser utilizado no caso de conflito em torno de temas relativos ao cumprimento do teor normativo. Por outro lado, o direito subjetivo é a faculdade, o poder conferido ao indivíduo como resultado que exsurge da norma. Esta, portanto, é o manancial de que se abebera o sujeito sempre que pretender fazer efetiva a repercussão jurídica ínsita na regra de direito (*v. g.*, cobrar em juízo uma dívida oriunda do contrato celebrado).

O direito, guindado ao patamar de regra, constitui a chamada *norma agendi*, ou seja, a regra de conduta. De outra banda, visto como o poder de atuação de que a pessoa é titular em razão da norma traduz-se na denominada *facultas agendi*. Percebe-se, assim, que a faculdade de agir, mediante invocação da regra posta, é derivação e resultado da própria norma de conduta. Já dizia *Ihering* que o exame da matéria pelo prisma subjetivo revela que o direito é o interesse juridicamente protegido. Transmudada essa máxima para o contexto da exposição feita *retro*, constata-se que o surgimento do interesse apto a ser exercitado pelo indivíduo (que postula, sustenta, invoca etc.) realmente depende da existência de norma de comportamento (que discipline, imponha, vede etc.) dotada de sanção e coercitividade.

A *norma agendi*, preceito que norteia a conduta, somente se faz eficiente e viva no ambiente concreto a partir do instante em que o indivíduo tem nela, como decorrência da *facultas agendi* um mecanismo de atendimento dos interesses protegidos. Logo, a norma e a faculdade de agir são duas faces da mesma moeda, componentes indissociáveis de um só fenômeno jurídico, concentrado no termo *direito*.

Em função do caráter dinâmico do direito, é perfeitamente possível que uma mesma norma jurídica contenha aspectos que ao mesmo tempo contenham indicativos de faculdade para uma parte e obrigação para outra. É o que acontece com muitas das regras atualmente em vigor no ordenamento pátrio, sendo exemplo disto aquela que assegura ao vendedor o direito de cobrar o valor ajustado pela coisa alienada. De um só jato, o legislador estatuiu norma que confere ao credor o direito de cobrar e faz recair sobre o adquirente o dever de pagar. Tudo isso encontra respaldo nas considerações tecidas em torno do direito objetivo e do direito subjetivo, de cuja ambientação ao plano fático decorre, no mais das vezes, o surgimento do dever jurídico.

1.5. Direito positivo e Direito natural

É inegável que a espécie humana sempre cultivou com extremo zelo a idéia da construção de uma sociedade plenamente justa, onde todos pudessem ter oportunidades, desfrutar de paz e alcançar adequado nível de vida. Essa aspiração vem desde milênios, e ainda hoje se persegue o almejado desiderato em todas as partes do mundo. Porém, entre o plano do ideal e o que efetivamente se verifica no campo dos fatos vai abissal distância. As constantes e intermináveis disputas de interesses, a falta de diálogo e inumeráveis outras causas provocam desarmonia e impedem a distribuição adequada de justiça. Contudo, a busca da ordem perfeita, fundada nos mandamentos naturais do universo e na inspiração divina conserva-se intacta ao longo do tempo. A esse ideal de perfeição, mecanismo absoluto de adequada distribuição do justo, denomina-se *direito natural*. Situa-se acima das leis criadas pelo homem e são anteriores a elas e inclusive ao direito como conceito geral. Não se está a falar de normas escritas, mas de preceitos que provêm de uma esfera superior e suprema, inabalável pelo tempo e pelas circunstâncias, pois o ser humano já traz consigo a aspiração que o conduz à contínua busca pela implementação do conteúdo do direito natural. Todos tencionam, por força da própria natureza humana, prestigiar a vida, a integridade corporal e moral, a liberdade, o patrimônio, a terra em que se vive e infinitas outras coisas que integram a existência, residindo nisso aspectos elementares de direito natural, concebidos já na essência do indivíduo e a ela indissociavelmente atrelados.

A esse conceito de direito eterno, imutável e universal, a que se atribui a condição de *natural*, junta-se o denominado *direito positivo*, que será tão mais almejado e eficiente quanto maior a sua proximidade com as noções provindas do *jus naturale*. Efetivamente, normas jurídicas baseadas no ideal de perfeição e harmonia em sociedade tendem a ser bem recebidas e plenamente aceitas como parte integrante do ordenamento técnico. Por outro lado, normas que se afastam daquilo que o ser humano carrega como parâmetro de perfeição já nascem com nebulosas perspectivas quanto à sua eficiência.

Direito positivo é o complexo de normas jurídicas que vigoram em determinado espaço e considerado certo período de tempo, seja sob o ângulo presente ou com suporte em realidade pretérita. Assim, é direito positivo brasileiro atual o conjunto de regras jurídicas que, encontrando-se em vigor, disciplinam a conduta dos indivíduos. Ao se falar em direito positivo não deve existir a preocupação em verificar a posição das normas na escala hierárquica, mas sim a sua vigência, que lhes atribui potencial de disciplina do comportamento humano em sociedade. Abarca leis de qualquer natureza, decretos, portarias, regulamentos e assim por diante. O direito positivo, portanto, é examinado a partir da fixação de balizadores de tempo e lugar, devendo ser visto dentro desses marcos o conteúdo das normas jurídicas então em vigor.

Não se excluem do conceito de direito positivo as normas não escritas, nem tampouco o aparato consuetudinário e jurisprudencial, contanto que tenham aplicabilidade como regras de conduta cuja observância é obrigatória e se impõe a todos. Observe-se, porém, que o moderno direito positivo é composto, modo geral, majoritariamente por preceitos escritos. Como a sua definição passa pelo critério da vigência em dado tempo e determinado lugar, é claro que se mostra variável, circunstancial e territorialmente localizado, ao contrário do que ocorre com o direito natural, que se apresenta como algo universal, pétreo e imutável. Assim como as normas de cunho puramente moral tendem a se converter em regras jurídicas, o direito natural inspira a formação ou a alteração do direito positivo, embora nem sempre o legislador perceba ou admita essa salutar influência.

1.6. Direito Público e Direito Privado

Ao se examinar mais detidamente o denominado direito objetivo, que é composto por regras jurídicas a todos impostas, e que tem por finalidade a disciplina da vida em sociedade, percebe-se nele uma bipartição em *direito público* e *direito privado*. Não há norma jurídica que escape à inserção em uma das subdivisões mencionadas acima, pois todas elas apresentam aspectos intrínsecos que as direcionam para aqueles compartimentos.

Desde sempre se trava árduo debate em torno dos critérios que colocam as regras na categoria de direito público ou privado. Nenhuma, todavia, consegue isoladamente justificar de maneira plena o motivo pela qual ocorre a aludida classificação. Várias teorias tentam apresentar a explicação ideal, mas ao mesmo tempo em que todas têm certa parcela de razão, acabam pecando pela insuficiência do conteúdo oferecido. Com isso, entende-se que a subdivisão do direito nos ramos público e privado depende da conjugação de fatores que se encontram embutidos nas diversas correntes do pensamento que se ocupam da matéria. Neste compasso, deve-se levar em consideração a natureza dos interesses juridicamente tutelados (se são predominantemente públicos ou privados), a formatação técnica dos sujeitos de direito envolvidos em cada relação jurídica (pessoas jurídicas de direito, de direito privado ou naturais) e também a finalidade que embasa a criação da regra de direito que se pretende classificar, entre outros aspectos de similar relevância.

Convém iniciar o exame dos critérios com a necessária observação de que o direito público se encarrega de normatizar os interesses gerais da sociedade, ou seja, de gerar regras jurídicas capazes de fornecer a estruturação básica do agrupamento social humano. No desempenho dessa tarefa, aborda temas como a organização fundamental do Estado, o funcionamento da máquina pública em todos os seus setores, a edição de normas relativas ao comportamento do indivíduo frente ao poder público e aos semelhantes (nas situações que desbordem do simples liame entre particulares), a cominação de sanções para o caso de desatendimento dos preceitos legais, a produção de regras pertinentes ao campo econômico, além de outras tantas iniciativas imprescindíveis à conservação do ambiente coletivo. Onde predomina o interesse do grupo genericamente considerado, aí estará presente o direito público para disciplinar condutas e impor princípios. Nisso se incluem as situações referentes aos atos jurídicos praticados pelo Estado, quer em virtude de relacionamentos entre os diversos segmentos da sua estrutura, quer por força de iniciativas pertinentes ao seu envolvimento com pessoas naturais ou pessoas jurídicas de direito privado. Como eramos emergentes da subdivisão do direito público, podem ser citados como mais relevantes: constitucional, administrativo, penal e processual penal, internacional, tributário, financeiro, trabalhista e previdenciário.

O direito constitucional é formado pelas normas que definem a organização maior do Estado, e que, por isso, são guindadas à condição de matéria passível de inserção na lei maior do País, a Constituição. Somente a estrutura essencial do Estado deve ser estabelecida por normas de índole constitucional. Todas as demais relações têm disciplina estabelecida pelo ordenamento em seus escalões infraconstitucionais, pois do contrário esse primordial ramo do direito restaria fragilizado em sua capital relevância.

O direito administrativo é composto por regras que permitem ao Estado a consecução dos seus objetivos, sejam de natureza social, financeira (no que não disserem respeito a outros ramos do direito), política, burocrática etc. Nessa esfera do direito são regidas matérias como os contratos do Estado frente a particulares ou a outros entes públicos, licitações (procedimentos para aquisição de produtos, mercadorias, prestação de atividades etc.), serviços públicos (organização, funcionamento e temas correlatos), quadro de servidores, exercício de poderes que são inerentes ao aparato estatal e assim sucessivamente.

O direito penal e o direito processual penal cuidam da edição e aplicação de normas que prevêem e sancionam condutas criminosas ou contravencionais. Tais normas visam não apenas à punição dos responsáveis, mas também à sua ressocialização e à prevenção da ocorrência de ilícitos. Esses ramos do direito são compostos por codificações e por legislação esparsa, constituindo estrutura dotada de grande número e variedade de diplomas normativos que tratam da matéria.

O direito internacional apresenta duas facetas. Uma delas se preocupa em nortear as relações jurídicas do Estado com organismos estrangeiros que também sejam dotados de personalidade pública. É o denominado *direito internacional público.* A segunda atém-se às relações dos integrantes do Estado com os membros de outro, estabelecendo as bases jurídicas desses liames. Esse ramo denomina-se *direito internacional privado.* Ambos possuem contornos limitados em termos de amplitude e competência, já que sofrem as naturais restrições oriundas da soberania estatal alheia, de modo que as regras editadas no Brasil terão o seu alcance relacionado ao teor das normas geradas pelas unidades estrangeiras. Daí a relevância de tratados, convenções e outros mecanismos destinados a harmonizar as relações entre Estados, com vistas à fixação de certo grau de reciprocidade na observância das normas.

O direito tributário controla a arrecadação de tributos pelo Estado. A exigência de impostos, taxas e contribuições de particulares é missão cometida a esse ramo jurídico, tendo por objetivo dotar a máquina estatal de recursos que viabilizem a consecução das suas finalidades básicas, sempre direcionando-se para atingir o bem comum e a justa distribuição de encargos entre os membros da coletividade.

O direito financeiro disciplina a arrecadação de recursos públicos e os gastos feitos pelo Estado, naquilo que não colidir com normas de direito tributário, com quem deve manter, em indissociável coexistência, vínculos de sintonia e adequação recíprocas.

O direito trabalhista é constituído por regras destinadas a estabelecer as bases dos vínculos mantidos entre o empregado e o patrão, assim como de situações atinentes aos meios de produção.

O direito previdenciário apresenta disposições que concernem às prerrogativas e obrigações dos indivíduos para com a seguridade social, seja fixando contribuições, estipulando benefícios, controlando serviços ou desempenhando outras competências que lhes são peculiares.

Examinado em linha gerais o direito público, passa-se agora à análise do direito privado, que é formado pelo complexo de normas que disciplinam as relações dos indivíduos entre si. Convencionou-se dizer que de um lado está o poder público (Estado e autarquias) e de outro figuram os *particulares*, entendidos estes como pessoas físicas e pessoas jurídicas de direito privado. A marca que mais diferencia o direito público do direito privado, quanto à natureza dos interesses envolvidos, consiste em que na seara privada não existe razão para estabelecer mecanismos de maior ingerência estatal nas relações, já que em disputa estarão apenas questões de natureza particular. O interesse público é nenhum, ou, então, de tal maneira diminuto que não justifica a edição de normas dotadas de mais intensa rigidez. Enquanto o direito público é composto por regras cuja observância é obrigatória e cujo conteúdo coercitivo não pode ser alterado pela vontade dos partícipes da relação jurídica, o direito privado traz preceitos que muitas vezes podem ser desconsiderados, mitigados ou substituídos pelas partes. É bem verdade que nele também existem princípios imutáveis e rigorosos, mas não em volume tão acentuado como o que se verifica no direito público, e tampouco com tamanho grau de rigidez. Há no direito privado, por assim dizer, normas chamadas de imperativas e outras que são dispositivas, evidenciando-se naquelas, que são de *ordem pública*, um efeito cogente e imperativo que não admite a intromissão da vontade individual como fonte de mudanças na sua formatação primitiva. Já as de caráter dispositivo, em maior número, toleram derrogação pela vontade das partes, funcionando como elementos subsidiários de aplicação para a hipótese de silêncio dos interessados ou de preferência direta pela incidência do conteúdo que apresentam.

As regras de ordem pública, seja qual for o ramo do direito em que se encontrem, carregam consigo uma força capaz de tornar obrigatório para todos o atendimento do seu teor normativo. Isto porque são revestidas de interesse coletivo, dizendo respeito ao próprio destino dos indivíduos como membros do agrupamento humano a que pertencem. É sabido que o interesse geral predomina sobre o particular, de modo que o indivíduo deve abrir mão de determinadas vantagens e comodidades em prol do bem-estar da sociedade universalmente considerada. Em razão disso, estará fadado à invalidade qualquer ato que importe em afronta às regras de direito público (*v. g.*, relativas aos procedimentos de licitação) e àquelas que, sendo de direito privado, integrem o rol das consagradas como princípios de ordem pública (*v. g.*, as concernentes à sucessão).

Apenas a título de complementação, é necessário dizer que os princípios de ordem pública não constituem porção integrante do direito público. Embora a este se assemelhem em função do vigor atribuído às normas, continuam fazendo parte do direito privado, mesmo porque inexiste a intervenção direta do Estado na relação gerada. Porém, este atribui a tais princípios especial atenção, haja vista a natureza dos interesses em jogo e a necessidade de que sejam mais atentamente preservados.

Feitas as observações *retro*, mister dizer que o direito privado pode ser subdividido em vários ramos, dos quais destacam-se o civil, o comercial, o bancário, o autoral e o do consumidor. Em todos eles tendem a prevalecer os princípios eminentemente privados, ou seja, aqueles sobre os quais a atuação da vontade particular é admitida e até incentivada. Esta pode varia segundo os interesses das partes envolvidas, de maneira que a lei recebe conotação subsidiária ou supre a ausência de previsão diversa provinda dos interessados.

O direito civil tem por meta principal a edição de regras capazes de dirimir conflitos decorrentes de relações jurídicas, revestidas de caráter geral, encetadas entre particulares. O Código Civil é o diploma legal que concentra a mais importante parcela de preceitos tendentes a disciplinar a conduta do indivíduo frente aos seus pares, o que não impede a existência de inúmeros outros mandamentos, colacionados em legislação esparsa de grande relevância.

O direito comercial, após originalmente fazer parte do direito civil, foi guindado à condição de ramo autônomo. Tanto é verdade que essa sistemática deu origem ao Código Comercial de 1850, recentemente revogado, de modo parcial, pelo Código Civil de 2002. Atualmente, uma parte da matéria que compunha o antigo direito comercial passou a ser tratada no âmbito do direito civil (integrada à respectiva codificação), mormente no que diz respeito às pessoas jurídicas de direito privado. Não obstante, remanesce a idéia de direito comercial como instituto independente, destinado a regrar o exercício, pelos particulares, de atividades de natureza econômica. Isso não obsta que se pense no surgimento de novo ramo, a que se pretende atribuir a denominação de *direito empresarial*, constituído pelas normas que, inseridas no Código Civil, dispõem acerca das atividades econômicas praticadas por empresas.

O direito bancário trata das relações jurídicas entre as instituições financeiras e os usuários dos serviços ou dos produtos que oferecem. Tende a ser, cada vez mais, provido por disposições de ordem pública, eis que a atividade bancária envolve interesses referentes à economia popular e tem grande influência no equilíbrio financeiro nacional.

O direito autoral regula as prerrogativas e as obrigações decorrentes da produção técnica, literária, artística ou cultural que se caracteriza como criação do espírito humano. O autor de obras, peças, filmes etc. recebe tutela quanto ao resultado econômico advindo do seu esforço, ao mesmo tempo em que se submete a deveres frente a quem se dispuser a tornar público o trabalho desenvolvido.

O direito do consumidor tem por desiderato assegurar equilíbrio e justiça nas relações de consumo. Inicialmente inseridas na codificação civil, as primeiras normas a respeito do tema deram origem a outras de maior profundidade a alcance, fazendo surgirem leis acerca do assunto e culminando, finalmente, por ensejar a produção do Código de Defesa do Consumidor, repositório moderno e avançado que revolucionou a noção de consumo no País.

Em todos os ramos do direito privado existe uma peculiaridade comum: a de que o Estado não participa, como tal, da prática de atos ou da celebração de negócios jurídicos. O contrário se dá quanto às subdivisões do direito público, em que se percebe a efetiva presença do Estado no desenvolvimento das atividades disciplinadas, mormente em virtude do poder-dever de tutelar os interesses coletivos. A propósito, o direito privado vem sendo constantemente reforçado por preceitos de ordem pública, exatamente com vistas à garantia das prerrogativas dos membros da sociedade. Disso resulta, por exemplo, a criação de normas jurídicas, coercitivas e inderrogáveis, tendentes a preservar as relações de consumo (*v. g.*, Código de Defesa do Consumidor).

Cumpre salientar, finalmente, que enquanto o direito público prima pela busca da segurança das relações jurídicas, e, por isso, é integrado por normas rígidas e muitas vezes inflexíveis, que são coercitivas e obrigatórias em toda a sua extensão, o direito privado tem na liberdade das partes e na autonomia da vontade o seu maior sustentáculo. Com base nisso afirma-se que o direito privado, naquilo que não for composto por regras de ordem pública, confere aos interessados ampla discricionariedade na prática de atos e na celebração de negócios, somente havendo intervenção estatal quando desatendidos pressupostos essenciais ou inobservadas disposições de vontade feitas pelas partes.

Capítulo 2

FONTES DO DIREITO

2.1. Conceito e classificação

O direito nasce, desenvolve-se e se mantém como fator de preservação da vida em sociedade. Enquanto as normas são úteis, a sua aceitação no meio em que se aplicam permite certa continuidade de conteúdo, mas, uma vez distanciadas do contexto e afastadas das necessidades vislumbradas em certo tempo e lugar, passam por reformas ou simplesmente passam por um processo direto ou indireto de perda da validade e da eficácia.

Aos mananciais que dão origem às normas jurídicas, determinando a sua constituição e a sua fixação no meio social atribui-se o nome de fontes. Assim como a água brota de um ponto específico, também o direito tem matrizes que lhe conferem estrutura e formato próprios. Apenas em condições específicas se tem o surgimento da norma, mesmo porque a disciplina da conduta humana deve provir de fatores confiáveis e relativamente seguros, sob pena de restar colocada em risco a viabilidade dos relacionamentos entre os seres humanos.

Antes de discorrer acerca de aspectos que envolvem cada uma das fontes do direito, faz-se mister apresentar brevemente a sua classificação, que, embora submetida a vários critérios, pode ser resumida à colocação das fontes como diretas (ou imediatas) e indiretas (ou mediatas), conforme a sua maior ou menor capacidade de produzir preceitos de comportamento. São diretas as que conseguem produzir sozinhas as normas jurídicas, sem atrelamento a outro vigor senão àquele que emana da sua própria condição de originar as regras de conduta. São reconhecidas como fontes diretas ou imediatas, em caráter universal, a lei e o costume. Já as indiretas não possuem essa autonomia, figurando unicamente como matrizes potencialmente aptas a produzir a impressão de que os seus princípios e orientações merecem ser transformados em normas jurídicas. Conferem, por assim dizer, um indicativo de caráter geral, captado em elementos como a evolução das relações sociais e as necessidades de regramento em determinado sentido, apontando tendências que podem levar à geração de normas jurídicas provindas do poder competente. São fontes indiretas ou mediatas, fundamentalmente, a doutrina e a jurisprudência. As considerações expendidas *retro* não obstam que outras fontes sejam reconhecidas, embora de menor vigor do que aquele atribuído às já mencionadas. Situam-se entre elas os princípios gerais do direito, a eqüidade e a analogia.

Outro critério de classificação das fontes diz respeito à sua capacidade de imposição coercitiva como regra de conduta. A relevância do exame desse tema cinge-se ao plano teórico, de vez que na seara concreta apenas uma das espécies dá efetiva origem ao direito. Diz-se que são materiais as fontes provindas do entendimento da coletividade acerca de determinada matéria, sem que haja, contudo, prévio ou concomitante reconhecimento como regra de observância obrigatória. É o que ocorre com todos os princípios de convivência social que não dispõem de norma jurídica a sustentá-los. São meros elementos informativos, dotados, no máximo, de conotação moral (*v. g.*, a idéia de respeito reverencial aos idosos). Às fontes materiais a ciência jurídica não confere maior importância, deixando o seu conteúdo para exame de outros campos do conhecimento humano, como a filosofia, a história e a sociologia. Por outro lado, existem as denominadas fontes formais, estas sim dotadas do vigor próprio dos mananciais de que derivam as normas de cunho jurídico. São formais as fontes cuja existência é admitida pelo direito que vigora em determinado tempo e lugar. No contexto brasileiro, por exemplo, o art. 4º da Lei de Introdução do Código Civil (Decreto-lei 4.657, de 9.9.1942) estabelece: "*Quando a lei for omissa, o juiz decidirá o caso de acordo com a analogia, os costumes e os princípios gerais de direito*". No dispositivo transcrito encontra-se a consagração da lei, da analogia, dos costumes e dos princípios gerais de direito como fontes materiais, que servirão de base para que o julgador decida as questões que lhe forem submetidas a exame.

É relevante observar que a lei é a fonte primordial do direito brasileiro, e, de resto, também a da grande maioria das outras nações. Somente serão invocáveis as demais fontes quando inexistir lei diretamente aplicável ao caso concreto e quando também inexistirem outras leis capazes de, por via oblíqua, dar definição à matéria debatida. O direito brasileiro atribui primordial vigor à lei escrita como fonte, admitindo inclusive que eventuais lacunas sejam supridas por normas escritas que não tratem especificamente do assunto controvertido, mas que, por incidência transversa, possam solucionar a questão. De qualquer modo, são as fontes materiais que oferecem lastro para o convencimento do julgador e para a fundamentação técnica das decisões tomadas.

Dessa preponderância de um manancial sobre os demais é que advém a classificação das fontes em principais e acessórias. No direito brasileiro, a lei (em seu sentido lato) é a fonte principal, enquanto as demais são acessórias. É sabido que o juiz não pode invocar a lacuna da lei como fator para negar-se a decidir as matérias que lhe são apresentadas. Assim, deverá sempre buscar nas fontes, por ordem de vigor, subsídios para a prestação jurisdicional.

2.2. Da Lei

Conforme asseverado *retro*, a lei jurídica é a principal fonte do direito, e, dentre todas, a mais segura. Isto porque nela se concentram todos os limites e os contornos da conduta disciplinada, evitando que eventual mutabilidade circunstancial venha a afetar a sua estrutura primitiva. A lei vigora nos termos em que criada, ou seja, tem na literalidade uma fonte adicional de segurança, o que não ocorre, por exemplo, com o costume e com a jurisprudência, que, por sua própria natureza, permitem inúmeras variantes exegéticas, atreladas a aspectos como o tempo e o espaço em que se postam.

A rigor, o vocábulo *lei*, considerado o seu sentido lato, abstraída a questão de direito, abrange toda e qualquer norma tendente a reger algo. Assim, há leis morais, leis naturais, leis religiosas e assim por diante, nas quais não está concentrada relevância maior para o direito, senão, excepcionalmente, por via indireta. Entre as leis morais e as jurídicas, por exemplo, há grandes diferenças, que foram acentuadas anteriormente. A principal consiste na ausência de coercibilidade naquelas, ao passo que estas contêm força obrigatória, que deriva do reconhecimento da necessidade de observância dos ditames emanados pelo poder constituído. Semelhante distinção há entre as leis jurídicas e as religiosas, observando-se que estas partem do pressuposto de que a consciência individual norteia a conduta humana, ao passo que as regras de direito não prescindem de um mecanismo externo de controle do agir, porque insuficientes os freios internos do indivíduo. Quanto às leis da física, mais distantes ainda se encontram das normas jurídicas, de vez que resultam das forças mesmas da natureza, ao contrário do que se verifica no direito, em que é o ser humano que idealiza preceitos de regulamentação da atitude social.

Deixadas de lado as questões atinentes às demais acepções da palavra, interessa fixar a atenção na lei em sentido menos largo, isto é, naquela que apresenta conteúdo eminentemente jurídico. Há sistemas jurídicos que adotam a forma escrita para ditar o direito, enquanto outros se valem da forma não escrita, na qual se destacam os que atribuem valoração ao direito consuetudinário (sistema anglo-saxão). O ordenamento jurídico brasileiro, de inspiração romana, encontra na lei escrita a fonte primacial. Portanto, entre nós o conceito de *lei* passa necessariamente pelo reconhecimento de que as normas jurídicas brasileiras (direito positivo) são geradas e delimitadas por escrito. Importa esclarecer que no designativo técnico de *lei* não se enquadram apenas as que assim se denominam especificamente (leis ordinárias, complementares etc.), mas também as que, embora não carreguem tal *nomen juris*, são consideradas como tais no âmbito jurídico (decretos, medidas provisórias, regulamentos e outras).

Ao direito interessam as leis jurídicas, que são normas gerais de conduta, coercitivas e dotadas de sanção, oriundas do poder competente e destinadas a regrar o comportamento do ser humano em sociedade. A análise do conceito faz ver que a lei se dirige a todos indistintamente, embora, por óbvio, muitas vezes esteja destinada a certas categorias ou grupos. Essa generalidade não implica em eficácia direta sobre a totalidade dos indivíduos, mas sim na constatação de que a norma de direito não vincula apenas um ser humano, porque criada para regrar a conduta de todos os que se postarem em determinada situação fática e jurídica. A coercibilidade é característica que faz eficiente a lei, pois se o seu cumprimento fosse apenas facultativo não haveria vigor suficiente para reger o agir humano, e a própria norma seria mera previsão sem caráter compulsório, e, destarte, inócua. Há coerção inclusive quando a norma é voluntariamente respeitada pelo indivíduo, mesmo porque a imponência da lei não se faz ver apenas quando o seu cumprimento é forçado pelo aparato estatal. O caráter coercitivo é que leva ao atendimento da lei pelo indivíduo, seja espontaneamente ou por meio da intervenção do poder público, com aplicação de sanções físicas (prisão), econômicas (multas, penas pecuniárias), restritivas de direitos (prestação de serviços) ou puramente jurídicas (nulidades). A atuação concreta do Estado, no sentido de fazer respeitar as regras vigentes, viabiliza a incidência da sanção em caso de descumprimento. A sanção, portanto, é a conseqüência imediata da inobservância do preceito jurídico imposto, e meio preventivo de fazê-lo atender, face ao seu potencial de intimidação. A lei não serve para solicitar ou ensinar; ao contrário, manda, impõe e obriga. Isto não ocorreria se a lei proviesse de um manancial frágil e despido de reconhecimento comum, circunstância que faz necessária a apresentação da mesma por um poder soberano e legítimo. Realmente, a lei deve ter origem no poder competente, que é aquele dotado de legitimidade para editar regras de conduta. O defeito da incompetência faz inválida a norma jurídica; a sua regular criação depende essencialmente de que o poder de onde emana seja reconhecido como apto a produzir o direito. A usurpação da competência é vício que corrói a estrutura social e o arquétipo jurídico, deixando entreaberta a porta para o ingresso da arbitrariedade e do despotismo.

A elaboração das leis é tarefa que, no Brasil, compete fundamentalmente ao Poder Legislativo. Essa previsão concentra natureza constitucional, pois da Lei Maior (art. 44 e seguintes) é que decorre a atribuição da competência legislativa. Embora havendo independência entre os Poderes da República, a atividade do Legislativo muitas vezes se vincula a atos do Executivo no que concerne à criação de regras de conduta. Tanto é assim que o ordenamento pátrio impõe a necessidade de sanção (que, no caso, não se confunde com aquela referida acima), promulgação e publicação de leis, pelo Poder Executivo, para que ocorra a entrada em vigor das imposições normativas originadas daquele outro Poder. Esse entrelaçamento de atividades, sem que uma das esferas interfira na atuação da outra, é vital para a preservação dos interesses individuais, uma vez que confere maior segurança ao processo legislativo e aos atos de que depende a vigência das leis, prevenindo abusos e gerando mais aprimorada confiabilidade nas práticas legislativas estatais. Sem querer adentrar em exame mais detido desse circuito que leva à edição dos diplomas legais, pode-se sintetizar a atividade formal nas seguintes etapas: iniciativa legislativa, emendas, votação (a cargo do Poder Legislativo); sanção ou veto, promulgação e publicação (incumbências do Poder Executivo). Os três primeiros procedimentos consistem na exposição do conteúdo básico da proposta (iniciativa), na apresentação de aprimoramentos ou modificações (emendas) e na decisão do órgão colegiado a respeito do tema (votação). Os três últimos importam na aquiescência (sanção) ou não (veto) do Poder Executivo a respeito da lei aprovada; na atribuição de executoriedade e constatação de existência da lei (promulgação); e na agregação de carga obrigatória que decorre do conhecimento de todos acerca da matéria (publicação). Há quem sustente, com absoluta propriedade, que a efetiva promulgação somente se dá quando a lei é publicada, pois apenas nesse momento estaria perfectibilizado o ato de comunicar, aos destinatários, que a lei foi criada e que tem aquele determinado conteúdo (*José Afonso da Silva*, "Curso de Direito Constitucional Positivo", p. 528). Embora o processo legislativo comum seja integrado pelos aludidos passos, nem sempre a tramitação se apresentará sob a regência dessa fórmula. Existem situações em que a legitimidade para dar início ao processo é atribuída ao Executivo, ao Judiciário (*v. g.*, reajuste de seus membros) ou até mesmo à população (leis de iniciativa popular). Porém, considerando-se que a finalidade da alusão ao *iter* a ser percorrido tem apenas conotação ilustrativa, não há maior problema em encerrar por aqui a exposição dessa particularidade.

2.3. Do costume

Quando uma determinada conduta incorpora-se ao ambiente social e passa a ser vista como de observância obrigatória por todos, ou por considerável porção da coletividade, tem-se aí a perspectiva da produção do costume como fonte do direito. O costume com tal conotação, portanto, é aquele que estabelece regras de conduta não previstas na legislação, mas que apresentam tamanha capacidade de agregação dos indivíduos em torno do seu conteúdo que acabam obtendo lugar específico como norma de comportamento. Uma das bases dessa fonte é a uniformidade da conduta, ou seja, a solução idêntica dos litígios a partir do lançamento da regra consuetudinária. Outro pressuposto é a continuidade do mesmo agir durante muito tempo, pois somente assim estará patenteada a constância que deve caracterizar o costume. Diante desse quadro, ele se integrará ao ordenamento jurídico do lugar e assumirá foros de obrigatoriedade junto ao ente coletivo.

O direito antigo valia-se muito do costume como fonte do direito, chegando a atribuir-lhe superioridade em relação às demais. Atualmente, a sua valoração cada vez mais se esvai, haja vista a circunstância de que a dinâmica do convívio em sociedade reclama a formulação de regras perfeitamente delineadas em seus contornos, de molde a vincular a todos nos exatos moldes em que vazadas. O costume não oferece essa segurança, pois, afora dependente da reiteração uniforme de certa atitude ao longo de muito tempo, traz o inconveniente da ausência de rigor quanto às linhas normativas que traça. Com isso, a captação do seu teor nem sempre se faz a partir do modelo original, pois a conveniência do intérprete e de quem o invoca como manancial de regulação da conduta pode interferir negativamente na sua aplicação final. Nisso reside a preferência pela norma jurídica escrita, que assume formatação literal segura e dotada de estabilidade. Não obstante, remanesce entre nós e junto a várias outras nações (*v. g.*, Inglaterra) na condição de fonte formal e direta, ainda que na prática figure apenas como elemento complementar.

O costume tem origem no entendimento coletivo acerca das normas que devem reger a atitude dos indivíduos quando inseridos no meio social. Disso resulta o seu caráter jurídico, na medida em que aceito como parte do aparato de controle e preservação da convivência harmônica. A tendência é que a sua afirmação e a conseqüente integração ao mecanismo estatal levem-no à transformação em norma jurídica escrita, editada segundo o processo legislativo de cada nação e munida da coercibilidade e da obrigatoriedade que caracterizam as regras assim positivadas.

O direito civil brasileiro indica o costume como fonte formal do direito, fazendo-o conforme exarado no art. 4º do Decreto-lei 4.657, de 9.9.1942 (Lei de Introdução do Código Civil), já transcrito anteriormente neste trabalho. Contudo, a literalidade da previsão é inequívoca quanto ao cunho supletivo e subsidiário do costume na disciplina da conduta humana. Somente quando não houver lei alguma a incidir sobre determinado quadro jurídico é que será lançado o costume para dirimir o conflito estabelecido. Logo, mesmo sendo fonte formal e direta, a sua relevância situa-se no plano da complementação do ordenamento jurídico brasileiro. Também no Código Comercial (na parte que subsistiu), em igual condição jurídica, encontram-se alusões ao costume (arts. 673 e 742), a ser aplicado quando a lei deixar lacunas.

A aplicação do costume pode ser vista sob três ângulos, conforme se apresente *praeter legem, secundum legem* ou *contra legem*. No primeiro caso, tem-se nele uma fonte de caráter suplementar, ou seja, que incide nas hipóteses de omissão ou lacuna da lei. Portanto, com ela não se choca e nem a contraria, funcionando como elemento auxiliar na solução de controvérsias. Por esse motivo, é aceita a sua aplicabilidade, nessa formatação, como fonte do direito. No contexto seguinte, o costume é visto conforme a lei, servindo para complementar o seu conteúdo. Associam-se, destarte, a norma escrita e a orientação consuetudinária relativa a aspectos que não constam expressamente daquela. Também é acolhido como fonte do direito, porque efetivo instrumento de composição das controvérsias surgidas. Em derradeiro tema de análise, existe o costume que contraria a lei, e que por tal razão, obviamente, não tem nenhuma viabilidade como elemento capaz de se impor na tarefa do aplicador do direito. Prevalece a lei sobre o costume, haja vista a existência de normas expressas nesse sentido.

Como se percebe, o costume encontra espaço no mundo jurídico, assumindo a condição de fonte do direito, principalmente porque a lei não consegue disciplinar todas as condutas humanas possíveis. Os outros mananciais precisam ser explorados com vistas à solução dos litígios e à construção de um contexto social que permita a satisfação dos interesses mais relevantes dos indivíduos.

2.4. Da doutrina

Basicamente, a doutrina consiste no entendimento dos estudiosos acerca dos temas jurídicos que lhes são submetidos a exame. Nisso incluem-se pareceres, aulas ministradas, palestras, livros, artigos e tudo o mais que, configurando opinião abalizada, disser respeito à interpretação do direito. Tem caráter indireto ou mediato, de vez que não está prevista expressamente como fonte primordial, e, de resto, não apresenta conteúdo capaz de encaminhar decisão uniforme das controvérsias estabelecidas em juízo. Todo doutrinador tem liberdade para exarar o seu entendimento de acordo com a sua própria consciência e com a exegese individual que faz do quadro vivenciado. Logo, falta-lhe a segurança que a lei e o costume possuem, o que não afasta a possibilidade de aproveitamento como fonte auxiliar na interpretação das regras do direito objetivo. Ao contrário do que ocorre com o costume, a utilização da doutrina somente adquire vigor porque se reporta à exegese de uma norma posta, buscando extrair dela o conteúdo mais exato e adequado à espécie versada.

Dedica-se a doutrina, ainda, à elaboração de conceitos e definições, à fixação dos limites da norma jurídica escrita, ao aprofundamento dos temas nela referidos e a tantos outros misteres relativos à interpretação. Prepara, por assim dizer, o caminho que leva ao aprimoramento e à evolução do direito. Não raramente, empresta elementos ao legislador para que este formule a regra escrita, dada a força que pode adquirir quando aceita pela maioria dos intérpretes e aplicadores.

2.5. Da Jurisprudência

Ao conjunto de decisões dos Tribunais, proferidas sobre determinada matéria, denomina-se jurisprudência. A realidade jurídica brasileira, inspirada no sistema latino, estabelece que é fonte mediata, porque dela não se gera a norma jurídica diretamente aplicável ao caso concreto. Ademais, ela tem por base a lei, de cujo texto tenta fazer emanar o melhor sentido. Dizendo qual a interpretação técnica escorreita, complementa, estende, limita ou de qualquer modo analisa a norma jurídica que pende de exegese. Serve, portanto, de elemento auxiliar na definição do direito e inclusive na formação da regra de conduta, pois muitas vezes o legislador toma emprestados da jurisprudência os preceitos que converte em norma escrita. Esse fenômeno é bastante freqüente, pois inegável o vigor que apresenta na indicação de caminhos mais modernos para a solução dos temas postos sob exame do julgador.

O ordenamento jurídico pátrio não segue o padrão anglo-saxão, que adota o mecanismo dos precedentes como fonte imediata do direito. Tal sistema acolhe o princípio de que o conjunto de decisões uniformes e reiteradas em torno da mesma matéria vincula o aplicador do direito ao seu conteúdo, de molde a tecnicamente compeli-lo a decidir em iguais moldes. O Brasil admite que os juízes de instâncias inferiores digam o direito sem atrelamento necessário às decisões anteriormente tomadas pelos tribunais superiores sobre o tema. Embora o Poder Judiciário edite súmulas, que são resumos de posicionamentos já consolidados e que inspiram as decisões posteriores a respeito da mesma matéria, nelas não vai teor cogente. Exemplificativamente, pode-se observar que enquanto os *precedentes* norte-americanos são, em geral, de atendimento obrigatório, as súmulas (espécie de precedente em nosso meio jurídico) e os julgamentos — ainda que uniformes — não vinculam os aplicadores do direito. Não obstante, existe forte corrente que pugna pela adoção da chamada *súmula vinculante* pelo ordenamento nacional, por entender que não haveria razão para permitir entendimento diverso do julgador de instância inferior quando se sabe que, ao chegar à superior, a decisão final enveredaria pelo caminho pacificado e sumulado. De outra banda, não convém esquecer que eventual vinculação poderia impedir o pleno exercício do livre convencimento, fazendo surgir uma oligarquia jurídica que teria em suas mãos o controle do pensamento técnico dos juízes das instâncias que lhe fossem submetidas. A matéria carece de mais avolumada discussão, para que se minimize o risco de prejuízo ao aparato destinado à prestação jurisdicional.

2.6. Proncípios gerais de direito. Analogia, eqüidade

A invocação de princípios gerais de direito é útil quando nenhuma das demais fontes se mostrar suficiente para encaminhar um posicionamento conclusivo a respeito de certo tema. São regras de conduta que não constam do texto da lei e que tampouco são tidas pelos membros da sociedade como obrigatórias para fins de disciplina do convívio humano; porém, encontram suporte naquilo que genericamente é aceito como indicativo de justo e de razoável. Pode-se mencionar como modelo de acolhida, para fins de ser tomado como princípio geral de direito, a noção do *homo medius* a respeito do que considera normal como solução de conflitos. Todos compreendem a importância de respeitar o senso comum, que contém em si a sabedoria decorrente do aprimoramento da convivência social ao longo dos séculos.

Nesse contexto é que surge a analogia, invocável quando nenhuma regra juridicamente prevista fornecer encaminhamento específico para determinada situação. Falhando as fontes diretas e indiretas mencionadas acima, aparece a perspectiva de aplicar ao caso a analogia, na condição de fonte secundária e subsidiária do direito. Sabe-se que o juiz não pode argüir a ausência de norma para deixar de solucionar o problema que lhe for apresentado. Por outro lado, o aparato jurídico ordinário não deve permitir a presença de lacunas a ponto de se constatar a absoluta falta de previsão normativa a disciplinar a conduta. Porém, se isso vier a acontecer, fruto da dinâmica social e da impossibilidade de que o legislador estipule em abstrato todas as hipóteses que se poderiam materializar no plano concreto, sobrará a invocação da analogia. Ela consiste na extensão do ditame legal a situações que por ele não são diretamente abarcadas, mas que, a partir da formação de raciocínio lógico e razoável, podem recepcionar o conteúdo normativo originalmente idealizado para outros casos. Esse trabalho parte sempre da idéia de que o sentido da lei, dadas as peculiaridades e a eventual similitude do contexto, permite a sua aplicação a uma hipótese diversa daquela especificamente submetida ao teor da regra de direito. Requisito essencial para a utilização da analogia é que haja relativa aproximação, em termos de aparência, entre o caso expressamente regido pela norma jurídica e aquele a que se pretende estender a sua incidência.

A eqüidade também pode encaminhar a decisão dos litígios, mas apenas quando as demais fontes não forem suficientes, à semelhança do que ocorre com a analogia. E, como esta, parte da solução da controvérsias relativas a direitos por meio de mecanismos não inseridos expressamente na lei, e que igualmente não emergem do costume, da jurisprudência e da doutrina. Busca-se, por meio da invocação da eqüidade, chegar a um ponto de equilíbrio ditado por critérios de razoabilidade e logicidade. Consoante mencionado, não encontra suporte primário no direito positivo, e nisso reside outro ponto de diferenciação quando comparada à analogia (que estende um preceito já existente a uma situação que por ele não seria ordinariamente regulado). Porém, a eqüidade também toma por desiderato a busca da justiça ideal em cada caso, valendo-se de princípios inerentes à natureza humana e ao convívio em sociedade.

Capítulo 3

DA LEI - ASPECTOS FUNDAMENTAIS

3.1. Classificação das Leis

As leis podem ser classificadas segundo vários critérios, dos quais serão examinados os mais importantes. A começar pelo critério referente à sua natureza, que coloca as leis como *substantivas* ou *adjetivas*. As primeiras, também denominadas *de fundo*, dizem o direito, fixando a norma, estipulando a faculdade de agir e o seu exercício (*v. g.*, Código Civil). As segundas, também chamadas *de forma*, estabelecem os mecanismos de concreta persecução dos interesses delineados nas leis substantivas, indicando como se alcança efetivamente o direito previsto (*v. g.*, Código de Processo Civil).

Quanto aos destinatários, as leis são *gerais*, *especiais* ou *individuais*. Gerais, as que se destinam a todos os membros da coletividade, como é o caso do Código Penal, Código de Processo Penal, Código de Trânsito Brasileiro etc. Especiais, quando abarcam situações peculiares, específicas e que dizem respeito a determinado segmento que se coloca sob o espectro de abrangência dos seus ditames, *v. g.*, Consolidação das Leis do Trabalho. Individuais, se atingem apenas uma pessoa ou um grupo perfeitamente identificado, como ocorre quando o poder público dá permissão ou autorização para que alguém explore certa jazida. O fato de se admitir a existência de leis ditas individuais não afeta a anterior alegação, feita *retro*, no sentido de que leis são sempre editadas a partir de normas gerais de conduta. Isto porque o critério de classificação ora visto analisa apenas os destinatários finais, sem considerar que, na origem, todos ficam obrigados a respeitar o seu conteúdo. Assim, embora esteja viabilizando diretamente a atitude de uma só pessoa, acaba controlando o comportamento de todos os demais indivíduos, haja vista que quanto a eles impõe o dever de abstenção de qualquer iniciativa que afronte a faculdade inserida no permissivo individual.

Em relação à origem legislativa (esfera de poder de onde provêm), as leis classificam-se em *federais*, *estaduais* e *municipais*. Desnecessário tecer maiores considerações acerca deste critério, bastando observar que a competência de cada ente público é constitucionalmente definida e tem de ser respeitada rigorosamente, sob pena de se verificar vício de origem e afetação irremediável da norma assim gerada. Por exemplo, compete à União legislar sobre direito penal; aos Estados federados, a prerrogativa de estabelecer tributação sobre a circulação de mercadorias; aos Municípios, a de tributar a propriedade predial e territorial urbana. Nenhuma das esferas pode invadir a seara alheia, pois do contrário restaria implantado verdadeiro caos legislativo.

Quanto à natureza do direito cuja disciplina visam, as leis são *constitucionais*, *administrativas*, *penais*, *civis* ou *comerciais*. As primeiras constituem premissas básicas da existência e da organização do Estado, genuínas fontes de manutenção da atividade estatal em suas finalidades básicas. Daí o porquê de serem de índole constitucional as normas que tratam dos direitos e garantias fundamentais, dos preceitos pétreos, da estratificação dos Poderes etc. Nisso enquadram-se, obviamente, a Constituição da República, as Constituições Estaduais as Leis Orgânicas dos Municípios e todas as leis que disserem respeito diretamente a elas (*v. g.*, leis complementares). São administrativas as que disciplinam a atividade direta do Estado junto ao particular e as relações entre eles mantidas. Aí se concentram as leis que controlam o serviço público, as obras, as atividades extrativas etc., como é o caso do Código Florestal e dos Códigos de Posturas. São penais as que prevêem os delitos, as reprimendas, a execução das penas etc., situação vivenciada pelo Código Penal, Código de Processo Penal e Lei de Execuções Penais. Civis são as leis que regulam as relações travadas entre particulares, ou que a eles são circunstancialmente equiparados (excetuada a competência de outros ramos específicos), estando postados nesse âmbito o Código Civil e o Código de Defesa do Consumidor. Por fim, consideram-se comerciais as leis que cuidam da atividade mercantil e dos personagens que a ela se vinculam, *v. g.*, Código Comercial (porção remanescente) e Lei de Falências.

No que concerne à imperatividade, as leis são classificadas em *cogentes* ou *impositivas* e *não-cogentes* ou *dispositivas*. Aquelas são de ordem pública, e, conseqüentemente, inderrogáveis pela vontade das partes. Seu conteúdo é mandamental ou proibitivo, conforme, respectivamente, determinem a prática de certa ação (*v. g.*, o inventariante deve prestar contas) ou ordenem a abstenção do indivíduo posto em certo contexto (*v. g.*, quando estabelecem quem não pode e quem não deve contrair matrimônio). Já as leis não-cogentes limitam-se a facultar a ação ou a abstenção do indivíduo, ou servem para preencher lacunas deixadas pela falta de emissão de vontade específica. Subdividem-se em permissivas (viabilizando que as partes disponham como quiserem, *v. g.*, quanto à definição do objeto da compra e venda) e supletivas (que incidem no silêncio das partes a respeito de certo aspecto, *v. g.*, quando estipulam que a ausência de manifestação expressa do herdeiro será tomada como aceitação da herança).

Não se deve esquecer que as leis conservam uma hierarquia entre si, prevalecendo algumas em relação às outras quando eventualmente estabelecido conflito decorrente de regramento da mesma matéria por normas de hierarquia diferente. Sob esse prisma, pode-se dizer que as normas de natureza *constitucional* possuem maior força jurídica do que as demais. Na seqüência estão as leis *complementares*, que cuidam de temas especiais e têm por desiderato disciplinar matérias constitucionais que não possuem auto-aplicação e que, portanto, dependem de regulamentação. As leis *ordinárias* são as que existem em maior número, submetendo-se ao processo legislativo comum; não podem contrariar as anteriores. As leis *delegadas* têm origem no Poder Executivo por delegação do Legislativo, situando-se no mesmo patamar das ordinárias em termos de hierarquia. A mesma posição é desfrutada pelas *medidas provisórias*; são oriundas do Poder Executivo (não por delegação, é claro), mas sofrem importante limitação quanto à natureza das matérias que podem ser nelas disciplinadas.

Sopesada a intensidade da sanção prevista, as leis podem ser apontadas *como mais que perfeitas, perfeitas, menos que perfeitas* ou *imperfeitas*. São mais que perfeitas as que exigem determinada conduta positiva (ação) ou negativa (omissão) e que prevêem, para a hipótese de descumprimento, a incidência de duas ou mais sanções. É o caso do depositário infiel, que ficará obrigado a restituir o bem sob pena de ser preso e de suportar as demais conseqüências da conduta ilídima (*v. g.*, cláusula penal, perdas e danos etc.). A cumulação de sanções não fica necessariamente limitada às que apresentem igual natureza, admitindo-se a incidência de reprimendas cíveis e penais, ou cíveis e administrativas, a um só tempo. Exemplos: a condenação criminal torna certo o dever de reparar o dano provocado; a demolição da obra irregular por decisão judicial não isenta do pagamento da multa imposta pelo Município. São perfeitas as que determinam a efetivação de uma conduta ou a abstenção, e prevêem como conseqüência da inobservância do comando legal a nulidade do ato, sem estipular outra espécie de reflexo. Exemplo: a norma que considera nulo o casamento celebrado entre irmãos. São menos que perfeitas as leis que, embora proíbam ou exijam certo ato ou determinada omissão, não o consideram inválido em caso de inobservância do preceito, estabelecendo, todavia, alguma conseqüência a título de resposta estatal à conduta indesejada. É o que acontece, por exemplo, com a regra segundo a qual não devem casar o divorciado, enquanto não houver sido homologada ou decidida a partilha dos bens do casal. Desatendida a norma, o casamento será válido, mas o regime de bens será o de separação obrigatória de bens, porque violada causa suspensiva. Por fim, há leis imperfeitas, que não cominam nenhuma espécie de sanção para o caso de descumprimento, embora possam provocar indiretamente alguma conseqüência capaz de instar os indivíduos à sua observância. Isso ocorre, por exemplo, quando o legislador estabelece que os débitos prescritos não obrigam o devedor a pagar. Esta é a norma direta e invocável em juízo. Todavia, o ordenamento cuidou de considerar, ao mesmo tempo, que eventual pagamento voluntário feito pelo devedor não poderá ser reclamado de volta por quem pagou, já que a prescrição fulmina apenas a ação que guarnecia o direito, mas não o próprio direito, que permanece intacto.

3.2. Aplicação da Lei

Antes de adentrar efetivamente no campo da aplicação da lei, é importante observar que a única instância habilitada a fazer incidir a norma jurídica sobre os acontecimentos reais é o Poder Judiciário, que, ao desenvolver as suas atividades, está investido das prerrogativas maiores do Estado, a quem originariamente compete a tarefa de dizer o direito. Ninguém mais pode aplicar a *lei lato sensu*, compreendida como a lei propriamente dita e todas as demais normas jurídicas que integram o ordenamento brasileiro. O jurista, o estudioso do direito, o Ministério Público, a polícia, a Administração e os outros personagens do mundo jurídico não aplicam a lei, limitando-se à missão que lhe competir no sentido de analisar, interpretar, debater ou enquadrar as normas jurídicas segundo o interesse que esteja em exame. Ao apresentar a denúncia de cunho criminal, o Ministério Público não aplica a lei; apenas afirma que determinada conduta desafia a incidência de certo dispositivo legal. Caberá ao julgador dizer se a indicação feita encontra respaldo no ordenamento jurídico, quando então, em caso positivo, aplicará o teor da lei à situação examinada. De banda diversa, quando a Administração multa uma pessoa porque supostamente teria edificado em desacordo com a legislação municipal, também não aplica a lei; limita-se a revelar entendimento nesse sentido, o que poderá ser alvo de análise judicial e reversão. Isso demonstra que a aplicação da lei, como fenômeno de dizer o direito incidente no caso consumado, sempre ficará submetido à exclusiva competência do Poder Judiciário.

É sabido que a norma jurídica descreve um fato abstratamente, associando a essa iniciativa a de revelar a repercussão decorrente do enquadramento da conduta concreta no tipo teórico. Ao disciplinar a conduta, o direito pode ter o objetivo de obrigar o indivíduo a fazer algo, mas também pode desejar uma abstenção, um *non facere*. Praticar a conduta vedada ou não fazer aquilo a que se está obrigado constitui violação do conteúdo da norma jurídica. O fato previsto em abstrato tem essa peculiar característica de concentrar a idéia de perseguição de um ato positivo ou de um comportamento negativo, sancionando indistintamente qualquer espécie de desatendimento. Assim, quando a lei penal produziu o tipo penal do homicídio, resumido na expressão "matar alguém", quer exatamente evitar que se materialize a conduta indicada no tipo, ao mesmo tempo em que fixa a reprimenda incidente sobre quem cometer a ação coibida. Na seara cível, no momento em que a norma assegura o direito de propriedade, está fazendo recair sobre todos o dever de respeito o domínio de que outrem é titular, impondo a abstenção de qualquer atitude contrária ao direito alheio. Por outro lado, ao dizer que o adquirente deve pagar o preço na compra e venda, a lei aponta a atitude exigida do comprador, o mesmo ocorrendo quando obriga o tutor a dar contas judicialmente da administração que exercer. Enfim, a lei muitas vezes organiza o tipo abstrato com o intuito de impor a ação efetiva de todo aquele que se enquadrar em determinada situação jurídica. Noutras tantas oportunidades, insere na construção do fato o acontecimento cuja materialização pretende impedir.

Quando o destinatário da norma atende voluntariamente ao comando que dela emana (*v. g.*, prestando contas da tutela, entregando o bem vendido etc.), não se há de falar em aplicação da lei. Essa iniciativa é exatamente aquilo que o legislador busca ao editar a regra, pois o cumprimento da vontade estatal configura rigorosamente a finalidade primeira do direito. A obediência ao preceito normativo conserva a inércia do aparato coercitivo do Estado, face à relação de estrita correspondência entre o comportamento esperado e o verificado. Somente na hipótese de violação do dever jurídico imposto é que entrará em cena a perspectiva de aplicação da lei, por meio do Poder Judiciário, em virtude de provocação oriunda de quem tiver legitimidade para tanto. Nesse instante, o aplicador procurará norma jurídica que, inicialmente posta no ordenamento em caráter eminentemente genérico, passe a incidir na espécie prática em função da implementação de conduta contrária àquela exigida.

Pelo exposto acima se constata que o aplicador da lei é a ponte de ligação entre o mundo teórico da norma geral positiva e o plano concreto, fruto do acionamento do mecanismo destinado a fomentar a prestação jurisdicional, como resultado da violação da regra de conduta. A ausência de fato consumado no universo material não produz repercussão alguma na esfera jurídica, extraindo-se disso a idéia de que a adequada relação de convívio social, tratada pelo legislador como necessidade coletiva, está sendo satisfatoriamente mantida. Tal contexto fortalece a assertiva de que a aplicação da lei depende da ocorrência de evento que contrarie a previsão nela contida, seja diretamente ou não.

Essa atividade do julgador, consistente na busca do dispositivo legal aplicável à espécie concreta, deve atentar para a necessidade de interpretação do caso segundo o contexto em que inserido. Muitas vezes não é suficiente analisar somente a literalidade da norma jurídica para fazê-la incidir na situação materializada. As peculiaridades do caso concreto é que dirão qual o melhor caminho a seguir com vistas à correta distribuição de justiça. Ao localizar uma norma que entenda adequada, o julgador precisa examinar detidamente os seus contornos, associar a literal construção ao espírito do texto, promover a integração entre a norma e a questão analisada e aparar as arestas que acaso existam entre o teor da regra e a realidade fática. Por outro lado, não basta tomar a norma jurídica como elemento isolado do restante do ordenamento, sendo mister a obtenção de sintonia entre o sistema como um todo e aquela específica situação. Importa observar que as regras não vivem de maneira independente, como se cada uma constituísse um universo autônomo; tê-las como parte integrante do sistema legal é providência imprescindível para que se obtenha normal desfecho. Tudo isso compõe a missão do aplicador da lei, que, deixando de observar as etapas acima indicadas, estará se afastando do rumo traçado pelo próprio comando normativo, conforme se explicitará na seqüência.

A identificação dos passos a serem seguidos pelo julgador não decorre de um ideal abstrato de justiça, mas de expressa imposição da lei. O art. 4º da Lei de Introdução do Código Civil preleciona: "*Quando a lei for omissa, o juiz decidirá o caso de acordo com a analogia, os costumes e os princípios gerais de direito*". Assim agindo, fixa a lei como fonte principal do direito e as demais como secundárias ou acessórias. Já o art. 5º dispõe: "*Na aplicação da lei, o juiz atenderá aos fins sociais a que ela se dirige e às exigências do bem comum*". Considera, portanto, que o ato de aplicar a lei — abrangido no seu conceito qualquer norma escrita — atenderá a princípios de ordem superior àqueles que tutelam interesses puramente individuais. Acima do indivíduo está a sociedade, e na proteção de ambos é que se dará a aplicação da lei. A conjugação dos arts. 4º e 5º, acima transcritos, indica a opção do legislador pela interpretação sistemática da norma jurídica, que fundamentalmente consiste na tarefa de vislumbrá-la como elemento cuja escorreita exegese depende da sua inserção no contexto do universo normativo brasileiro. Logo, uma norma já não é apenas ela mesma, mas o somatório do seu conteúdo com o das demais regras componentes do sistema, no que forem úteis para essa finalidade. O julgador deve ter uma visão sistemática do direito, buscando extrair dele a lei incidente na espécie examinada no plano concreto. Esse exercício permite que transponha a regra jurídica da seara abstrata, onde em estado latente aguarda a oportunidade de se fazer efetiva, para o patamar da realidade dinâmica das relações mantidas entre os indivíduos.

Embora a função do ordenamento jurídico seja a de fornecer regras que possam solucionar a totalidade dos litígios surgidos, sabe-se que a complexidade crescente e a evolução da sociedade impedem na prática a satisfação integral dos interesses em disputa.

Quando o legislador formula nova regra, certamente muitas outras já se fazem necessárias para disciplinar outras situações emergentes do panorama social. Também não é raro o prematuro *envelhecimento* da norma, face à modificação do estado que motivou a sua criação, circunstância produtora de constantes alterações e aperfeiçoamentos. No Código Civil de 1916, por exemplo, não constava norma alguma acerca da fecundação *in vitro* e dos seus reflexos sobre a paternidade, porque, obviamente, não havia à época o avanço científico que gerou a novel necessidade. Diante disso, é certo que nem sempre estará ao alcance do aplicador da lei um dispositivo cujo expresso teor se mostre capaz de conferir adequada solução às controvérsias levadas ao Poder Judiciário. Tal fenômeno, caracterizado pela ausência de regra específica de comportamento, constitui o que se denomina *lacuna* da lei.

Consoante referido alhures, ao julgador não é permitido negar a prestação jurisdicional sob o pretexto de que inexiste norma a disciplinar a matéria. Diante disso, deverá encontrar a solução mais adequada por meio do aparato jurídico que lhe é colocado à disposição, e que envolve, fundamentalmente, as várias fontes do direito. Essa atividade viabiliza a supressão da lacuna, por meio de raciocínio lógico que leva em consideração o sistema normativo e todos os subsídios que puder obter como resultado da integração de preceitos aplicáveis ao caso concreto. A missão de interpretar a lei exige do juiz que capte da norma jurídica o seu mais exato sentido, o consagrado *espírito da lei*, sopesadas as peculiaridades do evento que lhe foi apresentado. Verificando a existência do direito invocado pela parte, indicará a regra aplicável (ainda que por via indireta) e dirá o porquê da sua adequação ao caso vertente. Provoca, por assim dizer, o surgimento de uma via específica para aquela situação, algo como uma norma individual e exclusiva, fruto da inflexão de preceito que estava posto apenas em termos abstratos e que se desloca para o patamar da realidade.

3.3. Vigência e eficácia da Lei

A fim de melhor lidar com a matéria versada neste capítulo, toda alusão aos vocábulos *lei* e *norma jurídica* será feita como equivalente de regra de conduta, tanto em seu sentido amplo (diploma legal constituído por várias normas) como no estrito (norma individualmente considerada). Antes de tratar especificamente dos tópicos relativos à vigência, é imprescindível dizer que essa expressão não pode ser utilizada como sinônimo de existência. Antes de entrar em vigor é necessário que a lei exista. Existir, nesse contexto, implica na prévia observância de todas as etapas previstas na Constituição Federal e nas demais previsões legais acerca do processo legislativo. Já se disse anteriormente que a lei nasce a partir da iniciativa de quem detenha competência, seguindo-se emendas, votação, sanção, promulgação, publicação etc., sempre com atendimento das determinações pertinentes. O marco efetivo da existência da lei é a sua publicação, quando todos tomam ciência do seu conteúdo e ficam sabendo do objetivo que persegue.

Apenas para que não se perca a oportunidade, importa asseverar que a idéia de conhecimento geral da totalidade das pessoas em torno da norma não encontra, à evidência, respaldo na realidade fática. A presunção de que todos sabem qual o conteúdo da lei deriva da necessidade de evitar que os indivíduos aleguem a ignorância como fonte de esquiva quando submetidos à coercibilidade da regra. Nisso é que se funda o art. 3º da Lei de Introdução ao Código Civil, gerador de presunção oponível *erga omnes: "Ninguém se escusa de cumprir a lei, alegando que não a conhece"*. Se assim não fosse, a própria noção de vigência e de obrigatoriedade ficaria comprometida, pois bastaria alegar falta de ciência para deixar de atender às imposições normativas, o que levaria ao caos. Por isso, mesmo que a grande maioria dos indivíduos não saiba sequer da existência de muitas das leis que atualmente vigoram (e muito menos do seu conteúdo), incide contra todos a aludida presunção, como fator de preservação do equilíbrio da vida em sociedade. Frise-se que o Código Civil abriu uma exceção ao citado princípio ao admitir a invocação do chamado *erro de direito* como fonte de anulação do ato jurídico, aspecto a ser analisado noutra etapa deste trabalho.

O fato de existir a lei não permite que se afirme, com base nisso, a certeza da vigência. Esta é a *"aptidão para produzir efeitos juridicamente válidos"* (*Fábio Ulhoa Coelho*, "Curso de Direito Civil", p. 39). Nem toda lei que existe está apta a fazer observar coercitivamente o seu teor pelos membros da coletividade. Somente quando a norma entra em vigor é que se torna aplicável, sendo de salientar que a aplicabilidade é o mais forte sinal da vigência, pois revela a efetiva submissão de todos à regra posta. Enquanto não entrar em vigor, a lei pode ser inclusive contrariada pelos indivíduos, sem que nada lhes ocorra em desfavor como resultado daquele comportamento. A explicação é óbvia e lógica: a circunstância de se conhecer a norma por meio da publicidade não torna obrigatório o respeito ao texto feito público, por lhe faltar o sopro de efetividade que somente emerge da vigência.

Segundo preleciona o art. 8º da Lei Complementar n. 95, de 26.02.98, *"a vigência da lei será indicada de forma expressa e de modo a contemplar prazo razoável para que dela se tenha amplo conhecimento, reservada a cláusula entra em vigor na data de sua publicação para as leis de pequena repercussão"*. O conhecimento faz mais aceita e robustecida a norma de conduta, porque leva aos destinatários a possibilidade de que se adaptem às exigências nela indicadas. É aconselhável, portanto, que a lei não entre em vigor na data da sua publicação quando cuidar de matéria com repercussão média ou elevada, a fim de viabilizar maior vínculo de afinidade entre a publicidade presumida e o alcance real do ato de publicar. Dispondo sobre igual tema, o § 1º preleciona: *"A contagem do prazo para entrada em vigor das leis que estabeleçam período de vacância far-se-á com a inclusão da data da publicação e do último dia do prazo, entrando em vigor no dia subseqüente à sua consumação integral"*. Quanto à perfeição da técnica legislativa, edita o § 2º: *"As leis que estabeleçam período de vacância deverão utilizar a cláusula 'esta lei entra em vigor após decorridos (o número de) dias de sua publicação oficial'"*. A uniformização do procedimento objetiva alcançar aos destinatários ciência estrita do lapso em que a norma estará sob *vacatio*.

Toda lei possui um *dies a quo*, um termo inicial para entrar em vigor. Como regra geral, o art. 1º da Lei de Introdução ao Código Civil (Decreto-lei n. 4.657, de 4.9.1942) estabelece: *"Salvo disposição contrária, a lei começa a vigorar em todo o país 45 (quarenta e cinco) dias depois de oficialmente publicada"*. Adotou, destarte, exclusivamente o sistema da obrigatoriedade simultânea, pelo qual todo o território nacional passa a submeter-se ao regramento no mesmo instante. Apenas a título de esclarecimento, observa-se que existe também o sistema da obrigatoriedade progressiva (opção da antiga introdução ao Código Civil), atualmente sem incidência no direito brasileiro, que estipula diferentes momentos para a vigência da lei. Com base nele, certas regiões do território nacional eram alcançadas pela efetividade da norma antes de outras).

O período compreendido entre a publicação da lei e a sua entrada em vigor denomina-se *vacatio legis* (vacância da lei). Cuida-se de interregno temporal em que a regra não é aplicável, embora seja de todos conhecida em virtude da publicação. A praxe legislativa vem demonstrando que o prazo indicado no art. 1º da Lei de Introdução ao Código Civil acaba sendo exceção, de vez que o legislador, ao tornar conhecida a norma, comumente estabelece como *dies a quo* o da publicação, valendo da tradicional expressão "*esta lei entrará em vigor na data da sua publicação*". Com suporte no permissivo ínsito na primeira parte do mencionado art. 1º, também é freqüente a fixação de *vacatio legis* inferior ou superior a quarenta e cinco dias.

Algumas situações diferenciadas merecem tratamento especial na Lei de Introdução ao Código Civil, que excepciona a imposição genérica feita no art. 1º, *caput*. O § 1º prevê: "*Nos Estados estrangeiros, a obrigatoriedade da lei brasileira, quando admitida, se inicia 3 (três) meses depois de oficialmente publicada*". Justifica-se a disposição, eis que haverá maior dificuldade em chegar ao conhecimento de quem estiver no exterior a existência e mesmo o teor da lei. Em certas circunstâncias, a lei brasileira rege a conduta de indivíduos que se encontram em Estado estrangeiro, de modo que a concessão de prazo maior para a adequação deles à vontade legislativa é fator relevante para o perfeito entendimento do comando. É o que ocorre, por exemplo, com aspectos relativos à conduta em embaixadas, consulados, brasileiros que vivem no exterior e assim por diante.

Ainda quanto à obrigatoriedade da lei, convém aduzir que podem ser verificados erros no texto publicado, seja quanto à grafia como à própria vontade do legislador, que, por isso, acaba sendo exteriorizada em moldes equivocados. Imagine-se uma situação em que a lei penal estenda, inadvertidamente, determinado benefício (*v. g.*, substituição de penas) a quem originalmente não deveria obtê-los, porque inexistente a previsão no texto aprovado. Estará criado um impasse, cuja solução passa pelo § 3º, que determina: "*Se, antes de entrar a lei em vigor, ocorrer nova publicação de seu texto, destinada a correção, o prazo deste artigo e dos parágrafos anteriores começará a correr da nova publicação*". O texto não deixa dúvidas quanto à circunstância de que a lei publicada com erros cederá espaço àquela destinada a corrigi-la, quando a primeira não houver entrado em vigor. Nesse caso, fluirá da lei definitiva o prazo de *vacatio*, ficando sem qualquer efeito o tempo transcorrido a partir da publicação do texto equivocado. Exemplo: se a regra equivocada indicava prescrição para determinada matéria, a republicação fará com que o prazo, seja qual for no novel texto, principie a contar da data em que houve a correção. Porém, caso a lei original tenha entrado em vigor ao tempo da publicação de diploma tendente a promover a sua correção, ter-se-á no segundo texto nova lei, que suprimirá a original. Isso decorre do § 4º: "*As correções a texto de lei já em vigor consideram-se lei nova*". Quanto aos efeitos da lei antiga, forçoso reconhecer que, em princípio, devem ser integralmente observados nos casos em que concretamente incidir. O início da vigência faz obrigatório e coercitivo o cumprimento da norma, restando inviável alguém pretender furtar-se ao seu atendimento.

Todavia, se ficar demonstrado cabalmente que a lei primitiva foi publicada sem correspondência com o texto aprovado, ou que continha absurdos jurídicos, vícios insanáveis ou incompatibilidades com o sistema técnico, será possível alegar tais aspectos como maneira de afirmar a sua imprestabilidade nos pontos viciados, pugnando-se pela negativa de vigência aos mesmos em nome da segurança das relações jurídicas. Caberá ao juiz, nas situações que lhe forem levadas a exame, verificar se é hipótese de desconsideração ou de efetiva vigência, adequando a sua manifestação ao convencimento que extrair do contexto. Não obstante tudo o que se explicitou acima, é relevante chamar a atenção para o fato de que simples lapso material na publicação (*v. g.*, defeito gramatical, esquecimento de palavra que não interfere decisivamente no sentido da norma, problema gráfico etc.) pode ser retificado mediante *errata* e não impede que se aplique a lei consoante posto na republicação. Não haverá necessidade da edição de nova lei em substituição à original (se esta já entrou em vigor) ou com vistas à consecução de ressalvas (se em *vacatio legis*).

No concernente ao término da vigência e da eficácia da lei, cabe frisar que ela prevalece até ser alterada ou suprimida, conforme exsurge do comando ínsito no art. 2º da Lei de Introdução ao Código Civil: *"Não se destinando à vigência temporária, a lei terá vigor até que outra a modifique ou revogue"*. É a mais evidente expressão do chamado *princípio da continuidade* (*Washington de Barros Monteiro*, obra citada, p. 27), que pressupõe a manutenção do vigor da lei enquanto não sobrevier algum dos eventos expressamente previstos, dotados de condição bastante para suprimir a sua aplicabilidade. A construção da norma transcrita permite entrever momentos distintos de finalização da força da lei: a) advento do *dies ad quem* fixado pelo próprio legislador; b) publicação de lei posterior com caráter modificativo; c) revogação por nova lei.

Há normas que contêm em si o elemento gerador do seu próprio fenecimento, ou seja, entre suas disposições encontra-se indicativo acerca do momento em que deixarão de produzir efeitos. São as chamadas *leis temporárias*. Geralmente, isso acontece por meio da definição de um dia (*v. g.*, "esta lei vigorará até 31 de dezembro do ano X"), mas nada impede que se estabeleça um fato como marco final (*v. g.*, "esta lei vigorará enquanto persistir a situação de emergência X").

Outro mecanismo de cessação da vigência envolve a edição de novo diploma legal, destinado a modificar o anterior, ou que com ele entre em conflito. O critério da prevalência da lei mais nova quando acossada pela mais antiga é admitido pelo ordenamento jurídico pátrio e bastante utilizado para o fim a que se destina, mas não prescinde da observância do preceito segundo o qual as normas somente podem ser desbancadas por outras de hierarquia igual ou superior. Não se concebe que um ditame constitucional sofra supressão emergente de lei ordinária, nem que este desapareça em virtude de regulamento. A compreensão do assunto passa pelo § 1º do art. 2º da Lei de Introdução ao Código Civil: *"A lei posterior revoga a anterior quando expressamente o declare, quando seja com ela incompatível ou quando regule inteiramente a matéria de que tratava a lei anterior"*. Nele concentram-se várias hipóteses distintas, como será visto na seqüência. Antes disso, cumpre asseverar que a revogação tem como espécies a derrogação (apenas parte da norma perde a eficácia) e a ab-rogação (toda a norma sucumbe). Destarte, a lei derrogada mantém-se como fonte produtora de efeitos no plano jurídico, mas apenas como resultado da porção subsistente. Se ab-rogada continua existindo, mas irremediavelmente afetada, e por inteiro, na sua eficácia.

A revogação expressa consiste na previsão literal e direta da lei em torno da cessação da vigência de outro diploma normativo (*v. g.*, revogação da primeira parte do Código Comercial de 1850 pelo art. 2.045 do Código Civil de 2002). Já a revogação tácita se dá por caminho indireto, ou seja, sem que a lei mais nova mencione explicitamente a insubsistência da anterior. Nisso há uma bifurcação, situando-se em uma das trilhas a incompatibilidade da norma editada com outra até então vigente, ocasionando revogação parcial. Foi o que aconteceu, por exemplo, com a sucessão dos companheiros, inicialmente regida pelo art. 2º da Lei 8.971, de 29.12.1994, e que passou a ser disciplinada pelo art. 1.790 do Código Civil, haja vista ter, a regra original, entrado em rota de colisão com este último. Há, ainda, a hipótese de integral modificação, pela lei nova, do tema versado na antiga, circunstância que assume contornos de incompatibilidade total. Seria o caso de um diploma legal que contrariasse inteiramente o conteúdo de outro anterior, sem que houvesse previsão expressa em torno da revogação. Automaticamente deixaria o primeiro de produzir efeitos, eis que contrariado pela novel disciplina da matéria, como ocorreu com o Código Penal de 1940, que se sobrepôs ao de 1890 (*Caio Mário da Silva Pereira*, "Instituições de Direito Civil", p. 92).

No § 2º do art. 2º da Lei de Introdução ao Código Civil situa-se previsão destinada a preservar lei anterior, quando sobrevém novo regramento que não atinge o núcleo dos originais, embora fixe ditames genéricos ou específicos que digam respeito à mesma matéria. É o que emerge do seu texto: "*A lei nova, que estabeleça disposições gerais ou especiais a par das já existentes, não revoga nem modifica a lei anterior*". Isso demonstra a viabilidade da coexistência de leis que versem a respeito de um só assunto, bastando para tanto que não haja colisão de preceitos entre as normas anteriores e as subseqüentes. Assim, é possível a combinação de várias leis coexistentes, conquanto parcialmente revogadas, aptas ao norteamento de determinada conduta. Nisso reside uma das mais atraentes e difíceis tarefas dos estudiosos do direito, a quem compete avaliar até que ponto as normas continuam em vigor e produzindo os efeitos neles abstratamente indicados. Mesmo que doutrinadores de escol entendam haver revogação quando a lei nova regula matéria de que trata a lei anterior sem reproduzir determinado dispositivo (*Washington de Barros Monteiro*, obra citada, p. 28), somente por meio de detida análise do caso concreto é que se poderá verificar a ocorrência de revogação ou de preservação da norma. O simples fato de não ter acontecido a reprodução do texto da regra anterior não extirpa desta a perspectiva da coexistência com a lei mais recente, desde que inexista incompatibilidade. A falta de reprodução conserva o texto que, mesmo anterior, apresenta viabilidade ao não conflitar com o editado *a posteriori*. É assim, por exemplo, na questão da união estável, que atualmente é regida tanto pelo Código Civil como pelas Leis ns. 8.971/94 e 9.278/96, embora vários dispositivos destas últimas não se apliquem por terem sido revogados.

Ainda um aspecto merece referência e a elaboração de comentários: o fenômeno da *repristinação*. Trata-se do mecanismo pelo qual uma lei, que foi revogada por outra, volta a viger em função de expressa previsão inserida noutra norma legal diversa daquelas primitivamente envolvidas. O tema encontra previsão no § 3º do art. 2º da Lei de Introdução ao Código Civil: "*Salvo disposição em contrário, a lei revogada não se restaura por ter a lei revogadora perdido a vigência*". Uma vez retirada do mundo jurídico, a norma não se recompõe *sponte própria*, nem por via indireta que tenha por fundamento a derrocada da lei que a revogou expressa ou tacitamente. Ao afetar uma lei, a norma revogadora assume a disciplina da matéria versada, ou simplesmente retira de circulação a regra atingida pela providência. Posterior desaparecimento da lei de cujo texto se produziu a revogação não produz a conseqüência de restabelecer a vigência da antiga. O ordenamento jurídico brasileiro somente admite o citado restabelecimento quando resultar de expressa disposição contida em lei repristinatória.

3.4. Eficácia da Lei no tempo e no espaço

As leis são criadas para alcançar fatos e atos que venham a ocorrer a partir da sua entrada em vigor. No passado não há como interferir, eis que os acontecimentos anteriores à edição da lei nova ficam submetidos às normas vigentes ao tempo da sua consumação. Tem-se aí o princípio da irretroatividade da lei, consagrado como prevalente no direito brasileiro por meio de várias normas, entre as quais destacam-se o art. 5º, XXXVI, da Constituição Federal e o art. 6º da Lei de Introdução ao Código Civil. Diz o primeiro: "*a lei não prejudicará o direito adquirido, o ato jurídico perfeito e a coisa julgada*". Preleciona o segundo: "*A Lei em vigor terá efeito imediato e geral, respeitados o ato jurídico perfeito, o direito adquirido e a coisa julgada*". Nos §§ 1º a 3º do citado art. 6º encontra-se a definição de cada instituto referido no *caput*. Reputa-se ato jurídico perfeito o já consumado segundo a lei vigente ao tempo em que se efetuou. Consideram-se adquiridos assim os direitos que o seu titular, ou alguém por ele, possa exercer, como aqueles cujo começo do exercício tenha termo pré-fixo, ou condição preestabelecida inalterável, a arbítrio de outrem. Chama-se coisa julgada ou caso julgado a decisão judicial de que já não caiba recurso. A propósito, diz o art. 467 do Código de Processo Civil: "*Denomina-se coisa julgada material a eficácia, que torna imutável e indiscutível a sentença, não mais sujeita a recurso ordinário ou extraordinário*".

A opção do legislador brasileiro pelo princípio da irretroatividade da lei como regra geral tem respaldo na necessidade de preservar a segurança das relações jurídicas. Afinal, não se pode submeter o direito adquirido, o ato jurídico perfeito e a coisa julgada às circunstanciais variações da vontade normativa, sob pena de restar instalado absoluto risco mesmo nas situações em que deveria haver rigorosa garantia em favor do titular. Por isso é que apenas em caráter excepcional ficará admitida a retroatividade da lei, contanto que expressa e diretamente prevista no ordenamento jurídico vigente. Não se concebe a retroatividade tácita ou extraída com suporte na analogia ou em mecanismo exegético diverso. Somente inequívoca previsão legal pode fazer com que uma lei nova projete os seus efeitos sobre relações constituídas no passado.

Diz-se pertencer ao chamado *direito intertemporal* a problemática atinente à eficácia da lei no tempo.O exame do assunto é extremamente relevante, de vez que é comum constatar-se a existência de atos e fatos cuja materialização deu-se ainda sob a vigência de lei que não mais vigora, face à sua revogação ou modificação por outra. Some-se a isso a eventual circunstância de que tais acontecimentos possam produzir efeitos já sob a vigência de nova lei e estará formado o caldo de cultura que acarretará a busca da melhor solução por meio da incidência das regras pertinentes ao direito intertemporal. Deve-se admitir a hipótese de que em determinadas situações a novel disciplina não se aplique aos eventos pretéritos, assim como a de que noutras haja a extensão dos tentáculos da nova norma para alcançar ocorrências verificadas sob o império de lei anterior. Haverá necessidade de assim proceder principalmente quando práticas feitas quando em vigor certa lei distendem-se no tempo e continuam importando ao mundo jurídico no momento em que são apanhadas pela legislação superveniente que exclui a anterior. Exatamente em função disso é que o ordenamento brasileiro não veda a retroatividade da lei, mas cuida de restringir a sua aplicação às situações de que não tenham emergido as garantias expressamente postas em favor do direito adquirido, do ato jurídico perfeito e da coisa julgada. Exemplificando, o direito à aposentadoria, adquirido integralmente com base em regras cuja vigência foi extinta, não será afetado pela nova disciplina. Por igual fundamento, a compra e venda regularmente celebrada não deixará de ser assim considerada — em sua estrutura nuclear — por modificação do tipo básico pelo legislador. O mesmo se diz do indivíduo acusado da prática de crime, e absolvido por reconhecimento de que a sua conduta não constituía infração penal; ele não poderá ser condenado posteriormente em virtude de norma que venha a prever tal comportamento como criminoso. São situações em que deve prevalecer a segurança determinada pela incidência de regras aplicáveis ao tempo da consolidação da prerrogativa individual, a fim de preservar a confiabilidade no ordenamento e evitar riscos à estabilidade gerada.

Feitos os comentários acima, destaca-se a existência de duas vias básicas acerca da aplicação da lei no espaço: a da retroatividade e a da irretroatividade. A primeira concentra-se na lei que tem o atributo de atingir os efeitos de relações jurídicas constituídas antes da sua entrada em vigor. A segunda diz respeito à lei que disciplina relações jurídicas surgidas a partir da sua vigência. A tais modalidades *Washington de Barros Monteiro* acrescenta (obra citada, p. 33) outra, de caráter intermediário, que se traduziria no que chama de *lei de aplicação imediata*, destinada a atingir "relações nascidas sob o império de outra lei, mas ainda não aperfeiçoadas". Exemplos disso seriam as leis constitucionais e as penais mais benignas, entre outras. Contudo, e feita a devida reverência ao ilustre doutrinador, as leis cuja aplicabilidade é imediata podem ser inseridas no contexto daquelas plasmadas pela retroatividade, exceto quanto aos limites referentes ao direito adquirido, ao ato jurídico perfeito e à coisa julgada, invariavelmente resguardados de qualquer afetação.

A exposição permite entrever a realidade de que tais princípios não podem ser tomados como absolutos, guardando sempre certo grau de relatividade. Seria inadequado considerar retroativas todas as normas, porque isso afetaria irremediavelmente a estabilidade do sistema. De outra banda, tampouco se mostraria sensato afirmar a irretroatividade como fenômeno vedado, haja vista que às vezes ela é desejável e inclusive beneficia o titular do direito sem prejudicar os demais integrantes da sociedade. Atento a essa realidade, o Código Civil de 2002 criou uma regra que atende aos preceitos insertos nas várias correntes de pensamento e nas normas já apontadas. Com prudência, o art. 2.035 tem a seguinte redação: *"A validade dos negócios e demais atos jurídicos, constituídos antes da entrada em vigor deste Código, obedece ao disposto nas leis anteriores, referidas no art. 2.045, mas os seus efeitos, produzidos após a vigência deste Código, aos preceitos dele se subordinam, salvo se houver sido prevista pelas partes determinada forma de execução".*

Quanto à eficácia da lei no espaço, há dois princípios a serem analisados: o da territorialidade e o da extraterritorialidade. Pelo primeiro, a lei é aplicável unicamente no território do Estado em que foi gerada, nisso incluída não apenas a sua conformação geográfica propriamente dita, mas também aquilo que se considera extensão do Estado, como as embaixadas, os consulados, o espaço aéreo, as águas internacionais e assim por diante. É aceita no mundo todo a idéia de que a soberania das nações abrange também os locais acima referidos, onde o seu poder se desenvolve com efetividade, tendo como pressuposto o desempenho de atividades ligadas aos interesses legítimos do Estado junto aos co-irmãos, ainda que na circunscrição territorial destes.

O princípio da territorialidade não pode ser considerado absoluto. Em certas situações é preciso aceitar a tese de que as leis de um Estado disciplinam situações verificadas noutro. É claro que isso não ocorre aleatoriamente ou como regra geral, especialmente porque assim agindo o ente de direito público internacional invadiria as prerrogativas alheias e acabaria ferindo a soberania de outra nação. Em síntese, soberania é o conjunto de poderes que constituem uma nação politicamente organizada. Insere-se, dentre tais poderes, o de editar normas jurídicas segundo os interesses internos, livremente e sem interferências exógenas, para que incidam sobre as relações constituídas em seu território *(lato sensu)* ou, excepcionalmente, no âmbito externo, quando assim admitido. Para que normas jurídicas de um Estado indiquem a solução adequada a situações verificadas noutro é necessária a existência de convenções e ajustes de natureza internacional, pelas quais se acolha essa possibilidade. São questões vinculadas ao Direito Internacional Privado, que é, no dizer de *Bustamante* (*apud Sílvio Rodrigues,* "Direito Civil", p. 28), *"o conjunto de princípios que determina os limites no espaço da competência legislativa dos Estados, quando têm de aplicá-la às relações jurídicas que podem ser submetidas a mais de uma legislação".*

O ordenamento jurídico pátrio preconiza a aplicação soberana da lei brasileira em todo o território nacional, mas admite, excepcionalmente e em caráter subsidiário, a incidência de normas provindas de outros Estados como fonte de solução de conflitos. Filia-se preponderantemente, em tais circunstâncias especiais e que por modo expresso deve apontar, à teoria do domicílio, tomando-o como fator de definição do aparato normativo a infletir sobre o caso concreto. Isso assume grande relevância a partir do momento em que se verifica que, nos moldes do art. 7º da Lei de Introdução ao Código Civil, a lei do país em que for domiciliada a pessoa determina as regras sobre o começo e o fim da personalidade, o nome, a capacidade e os direitos de família. Noutras hipóteses, vale-se dos princípios *lex rei sitae* (prevalência do local onde está a coisa) e *locus regit actum* (predominância do lugar da realização do ato jurídico). O art. 8º, estabelece: *"Para qualificar os bens e regular as relações a eles concernentes, aplicar-se-á a lei do país em que estiverem situados. § 1º. Aplicar-se-á a lei do país em que for domiciliado o proprietário, quanto aos bens móveis que ele trouxer ou se destinarem a transporte para outros lugares. § 2º. O penhor regula-se pela lei do domicílio que tiver a pessoa, em cuja posse se encontre a coisa apenhada".* Vê-se, destarte, que nesse dispositivo o legislador brasileiro optou pela consagrada máxima *lex rei sitae* para disciplinar as questões atinentes aos bens e às obrigações a eles jungidas, determinando que ficarão sujeitas às normas do País em que se situarem. Relativamente aos bens móveis que estiverem com o titular ou sujeitos a transporte, explicita que o domicílio do proprietário definirá qual a legislação aplicável. Semelhante solução estipulou quanto aos bens empenhados e ao próprio direito real de penhor, estabelecendo que incidirá sobre a relação jurídica gerada a lei do domicílio da pessoa que estiver com a posse da coisa (ou seja, o devedor no penhor especial ou o credor no penhor comum).

O art. 9º da Lei de Introdução ao Código Civil preleciona: "*Para qualificar e reger as obrigações, aplicar-se-á a lei do país em que se constituírem. § 1º – Destinando-se a obrigação a ser executada no Brasil e dependendo de forma essencial, será esta observada, admitidas as peculiaridades da lei estrangeira quanto aos requisitos extrínsecos do ato. § 2º – A obrigação resultante do contrato reputa-se constituída no lugar em que residir o proponente*". Constata-se que prevalece o princípio *locus regit actum* quanto às obrigações em geral, eis que determinada a incidência da legislação do lugar em que forem constituídas. Todavia, quando a obrigação tiver de ser executada no Brasil (*v. g.*, por expressa convenção das partes) e depender de forma cuja observância é obrigatória (*v.g.* instrumento público) a lei brasileira regerá o cumprimento dos deveres nele inseridos. Há que se salientar, contudo, que no concernente aos requisitos extrínsecos do ato (*v. g.*, forma do instrumento) prevalecerão as normas do País em que a obrigação foi constituída. Por fim, visando a dirimir eventuais controvérsias em torno do lugar em que se considera surgida a obrigação contratual, o legislador define que como tal será tido aquele onde residir o proponente. Se no Brasil, incidirão exclusivamente as regras daqui; se no exterior, as regras daquele outro Estado, observadas as particularidades incrustadas no dispositivo legal analisado.

Ainda seguindo o critério que reconhece a aplicabilidade da lei do lugar como fonte de regência de determinados atos, o art. 13 estabelece: "*A prova dos fatos ocorridos em país estrangeiro rege-se pela lei que nele vigorar, quanto ao ônus e aos meios de produzir-se, não admitindo os tribunais brasileiros provas que a lei brasileira desconheça*". Afirma, assim, a supremacia da lei de cada Estado quando se tratar da produção de provas de fatos ocorridos em seu território; porém, não admite a utilização de provas que o direito brasileiro não reconheça, já que se agisse de maneira diversa estaria ferindo o próprio ordenamento nacional a respeito das espécies de provas aceitas.

O art. 10 trata da sucessão *causa mortis*: "*A sucessão por morte ou por ausência obedece à lei do país em que era domiciliado o defunto ou o desaparecido, qualquer que seja a natureza e a situação dos bens. § 1º – A sucessão de bens de estrangeiros, situados no país, será regulada pela lei brasileira em benefício do cônjuge ou dos filhos brasileiros, ou de quem os represente, sempre que não lhes seja mais favorável a lei pessoal do de cujus. 2º – A lei do domicílio do herdeiro ou legatário regula a capacidade para suceder*". Reconhece, como se percebe, a regra do domicílio como elemento de fixação das normas jurídicas que disciplinam a distribuição do acervo patrimonial deixado pelo *de cujus*.

Prudentemente, no art. 17 o legislador restringiu o alcance de quaisquer leis, atos e sentenças de outro país, bem como quaisquer declarações de vontade, em situações peculiares. Eles não terão eficácia no Brasil quando ofenderem a soberania nacional, a ordem pública e os bons costumes, pois se isso ocorrer estará sendo afetada a própria estrutura do ordenamento jurídico nacional. Constatada alguma das hipóteses elencadas no dispositivo, prevalecerá a legislação nacional independentemente de outras perquirições. Acima dos interesses individuais estão os da coletividade e os da nação, fator suficiente para legitimar a medida limitativa ínsita no citado mandamento normativo.

3.5. Interpretação da Lei

Em razão da diversidade de significados que as palavras e o contexto em que se inserem podem apresentar, as leis muitas vezes ficarão sujeitas a exercícios de raciocínio e investigação que conduzam à captação do seu real sentido. O principal motivo que ocasiona esse exame é a defeituosa elaboração das normas jurídicas pelo poder competente. Não obrigatoriamente quanto à sua formatação externa, mas sim no que concerne à exata vontade do legislador ao editar a regra de conduta. Nisso reside a relevância do trabalho do intérprete, cuja maior missão consiste em extrair da construção abstratamente formulada o seu correto anseio, de modo que possa ser aplicado aos casos concretos, quando se transpassa a fria letra da lei para o plano cálido das relações jurídicas. Aliás, esse fenômeno de materialização do comportamento estatuído em tese é o mais crítico momento da tarefa interpretativa, pois a situação idealmente colocada guarda, com freqüência, características rígidas que o mundo dos fatos amplia, reduz ou de algum modo altera, acarretando com isso a necessidade de cuidadoso trabalho interpretativo.

Mesmo as leis mais bem elaboradas e que aparentemente seriam insuscetíveis de questionamentos quanto ao seu alcance podem eventualmente vir a sofrer a incursão do intérprete. Fatores como a natureza da matéria, a utilização de vocábulos sujeitos a significações variáveis segundo o local onde se desenvolva e relação material e muitos outros aspectos podem fazer relevante a atividade exegética. É bem verdade que no mais das vezes a necessidade de interpretação tem origem na própria formação da lei, que, eivada por defeitos, ambígua, gramaticalmente sofrível, complexa etc., reclama detido trabalho destinado ao exame da vontade que emerge do seu conteúdo. Seria demasiada e injustificada pretensão do legislador almejar a edição de normas jurídicas perfeitas e que contenham na sua própria estrutura externa tudo aquilo que dela se poderia esperar.

A lei quase sempre apresenta um grau de clareza capaz de indicar os caminhos principais que tenciona trilhar. Normalmente, aplica-se de acordo com o sentido literal das palavras que a compõem, mas, conforme asseverado, pode ser movediço e traiçoeiro o desapego às técnicas de interpretação mesmo quando a aparência exógena da norma aponte para a suficiência da sua configuração. A grande tarefa do intérprete é, portanto, a de adentrar no núcleo da regra de conduta e dela colher o sentido que mais se revele compatível com a vontade original do legislador, adequando-a às peculiaridades do caso concreto a partir de fatores essenciais como o lugar, a época e o objetivo da aplicação daquela específica norma. Não se pode olvidar que as leis são criadas em determinado momento e sob a influência de certas circunstâncias que poderão não estar presentes no futuro, quando da aplicação das regras de conduta a situações posteriormente surgidas. Essas relações novas, inéditas ao tempo da criação da lei, também serão por ela disciplinadas, mas com a formatação que lhe for devida em virtude das mudanças operadas nos relacionamentos sociais como um todo. Afinal, a lei existe para preservar a vida em sociedade, de maneira que os caracteres desse convívio, suscetível a constante evolução, não devem ser ignorados quando da busca do conteúdo daquele mandamento que foi editado noutro contexto temporal e com vistas a diferente conjuntura fática. Ao conjunto de elementos, princípios e regras que permitem interpretar o exato querer normativo dá-se o nome de hermenêutica.

Objetivando melhor visualização da matéria, afigura-se relevante classificar as técnicas e critérios de exegese jurídica segundo variados ângulos de análise. Um deles refere-se às *fontes* ou à *origem* da interpretação, quando então se apresentam as formas *autêntica*, *jurisprudencial e doutrinária.* Quanto à *autêntica*, cumpre observar que se origina de trabalho feito pelo mesmo poder de que partiu a criação da lei. Noutras palavras, o próprio poder que editou a norma jurídica volta a atuar e, por intermédio de nova lei, explicita o conteúdo e o alcance da anterior. Diz-se, então, que surge a chamada *lei interpretativa*, cuja finalidade única é de aclarar o sentido da original. Embora se vislumbre nisso inequívoco atendimento dos preceitos relativos à competência para legislar, é perceptível o fato de que a geração de lei posterior com o fito de dizer qual a vontade inserida na antecedente constitui verdadeira admissão da ocorrência de graves falhas no trabalho legislativo primitivo. Se a lei primeva fosse corretamente produzida, certamente restaria dispensada qualquer tarefa superveniente de aclaramento do seu teor normativo. Não bastasse, ninguém pode assegurar que a vontade explicitada na segunda incursão do legislador corresponda efetivamente ao desiderato visado na primeira, seja por se tratar de momento distinto, seja em virtude de que o agente de onde proveio a exegese talvez pense de maneira diversa.

A interpretação *jurisprudencial* é feita pelos Tribunais e se traduz no trabalho exegético provindo dos julgadores, que exteriorizam o seu pensamento acerca de determinada norma jurídica. A reiteração dos julgamentos num mesmo sentido, quando versada a mesma matéria, faz com que o caminho apresentado potencialmente esteja apto a ser trilhado por outros julgadores. Essa adesão continuada produz vigoroso posicionamento em torno do aspecto jurídico que estiver sob exame naquele momento, tendendo a tornar-se consolidado e até mesmo podendo sensibilizar o legislador a convertê-lo em regra positivada. Importa ressaltar, contudo, que o resultado produzido pela jurisprudência não vincula compulsoriamente os juízes, nem é fonte direta do direito. Serve apenas como indicativo de que a melhor solução possa ser aquela, mas em cada situação concretizada o julgador tem a liberdade de decidir conforme o seu livre convencimento. A idéia da vinculação das esferas inferiores do Poder Judiciário pelas superiores tem vantagens e riscos, fatores a serem sopesados com cautela sempre que se trouxer à baila a idéia de criação de jurisprudência capaz de atrelar os escalões postados em menor degrau hierárquico.

Considera-se *doutrinária* a interpretação feita pelos estudiosos da ciência do Direito, no que se incluem os pareceres exarados, as aulas ministradas, as obras publicadas e assim por diante. Empregam-se no desenvolvimento da missão o conhecimento adquirido e as técnicas adequadas, visando a extrair da norma o pensamento real do legislador. Assim como a espécie anterior, a doutrina não vincula o aplicador do direito, mas é importante manancial de subsídios cuja aplicabilidade se mostra constante e útil no desempenho da tarefa de dizer qual a solução correta para as situações examinadas.

Quanto aos *meios empregados*, a interpretação classifica-se em *gramatical* (ou *literal*), *lógica*, *histórica*, *sistemática* e *sociológica* (*ou* teleológica). Denomina-se *gramatical* quando leva em consideração, como elemento principal, a ordenação das palavras em sua literalidade. O exegeta analisa cada vocábulo, isolada e conjuntamente com os demais (e também com outras normas), estabelecendo a partir disso o exato alcance da regra de conduta. Ao assim proceder, atribui maior valoração à forma da lei do que aos outros elementos que a ela se agregam, o que pode acarretar, em determinadas hipóteses, distorções na compreensão final da vontade legislativa. Optando pela exegese gramatical, o operador terá em linha de consideração o significado jurídico de cada palavra, preferindo este ao sentido vulgar, corriqueiro e leigo que acaso tenha.

A interpretação *lógica* atribui acentuada relevância ao raciocínio que tenha condições de percebê-la como conjunto harmônico, a partir do qual se compatibilize a forma externa da norma com o conteúdo das demais regras em vigor. Busca extrair da lei um sentido coerente, razoável e sustentável, evitando que caia em contradições ou se torne vazio. Destarte, se certa regra obriga o comprador a pagar o preço da coisa adquirida, e se Pedro coloca-se na condição jurídica de comprador, é certo que Pedro será devedor do preço ajustado. Cuida-se de raciocínio exegético lógico que decorre da concatenação de várias regras integrantes do aparato normativo, cada uma delas colaborando para o resultado final obtido.

Tem-se na interpretação *histórica* o aproveitamento de muitos dos aspectos pertinentes à espécie *lógica*, de modo que a presença de pontos em comum entre ambas é bastante evidenciada no trabalho desenvolvido pelo intérprete. Todavia, importa salientar que na modalidade em análise é levado em consideração o contexto histórico existente ao tempo da formação da lei, ou seja, procura-se desvendar a sua vontade com base nos antecedentes que levaram à constituição da regra de comportamento. Destarte, peculiaridades emergentes do projeto de lei, das emendas, das justificativas dadas e outros tantos fatores de semelhante natureza são considerados decisivos na extração do sentido da norma interpretada. É preciso observar o espírito da lei, a finalidade para a qual foi gerada e quais as circunstâncias que influíram na sua formação. À evidência, também aqui se faz um raciocínio lógico com base no universo jurídico como um todo, mas com especial destaque para os aspectos históricos daquela específica regra.

A interpretação sistemática talvez seja a mais abrangente, pois leva em linha de consideração não apenas a norma que pende de exame, mas também todas as demais que integram o sistema jurídico. Vale-se, para tanto, das leis que anteriormente disciplinavam a matéria, a fim de nelas buscar elementos indicadores da gênese da vontade legislativa. Compara o texto da lei com o das demais, tentando inserir o seu conteúdo no panorama constituído pelo ordenamento jurídico como universo harmonioso. Procura, enfim, relacionar a norma com todas aquelas que possam apresentar objetivos semelhantes ou afins, para que dela seja extraído o seu verdadeiro significado.

Por fim, a interpretação *sociológica* ou *teleológica* parte da premissa de que a lei deve ser aplicada com base nas exigências sociais do momento. Não é vista como construção jurídica de valoração estanque, pois ao evoluir a coletividade agrega novas facetas à norma jurídica criada em período anterior e de onde emergiam circunstâncias diferentes. A lei precisa ser adaptada às necessidades presentes ao tempo da interpretação, sem desconsiderar os objetivos almejados pelo legislador quando da sua edição original.

A propósito do processo de interpretação, o art. 5º da Lei de Introdução ao Código Civil afirma: "*Na aplicação da lei, o juiz atenderá aos fins sociais a que ela se dirige e às exigências do bem comum*". Examinado o teor do mandamento, constata-se que dele surgem várias perspectivas de compreensão, eis que difícil estabelecer em definitivo o que significa *fins sociais* e *exigências do bem comum*. De qualquer modo, a primeira expressão certamente relaciona-se com os objetivos apontados pela coletividade quanto à sua própria existência, ou seja, aquilo que se busca como anseio de todos e de cada um dos indivíduos que a integram, *v. g.*, harmonia, ordem, estruturação do convício, segurança jurídica etc. Tais finalidades são estipuladas pela sociedade, que, em geral, vale-se de representantes para organizar adequadamente o quadro que leva à definição dos valores a serem protegidos. No concernente às exigências do bem comum, dizem respeito a ambições internas do ser humano, que vão desde as impressões indeléveis deixadas pelo direito natural (justiça, eqüidade etc.) até a expectativa de alcançar a plenitude de vida, a felicidade e outros componentes encontrados no âmbito psíquico do indivíduo, mas comuns a toda a espécie humana.

Do precitado art. 5º não é possível extrair conclusão exata acerca dos mecanismos de interpretação da lei, dado o seu conteúdo aberto e até certo ponto lacônico. Todavia, vislumbra-se nele a conjugação de vários dos critérios exegéticos explicitados *retro*, pois é inegável que ao investigar o real sentido da lei, sabendo que o seu trabalho deve visar a consecução dos fins sociais e o bem comum, o intérprete necessariamente terá de se valer de elementos gramaticais, lógicos, sistemáticos, doutrinários, jurisprudenciais e assim por diante. Nisso se constata que a utilização isolada de qualquer dos critérios sempre se revelará insuficiente, dada a amplitude da missão e a extensão das conseqüências resultantes. Portanto, o ideal é a mescla das espécies interpretativas, para que assim seja viável a correta pesquisa da vontade da norma jurídica.

Além da classificação e dos critérios indicados anteriormente, e sopesada a noção fornecida pelo art. 5º, importa destacar que outros ditames normativos orientam o intérprete no desenvolvimento da sua tarefa. A título exemplificativo, podem ser citados alguns artigos do Código Civil. O art. 112 ensina que nas declarações de vontade se atenderá mais à intenção nelas consubstanciada do que ao sentido literal da linguagem. Diz o art. 113 que os negócios jurídicos devem ser interpretados conforme a boa-fé e os usos do lugar de sua celebração. O art. 114 esclarece que os negócios jurídicos benéficos e a renúncia interpretam-se estritamente. Outros exemplos de regras que indicam o caminho a ser seguido pelo intérprete estão na legislação esparsa. A Lei n. 8.069/90 (Estatuto da Criança e do Adolescente), em seu art. 6º, aponta que na interpretação daquele diploma legal serão levados em conta os fins sociais a que ele se dirige, as exigências do bem comum, os direitos e deveres individuais e coletivos, e a condição peculiar da criança e do adolescente como pessoas em desenvolvimento. Acerca da interpretação das normas jurídicas nas relações de consumo, diz o art. 47 da Lei n. 8.078/90 (Código de Defesa do Consumidor) que as cláusulas contratuais serão interpretadas de maneira mais favorável ao consumidor.

De tudo o que se expôs é possível observar que a escorreita interpretação da lei conjuga considerável gama de critérios e de preceitos, muitos dos quais não se encontram explicitados diretamente nas normas que orientam a exegese, mas que são utilizados como resultado da evolução do pensamento jurídico a respeito da matéria. Em nenhum trabalho interpretativo podem ser ignorados aspectos como o local onde se estará aplicando a regra de conduta, as características daquele meio social, a forma tradicional de aplicação, a repulsa à interpretação que não tem conteúdo prático e que não traz consigo sentido lógico e razoável, a prevalência de normas especiais sobre ditames gerais, a posição da regra dentro da lei como um todo e do sistema jurídico, as indicações que provêm da experiência comum e assim sucessivamente.

3.6. Constitucionalidade e controle

Todo Estado politicamente organizado tem uma organização mínima, destinada a disciplinar as relações entre os personagens sociais, sejam particulares entre si ou da própria unidade estatal para com eles e vice-versa. Em geral, isso é obtido por intermédio da feitura de uma Constituição escrita, considerada Lei Maior da nação e fonte primária de todos os aspectos essenciais referentes à sua estrutura. Porém, nada impede que o principal manancial jurídico constitua-se por regras não-escritas, das quais emergem as chamadas Constituições consuetudinárias. Também não é incomum que a fonte de diretrizes primaciais esteja dispersa em vários diplomas legais escritos, sem que perfaçam uma uniformidade física. Feitas essas observações iniciais, convém destacar que inicialmente os povos tinham na Constituição um conjunto de regras de natureza basicamente política, fundadas na definição dos poderes e dos temas que lhes fossem afetos. Em virtude da evolução dos relacionamentos interpessoais e do aumento da sua complexidade, sobreveio, no século XX, a necessidade de ampliar as fronteiras das Constituições, de maneira que se viabilizasse a inserção de outros elementos basilares relevantes, tais como os direitos e garantias fundamentais, a estrutura tributária, a ordem econômica e social etc.

No Brasil, a Constituição Federal de 05 de outubro de 1988 contém exatamente essa característica, qual seja, a de disciplinar em muitos dispositivos temas de variadas facetas, com destaque para os acima mencionados. Ao mesmo tempo em que tal opção permite maior concentração de matérias essenciais para a organização do Estado e da estrutura geral, a colocação de assuntos de menor envergadura no corpo da Constituição representa superfetação que poderia ser perfeitamente contornada por meio da edição de leis infraconstitucionais, com igual resultado prático. Afinal, a valorização do texto da Carta Maior passa pela inserção de matérias absolutamente primordiais para a sociedade, ficando os demais elementos de estruturação a cargo da legislação hierarquicamente inferior.

A propósito da hierarquia das leis, impende asseverar que a Constituição está situada no topo da gradação jurídica das normas e dos diplomas legais. A ela devem respeito e compatibilidade todas as demais regras de conduta que vigoram no território que lhe estiver submetido. Daí surge a tarefa de analisar se efetivamente existe essa concatenação entre as normas que compõem o ordenamento jurídico brasileiro. Se assim não fosse, haveria insuperável impasse quando da aplicação do direito, porque no mesmo sistema estariam presentes regras inconciliáveis entre si, de modo que inclusive as de natureza constitucional acabariam sendo subjugadas por outras de cunho diferente. Em nome da segurança jurídica que se espera e exige de todo ordenamento minimamente sustentável, deve ser exercido rigoroso controle estatal sobre a adequação das normas de conduta à hierarquia que as preside. Quando a norma jurídica inferior guarda correspondência com os cânones inseridos na Constituição, diz-se que aquela é constitucional. Ao inverso, padece de inconstitucionalidade a norma que de qualquer forma contraria algum mandamento ínsito na Carta Maior. No Brasil, o controle da constitucionalidade das leis é feito por intermédio de dois mecanismos: o difuso e o concentrado. Ambos são de competência exclusiva do Poder Judiciário, a quem cabe manifestar-se acerca do tema sempre que provocado pela parte a tanto legitimada. Inexiste controle de constitucionalidade *stricto sensu* proveniente dos Poderes Executivo e Legislativo, embora a eles caiba analisar em seu âmbito interno a sintonia entre as matérias que lhes competirem e a Constituição Federal, a fim de que se evite a edição de leis defeituosas.

Pelo controle difuso, o exame da constitucionalidade das leis pode ser realizado por todas as instâncias do Poder Judiciário, em qualquer grau de jurisdição. A inconstitucionalidade é passível de argüição em qualquer processo, independentemente da natureza que tiver. À parte interessada compete apresentar o tema durante o debate da causa, como fator de afetação da pretensão da parte contrária e de sustentação do próprio objetivo processual. Uma vez argüida, cabe ao julgador examinar o assunto e dizer se há ou não compatibilidade entre a norma apontada como viciada e a Constituição da República. Dado o reduzido ambiente jurídico em que se efetua, o controle difuso tem como peculiaridade vincular apenas as partes envolvidas naquele específico processo. Ninguém que esteja de fora da relação processual será afetado pela eventual afirmação da inconstitucionalidade da lei, haja vista que somente os litigantes tiveram oportunidade de se manifestar acerca do tema e tinham em vista exclusivamente interesses próprios. Assim, projetar a repercussão do *decisum* para fora da lide em que foi ventilada a matéria configuraria indelével prejuízo a terceiros, para quem a discussão é *res inter allios*.

A decisão judicial proferida em sede de invocação de inconstitucionalidade sujeita a controle difuso não afeta a vigência da lei, exceto no que pertine ao ambiente endógeno da lide onde houve a argüição. Em assim sendo, apenas para aquela determinada relação processual estará prejudicada a integridade da norma considerada inconstitucional. Para todas as demais situações continuará vigendo a lei, e cada um dos interessados em obter a declaração de inconstitucionalidade deverá fazê-lo dentro da demanda em que litigar, sujeitando-se com exclusividade aos efeitos da afirmação judicial. Por fim, importa asseverar que o controle difuso não se destina a apreciar dedução direta de pleito no sentido de que se afirme a constitucionalidade de certa regra de conduta, mas apenas ao reconhecimento de que ela é inconstitucional.

Tratamento diametralmente oposto foi dedicado pelo legislador ao controle concentrado da constitucionalidade. A sua efetivação depende da propositura de ação especial destinada ao reconhecimento da incompatibilidade ou não da lei com a Constituição Federal. É bom salientar que a pretensão do autor da demanda pode ser direcionada tanto para a declaração da inconstitucionalidade como para o reconhecimento da constitucionalidade de certa lei, não se limitando a discussão, ao contrário do que ocorre no controle difuso, à argüição de que a norma é inconstitucional. *"Também se insere na via concentrada de controle judicial da constitucionalidade a ação visando suprir falta de lei necessária à efetividade da Constituição"* (*Piovesan, apud Fábio Ulhoa Coelho*, "Curso de Direito Civil", p. 44), quando se persegue o reconhecimento de inconstitucionalidade por omissão. O espectro de legitimados a promover tal demanda é extremamente reduzido, haja vista as severas conseqüências da eventual acolhida do pedido. Somente o Supremo Tribunal Federal, mediante provocação de quem estiver apto a aparelhar a lide, tem competência para afirmar a inconstitucionalidade em sede de controle concentrado. Quanto à legitimidade para o ajuizamento, conforme o art. 103 da Carta Maior, podem propor a ação de inconstitucionalidade e a ação declaratória de constitucionalidade: I – o Presidente da República; II – a Mesa do Senado Federal; III – a Mesa da Câmara dos Deputados; IV – a Mesa de Assembléia Legislativa ou da Câmara Legislativa do Distrito Federal; V – o Governador de Estado ou do Distrito Federal; VI – o Procurador-Geral da República; VII – o Conselho Federal da Ordem dos Advogados do Brasil; VIII – partido político com representação no Congresso Nacional; IX – confederação sindical ou entidade de classe de âmbito nacional.

Acolhida a pretensão, deve o Supremo Tribunal Federal comunicar a situação ao Senado Federal, para que este suspenda a eficácia da lei inquinada. Nos moldes do art. 52, X, da Constituição Federal, compete privativamente ao Senado Federal suspender a execução, no todo ou em parte, de lei declarada inconstitucional por decisão definitiva do Supremo Tribunal Federal. Enquanto não sobrevier a expressa manifestação senatorial, a lei continuará em vigor e apta a produzir os efeitos que lhe são pertinentes. Portanto, constitui equívoco afirmar que a lei inconstitucional é inexistente ou nula. De um lado, a inexistência tornaria desnecessário reconhecer a incompatibilidade da lei com a Constituição, pois algo que não existe jamais seria eficaz e posto em debate quanto ao seu conteúdo. De outra banda, se a lei fosse nula não haveria produção de efeitos condizentes com os de normas que vieram a lume por meio de trabalho legislativo. Na verdade, a lei inconstitucional existe, tem vigor e eficácia enquanto não for reconhecida a mácula nela contida. *"Milita presunção de validade constitucional em favor de leis e atos normativos do Poder Público, que só se desfaz quando incide o mecanismo de controle jurisdicional estatuído na Constituição"* (*José Afonso da Silva*, "Curso de Direito Constitucional Positivo", p. 55). A partir da taxação judicial de inconstitucionalidade e da adoção das medidas pertinentes, resta afirmada a sua invalidade e torna-se vedada a sua aplicação como fundamento de decisões judiciais. Nos termos da lição de *Fábio Ulhoa Coelho* (obra citada, p. 46), *"a lei incompatível com a Constituição é inválida, mas, desde que tenha sido observado o processo legislativo, ela existe; se está apta a produzir efeitos, vigora; e, se tem sido observada, é também eficaz. Somente após a suspensão da sua execução pelo Senado Federal, a lei inconstitucional perde vigência e deixa de ter aptidão para produzir efeitos"*.

De tudo o que foi exposto, conclui-se que o sistema brasileiro de controle da constitucionalidade é jurisdicional, porque unicamente conferido ao Poder Judiciário. Existe a inconstitucionalidade por ação ou por omissão, e o controle pode ser difuso ou concentrado. *"Portanto, temos o exercício do controle por via de exceção e por ação direta de inconstitucionalidade e ainda a referida ação declaratória de constitucionalidade"* (*José Afonso da Silva*, obra citada, p. 53).

Capítulo 4

CÓDIGO CIVIL BRASILEIRO

4.1. Técnica de codificação

Duas correntes sempre digladiaram a respeito da importância ou não de se concentrar o regramento jurídico de específicos ramos do Direito em diplomas unitários. Os denominados *códigos* consistem exatamente na colocação das regras básicas de determinada área jurídica em um só universo físico e técnico, visando a sistematizá-la para a obtenção de maior estabilidade e de menor risco de discrepância normativa. A codificação não é algo imposto pelo ordenamento jurídico, mas pura opção do legislador, que poderia simplesmente preferir a organização de certo ramo do Direito em leis esparsas, cada uma com finalidade e conteúdo delimitados. Ao final, poderia resultar também, até mesmo em grau equivalente, a mesma sintonia que se espera de todo código, sem que houvesse a expressa adoção de um. Não obstante, os ordenamentos jurídicos em geral escolhem, preferencialmente, o agrupamento dos dispositivos em forma de codificação, que passa a ser tida como conjunto de diretrizes fundamentais acerca daquela área. Porém, a opção pelo código não impede que variados temas sejam tratados em legislação apartada, revelando-se impossível conjugar num só diploma legal, abstratamente, todas as hipóteses que a vida em sociedade apresenta no plano real.

Uma das evidentes vantagens de se codificar as normas jurídicas relativas a determinada área decorre da circunstância de que isso gera uniformidade do direito, solidifica a visão técnica que se tem naquele dado momento e permite que no âmbito da política legislativa se construa a unidade das várias correntes de pensamento, partindo-se da premissa de ter havido amplo debate sobre os temas sujeitos à inserção em código.

No Brasil-colônia, vigoraram primeiramente as Ordenações Filipinas, que transpassavam para o território praticamente todas as normas provindas de Portugal a respeito da conduta dos indivíduos. A partir de 1822, com a independência do País, continuou sendo inicialmente empregada a legislação originada de Portugal, mas desde logo com a observação de que aquele estado de coisas persistiria apenas enquanto não se formasse um ordenamento jurídico brasileiro próprio. A Constituição de 1824 chegou a mencionar a idéia de construção de um Código Civil, conferindo-lhe inclusive diretriz central no sentido de que deveria ser justo e fundado na eqüidade. Contudo, várias décadas passaram sem que nada de mais interessante ocorresse em torno do possível surgimento de uma codificação nacional. Em 1865, *Teixeira de Freitas* foi encarregado de dar andamento à pretensão, mormente porque em 1858 fora autor de um trabalho destinado a consolidar a legislação civil, até então mantida em textos esparsos.

Sobreveio a proclamação da República em 1889 e a partir daí houve maior interesse em codificar as normas de caráter civil. O encargo originalmente coube a *Clóvis Bevilacqua*, que efetivamente construiu um projeto de Código Civil e o entregou ao Presidente da República, que, por sua vez, promoveu o envio do material ao Congresso no ano de 1900. Na tramitação legislativa, a Câmara ofereceu várias emendas e alterações, com posterior remessa ao Senado, onde *Ruy Barbosa* lavrou laborioso parecer. No mês de janeiro de 1916, finalmente foi aprovado o Código Civil brasileiro, dotado de uma norma que previa a sua entrada em vigor no dia 1º de janeiro de 1917.

4.2. Código Civil de 1916

A codificação de 1916 tinha 1.807 artigos e obteve grande acolhida por parte dos juristas de todo o País e do exterior, eis que representava o que de mais moderno existia em termos de legislação civilista. Bastante influenciado pelo Código Francês de 1804 e pelo Código Alemão de 1896, mostrou-se sóbrio, direto e com excelente estrutura, constituindo verdadeiro monumento jurídico que perpassou décadas intacto, tamanha a precisão da obra. Em razão da aludida influência, acabou privilegiando os interesses particulares e assumiu cunho individualista, embora isso não fosse nenhuma aberração à época em que passou a vigorar, já que grande parte dos demais diplomas seguia trajetória semelhante. O Código era composto de uma Parte Geral, em que foram consagrados princípios básicos e conceitos que serviriam para embasar a interpretação dos demais dispositivos, e de uma Parte Especial, voltada para a análise dos institutos em espécie. A Parte Geral compunha-se de três Livros, dedicados, respectivamente, às pessoas físicas e jurídicas, aos bens e aos fatos jurídicos. Já a Parte Especial tinha quatro Livros, a saber: Direito das Obrigações, Direito das Coisas, Direito de Família e Direito das Sucessões.

Com o fluir do tempo, como é natural em qualquer sociedade organizada, a diversidade e a dinâmica das relações acabou gerando a necessidade da edição de outras regras de conduta que não as inseridas no Código Civil. Inúmeras foram as leis supervenientes, que tratavam de matérias não abordadas pela codificação, ou que foram por ela disciplinadas de maneira insuficiente. Exemplos disso são a Lei de Registros Públicos (Lei n. 6.015/73) Lei do Divórcio (Lei n. 6.515/77), o Estatuto da Criança e do Adolescente (Lei n. 8.069/90), o Código de Defesa do Consumidor (Lei n. 8.078/90) e muitos outros. Após décadas de vigência, o Código Civil de 1916 começou a apresentar indícios de defasagem entre os reclamos da coletividade e aquilo que dispunha, do que decorreu a impressão de ser imprescindível a sua modificação ou substituição. Poucas foram as vozes que se levantaram no sentido da abolição do sistema codificado, haja vista a importância que possui como elemento de organização científica dos temas jurídicos. Afigurava-se mais adequado, então, construir um código inteiramente novo, já que a simples reforma acarretaria tantas alterações que eventual iniciativa nesse sentido exigiria redobrado esforço em relação à feitura de um novel diploma.

4.3. Código Civil de 2002

Idealizado a partir de idéias postas em anteprojetos anteriores, na jurisprudência e também no Código Civil de 1916, é inegável que o Código Civil de 2002 representou grande avanço se comparado com a disciplina anterior, mormente porque preencheu lacunas então existentes e acompanhou a evolução do pensamento jurídico moderno. Contudo, até se chegar à sua publicação muito tempo transcorreu e inúmeros percalços houve.

No início da década de 40 foi elaborado anteprojeto de Código das Obrigações, sob o comando do grande jurista *Orozimbo Nonato*, residindo nele a semente que mais tarde levou a novas iniciativas cujo objetivo final era o de sistematizar mais adequadamente a matéria civil. No início da década de 60, *Orlando Gomes* e *Caio Mário da Silva Pereira* ofereceram também um anteprojeto. Nenhum dos dois foi aproveitado diretamente, mas ambos serviram *a posteriori* como fonte de inspiração para a geração de outras iniciativas de similar sentido, de cuja conjugação emergiu o Código Civil que hoje vigora.

No ano de 1967 foi formada uma comissão destinada a proceder à revisão do Código Civil de 1916, capitaneada pelo renomado jurista *Miguel Reale*. A idéia inicial, consoante asseverado, era apenas a de retocar a codificação anterior, para que se adaptasse à realidade jurídica vivenciada à época. Nessa esteira, em 1972 foi apresentado anteprojeto de lei, que, se conservava em grande parte o texto da codificação original, apresentou também inúmeras mudanças de rumo, especialmente afastando-se da noção de individualismo que fora primitivamente trazida pela inspiração francesa e alemã quando da formulação do Código Civil de 1916. A inovadora idéia consistia em direcionar o diploma para a consagração de princípios sociais, deixando em segundo plano a noção egocêntrica e personalista que presidiu temas como o direito de propriedade e o direito das coisas. O anteprojeto foi remetido ao Congresso Nacional, culminando, adiante, por ser transformado no Projeto de Lei n. 634/75, cuja finalidade seria a de funcionar como nova codificação depois de definitivamente aprovado. Todavia, questões burocráticas e a falta de vontade política fizeram com que os debates em torno do diploma não evoluíssem. Esquecido nos meandros das casas legislativas, permaneceu no ostracismo durante largo período. Nesse meio tempo, sobreveio a edição de muitas leis e inclusive da Constituição Federal de 1988, que deu rumo diverso a vários assuntos de caráter civil, especialmente em termos de direito de família e obrigacional.

Muito tempo depois, já no ano de 2002, o Relator da Comissão Especial incumbida de elaborar o novo Código Civil, *Ricardo Fiuza*, apresentou à Câmara dos Deputados o Projeto de Lei n. 6.960, que propunha a modificação de mais de uma centena e meia de artigos do antigo Projeto de Lei, que fora concebido décadas antes. Após tramitar com algum embaraço e de experimentar muitas alterações, houve aprovação do trabalho final e disso resultou a edição do atual Código Civil. Sancionado em 10.1.2002 e publicado em 11.1.2002, entrou em vigor no dia 11.1.2003, eis que expressamente previsto em seu corpo o período de um ano de *vacatio legis*.

Analisando-se o conteúdo do Código Civil de 2002, é perceptível a preocupação do legislador em conservar intactos muitos dos princípios e dos textos que compunham o

Código Civil de 1916. Entrementes, não foram poucos os avanços e as modificações, face à necessidade de adaptação do diploma à realidade presente da sociedade brasileira. Afora isso, aproveitou sugestões contidas nos projetos anteriormente criados, valendo-se, ainda, de contribuições jurisprudenciais e doutrinárias. Constitui, portanto, segura e moderna fonte de disciplina da conduta, erigindo-se em verdadeiro monumento jurídico, como já assim fora considerada a codificação revogada. Embora não prescinda da legislação esparsa antecedente, que permanece em vigor naquilo que não o contraria, e ainda que deixe entrever a inevitabilidade da edição de inúmeras outras leis civilistas no futuro (pois nem todas as matérias poderiam e deveriam constar do código), o novel diploma funciona como base da estrutura do direito privado nacional.

Quanto à sua estruturação, o Código Civil de 2002 preservou o formato anterior no que concerne à existência de uma Parte Geral e de uma Parte Especial. Aquela é constituída por três Livros, tratando, respectivamente, de temas relativos às pessoas, aos bens e aos fatos jurídicos. Na Parte Especial situam-se cinco Livros, nos quais se maneja o Direito das Obrigações, o Direito de Empresa, o Direito das Coisas, o Direito de Família e o Direito das Sucessões. Destaque-se que uma das grandes novidades é a inserção do Direito de Empresa no Código Civil, matéria antes relegada ao exame do Direito Comercial e que agora, em clara demonstração da opção do legislador pela unificação do direito privado, incorpora-se ao contexto civilista. Mesmo que assim seja, é certo que para fins acadêmicos se conservará a noção da existência de um ramo relativamente independente, destinado ao estudo do direito empresarial e das normas de conotação puramente mercantil.

Assim como ocorria com o código revogado, este que atualmente vigora deverá manter-se submetido às orientações maiores provindas da Constituição da República, pois nela repousam preceitos basilares que informam e estruturam o direito privado e, mais especificamente, o direito civil. Logo, a codificação não é, e nem poderia ser, fonte única de regramento da área, pois a ela juntam-se as normas hierarquicamente superiores da Carta Magna e todas as demais regras inseridas na legislação apartada.

O Código Civil de 2002 traz uma visão solidária e humanitária das relações jurídicas. Preocupa-se com a integração do ser humano à vida social, fazendo inclusive com que os vínculos criados tenham em linha de consideração a finalidade da convivência em grupo. Prima pela consagração da ética como valor fundamental e indispensável. Atribui ao julgador verdadeiro poder-dever de decidir segundo tais princípios. Prestigia a boa-fé e o espírito desarmado, ao mesmo tempo em que tenta resguardar os mais fracos sob o prisma jurídico. Enfim, é um diploma meritório e que aborda de maneira suficiente o que de mais relevante há nos relacionamentos jurídicos das áreas por ele disciplinadas.

Capítulo 5

DIREITO SUBJETIVO

5.1. Considerações gerais e conceito

A idéia de *direito*, colocada pura e simplesmente, carrega consigo diversas impressões no espírito de quem analisa a matéria. Em sentido comum, no momento inicial pode referir-se à noção jusnaturalista que impregna todos os indivíduos, no sentido de que as pessoas são titulares de prerrogativas atreladas à própria condição humana. Nessa ótica, *direito* é o conjunto de atributos inerentes ao indivíduo, que com ele nascem e se mantêm permanentemente. Parte-se da premissa de que há um conglomerado de qualidades que compõem o *direito natural*, e daí a concepção jusnaturalista. Como exemplos, cite-se o direito à vida, à integridade física, à dignidade e outros que lhes são correlatos. Num segundo momento, ainda sob igual ângulo, vislumbra-se o *direito* como instituto essencialmente subjetivo, constituído a partir da incidência da norma jurídica objetiva sobre determinada situação materializada (*v. g.*, direito de proteger a propriedade). Aí reside a concepção dita *positivista*, que encontra no reflexo da norma objetiva sobre a realidade humana a origem da faculdade individual. Também é correto pensar que o vocábulo *direito* refira-se a uma concepção mais rígida de ordem jurídica, aquela, de direito eminentemente objetivo, que tem na norma jurídica abstrata a fonte onde o indivíduo busca a presença de disposição estatal capaz de atender ao seu interesse. O direito, então, antes de ser uma prerrogativa da pessoa é regra de conduta idealizada pelo Estado com vistas à manutenção da viabilidade do convívio social. Por fim, ainda se pode imaginar o *direito* como manancial de satisfação concreta do interesse no plano judicial, o que se faz por meio de regras de cunho processual (que não são alvo do presente estudo), como acontece, *v. g.*, quando alguém ajuíza ação de reintegração de posse.

Quando brevemente analisada, neste trabalho, a anatomia jurídica do direito objetivo e do direito subjetivo, foi dito que este último se traduz em *facultas agendi*, ou seja, na faculdade que o sujeito tem de agir em determinadas circunstâncias. Nesta nova etapa, é de ser frisada a relevância de tecer considerações mais detidas em torno do direito subjetivo, pois disso depende a compreensão de grande parte da sistemática do direito civil. Contudo, para que assim se proceda é imprescindível entender que toda a estrutura jurídica está calcada na idéia da existência de normas de conduta, pelas quais o ordenamento impõe certa direção ao agir humano tanto no sentido estritamente positivo (ação) como no negativo (abstenção), muitas vezes estabelecendo sanções imediatas para a hipótese de desatendimento.

Embora seja possível mencionar várias facetas da norma jurídica, a grande verdade é que ela, como núcleo do direito, admite exame sob os prismas objetivo e subjetivo. Quando o ordenamento criado pelo Estado fixa determinada regra de conduta, gera o que se denomina direito objetivo, ou seja, a previsão abstratamente posta para obediência de todos. A partir do momento em que a verificação de determinado acontecimento viabiliza a invocação daquela norma por um indivíduo, que nela encontra a pilastra de sustentação da sua pretensão, constata-se a existência do direito subjetivo. Este decorre da norma objetivamente produzida, e consiste na já mencionada *facultas agendi*. É com suporte na repercussão prática da regra teórica, por força da inflexão da norma sobre algum evento da vida real, que se admite a apresentação de postulado pelo titular do direito subjetivo, a quem se alcança a força da máquina estatal para fazer valer a pretensão.

A conjugação do vigor do direito objetivo com a efetividade do direito subjetivo faz perceber que nenhum deles teria condições de existir isoladamente, pois na essência se traduzem em faces distintas do mesmo instituto. Também não se pode deixar de salientar que, ao mesmo tempo em que cria o direito subjetivo, a regra estabelece o correspondente dever jurídico. Não há direito subjetivo sem que a partir dele se vislumbre a existência de um dever jurídico, pois é inerente à prerrogativa a possibilidade da sua oposição a outro sujeito, seja de modo direto ou por via oblíqua. Afigura-se impensável a tese do surgimento de um direito subjetivo sem que haja do outro lado um sujeito contraposto e diferente (ninguém exerce algo contra si próprio), sobre quem possa recair a correlata obrigação. Em todas as situações é perfeitamente perceptível a relação concreta entre a previsão de um direito e a conseqüente geração do respectivo dever. Por exemplo, quando uma pessoa se torna dona de um automóvel, vislumbra-se nisso a associação de vários elementos, sendo um deles a relação estabelecida entre comprador e vendedor, e, a outra, o liame formado entre o proprietário e todos os demais indivíduos da sociedade, incidindo sobre estes a obrigação mínima de nada fazer de indevido contra as prerrogativas do adquirente.

As normas jurídicas são instituídas pelo poder estatal com vistas à regulamentação do comportamento dos indivíduos em suas relações com os semelhantes e com o próprio Estado. Há, destarte, regras que são gerais e uniformemente aplicáveis a todos os que se colocarem em determinada situação jurídica. Trata-se do direito objetivo, da regra positivada, cujo desiderato se atinge desde quando os destinatários atendam ao seu comando. Todavia, o Estado não pode intervir diretamente em todas as relações jurídicas travadas no plano concreto, de modo que precisa permitir aos indivíduos a constituição de liames jurídicos capazes de estabelecer um vínculo específico entre os partícipes. Estes afetarão exclusivamente as partes envolvidas, não obrigando diretamente terceiros senão naquilo que ordinariamente decorrer de medidas adicionais como a publicidade, da qual resulta oponibilidade contra todos. Em assim sendo, um contrato de compra e venda atrelará apenas os celebrantes, não criando obrigações específicas para os demais membros da coletividade. Ao menos não de maneira imediata e direta. Porém, impossível olvidar que as normas jurídicas muitas vezes provocam reflexos sobre todos os indivíduos, mesmo que não tenham praticado espécie alguma de ato e ainda que ignorem a ocorrência de certos fatos. Do ponto de vista do direito subjetivo, isso é conseqüência da faculdade de agir conferida a certa pessoa, que, em contrapartida, impõe genérico dever de respeito à prerrogativa alheia, como acontece, por exemplo, quando alguém se torna proprietário de um imóvel. Todos ficam obrigados — inclusive o Estado — a não interferir na titularidade alheia, embora nenhuma relação específica tenham com o contrato celebrado entre o adquirente e o alienante.

Para complementar o panorama acima identificado, outro detalhe de fundamental importância merece destaque para que se chegue a uma adequada definição do direito subjetivo: a vontade do titular. A existência da faculdade traz não mais do que a perspectiva de despertar no agente o interesse em fazê-la efetiva. Imagine-se o exemplo do credor de quantia certa, em proveito de quem surgiu o direito de cobrar a dívida como resultado da associação entre a norma positiva abstrata e a celebração de contrato de compra e venda. Para obter do devedor o conteúdo econômico da prestação eventualmente inadimplida, deverá estar disposto a querer o valor que pende de pagamento. Mantendo-se inerte, continuará tendo à disposição a prerrogativa de cobrar, enquanto não sobrevier causa extintiva da ação (*v.g.* prescrição) ou mesmo do direito. Submete-se à sua vontade, portanto, a *facultas* derivada da ordem jurídica vigente, de modo que pode optar entre a cobrança ou a simples inércia, sem que ninguém possa obrigá-lo a adotar as providências destinadas a compelir o devedor ao pagamento. O direito subjetivo, sob esse prisma, é um poder alcançado pela soberania estatal ao indivíduo, que o exerce ou não conforme lhe seja oportuno e conveniente. Ou, como diz o grande *Caio Mário da Silva Pereira* (obra citada, p. 25), *"é um poder da vontade, para a satisfação dos interesses humanos, em conformidade com a norma jurídica"*.

5.2. Elementos: sujeito, objeto e relação jurídica

Três são os elementos essenciais do direito subjetivo, cuja presença é absolutamente imprescindível para que se reconheça a sua constituição como elemento apto a produzir as conseqüências da espécie: sujeito, objeto e relação jurídica. Mister analisar cada um deles, a fim de estabelecer os seus contornos. Sujeito é o titular do direito, a pessoa física ou jurídica a quem o ordenamento confere a faculdade de agir. Excepcionalmente, a lei confere a entes despersonificados, isto é, que não possuem o atributo jurídico de pessoa (*v.g.*, massa falida, espólio etc.) qualidades específicas que lhes permitem a invocação de direitos e a assunção de obrigações; contudo, isso não altera a circunstância de que mesmo em tais hipóteses os genuínos sujeitos de direito serão as pessoas físicas ou jurídicas a quem aproveitar ou desfavorecer a atividade das entidades despersonalizadas.

Usa-se velha máxima para definir a peculiar posição jurídica desse elemento: não há direito sem sujeito. Efetivamente, a existência de alguém que titularize a *facultas agendi* é condição inarredável da própria aceitação científica de tudo o que concerne ao direito. Este foi concebido para servir pessoas, tendo por desiderato maior harmonizar as relações humanas e atribuir a cada um o que é seu. Por outro lado, não se pode olvidar que o exercício do direito subjetivo depende da exteriorização da vontade do indivíduo, a quem o direito objetivo atribui a prerrogativa de portar-se segundo a forma ajustada.

A evolução da vida em sociedade revelou a insuficiência do alcance do indivíduo, singularmente considerado, para dar conta e adaptar-se a todas as variantes de relacionamentos que a realidade apresenta. Em função disso, o intelecto humano criou os entes ideais, as entidades abstratas, ou, em derradeira análise, as pessoas jurídicas. São abstrações que multiplicam o vigor da espécie humana e permitem que sejam concretizadas ambições que o esforço isolado da pessoa não lograria consumar. Tanto quanto as pessoas naturais ou físicas (ser humano em sentido biológico), as pessoas jurídicas receberam do ordenamento estatal o reconhecimento de que podem atuar no mundo do direito e dele extrair os resultados que lhe são peculiares. Os seres ideais, criados nos moldes previstos na legislação pertinente, adquirem personalidade e capacidade jurídica à semelhança dos seres humanos, em formatação que, contudo, deve obviamente atentar para as particularidades que permeiam uma e outra espécie.

Algumas situações específicas merecem abordagem, a fim de que fiquem esclarecidos certos pontos que talvez pudessem gerar alguma controvérsia. Em primeiro lugar, é necessário salientar que a ordem legal não exige que o sujeito seja sempre determinado. Não é preciso que se saiba exatamente e de antemão qual a pessoa que está inserida em determinado liame jurídico. No mais das vezes, basta a presença da real possibilidade de futura identificação do sujeito e não haverá percalço na sua aceitação como partícipe do vínculo. É o que acontece, por exemplo, quando dirigida ao público uma promessa de recompensa, em que o destinatário da oferta somente será identificado quando cumprir a imposição feita. Porém, inaceitável a indeterminação absoluta, ou seja, o quadro de onde se extrai a conclusão de que o sujeito é indeterminado e indeterminável (*v. g.*, indico no contrato de doação "alguém" como donatário, sem fornecer dados mínimos que permitam a individualização do sujeito), pois então faltará um dos elementos do direito subjetivo. Enfim, admite-se a indeterminação relativa do sujeito, sabendo-se, portanto, que esta deverá ser apenas temporária e reversível.

Aspecto a reclamar observação é o que pertine à situação jurídica do nascituro. Debate-se acerca da sua inserção no rol dos que podem ser denominados sujeitos de direito. Quanto a isso, cumpre esclarecer que o ser humano em desenvolvimento no útero materno não é, ainda, pessoa, eis que somente nascendo com vida adquirirá esse *status*. O fato biológico da aquisição de vida é condição suspensiva da implementação da personalidade. Natimorto, nunca terá sido juridicamente considerado pessoa, de maneira que não receberá e nem transmitirá direitos, porque jamais investido da qualidade de sujeito. De banda diversa, se viver por um instante que seja, terá recebido a unção jurídica que o consagra como pessoa, recebendo e repassando os direitos que na hipótese existirem, porque considerado sujeito sob o prisma legal. Observa-se, com isso, que o ordenamento jurídico não impõe a existência material do ser humano como condição de preservação de interesses juridicamente tuteláveis; exige, apenas, que tenha ocorrido a concepção para resguardá-los, mas sempre sob a condição suspensiva do nascimento com vida. Entre a concepção e a separação do ventre materno, o ser em formação é visto como sujeito condicional de direitos e obrigações, uma realidade potencial que precisa de proteção jurídica. Isso não afeta a tese de que inexiste direito sem sujeito, pois a hipótese em comento revela a opção do legislador pela excepcional proteção dos direitos de um ser cuja qualidade de sujeito fica posta sob condição. Afinal, nos termos do art. 2º do Código Civil, a personalidade civil da pessoa começa do nascimento com vida; mas a lei põe a salvo, desde a concepção, os direitos do nascituro.

Também é discutida a questão do enquadramento do embrião humano: seria genuíno sujeito ou apenas objeto de direito? A resposta passa por rápida análise da situação fática configurada. Sabe-se que o nascituro tem preservados os direitos desde a concepção, na forma mencionada acima. Ao se promover o encontro artificial das células masculina (espermatozóide) e feminina (óvulo), inicia o processo que levará ao desenvolvimento de embrião apto, em tese, a se transformar em pessoa — no sentido jurídico — pelo nascimento com vida. Porém, entre o primeiro passo da fecundação *in vitro* e a efetiva implantação do embrião no útero materno medeia espaço no qual o conjunto de células não tem proteção jurídica alguma, pois não se trata de nascituro e tampouco de pessoa, disso decorrendo a ausência da qualidade de sujeito sob a ótica jurídica. Somente com a aludida implantação é que o embrião estará inserido em um meio capaz de lhe proporcionar natural evolução com vistas ao futuro nascimento. Destarte, é daquele momento em diante que se tem um nascituro para fins de incidência do art. 2º do Código Civil. O embrião fora do ventre materno não é sujeito; porém, afigura-se temerário dizer que se traduz em mero objeto de direito. Isto porque se está a tratar de células humanas cuja transformação jurídica em pessoa depende apenas — afastadas as condicionantes naturais da gestação — de colocação em ambiente adequado, qual seja, o útero. A legislação não aborda a matéria com a profundidade que deveria, sendo de salientar que tampouco a doutrina e a jurisprudência chegaram a posicionamentos definitivos acerca do tema. De qualquer sorte, não há dúvidas de que o embrião não pode ser considerado pessoa, seja fora ou no interior do ventre materno, mesmo porque neste último caso receberá a proteção conferida à sua qualidade de nascituro.

Outro elemento do direito subjetivo é o *objeto*, que pode ser definido como o bem jurídico submetido pela ordem legal ao poder conferido ao sujeito. Não é viável falar em direito subjetivo sem a existência de um objeto que a ele se relacione. Isto porque o titular invariavelmente exercerá o poder sobre algo, que necessariamente lhe será exterior e estará disponível em virtude da norma. A faculdade de agir importa, destarte, na possibilidade de que o titular do direito subjetivo faça valer prerrogativas relacionadas ao objeto. Este pode ser corpóreo ou incorpóreo, material ou imaterial, mas sempre terá de se fazer perceber como bem jurídico concretizado em um plano externo à pessoa que titulariza o poder de atuação.

A definição do que seja *objeto* como elemento do direito subjetivo importa no reconhecimento da amplitude das possibilidades que existem, quanto ao enquadramento dos bens nessa qualidade jurídica. Tudo o que for exterior ao titular da *facultas agendi* pode ser considerado objeto, ainda que intangível ou despido de expressão econômica. Com efeito, não é a materialidade do bem que o erige à condição de objeto do direito subjetivo, mas sim a circunstância de haver previsão normativa a indicar a possibilidade de que seja vinculado ao poder do sujeito. Não se impõe que exista valor pecuniário no bem jurídico, bastando a tutela da lei a respaldar a titularidade exercitada pelo indivíduo. Logo, tanto é objeto do direito um imóvel valioso como a honra da pessoa, pois em ambos se encontra a figura do sujeito, a quem o ordenamento jurídico atribui legitimidade para promover as condutas e as defesas necessárias à preservação das prerrogativas que lhes são inerentes.

Ao ser humano reserva-se a condição de sujeito do direito, mas nunca de objeto. Quanto a esse aspecto, será absolutamente impraticável a submissão de um indivíduo ao poder do outro, pois do contrário dever-se-ia admitir que atributos como a liberdade e a integridade física e moral não seriam inatos à pessoa. Tal raciocínio entraria em choque com tudo o que de mais caro existe em termos de proteção aos direitos humanos, entre os quais destacam-se sobremodo os acima referidos. A colocação do indivíduo como objeto do direito implicaria, por exemplo, em admitir a escravidão, a subjugação absoluta entre seres humanos, pela qual um exerceria sobre o outro poderes físicos e morais ilimitados, que desbordam dos convencionalmente aceitos pela coletividade internacional. Objeto do direito é tudo aquilo que serve ao homem, e não a aniquilação jurídica da pessoa pelo semelhante.

O objeto não precisa mostrar-se desde sempre determinado, contanto que, sendo circunstancialmente indeterminado, apresente indícios mínimos que permitam a sua especificação em momento posterior. Ainda que no instante da constituição do liame jurídico o objeto seja apenas determinável, nenhuma afetação haverá quanto à regularidade do direito se possível a sua tempestiva determinação. É o que ocorre, por exemplo, no caso da assunção do dever de entregar coisa incerta (*v. g.*, um animal bovino da raça Nelore), em que o específico bem que liberará o devedor não é identificado precisamente na formação do ajuste, mas será alvo de especialização (ato de escolha) no momento acordado pelas partes. Tal como se dá com o sujeito, a viabilidade do objeto não é condicionada à sua determinação imediata; veda-se, unicamente, a indeterminação absoluta, consistente na total impossibilidade de apontar qual o objeto do direito subjetivo.

O último elemento a ser analisado é a *relação jurídica*, que se consubstancia no poder de efetivação do direito subjetivo pelo titular. Na relação jurídica encontra-se a centelha que deflagra a concreta submissão do objeto ao sujeito, segundo os preceitos contidos na norma. Assim como o homem não pode ser objeto do direito, também é impensável a formação de uma relação jurídica entre o indivíduo e o objeto, pois ela se dá exclusivamente entre sujeitos. De um lado, o sujeito ativo, a quem o ordenamento jurídico confere a faculdade de agir; de outro, o sujeito passivo, obrigado a respeitar os limites das prerrogativas alcançadas ao titular do direito.

Do conceito de relação jurídica emerge a convicção de que todo direito subjetivo gera um dever jurídico que lhe é correspondente, como já acentuado *retro*. Ao mesmo tempo em que a norma jurídica cria o poder de agir em proveito de um indivíduo, estabelece especificamente para outro (*v. g.*, pagamento do preço da coisa comprada), ou genericamente para os demais (*v. g.*, abstenção referente a condutas que turbem a posse de outrem), a imposição de observância dos atributos alheios.

A soma das peculiaridades de todos os três elementos nucleares do direito subjetivo (sujeito, objeto e relação jurídica) demonstra que a norma de conduta — direito objetivo — incide sobre a situação prática, gerando direito subjetivo para o sujeito ativo e dever jurídico para o sujeito passivo, tendo como resultado a relação entre os mencionados personagens.

5.3. Classificação dos direitos sujetivos

Há vários critérios de classificação dos direitos subjetivos, haja vista a diversidade de nuanças que podem apresentar, segundo o ângulo de análise escolhido.

Quanto ao aspecto econômico, os direitos subjetivos podem ser *patrimoniais* ou *extrapatrimoniais*. A maior parte dos direitos subjetivos apresenta expressão econômica, podendo ter o seu conteúdo aferido em dinheiro. É o caso, por exemplo, da faculdade de exigir indenização por danos causados em acidente de veículo. Sabe-se exatamente qual a extensão pecuniária do direito que compete ao sujeito ativo lesado, de modo que poderá pleitear o montante junto ao lesante, sujeito passivo da relação jurídica. Porém, nada obsta que inexista teor econômico no direito da parte, situação muito comum em se tratando de afrontas à esfera moral do indivíduo e noutras situações de onde não se vislumbra a pecuniariedade como elemento imediato. É o caso da reparação de danos resultantes de afronta à moralidade, *v. g.*, por meio da acusação de que certa pessoa é dada a furtos. Também é o que se constata, por exemplo, quando se fala no direito ao nome, atributo que resulta da personalidade. Nos casos acima apontados, o conteúdo do direito é extrapatrimonial, e, embora possa gerar direito de reparação pecuniária quando afrontado, isso não permite que seja tido como algo capaz de integrar o patrimônio da pessoa. O eventual fruto econômico da reparação não pode ser confundido com a natureza do direito subjetivo e tampouco nela interfere, pois enquanto o direito é eminentemente extrapatrimonial e assim continuará sendo, o valor obtido pelo lesado a título reparatório é que passará a integrar o seu patrimônio.

Alguns direitos subjetivos podem apresentar caráter patrimonial ou extrapatrimonial, de acordo com as qualidades do titular. *Fábio Ulhoa Coelho* (obra citada, p. 130) fornece ilustrativo exemplo, ao afirmar que *"o direito à imagem titularizado por um famoso artista é patrimonial porque pode ser mensurável em dinheiro, ao contrário do direito à imagem de um desconhecido, extrapatrimonial porque não se consegue precificar"*. Tendo em vista essa realidade, afigura-se temerário afirmar que todos os direitos sempre são passíveis de prévia classificação como integrantes ou não do patrimônio do indivíduo. Somente através de detido exame é que se mostrará possível chegar a uma conclusão segura acerca da matéria em certos casos, embora, via de regra, os direitos efetivamente revelem de pronto a sua natureza quanto ao elemento econômico.

Outro critério tem em vista os direitos subjetivos considerados em si mesmos. Serão, neste compasso, *absolutos* ou *relativos*. Aqueles têm oponibilidade contra todos (*erga omnes*), impondo-se frente à coletividade inteira e a cada um dos indivíduos. É o que acontece, por exemplo, com os direitos reais (*v. g.*, a propriedade), dos quais emerge tamanho vigor que ninguém pode escapar à genérica obrigação de respeito ao seu conteúdo. Se uma pessoa é dona de certo imóvel, conserva a qualidade de sujeito ativo da relação jurídica, ficando todos os demais membros da sociedade postados na condição de sujeitos passivos quanto ao dever de observância das prerrogativas do titular. Em se tratando de direitos relativos, a oponibilidade não é geral, mas apenas singular e específica. Noutras palavras, a eficácia do seu teor jurídico encaminha-se contra um destinatário só, ou contra um grupo cujos integrantes são identificados. É o que se dá, por exemplo, quando o credor se legitima a cobrar do devedor o valor pendente. Há nisso um sujeito passivo perfeitamente singularizado, sobre quem recai a obrigação constituída, sem que os outros personagens sociais sofram qualquer afetação em virtude do liame entabulado.

Sob o prisma do alcance da vinculação, os direitos subjetivos são *reais* ou *pessoais*. Os reais encontram em determinado bem jurídico o fundamento da sua existência, ou seja, embora se apresentem em relações travadas entre sujeitos (elas jamais serão estabelecidas entre sujeito e objeto), uma das partes sempre terá a prerrogativa de fazer incidir o seu poder individual sobre um bem jurídico específico. Este pode ser móvel ou imóvel, corpóreo ou incorpóreo, mas necessariamente carregará alguma expressão econômica. O direito de hipoteca pode ser citado a título ilustrativo, de vez que faz surgir para o credor a perspectiva de, não sendo satisfeita a obrigação, promover a execução diretamente sobre o imóvel posto em garantia. Visível, então, a circunstância de que o vínculo produzido entre sujeitos envolve a *facultas agendi* de um deles sobre o bem atrelado ao contexto. Por outro lado, os direitos subjetivos pessoais dizem respeito à existência de uma obrigação que tem de ser adimplida pelo sujeito passivo, sem que se tenha um bem jurídico a ligar os interesses em jogo. O direito de crédito é pessoal, pois o credor tem a faculdade de se voltar contra o devedor para obter a satisfação desejada; porém, não há bem algum previamente inserido no liame como alvo da persecução.

Guardadas as cautelas necessárias, pode-se considerar que os direitos reais são absolutos, dada a sua oponibilidade contra todos. Os pessoais são tidos como relativos, pois concentram uma obrigação que tem um destinatário específico, mais precisamente um indivíduo ou um agrupamento cujos integrantes são identificáveis.

Quanto à disponibilidade, os direitos subjetivos são *disponíveis* ou *indisponíveis*, conforme, respectivamente, possam ou não ser alvo de alienação pelo titular. Nisso inclui-se a possibilidade de transferência gratuita ou onerosa, além de renúncia, já que todos os direitos renunciáveis necessariamente se caracterizam como disponíveis (por envolverem o seu afastamento em relação ao titular). A maioria dos direitos dotados de conotação cível se posta na categoria dos disponíveis, viabilizando as operações indicadas acima, como no caso de quem pretenda vender uma casa de que é proprietário. Contudo, outros direitos não seguem a mesma linha e têm vedada qualquer forma de abdicação ou transferência, sendo exemplo disso o direito a alimentos, cujo titular não pode operar, com viabilidade jurídica, as prerrogativas pertinentes. Ainda que deixe de lado temporariamente o exercício da faculdade, não lhe é dado afetar a essência do direito, pois envolvido interesse público que prevalece sobre o particular.

No que concerne à incidência da prescrição, os direitos subjetivos podem ser apontados como *prescritíveis* ou *imprescritíveis*, consoante sofram ou não os efeitos da prescrição, instituto que afeta a ação disponibilizada ao sujeito para fazer valer os seus interesses. Determinados direitos somente são exercitáveis durante um lapso de tempo definido pela lei, após o que incidirá a prescrição, fulminando a ação que guarnecia a prerrogativa jurídica do titular. Sem que haja à disposição do sujeito uma ação apta a ser proposta em juízo, de nenhuma valia será o direito, que continuará existindo, mas sem meios de se tornar efetivo pela via do Poder Judiciário. Exemplo: o beneficiário do seguro tem um ano para postular o pagamento; se não o fizer, ficará despido da ação que anteriormente estava ao seu alcance. De banda diversa, certos direitos subjetivos não se submetem ao risco da prescrição, conservando-se intacta permanentemente a possibilidade de ajuizamento de lide visando ao seu resguardo. A maioria dos direitos é prescritível, reservando-se a tarja da imprescritibilidade para situações especiais, *v. g.*, quanto às prerrogativas dos incapazes enquanto perdurar a incapacidade. A segurança das relações jurídicas impõe ao legislador a definição das situações em que ocorre ou não a prescrição, pois disso dependerá a efetividade do exercício.

Hipótese de resultado final semelhante é a da decadência, que, à semelhança da prescrição, acaba obstando a realização do direito subjetivo. Porém, enquanto a primeira ataca diretamente o direito e o fulmina se não for exercido dentro do prazo decadencial estipulado, a segunda, como sobredito, faz fenecer a ação que levaria ao exercício do direito.

Quanto ao tempo de duração, os direitos subjetivos classificam-se como *vitalícios* ou *temporários*. Estes últimos permanecem com o titular enquanto não sobrevier acontecimento capaz de promover a sua extinção ou desaparecimento. É o que acontece com o direito de cobrar uma dívida, que se mantém intacto até que o devedor pague, ou que outra causa interfira no contexto, *v. g.*, remissão, compensação, renúncia etc. Na linha oposta estão os vitalícios, cuja duração temporal é igual à da vida do titular. Surgem com o nascimento dele e apenas com a morte deixam de existir. Exemplo: direitos da personalidade (à vida, à honra, ao nome, à integridade física etc.). É de ser salientada a circunstância de que os reflexos de alguns dos direitos vitalícios podem ser verificados inclusive após o óbito do sujeito, já que por razões humanitárias o legislador entendeu adequado estender a tutela legal a hipóteses consumadas depois do desaparecimento do indivíduo. Em tal contexto, entrega aos sucessores do falecido a legitimidade para propor as demandas cabíveis, relacionadas a direitos vitalícios que, embora extintos, projetam repercussões para adiante da data do passamento. Exemplo: eventual afronta à memória do morto permite aos herdeiros o ajuizamento de ação de reparação de danos contra o ofensor.

Reciprocamente considerados, os direitos subjetivos são *principais* ou *acessórios*. A questão toma por base a verificação, quando confrontados dois direitos, da subsistência ou não de um sem o outro. Quando a existência de certo direito depende do seu atrelamento a espécie diversa, diz-se que aquele é acessório e este é principal. Obviamente, tal conjectura somente se torna admissível no momento em que examinados dois direitos ao mesmo tempo, pois isoladamente nenhum deles será acessório ou principal. A conjugação de ambos é que dirá da possibilidade de decifrar a interligação que acaso haja. O principal é independente e sobrevive sem o acessório, enquanto este segue necessariamente a sorte daquele. Exemplo: o direito à percepção do crédito é principal em relação ao direito de auferir juros. Singelo raciocínio demonstra que o crédito não sucumbe se for desatrelado dos juros, ao passo que o contrário não é verdade, já que a existência dos juros se justifica unicamente na medida em que estiverem ligados a um dever econômico do qual defluam.

Sob o enfoque da natureza da norma jurídica de que se originam, os direitos subjetivos são *públicos* ou *privados*, conforme decorram, respectivamente de regras marcadas pela índole pública ou privada. Para esse critério, não interessa qual a condição individual do titular, importando, unicamente, o caráter da regra de conduta. Em vista disso, os particulares podem ser investidos tanto de direitos subjetivos públicos como privados, o mesmo ocorrendo no que concerne ao Estado e aos seus desmembramentos. A relevância da classificação tem vínculo direto com algumas características que tais direitos carregam. Sabe-se, por exemplo, que os definidos como sendo de ordem pública são, normalmente, inderrogáveis pela vontade das partes, ao passo que os de ordem privada tendem a ser submetidos ao princípio da autonomia da vontade e podem sofrer a ingerência do querer externado pelos interessados. Citem-se, em conotação ilustrativa, os direitos ao voto e à reclamação, pelo donatário, do bem doado. O primeiro é direito subjetivo público, não ficando à mercê da vontade da pessoa; já o segundo é direito subjetivo privado, trazendo mera prerrogativa suscetível de abdicação ou de transmissão por parte do titular.

Capítulo 6

DAS PESSOAS FÍSICAS OU NATURAIS

6.1. Pessoa em sentido jurídico

Na Parte Geral do Código Civil, mais especificamente no Livro I, encontra-se a disciplina relativa às pessoas, vistas então na qualidade de sujeitos de direitos e obrigações. Apenas para recapitular, salienta-se que o direito objetivo é a *norma agendi*, ou seja, o manancial de regras abstratamente postas por iniciativa do poder competente. O direito subjetivo é a *facultas agendi*, isto é, a faculdade conferida pela norma ao sujeito. Este, por sua vez, é pessoa física ou jurídica, com as exceções abertas pelo ordenamento jurídico aos entes que despersonificados, estão legitimados a agir, mas sempre com a vinculação de pessoas naturais ou jurídicas como destinatárias finais dos direitos e das obrigações. Todo direito tem um titular, que participa da relação jurídica na condição de sujeito ativo (a quem cabe a *facultas agendi*) ou passivo (sobre quem recai o dever jurídico).

Quando o Código Civil expede regras acerca das pessoas, tem por base a conotação jurídica do vocábulo, como não poderia deixar de ser. Ao atribuir contornos técnicos ao tema, o legislador desconsidera os demais sentidos da palavra *pessoa*, seja no concernente ao aspecto comum (como sinônimo de ser humano), seja no que diz respeito ao entendimento moral ou filosófico da questão (voltado para a discussão em torno dos fins da existência humana). O que interessa, sob o prisma jurídico, é que se considera pessoa todo ser humano nascido com vida, além de outros entes ideais (conglomerados de seres humanos ou organizações de natureza diversa previstas em lei) criados pelo direito com vistas a atingir determinados objetivos. Tem-se aí, então, a noção primária de pessoa natural ou física e de pessoa jurídica, conforme sejam movidas ou não por força vital biológica e, quanto à última, esteja consagrada pelo ordenamento pátrio.

6.2. Pessoa física

O art. 1º do Código Civil estabelece: "*Toda pessoa é capaz de direitos e deveres na ordem civil*". O ser humano é pessoa pelo simples fato de nascer com vida, tendo reconhecida a condição de sujeito de direitos e obrigações com base em tal acontecimento biológico, do que deflui a expressão *pessoa natural* ou física. Os demais seres vivos não recebem no plano civil a caracterização como sujeitos, e, embora por vezes recebam proteção legal, isso não significa que aufiram quaisquer das prerrogativas destinadas com exclusividade às pessoas. O direito existe para os seres humanos e somente entre eles se travam as relações jurídicas, de maneira que os outros integrantes do reino animal não podem ser senão objeto do direito, jamais sujeitos. A tutela normativa eventualmente dirigida aos animais tem por suporte a dignidade que todo ser vivo merece, sem que disso resultem atributos jurídicos inerentes à condição humana. Daí o porquê, por exemplo, de não se reconhecer validade à disposição testamentária que preveja certo benefício em favor de um animal. O mesmo se afirma quanto às coisas, de vez que a relação jurídica nunca se verificará entre o ser humano e as coisas ou patrimônios, aspecto revelador de que estes últimos não possuem personalidade e não recebem da ordem legal a qualidade de sujeitos.

O texto da codificação anterior utilizava o vocábulo *homem* como designativo da espécie humana, mas a antiga opção foi substituída pela palavra *pessoa*. Tal alteração não afetou o sentido jurídico do termo e o querer do legislador, servindo apenas como aperfeiçoamento da linguagem, eis que abrange todo ser humano, independentemente de ser homem ou mulher. Também não se pode falar em distinção quanto ao alcance da personalidade civil, pois todos os entes a quem o direito confere esse atributo são dotados de igual nível de prerrogativas e vinculações, sejam homens, mulheres ou abstrações ideais munidas de personalidade. O que varia é a possibilidade mais extensa ou menos vigorosa de exercer as faculdades derivadas da qualidade de sujeito de direito, mesmo porque a finalidade da pessoa jurídica é totalmente diversa daquela relacionada à pessoa física, sendo óbvio que o *modus operandi* de uma e de outra varia segundo as peculiaridades que lhes são inerentes.

6.3. Início da personalidade natural

No art. 2º do Código Civil encontra-se esta disposição: "*A personalidade civil da pessoa começa do nascimento com vida; mas a lei põe a salvo, desde a concepção, os direitos do nascituro*". É no exato instante em que nasce com vida que o ser humano se torna pessoa em sentido jurídico, adquirindo, concomitantemente, a condição de sujeito de direito e obrigações. Para que assim seja, faz-se mister a completa separação entre os corpos da mãe e do filho, fenômeno representado pelo rompimento do cordão umbilical. A partir disso é que o recém-nascido demonstrará ou não a sua vitalidade autônoma para fins de afirmação como pessoa em termos jurídicos. Muitas vezes não é simples precisar a existência de vida, especialmente porque ela pode ter duração de apenas alguns momentos e depois desaparecer, extinguindo a personalidade recém obtida e ocasionando potencialmente intensas repercussões no campo do direito. O nascimento com vida reclama prova técnica (docimasia hidrostática, laudo pericial etc.), ou, pelo mínimo, prova testemunhal segura que ateste a ocorrência de movimentos, sons, respiração ou outros sinais inequívocos. Tal prova pode ser colhida junto a médicos, enfermeiros e demais profissionais com aptidão na área da saúde, ou mesmo junto a quem tenha observado a presença de indicativos capazes de atestar a força vital que tomou o ser humano, embora a título precário e mesmo que tenha logo sido suprimida.

A viabilidade do recém-nascido ou a forma física humana são desnecessárias para a determinação do início da personalidade, bastando que haja sobrevivência, por um momento que seja. O anencéfalo (nascido sem cérebro) e os deficientes em qualquer grau serão pessoas desde que exteriorizem sinais vitais, por mínimos que sejam. Independentemente da sua aparência física ou da perspectiva de se desenvolver fora do útero, a verdade é que, nascendo com vida e vindo a falecer no instante seguinte, a pessoa, seqüencialmente, consolida os direitos patrimoniais que porventura lhe cabem e os transmite de imediato a seus herdeiros na ordem estabelecida pelo Código Civil. Daí a relevância de saber se houve vida ou não, pois disso dependerá a afirmação da existência da pessoa e a verificação das conseqüências correlatas.

Peculiar situação é a do nascituro, assim considerado o ser humano em desenvolvimento no ventre materno. Desde a concepção, seus direitos são assegurados, mesmo que não se possa falar — e efetivamente não se pode — na existência de uma pessoa, e nem de um sujeito com a formatação ordinária. A aquisição da personalidade fica submetida a uma condição suspensiva, que é o nascimento com vida, o mesmo ocorrendo, portanto, com a totalidade das prerrogativas previstas em favor do nascituro. Entre os seus direitos encontram-se os relativos à vida (daí a punição à prática do aborto), à filiação, à herança do pai que falece antes de nascer o herdeiro concebido, às doações feitas em seu favor e a todas as prerrogativas derivadas da personalidade, sujeita à condição suspensiva consubstanciada pelo efetivo nascimento com vida. Não se confirmando este, nenhum direito terá sido adquirido pelo ente, que não se torna pessoa e, portanto, também não transmite os direitos que dependiam do fato biológico para se concretizarem.

Concepção, para efeitos civis, considera-se o momento da instalação do ovo fecundado no útero materno. Portanto, nisso não se enquadra a situação em que os gametas são unidos *in vitro*, enquanto tal material não for implantado no ventre da mulher, sob pena de eventualmente ter-se de aguardar durante décadas para a definição, por exemplo, do destino de bens pertencentes ao homem que falece antes de iniciada a gestação da mulher, mas que fornecera espermatozóides para união com óvulo e congelamento do produto final.

A Lei n. 11.105/2005, entre outras previsões, regulamenta os incisos II, IV e V do § 1º do art. 225 da Constituição Federal e estabelece normas de segurança e mecanismos de fiscalização de atividades que envolvam organismos geneticamente modificados e seus derivados. A proteção legal conferida pela citada lei ao material genético (*v. g.*, art. 6º, III e IV), vedando engenharia genética em célula germinal humana, zigoto humano e embrião humano, coibindo a clonagem humana etc., não significa que há um nascituro a partir da fecundação *in vitro*, eis que apenas pretende evitar a sua indevida e deturpada utilização com falsos pretextos científicos. A diferença fundamental entre o nascituro e o embrião que não alcança essa qualificação jurídica está no fato de que ao primeiro já foram oferecidas todas as condições naturais para o seu desenvolvimento, ao passo que o segundo não passa de um aglomerado de células que jamais terão a perspectiva de normal evolução, porque ausente a implantação no adequado ambiente do útero. Esse é, no enfoque jurídico, o diferencial que eleva o embrião ao patamar de nascituro e o põe sob a proteção legal correspondente.

O Código Civil menciona diversas prerrogativas especificamente reservadas ao nascituro, sendo exemplos disso os arts. 1.779 (nomeação de curador em seu proveito) e 1.798 (legitimidade para suceder). Também o Código de Processo Civil se preocupou com o tema, como apontado nos arts. 877 e 878 (exame para constatação da gravidez e preservação de direitos). Ao punir o aborto, o direito penal igualmente protege o nascituro (arts. 124 a 128 do Código Penal).

6.4. Capacidade e suas espécies

Ao mencionar que toda pessoa é capaz de direitos e deveres, o art. 1º do Código Civil deixa entrever não apenas a questão da personalidade, mas, com igual ênfase, a da capacidade. Como já se disse, a personalidade importa na colocação do indivíduo como sujeito de direito. Porém, dela, considerada em si mesma, não emergem os poderes de agir na defesa dos interesses individuais. É da capacidade que resultam esses poderes, legitimando a pessoa a buscar a efetivação dos próprios direitos. Tendo em vista as observações feitas acima, afigura-se pertinente dizer que os atributos inerentes à capacidade — e ela mesma, portanto — integram a personalidade. Não há como desvincular o trinômio pessoa (destinatária dos poderes), personalidade (que eleva o ser humano à condição de sujeito) e capacidade (atributos que viabilizam a efetivação material dos direitos), eis que tais elementos se encontram intimamente relacionados para a constituição do universo jurídico do indivíduo.

O conjunto formado pelos atributos derivados da capacidade integra a personalidade (aquela, portanto, é elemento desta), que transforma o ente em sujeito de direito e tem como conseqüências principais a aquisição de direitos daquele momento em diante e a incorporação definitiva dos que estiverem em estado de latência desde a concepção como expectativa de concretização futura. Em suma, *capacidade é aptidão para adquirir direitos e exercer, por si ou por outrem, atos da vida civil* (*Washington de Barros Monteiro*, "Curso de Direito Civil", Saraiva, 1989. p. 55).

É preciso estabelecer diferenças entre a qualidade jurídica que permite ao sujeito agir em nome próprio e por meio de intervenção pessoal daquelas outras situações em que o agir humano deve ser consumado por intermédio de terceiros, que o representam ou assistem para a prática de atos na órbita civil. Nem sempre o indivíduo poderá atuar livremente, por si mesmo, porque em determinadas situações fixadas na lei inexistirá capacidade para assim proceder. Questões atreladas à faixa etária, às faculdades mentais, e, excepcionalmente, às condições físicas, interferem decisivamente na definição da capacidade. Uma coisa é certa: todos os seres humanos nascidos com vida são pessoas, e todos adquirem, concomitantemente com a personalidade, a capacidade que lhes permite exercer direitos e contrair deveres. Todavia, nem sempre esse exercício se dará diretamente pelo titular, havendo definição quanto a esse aspecto de acordo com a presença ou não de capacidade plena outorgada pelo ordenamento jurídico. Em função disso se faz necessário mencionar a bipartição da capacidade nas espécies *de direito* e *de fato*.

Capacidade de direito é atributo inerente à condição humana, consistindo na prerrogativa de adquirir direitos e de exercê-los, com o que se aproxima, nesse particular, da personalidade da qual deriva. Todavia, com ela não se confunde, tendo menor amplitude e constituindo apenas um de seus elementos integrantes. Por outro lado, capacidade de fato é aptidão para o exercício dos direitos pelo sujeito mesmo, sem necessidade de representação, estando subordinada a elementos relacionados à idade e às condições de saúde. No dizer de *Washington de Barros Monteiro* (obra citada, p. 67), *"é simples aptidão para exercitar direitos. É a faculdade de os fazer valer. Se a capacidade de gozo é imanente a todo ser humano, a de exercício ou de fato deste pode ser retirada"*. Singelo exemplo ilustra a matéria: imagine-se uma pessoa com 20 anos de idade. Segundo as regras do direito civil, essa faixa etária compreende os indivíduos capazes, exceto quando incidir causa especial que indique outra solução. Tendo condições mentais e físicas adequadas, a pessoa poderá, *v. g.*, comprar ou vender imóveis sem intervenção de terceiros, ou seja, de maneira independente e autônoma. Se, todavia, mesmo com tal idade o indivíduo sofrer de problemas mentais, a simples compra ou venda de imóveis terá de ser alvo de cautelas adicionais, mormente no que diz respeito à representação do absolutamente incapaz. Em suma, a pessoa não poderá realizar o negócio sozinha, precisando de representação por quem de direito, além de circunstancial submissão a exigências específicas contidas na lei para a prática do ato. Caso tivesse 16 anos completos, e normalidade de condições de saúde, não seria hipótese de representação *stricto sensu*, mas sim de assistência, modalidade de acompanhamento jurídico destinada aos relativamente incapazes.

Visando ao aprofundamento do exame, deve-se destacar que a capacidade genérica (de direito e de fato) não se confunde com a denominada *legitimação* (ou *capacidade específica*), pois enquanto aquela atribui a prerrogativa geral de praticar atos da vida civil, esta consiste na possibilidade ou não que o indivíduo tem de praticar determinado ato em especial. Destarte, o ser humano capaz pode livremente vender imóveis (capacidade genérica), mas quando quiser celebrar tal negócio com um descendente (capacidade específica), terá de obter o assentimento de certas pessoas para que pratique ato imediatamente escorreito. Enfim, a legitimação depende da obtenção, no caso ilustrado, da expressa anuência dos outros descendentes e do cônjuge do alienante, nos moldes do art. 496 do Código Civil, que afirma a anulabilidade do negócio se não houver atendimento da aludida exigência.

Feitas as explanações *supra*, e até mesmo como forma de expor com maior largueza detalhes relacionados ao tema, é relevante discorrer acerca dos absolutamente incapazes e dos relativamente incapazes, a quem a lei direciona específico tratamento, exatamente porque, embora dotados de capacidade de direito, têm sérios óbices quanto à perspectiva de atuação autônoma. Ao contrário do que ocorre com os plenamente capazes, que possuem tanto a capacidade de direito como a de fato sem restrições de natureza genérica, os indivíduos enquadrados nas categorias sobre as quais se falará na seqüência ficam subordinados a rigorosas restrições jurídicas, sempre no intuito de que lhes seja atribuída maior proteção no plano civil.

Atento às diferentes peculiaridades que envolvem as pessoas que são acometidas de problemas relacionados à condição de discernimento, ao uso das faculdades mentais, ao estado de compreensão, à condição de se portarem segundo o ordinariamente esperado etc., o legislador promoveu a classificação dos indivíduos em absolutamente e relativamente incapazes. Com isso, estratificou as conseqüências jurídicas advindas de uma e de outra situação, explicitando-as separadamente quando da disciplina do tema no Código Civil.

6.5. Absolutamente incapazes

A incapacidade é definida como a imposição legal de restrições ao exercício pessoal de atos da vida civil. Refere-se à capacidade de fato ou de atuação, pois a capacidade de direito associa-se ao ser humano pela só razão da aquisição da personalidade pelo nascimento com vida. Ao contrário da capacidade de fato, não pode ser suprimida, ainda que circunstancialmente, em hipótese alguma, e tem como mecanismo operacional o instituto da representação. Eventuais interferências da lei no sentido de impor requisitos para o acesso do indivíduo a certo direito (*v. g.*, a idade para disputar cargo eletivo ou para adotar) não significam supressão da capacidade de direito, mas simples ausência de elementos postos como essenciais à integração daquela prerrogativa ao arcabouço jurídico do indivíduo. A perspectiva ampla de adquirir direitos permanece inalterada, embora subordinada a pressupostos definidos pelo legislador. Por outro lado, a circunstância de se ter no ordenamento jurídico causas que afetam a capacidade de fato, e que ao mesmo tempo submetem o indivíduo aos institutos da representação e da assistência, não importa em qualquer afronta à capacidade de direito, pois é certo que a pessoa, mesmo inibida de agir por si mesma, conservará intactas as prerrogativas dela decorrentes. Como dito alhures, a capacidade de direito é adquirida juntamente com a personalidade. Se assim não fosse, a idéia mesma de personalidade ficaria totalmente desestabilizada, pois seria inadmissível que o ordenamento pudesse conferir direitos a alguém sem a correspondente prerrogativa de os exercer, ainda que, faltando capacidade de fato, isso se dê por meio da intervenção de representante ou assistente.

Há pessoas que, por suas peculiares condições etárias e/ou de saúde, não possuem capacidade para o exercício, autônomo e independente, dos atos da vida civil. A elas é deferido tratamento compatível com a necessidade de proteção e resguardo dos seus interesses e dos de terceiros. Não praticam e nem interferem validamente nos atos que envolvem os seus interesses, tendo de ser representados em todas as situações da vida civil. Isso se projeta inclusive para o âmbito processual, eis que a pessoa absolutamente incapaz somente pode constituir procurador para atuar em juízo por meio de iniciativa do seu representante, que também é o único legitimado a receber citação quando o incapaz for réu. Destarte, quando o incapaz é regularmente posto na condição de sujeito ativo ou na de sujeito passivo (juridicamente, ele é que figura como autor ou réu), a intervenção direta do representante torna válidos os atos praticados dentro da relação judicial estabelecida.

Quanto aos absolutamente incapazes, a disciplina jurídica é dada pelo art. 3º do Código Civil: "São absolutamente incapazes de exercer pessoalmente os atos da vida civil: *I – os menores de dezesseis anos; II – os que, por enfermidade ou deficiência mental, não tiverem o necessário discernimento para a prática desses atos; III – os que, mesmo por causa transitória, não puderem exprimir sua vontade*".

A primeira causa de incapacidade absoluta é a que tem direta relação com a idade da pessoa, independentemente de outras circunstâncias que porventura a envolvam. Basta que o indivíduo não tenha chegado aos dezesseis anos completos para que o ordenamento jurídico o tenha, *prima facie*, como incapaz para os atos da vida civil, apesar de serem admitidas algumas exceções nos dispositivos subseqüentes. Isto porque os menores de 16 (dezesseis) anos não têm suficiente maturidade psíquica para entender e praticar por si mesmos atos que exigem elevado grau de autodeterminação, motivo pelo qual os seus representantes legais é que manifestam a vontade jurídica necessária à perfectibilização de tais atos, conferindo-lhes validade e eficácia.

Não há um critério específico para a fixação do limite etário da menoridade; trata-se de singela opção do legislador, que poderia ter estipulado outra faixa etária, a seu bel-prazer, como marco temporal da negativa de capacidade ao indivíduo. A propósito, o Código Civil de 2002 não alterou a matéria no que concerne aos absolutamente incapazes, mantendo a previsão da antiga codificação, no sentido de que os menores de 16 (dezesseis) anos são assim considerados. Oportunamente se verá que não procedeu assim no pertinente à aquisição da capacidade plena, já que modificou a idade de 21 (vinte e um) para 18 (dezoito) anos. As legislações de outros países adotam critérios variados para o estabelecimento da menoridade, segundo as conveniências e as características das respectivas sociedades. Inexistem regras de natureza internacional a nortear o tema, deixando-se totalmente aberta a cada país a escolha do momento adequado para considerar incapazes os seus membros. Em geral, a opção recai sobre idade próxima à escolhida pelo legislador brasileiro, ficando entre 14 (quatorze) anos, como é o caso da Argentina, e 18 (dezoito) anos, regra aplicada na Itália.

Em segundo lugar, são considerados incapazes os que padecem de moléstias mentais clinicamente atestadas, impeditivas ou obstativas, por inteiro, da autodeterminação, e que são assim declarados pelo juízo em processo de interdição ou afim. Necessário dizer, porém, que o processo judicial não é requisito prévio para o reconhecimento da mácula dos atos praticados pelo incapaz, bastando que no plano dos fatos se verifique a ocorrência de uma das situações estatuídas na lei. Noutras palavras, o ato é viciado desde sempre, ainda que o incapaz não tenha sido assim declarado em decisão judicial. Invocada perante o Poder Judiciário matéria atinente à imprestabilidade do ato por incapacidade do agente, o juiz decidirá se ao tempo em que praticado havia o quadro apontado na norma legal, e, sendo positiva a resposta, afirmará a nulidade.

Entre os fatores mais comuns que podem levar à incapacidade absoluta estão as psicoses, a esquizofrenia, outras perturbações de caráter genético e a toxicomania, degenerativas dos setores cerebrais que controlam o entendimento. O legislador inovou ao lançar a expressão *enfermidade ou deficiência mental*, eis que o art. 5º do Código anterior falava em *loucos de todo o gênero*. Na realidade, afora a evidente e necessária humanização da linguagem, a evolução do diagnóstico e tratamento das moléstias mentais levou à necessidade de separação conceitual dos transtornos psíquicos, mesmo porque muitos deles são atualmente curáveis ou controláveis por meio das modernas técnicas da Medicina. Destarte, *enfermidade* funciona como sinônimo de patologia adquirida ao longo da vida, por causas naturais ou traumáticas, sujeita ou não a reversão. Em contrapartida, *deficiência* significa desenvolvimento irregular ou condição anormal das faculdades psíquicas, via de regra em função de fatores genéticos presentes ao tempo do desenvolvimento fetal, ou de causas de variadas nuanças posteriores ao nascimento. De qualquer maneira, tanto a enfermidade como a deficiência mental funcionam como elementos da incapacidade civil absoluta quando obstam inteiramente a condição de entendimento, porque impedem a pessoa de compreender os atos jurídicos e de suportar os encargos deles derivados.

Destaque-se que a afirmação da incapacidade com base nessa disposição legal nunca pode ser considerada juridicamente irreversível. Uma vez recuperada a condição de normalidade mental, a pessoa que perdeu a capacidade como decorrência da perturbação readquire-a e passa a estar apta para gerir seu destino no âmbito cível. Por outro lado, observe-se que o direito brasileiro não reconhece a ocorrência de intervalos de lucidez como fator de viabilização do ato praticado pelo incapaz. Atestada a incapacidade pelos fatores mentais indicados na lei, nenhum ato subsistirá, mesmo que se diga ter sido feito dentro de um momento em que o sujeito aparentemente externava indicativos normais de compreensão. A propósito, expõe *Caio Mário da Silva Pereira* (obra citada, p. 185), em abordagem referente à antiga codificação, mas que se transpõe com total rigor para a atualidade, face à manutenção de norteamento do diploma em vigor: "*O Código Civil, encarando o problema tal como lhe advém do debate dos técnicos, colocou a incapacidade por enfermidade mental como um estado permanente e contínuo, somente podendo levantar-se com a recuperação total do alienado*".

Por último, quem não consegue exprimir sua vontade é juridicamente considerado inapto para a prática de atos da vida civil, já que tal exercício sempre depende da manifestação inequívoca do elemento anímico, seja pela palavra, por gestos compreensíveis, por escrito ou com o uso de outro meio de comunicação adequado para a espécie de ato que se pretenda praticar. Isso acontece ainda que a pessoa não seja mentalmente enferma ou retardada, pois é possível que os indivíduos sãos, embora compreendendo os acontecimentos à sua volta, não desfrutem da capacidade de expressão volitiva, dada a existência de defeitos físicos ou razões diversas que interferem nessa seara. A carência de expressão volitiva pode ser de caráter permanente ou transitório. No primeiro caso situam-se, por exemplo, os surdos-mudos sem instrução suficiente para permitir-lhes revelar com clareza sua vontade. Os idosos e os cegos não podem ser tidos como incapazes apenas porque estão nessa condição fática, já que, possuindo expressão volitiva normal, conservam a integral capacidade para os atos da vida civil. Isso não é contrariado pela imposição de algumas exigências diferenciadas aos cegos (*v. g.*, art. 1.867 do Código Civil, que lhe permite apenas a feitura de testamento público), pois se trata de regra de proteção que não interfere na liberdade de agir *lato sensu*. Já na segunda categoria incluem-se todos aqueles atingidos temporariamente por fatores exógenos ou endógenos hábeis a inviabilizar a expressão da vontade, como no caso de perda eventual da memória, ou ainda quando de contusões cerebrais que acarretem deficiência integral — mas passageira — do conhecimento e assim por diante. As pessoas transitoriamente incapacitadas de exprimir sua vontade serão submetidas às regras pertinentes à representação, que poderá ser direcionada apenas à prática de atos certos e determinados — nomeação judicial de representante *ad hoc* — ou à generalidade deles, por meio da interdição, que poderá ser levantada depois do restabelecimento da normalidade psíquica.

A mais acentuada diferença entre as hipóteses ínsitas nos incisos II e III reside no fato de que nestes o legislador protege as pessoas que, afetadas de modo transitório ou permanente, não têm necessariamente atingida a compreensão, mas não conseguem expressar a vontade de maneira adequada sob o prisma civil. Ao passo que a norma antecedente cuida dos casos de incapacidade ditada pela ausência de entendimento e discernimento do indivíduo quanto aos atos que precisa praticar.

Acerca desse mesmo assunto, é importante asseverar que o legislador eliminou a ausência como causa de incapacidade absoluta, cuja previsão constituía o inciso IV do art. 5º da codificação anterior. E fez bem procedendo assim, pois são distintas as circunstâncias que afetam o discernimento (hipótese de incapacidade) daquelas que conduzem à geração de presunção jurídica em torno da morte, para fins civis, do indivíduo (caso de ausência). Se o ausente recebe tratamento semelhante ao que regula as repercussões da morte, não é de bom alvitre inseri-lo no rol dos incapazes, especialmente porque a afirmação jurídica da incapacidade é destinada a proteger os que possuem personalidade. Como é sabido, o óbito provoca o imediato desaparecimento deste atributo, sendo perceptível o acerto do legislador ao afastar o ausente do elenco dos incapazes.

6.6. Relativamente incapazes

Certas pessoas não são totalmente inaptas para a prática de atos da vida civil, mas, considerando que ainda precisam de resguardo normativo, o legislador as inseriu numa zona intermediária, juridicamente situada entre os que têm capacidade plena e os absolutamente incapazes. Analisada a situação em que se encontra cada indivíduo daqueles que estão arrolados no art. 4º do Código Civil, percebe-se claramente que seria inadequado permitir que livremente gerissem a própria condição jurídica em todos os aspectos que a ela se relacionam. De outra banda, mostrar-se-ia por demais severo privá-los de toda e qualquer participação na resolução das questões que lhes dizem respeito no plano civil. Exatamente por isso é que foi idealizada a categoria dos relativamente incapazes, a quem a lei não atribui plenitude de atuação, mas, em contrapartida, confere parcial autonomia para a regência do seu próprio destino. Eles possuem integral capacidade de direito, adquirida juntamente com a personalidade; porém, enfeixam somente em parte a capacidade de fato. Isso perdura até que cumpridos os pressupostos apontados pela lei para a aquisição da plenitude da capacidade. Enquanto enquadrados como relativamente incapazes, os atos que praticarem à margem das previsões normativas serão passíveis de anulação. Para harmonizar esse quadro, o legislador determina que os relativamente incapazes não sejam alijados dos procedimentos referentes à vida civil; todavia, impõe limites à sua liberdade de ação quanto à pratica de certos atos ou à maneira de os exercer, exigindo que haja a presença de um assistente no acompanhamento do exercício dos poderes derivados da capacidade.

As observações feitas acima se projetam inclusive para o plano processual, eis que o relativamente incapaz não constitui isoladamente procurador para tomar conta de seus interesses em juízo, nem pode ser chamado a integrar a relação processual sem que a citação se dê por meio da intervenção do assistente, que firma o mandado em conjunto com o assistido. Este é o autor ou réu na lide, mas a regular formação do liame processual depende do cumprimento das exigências legais em torno das garantias que aos relativamente incapazes são alcançadas em ocorrências dessa natureza. Como aludido *retro*, a incapacidade relativa impede o sujeito de praticar de maneira independente os atos da vida civil, diante do que se faz necessária a assistência por quem a lei indicar, via de regra os pais ou o tutor, exceto no que diz com aqueles atos cuja intervenção de terceiros é expressamente dispensada pela lei. Há casos em que se abstrai e até se proíbe a participação do assistente, sendo exemplo disso a feitura de testamento. Sendo ato personalíssimo, e havendo expressa previsão legal de plena capacidade dos maiores de dezesseis anos para a sua confecção (parágrafo único do art. 1.860 do Código Civil), é vedada a interação do assistente no exercício do referido direito.

Essa proteção, cujas bases são a faixa etária do indivíduo ou especiais circunstâncias que apresenta, tem em vista primordialmente a defesa dos interesses da pessoa, sem olvidar da necessidade de preservação da segurança das relações jurídicas em geral, atingível somente quando os membros da coletividade entabulam vínculos em razoável semelhança de condições sob o prisma da maturidade e do discernimento. Daí o teor do art.4º do Código Civil: "*São incapazes, relativamente a certos atos, ou à maneira de os exercer: I – os maiores de dezesseis e menores de dezoito anos; II – os ébrios habituais, os viciados em tóxicos, e os que, por deficiência mental, tenham o discernimento reduzido; III – os excepcionais, sem desenvolvimento mental completo; IV – os pródigos. Parágrafo único. A capacidade dos índios será regulada por legislação especial*".

A categoria primeiramente mencionada na lei é a dos indivíduos que se encontram na faixa etária que vai dos 16 (dezesseis) anos completos aos 18 (dezoito) incompletos. O Código Civil de 2002 alterou profundamente essa delimitação temporal, pois sob a vigência da codificação anterior predominava a regra de que seriam tidas como relativamente incapazes as pessoas que estivessem nas fronteiras compreendidas entre os 16 (dezesseis) anos completos e os 21 (vinte e um) incompletos. Atualmente, ao atingir 18 (dezoito) anos de idade o indivíduo adquire a plenitude da capacidade, exceto quando a falta de outras condições impostas pela lei impedirem a consecução desse fenômeno.

O resguardo legal dos indivíduos que se encontram no citado interregno temporal tem por fundamento a presumida falta de maturidade para a prática autônoma de atos com repercussão jurídica. Se é verdade que a pessoa ainda não pode reger com independência completa o seu destino, também é certo que o menor entre 16 (dezesseis) e 18 (dezoito) anos não é despido de discernimento e compreensão acerca dos contornos dos atos que deve executar. Por isso é que o ordenamento reconhece o vigor da vontade manifestada pelo menor, mas condiciona a plenitude da sua força jurídica à assistência provinda de outrem na realização da conduta, até mesmo como forma de prevenir os riscos da inexperiência e de eventuais arroubos característicos da idade.

Em segundo lugar foram elencados como relativamente incapazes, num só dispositivo, os ébrios habituais, os viciados em tóxicos, e os que, por deficiência mental, tenham o discernimento reduzido. As situações, embora distintas no plano fático (porque diferente a origem de cada situação apontada), acabaram sendo equiparadas com vistas à fixação da repercussão jurídica que ocasionam. Todos os indivíduos enquadrados nessa causa de incapacidade apresentam, em grau semelhante, problemas de alerta e de compreensão que tornam necessária a sua submissão a acompanhamento por assistentes. É inegável que precisam de proteção normativa, pois a afetação que experimentam faz inviável o gerenciamento autônomo da própria conduta pessoal e dos bens que acaso tenham.

Ébrios habituais são os que, dependentes de álcool, têm nisso um fator de diminuição da condição mental, situação esta que coloca em risco iminente ou perturba concretamente a perfeição da manifestação volitiva. Não basta, porém, a habitualidade do consumo, sendo imprescindível que disso resulte parcial comprometimento do estado anímico, de modo a gerar a incapacidade relativa. Se a pessoa, não obstante ébria contumaz, conseguir reger normalmente a sua vida civil, inexistirá razão para o reconhecimento do quadro mencionado no dispositivo legal, e os atos praticados serão tidos como perfeitos. Também são relativamente incapazes os viciados em substâncias tóxicas (cocaína, maconha, heroína, *crack* etc.), contanto que tal circunstância leve-os a uma diminuição da capacidade de entendimento, valendo aqui as mesmas considerações formuladas acerca dos ébrios habituais. Se a afetação for total, eliminando a faculdade do discernimento, a pessoa será absolutamente incapaz (art. 3º, III). Tanto no caso da ebriedade como no da dependência de tóxicos, a incapacidade relativa somente será afirmada se restar demonstrada no plano concreto, dentro de processo ordinário, em que se assegure ao investigado o exercício do direito ao contraditório e à ampla defesa. Destarte, não basta pura e simplesmente a presença do vício para que se dê a tais pessoas tratamento jurídico destinado aos relativamente incapazes, mesmo porque isso representaria um atentado contra o princípio segundo o qual a regra é a capacidade (que dispensa prova), enquanto a exceção — a incapacidade — depende de prova.

Os excepcionais, sem desenvolvimento mental completo, não conseguem entender por inteiro a gravidade dos atos civis e as conseqüências deles derivadas. Daí serem incluídos dentre os que necessitam de assistência de outrem para a consecução das condutas referentes aos seus interesses jurídicos. Considerado o teor dos incisos II e III, faz-se mister cotejar as hipóteses para delas extrair o seu real alcance. A definição do que seja *deficiência mental* passa pela constatação da presença de anormalidade psíquica geradora de minoração na esfera do discernimento da pessoa afetada. Já o indivíduo *excepcional*, por problemas de origem endógena, não desenvolveu completamente as faculdades mentais. Todavia, como os incisos II e III abarcam ambas as situações e as colocam como geradoras de parcial incapacidade, é de ver que se aproximam, para fins cíveis, os conceitos de *deficiência mental* e de pessoa *excepcional*. Disso deriva conclusão lógica no sentido de que pretende o Código Civil estender o véu da incapacidade relativa sobre as pessoas que, embora não se enquadrem no rol dos patologicamente inaptos em sentido absoluto, têm comprometida transitória ou definitivamente a compreensão perfeita dos fatos como resultado da insuficiência do seu alcance psíquico. Com isso, e enquanto perdurar a situação, serão consideradas relativamente incapazes, como acontece, por exemplo, com as pessoas que se situam na zona fronteiriça entre a normalidade e a patologia mental. São indivíduos que precisam de proteção legal, por estarem afetados na capacidade de plena compreensão em torno dos atos comuns da vida civil.

Ao incluir a deficiência mental como causa de incapacitação relativa (quando atingir parcialmente o discernimento), o legislador praticamente fechou o circuito que vai desde a falta de compreensão derivada de causas químicas exógenas, passando pelo defeito de entendimento motivado por alterações psíquicas de motivação endógena e culminando por abarcar fatores inespecíficos que abalam a condição mental de compreender os atos e fatos da vida civil.

Cabe ainda breve consideração acerca do enquadramento de determinados indivíduos em relação à capacidade ou não de exercerem por si mesmos as prerrogativas que lhes competem. Nem sempre a presença de anormalidade prevista na lei determinará taxativamente a incapacidade, seja em parte ou por completo. Isso dependerá dos contornos de cada caso específico, e, sobretudo, do reflexo do quadro na esfera psíquica da pessoa atingida. Assim, os portadores de anomalias psíquicas e os dependentes químicos (toxicômanos, alcoólatras e outros) podem ser absoluta ou relativamente incapazes, situação a ser considerada nos termos da sentença proferida em ação própria. Isto porque tais circunstâncias podem afetar total ou parcialmente as faculdades mentais, de tal modo que levam a pessoa a nada discernir ou, então, a compreender apenas em parte o que acontece à sua volta e, especialmente, as nuanças dos atos e dos fatos juridicamente relevantes. Disso decorrerá a sua qualificação como absoluta ou como relativamente incapaz para fins civis.

Volta-se a frisar agora, porque relevante, que a prévia interdição ou a antecipada afirmação judicial do estado da pessoa não é requisito para a afetação dos atos por ela praticados. O que interessa é o reconhecimento processual — embora em etapa posterior à realização da conduta apontada como defeituosa — de que o indivíduo não desfrutava da plenitude da capacidade ao tempo da atuação.

Também foram arrolados como relativamente incapazes os pródigos, que, segundo *Washington de Barros Monteiro* (obra citada, p. 63), *"são os que desordenadamente dissipam os bens, reduzindo-se à miséria"*. Deve-se ter cautela para não confundir a figura do pródigo com a de quem faz maus negócios, pois ganhar ou perder em negociações regulares é circunstancial. Aquele que entra em derrocada por promover atividades lícitas malsucedidas não é, necessariamente, pródigo, já que para assim ser considerado deve estar presente grande dose de desleixo, total despreocupação quanto ao resultado da conduta, anormal alheamento. Incluem-se aí os viciados em jogos e apostas, os que anormalmente praticam liberalidades sem razoável explicação e assim por diante. Como não têm controle adequado sobre o próprio acervo patrimonial, devem ser acompanhados na prática de atos da vida civil que tiverem conteúdo econômico, como os de emprestar, hipotecar, alienar etc. Quanto aos restantes, nenhuma restrição acontecerá, podendo o indivíduo, por exemplo, casar, desempenhar atividades profissionais estranhas ao patrimônio, ajustar contratos cujo teor não esteja atrelado às barreiras impostas pela lei etc. Em favor do pródigo será nomeado curador, cuja atuação restará delimitada pela sentença que vier a ser proferida em ação ordinária. Cuida-se de especial situação se comparada à dos demais indivíduos tidos como relativamente incapazes, pois quanto aos pródigos a sentença é que estabelecerá as fronteiras da incapacidade, indicando os atos que somente poderão ser executados mediante assistência, ficando a pessoa, quanto aos demais, totalmente liberada para realizá-los sem acompanhamento. É que os pródigos apresentam dificuldades específicas, invariavelmente vinculadas à atuação no campo econômico, de maneira que as outras atividades podem ser feitas sem a necessidade de qualquer intervenção provinda de terceiros. Sendo assim, a opção do legislador situa-se em zona intermediária, de maneira que não prescreve *"nem a abstenção total dos negócios da vida civil nem a liberdade de movimento que lhe dê pasto à tendência imoderada para a perdulariedade"* (*Caio Mário da Silva Pereira*, obra citada, p. 193).

Quanto aos silvícolas, que eram classificados como relativamente incapazes pela antiga codificação, ficam agora submetidos à norma contida no parágrafo único do art. 4º, na qual consta que a capacidade dos índios será regulada por legislação especial. Andou bem o legislador ao assim proceder, eis que se trata de matéria muito ampla, e variável demais, para ser disciplinada em algumas normas codificadas. Até a edição de nova disciplina, os índios continuarão submetidos ao regime tutelar previsto na Lei n. 6.001/73 (Estatuto do Índio), que hoje norteia a matéria. Segundo o que dela consta, o exercício da proteção é, atualmente, de exclusiva competência da União. A respeito da capacidade dos silvícolas, o art. 8º da supracitada lei dispõe: "*São nulos os atos praticados entre o índio não integrado e qualquer pessoa estranha à comunidade indígena quando não tenha havido assistência do órgão tutelar competente*". O parágrafo único acrescenta: "*Não se aplica a regra deste artigo no caso em que o índio revele consciência e conhecimento do ato praticado, desde que não lhe seja prejudicial, e da extensão dos seus efeitos*". Percebe-se, então, que há um misto de reconhecimento de capacidade e de afirmação da incapacidade dos indígenas, de acordo com o grau de compreensão e discernimento que revelem em cada caso. Disso resulta que os atos praticados por eles podem ser plenamente válidos ou juridicamente imprestáveis (nulos). Todavia, não se deve descartar a hipótese de que, sendo parcial a afetação do conhecimento, haja quadro de incapacidade relativa, que também reclamaria a presença de assistente para perfectibilização dos atos, sob pena de se caracterizar a anulabilidade.

6.7. Maioridade e emancipação

Diz o art. 5º do Código Civil: "*A menoridade cessa aos dezoito anos completos, quando a pessoa fica habilitada à prática de todos os atos da vida civil. Parágrafo único. Cessará, para os menores, a incapacidade: I – pela concessão dos pais, ou de um deles na falta do outro, mediante instrumento público, independentemente de homologação judicial, ou por sentença do juiz, ouvido o tutor, se o menor tiver dezesseis anos completos; II – pelo casamento; III – pelo exercício de emprego público efetivo; IV – pela colação de grau em curso de ensino superior; V – pelo estabelecimento civil ou comercial, ou pela existência de relação de emprego, desde que, em função deles, o menor com dezesseis anos completos tenha economia própria*".

Considera-se adquirida a maioridade no primeiro instante do dia em que a pessoa completa dezoito anos, e não no momento coincidente com o de nascimento, que tem por base o horário estampado na respectiva certidão. Isso uniformiza o critério e evita discussões em torno da presença ou não de capacidade quanto a atos praticados na data do aniversário, porém em hora diversa daquela indicada na certidão de nascimento. A maioridade, face à alteração operada pelo legislador no Código Civil de 2002, passou a ser contada dos dezoito, e não mais dos vinte e um anos de idade como previa o art. 9º da extinta codificação. O critério etário não é definido com suporte em um padrão universal, variando segundo as conveniências e peculiaridades de cada nação. Na Itália, por exemplo, a maioridade chega aos 21 anos, enquanto na Espanha o fenômeno ocorre aos 23 anos.

Havendo incerteza quanto à data de nascimento do indivíduo, deverá ser debatida a questão em ação própria, a fim de que, com o uso dos meios probantes adequados (perícia, testemunhas, documentos etc.), chegue-se ao esclarecimento do ponto pendente.

Se ainda assim persistirem dúvidas, mas forem produzidas provas razoáveis em favor da afirmação da capacidade, a decisão mais razoável consiste em reconhecê-la, haja vista que se trata de atributo favorável ao sujeito e que somente pode ser restringido ou negado em circunstâncias excepcionais. Cumpridos os requisitos mínimos postos na lei, a capacidade passa a ser a regra, consistindo exceção o contrário.

Atingida a faixa etária prevista na lei (18 anos), a aquisição da capacidade, por advento da denominada maioridade, é automática. Independe de qualquer outra providência, seja quanto a atos de registro ou de natureza diversa. Isso porque, consoante aludido acima, constitui conseqüência ordinária a atribuição de capacidade ao indivíduo que cumpre os pressupostos legais, ao passo que a negativa configura medida extraordinária, reservada às hipóteses indicadas pelo legislador.

Com a chegada da maioridade, o sujeito adquire plena capacidade de fato, ou de exercício, ficando autorizado a praticar todos os atos civis de maneira pessoal e independente, nos limites legais. Não obstante, alguns atos podem ser realizados por menores sem necessidade de representação, como é o caso da prestação de depoimento como testemunha judicial ou confecção de testamento, entre outros que a lei explicita. Contudo, a aptidão geral para exercitar os direitos e assumir os deveres de maneira pessoal e sem necessidade de específica permissão normativa tem como fonte primária a maioridade. Ao mundo jurídico não interesse se o menor de idade revela inteligência e compreensão acima da média, pois disso não surgirá a perspectiva de aquisição antecipada da capacidade, que se atrela num primeiro momento, repita-se, exclusivamente à questão etária, à qual associa-se a exigência de adequadas condições mentais (exceto quanto ao teor do art. 1.780, que admite curatela a deficientes físicos).

Cabe salientar que a capacidade civil não se confunde com a eleitoral (16 anos), nem com a penal (18 anos) ou outras que se submetam a disciplina específica, ainda que a faixa etária de algumas delas possam entre si coincidir. O legislador se vale de raciocínios e operações diferentes para estabelecer os variados momentos em que se dá a integração do indivíduo a relações jurídicas exteriores ao plano civil. Quanto a este, porém, adotou o critério etário como principal fonte geradora da capacidade, admitindo que a pessoa possa estar apta no âmbito civil e não noutras searas, e vice-versa.

Atento à evolução social e à possibilidade de que determinados indivíduos estejam em situação que indique a conveniência de se lhes atribuir a capacidade de fato antes de chegarem à maioridade, o ordenamento pátrio prevê hipóteses de emancipação (parágrafo único do art. 5º). Esta consiste na aquisição da capacidade civil plena em momento anterior ao do implemento da idade mínima estatuída no *caput* do dispositivo, ou seja, dezoito anos. Tem como principal efeito a extinção do poder familiar, e, na hipótese de estar o menor sob tutela, extingue-se o instituto. Em ambos os casos, a pessoa fica liberada para agir autônoma e independentemente no plano civil, observados eventuais limites postos na lei.

Antes de adentrar no exame das situações que antecipam em termos temporais a verificação da capacidade, deve-se chamar a atenção para o fato de que os emancipados não adquirem *maioridade*, mas, simplesmente tornam-se capazes enquanto ainda menores. Noutras palavras, a menoridade deixa de ser óbice à geração da capacidade plena, mas não desaparece em virtude da emancipação. É claro que como resultado desse fenômeno ela deixa de ser relevante para o direito, pois a atribuição de capacidade ao menor elimina os entraves que ordinariamente existiriam enquanto não chegasse à faixa etária mínima indicada na lei.

A primeira fonte de emancipação é a vontade dos genitores, a quem cabe decidir acerca da concessão prevista na lei. Aos pais, com plena liberdade, compete avaliar as condições do menor e ponderar sobre a sua maturidade para tomar as rédeas do próprio destino. Não se trata de direito subjetivo do menor, mas de prerrogativa do pai e da mãe no sentido de promoverem a liberação do filho que já tenha chegado aos 16 (dezesseis) anos completos, a quem conferem capacidade pela emancipação. É completamente impossível a emancipação, por iniciativa dos pais, de menor que ainda não atingiu essa idade. A concessão deve ser dada por ambos os genitores por meio de escritura pública devidamente inscrita no Registro Civil (arts. 9º, II, do Código Civil, e 89 da Lei n. 6.015/73), haja vista a igualdade constitucional entre pai e mãe (art. 226, § 5º, da Constituição da República). É óbvio que apenas quem estiver no exercício do poder familiar terá legitimidade para emancipar o filho, vedando-se essa providência, portanto, ao genitor que perdeu ou teve suspenso o referido atributo.

Não obstante a exigência inicial no sentido de que ambos os genitores consintam, está prevista também a possibilidade de que apenas um deles conceda a emancipação, na *falta* do outro. Entende-se *falta* como sendo qualquer situação juridicamente capaz de obstar a válida aquiescência do genitor em relação à emancipação, como acontece no caso de óbito, de ausência judicialmente reconhecida, de suspensão, destituição ou perda do poder familiar etc. Quando isso ocorrer estará concedida a emancipação mediante anuência do progenitor remanescente, mesmo porque seria carente de sentido jurídico qualquer disposição em direção contrária, haja vista que a concordância de quem está encarregado de zelar pelos interesses do menor é suficiente para torná-lo capaz antes de atingir a faixa etária estatuída na regra geral.

Ainda que não esteja prevista no Código Civil, entende-se prudente admitir a possibilidade de que a emancipação seja concedida por apenas um dos pais quando o outro, injustamente, negar-se a aquiescer. Isto porque a negativa despida de fundamento obstaculiza a realização da vontade do genitor que concordou com a emancipação e muitas vezes choca-se com os legítimos interesses do menor. Havendo divergência entre os pais, poderá aquele que se sentir prejudicado recorrer ao Poder Judiciário, que decidirá a controvérsia (art. 21 da Lei n. 8.069/90 — Estatuto da Criança e do Adolescente) e poderá autorizar a emancipação mediante concessão de apenas um dos progenitores. Essa modalidade de emancipação não se confunde com a deferida por sentença judicial (parte final da alínea *a*), eis que nesta não existe efetiva iniciativa de um dos pais, mas sim do tutor. Enquanto debatida a questão envolvendo a falta de consentimento de um dos pais, ficará sobrestada qualquer iniciativa extrajudicial de emancipação. De qualquer modo, é vedada ao menor a invocação pessoal de pretensa recusa injustificada como fundamento de pedido de suprimento judicial da vontade não emitida pelas pessoas legitimadas a emancipá-lo; cabe unicamente ao genitor que se sentir prejudicado suscitar a matéria em juízo por meio de lide ordinária.

No mesmo inciso I, em sua parte final, prevê-se outra modalidade de atribuição de capacidade ao menor, mas pertinente àquele que estiver sob regime de tutela. Não se cuida de ato concessivo do tutor, mas de decisão judicial fundada em lide proposta por ele. Nesse caso, a emancipação ocorrerá por sentença, observado o procedimento especial de jurisdição voluntária indicado no art. 1.112, I, do Código de Processo Civil. O processo começará por provocação do tutor e no interesse do menor, perante o Juizado da Infância e da Juventude (art. 148, parágrafo único, da Lei n. 8.069/90 — Estatuto da Criança e do Adolescente). Destaque-se que o menor não tem legitimidade para pleitear a emancipação, por tratar-se de concessão sujeita à discricionariedade do tutor quanto a propor ou não a demanda e ao convencimento do juiz acerca da ocorrência dos pressupostos mínimos de procedibilidade. Aqui reside importante aspecto da emancipação, de vez que o deferimento pelo juiz ocorrerá exclusivamente quando os elementos processuais indicarem a conveniência da medida. Ou seja, não se dará emancipação ao menor se isso não for ao encontro dos seus interesses, motivo pelo qual a constatação de que inexiste razão plausível a apontar a relevância do ato acarretará a improcedência da pretensão deduzida.

Tanto a emancipação por concessão dos pais como aquela a que se chega por sentença judicial são irrevogáveis e irreversíveis, quando perfeitas na origem. Uma vez obtida a capacidade plena, não pode ao depois ser surpreendido o menor com a cassação daquele estado, pois isso afrontaria o princípio da segurança das relações jurídicas e provocaria riscos inclusive a terceiros que acaso houvessem tratado com o indivíduo emancipado.

O inciso II afirma que cessa a incapacidade dos menores pelo casamento. Contraindo matrimônio a pessoa adquire capacidade plena, pois quem pode manifestar validamente sua vontade em ato de extensa repercussão jurídica como é o casamento, por óbvio não ficará jungido ao poder familiar. Seria esdrúxulo imaginar que ao assumir a constituição de nova família os cônjuges pudessem ainda permanecer sob o comando dos pais ou de tutores. A capacidade assim obtida é irreversível, de maneira que tanto a posterior anulação do matrimônio por defeito de idade ou diverso, como a separação judicial, o divórcio, o óbito de um dos cônjuges ou qualquer outra intercorrência não afetam a capacidade adquirida, mantendo-a em todas as circunstâncias e efeitos. De resto, cumpre obtemperar que o defeito na formação do vínculo matrimonial ou eventual nulidade não impedem que o cônjuge de boa-fé se aproveite dos efeitos do ato como se válido fosse, mesmo porque o Código Civil expressamente reconhece que o casamento putativo tem esse alcance em relação ao contraente de boa-fé (art. 1.561 e § 1º). Logo, adquire capacidade plena quem contrai de boa-fé casamento nulo ou anulável, estado pessoal que continua irreversível mesmo que judicialmente afirmada a putatividade.

O exercício de emprego público efetivo também faz encerrar a incapacidade dos menores, conforme preconizado no inciso III. Esse efeito não decorre de qualquer espécie de vinculação laboral com o Poder Público, mas apenas daquelas relações de cunho efetivo. Portanto, nem mesmo basta o exercício de emprego público para a aquisição da capacidade; é necessária a efetividade, que resulta da condição de perenidade do cargo na estrutura da Administração, tanto Direta como Indireta. Dada a evolução histórica, o mandamento quer abranger de igual modo os empregos propriamente ditos e os cargos, contanto que ambos sejam de provimento efetivo, e ainda que o emprego esteja sob o regime celetista.

As pessoas que desempenham funções públicas nos cargos em comissão, de confiança, interinos ou mediante contrato temporário (art. 37, IX, da Constituição da República) não adquirem capacidade. Por outro lado, os servidores de autarquias, fundações públicas e paraestatais, desde que em condição de efetividade, aproveitam o teor do inciso em análise e têm cessada a incapacidade.

O fundamento da previsão normativa reside no fato de que a atuação como servidor ou empregado do Poder Público, seja em nível federal, estadual ou municipal, traz presunção no sentido de que o indivíduo possui maturidade suficiente para reger o próprio destino. Afinal, se lida com a coisa pública e é aceito como membro da máquina estatal, solidamente vinculado a ela, seria de todo inconveniente que para praticar atos da vida civil o indivíduo precisasse da intervenção de terceiros. Em suma, o Poder Público acaba reconhecendo a autonomia da pessoa para representá-lo, do que deriva igual conseqüência no plano particular.

Nos moldes do inciso IV, produz a cessação da incapacidade a colação de grau em curso de ensino superior ou curso que lhe seja equivalente por lei. Quanto ao vocábulo *científico*, adotado pelo legislador no Código Civil de 1916 para especificar o grau, deixou de figurar na nova redação, até porque jamais teve qualquer relevância prática, dado o fato de inexistir na lei diferenciação entre cursos superiores científicos e não científicos. Não se tem notícia de aquisição da capacidade por meio da aplicação do dispositivo em análise, haja vista a extensão temporal dos cursos superiores e a quase nenhuma possibilidade de que alguém obtenha a titulação necessária antes de completar 18 (dezoito) anos.

Por fim, o inciso V reconhece a aquisição da capacidade pelos menores em virtude de fática demonstração de aptidão para gerenciar aspectos importantes da rotina comum, relacionados ao plano econômico e de responsabilidade na condução dos próprios desígnios. Quem se estabelece em atividade civil ou comercial, ou entabula liame de emprego, demonstra na prática já ter experiência e evolução bastantes para atuar de forma independente. Estabelecer-se com economia própria não significa que a pessoa tenha de dar início à mercancia por meio de recursos pessoais e sem auxílio externo, ainda que este provenha de familiares. Importa, isto sim, que o indivíduo consiga manter o negócio com base em seus recursos e administrá-lo como titular, e não como mero auxiliar ou subordinado. O ditame objetiva permitir ao comerciante a prática de todos os atos de modo independente e que lhe assegure a continuidade das atividades sem a necessidade de buscar a todo momento a aquiescência dos representantes legais. Somente por sentença poderá ser reconhecida a circunstância estatuída na norma, mesmo porque o legislador objetiva não somente resguardar o menor (intuito principal), mas também proteger terceiros que acaso negociem com a pessoa imaginando tratar-se de alguém com plena capacidade. Uma vez atestado tal acontecimento, todos os atos pretéritos executados pelo menor, contanto que se encaixem no período transcorrido após o início das atividades comerciais, serão tidos como subsistentes e praticados sob o regime de plena capacidade para todos os efeitos.

De outra banda, a existência de relação de emprego como fundamento da aquisição da capacidade é inovação legislativa importante. Contudo, exige a norma que o menor conte 16 (dezesseis) anos completos e tenha *economia própria* gerada pela condição de empregado, ou seja, administre de fato sua vida negocial e consiga manter-se por meio dos rendimentos auferidos pelo trabalho. Evidente que tal relação laboral deve seguir os cânones legais, isto é, estar registrada na documentação pertinente e observar a legislação trabalhista. O fundamento da cessação da incapacidade pela existência de relação de emprego reside na circunstância de que a pessoa capaz de cumprir com as obrigações decorrentes de sua condição de trabalhador pode perfeitamente assumir os deveres inerentes aos atos e fatos da vida civil. Assim como no pertinente à manutenção de estabelecimento civil ou comercial, também no caso de liame laboral será imprescindível a prolação de sentença, mediante ajuizamento de ação que reconheça a causa de cessação da incapacidade do menor, eis que a só presença do fato em si mesmo não habilita a pessoa a ser tida e havida, desde logo, como capaz. Entrementes, os efeitos da sentença judicial favorável retroagirão à data da prática dos atos jurídicos porventura consumados no período em que o menor já estava faticamente inserido no contexto que autorizava o pleito judicial.

6.8. Fim da pesonalidade natural

O direito brasileiro estabelece como marco temporal da aquisição da personalidade o nascimento com vida. Considerada a circunstância de que o indivíduo se faz acompanhar de tal atributo por toda a sua existência biológica, é fácil compreender o porquê de estar no exato instante da morte o marco final da personalidade. Com efeito, preleciona o art. 6º do Código Civil: "*Art. 6º A existência da pessoa natural termina com a morte; presume-se esta, quanto aos ausentes, nos casos em que a lei autoriza a abertura de sucessão definitiva*". Inicialmente, deve-se observar que apenas a morte real tem o condão de encerrar o ciclo da personalidade. Pode parecer estranho falar em *morte real*, como se pudesse haver uma que não se situasse no plano da realidade. Todavia, nada de abstruso vai na citada expressão, eis que no âmbito civil admite-se, em caráter excepcional, a ocorrência de morte presumida, cuja valia não ultrapassa os limites estritamente postos na lei. Em determinadas situações é de bom alvitre aceitar a idéia jurídica da morte do indivíduo mesmo quando não se tenha certeza fática quanto à sua concreta verificação. Isto porque não se pode infligir a certas pessoas, em especial os familiares, indefinida e infinita espera de retorno do indivíduo para que sejam resolvidos os aspectos civis pendentes (*v. g.*, negócios encetados pelo desaparecido, bens que deixou etc.). Assim, optou o legislador brasileiro, como será visto adiante, pela alusão a hipóteses de morte presumida. Porém, antes de mais nada é preciso falar sobre a morte real, cujo principal efeito jurídico, consoante sobredito, é extinguir a personalidade.

Não há nenhuma situação apta a provocar a perda da personalidade em vida, pois isso equivaleria a negar a própria essência do ser humano como sujeito de direito. Ainda que o indivíduo possa vir a sofrer restrições quanto à aquisição de prerrogativas, seja por falta de implementação de condições impostas ou por razão diversa, ele jamais será privado da personalidade enquanto viver. Se a capacidade admite condicionantes e fica atrelada ao preenchimento de requisitos legais, a personalidade é atributo inato ao ser humano e não pode experimentar secção de qualquer origem.

A morte traz importantes conseqüências no plano jurídico, por força da extinção da personalidade. A mais imediata repercussão é o desaparecimento da qualidade de sujeito de direito, de modo que o acervo patrimonial do extinto passa, incontinenti, para a titularidade e posse dos herdeiros, em função do princípio da saisina (art. 1.784 do Código Civil).

6.9. Comoriência

Em atenção ao que se afirmou no tópico antecedente, é preciso reconhecer que nem sempre será possível apurar com segurança científica e jurídica qual o momento exato do óbito. Destarte, admitindo-se a hipótese de que duas ou mais pessoas venham a perecer em uma só ocasião, estará formado o caldo de cultura para o debate da questão sucessória, pois, supondo-se que em tese fossem potencialmente herdeiros entre si, a inviabilidade da apuração do instante da morte não deixa entrever quem dentre os falecidos antecedeu os outros em termos de cronologia do óbito. Disso emerge relevante discussão em torno do tema sucessório, pois a pessoa que acaso houvesse sobrevivido à outra, ainda que por um instante, teria sido sucessora dela, e, com a morte posterior, transmitiria os bens aos próprios sucessores. Daí a absoluta importância de apurar o elemento cronológico das mortes em determinadas situações específicas.

Ciente disso, o Código Civil estipulou, no art. 8º: "*Se dois ou mais indivíduos falecerem na mesma ocasião, não se podendo averiguar se algum dos comorientes precedeu aos outros, presumir-se-ão simultaneamente mortos*". E, agindo dessa forma, consagrou o instituto da comoriência, que, de resto, vigora na legislação de muitos outros países. Entende-se por comoriência a presunção legal de morte simultânea entre indivíduos cujo preciso horário de falecimento não foi possível aferir. O principal efeito jurídico da sua incidência é a inexistência de transmissão de direitos de qualquer natureza entre os comorientes, do que derivam importantes conseqüências no plano das sucessões. Os comorientes são juridicamente tratados, um em relação ao outro, como se jamais houvessem existido. *Washington de Barros Monteiro* (obra citada, p. 71) ministra ilustrativo exemplo: "*Um casal sem ascendentes e descendentes falece no mesmo evento. Se se demonstra que o marido pré-morreu à esposa, esta recolhe a herança daquele, para a transmitir, em seguida, aos próprios herdeiros. Se é a mulher quem precede ao marido, sucede este à primeira, transmitindo aos seus herdeiros a herança recebida. Sendo impossível determinar a precedência, presume o Código a simultaneidade das mortes. A herança será então repartida em duas porções, atribuídas respectivamente aos herdeiros de cada um dos cônjuges*".

A expressão *na mesma ocasião* não significa que os óbitos tenham de acontecer no mesmo evento ou em idêntico lugar, bastando que ocorram em condições temporais e circunstanciais que inviabilizem a apuração da cronologia das mortes. Destarte, se determinada pessoa morre no Amazonas e outra no Rio Grande do Sul, no mesmo dia e em horários muito aproximados, havendo relevância jurídica na determinação da ordem dos passamentos e sendo impraticável a dissociação dos óbitos, aplicar-se-á para fins legais o instituto da comoriência. Forçoso aduzir, todavia, que na maior parte das vezes a dúvida existe quanto a falecimentos acontecidos em um mesmo evento e local, como no caso de acidentes de trânsito, desastres aéreos, naufrágios, catástrofes naturais e assim por diante, já que em tais circunstâncias é mais provável que se mostre impraticável o estabelecimento da cronologia dos óbitos.

A prova da morte é feita com a certidão de óbito, extraída do respectivo assento cujas informações prevalecem até que se prove o contrário. Logo, para saber qual a data e o horário da morte do indivíduo basta consultar a certidão, instrumento dotado de fé pública. Os dados do assento são fornecidos, via de regra, pelo médico que atendeu o paciente ou que verificou a ocorrência da morte. Porém, nem sempre será viável apurar pelos meios comuns (presença do médico, necropsia, recursos da medicina legal etc.) a hora do óbito. Quando isso acontecer, serão utilizados mecanismos subsidiários ou indiretos, o que não significa que sejam necessariamente inferiores em eficácia. Informações colhidas junto a testemunhas e elementos como o estágio de decomposição do cadáver podem servir para atestar o horário do passamento e até mesmo a cronologia de um em relação ao outro, quando dois ou mais falecerem numa só ocasião. Se ainda assim não houver como apurar com segurança o aspecto cronológico, aplicar-se-á o instituto da comoriência, da qual resulta presunção de simultaneidade, observadas as peculiaridades apontadas acima.

6.10. Morte presumida

Agora é preciso analisar a questão da morte presumida, cuja referência, feita no art. 6º do Código Civil, não foi seguida imediatamente de comentários em razão da necessidade de estudar o tema da morte real e da comoriência. No que pertine à morte que não puder ser afirmada com certeza no patamar dos fatos, o legislador diz que ela se presume, quanto aos ausentes, nos casos em que a lei autoriza a abertura da sucessão definitiva. Pela morte presumida, que não passa de uma ficção da lei, produzem-se muitos dos efeitos civis inerentes à própria morte real, especialmente quanto ao aspecto sucessório. Isto porque não convém à coletividade e nem aos sucessores a existência de permanente indefinição quanto ao destino do acervo patrimonial pertencente ao indivíduo desaparecido. Assim, a ausência autoriza a partilha dos bens, na forma prevista em lei. A ausência pode ser definida como o desaparecimento de alguém do seu domicílio, sem deixar representante a quem caiba administrar-lhe os bens, ou deixando mandatário que não queira ou não possa continuar a exercer o mandato. Cumpre frisar que o ausente não perde a personalidade, sendo certo que, se acaso retornar, automaticamente reassumirá a direção da sua vida civil, exceto quanto ao acervo patrimonial que já houver sido definitivamente transmitido aos sucessores por força da presunção de morte indicada na lei. Não se pense, contudo, que a sucessão definitiva do ausente é feita imediatamente após o seu desaparecimento. Precavido quanto à perspectiva de retorno da pessoa, o legislador impôs diversas barreiras e previu o transcurso de considerável lapso de tempo desde o sumiço do indivíduo até a transmissão final do conteúdo do seu patrimônio aos sucessores (arts. 1.159 a 1.169 do Código de Processo Civil). Como visto, a ausência somente produz presunção de morte para fins patrimoniais, mas nunca provocará a extinção da personalidade do indivíduo, resultado que exsurge com exclusividade da morte cabalmente demonstrada.

Em algumas situações excepcionais mencionadas pelo legislador, a afirmação jurídica da morte presumida independe da verificação da ausência, como fruto de evidências indicativas de que a pessoa provavelmente tenha falecido. Com isso, o requisito do decurso do tempo como fator de formação da convicção acerca da morte fica abstraído. Diz o art.

7º do Código Civil: "*Pode ser declarada a morte presumida, sem decretação de ausência: I – se for extremamente provável a morte de quem estava em perigo de vida; II – se alguém, desaparecido em campanha ou feito prisioneiro, não for encontrado até dois anos após o término da guerra. Parágrafo único. A declaração da morte presumida, nesses casos, somente poderá ser requerida depois de esgotadas as buscas e averiguações, devendo a sentença fixar a data provável do falecimento*". Como regra geral, somente em relação aos ausentes pode ser reconhecida a morte presumida, e apenas para fins sucessórios. Entretanto, nas hipóteses aludidas na norma transcrita *supra* o legislador admite que seja declarada a morte presumida antes mesmo — ou independentemente — da decretação da ausência. A diferença fundamental é que os pressupostos fáticos e jurídicos para verificação da ausência são muito mais rigorosos do que os excepcionalmente elencados no dispositivo em análise.

Como a decretação da ausência destina-se a regular a sucessão do ausente, a vontade do ordenamento jurídico é que as demais questões de natureza cível, quando presentes os requisitos para a declaração da morte presumida, sejam resolvidas com base nela. Isto simplificará por demais questões como o encaminhamento de pedidos de pensão por morte, o reconhecimento de relação de dependência ou de união estável entre o consorte supérstite e o presumivelmente morto etc. Enfim, a morte presumida sem finalidade sucessória surge para facilitar o desenlace de problemas da vida civil comuns aos que se vêem à volta com o desaparecimento de pessoas de suas relações.

O perigo de vida, de que fala o inciso I, refere-se a toda e qualquer situação da qual se possa inferir o resultado morte em razão das circunstâncias profundamente graves em que se insere o suposto falecido. Isso acontece, por exemplo, quando uma pessoa é seqüestrada e dela não mais se tem informações, não obstante as extensas e exaustivas buscas efetuadas. O mesmo ocorre com pessoa que, dedicada à exploração de zonas selvagens ou inóspitas, envia mensagem dizendo estar em severo risco de vida e depois disso não se tem qualquer notícia de seu paradeiro, nem é localizado o corpo.

A declaração de morte presumida estará jungida à concreta demonstração de que a pessoa estava em posição sumamente gravosa e arriscada, e não apenas passando por dificuldades superáveis ou passageiras. Isto porque os efeitos da morte presumida são profundos e muitas vezes juridicamente irreversíveis, do que decorre a necessidade da mais completa cautela no reconhecimento de tal circunstância.

Outro caso de morte presumida é o que se dá quando houver estado de guerra declarada, seja externa (envolvendo outros países) como intestina (revoluções, insurreições etc.). Nesse contexto, o desaparecimento em campanha ou a prisão de partícipe das operações, sem que haja posteriores notícias do destino que lhe foi dado, carrega consigo probabilidade concreta de óbito da pessoa. Assim, para viabilizar o encaminhamento de questões de natureza cível pelos familiares e interessados é que o legislador admite a declaração de morte presumida quando, encerrada a guerra e passados dois anos, não se sabe em que lugar está o desaparecido ou prisioneiro. O marco final da guerra, para efeito de fluência do prazo de dois anos previsto no mandamento, conta-se da comunicação oficial do governo no sentido da finalização dos embates ou da efetivação de armistício.

Ainda a propósito da morte presumida, o art. 88 da Lei n. 6.015/73, Lei dos Registros Públicos, diz que poderão os juízes togados admitir justificação para o assento de óbito de pessoas desaparecidas em naufrágio, inundação, incêndio, terremoto ou qualquer outra catástrofe, quando estiver provada a sua presença no local do desastre e não for possível encontrar-se o cadáver para exame. Aduz, no parágrafo único da mencionada regra, que será também admitida a justificação no caso de desaparecimento em campanha, provados a impossibilidade de ter sido feito o registro nos termos ordinários, postos no art. 85 do mesmo diploma, e os fatos que convençam da ocorrência do óbito. Nota-se, portanto, que muito antes da edição do Código Civil de 2002 já existia preocupação do ordenamento em disciplinar a questão atinente à presunção de óbito em especiais quadros. Em similar compasso, o Decreto-lei n. 5.782/43 regula o tema da morte presumida de servidor público, enquanto o Decreto-lei n. 6.239/44 trata da morte presumida de militar da Aeronáutica. Ademais, a Lei n. 9.140/1995 reconhece como mortas pessoas desaparecidas entre 1961 e 1979, período em que vigorava o regime militar. Todas as previsões normativas têm em vista a solução dos problemas administrativos, civis e sucessórios originados a partir do desaparecimento de pessoas sem que delas se tenha qualquer informação indicativa de que permanece com vida.

Os casos referidos *supra*, sejam quais forem os fundamentos da sua afirmação, apresentam um ponto em comum: antes de declarar a morte presumida, deve o juízo exigir do pretendente a cabal demonstração de que todas as buscas e averiguações foram efetivadas, a fim de que reste patente a plausibilidade jurídica da suspeita de que tenha ocorrido o falecimento. A prova faz-se por meio de certidões de órgãos policiais, de repartições públicas encarregadas das buscas, de notícias veiculadas nos meios de comunicação e assim por diante. A fixação da provável data do óbito não possui outra finalidade que não a de demarcar o *dies a quo* da produção dos efeitos civis da declaração acerca da presunção de morte. Isso faz com que se torne oponível *erga omnes* pelos interessados toda e qualquer questão relativa ao reconhecimento judicialmente concretizado, eis que firmada a data provável do falecimento presumido.

6.11. Atos sujeitos a registro civil

Os registros, averbações, inscrições e atos de semelhante natureza, impostos por lei com formatação civil, têm por objetivo oferecer segurança às relações jurídicas interpessoais, de tal forma que estejam ao alcance de todos, dada sua publicidade intrínseca, informações precisas sobre o estado das pessoas. O legislador determinou o *registro* (art. 9º do Código Civil) de fatos e atos com repercussão jurídica original, ou seja, que dão início a uma situação jurídica nova e independente de outras que as tenham antecedido, e ordenou a *averbação* (art. 10 do Código Civil) de acontecimentos derivados de situações jurídicas preexistentes e capazes de modificá-las, como no caso do divórcio, que atinge a relação derivada do ato de contrair núpcias. Ao assim proceder, o ordenamento aponta a fonte primacial de consulta em torno de informações essenciais a respeito de cada indivíduo, tais como: data de nascimento (com vistas à prova da capacidade), nacionalidade (para fins de aquisição e exercício de direitos), estado civil (relevante para o direito de família e sucessório) e assim por diante. Os dados inseridos no registro público são de acesso livre a todos, exceto nas situações em que haja norma limitativa. O interesse na sua obtenção não se restringe à própria pessoa a que se referem as informações; também terceiros podem ter necessidade de buscá-las, eis que o registro público contém elementos seguros acerca de detalhes relevantes para as relações entre os indivíduos. Assim, quem contrata com certa pessoa talvez queira saber se ela chegou à maioridade, e então terá na certidão de nascimento a fonte ideal de consulta. Quem tenciona penhorar certo bem provavelmente possua interesse em descobrir se o indivíduo a quem pertence é casado (pela influência do regime de bens na constrição pretendida), e terá na certidão de casamento o dado que procura.

Sendo repositório formal de atos, dotado de fé pública e revestido das qualidades da publicidade, segurança, autenticidade e outros mais, o registro público desempenha papel fundamental na sociedade moderna. Restaria instalado o caos se não houvesse no Brasil um sistema tão aperfeiçoado de informações quanto aos indivíduos, aos atos que praticam e aos fatos a que se sujeitam. É preciso asseverar, ainda, que o registro civil de pessoas naturais é apenas uma das espécies registrais, que conta ainda com vários ofícios de natureza diversa, como os destinados a imóveis, títulos e documentos, veículos, pessoas jurídicas etc., a maioria deles com disciplina principal na Lei n. 6.015/75, conhecida como Lei dos Registros Públicos. Os cartórios são titularizados por serventuários públicos concursados e vitalícios, a quem compete privativamente a execução das atividades registrais. Como exceção, a Lei de Introdução ao Código Civil (Decreto-lei n. 4.657, de 4.9.1942), em seu art. 18, atribui às autoridades consulares competência para a prática de alguns atos que na origem seriam privativos dos Oficiais Públicos, fazendo-o em nome de interesses maiores da nação.

O art. 9º do Código Civil estabelece: "*Serão registrados em registro público: I – os nascimentos, casamentos e óbitos; II – a emancipação por outorga dos pais ou por sentença do juiz; III – a interdição por incapacidade absoluta ou relativa; IV – a sentença declaratória de ausência e de morte presumida*". As certidões emitidas pelo registro público são os instrumentos hábeis a fazer prova do estado, guardando presunção *juris tantum* (relativa) de certeza, e, portanto, somente sucumbindo mediante prova irrefragável em contrário. Deve-se destacar que, especificamente no que diz respeito ao registro civil de nascimento e à certidão de óbito, a Constituição da República (art. 5º, LXXVI) dispõe que serão gratuitamente expedidos para os comprovadamente pobres, na forma da lei. Ademais, conforme preceitua a Lei n. 9.534/97, a gratuidade estende-se ao fornecimento de uma via da certidão referente ao registro de nascimento efetuado, mas as vias subseqüentes que porventura forem requeridas deverão ser pagas.

Em nome da preservação da credibilidade do registro público, a legislação penal caracteriza como crime as condutas que atentam contra o sistema. Dentre elas, as que fraudam a lisura do registro de nascimento, de modo que configuram crimes contra o estado de filiação: registro de nascimento inexistente (art. 241 do Código Penal); parto suposto, supressão ou alteração de direito inerente ao estado civil de recém-nascido (art. 242 do Código Penal); sonegação do estado de filiação (art. 243 do Código Penal). Não havendo tipo penal específico, o infrator poderá ser enquadrado em previsões genéricas, como a que pune a falsidade ideológica.

O art. 10 do Código Civil prevê: "*Far-se-á averbação em registro público: I – das sentenças que decretarem a nulidade ou anulação do casamento, o divórcio, a separação judicial e o restabelecimento da sociedade conjugal; II – dos atos judiciais ou extrajudiciais que declararem ou reconhecerem a filiação; III – dos atos judiciais ou extrajudiciais de adoção*". Averbar significa anotar, escrever à margem, apontar em observação. Na realidade, a averbação em registro público torna conhecida de todos as ocorrências destinadas à alteração de situação jurídica anteriormente consolidada. Assim, se o casamento produz os efeitos que lhe são inerentes (constituição do vínculo matrimonial, vigência do regime de bens etc.), o divórcio rompe tais aspectos a partir da averbação, o mesmo se dando quanto à anulação e à nulidade do matrimônio. Já a averbação da separação judicial presta-se para desfazer o liame patrimonial vigente desde a celebração do casamento. O restabelecimento da sociedade conjugal pode acontecer no período que transcorre entre a decretação da separação judicial e o trânsito em julgado da sentença de divórcio, eis que a lei assegura aos judicialmente separados o direito de revigorar o vínculo mediante simples petição nos próprios autos da ação, devendo, porém, ser expedido mandado de averbação junto ao registro público para oponibilidade contra todos.

Os atos de declaração extrajudicial de filiação (em testamento, por exemplo) ou de reconhecimento sentencial da mesma (*v. g.*, em ação de investigação de paternidade) também têm condicionada a produção de efeitos à averbação, porque antes disso carecem da indispensável publicidade. Igual resultado decorre da anotação dos atos de adoção, sejam ou não judiciais, pois adquirem por esse modo a publicidade que configura o marco inicial da produção de seus efeitos jurídicos contra terceiros.

Quanto aos atos de adoção, é preciso dizer que a averbação não poderá conter, como elemento futuramente acessível ao público, qualquer espécie de referência acerca da origem da filiação biológica, pois disso resultará potencial preconceito contra o adotado. Este é juridicamente considerado como filho — sem outras adjetivações — do adotante. No concernente aos de declaração ou reconhecimento de filiação, igual raciocínio se aplica, de maneira que fica vedada a inserção, nos livros oficiais, de informações que possam ocasionar constrangimentos, *v. g.*, filiação extraconjugal, incestuosa etc. As certidões emitidas pelo Oficial do Registro Civil não externarão nenhuma informação adicional, limitando-se a apresentar os dados ordinários admitidos pelo ordenamento jurídico. Observe-se que, por idênticas razões, a proibição atinge também os atos concernentes ao registro de nascimento, estatuído no art. 9º, I, do Código Civil.

O registro civil das pessoas naturais é executado dentro dos padrões indicados nos arts. 29 a 113 da Lei dos Registros Públicos (Lei n. 6.015/73), que funciona como elemento de ampliação dos ditames contidos nos arts. 9º e 10 do Código Civil.

Capítulo 7

DOS DIREITOS DA PERSONALIDADE

7.1. Natureza jurídica e proteção

Evoluindo a partir de uma noção inicial individualista e eminentemente patrimonial, o Direito Civil passou, ao longo do tempo, a perceber que o centro da proteção normativa deveria concentrar-se na pessoa como membro de uma coletividade organizada. Aos poucos foi sendo abandonada a idéia de que o indivíduo bastava a si mesmo em termos jurídicos e deveria, em razão disso, receber ampla proteção da lei sem ficar jungido à contrapartida social que de muitos atos deve emergir. Ao colocar o interesse coletivo como elemento tão relevante quanto a tutela das prerrogativas individuais, o legislador, humanizando as relações interpessoais, consagrou direitos que eram anteriormente reconhecidos apenas no âmbito do direito natural, e que foram sendo acolhidos e aperfeiçoados pela doutrina e pela jurisprudência até chegarem ao patamar de direito objetivamente posto. Nisso reside a noção primária de direitos da personalidade, atributos que, inerentes à pessoa natural em sua maioria, são inalienáveis e intransmissíveis. Pertencem com exclusividade ao titular, surgindo no nascimento com vida e desaparecendo com a morte, porque diretamente atrelados à personalidade, cujo início e fim também é marcado pelos mesmos acontecimentos naturais acima mencionados. Não obstante, alguns deles dependem de afirmação normativa para serem efetivos (*v. g.*, direito ao nome), enquanto outros precedem qualquer manifestação legal e estão acima dela, embora precisem de apontamento legislativo para que ocorra a sua adequada defesa (*v. g.*, direito à honra). Segundo definição de *Francisco Amaral* (*apud Carlos Roberto Gonçalves*, obra citada, p. 154), direitos da personalidade são "*direitos subjetivos que têm por objeto os bens e valores essenciais da pessoa, no seu aspecto físico, moral e intelectual*".

A grande maioria dos atributos da personalidade integrava o acervo interno do indivíduo mesmo antes de ser afirmada pela lei. Ninguém pode asseverar que o direito à vida depende de previsão normativa para existir, situação idêntica àquela que vige quanto à integridade física, à dignidade, à honra etc. São institutos supralegais, porque inatos e absolutamente prioritários a todo ser humano. Não obstante, o resguardo legislativo que mereceram tornou aprimorada a sua defesa, evitando abusos que, de outra forma, não poderiam ser combatidos com eficácia. Hoje coexistem harmonicamente os direitos economicamente avaliáveis e aqueles que resultam da personalidade, que não possuem valor pecuniário, mas cuja afronta pode levar à estimativa de um montante reparatório capaz de minimizar os efeitos da agressão sofrida pelo titular. O fato de não terem conteúdo econômico imediato não faz com que os direitos da personalidade sejam menos relevantes do que os de natureza genuinamente financeira. Ao contrário, a atual visão humanitária do direito confere àquelas prerrogativas singular inserção no mundo jurídico, munindo o titular de considerável arcabouço defensivo para as hipóteses de lesão.

O primeiro grande passo do direito brasileiro no rumo da consagração dos direitos da personalidade foi dado pela Constituição Federal de 1988, que, no art. 5º, X, preconizou: "*são invioláveis a intimidade, a vida privada, a honra e a imagem das pessoas, assegurado o direito a indenização pelo dano material ou moral decorrente de sua violação*". Com o advento do Código Civil de 2002 expandiu-se a garantia normativa, de vez que os arts. 11 a 21 proclamam e asseguram a todos os indivíduos as prerrogativas inerentes ao nascimento com vida. Observe-se que em relação às pessoas jurídicas o tratamento é totalmente diverso, pois tanto a personalidade como a capacidade das mesmas funda-se exclusivamente em situações jurídicas e não em acontecimentos biológicos, sendo inviável considerar tais atributos como sendo de caráter *personalíssimo*, qualidade reservada apenas à pessoa física ou natural. Se é verdade que os entes abstratos recebem proteção legal contra afetações a certos atributos cuja titularidade lhes pertença (por exemplo, danos ao conceito da empresa), não menos evidente é o fato de que o fundamento da tutela não reside nas normas relativas aos direitos da personalidade, mas sim noutras de conotação diversa.

O art. 12 do Código Civil reporta-se ao mecanismo de resguardo concretamente disponibilizado: "*Pode-se exigir que cesse a ameaça, ou a lesão, a direito da personalidade, e reclamar perdas e danos, sem prejuízo de outras sanções previstas em lei. Parágrafo único. Em se tratando de morto, terá legitimação para requerer a medida prevista neste artigo o cônjuge sobrevivente, ou qualquer parente em linha reta, ou colateral até o quarto grau*". Ao mesmo tempo em que veda ao titular a prática de atos de disposição, de limitação ou de renúncia quanto aos direitos da personalidade, o legislador assegura àquele a tutela destes, de modo que eventuais afrontas serão corrigidas mediante ajuizamento de lide específica. As ameaças poderão ser paralisadas por meio de antecipação de tutela ou de liminar em ação cautelar. Já para a hipótese de lesões consumadas admite-se a interposição de ação ordinária visando à reparação dos danos apurados, tanto os de natureza material como os de caráter moral. Estes últimos são comumente verificados em casos de ataques aos direitos da personalidade, pois na imensa maioria dos casos mostra-se impossível dissociar a lesão, ou ameaça, de resultados nocivos aos atributos psíquicos do ofendido, do que deriva a possibilidade de buscar junto ao Poder Judiciário a reparação de tais danos.

Ainda antes do advento de mandamento expresso já vigorava no meio jurídico pátrio a idéia da reparabilidade dos danos causados aos direitos da personalidade, como fruto de interpretação sistemática da legislação vigente, pela qual todo e qualquer dano injusta e ilicitamente impingido a outrem é passível de correção por intermédio de ação judicial. Por outro lado, também não há inovação alguma no preceito quando admite a cessação da ameaça ou da lesão por meio de iniciativa do ofendido, pois desde há muito existem remédios legais hábeis a coibir todas as formas de ataque ilídimo aos atributos da personalidade.

Afora tratar-se de ilicitude de conotação civil, é possível que determinadas situações geradoras de lesões ou ameaças aos direitos da personalidade acabem por caracterizar infração de natureza penal ou diversa. Destarte, aquele que atingir indevidamente a honorabilidade ou o nome alheios talvez esteja cometendo um dos delitos previstos no Código Penal, e o fato de reparar os danos apurados no juízo cível não o isentará das sanções previstas noutros ramos do Direito.

Quanto ao teor do parágrafo único, é preciso dizer que embora os direitos da personalidade não se transmitam *causa mortis*, a prerrogativa de buscar em juízo a reparação dos danos provocados pela agressão passam às pessoas elencadas no dispositivo, não desaparecendo pelo só fato do óbito do titular. É de se observar que a ordem dos legitimados coincide com aquela que disciplina a vocação hereditária, inclusive limitando o parentesco de legitimidade até o quarto grau, exatamente aquele adotado pelo direito sucessório. Importa salientar que a faculdade de procurar judicialmente a reparação decorre da transmissão dos bens e direitos do obituado, mas principalmente da circunstância de o legislador entender que as afrontas perpetradas contra quem faleceu não devem ficar impunes, mesmo porque é perfeitamente plausível antever, em tese, até mesmo uma relação de causa e efeito entre a afronta e o resultado morte. Destarte, caberá às pessoas indicadas no mandamento, e exatamente na mesma ordem nele constante (com exclusão dos parentes pelo cônjuge e, entre aqueles, dos mais remotos em grau de parentesco pelos mais próximos), a prerrogativa de ajuizar demanda reparatória.

A legitimidade do cônjuge sobrevivente depende necessariamente da constância da sociedade conjugal quando da lesão ou ameaça ao direito da personalidade do consorte falecido, eis que por certo não pretendeu o legislador dotar dessa faculdade quem não mais mantinha qualquer vínculo com o ofendido. Cumpre salientar, ainda, que a separação de fato também é meio hábil a romper a legitimidade do cônjuge supérstite, eis que dela se extrai a ausência de ligação afetiva e jurídica capaz de guindar o sobrevivente à condição de beneficiário dos proveitos econômicos provenientes da ação judicial.

Embora os direitos personalíssimos propriamente ditos desapareçam juntamente com quem falece, seus efeitos podem prolongar-se no tempo, de forma que é possível a verificação de ofensas inclusive depois do óbito do titular, gerando conseqüências patrimoniais. As indevidas incursões contra o nome de pessoa falecida, por exemplo, podem acarretar danos materiais e morais, especialmente quando se tratar de alguém conhecido por publicações científicas ou literárias, produções, inventos etc., fatores que tornam mais evidente e comum a provocação de danos reparáveis.

7.2. Características

Considerada a sua peculiar formatação, os direitos da personalidade apresentam caracteres que os distinguem dos demais, ou que, pelo menos, servem para indicar uma especial natureza. Determinados aspectos merecem ser destacados, visando a esclarecer adequadamente a matéria. O art. 11 do Código Civil fornece razoáveis elementos para o exame da matéria: "*Com exceção dos casos previstos em lei, os direitos da personalidade são intransmissíveis e irrenunciáveis, não podendo o seu exercício sofrer limitação voluntária*".

Por primeiro, é mister atentar para a circunstância de que os direitos da personalidade são de cunho *extrapatrimonial*, não integrando o acervo econômico do indivíduo e nem podendo de qualquer modo ser quantificados em moeda. Não se confunda essa característica com a possibilidade — sempre presente — de buscar a reparação dos danos indevidamente causados ao titular, pois em tal hipótese haverá a geração de resultado financeiro a partir de um elemento despido de teor econômico. Mesmo assim, urge observar que o montante quantificado da reparação passará a compor o patrimônio da vítima ou dos sucessores, mas o direito em si mesmo continuará pertencendo ao âmbito extrapatrimonial da pessoa. Prevalece aqui a regra de que os direitos enquadrados como personalíssimos não possuem caráter patrimonial direto, e, ainda quando capazes de gerar recursos econômicos não se transmudam em atributos suscetíveis de valoração econômica. Destarte, se o nome de uma pessoa, a sua honra ou moralidade são afetados injustamente por terceiros, estes terão de responder civilmente pelos danos apurados, sejam eles de natureza material ou de caráter moral. Embora o meio mais eficiente de reparação dos males causados aos direitos da personalidade consista na condenação do ofensor ao pagamento das afetações experimentadas pelo titular, não se trata de transformá-los em bens passíveis de valoração financeira, eis que continuam a integrar o rol dos direitos da personalidade e assim se mantêm enquanto não sobrevier causa legal ou natural de extinção.

Como corolário da característica mencionada *retro*, e também porque se vinculam indelevelmente ao titular, os direitos da personalidade são *inalienáveis* por ato negocial a título oneroso ou gratuito e *intransmissíveis* pela morte da pessoa. Com efeito, ninguém tem legitimidade para aliená-los, quer cedendo-os mediante retribuição financeira ou em forma de liberalidade pura. Tais atributos permanecem atrelados ao indivíduo desde o nascimento e dele não se separam senão pela morte, porque *vitalícios*. Todavia, o óbito provoca inapelavelmente o seu desaparecimento, restando obstada a transmissão aos herdeiros do falecido. Não obstante, admite-se que certos produtos da personalidade sejam cedidos a outrem mediante ato negocial oneroso ou liberalidade, como é o caso do direito autoral, da imagem, de órgãos para transplante etc., o que não importa em afirmar a disponibilidade dos direitos. Fixa-se, apenas, a perspectiva de que em situações especiais indicadas na lei o titular possa entregar a terceiro o potencial de utilização — com ou sem produção econômica — do direito, mas sempre fica vedada a mudança da sua efetiva titularidade. Isso vale também para os casos em que os sucessores podem dar prosseguimento à ação ajuizada pelo titular (*v. g.*, por danos morais) ou promover o início da lide (*v. g.*, por ofensa à memória do morto).

Cabe frisar que da inalienabilidade decorre a *impenhorabilidade*, pois se fosse aceita a idéia da penhora automaticamente ter-se-ia que acatar a noção de disponibilidade dos direitos, já que a constrição é o passo inicial para a mudança de titularidade. Todavia, eventual resultado econômico produzido em demanda relativa à violação dos direitos da personalidade (*v. g.*, reparação de danos morais) é passível de penhora, porque integra o acervo patrimonial do indivíduo.

Os direitos ligados à personalidade são *irrenunciáveis*, de maneira que o indivíduo pode deixar circunstancialmente de exercê-los ou de prestigiá-los, mas nunca lhe será dado abdicar das prerrogativas estatuídas na lei. Não poderá, por exemplo, abrir mão da dignidade, mesmo que não a faça prevalecer e ainda que desdenhe da faculdade de buscar a reparação devida pelo eventual ofensor. Por idêntica razão, a limitação voluntária é vedada pelo ordenamento jurídico, ficando obstada qualquer iniciativa tendente a, por ato volitivo da pessoa, restringir a amplitude conferida a tais direitos pelo legislador. Os direitos relativos à personalidade propriamente dita (que são aqueles inerentes ao ser humano), à capacidade (conjunto de poderes inerentes à personalidade) e os demais direitos de caráter personalíssimo não poderão ser transmitidos a outrem, e tampouco serão objeto de renúncia. Isto significa que, salvo nos casos disciplinados em lei, tais direitos nascem e são adquiridos exclusivamente em proveito de pessoa certa e determinada, ficando vedada qualquer forma posterior de alteração subjetiva ou de renúncia. Destarte, o nome da pessoa natural é insuscetível de mercancia, nem pode ser alvo de abdicação por parte do titular. O fundamento da tutela reside na necessidade de atrelar a maior segurança jurídica possível às relações interpessoais, de modo que determinados atributos não sejam disponíveis pelo indivíduo, mesmo porque única e exclusivamente este poderá auferir os proveitos deles derivados e arcar com os encargos que neles tiverem origem. Logo, a autonomia da vontade, característica marcante da maior parte das normas civis codificadas, cede espaço à supremacia estatal, de modo que nenhuma espécie de pacto, contrato ou avença poderá conduzir a limitações, transmissões ou renúncias quando tiverem por objeto prerrogativas consideradas personalíssimas.

Outra particularidade é que os direitos da personalidade são *oponíveis erga omnes*, fazendo incidir sobre todas as pessoas da coletividade o mais amplo respeito ao seu conteúdo, vedadas condutas capazes de afrontá-los. Não há um endereçamento específico para o dever de abstenção de atitudes capazes de afrontar a prerrogativa alheia, eis que a obrigação se generaliza e apanha a todos indistintamente. Quando concretizada alguma lesão, o titular poderá voltar-se especificamente contra o causador do dano, como fruto da relação jurídica que estará então formada.

Também é prudente salientar que os direitos da personalidade são *ilimitados em número*, porque a todo momento a evolução social poderá acrescer ao rol exemplificativo contido na lei outros espécimes novos. Não se afigura adequado imaginar que a personalidade humana dê vigor somente àqueles direitos inerentes que o legislador elencou, pois isso importaria em estagnar a possibilidade de aperfeiçoamento da própria natureza humana e das relações coletivas. Na verdade, tanto o art. 5º, X, da Constituição Federal como os arts. 11 a 21, do Código Civil, trazem elenco meramente ilustrativo dos direitos e das garantias fundamentais reconhecidas em proveito de cada indivíduo. Caberá a futuros diplomas legais, à doutrina e à jurisprudência consagrar os atributos desse jaez que emergirem da evolução social, a fim de preservar o sentido racional e humanitário do direito.

7.3. Direitos relacionados ao corpo

O ordenamento jurídico não atribui ao indivíduo absoluto poder sobre o próprio corpo, haja vista a presença de marcante interesse estatal na tutela da vida e da integridade física das pessoas. Ademais, se fosse ilimitada a autonomia sobre o corpo, a possibilidade de ocorrência de lesão a direitos de terceiros (*v. g.*, comercialização de órgãos, descontrole da ordem dos transplantes etc.) já justificaria a intervenção do Estado na regulamentação da matéria.

Ao proteger a vida, a lei necessariamente teria que se preocupar com a inteireza física da pessoa, uma vez que ao assim proceder estaria defendendo a existência do ser humano. Em virtude disso é que o legislador penal reprime severamente os crimes diretos contra a vida (*v. g.*, homicídio) sem se descuidar das condutas que por via indireta podem resultar no evento morte (*v. g.*, lesões corporais). No plano cível, editou os arts. 13 e 14 do Código Civil, pelos quais tenciona normatizar a incursão médica e os atos de disposição do corpo, objetivando resguardar o bem maior, que é a vida. Tamanha é a relevância desses direitos da personalidade que o legislador penal pune o aborto como forma de tutelar o desenvolvimento da vida intra-uterina, fazendo com que o zelo legal ultrapasse as fronteiras do nascimento e se direcione à origem primária do ser humano, preservando a formação do nascituro.

Diz o art. 13 do Código Civil: "*Salvo por exigência médica, é defeso o ato de disposição do próprio corpo, quando importar diminuição permanente da integridade física, ou contrariar os bons costumes. Parágrafo único. O ato previsto neste artigo será admitido para fins de transplante, na forma estabelecida em lei especial*". Como asseverado acima, a integridade física faz parte do rol dos direitos indisponíveis e intransferíveis. Com isso, qualquer ato que importe na sua diminuição permanente é absolutamente vedado, ainda quando voluntário e com finalidade estética, salvo prescrição médica sujeita às devidas averiguações quanto à oportunidade e conveniência. A proteção legal ao corpo inclui não apenas o seu todo, mas também as partes e tecidos de que se compõe. Isso acontece mesmo na hipótese de duplicidade de órgãos, como no caso de olhos, rins e pulmões, de maneira que, *a priori* e como regra geral, ninguém pode dispor livremente de qualquer parte do seu corpo, exceto com amparo específico e expresso em norma legal. Em vista disso, há legislação a disciplinar os transplantes (Lei n. 9.434/97), pois do contrário o ato médico de extirpar órgão ou tecido, mesmo consentido pelo paciente, seria punido como delito contra a vida ou contra a integridade física. Cite-se como exemplo de abertura normativa o art. 9º da referida lei que afirma ser permitido à pessoa juridicamente capaz dispor gratuitamente de tecidos, órgãos e partes do próprio corpo vivo, para fins terapêuticos ou para transplantes em cônjuge ou parentes consangüíneos até o quarto grau, inclusive (nesse caso o doador deverá autorizar, preferencialmente por escrito e diante de testemunhas, especificamente o tecido, órgão ou parte do corpo objeto da retirada), ou em qualquer outra pessoa, mediante autorização judicial, dispensada esta em relação à medula óssea.

O legislador somente abriu exceção à regra da intangibilidade do corpo — e nem poderia ser de outra forma — em relação às intervenções necessárias à própria sobrevivência da pessoa, ou que sejam imprescindíveis para a preservação da saúde. Nesse compasso, ficam autorizadas todas as cirurgias praticadas por profissionais devidamente habilitados e que se mostrem compatíveis com o estágio atual da ciência ou com o contexto individual vivenciado pelo paciente. A amputação de membros, a supressão de órgãos internos e todas as demais intervenções indispensáveis à preservação da vida do paciente podem ser executadas nos mesmos moldes em que se verificam desde tempos remotos.

Um dos efeitos da norma codificada consiste em proibir as chamadas operações transexuais, isto é, aquelas destinadas à modificação do sexo biológico da pessoa. Isto porque tais intervenções acarretam diminuição permanente da integridade física, eis que consistem na ablação da genitália natural para criação de mecanismo de aparência externa semelhante à do sexo oposto. Deste modo, a proibição dessa modalidade de cirurgia passa a integrar quase que expressamente a legislação pátria, pondo fim à celeuma que se veio intensificando ao longo dos anos. Não fosse a proibição contida no mandamento quanto ao aspecto da diminuição permanente da integridade física, a operação de mudança de sexo ainda assim restaria legalmente impedida sob o ângulo da afronta aos bons costumes, conforme preleciona a parte final do artigo. Sem dúvida, a alteração de sexo torna estéril o paciente e, portanto, provoca uma incontornável perda de função orgânica. Ademais, ofende os princípios morais mais comezinhos ao tentar transformar a sexualidade mediante ingerência sobre a anatomia e verdadeira mutilação, aplicando a ciência médica em tarefas incompatíveis com suas finalidades primaciais.

Ao contrário da operação mencionada *retro*, as cirurgias simplesmente plásticas e estéticas não provocam diminuição permanente da integridade física, estando, por isso mesmo, plenamente autorizadas. Aliás, é certo que não interferem nos componentes funcionais do indivíduo, nem acarretam qualquer defeito capaz de alterar a estrutura orgânica do paciente. A finalidade de tais cirurgias, neste compasso, acaba justificando a sua realização, de vez que, sem afetar os aspectos tutelados pelo legislador, visam à melhoria das condições de vida da pessoa e fazem com que ela tenha a oportunidade de recuperar a aparência anterior — caso das operações de reparo — ou de melhorar a auto-estima por meio das mudanças que intervenções de natureza embelezadora propiciam.

Quanto aos transplantes, já se disse que a regra primeira a ser seguida é a de somente por exceção admitir-se a realização de procedimentos que tenham por doador pessoa viva, exatamente como forma de preservar o bem maior de todo ser humano, que é a própria existência. Em relação à retirada de partes de cadáveres, é amplamente divulgada a necessidade de que o número de transplantes seja multiplicado, única maneira de evitar que as pessoas continuem morrendo por falta de órgãos e tecidos disponíveis. A prática, por tais razões, é incentivada e apresenta grande conteúdo humanitário, mormente porque submete todos os pacientes a uma listagem que obedece a critérios rigorosos, como a ordem de inclusão na espera, impedindo a consecução de privilégios e influências nefastos. O principal diploma brasileiro em torno do assunto é a Lei n. 9.434/97 (regulamentada pelo Decreto n. 2.268/97), que dispõe sobre a remoção de órgãos, tecidos e partes do corpo humano para fins de transplante e tratamento e dá outras providências. Os transplantes jamais poderão envolver pagamento ou contraprestação econômica de qualquer espécie, sendo expressa a determinação do legislador no sentido da gratuidade dos procedimentos.

Resta fazer breve consideração a propósito da disposição de cadáveres, cuja disciplina jurídica é, como não poderia deixar de ser, muito diferente daquela conferida ao organismo vivo. Não obstante, a proteção da lei também se apresenta intensa, como forma de conservar o respeito aos mortos. Em razão disso, considera-se insuscetível de comercialização o cadáver ou as partes de que é composto (art. 199, § 4º, da Constituição Federal). Todavia, em prestígio às iniciativas científicas, admite o legislador a utilização gratuita de corpos para fins de estudo e outros procedimentos que envolvam o interesse coletivo. Por excesso de cautela, cabe referir que em tais circunstâncias não se estará tratando de direitos da personalidade, pois esta se extingue com o óbito, embora o ordenamento preveja diversos mecanismos de proteção em favor dos sucessores e da memória do morto, a quem se deve respeito e tratamento digno. Neste compasso, e a título exemplificativo, pode-se citar a Lei n. 8.501/92, que dispõe sobre a utilização de cadáver não reclamado, para fins de estudos ou pesquisas científicas, e cujo art. 2º diz que o cadáver não reclamado junto às autoridades públicas, no prazo de trinta dias, poderá ser destinado às escolas de medicina, para fins de ensino e de pesquisa de caráter científico.

Ainda acerca do tema, o art. 14 do Código Civil preleciona: "É válida, com objetivo científico, ou altruístico, a disposição gratuita do próprio corpo, no todo ou em parte, para depois da morte". Afora a doação em vida ou *post mortem* para fins de transplante de órgãos e tecidos, é admitida também a disposição — igualmente gratuita — do corpo ou de porções dele para que se o use em atividades científicas ou de relevância moral e/ou social, como é o caso da entrega do próprio corpo para faculdades de medicina e utilização em disciplinas ligadas à anatomia, destinação do corpo ou parte dele para experiências de combate a doenças ou estudos sobre a moléstia de que padecia a pessoa etc. A disposição deverá ser feita por escrito público, já que o texto permite a revogação do ato, e a única forma de provar a sua existência — e, portanto, de revogá-lo — é a escrita. A escritura pública é importante para a validade e eficácia do ato, eis que a disposição refere-se ao corpo da pessoa, que normalmente envolve direitos indisponíveis que somente por previsão expressa deixam de sê-lo. Ademais, a adoção da forma pública evita grande parte dos questionamentos a que comumente está sujeito o instrumento particular, limitando em muito o espectro de impugnações teoricamente cabíveis contra a liberalidade. O indivíduo que acaso tenha revogado a disposição anteriormente elaborada poderá refazê-la por meio de nova previsão, eis que inexiste óbice à renovação da vontade de destinar o corpo para entidades científicas ou de objetivos socialmente relevantes.

7.4. Submissão a tratamento médico

Sendo certo que a atividade médica encontra extenso amparo legal para ser desenvolvida, também a todos se mostra a existência de limitações em determinadas hipóteses, mormente quando a atuação do profissional, dada a sua normal natureza e a do mal que se queira combater, possa trazer considerável risco ao paciente. Diz o art. 15 do Código Civil: "*Ninguém pode ser constrangido a submeter-se, com risco de vida, a tratamento médico ou a intervenção cirúrgica*". Intermináveis polêmicas foram geradas em torno da possibilidade ou não de a pessoa renegar tratamento médico quando em risco iminente de vida, seja por convicções religiosas ou pessoais, como por temores ou simples negativa imotivada. Ao disciplinar o tema, o direito codificado admite o tratamento médico e terapêutico forçado, contanto que a sua falta possa representar perigo para a vida do paciente. O que a lei não admite, salvo em especiais contextos, é que o paciente seja obrigado a submeter-se a procedimento do qual resulte risco concreto e imediato para a sua sobrevivência. Destarte, se determinada cirurgia cardíaca é fundamental para que se tente a reversão de grave patologia, o fator de diferenciação entre a supremacia da vontade do paciente e a prevalência do poder/dever do médico é exatamente a geração ou não de risco de vida como produto da própria intervenção. É claro que o perigo, em tais casos, reside no estado clínico em si mesmo, como resultado da moléstia. Todavia, o risco da cirurgia não pode ser mais elevado, em termos imediatos, do que a perspectiva de sobrevivência do paciente. Se, não obstante a patologia, o paciente puder manter-se vivo por certo tempo, e se a intervenção cirúrgica puder levá-lo ao óbito, a realização da operação dependerá necessariamente da aquiescência do interessado. Entretanto, se a cirurgia não contiver sério e imediato perigo de vida, e se a comparação entre o risco e o benefício resultar em vantagem evidente deste sobre aquele, o médico poderá intervir mesmo sem a concordância do paciente, desde que as circunstâncias do momento estejam a exigir tal atitude.

As transfusões de sangue situam-se na categoria dos procedimentos que independem do consentimento do paciente, pois não representam risco presente, sério e concreto de vida, mesmo porque somente em poucas situações não logram êxito. Logo, as pessoas que tinham na motivação religiosa (*v. g.*, as "Testemunhas de Jeová") fundamento bastante para se negar a receber sangue ou para impedir que os filhos recém-nascidos ou de tenra idade recebessem-no por transfusão, serão voz perdida sempre que a intervenção for indicada como método terapêutico (anemias profundas, acidentes, hemorragias em geral etc.). A vida está acima dos interesses individuais, situando-se no plano dos direitos indisponíveis e que envolvem prioritariamente questões de natureza pública quando em jogo a sua preservação. De resto, nunca é demais salientar que o médico tem por obrigação de ofício atuar de modo a preservar a vida humana, não obstante todo procedimento que tenha de adotar sempre envolva algum grau de risco. Disso decorre uma verdade inafastável: exceto nos casos ditados pela lei, em que o ânimo do paciente prevalece, o profissional tem a obrigação de agir, sob pena de responder pelo delito de omissão de socorro. A regra, qualquer que seja a situação, é extremamente singela: a) ausente risco de vida no procedimento, o médico pode e deve intervir, mesmo contra a vontade do paciente, se a situação indicar a necessidade da atuação; b) presente o risco de vida como fruto da intervenção, ou do contexto em que ela se insere, o médico precisa obter a concordância do paciente para atuar, exceto quando isso for inviável em razão das circunstâncias (*v. g.*, acidentado que chega ao hospital em coma e sem parentes próximos capazes de consentir).

Preferencialmente, quem deve anuir é o próprio paciente da intervenção. Contudo, restando impraticável a obtenção do consentimento em virtude das peculiaridades do evento, deve-se buscar a anuência dos parentes mais próximos (descendentes, ascendentes, irmãos) ou do cônjuge. Se da urgência ou emergência e das características do caso resultar evidenciada a impossibilidade de obter o assentimento do paciente ou das pessoas acima referidas, o médico terá obrigatoriamente que agir, pois do contrário praticará o delito de omissão de socorro.

7.5. Direito ao nome

No art. 16 do Código Civil encontra-se a seguinte regra: "*Toda pessoa tem direito ao nome, nele compreendidos o prenome e o sobrenome*". O nome integra a personalidade e indica a procedência do seu titular, tendo, por isso, proteção legal. A complexidade das relações interpessoais exige profunda segurança na definição da identidade das pessoas físicas, motivo pelo qual o nome mais do que nunca é fonte de individualização, singularização e peça fundamental para evitar que uma pessoa seja tomada por outra, circunstância capaz de gerar conseqüências jurídicas nocivas. Toda pessoa natural recebe um nome que é objeto de registro junto ao cartório competente. No ato de registro é fornecido à pessoa o prenome, ou seja um nome que precede o de família (Carlos, Paulo, João etc.) e o sobrenome (anteriormente denominado patronímico), isto é, um nome que designa a linhagem de onde proveio o indivíduo (Pereira, Alves, Silva etc.).

O direito ao nome é de caráter pessoal e não puramente patrimonial, embora dele possam surgir repercussões de conteúdo econômico. Trata-se de direito individual, de modo que cada pessoa tem prerrogativa exclusiva de utilização de seu próprio nome. A tutela do nome está consignada inclusive no Código Penal (art. 185), que pune a usurpação de nome ou pseudônimo alheio quando a intenção do agente for atribuir a outrem a titularidade de obra literária, científica ou trabalho que não lhe pertence. Em termos civis, a proteção ao nome envolve a possibilidade de que a pessoa venha a buscar a reparação de danos materiais e morais eventualmente causados pela indevida utilização de seu nome, seja por meio da usurpação propriamente dita (usar nome alheio para granjear proveito pecuniário), como por meio de qualquer forma que direta ou indiretamente venha a ocasionar danos ao titular (falsa atribuição de fatos ou atos, envolvimento em ocorrências, ilegalidades, imoralidades etc.).

Sendo componente da estrutura da personalidade, o nome é direito intransferível e irrenunciável, aspecto que se presta não apenas à tutela das prerrogativas individuais, como especialmente ao resguardo de interesses sociais ligados à segurança e estabilidade das relações das pessoas na comunidade em que se inserem. Afora a proteção legal conferida ao nome, o legislador consagrou-o como direito da pessoa. Noutras palavras, todo ser humano tem o inderrogável direito de receber um nome por meio de registro em cartório. Para incentivar a efetivação de registros e facilitar o procedimento, a lei assegura aos que forem comprovadamente pobres acesso gratuito aos cartórios de Registro Civil para fins de assentamento de nascimentos e obtenção da respectiva certidão (*vide* Lei n. 9.534/97 e art. 5º, LXXVI, da Constituição da República). Cabe observar, porém, que não é assegurada a gratuidade quanto às certidões subseqüentes à primeira, relacionadas à mesma pessoa, se porventura solicitadas pelo interessado.

Para evitar que no registro civil se atribua à pessoa nome capaz de submetê-la a exposição pública, o parágrafo único do art. 55 da Lei n. 6.015/73 (Lei dos Registros Públicos) determina que os oficiais do registro civil não registrarão prenomes suscetíveis de expor ao ridículo os seus portadores. Todavia, caso a orientação da norma não seja seguida, e ocorra a formalização de designação geradora de constrangimentos, admite-se a retificação judicial do registro. Porém, para que isso ocorra deve ser demonstrada objetiva afetação do indivíduo em virtude do nome que lhe foi dado. Não se acolhe a pretensão de retificação do registro civil para alteração de prenome, ante o princípio da imutabilidade do registro civil, apenas para satisfazer interesse particular do agente (*v. g.*, por simples desagrado). Em princípio, o nome é imutável, face à necessidade de proteger a integridade do sistema registral e evitar acontecimentos lesivos (*v. g.*, mudança do nome de pessoa condenada, o que afetaria a consulta ao seu passado criminal). Esse princípio somente é de ser relativizado em situações excepcionais, quando o nome expuser o portador ao ridículo ou ocasionar problemas de identificação social.

Com o fito de ampliar as garantias em torno de tão relevante atributo da personalidade, o art. 17 do Código Civil adiciona: "*O nome da pessoa não pode ser empregado por outrem em publicações ou representações que a exponham ao desprezo público, ainda quando não haja intenção difamatória*". O uso do nome é direito pessoal do titular. Não obstante, pode ser citado ou mencionado por terceiros em todas as situações que importem na divulgação de fato ou ato verdadeiro em que a pessoa esteja envolvida, ainda que possa vir em detrimento da sua imagem ou auto-estima. A liberdade de imprensa, de pensamento, de informação e de emissão de opiniões, constitucionalmente asseguradas, permite que os órgãos de comunicação e todas as pessoas em geral tornem públicos acontecimentos reais, investigações, denúncias e tudo o mais que possa interessar à coletividade. A tutela do nome não tem amplitude capaz de assegurar a absoluta intangibilidade em quaisquer circunstâncias, mesmo porque o interesse coletivo sobrepõe-se ao privado.

A intenção do legislador ao vedar o emprego do nome de outrem em publicações ou representações é de impedir a malevolência, a má-fé e a leviandade contra quem não ensejou de algum modo juridicamente justificável o ato de tornar público determinado acontecimento, seja porque falso, seja porque não envolvido nele. Destarte, configura ilicitude civil a publicação ou representação de ocorrências inexistentes ou inverídicas em seu conteúdo se delas puder resultar *desprezo público* à pessoa visada. Por desprezo público entende-se qualquer forma de repúdio ou malquerença que possa advir ao titular do nome em função da sua indevida citação ou utilização, sendo exemplo disso a superveniência de protestos, clamor público, notas de repúdio, repercussões negativas verbais ou escritas no meio social etc. O texto legal veda o indevido emprego em *publicações*, que são todas as formas de divulgação escrita, como folhetos, livros, notícias em jornais, panfletos etc. Por óbvio que o nome da pessoa também não pode ser livremente citado nos meios de comunicação de massa que se valem da palavra falada (rádio e televisão), nem tampouco por meio de citações através de mecanismos com menor alcance sonoro (megafones, microfones etc.). Pouco adiantaria o legislador proteger o nome contra publicações na imprensa escrita se não vedasse com igual intensidade os assaques produzidos por intermédio da imprensa falada ou meios afins. A tutela contra divulgações faladas ilídimas entra na grande categoria das *representações*, constituídas de todos os mecanismos de reprodução não inseridos na classe anterior das publicações. Também configura violação da norma a exibição do nome da pessoa ao público por meio de equipamentos ou métodos visuais, dramatizações, encenações e assim por diante, desde que disso resulte aversão, ojeriza ou revolta coletivas, ou, como prefere o texto legal, desprezo público.

O elemento anímico do agente que promoveu a publicação ou representação desinteressa para fins de incidência da norma, eis que basta a verificação do resultado lesivo para que surja o direito de buscar a devida reparação através de ações judiciais por danos materiais ou morais. A intenção de difamar não integra o rol dos pressupostos de viabilização de demandas do gênero, eis que importam basicamente: a) a indevida utilização do nome alheio; b) que o fato se tenha dado em publicação ou representação; c) que dele advenha desprezo público, expressão de amplíssimo espectro; d) a provocação de danos materiais ou morais como fruto da atitude ilídima. O fator volitivo e a motivação somente interessam à análise que porventura se venha a fazer do acontecimento sob o prisma penal, haja vista que o agente poderá responder naquela seara se ficar demonstrado o ânimo de difamar, injuriar ou caluniar a vítima. Ainda que não cause desprezo público, a usurpação do nome gera direito indenizatório quando dela resultar prejuízo patrimonial ou moral, como no caso, *v. g.*, da publicação de obras, estudos ou trabalhos alheios como se fossem próprios com o fim de auferir direitos autorais ou projeção social.

Prosseguindo na abordagem do tema, o art. 18 do Código Civil prevê: "*Sem autorização, não se pode usar o nome alheio em propaganda comercial*". A crescente mitificação dos ídolos do esporte, da ciência, das artes e de diversos outros setores produz nomes nacional e internacionalmente reconhecidos, de modo que a sua utilização em propagandas comerciais passou a funcionar como alavanca propulsora de bons negócios. Como o nome integra os direitos da personalidade, a sua vinculação a determinado produto posto em comércio depende de expressa autorização do titular, sob pena de gerar perdas e danos, em forma de lucros cessantes. Assim, se o nome for lançado em campanha comercial sem a aquiescência da pessoa (que independe de forma especial, embora a escrita facilite a prova da sua existência), terá esta direito ao pagamento de tudo aquilo que ganharia se houvesse autorizado o uso, aspecto a ser fixado pelo juízo mediante análise dos elementos objetivos alcançados pelo interessado ou liquidação de sentença. A proibição contida no dispositivo não alcança apenas as propagandas comerciais propriamente ditas, isto é, aquelas que pretendem captar lucro em favor do anunciante. Mesmo no caso de anúncios ligados a ações de benemerência, humanitárias e sociais deve necessariamente haver o consentimento das pessoas para utilização do seu nome na divulgação das iniciativas. Isto porque os espaços ditos publicitários caracterizam-se como *comerciais* não apenas no que diz respeito àqueles que visam como contrapartida ao lucro, mas também no pertinente a tudo o que possa representar a adesão de determinada pessoa a certo produto, bem jurídico, ideologia etc. O uso indevido do nome, em casos dessa espécie, também gera direito de indenização.

Encerrando a disciplina do tema, o art. 19 do Código Civil estabelece: "*O pseudônimo adotado para atividades lícitas goza da proteção que se dá ao nome*". O pseudônimo nada mais é do que um nome suposto, isto é, uma denominação não correspondente àquela que figura no registro civil da pessoa, mas que é adotada por esta extra-oficialmente para fins lícitos. A utilização de pseudônimos é bastante comum entre escritores, artistas, esportistas e mesmo entre pessoas comuns dedicadas a ramos de atividades igualmente singelas. Às vezes o pseudônimo é de tal forma disseminado entre terceiros que acaba sendo imediatamente associado à pessoa, fazendo com que seja mais conhecido por ele do que pelo nome de registro formal. Isto faz com que o nome fantasioso — ou alcunha — receba toda a proteção legal dispensada ao prenome e ao sobrenome. A tutela legal não difere em nada daquela estendida ao nome, de tal sorte que envolve a necessidade de expressa autorização do titular para utilização em propagandas (sob pena de surgimento do dever de reparar os danos experimentados) e indenização dos prejuízos causados em razão do mau uso do pseudônimo alheio em publicações e representações que submetam a pessoa ao desprezo público.

7.6. Proteção à imagem e à criação intelectual

Afora resguardar a moralidade da pessoa, entendida como os atributos puramente psíquicos do indivíduo, o legislador também se preocupou em proteger a imagem, no sentido de evitar que a figura humana seja indevidamente utilizada por terceiros e sem autorização do titular. Além disso, defendeu também outros itens que integram a personalidade como criação do espírito, da intelectualidade do ser humano. Não é outra a finalidade do art. 20 do Código Civil: "*Salvo se autorizadas, ou se necessárias à administração da justiça ou à manutenção da ordem pública, a divulgação de escritos, a transmissão da palavra, ou a publicação, a exposição ou a utilização da imagem de uma pessoa poderão ser proibidas, a seu requerimento e sem prejuízo da indenização que couber, se lhe atingirem a honra, a boa fama ou a respeitabilidade, ou se se destinarem a fins comerciais*". No concernente à imagem, trata-se de elemento que recebeu tutela em nível constitucional (art. 5º, V e X da CF). A utilização da imagem alheia, como do nome, depende de expressa autorização do titular, posto serem conhecidas as negativas implicações econômicas e morais que o mau uso da mesma pode ocasionar.

Similar tratamento receberam os escritos particulares e as palavras gravadas, cuja transmissão não prescinde da aquiescência do interessado, ressalvadas as hipóteses consignadas na lei. São as chamadas criações do espírito, que pertencem ao indivíduo em virtude de terem sido geradas na sua mente, como resultado da intelecção e da criatividade, do que resulta a proibição de práticas de apropriação indevida por outrem. Sempre que o ato de tornar públicos escritos, palavras ou imagens puder atingir indevidamente a honorabilidade, a estima social ou a reputação alheia, ao interessado é permitido requerer ao Poder Judiciário que o impeça. Isto pode acontecer antes de ter início a divulgação ou mesmo em meio a ela, especialmente quando for o caso de reiteradas inserções, como acontece em propagandas comerciais.

A vedação contida na lei não poderá servir de escudo para pessoas que, tendo transgredido a lei ou estando sob investigação oficial que apure dados no sentido do envolvimento em atos irregulares, pretendam esquivar-se da divulgação dos fatos a título de notícia, eis que a tutela aos direitos da personalidade não deve conflitar com os cânones maiores da liberdade de imprensa, do direito à informação, da liberdade de expressão e assim por diante. Cabe salientar que a publicidade de atos praticados por alguém e que contrariem a lei, a moralidade e os bons costumes, bem como a punição dos mesmos, constitui mecanismo de autodefesa da sociedade e vem em seu proveito. A proteção contida no dispositivo legal não tem como finalidade favorecer e incentivar a impunidade, mas sim resguardar as pessoas íntegras de ilícitos assaques aos direitos da personalidade, ainda mais quando são fartos os exemplos de abusos cometidos pelos meios de comunicação na publicação de acontecimentos que ao depois vêm a ser tidos como inocorrentes ou diversos do que inicialmente veiculado.

A necessidade motivada pela administração da justiça e pela manutenção da ordem pública permite sejam publicados escritos, transmitidas palavras e utilizadas imagens das pessoas, ainda quando isso possa melindrar seus atributos morais e não esteja autorizada a divulgação. É que o direito privado cede lugar ao interesse público, sendo plenamente justificado o sacrifício de prerrogativas individuais em nome de objetivos maiores. Destarte, se determinada carta deixada por alguém já falecido puder desvendar um crime e tiver de ser publicada para que o culpado seja identificado e localizado por pessoas do povo, será facultado às autoridades promover a divulgação do teor da missiva, ainda que nela o signatário faça confissões íntimas capazes de levar aos familiares exposição indesejada. Nesse caso, interessa à coletividade e ao Poder Judiciário a veiculação, que terá supremacia em relação à tutela legal contida no dispositivo em apreço.

A opção do interessado em recorrer ao Poder Judiciário para evitar a divulgação das matérias ou para sobrestar as inserções já iniciadas não ilidem o direito de buscar a indenização cabível, já que a obstaculização da veiculação tem por desiderato fazer cessar o ato agressivo ou o risco de ofensa aos atributos da personalidade, enquanto o ajuizamento de demanda indenizatória objetiva recompor a estrutura já lesada pela conduta ilídima. São iniciativas que não se excluem nem colidem, porque habitam territórios jurídicos diferentes em sua origem e finalidade.

Ao contrário da previsão genérica contida no parágrafo único do art. 12 do Código Civil, pela qual a legitimidade para fazer cessar ameaça ou lesão a direito da personalidade e pleitear perdas e danos é mais extensa e alcança inclusive os colaterais até o quarto grau, a prerrogativa de combater ameaça ou lesão à imagem, aos escritos e à palavra de pessoa falecida ou ausente, é menos larga, de modo que caberá ao cônjuge (na constância efetiva da sociedade conjugal), aos ascendentes ou aos descendentes (estes excluídos por aqueles, ambos excluídos pelo cônjuge, e, entre pessoas da mesma classe, com exclusão dos mais remotos pelos mais próximos) a prerrogativa de proteger em juízo os atributos morais do obituado e do ausente.

7.7. Direito à privacidade e à intimidade

A proteção ao direito de permanecer em sossego, a necessidade de preservação da tranqüilidade e a repulsa a condutas que afrontem o âmbito reservado do indivíduo motivaram o legislador a editar o art. 21 do Código Civil: "*A vida privada da pessoa natural é inviolável, e o juiz, a requerimento do interessado, adotará as providências necessárias para impedir ou fazer cessar ato contrário a esta norma*". Igual rumo foi traçado na Constituição Federal, que, em seu art. 5º, X, preceitua: "*são invioláveis a intimidade, a vida privada, a honra e a imagem das pessoas, assegurado o direito à indenização pelo dano material ou moral decorrente de sua violação*". Distinguem-se vida privada e intimidade na medida em que esta se direciona à tutela de aspectos internos e íntimos da pessoa (segredos e particularidades de foro moral e íntimo do indivíduo), ao passo que aquela volta-se para o âmbito externo do existir. Integram a definição de *vida privada* direitos como o de manter-se recolhido em casa ou local diverso sem ser indevidamente molestado, conservar em sigilo informações relativas à família e à própria pessoa, evitar investigações acerca do modo de vida etc. Discorrendo sobre o tema *José Afonso da Silva* ("Curso de Direito Constitucional Positivo", São Paulo: Malheiros Editores, 1999. p. 211) entende que a Constituição não igualou *vida privada* e *intimidade*, pois no tocante àquela "*deu destaque ao conceito, para que seja mais abrangente, como conjunto de modo de ser e viver, como direito de o indivíduo viver sua própria vida*".

Toda violação ou tentativa de devassamento da vida privada pode ser coibida em juízo, porque invioláveis os aspectos a ela inerentes. Cabe ao Poder Judiciário deferir em proveito do interessado medidas aptas a fazerem cessar ou a evitar a violação do direito, sendo apropriados à espécie pedidos de concessão de liminar em ação cautelar ou de antecipação de tutela em demanda ordinária, contanto que se possa demonstrar de plano ao juízo a ocorrência de concreta turbação ou definida violação contra a vida privada do indivíduo. Ocorrendo danos materiais ou morais como resultado da injusta agressão à privacidade, deverá o lesante, mediante provocação do juízo pelo interessado, promover a reparação integral dos mesmos.

7.8. Situação jurídica do estrangeiro

Quanto ao aspecto de sua inserção na coletividade brasileira politicamente organizada, os indivíduos são apontados como brasileiros natos, brasileiros naturalizados ou estrangeiros. A Constituição Federal, em seu art. 12, estabelece: "*São brasileiros: I – natos: a) os nascidos na República Federativa do Brasil, ainda que de pais estrangeiros, desde que estes não estejam a serviço de seu país; b) os nascidos no estrangeiro, de pai brasileiro ou mãe brasileira, desde que qualquer deles esteja a serviço da República Federativa do Brasil; c) os nascidos no estrangeiro, de pai brasileiro ou de mãe brasileira, desde que venham a residir na República Federativa do Brasil e optem, em qualquer tempo, pela nacionalidade brasileira; II – naturalizados: a) os que, na forma da lei, adquiram a nacionalidade brasileira, exigidas aos originários de países de língua portuguesa apenas residência por um ano ininterrupto e idoneidade moral; b) os estrangeiros de qualquer nacionalidade residentes na República Federativa do Brasil há mais de quinze anos ininterruptos e sem condenação penal, desde que requeiram a nacionalidade brasileira*". Aos brasileiros natos são atribuídos todos os direitos civis de maneira plena, sem qualquer espécie de restrição. Aos naturalizados são impostas algumas limitações, que dizem respeito a prerrogativas somente alcançadas aos natos (*v. g.*, não podem candidatar-se a determinados cargos eletivos, especialmente Presidência da República). A Lei n. 6.192, de 19.12.1974, aproximou os naturalizados dos natos em termos de direitos, mas não os igualou. Embora seja vedada qualquer distinção entre brasileiros natos e naturalizados, e não obstante a indicação da nacionalidade brasileira alcançada mediante naturalização deva ser feita sem referência a tal circunstância, os interesses coletivos maiores justificam a existência de certas precauções da lei, que, de resto, também são adotadas nos demais países visando idênticas finalidades. Por fim, os estrangeiros sofrem restrições mais intensas (*v. g.*, quanto à ocupação de cargos públicos), em nome da preservação da segurança nacional e da priorização dos interesses dos brasileiros. Aos portugueses com residência permanente no País, se houver reciprocidade em favor de brasileiros, serão atribuídos os direitos inerentes ao brasileiro, salvo os casos previstos na Constituição Federal, conforme expressa dicção do § 2º do art. 12 da Carta Maior. A diferenciação encontra fundamento nas raízes da nação, extremamente ligada a Portugal e com quem sempre se procurou manter estreita proximidade de relacionamento.

A condição jurídica do estrangeiro é ditada pela Lei n. 6.815, de 19.8.1980. O art. 95 do diploma assegura que o estrangeiro residente no Brasil goza de todos os direitos reconhecidos aos brasileiros, nos termos da Constituição e das leis. Isso vale para os direitos comuns a todas as pessoas, como resultado do simples fato biológico do nascimento com vida. Os atributos específicos da personalidade (*v. g.*, direito à vida, à liberdade, à integridade física etc.) não têm fronteiras, mas é certo que ao dispor como acima referido a lei não quis igualar nacionais e estrangeiros, mesmo porque de imediato tomou a cautela de observar que a fruição de todos os direitos conferidos aos brasileiros vincula-se às previsões normativas pertinentes. E, como é cediço, nelas estão inseridas limitações e restrições, embora, volta-se a frisar, os estrangeiros desfrutem plenamente dos direitos básicos inerentes a todo ser humano.

Importa asseverar, ainda, que o ordenamento pátrio não reconhece nacionalidade dupla, destacando-se inclusive a circunstância de que a Constituição Federal (art. 12, 4º) prevê a perda da qualidade de brasileiro por quem adquirir outra nacionalidade, exceto nos casos de reconhecimento de nacionalidade originária pela lei estrangeira (*v. g.*, quanto aos descendentes de italianos, que a lei da Itália considera automaticamente nacionais) e de imposição de naturalização, pela norma estrangeira, ao brasileiro residente em Estado estrangeiro, como condição para permanência em seu território ou para o exercício de direitos civis. A decretação da perda da nacionalidade compete originariamente ao Presidente da República, mas o Decreto n. 3.453/00 delegou competência ao Ministro de Estado da Justiça para declarar a perda e a reaquisição da nacionalidade brasileira nas hipóteses legalmente estatuídas.

O Código Civil de 2002 não fez qualquer menção à situação jurídica dos estrangeiros ou dos naturalizados. Ao silenciar, remete à necessidade de considerar que igualou a todos, provocando a incidência de todas as suas normas indistintamente sobre as pessoas, observadas eventuais diferenciações contidas noutros diplomas legais. E nem poderia ser diferente, de vez que a codificação tem em vista a disciplina das relações jurídicas de cunho privado, em que a nacionalidade não tem grande influência na condução e na solução dos litígios acaso verificados.

Capítulo 8

DA AUSÊNCIA

8.1. Conceito e fases

O legislador brasileiro manteve, no Código Civil de 2002, a disciplina do instituto da ausência, embora de quase nenhuma incidência prática em virtude da severidade dos requisitos para a sua verificação. Ademais, o sistema atual de comunicação e a viabilidade de rastreamento a longa distância do paradeiro das pessoas faz com que a caracterização da ausência se torne bastante complexa sob o prisma jurídico. Como novidade introduzida no ordenamento pátrio, tem-se hoje o ausente não mais na condição de incapaz, mas simplesmente como alguém desaparecido do domicílio de maneira permanente, sem que do seu destino se tenha notícias. O art. 22 do Código Civil indica com clareza a definição técnica da ausência: "*Desaparecendo uma pessoa do seu domicílio sem dela haver notícia, se não houver deixado representante ou procurador a quem caiba administrar-lhe os bens, o juiz, a requerimento de qualquer interessado ou do Ministério Público, declarará a ausência, e nomear-lhe-á curador*". Vários são os requisitos: a) desaparecimento da pessoa; b) absoluta falta de notícias acerca do seu paradeiro; c) inexistência de representante ou procurador nomeado pelo indivíduo desaparecido. Não se pode confundir a ausência com a singela falta física da pessoa no local em que era habitualmente encontrada. Afinal, o desaparecimento pode ter sido voluntário ou necessário, e não constitui, por si só, fundamento para a adoção de medida tão drástica como a declaração de ausência. É preciso muito mais do que isso, sendo notório que a lei pretende tutelar aquelas situações que indiquem ser razoável aventar a irreversibilidade do quadro e gerem a hipótese de que a pessoa tenha morrido, circunstâncias capazes de deixar à deriva os interesses decorrentes da vida civil. Não há previsão legal acerca de prazo mínimo de desaparecimento sem notícias para que se tenha como ausente determinada pessoa. Portanto, caberá ao juízo, com base nas peculiaridades do caso concreto e na premência reclamada pelo contexto, declarar ou não a ausência quando provocado. A sentença declaratória de ausência será registrada no Registro Civil de Pessoas Naturais, conforme preconiza o art. 29, VI, da Lei n. 6.015, de 31.12.73 (Leis dos Registros Públicos).

Por força da expressa dicção do legislador, mesmo com o reconhecimento judicial da ausência não se haverá de falar em incapacidade da pessoa desaparecida, mas sim na possibilidade de que os seus bens, negócios, direitos e obrigações recebam tratamento jurídico de modo a, inicialmente, não se perderem. Apenas num segundo momento é que o acervo será distribuído entre os sucessores, como se o ausente fosse morto. Em vista disso, percebe-se que a afirmação da ausência é mister único e exclusivo do Poder Judiciário, não sendo viável afirmar esse estado por outro meio que não o sentencial.

A exposição feita acima demonstra que o instituto da ausência é constituído por duas etapas distintas, ambas desenvolvidas dentro de ação especificamente proposta para atingir esse desiderato. A primeira delas diz respeito à adoção de medidas de resguardo dos interesses do ausente. A segunda refere-se a providências destinadas a entregar o acervo deixado, originalmente em caráter provisório e posteriormente em formatação definitiva, face à presunção jurídica de que o ausente morreu. Ao final do *iter*, portanto, há reconhecimento oficial de óbito, ainda que este decorra de presunção *juris tantum* e sujeita a reversão a todo tempo. Contudo, alguns efeitos da ausência poderão assumir contornos irreversíveis, ainda que a pessoa ressurja e volte a praticar normalmente os atos da vida civil no local de onde havia sumido.

Deve-se atentar para o fato de que, além das repercussões que dizem respeito aos bens da pessoa, a ausência produz reflexos também noutras searas jurídicas, mormente no direito de família. Como a morte é causa de dissolução do vínculo conjugal, e considerando-se a circunstância de que o ausente é tido como presumivelmente morto, o casamento válido se dissolve quando houver afirmação judicial da ausência do cônjuge (art. 1.571, § 1º, do Código Civil). Se o consorte do ausente vier a contrair novo matrimônio, o retorno daquele não afetará o liame mais recente, de maneira que o casamento celebrado durante o estado de ausência prevalecerá. Por outro lado, em relação aos filhos menores tem-se que o exercício do poder familiar caberá ao genitor remanescente, e, caso ele não exista ou não possa desempenhar as respectivas atribuições, a prole será tratada como órfã e ficará sob tutela (art. 1.728, I, do Código Civil), situação que será revertida ante eventual volta do ausente.

8.2. Curadoria do ausente

À declaração de ausência segue-se a arrecadação dos bens do ausente e a designação de um administrador para os mesmos (art. 1.160 do Código de Processo Civil), enquanto persistente a situação. A nomeação de curador não se funda na incapacidade do ausente, mas sim no fato de que seus bens ficam sem administração, o que pode ocasionar prejuízos irreparáveis e legitima eventuais interessados ou o Ministério Público a requerer a declaração judicial da ausência. Note-se que a curadoria se dá em relação aos bens, e não no tocante à pessoa do ausente, o que reforça a convicção de não ser caso de incapacidade. Tanto é verdade que o próprio ordenamento prevê a retomada dos bens em determinadas situações caso o desaparecido retorne, medida a atestar a manutenção tanto da personalidade como da capacidade civil.

A missão do curador consiste em gerir os bens deixados pelo ausente, de maneira que não se percam e possam ser restituídos ao dono na hipótese de retornar, ou, então, sejam entregues aos sucessores em caráter provisório ou definitivo após o cumprimento dos trâmites legais. Afora a viabilidade de nomeação de curador quando verificado o caso previsto no art. 22, o Código Civil estabeleceu outra hipótese de curadoria do ausente, desta feita no art. 23, cuja redação é esta: "*Também se declarará a ausência, e se nomeará curador, quando o ausente deixar mandatário que não queira ou não possa exercer ou continuar o mandato, ou se os seus poderes forem insuficientes*".

"*O juiz, que nomear o curador, fixar-lhe-á os poderes e obrigações, conforme as circunstâncias, observando, no que for aplicável, o disposto a respeito dos tutores e curadores*" (art. 24). Com a ausência, recolhem-se os bens do desaparecido mediante confecção de auto circunstanciado em que constará minuciosa descrição de tudo o que for encontrado. Após, os bens são entregues ao curador nomeado pelo juízo, dotando-se o administrador de poderes bastantes para que possa cumprir com eficiência o encargo conferido.

Para que a indicação do curador não fique jungida ao exclusivo alvedrio do juiz, há uma ordem legal de nomeação a ser seguida, que somente não será observada se as pessoas arroladas no art. 25 não tiverem condições (inclusive de natureza moral) ou não quiserem assumir o *munus*. Eis o texto da norma: "*O cônjuge do ausente, sempre que não esteja separado judicialmente, ou de fato por mais de dois anos antes da declaração da ausência, será o seu legítimo curador. § 1º – Em falta do cônjuge, a curadoria dos bens do ausente incumbe aos pais ou aos descendentes, nesta ordem, não havendo impedimento que os iniba de exercer o cargo. § 2º – Entre os descendentes, os mais próximos precedem os mais remotos. § 3º – Na falta das pessoas mencionadas, compete ao juiz a escolha do curador*". A preferência será sempre do cônjuge quando presente a constância da sociedade conjugal, que se caracteriza pela inexistência de separação judicial ou então de separação fática por mais de dois anos, contado o período, em sentido retroativo, da data em que declarada a ausência.

Quando não houver cônjuge, ou nos casos em que este não possa ou não queira funcionar como curador do ausente, a nomeação recairá sobre os pais e, na falta ou negativa destes, sobre os filhos. Nunca é demais salientar que a ordem posta no Código Civil não tem caráter absoluto, de modo que se restar evidente a possibilidade de a curadoria vir a ser exercida de forma desidiosa ou negligente caberá ao julgador nomear outra pessoa, com observância do elenco firmado pelo legislador. A regra de que os graus mais próximos de parentesco excluem os mais remotos é tradicional no direito pátrio, sendo inclusive adotada em termos de vocação hereditária. Por isso, para fins de curadoria de ausente vigora igual princípio entre os descendentes, cabendo a nomeação dos filhos antes de passar aos netos, e destes antes dos bisnetos. Quando nenhuma das pessoas apontadas na lei puder ou quiser ser nomeada para a curadoria do ausente, ficará o julgador liberado para indicar quem melhor aprouver aos interesses do desaparecido, segundo análise discricionária do juízo.

8.3. Sucessão provisória

A abertura da sucessão provisória é a etapa subseqüente à afirmação da ausência e à arrecadação dos bens. Tem por fundamento o art. 26 do Código Civil: "*Decorrido um ano da arrecadação dos bens do ausente, ou, se ele deixou representante ou procurador, em se passando três anos, poderão os interessados requerer que se declare a ausência e se abra provisoriamente a sucessão"*. A sucessão provisória objetiva impedir que a cadeia dominial referente aos bens do ausente venha a sofrer solução de continuidade, ainda que em termos fáticos, por período acentuado de tempo. Assim, faculta-se aos interessados pleitear a distribuição precária dos itens patrimoniais pertencentes à pessoa. Mesmo a existência de procurador ou representante nomeado e em atuação não evitará a declaração de ausência se o representado não der notícias ou sinais de vida em três anos, pois então considerar-se-á igualmente como falecido e ficará viabilizada aos interessados a obtenção da declaração de ausência e a abertura da sucessão provisória.

Há uma diferença substancial entre o curador do ausente e o sucessor provisório, eis que enquanto aquele administra bens alheios à espera do retorno do titular, este é herdeiro presuntivo e gerencia bens que poderão vir a ser próprios, o que somente não ocorrerá se o desaparecido retornar enquanto provisoriamente distribuído o patrimônio, ou dentro do prazo estabelecido pela lei. A sentença que deferir a sucessão provisória será averbada no Registro Civil de Pessoas Naturais, como ordenado no parágrafo único do art. 104 da Lei dos Registros Públicos.

Quanto à legitimidade para a apresentação do pedido, esclarece o art. 27 do Código Civil: *"Para o efeito previsto no artigo anterior, somente se consideram interessados: I – o cônjuge não separado judicialmente; II – os herdeiros presumidos, legítimos ou testamentários; III – os que tiverem sobre os bens do ausente direito dependente de sua morte; IV – os credores de obrigações vencidas e não pagas"*. A listagem não exclui a legitimidade do Ministério Público para requerer a declaração de ausência e a abertura da sucessão provisória (art. 1.163, § 2º, do Código de Processo Civil). Não como representante de incapazes (porque o ausente não mais é tido pelo ordenamento como incapaz), mas sim em nome do interesse social e da previsão legal de curadoria, instituto que sempre reclama a intervenção do fiscal da lei. No que pertine ao cônjuge, a constância da sociedade conjugal é requisito essencial para legitimá-lo, permitindo que requeira a declaração de ausência e provoque a distribuição dos bens. Todavia, não tem legitimidade para pedir a declaração de ausência e a abertura de sucessão provisória o cônjuge que estiver separado por mais de dois anos da pessoa desaparecida, pois isso caracteriza ruptura incompatível com a qualidade jurídica de interessado.

A sentença que determinar a abertura da sucessão provisória só produzirá efeito cento e oitenta dias depois de publicada pela imprensa; mas, logo que passe em julgado, proceder-se-á à abertura do testamento, se houver, e ao inventário e partilha dos bens, como se o ausente fosse falecido (art. 28). Findo o prazo a que se refere o art. 26, e não havendo interessados na sucessão provisória, cumpre ao Ministério Público requerê-la ao juízo competente (§ 1º). Não comparecendo herdeiro ou interessado para requerer o inventário até trinta dias depois de passar em julgado a sentença que mandar abrir a sucessão provisória, proceder-se-á à arrecadação dos bens do ausente pela forma estabelecida nos arts. 1.819 a 1.823 (§ 2º). A atribuição de efeito pleno somente depois do transcurso do prazo indicado decorre da expectativa de que nesse interregno o ausente tome ciência das providências encetadas e retorne para reassumir a condução dos seus bens. Vale dizer, todas as medidas adotadas nesse espaço de tempo estarão marcadas pela mais absoluta precariedade, cedendo lugar sempre que o desaparecido der notícias ou retomar a administração do patrimônio.

Antes da partilha, o juiz, quando julgar conveniente, ordenará a conversão dos bens móveis, sujeitos a deterioração ou a extravio, em imóveis ou em títulos garantidos pela União (art. 29). A oportunidade e conveniência da conversão fica a critério exclusivo do juiz, que se poderá valer, para tanto, de laudos periciais e de qualquer outro meio de investigação, ainda que ao resultado deles não fique vinculado. Objetiva-se com isso assegurar a restituição ao ausente, se retornar, da mesma expressão econômica originalmente deixada por ele. Sendo ofertados ao público em leilão, os bens poderão gerar recursos capazes de levar à aquisição de bens de raiz ou aplicação em títulos assegurados pela União, o que constitui considerável proteção contra destruição ou perecimento de qualquer natureza.

Os herdeiros, para se imitirem na posse dos bens do ausente, darão garantias da restituição deles, mediante penhores ou hipotecas equivalentes aos quinhões respectivos (art. 30). Aquele que tiver direito à posse provisória, mas não puder prestar a garantia exigida neste artigo, será excluído, mantendo-se os bens que lhe deviam caber sob a administração do curador, ou de outro herdeiro designado pelo juiz, e que preste essa garantia (§ 1º). Os ascendentes, os descendentes e o cônjuge, uma vez provada a sua qualidade de herdeiros, poderão, independentemente de garantia, entrar na posse dos bens do ausente (§ 2º). A exigência de garantia somente recai sobre quem, tendo direito a uma fração dos bens, não for cônjuge, descendente ou ascendente do desaparecido, pois quanto a eles, dada a proximidade dos laços que os unem a este, há presunção legal no sentido de que protegerão com toda a presteza possível os quinhões que provisoriamente lhes couberem. É caso de inexigibilidade de garantia, razão pela qual não se poderá negar acesso à posse dos bens sob o pretexto de que não há segurança quanto à efetiva restituição se reclamados por retorno do ausente. Quanto ao excluído mencionado na norma legal, poderá, justificando falta de meios, requerer lhe seja entregue metade dos rendimentos do quinhão que lhe tocaria (art. 34).

Como cautela adicional destinada a preservar o acervo, os imóveis do ausente só se poderão alienar, não sendo por desapropriação, ou hipotecar, quando o ordene o juiz, para lhes evitar a ruína (art. 31). Os bens imóveis reputam-se inalienáveis, situação que perdura enquanto produzir efeitos a sucessão provisória, pois o domínio não se transmite aos sucessores de imediato. Portanto, o acervo imóvel deverá permanecer no aguardo do retorno do titular, enquanto os móveis somente poderão ser alienados nas hipóteses legalmente estabelecidas.

Empossados nos bens, os sucessores provisórios ficarão representando ativa e passivamente o ausente, de modo que contra eles correrão as ações pendentes e as que de futuro àquele forem movidas (art. 32). Estabelece o legislador verdadeira representação processual em favor do ausente, materializada na pessoa dos sucessores provisórios, ou seja, de todos aqueles que receberem a título precário frações do acervo patrimonial deixado. Em assim sendo, o curador não mais funcionará como representante legal e processual do ausente a partir da divisão dos bens, devendo as demandas ser ajuizadas contra quem estiver provisoriamente investido na qualidade sucessória. Tanto as ações que já estiverem em andamento à época da destinação dos bens aos sucessores, como aquelas que vierem a ser ajuizadas depois de partilhado o acervo, deverão ter aqueles como sujeitos passivos enquanto perdurarem os efeitos da sucessão provisória.

O descendente, ascendente ou cônjuge que for sucessor provisório do ausente, fará seus todos os frutos e rendimentos dos bens que a este couberem; os outros sucessores, porém, deverão capitalizar metade desses frutos e rendimentos, segundo o disposto no art. 29, de acordo com o representante do Ministério Público, e prestar anualmente contas ao juiz competente (art. 33). Se o ausente aparecer, e ficar provado que a ausência foi voluntária e injustificada, perderá ele, em favor do sucessor, sua parte nos frutos e rendimentos (parágrafo único).

Se durante a posse provisória se provar a época exata do falecimento do ausente, considerar-se-á, nessa data, aberta a sucessão em favor dos herdeiros, que o eram àquele tempo (art. 35). Para tanto, a prova da data do óbito tem de ser absoluta, cabal e definitiva, pois implica na fixação do marco inicial da sucessão. Ademais, há ainda a considerar o fato de o art. 1.167, I, do Código de Processo Civil, prever que a sucessão provisória converter-se-á em definitiva quando houver certeza da morte do ausente, fazendo com que o sucessor torne-se titular da fração que lhe couber, ressalvada a possibilidade de retorno do ausente no prazo legal.

Prevendo a hipótese de retorno do ausente, o art. 36 do Código Civil determinou: *"Se o ausente aparecer, ou se lhe provar a existência, depois de estabelecida a posse provisória, cessarão para logo as vantagens dos sucessores nela imitidos, ficando, todavia, obrigados a tomar as medidas assecuratórias precisas, até a entrega dos bens a seu dono"*.

Enquanto provisória, a sucessão pouco mais é do que uma espécie de guarda e administração dos bens, ainda que por lei o sucessor desde logo passe a usar e fruir a fração recebida. O domínio do acervo continua sendo do ausente, que terá direito à retomada da posse e da gestão dos bens tão logo apareça ou se prove que está vivo, pois a declaração de ausência carrega consigo presunção relativa de óbito do desaparecido. Em assim sendo, o direito à percepção dos frutos e rendimentos deixa de existir a contar da data em que o ausente retornar, ou de quando for demonstrado que vive, cabendo-lhe recolher tais vantagens junto aos sucessores.

8.4. Sucessão definitiva

Não se pode exigir dos sucessores que fiquem *ad infinitum* aguardando a volta do ausente. Isso traria insegurança às relações jurídicas e estabeleceria pesado ônus sobre as pessoas a quem os bens são entregues a título provisório. Daí o teor do art. 37 do Código Civil: *"Dez anos depois de passada em julgado a sentença que concede a abertura da sucessão provisória, poderão os interessados requerer a sucessão definitiva e o levantamento das cauções prestadas"*. A abertura da sucessão definitiva não acarreta de imediato a transmissão incondicional do domínio dos bens entregues aos sucessores quando da sucessão provisória. Embora os laços jurídicos tornem-se mais estreitos, o recebimento do acervo dá-se a título resolúvel, isto é, deixa de ser precária a relação para assumir maior solidez, mas sem que feneça a obrigação de restituir os itens patrimoniais se o ausente retornar. A propriedade somente se transmite aos sucessores em toda a plenitude e sem restrições depois de fluídos 10 (dez) anos da sucessão definitiva. Apesar de a abertura da sucessão definitiva não ilidir o direito de o ausente retomar os bens, o sucessor poderá daí em diante aliená-los a título oneroso ou gratuito, eis que ao desaparecido somente caberá a prerrogativa de recuperar os bens no estado em que estiverem quando reclamá-los. Com isso, terceiros que houverem adquirido os bens não serão de modo algum atingidos pelo retorno do ausente, ficando mantida a validade e a eficácia dos negócios jurídicos realizados. Entretanto, os alienantes ficarão obrigados pelo valor dos negócios efetuados, cabendo à pessoa que retornou buscar em juízo o montante a que tem direito. Esse entendimento encontra substrato inclusive na previsão legal de levantamento das garantias prestadas por ocasião da assunção provisória da posse, o que demonstra ser intenção do legislador liberar os sucessores para que dêem aos bens o destino que convier.

O legislador minimizou a exigência temporal ao editar o art. 38: "*Pode-se requerer a sucessão definitiva, também, provando-se que o ausente conta oitenta anos de idade, e que de cinco datam as últimas notícias dele*". Se há cinco anos não se tem notícias de determinada pessoa, e se ao final desse período for provado que o ausente já teria completado 80 (oitenta) anos de idade, torna-se possível abrir diretamente a sucessão definitiva, sem necessidade de que antes se passe pela abertura da sucessão provisória. O juízo, mediante provocação de quem tiver legitimidade, declarará a ausência e passará de forma expedita à sucessão definitiva, fato que se justifica em razão da avançada idade do ausente e da média de vida do brasileiro, ficando reforçada a presunção de falecimento da pessoa.

E se a pessoa reaparecer depois de promovida a distribuição definitiva dos seus bens? Regressando o ausente nos dez anos seguintes à abertura da sucessão definitiva, ou algum de seus descendentes ou ascendentes, aquele ou estes haverão só os bens existentes no estado em que se acharem, os sub-rogados em seu lugar, ou o preço que os herdeiros e demais interessados houverem recebido pelos bens alienados depois daquele tempo (art. 39). Se, nos dez anos a que se refere o artigo, o ausente não regressar, e nenhum interessado promover a sucessão definitiva, os bens arrecadados passarão ao domínio do Município ou do Distrito Federal, se localizados nas respectivas circunscrições, incorporando-se ao domínio da União, quando situados em território federal (parágrafo único).

Saliente-se que a competência para processar e julgar a ação destinada a obter reconhecimento de ausência é definida pelo art. 10 da Lei de Introdução ao Código Civil (Decreto Lei n. 4.657/42): "*A sucessão por morte ou por ausência obedece à lei do país em que era domiciliado o defunto ou o desaparecido, qualquer que seja a natureza e a situação dos bens*". Destarte, rege-se pelas normas pátrias o processo relativo à sucessão do ausente, tanto em caráter provisório como definitivo, cujo último domicílio situava-se em solo brasileiro. Mais precisamente, o pedido deve ser encaminhado ao juiz da comarca do derradeiro domicílio da pessoa, aplicando-se aqui as regras codificadas pertinentes (art. 70 e seguintes).

Capítulo 9

DAS PESSOAS JURÍDICAS

9.1. Generalidades e conceito

A evolução das relações sociais e a complexidade que as envolve revelou a insuficiência do esforço do ser humano, singularmente considerado, para dar conta das imposições resultantes da nova realidade que se foi construindo. O indivíduo tornou-se pequeno demais para atingir os objetivos a que se propunha e para atender às necessidades atreladas aos fins colimados, fossem eles de cunho econômico ou não. Embora a idéia de agrupamento formal com vistas à implementação de desideratos comuns não fosse conhecida pelo antigo direito romano, a união fática entre pessoas sempre foi guindada à condição de mecanismo indispensável quando em jogo a consecução de objetivos inatingíveis pelo ser humano isoladamente visualizado. Aos poucos, esse estado de fato acabou reclamando afirmação jurídica, o que começou a ocorrer por mãos do mesmo direito romano, já em fase mais adiantada de desenvolvimento.

Não obstante, a primeira notícia histórica de efetiva disciplina jurídica acerca dos entes ideais vem do direito canônico, que se preocupou em formatar a estrutura dos organismos formados pela reunião de esforços de pessoas cujas finalidades eram uniformes. A organização dos indivíduos em agrupamento destinado ao trabalho conjunto, para alcançar fins igualmente comuns mostrou-se imprescindível, pois metas grandiosas passaram a ser concretizadas de maneira plena e adequada. Se não fosse por intermédio dessa criação jurídica, o ser humano não conseguiria tornar reais as suas ambições, por lhe faltar forças quando isoladamente considerado.

A maior dificuldade que de início se apresentou dizia respeito à necessidade de se abstrair a idéia da pessoa natural como sujeito exclusivo de direitos e obrigações, eis que sem as atribuições relativas à personalidade os organismos abstratos não conseguiriam atuar com desenvoltura e tampouco lograriam firmar-se no contexto social. Carecia de fundamento a tese de que as entidades abstratas poderiam manter-se a partir da personalidade dos seus próprios membros. A prática demonstrava que a conjugação de esforços e o agrupamento de seres humanos constituía uma nova realidade, que não se confundia com aqueles e nem poderia depender das qualidades jurídicas individuais dos seus integrantes ou fundadores. Disso emergiu a versão que ainda hoje prevalece no direito, qual seja, a da atribuição de personalidade jurídica a entes ideais, sem que ela de qualquer modo se comunique ou mescle com a personalidade dos indivíduos. Sabe-se atualmente que as pessoas jurídicas recebem do ordenamento a qualidade de sujeitos de direitos e obrigações, respondendo pelos atos praticados segundo fórmula semelhante à idealizada para as pessoas naturais. As entidades abstratas têm existência autônoma, quer sejam integradas por seres humanos (*v. g.*, associações), quer tenham origem na personificação de um acervo patrimonial (caso das fundações).

Chegou-se a tamanho aprimoramento que é absolutamente corriqueira a realização de negócios jurídicos sem a participação de pessoas naturais como partícipes diretos. Se não é possível negar que os destinatários de todas as atividades jurídicas são os seres humanos, também se percebe que isso não acontece obrigatoriamente de forma direta, podendo haver relações jurídicas onde apenas a personalidade dos organismos abstratos interessa. Noutras palavras, os atos e fatos jurídicos sempre trazem consigo reflexos, imediatos ou mediatos, sobre os destinatários finais, que são as pessoas naturais; todavia, estas surgem como personagens diretos ou indiretos, conforme atuem ou não na qualidade de sujeitos daquela específica relação. Por exemplo, num contrato de compra e venda firmado entre estabelecimentos comerciais, os sujeitos ativo e passivo da avença não serão os indivíduos que assinam o respectivo instrumento, pois o fazem na condição de representantes dos organismos ideais, que são os genuínos membros dos pólos contratantes.

Sílvio Rodrigues (obra citada, p. 86) traz a seguinte conceituação: "*Pessoas jurídicas, portanto, são entidades a que a lei empresta personalidade, isto é, são seres que atuam na vida jurídica, com personalidade diversa da dos indivíduos que os compõem, capazes de serem sujeitos de direitos e obrigações na ordem civil*". Destarte, são entes ideais reconhecidos pelo ordenamento como sujeitos jurídicos dotados de estrutura, patrimônio e personalidade independentes, com finalidades previstas em lei e/ou nos instrumentos de constituição devidamente registrados. Há algumas variantes na denominação que recebem (*v. g.*, pessoas morais no direito francês e pessoas coletivas no direito português), mas a estrutura básica é similar em todos os países, não padecendo de diferenciações tão relevantes a ponto de justificar considerações de maior envergadura.

Originalmente idealizadas para atuação no âmbito privado, as pessoas jurídicas cada vez mais estão envolvidas em ramos onde predomina ou se incorpora o interesse público. O agigantamento do Estado não permite que atenda a todas as necessidades coletivas por meio de atuação centralizada, motivo pelo qual a criação de organismos abstratos que gravitam em torno do núcleo estatal facilita a consecução dos objetivos comuns. Diante disso, é impossível deixar de admitir que tanto no âmbito público como na seara privada os entes ideais ganham acentuado espaço, servindo para encobrir e suprir as lacunas deixadas pela fragilidade do indivíduo quando isoladamente vislumbrado.

9.2. Natureza jurídica

Conforme mencionado alhures, as pessoas jurídicas surgiram para preencher os espaços deixados pela fragilidade do indivíduo, que, sozinho, não conseguiria chegar a objetivos que exigissem, para a sua concretização, força superior àquela trazida por ele.

Diversas teorias tentaram decifrar a natureza jurídica das entidades abstratas personificadas, embora nenhuma delas consiga explicar de maneira completa a sua estrutura técnica.

A teoria da ficção legal teve origem no direito canônico e encontrou em *Savigny* o principal defensor. Diz, em síntese, que apenas o ser humano pode figurar como sujeito de direitos e obrigações. Quanto à pessoa jurídica, assevera que a vontade do Estado permite que ela surja como ser de mera ficção, sem vontade própria e tendo por fonte exclusiva a lei, ou seja, isso ocorre por puro desejo da norma. Ao confrontá-la com os atributos reconhecidos em favor do ser humano, a citada teoria afirma que a personalidade deste resulta de um fato natural, consistente no nascimento com vida; a personalidade dos entes ideais, ao contrário, não deita raízes em qualquer acontecimento biológico, mas sim em acontecimento jurídico que confere existência imaginária, eminentemente intelectual, ao organismo abstrato. Embora tradicional e defendida por muitos estudiosos ao longo do tempo, a teoria perdeu força e não prevalece nos dias atuais, haja vista negar existência real às pessoas jurídicas, entendimento que não se coaduna com a sua moderna formatação e com o papel que desempenham no mundo moderno.

Outra teoria vislumbra a pessoa jurídica como realidade objetiva. É conhecida também como teoria orgânica. Surgiu para fazer absoluto contraponto à teoria da ficção, admitindo que o atributo de *pessoa* não é exclusivo do ser humano. Outros entes são guindados a tal condição, sendo tratados, similarmente ao que ocorre com as pessoas naturais, como organismos reais e dotados de vontade jurídica própria. Afirma, assim, que a vontade do ser humano é capaz de gerar entidades munidas de vida jurídica autônoma, independente e distinta da dos indivíduos que as criaram. A teoria reconhece, portanto, que as pessoas jurídicas têm existência, atuando no plano que lhe é destinado com desenvoltura e liberdade, seja contraindo obrigações ou enfeixando prerrogativas. Tais entidades são, destarte, sujeitos de direitos em condições semelhantes às das pessoas naturais, guardadas as diferenças resultantes da essência de umas e outras. No entender dessa teoria, as pessoas jurídicas não podem ser colocadas como mera ficção, mas sim como realidade palpável e concretizada a partir da vontade geradora, de que se desvincula totalmente para seguir rumos próprios. Assim, o direito não seria a fonte primária de geração das pessoas jurídicas, tendo como missão apenas declarar a existência delas, cuja efetiva origem estaria na vontade criadora expendida. São duas as maiores críticas tecidas contra essa teoria: a) o elemento volitivo humano, isoladamente considerado e sem a integração com a norma, não tem aptidão para dar vida jurídica a entidades abstratas; b) estas, por sua vez, não possuem vontade igual à das pessoas naturais, pois o genuíno fator anímico é privativo do ser humano, que na condição de representante — e, por isso, em virtude de ficção — emite vontade juridicamente tida como sendo a da entidade ideal.

Também é de ser citada a teoria que vê a pessoa jurídica como realidade técnica ou jurídica, que pretendeu ser a terceira via no exame das teorias anteriores, situando-se como alternativa que congregava aspectos daquelas outras. Para tanto, elaborou considerações sob dois aspectos: o físico e o da regulação normativa. Analisada quanto à sua posição no primeiro plano mencionado, a personalidade jurídica deve ser vista como uma ficção, porque somente os seres humanos têm existência real, adquirindo a qualidade de pessoa a partir do elemento biológico do nascimento. Os entes ideais não surgem para o mundo em razão de um fato, mas sim de atos que encontram sustentação no ordenamento jurídico. Isso traz à baila a segunda perspectiva de análise, pois quanto à questão referente à previsão normativa de existência, não se pode considerar a personalidade jurídica como uma ficção, mas sim como qualidade que o Estado concretamente alcança aos seres desde que cumpridas as exigências postas. Não se pode olvidar que a noção de personalidade jurídica, tanto da pessoa natural como das entidades abstratas, passa necessariamente pela compreensão técnica da expressão. Destarte, ao mesmo tempo em que no âmbito físico a pessoa jurídica é ficção, sob a ótica do direito positivado é um elemento concreto e sólido.

Há ainda outras teorias, mas para a finalidade deste estudo basta a citação das três principais. Consoante frisado, nenhuma delas pode, sozinha, conter a verdade que se busca ao examinar o tema. O que não se pode negar é que a pessoa jurídica existe no plano objetivo, desfrutando de contornos e estruturas estabelecidas pelo legislador, que reconhece personalidade e capacidade tanto às pessoas naturais como às entidades ideais. Se estas não podem ser visualizadas no âmbito físico, é certo que a atribuição de existência jurídica pelo ordenamento permite tratá-las como sujeitos aptos a atuarem plenamente na vida civil, seja titularizando direitos ou suportando deveres.

9.3. Classificação

Basicamente, três são os critérios de classificação das pessoas jurídicas: a) quanto à nacionalidade; b) quanto às funções e à capacidade; c) quanto à estrutura. Há outros enquadramentos, mas os principais estão elencados acima, sendo possível, a partir deles, compreender as linhas elementares dos organismos ideais cuja existência é admitida pelo ordenamento jurídico brasileiro.

Quanto à nacionalidade, as pessoas jurídicas são *nacionais* ou *estrangeiras*. Este critério tem em vista a análise da origem e da situação do aparato jurídico a que se atrelam, do qual recebem personalidade e legitimação para desenvolverem as atividades que lhes são precípuas. Têm pouca relevância, nesse contexto, aspectos como a nacionalidade dos indivíduos que compõem ou criam a entidade, assim como a origem dos recursos nela empregados, a espécie de gestão encetada etc., devendo-se observar, contudo, que excepcionalmente a legislação atribui alguma importância a tais elementos. Consideradas as aludidas circunstâncias, são nacionais as pessoas jurídicas criadas segundo os ditames da lei brasileira, e que, além disso, possuem no Brasil a sede administrativa. Os arts. 1.126 a 1.133 do Código Civil dedicam-se à disciplina da denominada *sociedade nacional*. Por outro lado, são estrangeiras as pessoas jurídicas que não foram criadas com base no ordenamento pátrio, ou as que não têm a sede da sua administração no país. Os arts. 1.134 a 1.141 do Código Civil regem a chamada *sociedade estrangeira*, que, seja qual for o seu objeto, não pode, sem autorização do Poder Executivo, funcionar no País, ainda que por estabelecimentos subordinados, podendo, todavia, ressalvados os casos expressos em lei, ser acionista de sociedade anônima brasileira.

Quanto às funções e capacidade, classificam-se em pessoas jurídicas *de direito público (interno* ou *externo)* e *de direito privado*, consoante discriminação contida no art. 40 do Código Civil. São de direito público externo os Estados estrangeiros (que travam relações regidas pelo direito internacional público) e os organismos internacionais (ONU, OEA etc.) que forem regidos pelo direito internacional público (art. 42 do Código Civil). Possuem autonomia, e, alguns, o atributo soberania, qualidades que lhes conferem ampla possibilidade de atuação independente e desvinculada de outros entes, em maior ou menor grau, segundo as suas características estruturais. Não cabe ao Código Civil estabelecer normas específicas quanto às relações travadas entre as pessoas de direito público ou privado nacionais e os organismos ou Estados estrangeiros, pois isso é matéria a ser abordada em tratados, convenções e no direito internacional em geral. Principalmente no que concerne aos entes de direito público externo, deve o legislador limitar-se a apontá-los, sem adentrar noutros aspectos. Assim, os Estados estrangeiros e as demais pessoas jurídicas regidas pelo direito internacional público são de direito público externo, o que remete a outro âmbito jurídico a discussão em torno de suas relações com terceiros. Por exceção, podem ser invocadas normas civis comuns para dirimir pendências entre entes públicos externos e pessoas naturais ou jurídicas nacionais, mormente no campo do direito obrigacional.

Na outra ponta situam-se as pessoas jurídicas de direito público interno, que são organismos da administração direta (União, Estados, Distrito Federal e Municípios — art. 41 do Código Civil e art. 1º da Constituição da República) e da administração indireta (entidades descentralizadas, criadas por lei e com personalidade própria, como autarquias, fundações públicas etc.). A criação de ente com personalidade de direito público não obstaculiza seja o mesmo dotado de estrutura de direito privado, como, aliás, tem acontecido de maneira freqüente no ordenamento pátrio, com vistas à agilização do desenvolvimento das atividades a que se destina. Destarte, como regra geral o tratamento jurídico que lhes será dado em termos de funcionamento terá como referencial o Código Civil, salvo quando a legislação contenha previsão diversa ou seja necessário complementar por meio de outras normas o modo de atuação, as finalidades e os limites da entidade. Empresas públicas e sociedades de economia mista, por exemplo, são dotadas de personalidade jurídica de direito privado.

São pessoas jurídicas de direito privado as associações, as sociedades, as fundações, as organizações religiosas e os partidos políticos. São livres a criação, a organização, a estruturação interna e o funcionamento das organizações religiosas, sendo vedado ao poder público negar-lhes reconhecimento ou registro dos atos constitutivos e necessários ao seu funcionamento. Os partidos políticos serão organizados e funcionarão conforme o disposto em lei específica (art. 44 do Código Civil).

Quanto à estrutura, as pessoas jurídicas são tidas como *universitas personarum* ou *universitas bonorum*. Enquanto estas têm no acervo patrimonial e no objetivo para o qual foram constituídas o núcleo da sua estrutura, aquelas conferem predominante relevância aos seres humanos que as integram, reunidos em esforço tendente a alcançar finalidades comuns. Em vista disso, colocam-se as associações e as sociedades como entes *universitas personarum*, pois cada uma se traduz em conjunto de pessoas que, consideradas como coletividade estruturada, e atuando nessa condição, praticam atos que não podem ser imputados aos indivíduos, mas sim ao organismo personificado, sujeito de direitos e deveres. Há uma vontade provinda dos representantes da pessoa jurídica, mas que deve a ela ser atribuída para todos os efeitos de lei. De banda diversa, as fundações encontram colocação como *universitas bonorum*, pois o elemento humano é secundário na estrutura, cedendo espaço em relevância ao patrimônio e ao objetivo da entidade abstrata. Aliás, esses dois elementos são essenciais para que haja personificação jurídica, agindo o indivíduo apenas como instituidor ou criador, e, posteriormente, como gerenciador do organismo ideal.

Afirma-se desde sempre, e com pertinência, que as *universitas bonorum* são patrimônios a que o ordenamento permite atribuir personalidade jurídica. A pessoa jurídica é constituída em torno de um acervo material, não havendo a inclusão de pessoas naturais como membros. Em contrapartida a essa característica marcantemente material, em que o patrimônio e o objetivo são elementos unitários e principais, nas *universitas personarum* os bens são apenas parte dos meios empregados para alcançar as finalidades propostas pelos seres humanos, cuja inserção na estrutura da entidade é pressuposto mesmo da sua existência.

9.4. Personalidade e capacidade

Ao contrário do que ocorre com as pessoas naturais, que recebem personalidade em virtude de um fato biológico (nascimento com vida), as pessoas jurídicas surgem a partir de atos humanos, via de regra por intermédio de instrumentos constitutivos levados a registro. Diz o art. 45 do Código Civil: "*Começa a existência legal das pessoas jurídicas de direito privado com a inscrição do ato constitutivo no respectivo registro, precedida, quando necessário, de autorização ou aprovação do Poder Executivo, averbando-se no registro todas as alterações por que passar o ato constitutivo. Parágrafo único – Decai em três anos o direito de anular a constituição das pessoas jurídicas de direito privado, por defeito do ato respectivo, contado o prazo da publicação de sua inscrição no registro*". Consoante afirmado, as pessoas naturais têm limites em sua capacidade de atingir objetivos quando isoladas, razão pela qual se idealizou um mecanismo capaz de reuni-las para a formação de um ente dotado de personalidade e autorizado a desenvolver determinadas atividades. Todavia, nem sempre essa reunião é formalizada nos moldes previstos no ordenamento, o que não significa que deixará de produzir certos efeitos, pois às sociedades de fato ou irregulares são reconhecidas responsabilidades que visam, precipuamente, ao resguardo dos interesses de terceiros que porventura negociarem com o conglomerado. Contudo, em se tratando de aquisição da personalidade, são imprescindíveis algumas iniciativas concretas, pois ela não deriva do só fato do exercício da atividade no plano fático. Destarte, o marco inicial da existência das pessoas jurídicas de direito privado, momento em que adquirem personalidade e capacidade, não é um fato natural (como se dá com as pessoas físicas), nem tampouco a circunstância de agirem como se legalmente constituídas, pois o existir regular fica condicionado à inscrição do ato constitutivo no registro competente.

O registro das associações, fundações e sociedades simples se dará perante o Registro Civil das Pessoas Jurídicas; já as sociedades empresárias serão registradas nas Juntas Comerciais. É a determinação extraída dos arts. 45 e 1.150 do Código Civil. Assim como a pessoa física registra todas as alterações posteriores ao assento de nascimento (casamento, separação, divórcio, óbito etc.), a pessoa jurídica deverá averbar junto ao registro público todas as modificações que sofrer, seja no pertinente à configuração, aos fins e às atividades, como também no que diz com o quadro de filiados ou associados. Tudo isso para que se faça a necessária publicidade, que por sua vez dá nascedouro à presunção de ciência de todos os membros da coletividade acerca das mudanças operadas. Cabe lembrar que o art. 46 do Código Civil menciona as informações que obrigatoriamente deverão constar do registro: a denominação, os fins, a sede, o tempo de duração e o fundo social, quando houver; o nome e a individualização dos fundadores ou instituidores, e dos diretores; o modo por que se administra e representa, ativa e passivamente, judicial e extrajudicialmente; se o ato constitutivo é reformável no tocante à administração, e de que modo; se os membros respondem, ou não, subsidiariamente, pelas obrigações sociais; as condições de extinção da pessoa jurídica e o destino do seu patrimônio, nesse caso.

O instante final da personalidade dos organismos ideais também difere daquele referente às pessoas naturais, pois enquanto a morte encerra a personalidade destas, o cancelamento do registro ou iniciativa similar determinada em lei funciona como ocorrência que extingue o atributo atinente àquelas. Outra vez se está diante da confrontação entre o fato natural e o ato humano como condicionantes do desaparecimento dos sujeitos de direito. O Código Civil de 2002 não foi explícito como o anterior acerca da edição de normas tendentes a disciplinar o término da pessoa jurídica. Não obstante, o inciso VI do art. 46 diz que o registro declarará as condições de extinção da pessoa jurídica e o destino do seu patrimônio, nesse caso. Dentre as causas de extinção da pessoa jurídica de direito privado podem ser citadas a dissolução deliberada pelos seus membros segundo a forma prevista no respectivo ato constitutivo, a cassação ou finalização do ato que houver autorizado a atividade (quando imposto por lei), a superveniente ilicitude, inutilidade ou vedação das atividades que desenvolve, a determinação da lei e assim por diante. É preciso observar, entretanto, que a formal extinção da pessoa jurídica somente se dará pela prática de ato contrário ao de criação (*v. g.*, cancelamento do registro), depois de ultimadas as providências exigidas pelo ordenamento jurídico. Na hipótese de deliberação, ela deverá ser tomada com rigorosa observância dos trâmites e do *quorum* previstos no ato criador devidamente registrado. Também é possível que ocorra a chamada dissolução legal, consistente no advento de causas de extinção previstas na lei. Tal situação, que se materializa na consecução do fim social, na falência, no implemento de condição ou termo etc., difere da motivada pela cassação da autorização de funcionamento, pois nesta hipótese vislumbra-se a ingerência da vontade estatal na vida do ser ideal, ficando a cargo do Estado averiguar a ocorrência de eventos que autorizam o levantamento da autorização inicialmente concedida, via de regra em função de condutas nocivas ao bem-estar coletivo. É o que acontece, por exemplo, nos casos em que as instituições bancárias ou financeiras atuam de maneira temerária e lesiva, ficando a cargo do Governo a sua desativação mediante os procedimentos legais de liquidação ou afins.

No caso de liquidação, a pessoa jurídica continuará existindo até que o procedimento seja concluído. Isto porque a finalidade maior da liquidação é a apuração de ativo e passivo com pagamento dos credores até onde haja recursos para tanto. Assim, para evitar o simples desaparecimento imediato do organismo ideal, o ordenamento determinada a sua preservação nos moldes originais até a finalização dos trabalhos de liquidação, evitando ao máximo a provocação de maiores prejuízos a terceiros. Evidente que a subsistência da pessoa jurídica atende exclusivamente a finalidades ligadas aos trâmites de terminação, de modo que o organismo ideal ficará inibido de praticar atos em sua área normal de atividade desde quando formalizada a dissolução. Convém destacar que a seqüência normal dos procedimentos, ressalvadas as exceções ínsitas na lei, obedece a esta ordem: dissolução, liquidação, cancelamento do registro. O art. 51 do Código Civil, a respeito da matéria, estabelece: "*Nos casos de dissolução da pessoa jurídica ou cassada a autorização para seu funcionamento, ela subsistirá para os fins de liquidação, até que esta se conclua. § 1º – Far-se-á, no registro onde a pessoa jurídica estiver inscrita, a averbação de sua dissolução. § 2º – As disposições para a liquidação das sociedades aplicam-se, no que couber, às demais pessoas jurídicas de direito privado. § 3º – Encerrada a liquidação, promover-se-á o cancelamento da inscrição da pessoa jurídica*".

A aquisição de personalidade jurídica submete-se a duas etapas distintas: a) elemento material, ou seja, a confecção dos atos constitutivos, que são escritos públicos (quando exigida em lei tal forma) ou particulares onde constam todos os caracteres do organismo que está sendo criado; b) elemento formal, isto é, o registro público, que a par de conferir personalidade jurídica dá publicidade ao ato, e, portanto, torna-o oponível *erga omnes*. Há outras pessoas jurídicas de direito privado que precisam de expressa autorização governamental para funcionarem (*v. g.*, seguradoras, empresas de consórcios, bancos etc.), sendo essa aquiescência anterior ao registro, pois é *conditio sine qua non* para a efetivação deste.

Em se tratando de pessoas jurídicas de direito público, a análise exige um pouco mais de abstração, de vez que embora elas também surjam, como regra geral, com base em atos jurídicos previamente disciplinados no direito positivado, isso não ocorre de maneira tão evidenciada na hipótese de criação de Estados soberanos. Com efeito, a criação de um novo país não encontra sustentação, na maioria das vezes, em normas que lhe digam respeito. Tratando-se de novo ente ideal, pode ter como fonte a vontade humana em sua mais pura forma, aparecendo para o mundo do direito antes mesmo de haver regras jurídicas específicas (ainda que haja ditames de cunho amplo, internacional, a embasar a pretensão) a dotá-lo de uma estrutura técnica. Afinal, a primeira Constituição de um Estado é produzida sempre depois da criação do organismo soberano propriamente dito, o que faz necessário observar essa peculiaridade quanto à ordem seqüencial de estruturação. Todavia, a imensa maioria das pessoas jurídicas, seja de direito público como de direito privado, são geradas com suporte em atos constitutivos fundados em normas positivadas específicas. Logo, há essencial diferença entre a aquisição de personalidade jurídica por pessoas de direito público e de direito privado. Estas submetem-se a registro dos atos constitutivos; aquelas existem a *se stante*, isto é, são entes que se postam acima das formalidades criadoras comuns e têm na Constituição a fonte maior de sua personalidade. Logo, em relação a estas é inexigível a prova de existência de personalidade jurídica ou do marco inicial de surgimento, porque sua criação decorre dos cânones maiores do ordenamento.

Como toda pessoa é capaz de direitos e deveres na ordem civil (art. 1º do Código Civil), forçoso concluir que os entes ideais recebem do ordenamento jurídico, a um só tempo, personalidade e capacidade. Esta serve para viabilizar o exercício das prerrogativas decorrentes da existência daquela, pois de nada adiantaria o organismo ser reconhecido como pessoa e não poder dar vazão concreta ao manancial de atributos resultantes da personalidade, o que somente ocorre por meio do manejo dos instrumentos emergentes da capacidade.

Neste compasso, alguns aspectos merecem reiteração, a fim de que se mostre factível a fixação de certos princípios referentes à personalidade jurídica. Em primeiro lugar, a compreensão da existência de entidades abstratas dotadas de personalidade não prescinde da aceitação de que os membros que acaso a compuserem (*v. g.*, os sócios da empresa) não emprestam a sua personalidade ao organismo ideal. Este recebe do direito um conjunto de atributos que lhe permite agir com vontade própria, mediante representação provinda de quem esteja a tanto habilitado. Também não se confunde o patrimônio das pessoas jurídicas com o dos seus integrantes ou criadores, havendo perfeita dissociação entre os acervos, observadas as exceções que a lei prevê em situações causadoras de riscos a terceiros (*v. g.*, autorizando a desconsideração da personalidade jurídica). Na prática de atos da vida civil, a pessoa moral movimenta-se com a amplitude que for necessária, podendo, segundo a finalidade para a qual foi gerada, contratar, assumir compromissos, exigir o cumprimento de obrigações de que seja titular e assim por diante.

A capacidade dos organismos ideais é uma decorrência direta da personalidade que o Estado lhes confere, pois se o ordenamento reconhece a perspectiva da assunção de deveres e da captação de direitos, nada mais lógico do que afirmar a existência da possibilidade de manejá-los no plano concreto por intermédio dos qualificadores oriundos da capacidade. Porém, cumpre asseverar que a capacidade da pessoa jurídica não é igual, em extensão e formato, à da pessoa natural, já pela simples razão de que esta exterioriza uma vontade individual fundada na sua existência física, ao passo que aquela se comunica por meio de representantes, cuja manifestação volitiva é, por força de lei, considerada como vontade da própria entidade. Nisso evidencia-se a importância de estabelecer fronteiras de menor largueza para a atuação das pessoas morais, quando comparadas com a faculdade de ação dos seres humanos. Estes, porque dotados de personalidade e de capacidade, têm ampla liberdade de atuação, podendo fazer tudo aquilo que a lei não proíbe e exercendo plenamente todas as faculdades atreladas à sua condição humana. As pessoas jurídicas, de outra banda, não desfrutam de tão vasta margem de movimentação, eis que o ordenamento limita a sua liberdade ao admitir que atuem exclusivamente no desempenho daquilo que for necessário à consecução dos seus fins.

Essa fixação de fronteiras na capacidade tem origem no denominado *princípio da especialização*, que originalmente foi bem mais rígido e vem sendo amenizado por força do aumento da importância das pessoas jurídicas no cenário social moderno. A complexidade das relações não permite que haja restrições absolutas, afigurando-se imprescindível munir as entidades abstratas de todos os poderes de que precisam para cumprir o seu papel formal (indicado nos instrumentos constitutivos) e social, ainda que tenham de praticar atos apenas indiretamente vinculados a tais objetivos. Assim, não prevalece a ultrapassada idéia de que a capacidade das pessoas jurídicas serve unicamente para embasar a prática de atos de caráter patrimonial; outras atividades podem ser por elas realizadas, desde que não afrontem a legislação vigente ou a sua própria natureza jurídica.

Ainda no tocante às diferenças entre a capacidade das pessoas naturais e das jurídicas, observa-se que estas não enfeixam certos direitos que somente podem ser atribuídos aos seres humanos. Assim, no campo dos liames ditos personalíssimos, é muito estreita a faixa de mobilidade dos organismos ideais, exatamente porque não possuem existência física e atributos sensoriais. Sendo realidade técnica, as pessoas jurídicas não participam de relações inerentes ao direito de família (casamento, filiação etc.). Mesmo no campo sucessório encontram consideráveis barreiras, podendo-se citar como exemplo a impossibilidade de disposição patrimonial em testamento. Afinal, são atos privativos da pessoa natural, porque vinculados a certos pressupostos estranhos aos organismos abstratos. Não obstante, a evolução do direito fez com que o legislador abrisse algumas exceções, chegando-se hoje a um estágio em que a lei afirma que se aplica às pessoas jurídicas, no que couber, a proteção dos direitos da personalidade (art. 52 do Código Civil). Ao endereçar às pessoas jurídicas, guardadas normais reservas, tutela similar à conferida às pessoas naturais no que concerne aos direitos da personalidade, teve o legislador em vista resguardar os efeitos econômicos ligados ao nome comercial e à imagem das pessoas jurídicas de direito privado. Sempre que houver usurpação do nome comercial (nisso incluído o de fantasia), poderá o ser ideal, por seus representantes, buscar a devida reparação junto ao Poder Judiciário. De igual modo, sabe-se que a imagem da pessoa jurídica funciona, tomada por analogia a moralidade da pessoa física, como um componente precioso e que merece proteção, pois o sucesso dos empreendimentos depende do bom nome e da escorreita imagem do organismo abstrato. Agredir injustificada e ilicitamente a imagem deste equivale a assacar a moralidade da pessoa natural, porque em ambas, respeitadas as marcantes diferenças que as estremam, existem componentes internos e externos que determinam maior ou menor aceitação social. Destarte, se a pessoa jurídica for atacada sem justa causa em sua imagem, com afetação da credibilidade até então cultivada, resta patente a necessidade de reparação, porque da conduta ilícita via de regra decorrem efeitos econômicos deletérios que devem ser imputados ao ofensor. Nisso é que reside a mais forte justificativa para a inserção, no ordenamento pátrio, de mandamento protetivo similar ao que se idealizou em relação à tutela dos atributos morais dos seres humanos, que por proximidade ontológica mantém estreito vínculo com a proteção do conceito público dos entes ideais.

A imagem e o bom nome comercial das pessoas jurídicas estão para elas como os atributos da moralidade *stricto sensu* estão para a pessoa natural, nascendo o direito de cabal reparação sempre que houver injusta e ilídima incursão ofensiva alheia. Não foi sem razão que a Constituição da República, em seu art. 5º, reuniu em um só inciso, o V, a previsão de indenização por dano material, moral e à imagem. Tanto as pessoas físicas como as jurídicas podem ser alvo de danos materiais, isolados ou cumulados com os morais ou à imagem (no caso de pessoas naturais), ou com os causados à imagem (conceito social) dos seres ideais, já que estes não são dotados de moralidade em sentido estrito, mas sim de uma inserção na sociedade que merece conservação e resguardo. É facultado às pessoas jurídicas buscar em juízo a cessação preventiva da ameaça ou o bloqueio de lesão que já esteja em curso, quando ofensivas aos direitos da personalidade. Isto será feito mediante ajuizamento de ação cautelar, mandado de segurança, ação ordinária com pedido de antecipação de tutela etc., de acordo com as circunstâncias do episódio concreto.

9.5. Desconsideração da personalidade jurídica

Assim como a personalidade jurídica existe para assegurar as prerrogativas dos organismos ideais, tem-se constatado que na prática ela é utilizada para encobrir atividades ilídimas de quem vislumbra na personalidade um anteparo de proteção. Ciente disso, o legislador, no art. 50 do Código Civil, estabelece: "*Em caso de abuso da personalidade jurídica, caracterizado pelo desvio de finalidade, ou pela confusão patrimonial, pode o juiz decidir, a requerimento da parte, ou do Ministério Público quando lhe couber intervir no processo, que os efeitos de certas e determinadas relações de obrigações sejam estendidos aos bens particulares dos administradores ou sócios da pessoa jurídica*". Tal preceito incide apenas sobre as pessoas jurídicas de direito privado, eis que as de direito público, por envolverem interesse eminentemente coletivo, não se sujeitam aos efeitos desse fenômeno.

A personalidade jurídica constitui uma criação da lei para assegurar aos entes ideais o direito de atuarem livremente nas atividades a que se dedicarem, como se fossem seres dotados de vontade própria *stricto sensu*. Em verdade, o ânimo da pessoa jurídica reside na manifestação de seu representante, que é tido por lei como condutor da vontade do organismo representado. Portanto, se à lei é possível outorgar personalidade jurídica a seres ideais, também pode limitar tais prerrogativas, de acordo com necessidades ligadas à manutenção de equilíbrio das relações jurídicas e negociais. Daí que a conhecida teoria do "*disregard of legal entity*", do direito anglo-saxão, foi inserida no direito positivo nacional pela edição, entre outras normas, do art. 50 do Código Civil, não sem ter sido precedido pelo art. 28 da Lei n. 8.078/90 (Código de Defesa do Consumidor), pioneiro no ordenamento pátrio e que inspirou o texto substantivo. Se o uso normal da personalidade jurídica consiste em faculdade dos administradores, o abuso, ou uso anormal, faz com que o julgador possa desconsiderar a existência da personalidade, com o fito de alcançar as pessoas físicas que a compõem, fazendo-as responder com seu patrimônio individual pelos danos e prejuízos causados a terceiros.

Não fosse a expressa presença do dispositivo em apreço, para buscar bens da pessoa física que se esconde por trás da pessoa jurídica poder-se-ia invocar a prevalência do princípio geral de direito segundo qual a ninguém é dado prejudicar outrem. Restringir ou limitar a responsabilidade patrimonial apenas aos bens da empresa, quando esta foi irregularmente utilizada para lesar terceiros, seria institucionalizar a fraude. Por isso mesmo é que o Estado, por meio de normas positivadas, possibilita que se levante o véu formado pela personalidade jurídica utilizada para fins escusos e admite que se suspenda temporariamente sua eficácia em relação aos lesados que buscam a tutela jurisdicional.

A proposição de que a pessoa da sociedade não se confunde com a do sócio é um princípio jurídico fundamental, mas não um tabu, e merece ser desconsiderada quando a sociedade é apenas um *alter ego* de seu controlador, em verdade um negociante em nome individual (JTJRGS 118/258). O mandamento legal objetiva impedir que a personalidade jurídica seja utilizada como um escudo para a fraude, colocado deliberadamente entre o sujeito de direito e os membros da pessoa jurídica de direito privado com o fim de evitar que se reconheça a responsabilidade pessoal destes. É o que acontece, por exemplo, quando o administrador emite um cheque sem fundos sabendo da falta de condições para cumprir a obrigação por força da insolvência do organismo ideal ou da falta de bens. Também se aplica a teoria da desconsideração da personalidade quando os integrantes da pessoa jurídica desativam-na às ocultas, fática e propositadamente, sem solução do passivo, com o intuito de escapulir ao cumprimento das obrigações por ela contraídas. O conluio entre a pessoa jurídica e seus membros objetivando prejudicar terceiros, fazendo-os credores de entes abstratos insolventes, é o solo mais fértil para a aplicação da *disregard doctrine*.

A lei prevê como causas de desconsideração da personalidade jurídica, caracterizadoras de abuso ou uso anormal, o *desvio de finalidade* e a *confusão patrimonial*. A primeira hipótese refere-se a ocorrências lesivas a terceiros marcadas pela utilização da pessoa jurídica em objetivos diferentes dos previstos no ato constitutivo, e dos quais se infira a deliberada aplicação do organismo e de seu aparato em finalidade ilídima ou irregular e danosa a outrem. Verificado o mau uso da pessoa jurídica de direito privado e constatado o prejuízo disso decorrente, poderá o juízo ignorar a previsão normativa que dissocia o ente ideal de seus integrantes, fazendo com que estes suportem os ônus pecuniários devidamente apurados. Já a segunda hipótese (confusão patrimonial) configura-se quando se torna na prática impossível fixar limites entre os patrimônios da pessoa jurídica e o dos componentes, tamanha a promiscuidade que se estabelece entre ambos, de modo que fica difícil estabelecer fronteiras entre os atos praticados pelo organismo abstrato e pelos seus membros. Se disso resultarem prejuízos a terceiros, a desconsideração da personalidade jurídica servirá para tornar solidariamente responsáveis pela reparação as pessoas naturais que compõem a entidade.

A *disregard doctrine*, de origem anglo-saxônica, é o instrumento de que se vale o direito para coibir que a personalidade jurídica seja usada como anteparo para a fraude e para a prática de atos ilícitos, violadores do bom ordenamento jurídico (RJTAMG 64/79). Ensina *Rubens Requião*, in "Curso de Direito Comercial", São Paulo: Saraiva, 1985, vol. 1, p. 284: "*A personalidade jurídica não constitui um direito absoluto, mas está sujeita e contida pela teoria da fraude contra credores e pela teoria do abuso de direito*". A juíza gaúcha *Rejane Maria Dias de Castro Bins*, ao discorrer sobre o tema, posicionou-se do modo seguinte: "*É certo que a pessoa jurídica é sujeito capaz de direitos e obrigações, não se confunde com os sócios nem os patrimônios de uns e outros se confundem. Mas há casos em que se impõe superar a personalidade jurídica da sociedade, para atingir e vincular o sócio. Isto é, torna-se ineficaz a personalidade jurídica relativamente a determinados atos, visando a impedir a consumação de fraudes e abusos de direito, ocasionadores de prejuízos a terceiros*" (Ap. Cível n. 197219967, TJRS).

O art. 28 do Código de Defesa do Consumidor (Lei n. 8.078/90), tratando da desconsideração da personalidade jurídica, preleciona: "*O juiz poderá desconsiderar a personalidade jurídica da sociedade quando, em detrimento do consumidor, houver abuso de direito, excesso de poder, infração da lei, fato ou ato ilícito ou violação dos estatutos ou contrato social. A desconsideração também será efetivada quando houver falência, estado de insolvência, encerramento ou inatividade da pessoa jurídica provocados por má administração*". O § 5º acrescenta: "*Também poderá ser desconsiderada a pessoa jurídica sempre que sua personalidade for, de alguma forma, obstáculo ao ressarcimento de prejuízos causados aos consumidores*".

Tais previsões aplicam-se exclusivamente às situações que desafiam a incidência da legislação consumerista, mas as demais relações ficarão sob regência da norma geral posta no Código Civil (art. 50), já transcrita. Saliente-se que em qualquer hipótese o julgador somente poderá ignorar a personalidade jurídica mediante provocação do interessado ou do Ministério Público, sendo-lhe vedado agir *ex officio*. Quanto ao Ministério Público, sua legitimidade cinge-se aos casos em que tiver de intervir por força de lei, ficando, portanto, inibido de tomar a iniciativa quando não for parte, ou quando não prevista a sua intervenção na lide como *custos legis*.

9.6. Representação

Já se afirmou aqui que as pessoas jurídicas não têm vontade própria equiparada à vontade das pessoas naturais, dada a existência biológica e real destas em contrapartida à existência técnica e ideal daquelas. Não obstante, todas desfrutam de capacidade, eis que a exteriorização de uma vontade baseada em elaboração mental provinda diretamente do sujeito de direito não é pressuposto de aquisição da capacidade. Se fosse, os doentes mentais e os indivíduos que não atingiram a maioridade estariam privados de tal atributo, o que nem de longe corresponde à realidade (*Caio Mário da Silva Pereira*, obra citada, p. 211). Partindo-se da incontestável investidura da pessoa jurídica nos corolários da capacidade, faz-se mister admitir que a manifestação da sua vontade tenha de provir de pessoas naturais, sejam membros (*v. g.*, no tocante às empresas) ou apenas circunstancialmente postados em condição que lhe permita assim agir (*v. g.*, no concernente às fundações).

Estaria rotundamente equivocado quem acaso vislumbrasse na representação das pessoas jurídicas uma prova da sua incapacidade. Enquanto os seres humanos são representados porque não possuem capacidade, os entes ideais manifestam-se por intermédio de pessoas naturais exatamente porque o ordenamento reconhece que, tendo capacidade, devem dispor de mecanismos de exteriorização de vontade jurídica válida. E isto somente poderia ocorrer com o emprego da solução posta na lei, qual seja, a da representação por quem regularmente incumbido de assim proceder. O inciso III do art. 46 do Código Civil impõe às pessoas jurídicas de direito privado a obrigação de inserir no registro, feito mediante apresentação dos respectivos atos constitutivos, dados sobre "*o modo por que se administra e representa, ativa e passivamente, judicial e extrajudicialmente*". Com isso, estará desde logo patenteada a legitimidade, das pessoas naturais assim apontadas, para a tarefa de representar o organismo abstrato.

Não se confunde a representação para os atos da vida civil, que apresenta sentido abrangente, com aquela pertinente ao âmbito processual, de conotação mais restrita. Ambas são de fundamental relevância, mas cada uma em seu próprio ambiente jurídico. Quanto ao aspecto processual, serão representados em juízo, ativa e passivamente: a União, os Estados, o Distrito Federal e os Territórios, por seus procuradores; o Município, por seu Prefeito ou procurador; as demais pessoas jurídicas, por quem os respectivos estatutos designarem, ou, não os designando, por seus diretores; as sociedades sem personalidade jurídica, pela pessoa a quem couber a administração dos seus bens; a pessoa jurídica estrangeira, pelo gerente, representante ou administrador de sua filial, agência ou sucursal aberta ou instalada no Brasil. Percebe-se, assim, que as pessoas jurídicas de direito público interno e as de direito privado estarão submetidas a regime de representação decorrente de expressa previsão legal. Há evidente preocupação do legislador inclusive no que diz respeito às sociedades não personificadas, pois delas também emergem conseqüências jurídicas, conforme anteriormente explicitado.

9.7. Responsabilidade civil das pessoas jurídicas

Ao praticarem atos que produzem danos a outrem, as pessoas jurídicas de direito privado submetem-se, ordinariamente, às mesmas regras que disciplinam a responsabilidade civil das pessoas naturais. Predomina a idéia de culpa como elemento imprescindível, a ser demonstrado pelo lesado como fundamento de qualquer pretensão indenizatória. Entre a conduta da entidade ideal e o resultado danoso deve existir o elemento anímico — culpa ou dolo — como nexo de causalidade apto a gerar o direito de composição em favor da vítima. Destarte, é comumente subjetiva a responsabilidade dos entes ideais, tendo como elemento catalisador o agir culposo de quem a representa, seja na condição de detentor de função diretiva ou como mero preposto, empregado, mandatário etc.

Excepcionalmente, nos casos que de modo expresso são previstos pelo legislador (*v. g.*, certas relações de consumo regidas pelo Código de Defesa do Consumidor, Lei n. 8.078/90), aplica-se às pessoas jurídicas de direito privado a responsabilidade objetiva, cuja característica básica reside na consideração de que é suficiente, para acarretar a obrigação de indenizar, a ocorrência de uma conduta (ação ou omissão) provinda do organismo abstrato e de um resultado lesivo que dela decorra, sem que do contexto se tenha de extrair — e sequer aventar — a culpa ou o dolo como fator de vinculação entre o comportamento e a lesão. A pessoa jurídica somente se eximirá do dever de indenizar se provar cabalmente que da própria vítima partiu conduta culposa ou dolosa que, com exclusividade, tenha desencadeado o evento e produzido a conseqüência danosa.

A pessoa jurídica de direito privado é responsável contratual e extracontratualmente no plano civil. Quanto à primeira espécie, nenhuma dúvida existe quanto à extensão dos limites da responsabilidade, já que decorre de duas fontes: os termos em que vazada a avença e as normas de regência das relações contratuais. No âmbito aquiliano, outra vez se deve observar que a pessoa jurídica não emite uma vontade biológica, atuando por meio de representantes. Contudo, isso não justifica qualquer alusão à possibilidade de inexistir responsabilidade civil, já que o direito considera a vontade emitida pelo representante como sendo o próprio querer da entidade representada. Logo, esta vincula-se aos atos positivos (ações) e negativos (omissões) provindos de quem a representa. Isso ocorre mesmo quando ultrapassados os limites fixados para o empregado ou preposto, eis que terceiros não podem ficar atrelados à prévia verificação das prerrogativas do indivíduo (exceto em situações específicas, como a de execução de mandato para certo fim) com vistas à definição das fronteiras em que pode agir. Quanto às condutas executadas por quem administra a pessoa jurídica, cabe enfatizar que ela fica vinculada aos atos que respeitem as fronteiras definidas nos instrumentos de constituição. Quando os atos (*v. g.*, celebração de contratos) não vincularem especificamente o ente ideal em virtude de excesso ou desvio praticado pelo administrador, que caracterize culpa ou dolo, ainda assim eventuais prejuízos poderão ser imputados pela vítima à pessoa jurídica, salvo na hipótese de culpa exclusiva do lesado. Em suma, não haverá contrato válido e eficaz, mas poderá existir responsabilidade civil extracontratual por danos.

Diz o art. 47 do Código Civil: "*Obrigam a pessoa jurídica os atos dos administradores, exercidos nos limites de seus poderes definidos no ato constitutivo*". Administradores são todos os que receberem poderes de cúpula para decidir sobre o destino da pessoa jurídica, rumos da gestão, negócios, deveres e direitos etc., independentemente do nome do cargo ou da função que venham a ocupar. Tais prerrogativas constam dos atos constitutivos, eis que o art. 46 exige a sua discriminação pormenorizada, exatamente no intuito de tornar conhecida de todos a forma de administração e os responsáveis pela condução dos rumos da pessoa jurídica. Atuando fora (desvio) ou além (excesso) dos poderes concedidos, os administradores o risco da responsabilização por danos causados a terceiros, podendo ser acionados pela pessoa jurídica para reembolso do que esta tiver de indenizar a outrem em razão da conduta culposa ou dolosa. Todos os que negociarem com o organismo por meio de elementos da administração, cuja conduta respeitou as fronteiras estabelecidas, somente poderão demandar contra o organismo ideal, e não contra quem o representou, que na verdade apenas externou o querer da pessoa jurídica. Neste compasso, os administradores estão praticando atos imputáveis única e exclusivamente ao organismo ideal, sem que sejam atingidos pessoalmente e em seu patrimônio individual por isso.

Quanto às pessoas jurídicas de direito público, a construção do ordenamento é diferente. Durante muito tempo grassou entre os doutrinadores severa controvérsia acerca da possibilidade de fazer recair sobre elas, e entes afins, a obrigação de reparar os danos causados pelos seus agentes, quando no exercício das atividades que lhes são afetas. Ainda hoje existem discussões em torno do assunto, embora no direito brasileiro a legislação tenha expressamente cuidado do assunto, com o que restaram minimizadas as perspectivas de debates a respeito do norte que deve pautar a atuação do Poder Judiciário.

Sabe-se que o Estado, ao desenvolver as suas funções, tem por escopo maior realizar o bem comum, levando a todos os membros da coletividade razoáveis condições de vida, provendo elementos como segurança, saúde, esducação e assim por diante. Para atingir os objetivos colimados, o poder público deve, em primeiro lugar, organizar-se de modo a garantir o respeito à ordem jurídica posta, eis que sem isso não haveria condições de regular a conduta dos indivíduos e de preservar as prerrogativas de cada um. Isso inclui tanto a proteção interna a que toda pessoa tem direito como a defesa contra eventuais agressões exógenas, cabendo-lhe prevenir conflitos em ambas as searas. Ao dar conta dessa missão primária, tem de passar para o âmbito das atividades relativas a outros serviços que precisa prestar aos integrantes do corpo social, porque fruto das obrigações ordinárias da entidade estatal.

Obviamente, o Estado é um organismo abstrato, existindo apenas no campo técnico, haja vista ser intangível e despido de vontade no sentido biológico. Logo, todas as atividades que desenvolve têm como executores diretos os agentes que ocupam cargos, funções e misteres de natureza diversa dentro da organização administrativa. São pessoas naturais (ainda que integrantes de outros entes ideais que prestam serviços ao Estado) colocadas na condição de representantes do poder público e, destarte, emitentes da vontade do Estado, que a este vincula para todos os fins se externada dentro dos limites de atuação de cada indivíduo. É claro que a delegação de poderes pelo organismo estatal a determinadas pessoas naturais acarreta o risco de que estas, no desempenho das suas obrigações, provoquem prejuízos a particulares. A questão central gira em torno da geração do direito de demandar do Estado a indenização dos danos experimentados dentro das circunstâncias apontadas acima, do que resulta o aludido debate quanto à responsabilidade civil das pessoas jurídicas de direito público interno e de quem mais realizar atividades em nome do Estado.

Ao longo de considerável período foi divulgada a tese da total ausência de responsabilidade civil dos citados organismos. Dizia-se, então, que, provindo as normas de conduta do próprio ente estatal, seria de todo esdrúxulo admitir que dele partisse qualquer comportamento capaz de ferir o ordenamento jurídico. Posicionava-se o Estado acima de tudo e de todos, de maneira que a ninguém seria dado pleitear indenização decorrente de atuação ilícita dos agentes estatais. Contra estes é que se deveria demandar, porque, agindo com culpa e causando danos, ficariam pessoalmente atrelados à correspondente obrigação de indenizar. Segundo tal corrente de pensamento, conhecida como *teoria da irresponsabilidade absoluta*, o máximo que o particular conseguiria seria a condenação da pessoa a quem o Estado delegou poderes para agir. Contudo, o ente estatal propriamente dito não responderia, seja direta ou indiretamente, pelo resultado da conduta lesiva perpetrada por seus agentes. É evidente que idéia tão gravosa aos direitos dos lesados não poderia medrar, pois do contrário estar-se-ia diante de um ente supremo e inatingível, a quem todas as ações estariam facultadas sem qualquer espécie de responsabilidade por eventuais danos e prejuízos ocasionados a outrem.

Passou-se, então, à vertente oriunda da chamada *teoria civilista*, cujo núcleo preconizava a possibilidade de responsabilização do Estado, desde que verificada a natureza da conduta realizada pelo agente no momento da provocação do resultado lesivo. Conforme a noção civilista de responsabilidade, a culpa ou o dolo figura como elemento imprescindível para a afirmação do dever de indenizar. E não seria bastante a presença do elemento anímico, reclamando-se, conjuntamente, a execução de ato inerente à função do Estado. Este, no exercício das atividades que lhe são precípuas, pratica *atos de império* e *atos de gestão*. A diferença consiste em que os primeiros correspondem à conduta da estrutura estatal como organismo soberano, ao passo que os últimos dizem respeito à equiparação da atuação do Estado à do particular. Noutras palavras, quando realiza atividades próprias de pessoa jurídica de direito público interno (*v. g.*, prestando serviços de saúde, licitando na forma da lei específica etc.), o Estado dá vazão a atos de império. Por outro lado, quando se comporta à semelhança das pessoas naturais ou das pessoas jurídicas de direito privado (*v. g.*, celebrando contratos), realiza atos de gestão.

De conformidade com a teoria civilista, haveria responsabilidade civil apenas quando as pessoas jurídicas de direito público interno, por meio de conduta culposa dos seus agentes, praticassem atos de gestão. Se estes, mesmo lesivos, não se fizessem acompanhar da culpa dos representantes do Estado, não surgiria para a vítima a faculdade de deduzir pleito indenizatório. Quanto aos atos de império, estariam abrigados e legitimados pela soberania estatal em qualquer circunstância, não gerando vinculação da pessoa jurídica de onde provieram nem mesmo se danosos e eivados de culpa do causador direto. Essa concepção é falha, eis que biparte as atividades do Estado com vistas à análise da responsabilidade civil decorrente de lesões causadas a terceiros, como se fosse viável entender a presença de dois aparelhos estatais num só organismo, fazendo ora incidir a teoria da responsabilização e noutras hipóteses isentando totalmente de qualquer espécie de ônus. Quer por intermédio de atos de império ou de gestão, a verdade é que o poder público, para fins de verificação da responsabilidade civil, é uno e indivisível, eis que, independentemente da natureza das iniciativas adotadas, sempre está agindo com o objetivo de atingir as metas para as quais foi idealizado.

Embora originalmente tenha havido a tentativa de delimitar a responsabilidade civil a partir da teoria civilista, e não obstante a aceitação que tal tese recebeu em determinado momento histórico, a verdade é que existe abissal diferença entre a noção de responsabilidade civil da Administração Pública (nisso incluídos todos os que executam tarefas por delegação ou cometimento estatal) e dos demais personagens sociais. Não se pode olvidar que os princípios puramente civilistas surgiram para embasar a responsabilidade decorrente de relações privadas, cuja formatação em nada se confunde com os vínculos mantidos pelo Estado com outrem. Há que ser dado cunho predominantemente público também à noção relativa à obrigação de indenizar danos cometidos por agentes estatais *lato sensu*, quando no desempenho das suas funções. Isso tudo sem esquecer que, no campo das relações contratuais, o tratamento jurídico da responsabilidade civil dos entes públicos tem vários pontos de contato com o dispensado aos particulares, a começar pela circunstância de que o Código Civil fornece a base jurídica da disciplina, com as adequações forçadas pela incidência de normas específicas. É na seara da responsabilidade extracontratual que se aplica em toda a plenitude a vertente objetiva.

Em síntese, três teorias fundamentam a responsabilidade civil acima desenhada: a da culpa administrativa, a do risco integral e a do acidente administrativo. Segundo a *teoria da culpa administrativa*, somente quando demonstrada a ocorrência de atuação culposa ou dolosa por parte do agente público haverá responsabilização do Estado, cabendo ao lesado o ônus de demonstrar a presença do elemento anímico conducente a essa solução. Nos casos em que inexiste culpa, o organismo estatal não pode ser acionado para compor os danos causados. Para a *teoria do risco integral*, cuja base é eminentemente objetiva, o Estado responde por todos os prejuízos provocados a terceiros, seja por ação ou por omissão dos agentes, em atos de império ou de gestão, afigurando-se bastante que o lesado demonstre a ocorrência do dano e o nexo dele com a atitude do agente público. Mesmo que o serviço público apresente normal desenvolvimento, cabe ao ente estatal restabelecer o estado anterior das coisas mediante cabal indenização. Finalmente, para a *teoria do acidente administrativo* a falha no serviço é que justifica a pretensão indenizatória, de modo que não se exige prova quanto a eventual culpa ou dolo do agente direto. Caso o dano tenha origem no inadequado funcionamento da atividade pública, o Estado automaticamente fica obrigado a indenizar. Isso acontece ainda que não se identifique o agente de onde proveio o comportamento, e inclusive na hipótese de que os prejuízos não tenham como fonte uma conduta específica do representante da Administração Pública. Contudo, essa teoria não afasta a possibilidade de que a vítima comprove a presença de culpa como fonte de irregular funcionamento do serviço público, admitindo, como não poderia deixar de ser, que a postulação tenha por substrato a revelação do aludido elemento anímico.

A partir do advento da Constituição Federal de 1988, e, mais precisamente, da construção do seu art. 37, § 6º, o legislador sufragou entendimento que já vinha sendo consolidado pela doutrina e pela jurisprudência, no sentido de que a responsabilidade civil das pessoas jurídicas de direito público interno, e de entes afins em virtude da atividade, é objetiva. Embasou-se, por assim dizer, em elementos noticiados na teoria do risco integral. Diz a citada norma: "*As pessoas jurídicas de direito público e as de direito privado prestadoras de serviços públicos responderão pelos danos que seus agentes, nessa qualidade, causarem a terceiros, assegurado o direito de regresso contra o responsável nos casos de dolo ou culpa*". Seguindo o rumo traçado pela Carta Maior, a codificação civil de 2002 estabeleceu, no art. 43, o seguinte ditame: "*As pessoas jurídicas de direito público interno são civilmente responsáveis por atos dos seus agentes que nessa qualidade causem danos a terceiros, ressalvado direito regressivo contra os causadores do dano, se houver, por parte destes, culpa ou dolo*". A responsabilidade objetiva existe ainda que sem qualquer culpa das pessoas jurídicas indicadas nas aludidas normas. Destarte, se uma retroescavadeira a serviço do Município provoca danos à estrutura de edificação particular ao realizar escavações para ampliação da rede de água, a Administração somente conseguirá ilidir o dever de indenizar se provar que foi a parte adversa quem agiu com culpa (*v. g.*, construindo sem autorização ou desobedecendo aos termos da aquiescência obtida), ou que contribuiu culposamente para a verificação do resultado lesivo, sob pena de indenizar por inteiro em razão da incidência da responsabilidade objetiva. Observe-se que, por força do mandamento constitucional, a interpretação da norma substantiva deve ser no sentido de que *agente* da pessoa jurídica de direito público é não somente quem estiver vinculado a ela por relação funcional ou similar, mas também os que, ligados a pessoas jurídicas de direito privado, prestarem serviços de caráter público, ainda que de modo precário.

Percebe-se que o legislador delineou em dois princípios a responsabilidade civil dos organismos públicos e assemelhados juridicamente: a) responsabilidade objetiva por danos causados, facultando aos lesados a busca de indenização sem necessidade de discussão do elemento volitivo do causador direto; b) exercício de direito regressivo contra o agente que, com culpa ou dolo, der causa à produção dos danos. Em suma, o lesado aciona a pessoa jurídica sem precisar provar culpa do agente, ao passo que este somente responde, e sempre em caráter regressivo, exclusivamente quando ficar patenteada a culpa ou o dolo na sua atuação. Para a responsabilização do Estado é suficiente a existência do dano e a sua vinculação à conduta do agente público; não se indaga acerca do cunho irregular ou ilícito do comportamento protagonizado, pois mesmo sendo regular e lícito haverá obrigação de indenizar. O poder público somente poderá livrar-se do dever jurídico se conseguir comprovar inequivocamente que o evento lesivo decorreu de culpa exclusiva do próprio lesado. Sendo parcial a culpa deste, a pretensão indenizatória atentará para tal circunstância, devendo ser tão mais reduzida quanto maior a participação do lesado na produção dos danos que ele mesmo experimentou.

Neste momento, é importante referir a circunstância de que a regra da responsabilidade objetiva dos entes públicos e afins tem aplicabilidade apenas em relação aos atos comissivos (positivos, traduzidos em ações concretas) dos agentes públicos. Em tal hipótese, conforme salientado, não há necessidade de ilicitude para que a conduta gere o dever de reparar; afinal, "*o Estado pode, eventualmente, vir a lesar bem juridicamente protegido para satisfazer um interesse público, mediante conduta comissiva legítima e que sequer é perigosa*" (*Celso Antônio Bandeira de Mello*, "Curso de Direito Administrativo", Malheiros, 1999. p. 670). No tocante às intercorrências omissivas (inércia), porém, deve o lesado provar a alegada falta diante de um dever jurídico de atuar, o que caracteriza comportamento culposo da Administração e gera, por conseguinte, a aplicação da teoria subjetiva da responsabilidade. *Celso Antônio Bandeira de Mello* (obra citada, p. 672), assevera: "*Não bastará, então, para configurar-se a responsabilidade estatal, a simples relação entre ausência do serviço (omissão estatal) e o dano sofrido. (...) Em uma palavra: é necessário que o Estado haja incorrido em ilicitude, por não ter acorrido para impedir o dano ou por haver sido insuficiente neste mister, em razão de comportamento inferior ao padrão legal exigível*".

De resto, nem toda conduta de agente público é imputável, na hipótese de geração de danos contra terceiros, à pessoa jurídica a que se vincula. Para que o fenômeno se verifique é imprescindível que o servidor, funcionário, preposto ou empregado (seja celetista, estatutário ou com liame formal diverso) esteja atuando no desempenho das suas funções, ou a pretexto de exercê-las. Somente a atividade relacionada com o serviço pode, quando lesiva, atrelar o poder público ao dever de indenizar os prejuízos causados. Mesmo que os limites das prerrogativas funcionais sejam ultrapassados, e ainda que patenteado o abuso de poder, caberá ao Estado indenizar a vítima, para voltar-se posteriormente contra o lesante imediato e buscar o reembolso dos valores despendidos. Isto porque ao delegar àquele sujeito poderes de representação em qualquer nível, o organismo estatal assume o risco de que ocorram lesões a outrem como fruto da atividade executada, do que emerge a obrigação de indenizar. Salienta-se que, caso o comportamento lesivo do agente se dê em razão de interesses particulares e nessa condição ele se coloque, a responsabilidade civil não será carreada à Administração, arcando o próprio causador, diretamente, com os ônus resultantes da sua iniciativa danosa.

Sopesados os argumentos deduzidos, resta clara a inviabilidade de formação de litisconsórcio passivo, necessário ou facultativo, entre a pessoa jurídica de direito público interno (ou ente de outra natureza, mas que preste serviços de natureza pública) e o agente causador do dano. A vítima somente poderá demandar contra aquela, que, por sua vez, promoverá a denunciação da lide a este (art. 70, III, do CPC) para ver assegurado na sentença o exercício do direito regressivo previsto na lei. Relativamente à União, tal exercício vem disciplinado pela Lei n. 4.619/65, secundado pela Lei n. 8.112/90.

9.8. Associações

Diz o art. 53 do Código Civil: "*Constituem-se as associações pela união de pessoas que se organizem para fins não econômicos. Parágrafo único – Não há, entre os associados, direitos e obrigações recíprocos*". Tais entes se caracterizam pela inexistência do intuito declarado de lucro e pela ausência de finalidade econômica, embora possam manejar com valores em razão das necessidades de manutenção e de desenvolvimento das atividades que lhes são inerentes. Todavia, a consecução dos objetivos não se deve prestar para proporcionar interesse econômico aos associados e ao organismo propriamente dito. As associações mais comumente criadas são as destinadas à união de pessoas com vistas a objetivos de natureza moral, literária, pia, cultural ou científica, os conglomerados de indivíduos pertencentes a uma mesma categoria profissional, as de caráter beneficente, as que reúnem habitantes do mesmo bairro e assim por diante. Em todas elas é marcante a presença de interesses que não os de ordem pecuniária, mesmo porque se assim fosse seria necessária a adoção de outras formas de conjugação, como por exemplo as sociedades mercantis. Dada a formatação dessa espécie de pessoa jurídica, entre os associados não surgem obrigações recíprocas de ordem pessoal, eis que o repositório dos direitos e deveres dos membros é a própria associação. Esta pode exigir dos filiados determinada conduta, e vice-versa, assim como todos devem tomar atitudes compatíveis com os objetivos comuns. Noutras palavras, o fato de alguém integrar determinado organismo associativo gera entre a pessoa jurídica e o seu componente uma série de prerrogativas e de obrigações, todas elas derivadas do teor do ato constitutivo ou das normas gerais contidas no ordenamento. Todavia, de uns para outros associados não surgem direitos ou deveres pessoais cuja gênese esteja inserida no fato de sua vinculação ao mesmo ente ideal. O que se pode ter é o surgimento de relações jurídicas obrigacionais entre a associação e terceiros, quando praticarem atos capazes de provocarem repercussões no mundo jurídico (*v. g.*, a aquisição de imóvel junto a terceiro para funcionamento da sede).

Sob pena de nulidade, o estatuto das associações conterá: a denominação, os fins e a sede da associação; os requisitos para a admissão, demissão e exclusão dos associados; os direitos e deveres dos associados; as fontes de recursos para sua manutenção; o modo de constituição e de funcionamento dos órgãos deliberativos; as condições para a alteração das disposições estatutárias e para a dissolução; a forma de gestão administrativa e de aprovação das respectivas contas (art. 54).

Todos os associados são exatamente iguais em termos de direitos decorrentes da condição de integrantes do organismo. Isto significa que nenhuma disposição estatutária poderá discriminar os filiados que estiverem postados na mesma categoria. De outra parte, dependendo das circunstâncias de criação e funcionamento da associação, é permitido por lei o estabelecimento de diferenças de tratamento entre as pessoas quando a entidade apresentar variadas categorias de associados. Com efeito, o art. 55 estabelece: "*Os associados devem ter iguais direitos, mas o estatuto poderá instituir categorias com vantagens especiais*". Destarte, os que forem fundadores poderão ter regalias não alcançadas aos demais, assim como os beneméritos em relação a outras classes de filiados. O permissivo consagra com precisão e objetividade o princípio da igualdade entre os que estiverem na mesma situação jurídica, com admissão, em contrapartida, de disciplina desigual para os juridicamente desiguais. Entre as vantagens especiais mais corriqueiramente previstas em estatutos de associações estão as que prevêem a inexistência da obrigação de fundadores e beneméritos pagarem mensalidades contributivas, ou a distribuição de honrarias para os que, integrantes de determinada categoria de filiação, de algum modo destacarem-se no desenvolvimento dos objetivos da entidade.

"*A qualidade de associado é intransmissível, se o estatuto não dispuser o contrário*" (art. 56). Como regra geral, o associado não poderá transmitir a qualidade de sócio por ato *inter vivos* ou *causa mortis*, nem de qualquer forma poderá dispor da mesma em favor de terceiro. Ao deixar de ser associado por alguma razão (exclusão, desligamento voluntário, morte etc.), a condição de sócio até então desfrutada simplesmente é extinta, sem que possa ser assumida por outrem. Se o estatuto mencionar a possibilidade de transmissão, sem referir o mecanismo pelo qual isso ocorrerá, o associado poderá fazê-lo como melhor lhe aprouver e a quem quiser. De igual modo, por óbito do associado essa qualidade, assim como todos os direitos patrimoniais que porventura tiver em relação à entidade, passarão aos sucessores. Preconiza o parágrafo único: "*Se o associado for titular de quota ou fração ideal do patrimônio da associação, a transferência daquela não importará, de per si, na atribuição da qualidade de associado ao adquirente ou ao herdeiro, salvo disposição diversa do estatuto*". Observe-se, porém, que é facultado à associação, por previsão estatutária, condicionar a aprovação do ato de transmissão da qualidade de filiado, ou da participação patrimonial que o associado tiver, a prévia aprovação em assembléia ou em deliberação de órgão interno competente, a fim de preservar o quadro social de ingressos nefastos aos interesses da entidade.

Quanto à exclusão do associado, ela só é admissível havendo justa causa, assim reconhecida em procedimento que assegure direito de defesa e de recurso, nos termos previstos no estatuto (art. 57). Este não pode conter disposição em sentido contrário, por se tratar de princípio de ordem pública. Vale dizer, se o estatuto admitir a exclusão sem a presença e a prova de justa causa, reputar-se-á não escrita tal norma e admitir-se-á remédio judicial (em medida cautelar ou antecipação de tutela) para preservação do direito de permanência na entidade. Motivos graves, capazes de levar à exclusão do associado, são todos aqueles que caracterizarem atuação contrária aos interesses da entidade e desbordarem do direito de crítica e contestação. Como exemplos de motivos graves podem ser citados a divulgação de fato inverídico e atentatório à associação, a propaganda enganosa acerca dos fins da entidade, o incentivo à concorrência desleal entre membros do organismo ou contra este, práticas imorais como locupletamento ilícito, preconceito contra outros filiados etc. Seja qual for a imputação formulada contra o associado, a exclusão dependerá sempre do devido processo legal, com oferecimento de oportunidade de ampla defesa e contraditório, sob pena de nulidade da deliberação. Esta terá de ser fundamentada e tomada com base em votação favorável da maioria absoluta dos presentes à assembléia geral, que deverá ter sido previamente convocada com tal finalidade. O edital de convocação, que será publicado na imprensa local e/ou afixado no local de costume (conforme disposto no estatuto) deverá conter especificações acerca do objeto da assembléia, pelo menos indicando a circunstância de que filiados terão suas condutas submetidas a análise e alertando para o fato de que será debatida a hipótese de exclusão, a fim de que se dê exata ciência a todos os associados aptos a tomar partido na deliberação.

Conforme determinado no art. 58, nenhum associado poderá ser impedido de exercer direito ou função que lhe tenha sido legitimamente conferido, a não ser nos casos e pela forma previstos na lei ou no estatuto. As prerrogativas estatutárias conferidas em favor dos associados somente poderão ser tolhidas como acima referido, de modo a impedir que o integrante da associação seja arbitrariamente cerceado nos direitos que lhe couberem, limitando, assim, o poder de intervenção dos órgãos e da própria assembléia geral nas atribuições do indivíduo. As associações não podem servir como mecanismo de realização da vontade individual, mas sim como repositório dos interesses coletivos para os quais foram constituídas. Destarte, a convergência de esforços e os desideratos maiores não devem ser suplantados pelo querer singular ou egocêntrico. O alcance dos objetivos da entidade pressupõe estrito respeito à atuação dos seus integrantes, que por isso mesmo precisam de garantias em torno do seu campo de liberdades funcionais e estatutárias, sob pena de restar comprometida a independência exigida em lei.

Acerca da competência da assembléia e do *quorum* necessário para a tomada de decisões, o art. 59 dispõe que compete privativamente à assembléia geral destituir os administradores, assim como alterar o estatuto. Segundo o parágrafo único, para decidir exige-se deliberação da assembléia especialmente convocada para esse fim, cujo *quorum* será o estabelecido no estatuto, bem como os critérios de eleição dos administradores. Por outro lado, a convocação dos órgãos deliberativos far-se-á na forma do estatuto, garantido a 1/5 (um quinto) dos associados o direito de promovê-la (art. 60). A forma de convocação é livre, mas deve constar do estatuto. Isto porque integra o modo de funcionamento de espaços vitais do organismo, tema que obrigatoriamente — sob pena de nulidade — tem de estar inserido no regramento interno (art. 54, V, do CC). Assim, aspectos como a publicação de editais ou a convocação pessoal, o tempo de antecedência na convocação em relação à data dos trabalhos e muitos outros seguirão a disciplina estatutária. Observe-se, todavia, que a faculdade de convocação por iniciativa de um quinto dos associados existe mesmo quando o estatuto é silente nesse particular, por tratar-se de princípio de ordem pública e, por assim dizer, inalterável pela vontade das partes.

Outro detalhe importante é o da destinação do patrimônio da entidade na hipótese de extinção da pessoa jurídica. Dissolvida a associação, o remanescente do seu patrimônio líquido, depois de deduzidas, se for o caso, as quotas ou frações ideais referidas no parágrafo único do art. 56, será destinado à entidade de fins não econômicos designada no estatuto, ou, omisso este, por deliberação dos associados, à instituição municipal, estadual ou federal, de fins idênticos ou semelhantes (art. 61). A apuração do patrimônio líquido consiste na verificação da existência de saldo positivo emergente da confrontação entre o ativo e o passivo da entidade, depois de saldados todos os débitos e entregues aos respectivos titulares os itens patrimoniais não pertencentes à pessoa jurídica. Somente após a apuração de haveres e da cobertura do passivo é que será conhecido o acervo objeto de repasse a outros entes. Qualquer transferência anterior, em prejuízo de credores, será considerada nula mediante provocação do interessado. Por cláusula do estatuto ou, no seu silêncio, por deliberação dos associados, podem estes, antes da destinação do remanescente referida neste artigo, receber em restituição, atualizado o respectivo valor, as contribuições que tiverem prestado ao patrimônio da associação (§ 1º). Em tal caso, o montante a ser restituído aos associados será calculado com base na soma dos valores nominais das contribuições ou dos bens repassados à entidade, acrescendo-se a isso a correção monetária do período pelo índice oficial. Não haverá incidência de juros, pois estes consistem em um *plus* decorrente da utilização e/ou remuneração do capital ou bens alheios, e, sendo as associações entidades sem fins lucrativos, seria ilógico reclamar delas o pagamento de juros com origem no período ao longo do qual contaram com o incremento patrimonial livremente feito por iniciativa dos associados. Finalmente, não existindo no Município, no Estado, no Distrito Federal ou no Território, em que a associação tiver sede, instituição nas condições indicadas no artigo, o que remanescer do seu patrimônio se devolverá à Fazenda do Estado, do Distrito Federal ou da União (§ 2º).

9.9. Fundações

Segundo *Clóvis Bevilacqua* (*apud Washington de Barros Monteiro*, obra citada, 1º vol., p. 111), fundações são "*universalidades de bens personalizadas, em atenção aos fins que lhes dão unidade, ou ainda, em patrimônios transfigurados pela idéia, que os põe a serviço de um fim determinado*". O art. 62 do Código Civil diz: "*Para criar uma fundação, o seu instituidor fará, por escritura pública ou testamento, dotação especial de bens livres, especificando o fim a que se destina, e declarando, se quiser, a maneira de administrá-la. Parágrafo único – A fundação somente poderá constituir-se para fins religiosos, morais, culturais ou de assistência*". O instituidor da fundação pode ser o particular (pessoa física ou jurídica de direito privado) ou então pessoa jurídica de direito público, em quaisquer de seus níveis e desdobramentos.

A constituição da fundação pode dar-se por ato *inter vivos* (por meio de escritura pública) ou *causa mortis* (por testamento), e sempre dependerá de oportuno registro no órgão competente. A vontade criadora do instituidor promove a dotação especial de bens livres, indicando o fim a que se destina a entidade e a maneira de administrá-la. Quanto a este último aspecto, cabe referir que o apontamento do sistema de administração não é requisito obrigatório, podendo o instituidor nada dispor a respeito, do que resultará a aplicação das normas gerais que disciplinam os mecanismos de condução de pessoas jurídicas dessa natureza.

Em síntese apertada, as fundações podem ser definidas como um universo patrimonial personificado, criadas para alcançar fins determinados e previamente estabelecidos. Os bens livres, integrantes da dotação feita pelo instituidor, podem ser móveis ou imóveis, moeda corrente, créditos e outros quaisquer que tenham conteúdo econômico e sirvam ao objetivo colimado. A condição de que sejam livres significa que tais bens devem estar disponíveis, sem oneração, gravame ou fator diverso que impeça a sua ampla utilização e aplicação na finalidade indicada pelo instituidor.

Há duas modalidades de constituição de uma fundação: a) direta, quando o próprio instituidor, pessoalmente, confecciona as regras estatutárias e a forma de atuação da entidade; b) fiduciária, quando o instituidor comete a outrem a tarefa de organizar a entidade visada. Em ambos os casos será necessária a intervenção do Ministério Público quando da efetivação dos procedimentos de registro (arts. 1.199 a 1.204 do Código de Processo Civil), cabendo-lhe zelar pelo rigoroso cumprimento da lei, seja no atinente às normas específicas aplicáveis às fundações como aos preceitos genéricos do ordenamento civil (licitude e possibilidade do objeto, observância da forma etc.).

A regra contida no parágrafo único do art. 62 do Código Civil é de cunho taxativo, não admitindo ampliação, concluindo-se, portanto, que os fins a que se poderão propor as fundações serão exclusivamente os arrolados pelo legislador, vedada interpretação extensiva ou ampliativa. As fundações não visam ao lucro e nem confundem o seu objetivo com os estabelecidos para os entes ideais constituídos sob as regras do direito empresarial. Terão em vista, apenas, fins religiosos, morais, culturais ou de assistência.

Pode ocorrer o fato de os bens indicados pelo instituidor para constituir a fundação serem insuficientes. Se isso acontecer, os bens discriminados serão incorporados a outra fundação já existente, que tenha finalidade igual ou semelhante àquela almejada pelo instituidor (art. 63). A solução dada pelo legislador preserva a vontade presumível de quem projetou a criação da entidade, evitando que os bens simplesmente sejam entregues aos sucessores ou permaneçam no acervo do instituidor, quer na hipótese de geração por escritura pública como no de deixa testamentária. Com efeito, é razoável imaginar que, silenciando acerca do destino dos bens que não bastarem à constituição da entidade, o agente tenha querido destiná-los a ente ideal de fim idêntico ou parecido com aquele cuja criação planejara. Todavia, é relevante observar que esse desfecho somente se viabilizará caso não haja disposição diferente por parte do instituidor, a quem se permite estabelecer de maneira soberana outra solução ante eventual insuficiência de bens.

Quando a fundação constituir-se por ato *inter vivos*, o instituidor ficará obrigado a transferir a propriedade dos bens que por ele foram dotados (art. 64). A regra nada mais faz do que impor-lhe o dever jurídico de cumprir a manifestação volitiva livremente declinada, impedindo que posterior arrependimento ou contratempo possa tornar ineficaz a expectativa gerada a partir da constituição da entidade. O mesmo vale para a hipótese de o instituidor se ter obrigado a transferir algum outro direito real que não a propriedade. Se o instituidor, descumprindo a obrigação assumida quando da constituição da entidade, não transferir à fundação a propriedade ou outro direito real mencionado no instrumento, o juiz fará expedir mandado de transcrição ou de averbação, conforme dicção da mesma norma acima citada. Com isso será possível promover as medidas necessárias junto ao órgão competente, no sentido de implementar a transferência sonegada por quem deveria tê-la voluntariamente promovido.

Aqueles a quem o instituidor cometer a aplicação do patrimônio, em tendo ciência do encargo, formularão logo, de acordo com as suas bases (art. 62), o estatuto da fundação projetada, submetendo-o, em seguida, à aprovação da autoridade competente, com recurso ao juiz. Se o estatuto não for elaborado no prazo assinado pelo instituidor, ou, não havendo prazo, em cento e oitenta dias, a incumbência caberá ao Ministério Público (art. 65 e parágrafo único). O instituidor, ao criar a fundação, elaborará o seu estatuto ou designará quem o faça. Cometido a outrem o encargo consistente na aplicação do patrimônio destinado à constituição da entidade, os responsáveis serão cientificados da indicação feita. Aceitando a tarefa, deverão formular de imediato o estatuto da fundação projetada, sempre com rigorosa observância do fim previsto pelo instituidor e dos preceitos que acaso ele houver estabelecido quanto à maneira de administrá-la.

Formulado o estatuto, caberá aos responsáveis submetê-lo à aprovação do Ministério Público, que é o órgão competente para analisar a matéria e posicionar-se em quinze dias (arts. 1.200 e 1.201 do Código de Processo Civil). O Ministério Público poderá tomar um dos caminhos seguintes: aprovar o estatuto, indicar modificações que entenda necessárias ou denegar a aprovação. Nos dois últimos casos, pode o interessado, em petição motivada, requerer ao juiz o suprimento da aprovação denegada. O juiz, antes de suprir a aprovação, poderá mandar fazer no estatuto modificações a fim de adaptá-lo ao objetivo do instituidor (§§ 1º e 2º do art. 1.201 do Código de Processo Civil).

Tendo em vista o fato de que os objetivos precípuos das fundações apresentam intensa carga social, há interesse coletivo no desenvolvimento das atividades previstas pelo instituidor. Se as pessoas a quem ele encarregou de elaborar o estatuto não o fizerem no prazo que tiver sido fixado, caberá ao Ministério Público cumprir a missão, exatamente nos moldes preconizados pelo instituidor. Nota-se, portanto, que a legitimidade do Ministério Público é meramente subsidiária, aflorando somente no caso de inércia das pessoas inicialmente incumbidas de formular o estatuto, que é o conjunto de regras e normas de funcionamento da entidade.

Compete ao Ministério Público do Estado onde as fundações estiverem situadas velar pelo desenvolvimento adequado das atividades concernentes ao fim para elas previsto (art. 66). Essa competência abrange, entre outros aspectos: a) o exame e aprovação do estatuto formulado pelas pessoas a quem o instituidor cometeu esse *mister*; b) a confecção do estatuto, em caso de inobservância do prazo de que dispunham os responsáveis para formulá-lo; c) análise e aprovação de eventuais mudanças feitas no estatuto ao longo do período de funcionamento da fundação; d) zelar pelo cumprimento de todas as disposições legais, de caráter específico ou genérico, que incidirem na espécie. Na hipótese de as fundações não funcionarem em Estado federativo, mas sim no Distrito Federal ou em Território, a competência para velar pelo seu correto funcionamento e desenvolvimento será, com exclusividade, do Ministério Público Federal (§ 1º). É possível que determinada fundação atue em mais de um Estado federativo, ou então que desenvolva suas atividades no Distrito Federal (ou em Território) e ao mesmo tempo em certo Estado da Federação. No primeiro caso, o encargo previsto na lei caberá, em cada um dos Estados, ao respectivo Ministério Público. Na segunda hipótese, o Ministério Público Estadual (do Estado por onde se estende a atividade) e o Ministério Público Federal (em relação à atividade realizada no Distrito Federal ou Território) estarão incumbidos de velar pela fundação (§ 2º).

Assim como os entes ideais criados sob a égide do direito empresarial podem ver-se às voltas com a necessidade de alteração de seus atos constitutivos em virtude dos mais variados fatores, também às fundações é alcançada a prerrogativa de mudança do estatuto. O aperfeiçoamento da entidade, o aprimoramento do curso da atividade desenvolvida, a modernização da sua estrutura, as variações do contexto jurídico-social e tantos outros aspectos podem fazer necessária a modificação do regramento interno. Todavia, isso não deverá afetar determinados aspectos basilares, pois do contrário haveria desvirtuamento da vontade originalmente deduzida e afronta à legislação que norteia a espécie. Em vista disso, para que se possa alterar o estatuto da fundação é mister que a reforma: seja deliberada por dois terços dos competentes para gerir e representar a fundação; não contrarie ou desvirtue o fim desta; seja aprovada pelo órgão do Ministério Público, e, caso este a denegue, poderá o juiz supri-la, a requerimento do interessado (art. 67). Quando a alteração não houver sido aprovada por votação unânime, os administradores da fundação, ao submeterem o estatuto ao órgão do Ministério Público, requererão que se dê ciência à minoria vencida para impugná-la, se quiser, em dez dias (art. 68 do Código Civil e parágrafo único do art. 1.203 do Código de Processo Civil).

Tornando-se ilícita, impossível ou inútil a finalidade a que visa a fundação, ou vencido o prazo de sua existência, o órgão do Ministério Público, ou qualquer interessado, lhe promoverá a extinção, incorporando-se o seu patrimônio, salvo disposição em contrário no ato constitutivo, ou no estatuto, em outra fundação, designada pelo juiz, que se proponha a fim igual ou semelhante (arts. 69 do Código Civil e 1.204 do Código de Processo Civil). Faculta-se a inserção, no ato constitutivo ou no estatuto, de cláusula que disponha sobre a destinação do patrimônio remanescente da fundação para a hipótese de que venha a extinguir-se. Essa vontade, regularmente deduzida, deve ser respeitada e feita eficiente para todos os fins de direito. Se nada for disciplinado a respeito do tema, o acervo patrimonial da fundação seguirá o rumo traçado na lei. Presume-se, em tal contexto, que o instituidor entenderia lógico e razoável dar ao patrimônio sobejante o mesmo objetivo originalmente previsto para a fundação extinta, fazendo-o cumprir um fim social e juridicamente relevante.

9.10. Sociedades

No Livro II, Título II, o Código Civil estabeleceu a disciplina das sociedades, começando por afirmar, no art. 981, que celebram contrato de sociedade as pessoas que reciprocamente se obrigam a contribuir, com bens ou serviços, para o exercício de atividade econômica e a partilha, entre si, dos resultados. Ao juntarem esforços e metas, os contratantes assumem reciprocamente a obrigação de contribuir para o adequado desenvolvimento da atividade econômica, seja por meio de bens ou de serviços. É possível, por exemplo, que um dos celebrantes ingresse na sociedade entregando o imóvel onde funcionará a sede e com o dinheiro necessário à aquisição dos demais bens, enquanto o outro se dispõe a participar mediante prestação dos serviços de funcionamento da atividade eleita. Como decorrência da sociedade, os resultados obtidos serão alvo de partilha, que não se dará necessariamente em porções iguais, mas sim de acordo com o teor contratual, em que é admitida convenção no sentido da distribuição dos proveitos em quotas diferentes para cada um dos membros.

Conforme preconizado no parágrafo único da aludida norma, a atividade pode restringir-se à realização de um ou mais negócios determinados. Ao constituírem uma sociedade, as partes envolvidas não ficam necessariamente atreladas a tudo o que disser respeito à atividade, pois no contrato é definida a amplitude da comunhão de interesses. Assim, o objetivo escolhido pode dizer respeito à consecução de um ou mais negócios determinados, ou então assumir formato mais largo e permitir que, dentro do necessário ao regular exercício, os celebrantes estejam vinculados de maneira ilimitada. Não se trata, aqui, de ausência de limites na responsabilidade dos integrantes da sociedade, mas sim de ser admitida a existência de fronteiras específicas de atuação dentro do ramo indicado no contrato.

O direito pátrio classifica as sociedades em empresárias ou simples, conforme a natureza da atividade econômica explorada (art. 982 do Código Civil). Substituiu, assim, a vetusta bipartição das sociedades em civis e comerciais. Atualmente, todas possuem natureza civil, embora possam dedicar-se a tarefas que sob a égide do regramento antigo ficariam classificadas como de índole comercial. Sociedade *empresária* é a pessoa jurídica que se dedica à exploração de atividade própria de empresário submetido obrigatoriamente a registro, voltada para a produção ou circulação de bens ou serviços (instituições financeiras, seguradoras etc.). Em geral, percebe-se nela a conjugação de quatro elementos básicos: o capital, a mão-de-obra, os insumos e a tecnologia (*Fábio Ulhoa Coelho*, obra citada, p. 253). Cumpre notar que *empresária* é a pessoa jurídica, e não os sócios; daí o porquê de ser correta a expressão *sociedade empresária* ao invés de *sociedade empresarial* ou *de empresários* (*Carlos Roberto Gonçalves*, obra citada, p. 202). Nos termos do art. 983, a sociedade empresária deve constituir-se segundo um dos tipos regulados nos arts. 1.039 a 1.092; a sociedade simples pode constituir-se de conformidade com um desses tipos, e, não o fazendo, subordina-se às normas que lhe são próprias. Disso se extrai a conclusão de que a sociedade empresária deve ser constituída em estrita observância e atenção às regras concernentes a um dos cinco tipos a ela destinados pelo Código Civil, a saber: a) sociedade em nome coletivo (arts. 1.039 a 1.044); b) sociedade em comandita simples (arts. 1.045 a 1.051); c) sociedade limitada (arts. 1.052 a 1.087); d) sociedade anônima (arts. 1.088 e 1.089); e) sociedade em comandita por ações (arts. 1.090 a 1.092). Já a sociedade simples pode livremente assumir a forma de qualquer dos tipos destinados à sociedade empresária; caso adote outra configuração, subordinar-se-á às regras que lhe são próprias.

Todavia, ressalvam-se as disposições concernentes à sociedade em conta de participação e à cooperativa, bem como as constantes de leis especiais que, para o exercício de certas atividades, imponham a constituição da sociedade segundo determinado tipo (parágrafo único do art. 983). A sociedade em conta de participação não é considerada empresária, pois submetida a disciplina que reclama a aplicação de princípios específicos e insuscetíveis de submissão a um regramento marcado pela generalização. Deve-se apontar ainda a circunstância de que tal espécie é despersonalizada, ou seja, não adquire a condição de pessoa jurídica *stricto sensu*; ademais, os atos que a constituem não dependem de registro na Junta Comercial. Já a sociedade cooperativa é sempre simples, consoante definido no parágrafo único do art. 982, e deve sujeitar-se rigorosamente aos ditames que norteiam a sua criação e funcionamento. Destarte, ambas são excepcionadas do rol das que podem adotar uma das tipificações previstas em sentido genérico. A elas somam-se todas as sociedades que, por força de lei, tenham necessariamente de se formar segundo um dos tipos existentes, pois não é dado aos seus constituintes optar por outra configuração.

De banda diversa, consideram-se *simples* todas as sociedades que não se enquadrarem na definição de sociedade empresária, tendo como objetivo a exploração de atividade econômica de cunho específico (escritórios de advocacia, clínicas odontológicas etc.). Nelas não se vislumbra a presença uniforme e destacada dos elementos citados acima, embora eles possam estar isolados ou atenuados dentro da estrutura societária. O que se nota na prática é a formação de sociedades simples para a execução de misteres por profissionais liberais, já que assim reunidos fica mais fácil obter o resultado final almejado. A opção por um ente de natureza empresária traria maiores ônus financeiros para a constituição e manutenção, não justificando, normalmente, configuração diversa. A disciplina jurídica das sociedades simples é muito diferente da relativa às empresárias, e as normas que incidem sobre aquelas aplicam-se subsidiariamente às sociedades em conta de participação, em nome coletivo, em comandita simples e, excepcionalmente, às limitadas (arts. 996, 1.040, 1.046 e 1.052 do Código Civil).

Todas as sociedades, seja qual for a modalidade examinada, são marcadas pela reunião de esforços destinados a alcançar desideratos de natureza econômica. A denominada *affectio societatis* (ânimo de formar e conservar o estado societário) encontra fundamento exatamente na fixação de objetivos comuns e na necessidade de que sejam atingidos por meio do desenvolvimento da atividade eleita.

Independentemente de seu objeto, considera-se empresária a sociedade por ações; e, simples, a cooperativa (parágrafo único do art. 982). Embora o ordenamento jurídico nacional estabeleça como principal marco divisório entre as sociedades empresárias e as simples a natureza da atividade econômica a que se dedicam, quanto aos entes mencionados na norma a classificação é estanque, imutável. O Código Civil assim procedeu em razão da importância dessas sociedades no contexto brasileiro e da necessidade de condicioná-las à aplicação de regramento uniforme capaz de proteger a sua estrutura.

A sociedade que tenha por objeto o exercício de atividade própria de empresário rural e seja constituída, ou transformada, de acordo com um dos tipos de sociedade empresária, pode, com as formalidades do art. 968, requerer inscrição no Registro Público de Empresas Mercantis da sua sede, caso em que, depois de inscrita, ficará equiparada, para todos os efeitos, à sociedade empresária. O empresário rural está dispensado de fazer inscrição no Registro Público de Empresas Mercantis; todavia, tem a faculdade de optar por equiparar-se à sociedade empresária, o que somente se concretiza por meio da inscrição. Esta pode ser requerida tanto no momento da constituição da sociedade (antes do início da atividade) como a qualquer tempo, depois de já instalada a atividade própria de empresário rural. Na primeira hipótese, a sociedade surge desde o princípio formatada com base em um dos tipos de sociedade empresária. Caso venha a sofrer transformação, deixará de se equiparar a determinado tipo para ser aproximada a outro, com alteração da disciplina jurídica que norteia a sociedade. A eventual equiparação faz com que a sociedade inscrita nos moldes de um dos tipos comuns receba tratamento similar ao que se dedica ao tipo escolhido. Vale dizer, a empresa deverá manter escrituração, fazer balanços consoante definido na lei, registrar suas atividades etc. E, como toda empresa dessa conformação, poderá falir. A inscrição de sociedade que tenha por objeto o exercício de atividade própria de empresário rural será feita segundo as regras estabelecidas para a inscrição das sociedades empresárias, independentemente do momento em que seja tomada a iniciativa pelo interessado.

Embora já constituída a sociedade segundo um daqueles tipos, o pedido de inscrição se subordinará, no que for aplicável, às normas que regem a transformação (parágrafo único do art. 984). A sociedade constituída pelo empresário rural de acordo com um dos tipos de sociedade empresária pode converter-se noutro. Para tanto, deverá ser pleiteada inscrição que atenda aos ditames relativos à mudança, com obediência aos princípios que regem o ente em que se pretenda transformar. Efetivada a mudança a sociedade estará equiparada ao tipo eleito, deixando de ser regida pelo anterior.

Nunca é demais salientar que, como determinado no art. 985, a sociedade adquire personalidade jurídica com a inscrição, no registro próprio e na forma da lei, dos seus atos constitutivos (arts. 45 e 1.150). Já se disse que a existência legal das pessoas jurídicas de direito privado começa com a inscrição do ato constitutivo no respectivo registro. Antes disso, toda atuação como sociedade será tratada consoante as normas aplicáveis aos entes irregulares, inclusive porque a inscrição não tem efeito retroativo, e, portanto, não alcança as atividades exercidas em período pretérito. A inscrição dependerá ainda, nos casos definidos em lei, de autorização ou aprovação do Poder Executivo. O empresário e a sociedade empresária vinculam-se ao Registro Público de Empresas Mercantis a cargo das Juntas Comerciais, e a sociedade simples ao Registro Civil das Pessoas Jurídicas.

Outro aspecto merece destaque. As sociedades não se confundem com as associações, pois enquanto estas se caracterizam pela reunião de pessoas físicas ou jurídicas, sem que haja direitos e deveres recíprocos entre os membros, aquelas derivam de contratação celebrada pelos interessados, de onde emergem relações entre os sócios, destes para com terceiros e da entidade abstrata para com os sócios e terceiros. Há perceptível conotação contratual no liame entabulado com vistas à formação das sociedades, peculiaridade que não se apresenta na criação das associações. Diga-se, ainda, que estas não possuem fins econômicos (art. 53 do Código Civil), ao contrário do que se dá com as sociedades, cujos objetivos são de ordem econômica (art. 981 do Código Civil).

É relevante traçar, agora, certas observações acerca da figura jurídica do empresário. Considera-se empresário quem exerce profissionalmente atividade econômica organizada para a produção ou a circulação de bens ou de serviços. Por outro lado, não se considera empresário quem exerce profissão intelectual, de natureza científica, literária ou artística, ainda com o concurso de auxiliares ou colaboradores, salvo se o exercício da profissão constituir elemento de empresa (art. 966 e parágrafo único). A construção literal do dispositivo teve por inspiração o art. 2.082 do Código Civil Italiano, *verbis*: *"É empresário quem exercita profissionalmente uma atividade econômica organizada para o fim de produção ou troca de bens ou de serviços"*. A redação mereceu aperfeiçoamento tendente a adequá-la à realidade moderna do Direito de Empresa, especialmente diante da necessidade de separar o atual conceito de empresário daquele que se endereçava à ultrapassada figura do comerciante. Uma das alterações vislumbráveis diz respeito à ausência de classificação dos empresários em civis e comerciais, eis que todos são designados indistintamente como empresários, embora alguns se submetam a exigências que para outros não existem, conforme a atividade desempenhada e os fins da mesma. Convém destacar que é obrigatória a inscrição do empresário no Registro Público de Empresas Mercantis da respectiva sede, antes do início de sua atividade (art. 967).

O empresário se caracteriza basicamente por dois elementos essenciais: a iniciativa e o risco. Aquela se apresenta como o impulso e o encaminhamento que são dados à empresa, pelo empresário, com vistas a atingir os objetivos perseguidos. Significa, noutras palavras, que a ele compete nortear os destinos da empresa, seja acelerando ou reduzindo as atividades, como praticando qualquer outra conduta que tenha por relevante. Disso é que decorre o segundo elemento, qual seja, o risco atrelado à atividade empresarial, de que poderão resultar vantagens ou prejuízos jungidos a variantes que se movem a partir da habilidade do empresário e de fatores alheios ao seu controle. Em suma, empresário é aquele que organiza determinada atividade econômica objetivando produzir ou fazer circular bens ou serviços, podendo ser tanto a pessoa natural, em forma de empresa individual, como a jurídica (ou sociedade empresária), por meio da reunião dos membros e de recursos. *"A pessoa jurídica empresária é cotidianamente denominada 'empresa', e os seus sócios são chamados 'empresários'. Em termos técnicos, contudo, empresa é a atividade, e não a pessoa que a explora; e empresário não é o sócio da sociedade empresarial, mas a própria sociedade"* (*Fábio Ulhoa Coelho*, obra citada, p. 63). Quem fica na titularidade da atividade econômica é a sociedade e não os seus membros, conclusão a que se chega a partir da verificação de que a lei a qualifica como empresária. *"Empresário, para todos os efeitos de direito, é a sociedade, e não os seus sócios. É incorreto considerar os integrantes da sociedade empresária como os titulares da empresa, porque essa qualidade é da pessoa jurídica, e não dos seus membros"* (*Fábio Ulhoa Coelho*, obra citada, p. 5). A estes reservam-se outras denominações, como *empreendedores*, caso apliquem capital e se dediquem ativamente ao trabalho próprio da sociedade, e *investidores*, se a sua participação é restrita à entrega de capital com vistas à consecução dos objetivos fixados.

Capítulo 10

DO DOMICÍLIO CIVIL

10.1. Noção geral e relevância

Tanto as pessoas naturais como as pessoas jurídicas, na qualidade de sujeitos de direito, precisam definir alguns aspectos básicos a respeito das relações que entre si mantêm. Um deles consiste em fixar domicílio, para o fim de que todos saibam onde poderão demandar pelo cumprimento de obrigações e ser encontrados para a mesma finalidade. Não se trata, apenas, de determinar um *locus* com vistas ao atendimento de necessidades de caráter processual. Embora este seja, na prática, o mais relevante efeito que se extrai das normas pertinentes à matéria, outros objetivos são alcançados por meio delas, entre os quais sobressai o de saber onde serão ordinariamente cumpridos os deveres contratuais (*v. g.*, pagamento do preço na compra e venda). Como será exposto adiante, nem sempre a vontade livre dos seres humanos e das entidades ideais funcionará como fator de determinação do domicílio, já que a lei, por vezes, impõe certo lugar como sendo o de resolução das questões atinentes à vida civil.

Em termos processuais, a definição do foro competente para processar e julgar as ações tem íntima relação com os temas concernentes ao domicílio. As demandas fundadas em direito pessoal, por exemplo, deverão ser propostas no domicílio do réu, haja vista a previsão contida no art. 94 do Código de Processo Civil. De outra parte, o inventário precisa ser ajuizado, como regra geral, no lugar do último domicílio do falecido, consoante preconiza o art. 97 do mesmo diploma. Quanto às persecuções penais, é competente para o seu exame o lugar onde foi cometida a infração, mas, sendo desconhecido, a competência se transferirá para o local de domicílio do réu (art. 72 do Código de Processo Penal). Enfim, são inúmeras as situações que ensejam a aplicação da regra civilista do domicílio, de modo que o estudo desse instituto é de grande relevância para todos os operadores do direito.

Para isso, é mister partir de uma afirmação singela e ao mesmo tempo básica: domicílio não pode ser confundido com residência. Enquanto esta pertence originalmente ao mundo dos fatos e importa na fixação de um lugar onde a pessoa habita, aquele apresenta cunho jurídico e passa pelo exame do fator anímico da pessoa, ou seja, da existência ou não de vontade de permanecer naquele *locus*. Em derradeira análise, os indivíduos têm na soma dos elementos objetivo ou material (residência) e subjetivo (intuito de permanência) a fórmula para a sedimentação do instituto denominado domicílio. Em relação às pessoas jurídicas, é preciso verificar se estão submetidas ou não a domicílio necessário por força de previsão normativa. Na primeira hipótese, não há como indicar outro diferente do estipulado pela lei (*v. g.*, o do Estado é a respectiva capital). Na segunda, o mecanismo de definição é semelhante ao utilizado pela pessoa natural, mas, por óbvio, não há como aferir uma manifestação de vontade no sentido biológico, já que de ente abstrato se cuida. Neste compasso, a pessoa jurídica fixa domicílio estabelecendo-se em determinado lugar e nele ficando para desempenhar as suas atividades, conforme mencionado nos correspondentes atos constitutivos.

Além dessa conotação puramente jurídica, o legislador preocupou-se em ampliar as garantias das pessoas, quanto ao local onde estão recolhidas, por meio da edição de norma que considera inviolável a *casa* (cujo sentido, como posto, é de residência ou de domicílio), disciplinando o tema, então, sob o prisma da paz que todos devem ter quando inseridos no recesso do ambiente privado. Realmente, o art. 5º, XI, da Constituição da República, apregoa: *"a casa é asilo inviolável do indivíduo, ninguém nela podendo penetrar sem consentimento do morador, salvo em caso de flagrante delito ou desastre, ou para prestar socorro, ou, durante o dia, por determinação judicial"*. Percebe-se, destarte, que a segurança criada pelo ordenamento em relação a peculiaridades concernentes ao domicílio ultrapassa as fronteiras da simples garantia processual ou puramente civilista, direcionando-se à proteção do sossego e da tranqüilidade.

10.2. Classificação

Duas são as modalidades básicas de domicílio, segundo o mecanismo que leva à sua fixação: *voluntário* ou *necessário*. Na maioria das vezes o ordenamento jurídico confere ao interessado total liberdade para a fixação do próprio domicílio, que será, por assim dizer, *voluntário*. Isso ocorre, conforme asseverado, através de simples deliberação interna do indivíduo, associada à definição material do *locus*. Para que seja possível optar pela modalidade voluntária, basta que a lei não imponha à pessoa, física ou jurídica, um domicílio a que esteja obrigatoriamente vinculada, e que o próprio interessado não tenha definido, na específica relação jurídica que estiver desenvolvendo, um domicílio diferenciado (*v. g.*, dizendo onde as partes solverão temas referentes a certo contrato).

Noutras oportunidades, o legislador obriga determinadas pessoas, físicas (*v. g.*, servidores públicos, incapazes etc.) ou jurídicas (*v. g.*, Municípios), a ficarem atreladas a um domicílio, geralmente por razões ligadas à conveniência de resguardar interesses públicos ou evitar contratempos a particulares. Terá, então, caráter *necessário*. Denomina-se necessário porque independe do aspecto volitivo dos envolvidos, derivando exclusivamente de imposição legal. Descabe, portanto, a invocação dos dispositivos que tratam da fixação do domicílio com suporte nos indicativos genéricos. Pode-se afirmar que essa espécie é instituto criado pelo legislador para agilizar a definição do domicílio de pessoas que mantêm determinados vínculos de dependência em relação a outras ou ao Estado, incidindo, então, regramento diferenciado. Em tais circunstâncias, eventual manifestação volitiva em sentido contrário não adquirirá valia frente à ordem jurídica, de maneira que os atos deverão compulsoriamente ser praticados naquele domicílio fixado pelo legislador, sob pena de insubsistência.

Diz o art. 76 do Código Civil: "*Têm domicílio necessário o incapaz, o servidor público, o militar, o marítimo e o preso. Parágrafo único. O domicílio do incapaz é o do seu representante ou assistente; o do servidor público, o lugar em que exercer permanentemente suas funções; o do militar, onde servir, e, sendo da Marinha ou da Aeronáutica, a sede do comando a que se encontrar imediatamente subordinado; o do marítimo, onde o navio estiver matriculado; e o do preso, o lugar em que cumprir a sentença*". O legislador optou por definir com precisão o domicílio de determinadas pessoas naturais, cuja específica situação individual indicava a necessidade da edição de regra especial, a fim de prevenir conflitos e evitar maiores discussões. Nessa linha de raciocínio, observa-se que o domicílio necessário biparte-se em *originário* e *legal*. O originário existe desde o nascimento, correspondendo ao dos genitores. Se na origem a pessoa recebe um domicílio ao qual está obrigatoriamente jungida, é evidente que enquanto persistir essa situação jurídica, motivadora da incidência da regra diferencial, haverá aplicação da disciplina relativa ao domicílio necessário. Cessada a causa (pelo implemento da maioridade, por exemplo), e optando o indivíduo por permanecer no mesmo lugar onde originariamente fora estabelecido pela lei o seu domicílio, haverá automática — e sem formalidade alguma a observar — transmudação para a espécie voluntária, sem que com isso ocorra qualquer alteração na condição jurídica desfrutada. Já o domicílio legal é presumido ou simplesmente fixado pela vontade da lei, como se percebe nas demais situações elencadas pelo artigo transcrito acima. Na essência, diferencia-se daquele outro porque é adquirido pelo indivíduo após o nascimento, nos termos apontados pelo regramento correspondente.

Quanto ao incapaz, a norma civilista é secundada por expresso ditame processual, cujo desiderato consiste em determinar que a ação em que o incapaz for réu se processará no foro do domicílio de seu representante (art. 98 do Código de Processo Civil). Representante do incapaz é toda pessoa apontada na lei como apta a manifestar a vontade jurídica de alguém impossibilitado de fazê-lo, seja em razão da falta de maturidade etária (absolutamente incapazes), seja em razão de problemas de ordem mental (interditos), ou ainda por ficção jurídica de incapacidade (ausentes). Assistente é a pessoa que acompanha a manifestação da vontade jurídica do relativamente incapaz, a fim de que tenha validade e eficácia.

O servidor público também foi alvo de especial dicção da lei, sendo de salientar que somente o local onde ele desempenha funções permanentes sob investidura efetiva é que se considera domicílio com vistas ao atendimento da norma. Caso exerça funções que não tenham as características da permanência e da efetividade, terá por domicílio aquele voluntariamente escolhido ou o definido pelas demais regras gerais, não se submetendo ao de ordem necessária. Ao servidor licenciado para tratamento de saúde ou por força de situação análoga (premente, urgente ou inesperada) aplica-se igualmente a regra contida no art. 76 do Código Civil. Entretanto, sendo o caso de licença por interesse particular e que perdura por longo período, revelando intenção de afastamento para busca de novos rumos de vida e profissionais, deixa de ser viável o domicílio necessário e lança-se a regra do domicílio voluntário. Isto porque fica abalada a relação do servidor com a função, motivo maior de fixação do domicílio legal.

Quanto aos militares, cumpre ressaltar que a regra vale tanto para os integrantes das Forças Armadas como para os membros das polícias militares estaduais. A interpretação da norma segue o mesmo rumo traçado na codificação de 1916, de modo que o domicílio do militar da ativa é o lugar onde servir (no caso do Exército e das polícias militares), e, sendo da Marinha ou da Aeronáutica, funciona como domicílio a sede do comando a que se encontra subordinado. A definição de agente considerado *marítimo* não se aplica ao integrante da Marinha de Guerra, eis que quanto a este, como militar, aplicam-se as normas que regulamentam a atividade. Para os fins legais, marítimo é todo aquele que empreende profissionalmente viagens por via aquática. Como passam a maior parte do tempo embarcados, o seu domicílio não pode ficar jungido às regras ordinárias, mesmo porque é comum a ocorrência de longos deslocamentos ao exterior, o que dificultaria em muito a eventual propositura de demandas. Por isso, o domicílio do marítimo é de caráter necessário e determinado pelo local de matrícula da embarcação.

O domicílio do preso se define pelo lugar onde cumpre a sentença, ou, caso não haja decisão transitada em julgado, o lugar onde se encontra preventivamente encarcerado. Embora a norma não avente a hipótese de domicílio necessário para o preventivamente preso, é importante que seja equiparada a sua situação em relação à pessoa que cumpre pena, pois ambas estão impedidas de exercer o ir e vir que lhes possibilitaria tratar plenamente de seus interesses. Portanto, a fim de facilitar o exercício do direito de defesa ou de ação, deve-se assegurar a todos os que estiverem presos de maneira preventiva o domicílio determinado pelo lugar do cárcere.

A classificação do domicílio pode dar-se, ainda, pelo critério da natureza com que se apresenta, dividindo-se em *geral* e *especial*. Considera-se geral quando serve amplamente para definir o local da prática dos atos comuns da vida civil, nos limites colocados na legislação para cada indivíduo, conforme esteja ou não inserido em quadros peculiares. Portanto, é visualizável tanto nos casos de domicílio voluntário como nos de necessário. Por lado diverso, será tido como especial quando incidente o art. 78 do Código Civil: "*Nos contratos escritos, poderão os contratantes especificar domicílio onde se exercitem e cumpram os direitos e obrigações deles resultantes*". O Supremo Tribunal Federal também marcou posição sobre o tema, editando a Súmula n. 335: "*É válida a cláusula de eleição do foro para os processos oriundos do contrato*". Como se constata, denomina-se foro de eleição o ato jurídico pelo qual as partes fixam domicílio especial em contrato escrito, domicílio este que pode coincidir com o decorrente da conjugação dos elementos residência/ânimo definitivo ou dele diferir. Nos contratos de adesão, a interpretação da cláusula de eleição de foro tem de ser restritiva e em proveito da parte que não elaborou o instrumento, porque no mais das vezes inexistem tratativas e são impostas pela parte adversa as condições contratuais secundárias, entre as quais o foro de eleição se inclui.

Também o Código de Processo Civil contém disposição relacionada ao assunto, mais precisamente acerca da questão da competência para processar e julgar demandas. É o que exsurge do art. 111 do caderno adjetivo, *verbis*: "*A competência em razão da matéria e da hierarquia é inderrogável por convenção das partes; mas estas podem modificar a competência em razão do valor e do território, elegendo foro onde serão propostas as ações oriundas de direitos e obrigações*". Seguindo linha idêntica à traçada no Código Civil, o § 1º ajunta: "*O acordo, porém, só produz efeito, quando constar de contrato escrito e aludir expressamente a determinado negócio jurídico*". Elaborada de acordo com tais prescrições, a previsão volitiva deduzida pelas partes, no sentido de eleger foro contratual, obriga os herdeiros e sucessores das partes (§ 2º).

No concernente às demandas de caráter real, obviamente que deve predominar a regra pela qual o foro competente é o da localização da coisa que figura como alvo da disputa jurídica, até mesmo como forma de assegurar o pleno desenvolvimento da relação processual e o adequado exercício do direito das partes litigantes. Contudo, o autor pode optar pelo foro do domicílio ou de eleição, desde que não recaia o litígio sobre direito de propriedade, vizinhança, servidão, posse, divisão e demarcação de terras e nunciação de obra nova (art. 95 do Código de Processo Civil).

10.3. Domicílio da pessoa natural

Acerca do domicílio voluntário dos indivíduos, a regulação da matéria começa pelo art. 70 do Código Civil: "*O domicílio da pessoa natural é o lugar onde ela estabelece a sua residência com ânimo definitivo*". Conforme asseverado anteriormente, é preciso não confundir os institutos da *residência* e do *domicílio,* eis que aquele é elemento integrante deste. Residência é o lugar de morada, de habitação (elemento objetivo, material). A ela deve somar-se o ânimo definitivo da pessoa (elemento subjetivo, interno), que se exterioriza na vontade de permanência estável no território em que vive. Dessa conjugação de fatores é que emerge o domicílio do indivíduo para fins civis.

É possível, entrementes, que a pessoa não tenha residência fixa, ou seja, com *animus* de permanência. Também não se descarta a idéia da circunstancial inviabilidade de aferição desse aspecto objetivo, como fruto da inconstância fática relativa à verificação do elemento residência. Com isso, afasta-se a perspectiva de aplicação da supracitada norma, já que o critério material restará prejudicado. Ciente disso, o legislador produziu o art. 73, com a seguinte redação: "*Ter-se-á por domicílio da pessoa natural, que não tenha residência habitual, o lugar onde for encontrada*". A norma substantiva visa a impedir que alguém se valha da incerteza do domicílio para frustrar a prestação jurisdicional pretendida ou a solução de pendência jurídica de natureza diversa. Como toda pessoa deve ter domicílio definido para fins civis, quem não possuir paradeiro certo consubstanciado em residência fixa e ânimo de permanência (*v. g.*, andarilhos, artistas de circos, ciganos, nômades em geral etc.) submeter-se-á à multiplicidade ampliada de domicílios, de sorte que poderá ser considerado como tal qualquer lugar onde for encontrada, ainda que em caráter absolutamente transitório. Acerca da ação fundada em direito pessoal e da ação fundada em direito real sobre bens móveis, o § 1º do art. 94 do Código de Processo Civil estabelece: "*Tendo mais de um domicílio, o réu será demandado no foro de qualquer deles*". E, no § 2º, cria espectro mais amplo: "*Sendo incerto ou desconhecido o domicílio do réu, ele será demandado onde for encontrado ou no foro do domicílio do autor*".

Uma vez fixado, o domicílio não mais sofrerá alterações para aquele específico fim que exigiu a opção do interessado, de modo que, por exemplo, a ação iniciada no lugar em que se encontrava o réu sem residência habitual tramitará até o encerramento naquele juízo, mesmo na hipótese de ocorrer mudança de localidade pelo demandado.

A alteração do domicílio da pessoa natural também é ocorrência pertencente ao mundo dos fatos, sendo inexigível qualquer medida formal para a sua consecução. Assim como o indivíduo estabelece domicílio por meio de mecanismo prático e independente de oficialização, a mudança do ponto inicialmente estabelecido acontecerá por mera conduta do interessado. Com efeito, o art. 74 assim se pronuncia: "*Muda-se o domicílio, transferindo a residência, com a intenção manifesta de o mudar. Parágrafo único. A prova da intenção resultará do que declarar a pessoa às municipalidades dos lugares, que deixa, e para onde vai, ou, se tais declarações não fizer, da própria mudança, com as circunstâncias que a acompanharem*". Logo, à semelhança do que ocorre quando da fixação do domicílio a mudança ordinária do mesmo está atrelada a dois elementos, sendo um deles objetivo e outro subjetivo: aquele, consubstanciado na alteração da morada habitual; este, no efetivo desejo de modificação do local de residência.

Ambos os elementos são passíveis de aferição pelas circunstâncias e podem ser provados de qualquer modo, ainda que exclusivamente por meio de testemunhas, se de outros indicativos mais robustos não dispuser o interessado na prova. A previsão ínsita no parágrafo único, consistente na apuração da mudança de domicílio com base em informações prestadas aos Municípios pelo interessado, não tem utilidade prática. Afinal, a municipalidade não dispõe de um banco de dados sobre manifestações dos moradores a respeito de eventual intenção de transferir domicílio. De resto, isso não pode ser exigido das pessoas, eis que a alteração, consoante frisado, decorre unicamente de fatos. Por outro lado, as informações ofertadas aos Municípios para outros fins, e que fazem parte de cadastros com objetivos fiscais, administrativos etc., não poderão ser tomados como indicativos formais de domicílio do munícipe, sobrepondo-se facilmente a eles os acontecimentos do plano fático.

Sob o prisma processual, a mudança de domicílio depois de ajuizada a ação em nada interfere no foro de competência, devendo a continuidade da tramitação dar-se onde iniciada a relação processual (*vide* art. 87 do Código de Processo Civil). Ainda a propósito, mas em ambiente mais restrito, diz a Súmula n. 58 do Superior Tribunal de Justiça: "*Proposta a execução fiscal, a posterior mudança de domicílio do executado não desloca a competência já fixada*".

Vale lembrar que a pessoa natural está sujeita também, em especiais circunstâncias, ao domicílio necessário, consoante ressaltado em item anterior. No concernente aos efeitos da alteração de domicílio de servidores públicos em relação a questões atinentes ao direito de transferência de estabelecimento de ensino, aduz a Súmula n. 3 do Tribunal Regional Federal da 1ª Região: "*Os direitos concedidos aos servidores públicos federais relativamente à transferência de uma para outra instituição de ensino, em razão de mudança de domicílio, são extensivos aos servidores dos Estados, Distrito Federal, Territórios e Municípios*".

O art. 77 estabelece: "*O agente diplomático do Brasil, que, citado no estrangeiro, alegar extraterritorialidade sem designar onde tem, no país, o seu domicílio, poderá ser demandado no Distrito Federal ou no último ponto do território brasileiro onde o teve*". Agente diplomático, para aplicação deste dispositivo, é toda pessoa natural que estiver a serviço do Brasil no estrangeiro, seja em missão temporária ou permanente. Os agentes elencados na norma têm isenção de jurisdição civil, não podendo ser demandados sob a égide da legislação do país em que cumprem sua missão de representação do Brasil. Destarte, fica-lhes assegurada em lei, e inclusive pelo direito internacional, a prerrogativa de prestarem contas apenas ao Poder Judiciário brasileiro, devendo indicar o domicílio que têm no Brasil para fins de interposição da demanda.

Citado no estrangeiro, é direito do agente diplomático ser demandado no Brasil, e, mais precisamente, no local que apontar como seu domicílio. Alegando extraterritorialidade e não indicando o domicílio onde se poderá processar regularmente a demanda, será acionado no Distrito Federal ou no último ponto do território brasileiro em que teve domicílio. A extraterritorialidade é instituto criado em defesa da representação diplomática e externa do país, e não propriamente das pessoas físicas que o representam, sendo defeso ao agente abrir mão da prerrogativa sem expresso consentimento do governo brasileiro, verdadeiro titular do direito.

10.4. Pluralidade de domicílios

O ordenamento jurídico pátrio aventa a hipótese de pluralidade de domicílios, já que a pessoa talvez resida em lugares diferentes de maneira alternada, seja qual for o motivo que a leve a assim proceder. Para esse caso, o art. 71 traz a solução: "*Se, porém, a pessoa natural tiver diversas residências, onde, alternadamente, viva, considerar-se-á domicílio seu qualquer delas*". O legislador pretendeu facilitar ao máximo a apuração do domicílio da pessoa que não se enquadra no conceito tradicional que soma o elemento objetivo ao anímico e os fixa num só ponto físico. Com isso, idealizou uma fórmula que se vale da presunção de existência de ânimo de permanecer tomando por base apenas a presença do fator objetivo (várias residências onde viva alternadamente). Morando em diversas residências, seja em função do trabalho, seja por outras conveniências, o indivíduo terá fixado o domicílio com base em qualquer delas. Com isso, todos os interessados poderão tomar como domicílio o local que se mostrar mais conveniente dentre os vários admitidos por força do dispositivo legal. Em termos processuais, como regra geral as ações serão propostas no foro do domicílio do réu, razão pela qual a pluralidade de domicílios facultará ao autor o ajuizamento da lide em qualquer deles.

A multiplicidade de domicílios também pode ter como fonte a coexistência de tipos diversos, quais sejam, o residencial e o profissional. Enquanto o primeiro resulta da já mencionada fórmula que importa na conjugação dos elementos residência e ânimo de nela permanecer, o segundo deita raízes em fatores pertinentes à profissão ou atividade desenvolvida pela pessoa. Observe-se que o domicílio dito residencial serve para fixar o lugar de centralização de todas as relações jurídicas comuns do indivíduo; já o profissional somente interessa para definir as relações vinculadas ao exercício do trabalho da pessoa, seja qual for a sua natureza. Destarte, se o réu for demandado por dívida de empréstimo pessoal, a ação terá de ser ajuizada onde estiver o domicílio apurado com base na aferição da presença dos fatores residência e ânimo. Já no caso de ser acionado para debate de tema pertinente à profissão, será competente o foro onde a exerce. Disso resulta lógica conclusão no sentido de que o indivíduo pode ter pluralidade de domicílios por coexistência de ambos os tipos aludidos *retro*, *v. g.*, quando a pessoa mora numa cidade e trabalha noutra. Também se vislumbra multiplicidade na hipótese de haver dois ou mais domicílios de ordem profissional, *v. g.*, se o indivíduo trabalha em duas localidades diferentes.

O art. 72 dispõe sobre o domicílio profissional: "*É também domicílio da pessoa natural, quanto às relações concernentes à profissão, o lugar onde esta é exercida. Parágrafo único – Se a pessoa exercitar profissão em lugares diversos, cada um deles constituirá domicílio para as relações que lhe corresponderem*". Entra em cena, então, a possibilidade de definição estribada no local em que se exerce a atividade. Isto porque em tese é proveitoso e mais cômodo à pessoa deslindar questões pertinentes ao seu mister profissional exatamente no lugar em que o desempenha, permitindo que se afaste o mínimo possível de seus afazeres para estar em juízo ou para resolver questões extrajudiciais específicas. O sistema eleito pelo legislador é idêntico ao que idealizou para o caso de multiplicidade de residências, pois também nesse caso qualquer deles servirá como domicílio, à escolha do interessado. Em verdade, todos os lugares em que a pessoa exerce a profissão são considerados domicílio para os fins legais, salvo as exceções previstas no ordenamento, bastando optar pelo que for mais conveniente nas circunstâncias concretas. É fundamental alertar para o fato de que a regra do domicílio fundado na apuração do lugar de exercício da profissão vale apenas para as pessoas físicas, eis que no pertinente às jurídicas existe regramento especial a disciplinar a matéria (art. 75 do CC).

10.5. Domicílio da pessoa jurídica

A fixação do domicílio da pessoa jurídica de direito público, e de outros entes assemelhados, tem cunho eminentemente necessário e legal. A da pessoa jurídica de direito privado submete-se a regras parecidas com aquelas incidentes sobre a pessoa natural, assumindo conotação voluntária.

Diz o art. 75 do Código Civil: "*Quanto às pessoas jurídicas, o domicílio é: I – da União, o Distrito Federal; II – dos Estados e Territórios, as respectivas capitais; III – do Município, o lugar onde funcione a administração municipal; IV – das demais pessoas jurídicas, o lugar onde funcionarem as respectivas diretorias e administrações, ou onde elegerem domicílio especial no seu estatuto ou atos constitutivos. § 1º – Tendo a pessoa jurídica diversos estabelecimentos em lugares diferentes, cada um deles será considerado domicílio para os atos nele praticados. § 2º – Se a administração, ou diretoria, tiver a sede no estrangeiro, haver-se-á por domicílio da pessoa jurídica, no tocante às obrigações contraídas por cada uma das suas agências, o lugar do estabelecimento, sito no Brasil, a que ela corresponder*".

A definição do domicílio da pessoa jurídica é de fundamental importância para o desenvolvimento das relações por ela estabelecidas ao longo da sua existência, mormente no que concerne à celebração de contratos, ao cumprimento das obrigações assumidas e ao regular desenvolvimento de todos os demais atos juridicamente relevantes. Quanto às pessoas jurídicas de direito privado, o domicílio define-se com base no lugar onde se desenvolvem as suas atividades diretivas, ou no local expressamente designado no momento da constituição. Tais soluções visam a facilitar a exata determinação do domicílio, evitando controvérsias que certamente seriam nocivas tanto aos interesses da entidade ideal como daqueles indivíduos ou organismos que com ela travarem relações jurídicas. A propósito do tema, a Súmula n. 363, do Supremo Tribunal Federal, dispõe: "*A pessoa jurídica de direito privado pode ser demandada no domicílio da agência, ou estabelecimento, em que se praticou o ato*". Com isso, o interessado em ajuizar a ação não fica obrigado a tomar a providência no lugar indicado nos atos constitutivos ou onde a entidade abstrata concentra a direção. Pode optar, assim, entre estes ou aquele apontado na Súmula.

A regra contida no parágrafo 1º, que admite a pluralidade de domicílios também para os entes ideais, não difere substancialmente da norma que disciplina a multiplicidade de domicílios da pessoa natural, cujo objetivo basilar é facilitar a fixação da competência forense e a via aplicável no concernente às demais relações jurídicas. Saliente-se que na hipótese de existirem vários domicílios, o interessado poderá propor a lide, contra a pessoa jurídica de direito privado situada no Brasil, no lugar onde houver filial ou estabelecimento congênere. Em princípio, cada um dos desmembramentos responde pelos atos que praticar, ainda que os atos constitutivos indiquem especificamente um só domicílio da entidade abstrata demandada. Portanto, a norma ínsita no parágrafo 1º não tem cunho subsidiário, mas sim principal em relação às condutas praticadas pelo desmembramento da matriz. Nos casos de atos realizados pela filial, mas com intervenção, anuência ou iniciativa da matriz, poderá o autor ajuizar a lide tanto na comarca de domicílio de uma como da outra, ficando a seu critério a livre opção.

As pessoas jurídicas com sede no exterior submetem-se a disciplina especial que visa a facilitar o ajuizamento de demandas pelo interessado, a quem se oportuniza litigar em solo pátrio e evitar a natural morosidade e as incertezas de demandar noutro país. Para a finalidade prevista no parágrafo 2º, entende-se por agência qualquer espécie de representação da pessoa jurídica, como por exemplo escritórios, postos de atendimento, filiais, sucursais e assemelhados, ainda que sem estrutura ampla ou fixa. O art. 100 do Código de Processo Civil reforça: "*É competente o foro: IV – do lugar: b) onde se acha a agência ou sucursal, quanto às obrigações que ela contraiu*". O art. 88 e o agregado parágrafo único, do mesmo diploma, esclarecem: "*É competente a autoridade judiciária brasileira quando: I – o réu, qualquer que seja a sua nacionalidade, estiver domiciliado no Brasil; (...) Parágrafo único – Para o fim do disposto no número I, reputa-se domiciliada no Brasil a pessoa jurídica estrangeira que aqui tiver agência, filial ou sucursal*".

Especificamente no que concerne ao domicílio processual da União, o art. 99 do Código de Processo Civil estatui: "*O foro da Capital do Estado ou do Território é competente: I – para as causas em que a União for autora, ré ou interveniente*". A Constituição da República, no art. 109, também se ocupou do assunto: "*As causas em que a União for autora serão aforadas na seção judiciária onde tiver domicílio a outra parte*" (§ 1º). "*As causas intentadas contra a União poderão ser aforadas na seção judiciária em que for domiciliado o autor, naquela onde houver ocorrido o ato ou fato que deu origem à demanda ou onde esteja situada a coisa, ou, ainda, no Distrito Federal*" (§ 2º). As normas citadas indicam, por óbvio, a competência da Justiça Federal, submetida aos ditames da Lei n. 5.010, de 30 de maio de 1966, para dirimir as controvérsias que envolverem a União, exceto quando outra solução seja expressamente prevista pelo legislador.

As autarquias da esfera federal, estadual ou municipal possuem foro especial, que corresponde ao da pessoa jurídica de direito público interno a que se vinculem, ou seja, respectivamente, o Distrito Federal, as capitais e onde funcione a administração. Valem aqui as mesmas observações feitas a respeito da competência fixada a partir do domicílio da União, que, por simetria, estendem-se também aos Estados e Territórios.

Capítulo 11

DOS BENS

11.1. Bens, coisas e patrimônio

A palavra *bem* apresenta vários significados. Em sentido vulgar ou comum, abrange tudo o que é bom ou conforme à natureza humana, nisso incluído o arcabouço de virtudes morais (honestidade, retidão de caráter). No plano filosófico, envolve os elementos que possam servir às pessoas como fonte de realização (saúde, crença). Sob o ângulo jurídico, contudo, a palavra assume contornos limitados, sendo direcionada para os valores que estiverem aptos a ser inseridos como objeto de uma relação jurídica. Como se sabe, todo direito tem objeto, e todo objeto experimenta a incidência do poder do titular, a quem se atribui a qualidade de sujeito de direito. Logo, objeto da relação jurídica é qualquer elemento que possa ser submetido às prerrogativas enfeixadas no sujeito de direito.

Por outro lado, não se pode deixar de fazer alusão ao conceito de *coisa.* No plano vulgar ou comum, tem-se como *coisa* tudo o que existe, excetuado o ser humano. O Código Civil português de 1867, no art. 369, estabelecia: "*Coisa diz-se em direito tudo aquilo que carece de personalidade*". Sendo certo que apenas o ser humano tem personalidade, seria *coisa* tudo o que existe exteriormente a ele (*Sílvio Rodrigues*, obra citada, p. 116). Já em sentido jurídico, importa em tudo aquilo que seja passível de posse ou de apropriação exclusiva pela pessoa, e que tenha conteúdo econômico aferível. Embora geralmente os conceitos de *coisa* e de *bens* coincidam para fins jurídicos, em circunstâncias especiais nem sempre isso ocorre. "*Às vezes, coisas são o gênero e bens, a espécie; outras vezes, estes são o gênero e aquelas, a espécie; outras, finalmente, são os dois termos usados como sinônimos, havendo então entre eles coincidência de significação*" (*Carmelo Scuto apud Carlos Roberto Gonçalves*, obra citada, p. 234). Em percuciente observação, *Sylvio Marcondes Machado* entende como bens as coisas que, por serem úteis e raras, são suscetíveis de apropriação e contêm valor econômico (*apud Sílvio Rodrigues*, obra citada, p. 116).

Neste compasso, e captada apenas a sua configuração jurídica, a palavra *bens* abarca coisas materiais (*v. g.*, um carro) ou imateriais (*v. g.*, um crédito) que contenham expressão econômica e que sejam passíveis de aposição como objeto da relação jurídica. Há coisas que, embora de existência material, não são enquadradas como *bens* para fins jurídicos, porque insuscetíveis de apropriação exclusiva pelo homem, como é o caso do ar existente na atmosfera e das águas oceânicas enquanto mantidas nesse estado. Porém, uma vez apreendidas em partes isoladas e transformadas pelo trabalho humano (por exemplo, a dessalinização da água do mar para venda, o envasamento do oxigênio para a indústria etc.), ingressam na categoria de bens jurídicos, embora o universo de onde provieram continue de fora desse quadro. Por outro lado, há elementos que, emergindo como emanação da personalidade humana e não tendo conteúdo econômico, pela sua relevância são tratados como bens em sentido jurídico (*v. g.*, vida, liberdade, honra etc.), mas sem colocação específica na classificação apontada pelo Código Civil. Isso não importa em ignorar a proteção que recebem do ordenamento, haja vista a sua relevância para a própria existência dos indivíduos. É perceptível, inclusive, a intensa preocupação do legislador em tutelar tais elementos, pois se assim não fosse estaria sendo invertida a ordem de prioridades, em que a primeira delas é o ser humano e as demais são mera conseqüência do seu existir. Tanto é verdade que a afronta a tais bens faz surgir, em prol do titular, o direito de buscar a correspondente reparação, até mesmo de cunho pecuniário.

Outro conceito a merecer destaque é o de *patrimônio*. Em síntese, é o conjunto formado por coisas e bens economicamente aferíveis, envolvendo relações ativas e passivas, quer tenham conteúdo positivo (imóveis, móveis, créditos etc.) ou negativo (dívidas, obrigações em geral etc.). A confrontação dos aludidos itens faz com que a pessoa tenha, em dado momento, patrimônio positivo, negativo ou neutro, conforme as suas relações ativas e passivas, respectivamente, pendam para o lado daquelas, destas ou simplesmente se igualem em expressão.

Excluem-se da constituição do acervo patrimonial todos os itens despidos de teor econômico imediato, ainda que por via transversa possam gerar recursos de natureza financeira. Destarte, ao mesmo tempo em que se pode afirmar a integração de coisas imóveis ao patrimônio, mostra-se factível dizer da inviabilidade de assim serem considerados os elementos resultantes da personalidade, como a vida, a dignidade e correlatos. Estes, se lesados, produzem em favor do ofendido a faculdade de buscar composição; porém, ainda que venham a gerar reparação pecuniária, não deixarão de ser itens estranhos à esfera patrimonial do indivíduo. Noutras palavras, o que se incorpora ao patrimônio é o montante econômico da reparação, sem que os elementos da personalidade tomem semelhante destino.

A nota de maior importância do patrimônio dentro do ambiente civilista diz respeito à circunstância de que o acervo do devedor responde pelas suas dívidas, de maneira que nele o credor encontra — ou não — concreta fonte de satisfação do direito, a ser exercitado em conformidade com os mecanismos jurídicos e processuais postos à disposição do interessado. Obviamente, sendo negativo ou neutro o resultando do encontro entre os fatores ativos e passivos do patrimônio do devedor, não haverá como pinçar dele a solução das obrigações contraídas pelo titular.

11.2. Classificação dos bens

Como inserido no Código Civil, o vocábulo *bens* adquire significado extremamente amplo, abrangendo coisas e direitos dotados de relevância econômica. A partir daí é possível classificá-los segundo variados critérios, mormente relacionados à sua natureza e à importância que têm como objeto da relação jurídica. Saliente-se que um mesmo bem pode ser classificado com base em diversas nuanças, como no caso de um livro, que é, a um só tempo, móvel, corpóreo, indivisível etc. No Livro II, Parte Geral, foram produzidos três capítulos: a) dos bens considerados em si mesmos; b) dos bens reciprocamente considerados; c) dos bens públicos. Os bens considerados em si mesmos, ou seja, analisados sem correlação direta com outros, subdividem-se em: imóveis, móveis, fungíveis, consumíveis, divisíveis, singulares e coletivos.

11.3. Dos bens considerados em si mesmos

Bens corpóreos e incorpóreos — Antes de ingressar no exame dos diversos critérios de classificação formalizados no Código Civil, não se deve deixar de abordar um critério de origem doutrinária, cuja adoção pelo legislador não ocorreu em virtude da sua menor repercussão no plano concreto. Trata-se de classificação que leva em linha de conta o aspecto relativo à materialidade dos bens. Sob tal ângulo, são *corpóreos* os que têm existência física e podem ser percebidos pelos sentidos humanos, porque tangíveis (*v. g.*, bens enquadrados como móveis e imóveis em razão da sua natureza). Do lado oposto, são *incorpóreos* os que, não obstante consagrados pela ordem legal e portadores de conteúdo econômico, resumem a sua existência ao âmbito abstrato, traduzindo-se em direitos que os sujeitos possuem sobre coisas, criações do espírito ou contra outros sujeitos (*v. g.*, respectivamente, hipoteca, direito do autor de um livro e crédito por cheque emitido). Não é o atributo da corporificação que enseja a integração dos bens ao liame jurídico, eis que tanto os corpóreos como os incorpóreos podem juntar-se à relação desde que possuam teor econômico.

Importa salientar que a condição material e a existência concreta dos bens não importam necessariamente na sua visualização física pelo ser humano. Os gases para utilização industrial e a energia elétrica, por exemplo, são juridicamente considerados bens corpóreos, ainda que não possam ser vistos ou apanhados fisicamente, senão por meio de mecanismos tecnológicos específicos. Contudo, ninguém nega que eles estão impregnados de tangibilidade e de presença física, características que, associadas às respectivas expressões econômicas, permitem classificá-los como bens corpóreos.

A diferenciação entre bens corpóreos e incorpóreos não tem grande relevância prática, mas convém observar que a alienação daqueles se dá por meio de compra e venda, doação, dação em pagamento etc., enquanto a destes é perfectibilizada através de negócio jurídico denominado cessão. Ambas as formas de celebração negocial apresentam requisitos semelhantes, mas a boa técnica não recomenda a desconsideração da peculiaridade acima exposta.

Bens imóveis e móveis — Este critério tem em vista a possibilidade de deslocamento dos bens no espaço, aspecto geralmente extraído da própria natureza das coisas. Contudo, vale também aqui a idéia de que nem sempre a performance física dos bens indica precisamente a sua classificação, eis que certos itens, embora móveis por natureza, são circunstancialmente enquadrados como imóveis para determinadas finalidades jurídicas, e vice-versa. Não se pode ignorar, porém, que a qualidade física é o primeiro indicativo — e o mais seguro —

acerca da inserção dos bens no plano móvel ou imóvel. A relevância dessa definição é muito acentuada no direito pátrio, com intensa repercussão no âmbito civil, comercial, penal, tributário e assim por diante.

Bens imóveis — No Código Civil, a matéria começa a ser exposta no art. 79: "*São bens imóveis o solo e tudo quanto se lhe incorporar natural ou artificialmente*". Bens imóveis são os que não admitem remoção sem perda de sua substância original ou depreciação, ou os que por lei assim sejam definidos, ainda que não portem as qualidades naturais inerentes à ausência de mobilidade. São adquiridos, como regra, por meio de escritura pública e dependem de transcrição no registro competente. Considerada a construção genérica do dispositivo legal, percebe-se que os bens imóveis podem assumir diversas nuanças, principalmente: a) imóveis por natureza, que têm no aspecto físico o principal elemento na definição da imobilidade (solo e adjacências, árvores, espaço aéreo, subsolo etc.); b) imóveis por acessão física, cuja característica maior é a inserção de bens de natureza diversa ao solo, tornando-os parte deste (edificações, sementes lançadas ao solo etc.); c) imóveis por acessão intelectual ou por destinação do proprietário, que são naturalmente móveis, mas uma vez aplicados como fator de aprimoramento econômico do solo adquirem, para fins jurídicos, caráter imóvel (máquinas agrícolas vinculadas a uma propriedade rural). Acessão significa acréscimo, aumento, incorporação de alguma coisa a outra, fazendo-a mais avantajada física ou economicamente. Em relação aos bens imóveis é acentuada a relevância do princípio de que o acessório segue o principal, de tal sorte que, via de regra e ressalvadas as exceções previstas em lei ou no contrato, tudo quanto acrescido ou juntado ao imóvel é considerado como parte integrante deste para todos os fins.

Imóveis por natureza — A propriedade do espaço aéreo e do subsolo é delimitada pelo princípio da utilidade, segundo o qual a propriedade privada sobre o solo abrange tudo o que lhe está superior e inferior em toda a altura e em toda a profundidade úteis ao seu exercício, com as ressalvas originadas do interesse público e constantes de lei. Tal princípio vem sendo crescentemente restringido por meio da edição de normas que atribuem ao Estado, por si mesmo ou por terceiros, o poder de explorar as riquezas do subsolo. Ao particular, portanto, resta como prerrogativa maior a utilização do solo e das linhas postadas logo abaixo dele. Os bens acessórios em relação ao solo conservarão o caráter de imóveis enquanto integrados àquele. Depois de separados (ex.: árvores para corte, frutos colhidos etc.), tornam-se bens de classificação consonante com a sua natureza, isto é, móveis.

Imóveis por acessão física — Se porventura o bem imóvel for dado em segurança do cumprimento de determinada obrigação, todas as acessões físicas que o integram farão parte da garantia, exceto se expressamente excluídas no instrumento constitutivo do dever jurídico e se for possível removê-las sem perda de substância do bem originalmente gravado. As acessões feitas posteriormente à constituição da garantia (*v. g.*, edificações, obras, cercas etc.) estarão automaticamente inseridas nela, sendo prescindível menção expressa dessa circunstância em adendo ao título original. Trata-se de outro caso de aplicação da máxima de que o acessório segue o principal. Descendo a mais acentuadas minúcias, percebe-se que mesmo os pequenos objetos que compõem o conjunto imóvel a ele pertencem, como tijolos empregados na obra, canos, ferros etc., embora seja mais fácil vislumbrar no contexto integral da acessão como um todo a característica da imobilidade.

Imóveis por acessão intelectual ou destinação do proprietário — Tem-se aqui o clássico conceito de *pertença*, que consiste na agregação de bens móveis ao bem principal sem que se integrem fisicamente a este. Em razão da vontade humana e da previsão legal, tais bens passam a figurar como componentes do próprio imóvel a que se encontram juridicamente ligados, como é o caso de máquinas agrícolas que formam o conjunto de exploração de determinada fazenda, equipamentos utilizados no cultivo da terra, geradores de energia elétrica etc. A acessão intelectual pressupõe que o móvel: a) seja do titular do imóvel; b) tenha destinação afetada à do imóvel; c) conserve a relação constituída com o imóvel, pois do contrário desaparece a equiparação. A principal diferença entre os imóveis por acessão física e os que adquirem tal condição por acessão intelectual reside em que naqueles há aderência ao solo, enquanto nestes o liame entre o solo e o acessório não é material, mas unicamente subjetivo.

Na hipótese de realização de negócio jurídico envolvendo o solo e adjacências naturais, é importante que fique explicitado no instrumento contratual qual o alcance efetivo do pacto, pois, ressalvadas as expressas previsões em contrário e as exceções decorrentes das próprias circunstâncias do caso concreto, tudo quanto estiver agregado ao solo a título de acessão o acompanhará, especialmente no caso de venda *ad corpus*. É bem verdade que a qualificação dos bens como *pertenças* deve ser estreme de dúvidas, sob pena de se os considerar como elementos dissociados do imóvel original e, portanto, estranhos ao negócio realizado.

A faculdade de fazer reverter a condição imóvel dos bens assim qualificados por destinação intelectual deriva do fato de que tais acessões contêm caráter puramente abstrato. Logo, a mudança da destinação material dos bens originalmente móveis que foram guindados à imobilidade rompe os laços que assim os conservavam. É a supremacia da realidade fática da transmutação do emprego dos bens sobre a ficção jurídica, tudo em razão do fenecimento dos pressupostos de incidência da norma anteriormente aplicável. Isto acontece, por exemplo, quando as máquinas agrícolas que guarneciam determinada propriedade rural deixam de servi-la, com o que readquirem a qualidade de móveis. Também cabe a mobilização por meio da separação do acessório em relação ao solo, como acontece com o corte de árvores para produção de tábuas, as quais são juridicamente móveis. O mesmo se diz da colheita de grãos, que transforma a planta (imóvel) em produto mobilizado que assim permanece daí em diante.

O art. 80 traz o rol dos bens que são legalmente postados como imóveis, ainda que a sua natureza, isoladamente considerada, não os aponte como tal: "*Consideram-se imóveis para os efeitos legais: I – os direitos reais sobre imóveis e as ações que os asseguram; II – o direito à sucessão aberta*". A sujeição de determinados bens incorpóreos à condição de imóveis por força de lei, pela qual equiparam-se aos elencados no art. 79, atende a objetivos relacionados a uma melhor tutela jurídica dos mesmos, que de outro modo ficariam despidos do necessário resguardo jurídico. O fato de a lei assim os definir autoriza o interessado a ajuizar quaisquer das ações protetivas hábeis a viabilizar debates em torno da propriedade ou da posse dos imóveis *stricto sensu*.

Direitos reais sobre imóveis, afora o maior deles, que é o domínio ou propriedade, são: hipoteca, penhor, anticrese, usufruto, uso, habitação, enfiteuse, servidão predial e renda constituída sobre imóvel. As ações que asseguram tais direitos são, basicamente: reivindicatória, pignoratícia, hipotecária, ordinárias de nulidade de contrato ou de rescisão e assim por diante. Portanto, toda a gama de regras concernentes aos itens imóveis por natureza é estendida aos equiparados por ordem legal, haja vista a relevância que apresentam para as relações jurídicas em geral. O mesmo se dá com o direito à sucessão, que se abre com o óbito do *de cujus*. Enquanto não ultimada a partilha, o acervo hereditário será uno e estará tutelado pela equiparação legal aos bens imóveis. Isso acontece ainda quando o complexo patrimonial seja composto exclusivamente por bens naturalmente móveis ou semoventes, porque a letra da lei não se preocupa com as coisas que integram a herança individualmente considerada, mas sim com o direito hereditário cabível aos sucessores.

No art. 81 estão indicados os bens que conservam a qualidade de imóveis ainda que submetidos a operações aparentemente capazes de alterar essa realidade jurídica, mas que não têm esse poder em virtude da intervenção do legislador. "*Não perdem o caráter de imóveis: I – as edificações que, separadas do solo, mas conservando a sua unidade, forem removidas para outro local; II – os materiais provisoriamente separados de um prédio, para nele se reempregarem*". As edificações separadas inteiras do solo em que estavam postadas conservam-se como bens imóveis, mesmo que transferidas de um local para outro, pois a eventual movimentação destina-se apenas a fixar em ponto geográfico diverso o bem retirado do lugar original. Não há, no ato de alterar a localização, o intuito de desfazer a edificação e não mais volvê-la à unidade inicial, do que deriva a preservação da condição imóvel ao longo de todo o tempo. Por outro lado, as atividades de conserto das partes móveis de um prédio, para posterior reemprego no mesmo bem de onde foram tiradas (ex: telhas, calhas etc.), não as fazem readquirir a qualidade de móveis. Esta somente é recuperada a partir do momento em que a separação assumir conotação de permanência, como na hipótese de demolição de uma casa sem que o material resultante tenha uma destinação preestabelecida ou imediata de aproveitamento. A demolição com objetivo de imediata reconstrução no mesmo local não acarreta a perda, pelas partes movimentadas, da condição imóvel referida no dispositivo, haja vista o emprego em fim idêntico ao original e sem alteração de localização.

Bens móveis — O art. 82 do Código Civil traz o ditame básico: "*São móveis os bens suscetíveis de movimento próprio, ou de remoção por força alheia, sem alteração da substância ou da destinação econômico-social*". A principal característica dos móveis é a sua capacidade de deslocamento no espaço. A ela junta-se a ausência de mudança da conformação original — substância ou utilidade — quando submetido à citada ação. Se o bem sofrer destruição ou alteração substancial ao ser retirado de onde estava, não será considerado juridicamente móvel.

Há bens móveis que assumem tal feição por natureza (admitem transporte por esforço alheio sem mudança da substância, da integridade e da destinação econômico-social) ou por determinação legal, sendo estes últimos, na verdade, bens incorpóreos tratados pelo legislador como móveis. Entre os bens móveis por natureza encontram-se tanto os que não têm movimento espontâneo e dependem de deslocamento por força estranha (veículos, moedas e coisas inanimadas em geral) como os que se movimentam por força muscular própria, denominados semoventes (todos os animais irracionais). Há também os móveis assim considerados após separação em relação aos imóveis aos quais aderiam (ex.: árvores de corte, frutos colhidos, minerais retirados do solo etc.), chamados na doutrina *móveis por antecipação* (*Maria Helena Diniz*, obra citada, p. 62; *Caio Mário da Silva Pereira*, obra citada, p. 287).

A transferência da propriedade dos bens móveis dá-se, regra geral, pela tradição, que consiste na passagem física do bem, de forma real ou ficta, do patrimônio de uma pessoa para o de outra, com ânimo de alterar a titularidade. Outro fator de agilização da transferência dominial dos móveis em comparação aos imóveis consiste na inexigibilidade de outorga uxória.

O art. 83 preconiza: "*Consideram-se móveis para os efeitos legais: I – as energias que tenham valor econômico; II – os direitos reais sobre objetos móveis e as ações correspondentes; III – os direitos pessoais de caráter patrimonial e respectivas ações*". Os itens elencados têm caráter incorpóreo, mas, à semelhança do que o caderno substantivo fez no tocante aos imóveis por determinação legal, também selecionou determinadas coisas para conferir-lhes tratamento igual ao dispensado aos bens móveis.

Entre as formas de energia tratadas pelo ordenamento jurídico como bens móveis para fins cíveis estão as de origem elétrica, nuclear, solar (captada e transformada) e todas as que tenham conteúdo econômico, que se evidencia não apenas na comercialização ao público ou a clientes específicos, como também na simples circunstância de terem sido realizados gastos financeiros na sua produção. Também a alienação fiduciária em garantia configura direito real sobre coisa alheia móvel, condição que, assim como ocorre em relação às ações assecuratórias do exercício dos direitos a ela inerentes, é suficiente para caracterizá-la como bem de natureza móvel.

Por outro lado, direitos pessoais de caráter patrimonial são todos os que se situam na órbita do direito obrigacional. Há direitos que, embora pessoais (ou mesmo personalíssimos), não têm conteúdo patrimonial, como acontece em relação à vida, à honra e à moralidade. Em assim sendo, não se classificam como bens móveis, mas sim como direitos da personalidade. À semelhança do que se dá com as ações que guarnecem os direitos reais sobre objetos móveis, também as que resguardam direitos pessoais de caráter patrimonial são colocadas como bens móveis para todos os fins previstos em lei, embora a utilidade prática dessa previsão seja restrita. Finalmente, é de ser salientada a circunstância de que a Lei n. 9.279, de 14.5.96, em seu art. 5º, declarou que também são considerados bens móveis os direitos de propriedade industrial.

Outra disposição especial encontra-se no art. 84: "*Os materiais destinados a alguma construção, enquanto não forem empregados, conservam sua qualidade de móveis; readquirem essa qualidade os provenientes da demolição de algum prédio*". O só fato da destinação de bens móveis a obras ou edificações não lhes retira a qualidade original, pois somente a partir do momento em que houver o efetivo emprego e os objetos passarem a fazer parte de uma unidade independente é que se tornarão parte integrante dela e formarão um todo dotado de natureza imóvel. Destarte, os tijolos, as esquadrias, a areia, as pedras e todos os demais materiais que se usam em edificações conservam a condição móvel — e como tal são juridicamente tratados — enquanto não empregados na obra a que se destinam. De igual modo, os objetos unitários que constituíram partes formadoras do todo imóvel retornam à situação jurídica de móveis quando dele separados por força de demolição, salvo na hipótese de serem retirados de um prédio para reutilização nele mesmo, pois então conservarão a qualidade de imóveis.

Bens fungíveis e infungíveis — No art. 85 está a seguinte regra: "*São fungíveis os móveis que podem substituir-se por outros da mesma espécie, qualidade e quantidade*". A fungibilidade dos bens tem a ver com a possibilidade de que, quando do cumprimento de uma obrigação, possa ser entregue outro da mesma espécie, qualidade e quantidade para liberar o devedor. Caso viável a substituição, o bem será fungível; do contrário, será infungível no tocante àquela específica relação jurídica. Isso não significa que noutra relação futura o mesmo bem tenha de seguir o caminho anterior, pois o que antes era fungível poderá depois tornar-se infungível, e vice-versa.

A classificação dos bens sob o prisma da fungibilidade depende do contexto em que os mesmos se inserem, pois a simples consideração do elemento físico externo é insuficiente para a sua caracterização como fungível ou infungível. Exemplificativamente pode-se citar o caso de frutos exóticos, que, se emprestados com destinação ao consumo humano serão bens fungíveis, mas, emprestados com a finalidade de adornar determinada mesa de recepção em festividade serão bens infungíveis. Isto porque no gênero contratual empréstimo tem-se o comodato (entrega para uso e devolução do mesmo objeto) e o mútuo (entrega para consumo e restituição de outra coisa do mesmo gênero, em igual qualidade e quantidade). Destarte, o critério físico, embora sempre relevante na definição da fungibilidade ou não do bem, nem sempre funcionará quando figurar como fator isolado de aferição.

A definição dos bens, considerados em si mesmos, como fungíveis ou infungíveis é própria dos bens móveis, de vez que não há imóveis fungíveis. Quanto a estes vigora o princípio de que sua substituição por outro não desobriga o devedor. É o que acontece, *v. g.*, em se tratando de comodato de prédio residencial, pois ao final do empréstimo o obrigado somente ficará livre do dever de restituir caso entregue ao comodante exatamente o mesmo bem que recebeu por força do contrato firmado. Há inúmeras situações práticas que revelam a importância da classificação, como por exemplo: a) a compensação somente é realizada entre dívidas líquidas, vencidas e de coisas fungíveis; b) o legado de coisa fungível será cumprido ainda que ela inexista, no momento do óbito, entre os bens deixados pelo testador; c) o credor de coisa certa — infungível, portanto — não poderá ser obrigado a receber outra, não obstante seja mais valiosa; d) as locações dizem respeito a coisas infungíveis; e) as obrigações de fazer, quando exeqüíveis por terceiros, podem ser executadas por terceiros às expensas do devedor (*v. g.*, construção de um muro comum), salvo se de atuação exclusiva e personalíssima do obrigado, como seria o caso da contratação de artista famoso para confecção de escultura.

A infungibilidade tem como aspecto essencial o fato de o bem assim classificado ter características específicas que o tornam único, singular, insubstituível sem transformação da própria natureza. Isso não significa que apenas os bens economicamente valiosos podem ser infungíveis, pois tanto uma obra de arte de cotação milionária como um objeto antigo com baixo valor pecuniário, mas de larga estima do titular, em tese enquadram-se nessa categoria.

Bens consumíveis e inconsumíveis — Estabelece o art. 86: "*São consumíveis os bens móveis cujo uso importa destruição imediata da própria substância, sendo também considerados tais os destinados à alienação*". Os bens consumíveis são destruídos na sua substância ao primeiro uso, num só ato (*Washington de Barros Monteiro*, obra citada, p. 145), como acontece com os alimentos; já os inconsumíveis admitem utilização projetada no tempo, de modo que se prestam a aproveitamentos seqüenciais sem perda da substância original, como ocorre no caso dos bens imóveis. À semelhança do que se dá com a fungibilidade dos bens, também na definição de bens consumíveis a análise muitas vezes terá de descer para além da simples aplicação do critério físico. Isto porque nem sempre os bens naturalmente consumíveis terão esse caráter no âmbito jurídico, e vice-versa. Exemplo disso tem-se no caso de colocação de gêneros alimentícios para enfeite da mesa de certa solenidade, mas sem que estejam disponíveis à degustação; esses alimentos são naturalmente consumíveis, mas tornam-se juridicamente inconsumíveis enquanto estiverem sendo empregados conforme contratualmente fixado. É claro que, ultrapassada a contratação, os bens retomarão a condição original de consumíveis. De outra banda, um veículo que esteja colocado à venda é, naquele momento, consumível, ainda que não perca a substância ao primeiro uso; vendido, volverá ao patamar de inconsumível. Os exemplos acima referidos servem para revelar que o importante na definição buscada é a averiguação da destinação material/econômica dos bens.

A definição de bens consumíveis não se confunde com a sujeição do bem à deterioração pelo emprego contínuo durante o período de vida útil. É que o desgaste normal decorrente do uso afeta todo e qualquer bem, tornando-o menos valioso ao longo do tempo até que perca completamente seu conteúdo econômico. Já em se tratando de bem consumível, o que acontece é o seu imediato desaparecimento do mundo jurídico como elemento de expressão econômica, com destruição incontinenti da substância.

Bens divisíveis e indivisíveis — A respeito do tema, o art. 87 dispõe: "*Bens divisíveis são os que se podem fracionar sem alteração na sua substância, diminuição considerável de valor, ou prejuízo do uso a que se destinam*". As coisas podem ser divisíveis: a) por natureza (ex.: uma carga de arroz); b) por determinação legal (ex.: prédios de apartamentos); c) por vontade das partes (ex.: obrigação com mais de um devedor). A classificação abrange não somente os bens corpóreos, como igualmente os incorpóreos, sendo expressão maior desta última classe as obrigações, geradoras de múltiplas e importantes conseqüências no mundo jurídico.

Os bens divisíveis admitem fracionamento físico ou jurídico, conservando cada parte resultante as qualidades essenciais da matriz de onde provieram, constituindo um universo harmônico, perfeito e independente, capaz de fornecer praticamente as mesmas utilidades que o todo original prestava. Indivisíveis, contrário senso, são os bens insuscetíveis de fracionamento material ou jurídico sem perda das características originais da matriz. Não existe um fator estanque de definição em torno do que seja diminuição considerável de valor para fins de classificação do bem como divisível ou não; cada situação concreta levada a juízo é que fornecerá os elementos suficientes para a solução. Por outro lado, alteração na substância do bem significa modificação profunda das qualidades essenciais que o postavam em determinada condição jurídica, de modo que no caso de a partição levar à perda dos atributos fundamentais de forma, natureza ou estado jurídico, será considerado indivisível. No que pertine à finalidade ou uso, o bem somente admitirá divisão se conservar a utilidade original, normal ou presente, pois do contrário estará marcado de indivisibilidade para fins civis.

Está assim redigido o art. 88: "*Os bens naturalmente divisíveis podem tornar-se indivisíveis por determinação da lei ou por vontade das partes*". O critério físico de classificação, lançado isoladamente, pode acarretar equívocos exegéticos, eis que nem todo bem natural ou fisicamente divisível será juridicamente fracionável. Isso ocorre, *v. g.*, com os imóveis rurais de extensão igual ao módulo rural (menor fração de divisão territorial, que varia de uma região para outra do país, conforme estabelece a Lei n. 4.504, de 30.11.64, art. 65: "*O imóvel rural não é divisível em áreas de dimensão inferior à constitutiva do módulo de propriedade rural*"). Como a lei não admite a existência de imóveis autônomos de grandeza territorial inferior a um módulo, evidente que se o bem tiver essa extensão mínima não poderá ser dividido, pois as partes resultantes, distintamente consideradas, não atingirão a medida necessária para formarem novos imóveis independentes. Portanto, embora geograficamente fosse possível admitir a existência de fracionamento, em termos jurídicos essa conduta é inviável, disso derivando a indivisibilidade do imóvel. Ao contrário, se determinado imóvel mede dois módulos rurais, a partição dele pela metade dará origem à formação de dois novos imóveis de vida autônoma e com as mesmas características do original.

Em outras hipóteses a divisibilidade do bem é definida de imediato pelo critério físico, *v. g.*, em se tratando de uma carga de feijão tipo exportação, que, partida ao meio, transforma-se em duas cargas daquele cereal, cada qual mantendo individualidade própria e conservando os caracteres primários. A circunstância de haver diminuição na quantidade não interfere na classificação, porque elemento secundário. Também a vontade das partes, como importante fonte das obrigações, tem relevância na modificação da condição naturalmente adquirida pelo bem, que pode ser física e juridicamente fracionável e ter cortada essa qualidade pela incidência de manifestação volitiva nesse sentido, como ocorre, por exemplo, na hipótese de as partes convencionarem que determinado rebanho de gado bovino permanecerá sem desmembramentos durante determinado lapso temporal, obrigando-se a respeitar o pacto e a impedir a divisão ao longo do período aprazado.

Bens singulares e coletivos — É do art. 89 esta determinação: "*São singulares os bens que, embora reunidos, se consideram de per si, independentemente dos demais*". Os bens singulares podem ser simples ou compostos. Simples são os que constituem um todo independente e uniforme, e, embora eventualmente possam ser integrados por diversas partes, estas, unidas pela natureza ou por previsão volitiva prescindem de ingerência da lei para manterem-se como originalmente surgidas (ex.: um animal, um crédito etc.). Compostos são os que, embora formem unidades com vida jurídica autônoma, são constituídos de diversas partes suscetíveis de consideração isolada, formando um todo por meio da incidência da vontade humana e da disciplina legal (ex.: uma edificação, que se vai alçando pela reunião de inúmeros elementos materiais). Em contrapartida aos bens singulares, existem os que são coletivos, formados quando várias unidades independentes, e que por si mesmas teriam existência jurídica autônoma, somam-se e passam a constituir um novo universo, visto como único pela agregação de suas diversas partículas, como acontece com um rebanho de gado bovino, uma biblioteca, uma frota de veículos etc.

A importância maior da classificação reside na possibilidade de que os negócios jurídicos sejam feitos em relação ao coletivo e não apenas no tocante a cada uma das individualidades do todo. Assim, quem aliena onerosamente uma biblioteca responde pela mesma como universo, de tal sorte que a existência de defeito em um dos exemplares não afeta a validade do negócio jurídico, ainda que reste ao interessado a busca de abatimento no preço final. Ao contrário, se alguém vende um livro e este mostrar-se materialmente defeituoso, poderá o adquirente desfazer a relação entabulada e reaver o que pagou.

O art. 90 estipula: "*Constitui universalidade de fato a pluralidade de bens singulares que, pertinentes à mesma pessoa, tenham destinação unitária. Parágrafo único. Os bens que formam essa universalidade podem ser objeto de relações jurídicas próprias*". A reunião de bens singulares de destinação unitária constitui universalidade fática por força da inexistência de norma jurídica ou de manifestação volitiva que a caracterize como pluralidade de direito. Quanto ao aspecto da pertinência, mencionado no dispositivo, nada mais significa do que a concentração dos bens singulares sob a titularidade da mesma pessoa ou grupo de pessoas, sejam físicas ou jurídicas. Se a titularidade dos bens não coincidir, ou a pluralidade não for de algum modo pertinente à mesma pessoa ou grupo jurídico, a concentração de bens singulares não formará uma universalidade fática, exatamente porque a junção deles terá sido puramente ocasional e sem poder de configuração de um todo homogêneo, característica marcante das universalidades fáticas de bens singulares.

A natureza fática da pluralidade faz com que possam ser criadas relações jurídicas específicas e independentes no tocante a cada um dos bens singulares. Em assim sendo, o seu destino não se atrela àquele outorgado às demais unidades, podendo ser praticados atos de disposição ou negócios jurídicos quaisquer sem que haja espécie alguma de vinculação. É o que ocorre, *v. g.*, com veículos automotores existentes em estabelecimento dedicado à comercialização unitária dos mesmos. Igual situação é gerada pela existência de biblioteca particular, já que em torno dela podem surgir negócios jurídicos envolvendo cada exemplar que a integra, parte dela ou mesmo toda a universalidade.

Em contrapartida à universalidade de fato, tem-se a de direito, prevista no art. 91: "*Constitui universalidade de direito o complexo de relações jurídicas, de uma pessoa, dotadas de valor econômico*". O somatório das relações jurídicas de uma pessoa constitui seu patrimônio, o qual, por força do dispositivo, configura uma universalidade de direito, ou seja, forma um todo uno, homogêneo e indivisível. Ela é integrada por bens e direitos economicamente apreciáveis, razão pela qual ficam de fora do conceito de patrimônio *stricto sensu* os direitos personalíssimos e outros itens sem conteúdo pecuniário imediato, como o pátrio poder, os direitos políticos etc. A intenção do legislador é de conciliar a idéia de unicidade das relações jurídicas com a noção de universalidade patrimonial, pois ambas se equivalem, resultando a conveniência do tratamento especial deferido a esse universo econômico que, embora derive de criação abstrata da lei, é constituído por elementos concretos e apreciáveis economicamente. Cabe observar que a universalidade de direito é uma noção abstrata e que adere à pessoa como a própria vida, eis que somente se extingue com o final desta. Ainda que em determinado momento inexistam itens concretos a integrar a universalidade de direito (patrimônio), ainda assim ela existirá como ente ideal, pois é certo que poderá assumir caráter positivo, neutro ou negativo, conforme a pessoa tenha maior, igual ou menor ativo em relação ao passivo.

11.4. Dos bens reciprocamente considerados

Bens principais e acessórios — Está posta no art. 92 do Código Civil a seguinte norma: "*Principal é o bem que existe sobre si, abstrata ou concretamente; acessório, aquele cuja existência supõe a do principal*". Este critério de classificação somente será possível quando os bens forem entre si mesmos comparados, ou, como dispõe o Código Civil no título que abre o Capítulo II, quando forem *reciprocamente considerados*. Vale dizer, nunca se poderá tomar isoladamente um bem para defini-lo como acessório ou principal com fundamento em uma presunção ou regra preconcebida, porque essas qualidades reclamam a justaposição de coisas diversas para daí extrair-se a condição de uma em relação à outra.

É definição das mais consagradas no direito pátrio aquela segundo a qual *o acessório segue o principal*. Somente mediante expressa disposição em contrário é que não se aplicará às relações jurídicas civis. Isto porque o acessório não consegue subsistir juridicamente sem a presença de um elemento principal capaz de sustentá-lo. A recíproca, contudo, não é verdadeira, eis que o principal pode perfeitamente existir e manter-se independentemente da existência do acessório. É o que acontece, por exemplo, quando se analisa a situação jurídica de uma casa em relação ao terreno sobre o qual está assentada. A compra e venda do terreno supõe, salvo previsão contrária, que o negócio envolve o solo e tudo o mais que sobre ele estiver, razão pela qual o terreno é o bem principal e a casa é o bem acessório. Essa mesma casa, entretanto, é bem principal em relação à garagem construída ao seu lado, que é um acessório e lhe segue caso inexista estipulação em sentido oposto. Isso revela a relatividade do conceito, pois somente a confrontação de dois ou mais bens inseridos em um contexto real é que permitirá o seu enquadramento como principais ou acessórios.

A regra tem incidência também no âmbito do direito contratual, em que, por exemplo, o contrato de locação pode ser celebrado ainda quando não haja fiança a garantir a obrigação assumida pelo locatário; todavia, o contrato de fiança que eventualmente assegurar o cumprimento da obrigação seguirá o destino que for dado ao contrato de locação, que é principal em relação àquele. Extinta a locação, automaticamente desaparecerá a fiança, mas se por alguma razão qualquer a fiança deixar de existir, tal fato isolado não levará necessariamente ao rompimento da locação. O vínculo jurídico de dependência que se traduz na divisão dos bens em acessórios e principais não encontra respaldo apenas no direito contratual e obrigacional, mas igualmente em toda forma de negócio que demande a confrontação de bens entre si para fins juridicamente relevantes.

Há determinadas atividades humanas cujos resultados são excetuados da listagem das coisas acessórias, dada sua supremacia artístico/intelectual sobre o bem original e o fato de que o superam em relevância jurídica, reclamando tratamento diferenciado. Chama-se especificação a alteração da natureza de determinado bem pelo trabalho. Assim, os pintores em telas, os escultores e os escritores ou exeqüentes de trabalhos gráficos transformam de maneira tão evidente o bem original que acabam por criar outro, dotado de autonomia jurídica e que, por assim dizer, funde-se com a coisa primária formando novo bem. Este não é nem acessório nem principal, porque, em última análise, considerado em si mesmo. Todavia, ao mesmo tempo em que o autor da obra adquire o domínio dela como um todo (incluindo o material da confecção), o equilíbrio das relações jurídicas exige que o dono do material original seja indenizado, sob pena de haver enriquecimento indevido de quem promoveu a especificação.

Ainda a respeito da matéria, acrescenta o art. 93: "*São pertenças os bens que, não constituindo partes integrantes, se destinam, de modo duradouro, ao uso, ao serviço ou ao aformoseamento de outro*". Pertenças são bens que não integram fisicamente outro e nem fazem parte da sua substância, mas melhoram o seu aproveitamento, utilidade ou aparência, tornando-o, ou não, mais valioso se considerados em conjunto. Na verdade, as pertenças não deixam de ser bens acessórios se confrontados com aquele ao qual momentaneamente aderem; entrementes, fogem à regra de que o acessório segue o principal, exatamente porque a genuína bipartição dos bens em acessórios e principais reclama a existência de um vínculo mais profundo do que a sua singela justaposição precária e temporária. As pertenças podem ser separadas do bem a que ocasionalmente se juntam sem que disso resulte qualquer afetação da substância ou da integridade do primeiro, como acontece, *v. g.*, com os quadros, as plantas ornamentais e os bens móveis em geral que guarnecem um imóvel residencial. Portanto, se a venda do terreno faz presumir igual destino à casa que sobre ele encontra assento, o mesmo não vale para os bens postados no interior da casa, que são pertenças em relação à casa e, por conseqüência indireta, ao solo.

Esse modo de ver os bens quando reciprocamente considerados constituiu inovação no direito nacional, eis que a regra da sujeição do destino dos acessórios ao dos principais não excluía de seu âmbito de incidência os bens com finalidade de uso, serviço ou embelezamento, os quais, portanto, seguiam o rumo jurídico traçado pelos bens a que se uniam de forma duradoura, na ausência de previsão expressa em contrário. Exemplos de pertenças são: a) destinadas ao uso: cada um dos equipamentos de conservação do jardim de uma residência; b) destinadas ao serviço: redes, bolas e uniformes que se encontram em estabelecimento que explora o aluguel de quadras de esportes e material esportivo; c) destinadas ao aformoseamento: vasos de flores colocados no interior ou no exterior de residência.

A apuração do que seja *duradouro* para fins de conceituação das pertenças dependerá da análise de cada caso levado a juízo para solução, haja vista a inexistência de prazo fixado em lei para tanto. Tal lacuna deixada deliberadamente pelo legislador se afigura de todo conveniente, na medida em que defere ao julgador a tarefa de avaliar as circunstâncias e as peculiaridades do contexto para somente então manifestar-se acerca da qualificação ou não de certos bens como pertenças no confronto com outros.

Aduz o art. 94: "*Apesar de ainda não separados do bem principal, os frutos e produtos podem ser objeto de negócio jurídico*". Como não integram o bem principal, as pertenças não devem seguir o destino traçado para aquele como resultado de negócio jurídico que o envolver, ressalvada a existência de disposição legal em sentido contrário. Também a vontade das partes pode alterar esse mandamento, fazendo com que as pertenças acompanhem o bem negociado. Por fim, em atenção à relatividade do conceito de pertenças, o legislador atribuiu ao juízo alcance suficiente para, além de dizer se certos bens são ou não pertenças, estabelecer que as mesmas sigam o bem principal, contrariando o princípio de que ficam infensas ao negócio jurídico entabulado. Isto porque as circunstâncias do quadro concreto podem revelar que o negócio as envolvia, ou que devem acompanhar o principal por força de algum aspecto relevante.

Como resultado da observação do conteúdo dos arts. 93 e 94, pode-se concluir que se encontra preservada a regra de que o acessório segue o principal, contanto que entre ambos esteja presente um liame de dependência, de entrelaçamento substancial, e não de mera justaposição duradoura. Destarte, salvo manifestação em contrário o acessório segue o principal, excluídas dessa máxima as pertenças, que somente terão seu destino atrelado ao do bem a que aderem na hipótese de haver previsão nesse sentido.

O art. 95 esclarece: "*Apesar de ainda não separados do bem principal, os frutos e produtos podem ser objeto de negócio jurídico*". Frutos, conforme *Clóvis Bevilacqua*, são utilidades que a coisa produz periodicamente, cuja percepção mantém intacta a substância do bem que as gera (*apud Maria Helena Diniz*, obra citada, p. 70). Além dos frutos naturais (cereais, frutas e plantas em geral), que são renováveis pelo meio ambiente, existem ainda os industriais (bens de consumo) e os civis (juros do capital). Isoladamente, não são principais nem acessórios; atrelados aos agentes que os originaram (nos exemplos acima, respectivamente solo, estabelecimento industrial e capital), assumem a posição de acessórios. Também enquadram-se nessa definição os rendimentos, que são frutos civis ou parcelas periodicamente devidas em dinheiro, resultantes de contratação entre uma parte que permite determinado uso ou atividade e outra que se obriga à contrapartida pactuada (ex.: juros da caderneta de poupança). De banda diversa, produtos são coisas retiráveis de determinada fonte esgotável, que, por isso mesmo, deixa de fornecê-los após esvaída, como é o caso dos minerais em geral (ouro e pedras preciosas das minas, água do poço etc.). São, portanto, acessórios em relação às fontes que os contêm.

Embora ainda jungidos ao bem principal, os frutos podem ser alvo de negócios jurídicos, de tal forma que, exemplificativamente, determinada safra de uvas pode ser comercializada enquanto em fase de maturação, assim como os metais preciosos que forem retirados de certa parcela de solo admitem comercialização antes mesmo de explorados ou extraídos por inteiro. Essa norma visa a facilitar a realização de negócios jurídicos e romper as amarras que normalmente prendem o acessório ao principal e ao destino que se der a este. O legislador afasta o vínculo em etapa que precede a própria separação física dos bens, exatamente com a finalidade de agilizar e melhorar o aproveitamento do potencial econômico.

A respeito de benfeitorias, explicita o art. 96: "*As benfeitorias podem ser voluptuárias, úteis ou necessárias. § 1º – São voluptuárias as de mero deleite ou recreio, que não aumentam o uso habitual do bem, ainda que o tornem mais agradável ou sejam de elevado valor. § 2º – São úteis as que aumentam ou facilitam o uso do bem. § 3º – São necessárias as que têm por fim conservar o bem ou evitar que se deteriore*". Benfeitorias são obras, despesas ou acréscimos que se fazem em bens móveis ou imóveis para conservação, melhoria, valorização ou simplesmente para embelezamento ou satisfação. A colocação das benfeitorias no rol dos acessórios independe do valor que tenham, eis que se leva em consideração o fato de aderirem a bens que já existem de maneira autônoma para o mundo jurídico. Destarte, embora venham a multiplicar a cotação econômica das coisas as benfeitorias nunca assumirão o posto daquelas, porque isso poderia representar sérios transtornos no momento em que os responsáveis pelos acréscimos reclamassem a indenização das despesas feitas.

As benfeitorias voluptuárias, ou voluntárias, apenas oferecem maior comodidade ou satisfação a quem as idealizou, sem que isso represente acréscimo capaz de melhorar o uso do bem em si, mesmo, ou, necessariamente, valorização deste. Servem para mero embelezamento, ornamento do bem a que se juntam, mas ocasionalmente pode haver aumento do seu valor em razão da melhor aparência, o que não desvirtua o caráter voluntário da benfeitoria. Nessa categoria incluem-se a pintura da casa, a colocação de piscina, o revestimento de cerâmica, ladrilhos, mármores ou lajotas, construção de floreiras etc. As benfeitorias úteis não são imprescindíveis à conservação ou manutenção da coisa, mas incrementam o uso e mostram-se efetivamente importantes como acréscimo econômico. Servem para melhorar as qualidades do bem ou a sua capacidade de utilização. Como exemplos pode-se citar a edificação de uma garagem para servir aos habitantes de casa, colocação de grades nas janelas de moradia urbana. As benfeitorias necessárias são fundamentais para a preservação da coisa, de tal modo que a sua ausência importaria em diminuição da expressão econômica ou em depreciação da capacidade de uso e fruição, sendo exemplo disso a reconstrução de parte do telhado que desabou, a colocação de estrutura reforçada em local onde ocorre infiltração que periclita a segurança do prédio etc.

O art. 97 determina: "*Não se consideram benfeitorias os melhoramentos ou acréscimos sobrevindos ao bem sem a intervenção do proprietário, possuidor ou detentor*". É importante não confundir as benfeitorias com as acessões naturais, eis que estas consistem na união ou incorporação de imóvel a imóvel (avulsão, aluvião, formação de ilhas e abandono de álveo) e de móvel a imóvel (vegetação espontaneamente surgida), de tal modo que a nova fração passa a integrar o bem primitivo sem qualquer forma de interferência ativa do proprietário, possuidor ou detentor, mantendo, contudo, seu caráter de acessoriedade. Cabe salientar que não configura acessão a junção de um bem móvel a outro, porque aquela configura modo de aquisição da propriedade imóvel.

Estando fora da classificação destinada às benfeitorias, os acréscimos que sobrevierem independentemente de específica atividade humana refogem ao tratamento normativo previsto no art. 96, devendo sobre eles incidir as demais regras pertinentes aos bens e as referentes a acessões. Derivando de eventos ocasionais, fortuitos, eventuais e sem ingerência volitiva do ser humano, esses acréscimos não são indenizáveis, porque frutos da natureza. Somam-se ao bem original gerando proveito ao proprietário, sem que terceiros tenham direito a qualquer espécie de indenização. Isso acontece ainda que o acréscimo resulte, por exemplo, de acúmulo do solo que se vai desprendendo de um imóvel, diminuindo-o em extensão, e aderindo a outro, no fenômeno conhecido como aluvião.

11.5. Dos bens públicos e particulares

O conceito de bens públicos está delineado no art. 98: "*São públicos os bens do domínio nacional pertencentes às pessoas jurídicas de direito público interno; todos os outros são particulares, seja qual for a pessoa a que pertencerem*". Esse critério leva em consideração a titularidade dos bens. São públicos os que pertencerem às pessoas jurídicas elencadas no art. 41 do Código Civil: União, Estados, Distrito Federal, Territórios, Municípios, autarquias e demais entidades de caráter público criadas por lei. Neste compasso, também entram na categoria de públicos os bens das empresas públicas, das sociedades de economia mista (na parte em que houver integralização do capital pelo Poder Público) e das fundações públicas, porque em última análise são a *longa manus* estatal. Os demais, por exclusão, consideram-se particulares.

Embora a quase totalidade dos bens esteja sob a titularidade dos entes públicos ou de particulares, cabe referência às *res nullius*, ou coisas de ninguém, consistentes em bens sem titulares, seja porque nunca os tiveram, seja porque deixaram de os ter. Exemplos plausíveis são os animais marinhos, os animais selvagens de superfície, as pérolas de ostras enquanto naturalmente desenvolvidas no fundo das águas, as coisas abandonadas etc. Tais bens, quando não existir vedação legal à aquisição dominial (proibição que vigora, *v. g.*, em relação aos animais silvestres), pertencerão a quem deles primeiro apropriar-se, como no caso de alguém encontrar anel abandonado pelo dono, coleta das pérolas contidas em ostras não cultivadas, captação de águas da chuva etc. Os bens imóveis nunca serão considerados *res nullius*, porque o imóvel abandonado será arrecadado como vago e passará ao domínio das pessoas jurídicas de direito público interno mencionadas no dispositivo. Ademais, os bens sem registro e que presumivelmente não têm dono estarão automaticamente sob titularidade estatal até prova em sentido contrário. Portanto, quanto aos imóveis não há solução de continuidade dominial que perdure a ponto de ensejar ao particular apropriação similar à admitida no tocante aos móveis.

Especificamente quanto às categorias que compõem o rol dos itens de caráter público, o art. 99 do Código Civil dispõe: "*São bens públicos: I – os de uso comum do povo, tais como rios, mares, estradas, ruas e praças; II – os de uso especial, tais como edifícios ou terrenos destinados a serviço ou estabelecimento da administração federal, estadual, territorial ou municipal, inclusive os de suas autarquias; III – os dominicais, que constituem o patrimônio das pessoas jurídicas de direito público, como objeto de direito pessoal, ou real, de cada uma dessas entidades. Parágrafo único. Não dispondo a lei em contrário, consideram-se dominicais os bens pertencentes às pessoas jurídicas de direito público a que se tenha dado estrutura de direito privado*". A enumeração contida nos incisos é meramente exemplificativa, havendo ainda muitos outros bens que aderem a uma ou outra classe, previstos que estão em legislação esparsa.

Os bens públicos de uso comum pertencem a todos, podendo ser livremente utilizados por qualquer indivíduo, ressalvadas as eventuais vedações estabelecidas em lei ou regulamentos administrativos como resultado de situações especiais (ex.: fechamento momentâneo de rua por questões de segurança, interdição de praia poluída etc.). O domínio pertence ao

Poder Público, a quem cabe a fiscalização e o controle dos bens, que, todavia, estão à disposição da coletividade. O fato de serem de uso comum não significa que tais bens possam ser sempre utilizados de forma gratuita, sendo possível a edição de normas que contemplem a onerosidade do uso, normalmente com vistas à própria conservação das coisas (ex.: cobrança de tarifa de navegação).

Os bens públicos de uso especial constituem parcela do patrimônio público destinada a utilização pelos próprios entes estatais, para facilitação do desenvolvimento de suas atividades precípuas. São basicamente os bens imóveis que recebem essa destinação, especialmente para sediarem os órgãos do serviço público, como Tribunais, Secretarias, Parlamentos, escolas, quartéis, repartições em geral etc.

Dominicais, ou dominiais, são os bens que integram o patrimônio da União (arts. 20, I a XI, e 176 da Constituição da República), dos Estados federados (art. 26 da Carta Maior), dos Municípios e das pessoas de direito público em geral, quer sejam proprietários, quer na forma de beneficiários de outros direitos reais incidentes sobre coisa alheia, como também em relação a direitos meramente pessoais. Essa categoria inclui bens móveis e imóveis, direitos, ações, créditos, títulos da dívida pública, ilhas, terras devolutas, terrenos de marinha, mar territorial, terras ocupadas pelos índios, bens vagos e inúmeros outros. Os bens dominicais não precisam ter uma destinação previamente estabelecida, admitindo-se que simplesmente estejam à disposição do poder público para aplicação em atividades estatais proveitosas à coletividade. É possível, inclusive, a sua conversão em bens de uso comum do povo ou de uso especial, mediante procedimento previsto em lei.

Entre as pessoas jurídicas de direito público com estrutura de direito privado, para cujos bens o dispositivo legal reserva a qualidade de dominicais, salvo previsão em contrário, estão: empresas públicas, sociedades de economia mista, consórcios, convênios, organismos sociais etc. Justifica-se tal posição em função de que, sendo originários do Poder Público, mantêm essa condição embora passem a ser administrados sob um regime de direito privado. Os bens dessas entidades ideais também são imprescritíveis (não se sujeitam a usucapião), em situação idêntica à que guarnece os bens das pessoas jurídicas de direito público genuínas. Todavia, seus itens patrimoniais são penhoráveis, e alienáveis sem necessidade de autorização legislativa (desde que feita com vistas aos fins da entidade titular do direito), ao contrário do que acontece com os bens integrantes do patrimônio daquelas outras.

Sobre a alienabilidade dos bens públicos, acrescenta o art. 100: "*Os bens públicos de uso comum do povo e os de uso especial são inalienáveis, enquanto conservarem a sua qualificação, na forma que a lei determinar*". Para o levantamento da inalienabilidade dos itens de uso comum do povo e de uso especial, é imprescindível a edição de lei ordinária específica que promova a chamada desafetação, isto é, a conversão do bem público enquadrado em uma das categorias geradoras da inalienabilidade para a classe dos dominicais. Qualquer ato irregular de alienação, feito sem que haja lei a nortear o procedimento ou sem que o mecanismo legal existente seja seguido, estará maculado irremediavelmente pela ineficácia.

A propósito, o art. 101 trata da matéria: "*Os bens públicos dominicais podem ser alienados, observadas as exigências da lei*". Embora a conservação da qualidade de bens de uso comum do povo ou bens de uso especial retire em absoluto qualquer possibilidade de alienação, a verdade é que nem sempre haverá interesse na continuidade do *status quo* gerado pela inalienabilidade. Isto porque o interesse do poder público sofre mutações ao sabor das circunstâncias e da realidade social vivida em determinado momento. Por isso, permite a lei a desafetação, pela qual o Poder Legislativo, na forma prevista no ordenamento, retira certos bens da classe marcada pela inalienabilidade de seus itens e os insere na categoria dos bens dominicais, tornando-os alienáveis por meio de hasta pública definida em licitação ou por intermédio de procedimento contido em lei. Como o gênero alienação envolve não apenas a compra e venda, como também a doação, a dação em pagamento e toda forma de disposição da propriedade, é evidente que os bens dominicais podem ser alvo de alteração de titularidade sem que tenham de passar por licitação e hasta pública. É o que acontece, por exemplo, no caso de ser interessante ao Poder Público a permuta de áreas para instalação de Distrito Industrial, situação que possibilitaria à pessoa jurídica de direito público titular de imóveis classificados como dominicais o envio de projeto de lei ao Poder Legislativo visando a obter autorização para permutar tais imóveis com a área particular desejada. Isso ocorre mediante escorreita avaliação dos bens e submissão da pretensão aos trâmites inerentes ao processo legislativo, a fim de que seja assegurada a total transparência da operação.

O advento da Lei n. 8.429, de 2.6.92 (Lei da Improbidade Administrativa), agravou por demais a responsabilidade dos agentes públicos em relação à administração dos bens pertencentes à coletividade, cominando sanções rigorosas para a hipótese de malversação do dinheiro público, enriquecimento ilícito, lesão ao patrimônio público etc. Entre as penas fixadas no aludido diploma legal estão a perda da função pública, a suspensão dos direitos políticos, a proibição de contratar com o Poder Público, a punição financeira e outras tantas. Com isso, é extremamente importante que o agente se acautele ao máximo e siga os mandamentos legais em toda a plenitude, especialmente no que concerne ao *modus operandi* destinado à desafetação e alienação de bens públicos.

Por fim, o art. 102 edita: *"Os bens públicos não estão sujeitos a usucapião"*. Depois de considerar inalienáveis os bens públicos (como regra), nada mais conveniente e lógico do que impedir a incidência da chamada prescrição aquisitiva e a conseqüente aquisição do domínio por usucapião de tais bens. Sendo inalienáveis, a imprescritibilidade é uma decorrência natural em relação aos bens públicos, pois o interesse da coletividade tem supremacia sobre eventuais interesses privados. Também com base nesse raciocínio é que a lei estabelece que os bens públicos são insuscetíveis de penhora, seja qual for a origem ou a finalidade da demanda judicial.

A vedação do usucapião sobre bens públicos não leva em conta a categoria em que se inserem e tampouco considera a modalidade de usucapião que se pretenda aplicar. Todos os bens públicos estão infensos a todos os tipos de usucapião, em qualquer circunstância, pois se trata de regra absoluta não excepcionada pela lei em momento algum. Também não se sujeitam a usucapião os bens das pessoas jurídicas de direito público com estrutura de direito privado (sociedades de economia mista, empresas públicas etc.).

Regra de sentido idêntico ao codificado já fora inserida na Constituição Federal de 1988 (art. 183, § 3º). De resto, a Súmula n. 340, do Supremo Tribunal Federal, publicada ainda sob a égide da antiga codificação de 1916, já cuidava do tema: "*Desde a vigência do Código Civil, os bens dominicais como os demais bens públicos não podem ser adquiridos por usucapião*".

11.6. Coisas fora de comércio

Embora o Código Civil de 2002 não tenha tratado especificamente da matéria, é certo que determinadas coisas não podem ser alvo de titularidade exclusiva pelo ser humano, ou ficam submetidas a diretrizes especiais para que sejam submetidas a procedimentos negociais. São colocadas, pela sua própria natureza ou por força de lei, como itens insuscetíveis de comércio, entendido este vocábulo, então, como sinônimo de alienação e circulação a qualquer título. Todavia, é equivocado afirmar que as coisas *ex commercium* não pertencem a ninguém, já que o conceito de *res nullius* não se confunde com aquele outro. Embora estejam excluídas do comércio, a coisas que não estão disponíveis para figurar como objeto da relação jurídica geralmente têm proprietário, e invariavelmente recebem proteção jurídica semelhante à dispensada aos demais bens.

Tradicionalmente, são coisas fora do comércio as insuscetíveis de apropriação exclusiva e as legalmente inviabilizadas para negociações. Na primeira categoria encontram-se elementos como o ar integrado à atmosfera, as águas dos oceanos, a luz do sol, o gelo polar etc. Na segunda, os bens públicos, os bens que suportam o gravame da inalienabilidade, o bem de família e assim por diante. A finalidade de situar tais coisas em plano excluído do comércio é a de proteger o interesse social ou de resguardar as circunstanciais prerrogativas de certas pessoas. Convém salientar que determinadas coisas não podem, em absoluto, ser objeto de relação negocial sem que antes passem por complexa rede de imposições legais capazes de reverter o quadro originalmente estabelecido. É o que ocorre, por exemplo, com os bens públicos, cuja alienação depende da edição de normas especiais (arts. 100 e 101 do Código Civil). Em contrapartida, há bens cujo enquadramento como *ex commercium* é relativo e pode ser revertido de maneira menos complexa. É o que se dá, ilustrativamente, com os imóveis clausulados de inalienabilidade (art. 1.911 do Código Civil), gravame passível de supressão por meio de iniciativas como a sub-rogação noutro bem, a prevalência do interesse do titular etc. Em resumo, as coisas fora de comércio por força da sua natureza não podem ser objeto de relação jurídica alguma, embora viável a tomada de porções delas com vistas à titularização exclusiva. Tal mecanismo põe no comércio a fração apropriada (*v. g.*, os gases comprimidos a partir do ar atmosférico, a água marinha dessalinizada), mas não afetam a condição original do todo. De outra banda, há bens que estão, em maior ou menor grau, submetidos a enquadramento momentâneo como *ex commercium*, mas em posição reversível mediante adoção de providências específicas mencionadas na lei.

Capítulo 12

DOS FATOS JURÍDICOS

12.1. Definição e classificação

Seguindo o inexorável destino de tudo o que existe, as relações jurídicas também possuem um ciclo vital: nascem, sofrem modificações e se extinguem. Por conseguinte, igual sorte atinge os direitos subjetivos, que são prerrogativas reconhecidas pelo ordenamento jurídico quando preenchidos determinados pressupostos materiais. Dentre eles destaca-se o fato jurídico como elemento de maior envergadura e relevância, traduzindo-se em ocorrência imprescindível para a constituição da relação jurídica. Em função dessa importância, o fato jurídico merece cuidadosa abordagem, mormente com vistas à fixação exata do seu conteúdo, muitas vezes alvo de equívocos interpretativos.

Primeiramente, cabe observar que, em sentido amplo e sem preocupação inicial com eventual conotação jurídica, os fatos podem ter origem em fenômenos naturais ou na conduta humana. Em qualquer dessas circunstâncias, eles nem sempre interessam ao mundo do direito, porque não é rara a total ausência de repercussão jurídica na sua verificação. Quanto aos fatos naturais puramente considerados, é comum que nenhuma relevância tragam para a órbita do direito, situação que se constata, por exemplo, na formação de relâmpagos, na chuva e assim por diante. Tais ocorrências de caráter natural não desafiam a incidência de regras jurídicas, dada a absoluta falta de subsunção dos fenômenos à tipologia normativa. Isto não significa, porém que sempre será assim, eis que a conjugação de certos aspectos confere aos fatos naturais expressão jurídica, como na hipótese de um raio atingir um veículo segurado. Nesse contexto, o fato natural repercutirá no plano do direito, produzindo os corolários inerentes à espécie.

Há fatos que, embora naturais na origem, dependem da associação indireta com a vontade humana para que adquiram eficácia jurídica. É o que ocorre, por exemplo, com o transcurso do tempo, que é evento natural e que não teria importância alguma, sob certa ótica, não fosse a previsão normativa que os erige à condição de fato jurídico. Destarte, a prescrição não é um fato natural, mas um reflexo da fluência do tempo (este sim, um acontecimento da natureza). De igual modo, a aquisição da maioridade é outro efeito jurídico do fluir temporal. Trata-se de uma criação abstrata do ordenamento (vontade do ser humano), tendo como suporte o mesmo evento da natureza que serve de base para a verificação da prescrição. Fenômenos semelhantes ocorrem com o nascimento, a morte, a aluvião, a avulsão etc.

Por outro lado, há fatos que são condutas humanas. À semelhança do que se dá com os fatos naturais, os acontecimentos originados de ações do indivíduo podem ou não produzir reflexos jurídicos. É evidente que comportamentos ordinários triviais e despidos de caracteres especiais, como dormir e caminhar na rua, não possuem a menor importância para o direito, exceto quando revestidos de outros elementos, capazes de promover a inflexão da norma sobre o acontecimento. O militar que dorme em serviço, por exemplo, comete delito previsto na respectiva codificação, de maneira que interessa ao âmbito jurídico essa conduta. Em suma, tanto os fatos naturais como os humanos, uma vez provocando conseqüências no plano do direito, são considerados fatos jurídicos.

Dentre as condutas humanas colocadas como fatos jurídicos, algumas acabam produzindo exatamente os resultados desejados pelo agente, que as realiza com o objetivo de chegar a determinada conseqüência: são os negócios jurídicos. Outras ações desencadeiam a reação da ordem legal independentemente do elemento anímico do agente, isto é, as conseqüências funcionam como decorrência técnica da conjugação de um agir com uma previsão normativa posta, que admite e não coíbe o proceder do indivíduo: são os atos jurídicos lícitos. Finalmente, há comportamentos jungidos à vontade humana que contrariam a ordem legal, produzindo resultados abominados por ela: são os atos ilícitos. Estes formam uma categoria à parte, mas também são considerados fatos jurídicos. Porém, ao contrário do que se dá com os negócios jurídicos e com os atos jurídicos, que geram direitos e deveres segundo a formatação que lhes for conferida, os atos ilícitos somente possuem potencial de criação de deveres para o agente. Percebe-se, até aqui, a divisão dos fatos jurídicos em naturais e voluntários, conforme procedam ou não de um agir do indivíduo, embora quaisquer deles tenham relevância na esfera do direito. Diante do quadro delineado acima pode-se afirmar, com base em lição de *Caio Mário de Silva Pereira*, cujo trabalho extraiu noções essenciais de conceito vazado por *Savigny*, que "*fatos jurídicos são os acontecimentos em virtude dos quais começam, se modificam ou se extinguem as relações jurídicas*" (obra citada, p. 314). Noutras palavras, mostra-se viável dizer que os fatos jurídicos são acontecimentos que servem de base para o nascimento, a modificação e a extinção das relações jurídicas.

É relevante obtemperar que, *lato sensu*, o ato jurídico é espécie do fato jurídico, eis que a definição deste compreenderia, ainda, os fatos naturais com reflexos jurídicos e os negócios jurídicos. Já *stricto sensu* o fato jurídico não passa de acontecimento da natureza, casual, alheio à ingerência da vontade humana e dela independente, enquanto o ato jurídico, também em síntese apertada, é ocorrência intrinsecamente vinculada à vontade humana e a ela absolutamente submetida. Em se tratando de fatos jurídicos voluntários, ou seja, decorrentes de atividades humanas, estas podem assumir conformação comissiva ou omissiva. Então, é viável que aconteçam fatos jurídicos atrelados ao elemento volitivo tanto mediante ação (*v. g.*, lesionar alguém com arma de fogo) como por meio de omissão (*v. g.*, motorista que atropela e deixa de prestar socorro), sem que isso interfira no seu enquadramento técnico. Não obstante, a espécie de atividade, o grau de manifestação da vontade e os resultados do agir podem alterar as conseqüências do fato jurídico, fazendo-os mais ou menos proveitosos ou gravosos ao agente.

O exame da matéria não prescinde da percepção de que o fato jurídico, para assim ser considerado, precisa da presença de dois elementos: a) o fato propriamente dito; b) a previsão normativa que fixa a repercussão do fato. Com isso, tem-se no fato a ocorrência que interfere no plano do direito subjetivo, seja para gerá-lo, alterá-lo ou fazê-lo fenecer. De banda diversa, a definição das conseqüências do fato, pelo ordenamento jurídico, estabelece não apenas a certeza de que ele provocará reações jurídicas, como também delimitará as fronteiras desses reflexos. Assim, se uma pessoa quebra o vidro da residência de outra (fato), há incidência da regra de conduta que determina o surgimento da obrigação de indenizar (previsão normativa), de maneira que para a vítima surge o direito subjetivo de exigir indenização, e, para o lesante, o dever jurídico de pagar. Não fosse a existência da regra de direito, o fato não teria repercussão nenhuma sobre as partes envolvidas no evento; por conseguinte, não daria nascedouro ao direito subjetivo em favor da vítima. Por outro lado, a simples previsão normativa abstratamente positivada não ocasionará qualquer resultado prático enquanto não houver um fato apto a desencadear todo o processo que guinda a regra abstrata ao patamar concreto.

Como visto *retro*, os fatos jurídicos voluntários tripartem-se em *negócios jurídicos, atos jurídicos lícitos* e *atos ilícitos*. Os *fatos jurídicos naturais*, por sua vez, podem ou não percutir no plano do direito, consoante tenham ou não provoquem a incidência da ordem legal. Essa classificação tem em vista o critério da interferência da vontade na configuração dos fatos jurídicos. Estes, contudo, também são classificados sob o prisma da sua estrutura. Dividem-se, então, em *simples* e *complexos*. São tidos como simples os acontecimentos que se exaurem em um só jato, num momento apenas, *v. g.*, o abandono de um livro no lixo, como forma de perda da propriedade móvel. Já os complexos se traduzem em ocorrências multifacetadas, em que o somatório de várias é capaz de produzir certo resultado final, *v. g.*, a elaboração de um contrato societário de caráter empresarial. Nesse caso, a conjugação de mais de uma vontade faz emergir a conseqüência global das diversas condutas externadas.

Quanto ao momento da execução, os fatos jurídicos se classificam em *de execução imediata* ou *de execução diferida*. Enquanto naqueles há coincidência temporal entre a conduta e o resultado (por exemplo, a doação com entrega do bem no próprio ato de celebração), nestes inexiste sincronia entre o acontecimento e as conseqüências (*v. g.*, compra e venda com entrega futura e programada do bem).

Considerado o momento referente à eficácia, os fatos jurídicos são: *de efeito imediato, de efeito futuro* ou *de efeito retroativo*. Na primeira categoria situam-se os fatos cuja eficácia é verificada incontinenti, sem interrupção temporal em relação ao acontecimento propriamente dito (*v. g.*, locação de imóvel para vigência imediata). Na segunda categoria estão os fatos que têm eficácia projetada para período futuro (*v. g.*, testamento, que será eficiente apenas a partir do óbito do testador). Por fim, nos fatos da terceira espécie a eficácia é retro-operante, alcançando data anterior à da sua realização (*v. g.*, ratificação de gestão de negócios, que torna perfeita a atividade desde quando executada).

O Código Civil de 2002 dedicou o Livro III à disciplina dos fatos jurídicos, tendo optado pelo sentido amplo da expressão, de molde a abarcar nela os fatos jurídicos *stricto sensu*, os negócios jurídicos, os atos jurídicos lícitos e os atos ilícitos. Forma-se, o referido Livro III, com substrato em cinco Títulos: Do Negócio Jurídico (arts. 104 a 184), Dos Atos Jurídicos Lícitos (art. 185), Dos Atos Ilícitos (arts. 186 a 188), Da Prescrição e da Decadência (arts. 189 a 211) e Da Prova (arts. 212 a 232).

12.2. Aquisição dos direitos

A legislação é o direito positivo em abstrato, do qual não se extraem conseqüências concretas enquanto não houver a implementação dos requisitos comuns a cada espécie jurídica. Disso se extrai conclusão no sentido de que a regra de conduta, abstratamente posta, não gera direito subjetivo. Este somente passa a existir a partir do momento em que ocorrer um fato jurídico apto a criar um elo de ligação entre a norma de conduta e um titular, em favor de quem se projeta a prerrogativa resultante da consecução da previsão normativa. Já se disse antes que não há direito sem sujeito, de modo que o aparecimento da faculdade de agir tem por germe a inflexão da regra jurídica sobre determinada situação fática, contexto produtor do que se convencionou chamar de direito subjetivo.

A primeira etapa do ciclo vital de todo direito subjetivo é o nascimento, que consiste no surgimento primitivo da faculdade. Um exemplo ilustra a situação: Se determinada coisa jamais teve dono (*v. g.*, um peixe do oceano), no exato instante em que se dá a captura pelo pescador acontece o nascimento do direito subjetivo, já que se perfectibilizaram todos os elementos necessários (sujeito, objeto e relação jurídica). Como se trata de um instituto de caráter objetivo, basta a verificação dos aspectos acima elencados para que nasça a faculdade.

Em momento concomitante ou subseqüente ao nascimento tem-se a aquisição do direito subjetivo, que consiste na agregação deste ao titular atual. O direito subjetivo é adquirido em razão de um fenômeno cujo cunho é, também, subjetivo, já que leva em primordial consideração a integração da prerrogativa a uma pessoa, que dela passa a dispor desde então. No exemplo citado acima, a captura do peixe importa, a um só tempo, no nascimento e na aquisição do direito subjetivo pelo pescador, eis que postados num só instante o surgimento primitivo do direito de propriedade e a sua incorporação ao titular. Contudo, nem sempre é assim, porque viável a dissociação entre os dois momentos citados. Outra vez se recorre a um exemplo: a pessoa que compra um veículo de outra está incorporando o bem à sua esfera patrimonial a partir da tradição; todavia, não se pode dizer que foi aí que aconteceu o nascimento do direito subjetivo, pois este foi apenas transferido de um titular para outro, tendo por alvo uma faculdade que já existia antes da operação transmissiva. O direito de propriedade do veículo não surgiu, como fenômeno primitivo, na data da entrega do bem, mas sim quando foi fabricado; logo, a passagem de um patrimônio para outro em razão de contato de compra e venda configura unicamente a aquisição de um direito que já existia no mundo jurídico.

Enquanto o nascimento é verificado por força de acontecimento capaz de constituir pela primeira vez aquela específica relação jurídica, a aquisição resulta do fenômeno da titularização do direito por alguém, seja pela vez inaugural ou por transferência. A propósito, é de todo importante salientar que a prévia existência do direito subjetivo não é requisito para que se consubstancie a aquisição. Tanto se adquire um direito até então jamais disponibilizado no plano jurídico como outro que tenha sido alvo de anterior titularidade. Tem-se daí, consideradas as duas mencionadas situações, a aquisição originária e a aquisição derivada. Será originária quando coincidente com o nascimento do direito; derivada, quando o direito já era anteriormente dominado por alguém. Noutras palavras, o modo originário pressupõe a ausência de vínculo entre o adquirente e o eventual antecessor (mesmo quando tenha havido outro titular); o modo derivado parte da realidade da existência de relação jurídica entre os titulares anterior e atual.

A distinção é relevante no âmbito prático, pois a aquisição originária permite simplesmente abstrair qualquer indagação em torno do passado do bem ou do direito de que se esteja a tratar. Em contrapartida, a aquisição derivada impõe sempre a conveniência de se analisar os antecedentes do direito, de molde a evitar surpresas quanto a eventuais vícios, de vez que a transmissão do direito se opera com as mesmas características que ele possuía ao tempo da consecução do fato. *"O principal interesse dessa distinção é a incidência da regra 'nemo plus júris ad alterum transferre potest quam ipse habet', isto é, ninguém pode transferir mais direitos a outrem do que ele mesmo possui. De sorte que, se o modo de aquisição é originário, não há que se cogitar em medir a extensão do direito, assim adquirido, na pessoa do alienante; ao passo que, se o modo for derivado, o adquirente terá seu direito limitado pela extensão do mesmo na pessoa do antecessor"* (*Sílvio Rodrigues*, obra citada, p. 162). Assim, quem adquire direitos sobre certa posse juridicamente precária, recebê-la-á com o ônus da precariedade, mas quem se apropria de uma coisa de ninguém *(res nullius)* tem-na totalmente livre de máculas. É verdade, porém, que mesmo na aquisição derivada o sujeito não fica indefinidamente preso ao passado do direito, eis que o decurso do tempo é capaz, no mais das vezes, de afetar irremediavelmente os caracteres pretéritos, o que se dá por meio da prescrição.

Há certas situações que deixam transparecer alguma necessidade de aclaramento, de vez que podem trazer a equivocada impressão de serem aquisições derivadas quando na realidade são originárias. É o caso, por exemplo, da aquisição por usucapião e das coisas abandonadas *(res derelicta)*. Ainda que tanto o bem submetido a usucapião como o objeto cuja propriedade foi perdida pelo abandono tenham tido donos anteriormente, a ordem legal ignora essa circunstância e trata o titular atual como se pela primeira vez os bens tivessem sido alvo de apropriação. Quem adquire por usucapião o faz pelo modo originário, de maneira que o passado do bem é pura e simplesmente apagado para todos os fins, inclusive tributários. O mesmo se dá quanto à aquisição de bens abandonados pelo dono com o intuito de se desfazer da propriedade, já que então eles passarão a pertencer a ninguém, e o primeiro que deles se tornar dono o será pelo modo originário. Cumpre ressaltar que esse mecanismo não exige que o direito jamais tenha pertencido a alguém, mas apenas que haja a criação de um direito e a conseqüente titularização primitiva, como resultado das características mesmas do evento. Em geral, a aquisição derivada submete-se a um ato transmissivo do direito (*v. g.*, contrato de compra e venda), ao passo que a originária não depende dessa ocorrência. Em se tratando de usucapião e de ocupação de coisa abandonada, por exemplo, a aquisição do direito se opera mesmo contra a vontade do anterior titular, equiparando-se em efeitos à apropriação de uma *res nullius.*

Para fechar este tópico, saliente-se a possibilidade de aquisição do direito por ato próprio ou por meio de representante (*v. g.* mandatário), tanto no tocante a direito atual (*v. g.* compra e venda pura e simples) como a futuro (*v. g.*, negócio sob condição). Essa aquisição pode ser onerosa ou gratuita, conforme traga ou não a imposição de contrapartida dotada de expressão econômica (*v. g.*, respectivamente, contratos de compra e venda e de doação). Por fim, cabe destacar que a aquisição não se dá apenas por ato entre vivos, mas também em razão da morte de alguém (*causa mortis*). Neste último caso, as pessoas a quem a lei confere a qualidade de sucessores podem habilitar-se ao recebimento do acervo deixado pelo falecido, seja a título singular (*v. g.* legatário) ou universal (*v. g.*, herdeiro necessário).

12.3. Modificação dos direitos

A dinâmica dos direitos permite entrever a perspectiva de que venham a experimentar modificações ao longo da sua existência, sem, contudo, que desapareçam como faculdade de agir. Tais alterações atingem, em especial, o objeto, o sujeito ou ambos a um só tempo. No primeiro caso, há afetação da qualidade ou da quantidade do objeto; no segundo, o elemento a sofrer abordagem é o sujeito. A observação mais relevante a fazer, nesse particular, é a de que os fenômenos incidentes sobre o direito não podem ter como resultado a sua extinção, porque então se estará diante de outro instituto cuja análise se fará no tópico subseqüente. Destarte, sejam quais forem as variações examinadas, elas sempre dirão respeito às possibilidades de modificação do direito subjetivo, e, ao mesmo tempo, da preservação da sua identidade não obstante a natureza dessas alterações. Aliás, nisso reside a grande diferença entre *modificação* e *extinção* do direito subjetivo, já que ao se extinguir ele perde a formatação original, enquanto ao se alterar há conservação da essência da estrutura primitiva.

Para conferir maior praticidade ao estudo, pode-se classificar as modificações em *subjetivas* e *objetivas*. Como a própria denominação indica, as modificações subjetivas do direito dizem respeito ao sujeito envolvido na relação jurídica. Todo direito subjetivo tem um titular, mas isso não significa que ao longo de toda a sua existência o mesmo direito terá o mesmo titular. Admite-se a ocorrência de alterações na titularidade, com preservação integral do objeto do vínculo jurídico. Havendo modificação subjetiva, a pessoa do titular transfere a outra o exercício das faculdades que até então mantinha consigo, em operação que tecnicamente recebe o nome de *alienação*.

Antes de prosseguir no exame do tema, é preciso dizer que certos direitos não podem ser alvo de modificação subjetiva, já que, pela sua própria configuração ou em virtude das características das relações geradas, esvaem-se na pessoa do titular e não passam a outrem. Isso acontece com os denominados direitos personalíssimos, emanações da personalidade que se enfeixam no âmbito jurídico do indivíduo a partir do nascimento e desaparecem por completo com a morte. Exemplos disso são a honra, a dignidade, o nome, os alimentos recebidos e assim por diante. Resta evidente que tais direitos não podem ser transmitidos a terceiros, seja por ato negocial ou por força de sucessão hereditária, o que faz concluir pela inviabilidade de qualquer modificação de ordem subjetiva.

Feita a observação acima, retoma-se a colocação da matéria relativa às faculdades que admitem mudança de sujeito. Como ninguém pode dispor de mais do que tem, é certo que ao alienar o direito subjetivo a pessoa promove a sua transferência para outra em condições exatamente iguais às de que desfrutava, de maneira que o direito se integra à esfera jurídica do novo titular com todas as características originais, seja no concernente às vantagens como aos defeitos que possa apresentar. A alteração havida na titularidade não tem o condão de remediar as imperfeições do direito subjetivo, mormente porque se isso acontecesse poderiam resultar da operação graves conseqüências às prerrogativas de terceiros estranhos à relação jurídica. Assim, quem adquire um imóvel hipotecado recebê-lo-á com o gravame real que o atinge, devendo arcar com os consectários jurídicos decorrentes da incidência do aludido ônus real.

Sob o prisma da situação de cada personagem no quadro jurídico desenhado a partir da modificação subjetiva, mister observar que não há extinção do direito do alienante, pois se isso fosse admitido haveria necessidade da constituição de novo direito em prol do adquirente. E dela emergiria a necessidade de aceitar a idéia da supressão dos caracteres originais do direito, de modo que a extinção retiraria da pessoa, em favor de quem se criasse novo direito, qualquer compromisso com o passado do direito extinto. Nesse emaranhado, a noção de transferência se perderia, dando lugar à seqüencial ocorrência de extinção e geração da faculdade, operação que traria consigo inarredável risco a terceiros, que não fariam parte da relação jurídica, mas que, todavia, ficariam potencialmente à mercê de ocorrência para cuja verificação não contribuíram. Em vista do contexto acima explicitado, o que acontece é apenas a perda do direito subjetivo por parte do alienante, com a correspondente recepção pelo adquirente, conservadas as características originais das faculdades transmitidas. O Código Civil de 2002, nessa esteira de raciocínio, aponta a alienação como um dos mecanismos de perda da propriedade (art. 1.275, I).

Considerado tudo o que foi exposto, é preciso enfatizar que a alteração subjetiva não faz desaparecer qualquer das prerrogativas originalmente enfeixadas no titular. Não fenece o direito e não se cria um novo. Há, isto sim, genuína sub-rogação, noutro titular, dos atributos inseridos no direito transferido. A relação jurídica se mantém intacta, não sendo alvo de espécie alguma de depreciação jurídica.

A modificação subjetiva acontece tanto por ato *inter vivos* como *causa mortis*. Não há diferença substancial entre a operação de transmissão do direito por vontade contratual dos envolvidos (*v. g.* compra e venda de um automóvel) e aquela resultante da aquisição de um automóvel por força da incidência de normas sucessórias. O que estrema as situações é a causa de transferência do direito, pois enquanto na primeira houve ato deliberado de vontade das partes celebrantes, na segunda a determinação da lei é que direciona a titularidade do veículo para outrem. Na essência, todavia, percebe-se em ambos os casos o mesmo fenômeno: o da alteração do titular do direito subjetivo de propriedade. Quando se trata de sucessão *causa mortis*, o princípio da saisina, insculpido no art. 1.784 do Código Civil, determina a inexistência de solução de continuidade entre a titularidade exercida pelo falecido e a aquisição pelos sucessores, de maneira que a morte daquele conduz automaticamente estes à mesma condição jurídica ostentada pelo antecessor. Destarte, o conteúdo do direito subjetivo não é afetado pela transmissão, como não o seria em virtude de negócio jurídico *inter vivos*.

A modificação subjetiva não se dá apenas no pólo ativo da relação jurídica, podendo verificar-se igualmente no pólo passivo. É viável a substituição do credor de uma obrigação, mas também do devedor que dela consta. É claro que isso nem sempre acontece por vontade pura e simples do interessados, pois muitas vezes a ordem legal submeter a realização da operação a diversos requisitos. Porém, abstraída essa particularidade é correto afirmar que, por exemplo, na assunção de dívida (arts. 299 a 303 do Código Civil), o devedor original cede lugar a outro, mediante expresso consentimento do credor. Este, de outra banda, por meio de cessão de crédito (arts.286 a 298 do Código Civil) transmite a sua qualidade jurídica a terceiro. A ilustração feita a partir do mesmo caso ilustrativo permite entrever a admissibilidade de modificação subjetiva em qualquer dos pólos do vínculo jurídico, sempre com a plena conservação da integridade técnica do direito.

Ainda a propósito da modificação subjetiva, importa mencionar as intercorrências denominadas *multiplicação* e *concentração*, pelas quais o direito sofre mudança de titularidade no pertinente ao volume de indivíduos inseridos na relação. Em se tratando de multiplicação, o titular original passa a ter a companhia de um ou mais consortes, formando um aglomerado de titulares (*v. g.*, cessão parcial de crédito a outra pessoa, de modo a ficarem dois indivíduos como credores). Na concentração acontece exatamente o contrário, isto é, o direito congrega vários titulares, havendo posterior diminuição do número de componentes (*v. g.*, cessão de crédito de todos os titulares a terceiro indivíduo, que passa a ser credor único).

Examinadas as linhas gerais das modificações subjetivas, resta explicitar as questões atinentes às modificações objetivas, que têm por alvo o objeto da relação jurídica, seja no que concerne à sua quantidade como à qualidade. Releva frisar a circunstância de que o sujeito não é afetado, conservando a identidade original e a formatação substancial do direito; este, todavia, é alterado quantitativa ou qualitativamente. Vale dizer, o titular do direito subjetivo permanece o mesmo, mas as prerrogativas de que desfruta experimentam modificação, embora não sejam extintas.

Há modificação objetiva quantitativa quando o objeto da relação jurídica sofre aumento ou redução de volume, mantendo-se intacta, contudo, a sua qualidade. Exemplo: se o terreno pertencente a certa pessoa é aumentado por formação de ilha (art. 1.249 do Código Civil), a propriedade continua sendo a mesma, mas experimenta acréscimo de expressão em virtude da nova situação gerada. De outro lado, se por força natural violenta uma porção de terra é destacado de um prédio e se junta a outro (avulsão, prevista no art. 1.251 do Código Civil), sob o prisma do titular do terreno afetado pelo decréscimo territorial há minoração do volume do direito de propriedade. Nos dois quadros ilustrativos a qualidade do domínio exercido é a mesma; porém, a quantidade do objeto sobre o qual se exerce fica atingida, respectivamente, para mais e para menos.

Em contrapartida, há modificação objetiva qualitativa na hipótese de alteração do objeto do direito sem afetação da sua quantidade. A expressão jurídica da prerrogativa conserva-se inalterada, mas a qualidade até então existente suporta a incidência de acontecimento que a modifica, sem que com isso ocorra a extinção do objeto. Exemplo: se o credor de nota promissória vencível em trinta dias aceita a substituição do título por uma confissão de dívida que vence em igual data e indica o mesmo valor da obrigação primitiva, não terá existido mudança quantitativa no volume do crédito, mas apenas na sua qualidade, que se desloca de um título dotado de certa configuração formal para outro instrumento escrito que apresenta caracteres diferentes. Ambos os documentos referem-se a um só direito, alterando-se apenas o mecanismo pelo qual o montante poderá ser exigido da pessoa obrigada.

12.4. Extinção dos direitos

Assim como o nascimento do direito tem lugar a partir de quando surge pela primeira vez para o mundo jurídico, a extinção acontece no instante em que ele deixa de existir. Extinção, portanto, é sinônimo de perecimento, desaparecimento, término do direito subjetivo, pela incidência de causa jurídica capaz de promover tal desfecho.

A extinção não se confunde com a perda, de vez que nesta o direito simplesmente deixa de pertencer ao sujeito que até então figurava como titular, mas não desaparece da cena jurídica, podendo ser, por algum dos modos previstos em lei, adquirido por outra pessoa. Diferentemente da perda, a extinção faz com que o direito não mais possa ser alvo de apropriação por titular algum, haja vista o seu definitivo fenecimento. Destarte, quem vende um veículo *perde* o direito de propriedade, que, contudo, passa a pertencer ao comprador da coisa. Se o aludido veículo é totalmente destruído por um incêndio, há *extinção* do direito subjetivo dominial, já que tanto a pessoa que até então era titular do bem como todos os demais membros da coletividade ficarão privados da perspectiva de se tornarem titulares do automotor, pelo simples fato de que sem objeto não há direito a ser exercido. Deve-se ressalvar, todavia, a possibilidade de modificação — e não de extinção — do direito no exemplo acima colacionado, pois se o veículo estiver segurado o direito subjetivo sofrerá alteração qualitativa, deixando de ser exercido sobre a coisa original (porque fenecida) e passando a recair sobre o valor da indenização securitária.

Como denotado nas considerações *supra*, extinção e perda não podem ser consideradas uma só manifestação jurídica, havendo nítida diferença entre ambas. Via de regra, à perda do direito por um indivíduo corresponde a aquisição por outro, enquanto na extinção o desligamento do direito referentemente ao seu titular não traz sequer a perspectiva abstrata de constituição de nova relação jurídica. Daí o porque de se dizer, como *Caio Mário da Silva Pereira* (obra citada, p. 323), que a perda traz consigo uma idéia de relatividade, haja vista a conservação da relação jurídica na pessoa do novo titular, ao passo que a extinção é um conceito absoluto, porque é destruída a relação jurídica propriamente dita.

Considerada a fonte da extinção, ou seja, o ponto da relação jurídica de onde provém o desencadeamento do processo de destruição do direito subjetivo, pode-se afirmar que ele desaparece em função do sujeito, do objeto ou do próprio vínculo. A primeira hipótese ocorre quando o titular não pode continuar enfeixando os atributos inerentes à faculdade jurídica, sendo exemplo disso a morte do homem cujo filho o caluniara. Cabia exclusivamente à vítima fazer testamento para deserdar o ofensor, de maneira que a falta de adoção da providência impede que qualquer outra pessoa inicie a persecução judicial com uso do aludido mecanismo. Havendo insuperável óbice à consecução do direito em virtude de causa ligada ao titular, a extinção tem essa específica configuração. Noutros casos, é o objeto que não mais pode ser alvo de incidência do direito subjetivo, cabendo aqui a velha máxima de que não há direito sem objeto. Assim, ao ser destruído pelo fogo, o livro não poderá ser submetido ao domínio de quem quer que seja, vislumbrando-se nisso a incontornável destruição da relação jurídica original. Finalmente, é possível que o direito desapareça por força de causa que afeta de maneira irremediável o vínculo jurídico estabelecido. Embora continuem presentes o sujeito e o objeto, há rompimento dos laços técnicos que os aproximavam, como resultado do decurso do tempo e das conseqüências legais que isso provoca sobre a relação. A prescrição e a decadência afetam sobremodo o vínculo, chegando a ponto de destruí-lo em virtude da inércia do titular quanto à adoção de medidas conservativas.

Dentre os eventos que podem ser enquadrados como causa de extinção do direito subjetivo, porém com especiais feições, está a renúncia. Trata-se de manifestação expressa e inequívoca, com observância da forma prevista em lei, da vontade de romper determinada faculdade jurídica. Quando o titular abdica da prerrogativa que mantinha, provoca o desligamento total das amarras que o faziam sujeito do direito. Deixando de sê-lo, não se dará, contudo, a transferência para outro titular por ato de vontade do antigo senhor, pois a renúncia é incompatível com a transmissão. Não há ato de renúncia capaz de promover, por si só, a aquisição direta da prerrogativa por outrem. Ou se está diante de uma genuína renúncia, que acarreta unicamente a extinção da relação jurídica concernente ao titular, sem que terceiro passe a exercer as correspondentes faculdades, ou então será hipótese de compra e venda, doação ou cessão de direitos, conforme a natureza do vínculo constituído (oneroso ou gratuito, relativo a coisas ou direitos). Quem renuncia não transfere, mas, pura e simplesmente, abre mão da faculdade. Esta desaparece para o renunciante, encerrando aí o seu ciclo vital sob o prisma do vínculo originalmente constituído. Porém, a feição *sui generis* da renúncia está na necessidade de se reconhecer a subsistência do direito no mundo jurídico, ainda que completamente desvencilhado do renunciante. A aceitação da renúncia como espécie que leva à extinção do direito passa pela circunstancial abstração da idéia de que ao se extinguir, a prerrogativa desaparece para todos. Em assim sendo, haverá teoricamente a possibilidade de apropriação por indivíduo estranho ao liame primitivo, em ato de aquisição juridicamente originária. Imagine-se o exemplo de quem, por escritura pública, renuncia a propriedade imóvel e, com isso, deixa de figurar como dono. Outra pessoa, exercendo posse *ad usucapionem* pelo tempo e nas circunstâncias impostas pela lei, tornar-se-á proprietária do bem, ficando legitimada a pleitear declaração judicial a respeito do evento. Note-se que entre o ato de renúncia e a posterior aquisição, assim como entre os respectivos sujeitos, não há qualquer espécie de liame, seja volitivo ou de ordem diversa, o que faz entrever a autonomia das situações e a seqüencial verificação independente da extinção para um e da aquisição pelo outro.

Por fim, o abandono também é causa de extinção do direito subjetivo do agente, de vez que, assim como a renúncia, revela a disposição de abdicar da titularidade, sem que haja correlata aquisição por outrem. A diferença entre o abandono e a renúncia está em que nesta a manifestação volitiva é expressa, direta e inequívoca, observadas as exigências formais da lei, enquanto o abandono é acontecimento fático que não reclama formalização. Quem põe um livro na lata do lixo perde a propriedade que exercia, abrindo espaço para que alguém, por ocupação (art. 1.263 do Código Civil), adquira a propriedade. Valem aqui as mesmas considerações feitas sobre a renúncia, no que diz respeito ao mecanismo *sui generis* de extinção consubstanciado em tal iniciativa.

Merecem rápida referência, a título exemplificativo, outros eventos, de cunho secundário, que levam à extinção dos direitos subjetivos: confusão (quando numa só pessoa reúnem-se as qualidades de credora e devedora, art. 381 do Código Civil), o implemento de condição resolutiva, o transcurso do prazo previsto para a duração do direito, a supressão de instituto jurídico até então admitido e assim por diante.

12.5. Defesa dos direitos

Seria de nenhuma utilidade o reconhecimento legal de direitos subjetivos se não houvesse meios de proteção conferidos ao titular, para emprego quando violados ou ameaçados. Ciente disso, o legislador previu a possibilidade de aplicação de mecanismos de resguardo dos direitos, condicionando a efetiva veiculação, todavia, ao preenchimento de certos requisitos pelo interessado. Por primeiro, mister dizer que somente quem tiver legítimo interesse econômico ou moral estará legitimado a se valer da proteção admitida pelo ordenamento jurídico. Tanto é assim que o Código de Processo Civil, já no art. 3º, preconiza: "*Para propor ou contestar ação é necessário ter interesse e legitimidade*". Sem isso, não será possível a invocação da proteção gerada pelo Estado, porque reservada exclusivamente a quem de maneira efetiva se adequar às exigências postas nas normas em vigor.

A defesa dos direitos é feita, quase que invariavelmente, por meio de ações judiciais. Entretanto, em caráter excepcional o legislador permite que o titular se valha da própria força para fazer prevalecer o direito. Isto se dá no caso de afronta à posse (art. 1.210, § 1º, do Código Civil): "*O possuidor turbado, ou esbulhado, poderá manter-se ou restituir-se por sua própria força, contanto que o faça logo; os atos de defesa, ou de desforço, não podem ir além do indispensável à manutenção, ou restituição da posse*". É o chamado *desforço imediato*, resquício de um aparato prevalente no período em que os recursos pessoais podiam ser mais comumente empregados na tutela das prerrogativas individuais. Porém, ressalvada essa faceta diferenciada, a ordem legal somente aceita iniciativas que passem pelo crivo do Estado, consubstanciadas na apresentação de postulado ao Poder Judiciário e na prestação jurisdicional deste ao interessado.

Na realidade, todo direito reconhecido encontra amparo *in abstracto* numa ação judicial. Nesta o titular deposita a expectativa de alcançar um pronunciamento favorável do Estado. Reveste-se, a iniciativa, das mais variadas formatações, que vão desde as lides de conhecimento até medidas cautelares ou acautelatórias como interpelação, protesto, arresto, seqüestro, exercício do direito de retenção por benfeitorias, interdito proibitório, mandado de segurança (inclusiva de índole preventiva) etc. A Constituição da República, no inciso XXXV do art. 5º, estabelece que "*a lei não excluirá da apreciação do Poder Judiciário lesão ou ameaça a direito*", garantindo a todos a faculdade de promover as defesas pertinentes.

Em geral, somente há legitimidade para que o indivíduo resguarde prerrogativa própria, não se admitindo pleito, em nome próprio, de direito alheio, salvo quando houver expressa autorização legal (art. 6º do CPC). Não obstante, em determinadas situações marcadas pelo interesse público o leque de legitimados a propor demandas é ampliado, como acontece quando se trata de direito protegido pela via da ação popular. Com efeito, "*qualquer cidadão é parte legítima para propor ação popular que vise a anular ato lesivo ao patrimônio público ou de entidade de que o Estado participe, à moralidade administrativa, ao meio ambiente e ao patrimônio histórico e cultural, ficando o autor, salvo comprovada má-fé, isento de custas judiciais e do ônus da sucumbência*" (art. 5º, LXXIII, da Constituição da República).

A respeito das espécies de direitos passíveis de tutela por meio das ações pertinentes, é correto dizer que a lei admite a proteção tanto de direitos atuais como futuros. Quanto a estes últimos, faz-se necessário que sejam deferidos, isto é, estejam concretamente disponibilizados na esfera jurídica do titular, não figurando apenas como mera expectativa de incorporação de faculdade. Contudo, em relação aos direitos futuros não deferidos é possível a promoção de atos destinados a conservá-los, haja vista expressa disposição de lei nesse sentido, revelada no teor do art. 130 do Código Civil: "*Ao titular do direito eventual, nos casos de condição suspensiva ou resolutiva, é permitido praticar os atos destinados a conservá-lo*".

Capítulo 13

DOS NEGÓCIOS JURÍDICOS

13.1. Negócio jurídico e ato jurídico

Dentro do âmbito dos fatos jurídicos que contam com a participação efetiva do indivíduo, existem os que têm a sua existência e eficácia diretamente atreladas à vontade humana, e outros cujos resultados independem do elemento anímico do agente. Aos primeiros, quando preenchidos os pressupostos elencados pela ordem legal, dá-se a denominação de *negócios jurídicos*, traduzidos em condutas executadas de acordo com determinada previsão normativa, em que são estabelecidos o alcance e a conformação da iniciativa que os guinda ao patamar concreto. Já os últimos, chamados de *atos jurídicos (stricto sensu)*, apresentam conseqüências autônomas e que não se atrelam ao desiderato perseguido pelo agente, ou seja, o resultado decorre automaticamente de imposição da lei e pode fluir até mesmo em sentido contrário ao desejo original das partes. Há ainda, consoante salientado alhures, os eventos denominados *atos ilícitos*, que também pertencem ao plano dos fatos jurídicos, mas se configuram em situações contrárias ao ordenamento posto.

Em percuciente análise, *Caio Mário da Silva Pereira* (obra citada, p. 327) leciona: "*Os 'negócios jurídicos' são, portanto, declarações de vontade destinadas à produção de efeitos jurídicos queridos pelo agente; os 'atos jurídicos' em sentido estrito são manifestações de vontade, obedientes à lei, porém geradoras de efeitos que nascem da própria lei*". Nem todo ato jurídico é negócio jurídico, pois a inserção da conduta nesta última categoria depende da busca, pelo indivíduo, de reflexo previsto pela norma legal; porém, todo negócio jurídico é um ato jurídico lícito em sentido amplo. A rigor, a unanimidade dos comportamentos humanos que repercutem no direito podem ser considerados atos jurídicos *lato sensu*, mas é necessário frisar que eles se distinguem conforme os resultados decorram automaticamente da lei (atos jurídicos *stricto sensu*) ou da vontade do agente com base na ordem legal e com vistas à implementação de certa finalidade (negócios jurídicos). O Código Civil de 1916 trazia esta definição: "*Todo o ato lícito, que tenha por fim imediato adquirir, resguardar, transferir, modificar ou extinguir direitos, se denomina ato jurídico*". Embora a nova codificação não tenha repetido a aludida construção, e tampouco reserve espaço para a conceituação do instituto, é certo que as linhas gerais traçadas pelo legislador de 2002 permite constatar a preservação das anteriores diretrizes a respeito do tema.

Diante do contexto, pode-se afirmar a presença de determinadas características básicas nos negócios jurídicos em geral. A primeira delas diz respeito à incidência da vontade humana, eis que nenhum comportamento será considerado negócio jurídico se não provier de manifestação volitiva dos agentes envolvidos. Os negócios submetem-se à prevalência do princípio da autonomia da vontade, observados os limites postos pelo legislador com o fito de evitar a verificação de atividades abusivas. Aí está a diferença mais evidente entre os negócios em relação aos fatos naturais em sentido estrito, cuja verificação se dá sem qualquer espécie de intervenção do ser humano. Outro aspecto necessário do negócio jurídico é a sua licitude, que decorre da sintonia entre a vontade individual e o resultado contido na norma, de vez que não há negócio — mas sim ato ilícito — quando contrariado o fim mencionado na lei.

13.2. Elementos constitutivos

Os negócios jurídicos possuem elementos constitutivos perfeitamente identificados, dos quais se extrai a sua viabilidade como instituto de direito civil. Fundamentalmente, são três as categorias em que se postam: a) elementos essenciais; b) elementos naturais; c) elementos acidentais. O exame de cada conjunto será capaz de elucidar as circunstâncias em que se apresentam. Todavia, é preciso desde logo observar que o art. 104 do Código Civil aponta quais são os pressupostos de validade dos negócios jurídicos, cujo estudo em muito se mescla com o dos próprios elementos constitutivos. Diz o citado mandamento legal: *"A validade do negócio jurídico requer: I – agente capaz; II – objeto lícito, possível, determinado ou determinável; III – forma prescrita ou não defesa em lei"*.

Elementos *essenciais* são os relativos à estrutura e à substância do negócio, razão pela qual a existência deste depende da presença daqueles (na doação, *v. g.*, a coisa e o consentimento). São *naturais* os elementos que decorrem do próprio negócio e estão nele ínsitos, dispensando menção expressa quando da sua realização (na compra e venda, *v. g.*, o dever de responder por vícios redibitórios). Por fim, elementos *acidentais* são previsões facultativas acrescentadas pelos interessados ao negócio para fins de alteração de seus caracteres naturais, pois não constituem elementos comuns ínsitos no próprio ato (*v. g.*, estipulação de condição, termo, prazo de entrega etc.).

Os elementos essenciais podem ser gerais ou particulares. Os *gerais* são comuns, estão presentes em todos os negócios: capacidade do agente, possibilidade, licitude e determinação imediata ou mediata do objeto. A estes se acrescenta ainda, porque sempre necessária sua presença, o consentimento, que se traduz no concurso da vontade dos interessados no sentido de realizar válida e eficazmente o ato jurídico. Tanto isso é verdade que os chamados vícios do consentimento (erro, dolo e coação) podem acarretar a nulidade do ato jurídico. Os *particulares* se traduzem nas questões atinentes à forma do negócio, que pode ou não ser imposta pela lei. Em muitas situações a adoção de certa forma é aspecto essencial da estrutura do ato, e a sua inobservância acarreta total insubsistência, consoante estatuído no art. 166, IV, do Código Civil (*v. g.*, exigências formais referentes ao testamento público). Cumpre frisar, entrementes, que na maioria dos casos a forma é livre, pois a validade da declaração de vontade não dependerá de forma especial, senão quando a lei expressamente a exigir (art. 107 do Código Civil).

13.3. Capacidade do agente

A capacidade do agente é condição de validade e de eficácia do negócio jurídico. A declaração de vontade somente adquire força quando emanada de agente capaz, seja por haver pessoalmente praticado o ato, seja porque terceiro por ele o praticou nas hipóteses previstas em lei. A execução pessoal e independente do negócio reclama capacidade do agente, eis que os absolutamente e os relativamente incapazes não podem praticar de modo autônomo os atos da vida civil, dependendo, respectivamente, de representação e de assistência. Naquela, o representante legal substitui a vontade do incapaz, fazendo com que em termos jurídicos a vontade que emite seja coincidente com a vontade do próprio representado. Já o assistido participa pessoalmente do negócio, mas a sua perfeição depende do acompanhamento do assistente, salvo quando a lei expressamente o dispense.

Para a realização de negócios jurídicos muitas vezes não basta que o agente seja dotado de capacidade genérica, que consiste na possibilidade de realizar atos gerais da vida civil. A lei também pode exigir a presença da chamada capacidade específica, ou habilitação, pela qual o agente, além de estar apto a praticar atos em geral, não incorre em impedimentos para a execução de atos específicos. É exemplo disso a venda de ascendente a descendente, que reclama o consentimento expresso dos demais descendentes para com isso evitar a anulabilidade. Portanto, não basta ao ascendente ser plenamente capaz para os atos da vida civil; deve, sob pena de potencial invalidação da venda, obter a aquiescência de todos os demais descendentes quando a um deles pretenda vender um bem. Noutras palavras, embora tendo capacidade genérica dependerá do implemento de outro pressuposto (consentimento dos demais descendentes) para que se lhe incorpore a capacidade específica ou habilitação.

Ainda acerca do tema, o art. 105 do Código Civil estabelece: "*A incapacidade relativa de uma das partes não pode ser invocada pela outra em benefício próprio, nem aproveita aos co-interessados capazes, salvo se, neste caso, for indivisível o objeto do direito ou da obrigação comum*". A incapacidade relativa é exceção de natureza eminentemente pessoal, invocável somente em proveito do incapaz e por intermédio de seu assistente, ou então pessoalmente se retornar ao estado de capacidade. Trata-se de expediente defensivo, via de regra em âmbito processual, que fica à disposição do incapaz prejudicado pela prática de determinado ato jurídico.

Ao interessado que for capaz não será permitido alegar em seu proveito a incapacidade relativa da parte adversa, exatamente porque só a esta se faculta a sobredita invocação, instituto criado em seu benefício face à excepcional circunstância gerada pela incapacidade. Ademais, é dever inderrogável de todos investigar a situação da pessoa com quem se está contratando ou de qualquer modo pactuando, razão pela qual será vedado reclamar posteriormente à constatação da anormalidade, se tardia. Além de não poder ser invocada pela parte adversa em proveito próprio, a incapacidade relativa, se argüida pelo incapaz, não beneficiará os demais integrantes capazes do pólo em que se encontra, por se tratar de circunstância pessoal incomunicável a terceiros. O negócio jurídico produzirá seus efeitos até o limite em que puder ser aproveitado, não perdendo necessariamente a validade e a eficácia em relação aos indivíduos capazes postados no mesmo pólo do incapaz que argüiu a exceção pessoal da incapacidade relativa. Como exemplo pode-se citar uma compra e venda com dois compradores de um lado (um deles relativamente incapaz) e dois vendedores de outro. Os vendedores não poderão alegar a incapacidade relativa de um dos adquirentes para tentar desfazer o negócio que julgaram economicamente prejudicial, mas o assistente do incapaz poderá fazer tal argüição com idêntica finalidade. Por outro lado, o adquirente capaz não se poderá valer da incapacidade relativa do co-interessado para buscar a invalidação do negócio, porque a circunstância pessoal deste não aproveita àquele. Se a relação jurídica puder ser preservada quanto aos capazes (ex.: objeto divisível e inexistência de prejuízo), produzirá efeitos regulares e somente será inconsistente quanto ao relativamente incapaz.

Situação diferente se afigura no pertinente à incapacidade absoluta, pois, envolvendo interesse público indisponível e referindo-se a pessoa de nenhuma vontade jurídica própria (ao contrário dos relativamente incapazes, que são assistidos na emissão volitiva), pode ser argüida pelos interessados capazes — do mesmo pólo ou do oposto — e pelo próprio incapaz por intermédio do representante legal ou então pessoalmente, se retornar ao estado de capacidade. Isto em função da necessidade de preservação da segurança das relações jurídicas e da supremacia do interesse estatal sobre os aspectos privados contidos nas mesmas. Em assim sendo, a invocação da incapacidade como causa de invalidação do negócio jurídico aproveita a todos os interessados, quer tenha partido destes mesmos ou do incapaz.

A construção da parte final do art. 105 faculta ao capaz, situado no pólo oposto da relação, argüir a incapacidade relativa da parte adversa (com proveito aos co-interessados capazes) como razão de desfazimento do ato jurídico quando o objeto do direito ou da obrigação comum for indivisível. Isto porque será impossível na prática separar ou dissociar os interesses dos envolvidos, que se confundem ante o contexto criado pela indivisibilidade. Diante do fato de o objeto ser assim incindível, entendeu por bem o legislador de facilitar ao máximo o retorno das partes ao estado original, de modo que o permissivo legal contém uma presunção no sentido de que a iniciativa de argüir a incapacidade por qualquer dos interessados irá sempre em proveito do incapaz. É evidente que também a invocação da incapacidade absoluta produzirá nesse caso igual efeito, podendo ser feita por qualquer dos participantes do negócio jurídico em virtude da supremacia do interesse público sobre o privado.

13.4. Qualificação do objeto

A validade do negócio jurídico depende também da licitude, da possibilidade e da determinação do objeto. Lícito é o objeto que a lei não veda tácita ou expressamente. Partindo-se da verdade de que tudo o que a lei não proíbe está, implicitamente, facultando, a licitude do objeto existirá sempre que o ordenamento não impuser óbices diretos ou indiretos à sua conversão em alvo de relação jurídica. De outra parte, o objeto será possível quando sobre ele não incidir vedação normativa acerca da sua viabilidade como elemento da relação jurídica ou quando não houver impossibilidade física nesse sentido. Destarte, o medicamento posto fora de comércio é objeto juridicamente impossível, enquanto o terreno situado no fundo do mar é objeto fisicamente impossível. Note-se que há intensa similitude entre a licitude do objeto e a sua possibilidade jurídica, porque tanto uma como outra dependem da inexistência de previsão normativa que impeça a inserção do objeto em determinada relação jurídica. A impossibilidade que macula o objeto deve ser absoluta, isto é, a prestação que lhe diz respeito tem de ser irrealizável por qualquer pessoa, ou indeterminável, de modo que ninguém conseguiria cumprir o conteúdo do dever assumido pelo obrigado. Exemplo: percorrer de caminhão 500km em uma hora para entregar mercadorias.

Quando a impossibilidade for relativa, porque atinge apenas o próprio obrigado mas não terceiros, ou porque é determinável em momento posterior, o negócio jurídico não encontrará obstáculos à sua consecução, pois então a dificuldade será apenas circunstancial e poderá ser contornada por outros meios, como no caso da conversão em perdas e danos ou na execução da obrigação por outrem às expensas do devedor.

Sobre a assunto, o art. 106 estabelece: "*A impossibilidade inicial do objeto não invalida o negócio jurídico se for relativa, ou se cessar antes de realizada a condição a que ele estiver subordinado*". Por vezes a impossibilidade do objeto é apenas inicial, seja porque o obrigado encontra-se em situação transitória e passa a ter posterior aptidão para o cumprimento do dever jurídico, seja porque a superveniente determinação de um objeto que era indeterminado quando do surgimento do negócio veio sanar o óbice à normal conformação do mesmo. Como se sabe, a impossibilidade relativa do objeto aparece basicamente nas seguintes circunstâncias: a) quando é irrealizável apenas pelo próprio devedor, mas não por qualquer pessoa (ex.: obrigação de Paulo dar cem mil reais. Ele não tem o montante, mas para muitos outros indivíduos tal importância seria plenamente disponível); b) quando o objeto é originalmente indeterminado, porém determinável em momento posterior ao da constituição do negócio (ex.: obrigação de Paulo dar a João *um animal*).

Outra hipótese de conservação da validade do negócio jurídico é o desaparecimento da impossibilidade, ainda que originalmente absoluta, antes de verificada a condição a que se atrelava, porque então terá sido viabilizada a consecução do dever jurídico assumido e preservada a integridade deste. A finalidade do legislador é conservar ao máximo a força dos atos jurídicos, somente decretando-lhes a insubsistência quando totalmente afastados dos cânones normativos e incorrigíveis. Exemplo: alguém assume a obrigação de vender sua parte em herança de pessoa viva dentro do período de dez anos a contar do ato. Embora hoje isso seja juridicamente impossível, a eventual superveniência de legislação autorizando a realização do negócio, dentro do período convencionado, impede sua invalidação com base no argumento da impossibilidade absoluta.

Quanto à determinação do objeto, muitas vezes não é necessário que esteja presente no exato momento da prática do negócio, mas é absolutamente imprescindível que possa ser determinado no momento futuro estabelecido pela lei ou pela vontade das partes, como ocorre, por exemplo, na hipótese de obrigações alternativas, pelas quais o devedor opta, no momento do cumprimento (e não no instante da prática do ato original), por um dos objetos elencados como aptos a gerarem a liberação do obrigado por meio da entrega ao credor.

A iliceidade — ou ilicitude — do objeto pode conduzir à nulidade ou à anulabilidade do negócio jurídico, conforme maior ou menor a amplitude da ofensa produzida contra o ordenamento. Se nulo, operará *pleno jure* tal situação, o que significa dizer que independerá de provocação do interessado a verificação das conseqüências pertinentes; se anulável, a cessação dos efeitos dependerá de iniciativa do interessado e de sentença que reconheça o defeito.

13.5. Observância da forma

Sabe-se que os negócios jurídicos são atos absolutamente vinculados à vontade humana, pois dela parte o impulso que produz repercussões no plano do direito. É claro que ninguém pode auscultar o elemento volitivo enquanto ainda estiver situado no âmbito da mera elaboração mental, razão pela qual a única maneira de se chegar à aferição do real querer do indivíduo é por meio da conduta efetivamente externada por ele. O conteúdo da criação subjetiva se revela na manifestação objetivamente posta, de que são extraídos os indicativos do seu concreto teor para fins de análise e interpretação. Somente quando colocada no plano exterior ao agente é que a vontade se torna passível de exame, constituindo, por vezes, declaração negocial.

O terceiro requisito de validade do ato jurídico é a sua adequação à forma determinada em lei, ou a adoção de forma por ela não proibida. A evolução do direito vem demonstrando a relevância de serem soltas certas amarras que ainda insistem em formalizar exageradamente os comportamentos humanos. O próprio direito processual vem seguindo esse rumo, sendo exemplo disso a Lei n. 9.099/90, que criou os Juizados Especiais Cível e Criminal, marcados por princípios mais liberais, como o da oralidade e da informalidade. É preciso que, assim como ocorre com o direito adjetivo, o substantivo continue evoluindo, sem prejuízo da necessária cautela em relação a situações cuja elaboração mais cautelosa não pode ser abolida. Por isso, nos casos em que a lei impuser certa forma, ela funciona como *essentialia negocia*, ou seja, elemento essencial do negócio jurídico.

Ao fixar determinada forma, o legislador tem por desiderato cercar a conduta da maior segurança possível. Isso inclui a pretensão de resguardar a liberdade de manifestação volitiva, pois ao estabelecer exigências como o comparecimento em cartório para confecção de escritura pública a ordem legal enseja às partes a garantia de que o agente estatal fiscaliza e zela pela regularidade do ato. Ademais, este se torna autêntico, como resultado da fé pública que reveste a atuação do servidor. E, por fim, a prova da existência e do conteúdo do ato é facilitada sobremodo, já que se encontra inserida nos livros oficiais e sob guarda do Estado.

Certas condutas são submetidas a níveis maiores de imposições formais, haja vista a extensão dos reflexos que produzem na seara jurídica e pessoal dos interessados e, muitas vezes, de toda a coletividade. Quanto maior a repercussão técnica do ato, mais extensa é a gama de requisitos legais que devem ser observados. Assim, o testamento e o casamento situam-se entre as ocorrências em que prevalecem a solenidade e a formalidade. Na linha intermediária, há situações que podem ser constituídas oficialmente mediante adoção de providências menos vigorosas, mas sem completa abolição do pressuposto formal, como na hipótese de alienação de imóveis acima de certo valor, quando tem de ser feita escritura pública. Outros atos são de menor robustez, bastando a sua realização por escrito particular. Na base da pirâmide, finalmente, estão condutas de pequena amplitude (o que não implica necessariamente, todavia, em diminuta importância), e que por isso dispensam os rigores acima aludidos, optando o legislador, então, por permitir aos interessados que as pratiquem com liberdade quanto à questão da forma.

Da explanação *supra* extrai-se a bipartição dos negócios jurídicos, sob o prisma da forma, em *formais* ou *solenes* e *não formais* ou *consensuais*. Na primeira categoria estão os que se submetem a imposições legais que não podem, em circunstância alguma, ser desatendidas, sob pena de total insubsistência (*v. g.*, presença de testemunhas quando da elaboração do testamento público, habilitação para o casamento etc.). À segunda espécie pertencem os negócios que independem do atendimento de forma especial, submetendo-se, quanto a esse aspecto, ao princípio da autonomia da vontade (*v. g.*, doação de móveis, mandato etc.).

Como regra geral, a forma das declarações de vontade é livre, ou seja, os interessados não ficam jungidos a imposições especiais senão quando a lei expressamente as exigir. O art. 107 do Código Civil é explícito: "*A validade da declaração de vontade não dependerá de forma especial, senão quando a lei expressamente a exigir*". Destarte, nem mesmo por manifestação volitiva das partes será admitida a alteração da forma especificamente prevista em lei, pelo que em nada aproveita aos interessados pactuar no sentido de que a escritura particular serve para transferir um imóvel de valor superior ao previsto no art. 108 do Código Civil. Entretanto, as partes podem convencionar a exigibilidade de escritura pública para a consumação de certo negócio jurídico para o qual a lei não a prescreve (art. 109 do Código Civil), mesmo porque se assim não for qualquer forma porventura adotada nesse caso (verbal, escrito público, escrito particular etc.) será admitida e conferirá validade à manifestação volitiva. "*Em regra, a vontade pode manifestar-se livremente. A ordem jurídica não cria restrições à sua livre exteriorização. Assim sendo, o agente não se acha adstrito a imprimir-lhe forma especial, podendo recorrer, indiferentemente, à palavra falada, à palavra escrita, ao gesto e até mesmo ao simples silêncio, desde que apto a traduzir o pensamento*" (*Washington de Barros Monteiro*, obra citada, 1º vol., p. 240). Somente quando fatores ligados à segurança das relações jurídicas e ao interesse público avultam é que o ordenamento obriga os interessados a seguirem forma específica.

É importante atentar para um aspecto: quando a lei exigir forma especial, todas as posteriores alterações relacionadas à mesma manifestação de vontade (ex.: acréscimo posterior de cláusulas) terão de seguir a forma original, sob pena de invalidade, eis que o acessório segue o principal.

Seguindo na disciplina da matéria, diz o art. 108: "*Não dispondo a lei em contrário, a escritura pública é essencial à validade dos negócios jurídicos que visem à constituição, transferência, modificação ou renúncia de direitos reais sobre imóveis de valor superior a trinta vezes o maior salário mínimo vigente no País*". A forma escrita é prevista pelo ordenamento jurídico como sendo de adoção obrigatória para a prática de atos que exigem a emanação de rigorosa e minuciosa certeza jurídica quanto a seus elementos e aspectos. Em hipóteses ainda mais severas o ordenamento prevê a adoção da escritura pública para a perfectibilização do negócio, como acontece, por exemplo, na compra e venda de imóveis acima do valor mínimo legal e em todos os contratos cujo objeto for direito real sobre imóvel. Em tais casos a execução verbal do ato não surtirá os efeitos pretendidos pela partes.

A forma exigida pela lei para certo negócio pode assumir duas variantes: a) *ad solemnitatem*, quando a vontade que deixar de revesti-la não terá nenhum valor; b) *ad probationem*, quando funciona como prova do próprio negócio jurídico. Na primeira categoria inclui-se a confecção de testamento, a transferência de imóveis etc., enquanto na segunda pode ser citado exemplo ofertado por *Caio Mário da Silva Pereira:* a obrigação de valor superior a 10 salários mínimos não pode ser provada exclusivamente por testemunhas, pois a lei exige ao menos começo de prova por escrito (art. 401 do Código de Processo Civil). Mas se o devedor for chamado a cumprir a obrigação e não opuser exceção será válido o pagamento efetuado, porque a forma não se sobrepõe ao fundo, nem integra a constituição do ato, funcionando apenas como modo de evidenciação (obra citada, p. 337). Logo, a forma *ad solemnitatem* faz parte da constituição válida e eficaz do negócio jurídico, ao passo que a forma *ad probationem* não interfere nesses aspectos, nem a sua inobservância o invalida. Todavia, a prova da existência do negócio dependerá da sua adoção, e a sua preterição afetará a exeqüibilidade do negócio, que ficará à mercê da vontade da parte adversa.

Consta do art. 109 a seguinte estipulação: *"No negócio jurídico celebrado com a cláusula de não valer sem instrumento público, este é da substância do ato"*. Caso a forma pública seja considerada por lei como da substância do negócio, a sua preterição acarretará a ineficácia e nulidade do mesmo (a não ser que o ordenamento comine sanção diferente), tendo em vista a falta de elemento essencial para a correta constituição. Todavia, se em muitas situações é facultado às partes realizar certa manifestação mediante adoção de forma verbal, com muito mais razão poderão escolher a forma escrita e pública, cujo grau de segurança e facilitação da prova de existência é normalmente bem mais elevado. Diante disso, a norma acima transcrita consagra o princípio da autonomia da vontade no Direito Civil, de modo que somente por exceção o Estado intervém no exercício da liberdade individual. Isso importa também no respeito à vontade das partes quando convencionam que a inexistência de forma especial prescrita em lei para determinado negócio jurídico pode ser contornada por meio de previsão contratual nesse sentido. Por força dela, institui-se compromisso de fazer válido determinado negócio mediante adoção de escritura pública, embora a sua forma seja originariamente livre. É o que acontece, por exemplo, quando o doador "A" condiciona a entrega do bem ao donatário "B" (e este aceita) à confecção de escritura pública de confissão de dívida de "B" em favor de "C". Essa doação modal somente produzirá os efeitos que lhe são inerentes se o donatário, por escrito público, confessar-se devedor do terceiro mencionado no contrato. Não sendo assim, a doação deixará de produzir efeitos e estará sujeita à invalidação, haja vista a ineficácia do contrato representativo do cumprimento do encargo (confissão de dívida).

A importância da forma não se limita ao acima exposto, de vez que nela reside a viabilidade original de outro elemento relevante: a publicidade. Esta consiste em atribuir a todas as pessoas conhecimento acerca da existência e do teor do negócio, o que se perfaz por meio da sua inserção no registro público. O ordenamento prevê que em certas situações a publicidade funcionará como requisito de validade do ato jurídico, associando-se inexoravelmente à forma imposta. Como exemplo cita-se o registro da escritura pública de compra e venda de imóvel, pois a efetiva transmissão dominial não se dá pelo contrato, mas sim pelo registro e conseqüente publicidade. Noutros casos, a obrigatoriedade da forma não é pressuposto de validade do ato; porém, para que tenha validade frente a terceiros é imprescindível dotá-lo de conhecimento público, via de regra pelo registro junto às repartições competentes. Exemplo: o instrumento particular oriundo de pessoa capaz prova as obrigações convencionais de qualquer valor; mas os seus efeitos somente se operam em relação a terceiros quando inserido no registro público (art. 221 do Código Civil).

Saliente-se que o desatendimento da forma prescrita em lei, assim como a inobservância de solenidade imposta, são causas de nulidade do negócio jurídico, consoante emerge do texto dos incisos IV e V do art. 166 do Código Civil.

13.6. Manifestação do consentimento

A respeito do consentimento, é preciso dizer que se trata, também, de requisito essencial. Embora não conste expressamente do rol ínsito no art. 104, cuida-se de elemento que resulta das características mesmas dos negócios jurídicos. Afinal, não há negócio sem manifestação de vontade direcionada para anuir com aquela específica prática. Admite-se consentimento expresso ou tácito. O primeiro é inequívoco, taxativo, explícito, podendo revelar-se tanto verbalmente como por escrito. Já a espécie tácita importa em concordância implícita, que emerge a partir da constatação de que o agente portou-se como quem efetivamente consente com aquela determinada negociação, *v. g.*, quando o mandatário não diz se aceita ou não o mandato ofertado, mas desde logo pratica atos de execução do mister, compatíveis, portanto, com a aceitação. Seja expresso ou tácito, o consentimento produz iguais resultados sob o prisma jurídico.

A respeito da inércia como mecanismo de manifestação volitiva, o art. 111 dispõe: "*O silêncio importa anuência, quando as circunstâncias ou os usos o autorizarem, e não for necessária a declaração de vontade expressa*". O consagrado adágio popular segundo o qual "quem cala consente" tem profunda conotação e intensa aplicabilidade jurídica, pois funciona como regra geral de anuência para os casos em que uma das partes tenha de se manifestar concordando ou discordando de algo. Assim, o silêncio significa assentimento se as circunstâncias do contexto ou os usos locais autorizarem, salvo quando se exija declaração expressa de vontade. Nesta hipótese, a regra genérica cede lugar a formas e peculiaridades diferentes em nome da segurança das relações jurídicas. Se determinada pessoa recebe um produto encomendado pelo reembolso postal e o vendedor concede trinta dias para restituição se não ficar satisfeita, mantendo-se inerte o adquirente estará confirmando o negócio. Com isso, assume todas as obrigações e os direitos inerentes à situação gerada pela concordância ficta. Trata-se de presunção *juris tantum* que cede diante de prova em contrário, desde que apta a gerar convencimento oposto ao previsto na lei como fruto da inércia. De outra banda, se as partes convencionam que a aceitação deverá ser feita de modo expresso no prazo dado, o silêncio não significará aceitação, mas sim recusa apta a desfazer a negociação entabulada.

Sempre que a lei exigir declaração expressa para aceitação, o silêncio importará em recusa, e mesmo a aceitação não será válida senão por meio de manifestação volitiva que atenda a eventuais exigências em torno da forma. Aceitação expressa ocorre não apenas por escrito, mas também, quando não exigida forma especial, por gestos, palavras ou sinal convencional diverso, contanto que representativos da inequívoca intenção de concordar. Importa observar que, se a aceitação depende de instrumento público, a manifestação volitiva feita por instrumento particular não cumprirá os objetivos a que se propõe, por deficiência formal.

13.7. Classificação

Vários são os critérios de classificação dos negócios jurídicos, considerando-se as particularidades de cada espécie e os reflexos que acarretam no âmbito do direito.

Quanto ao momento em que produzem os efeitos jurídicos, classificam-se em *inter vivos* e *causa mortis*. Enquanto os negócios celebrados entre vivos provocam a imediata consecução dos resultados que lhes são inerentes, os atos praticados tendo por base a perspectiva do óbito de alguém somente produzem conseqüências práticas quando sobrevém o falecimento. Assim, na compra e venda as prerrogativas e os deveres contratuais surgem incontinenti, admitida apenas a possibilidade de que alguns reflexos se projetem no tempo (*v. g.*, entrega futura da coisa). Já no testamento a situação é diversa, pois todas as previsões inseridas na cédula testamentária ficarão em estado potencial, vindo a se tornar concretas a partir da ocorrência do evento básico, qual seja, a morte do testador. Em suma, os negócios *inter vivos* geram direitos e obrigações imediatos, ao passo que os atos *causa mortis* dão nascedouro a tais elementos após a consecução do óbito do declarante. Saliente-se, todavia, que o direito brasileiro não admite contratação acerca de herança de pessoa viva, pois isso caracteriza o sempre repudiado *pacta corvinae*, pelo qual, à semelhança de abutres, as pessoas pairam sobre alguém à espreita da sua morte para auferir vantagens contratuais. Como o testamento e o codicilo são iniciativas do próprio agente a respeito de cuja morte se trata, o ordenamento aceita a existência desses mecanismos de disposição patrimonial que acarretam efeitos depois do falecimento do declarante.

Quanto às vantagens que estão aptos a produzir, os negócios serão *gratuitos* e *onerosos*. A natureza gratuita reside na inexigibilidade de contrapartida do beneficiário em razão do proveito auferido. O agente a quem aproveita o negócio não precisa desfalcar o seu acervo patrimonial em função do teor negocial. É o que acontece, por exemplo, na doação em que o sujeito recebe determinada coisa e não fica obrigado a entregar qualquer espécie de contraprestação. Apenas uma das partes capta efetiva vantagem, e a outra suporta o correspondente dever. Ao revés, o negócio oneroso impõe ao agente a obrigação de retirar do próprio patrimônio determinada expressão econômica para ter direito à percepção do crédito resultante da atividade negocial. É isso que acontece na compra e venda, pois ao mesmo tempo em que tem a prerrogativa de exigir a entrega da coisa, o comprador fica jungido à imposição de pagar o valor ajustado. Sob o prisma do outro pólo envolvido, o vendedor tem o direito de exigir o preço e a obrigação de repassar o bem. Nos negócios onerosos, enfim, há vantagens e ônus recíprocos, na medida do que foi convencionado pelas partes.

Os negócios onerosos dividem-se em *comutativos* e *aleatórios*, conforme, respectivamente, estabeleçam ou não prestações certas e determinadas. Se no momento da celebração as partes puderem antever com certeza jurídica os aspectos negociais relacionados às vantagens e aos ônus que lhes dizem respeito, o negócio é comutativo (*v. g.*, doação com encargo, em que o doador sabe que tem de entregar o bem e o donatário sabe o que deve fazer para incorporar o direito de exigir a coisa). Se, ao contrário, ao menos uma das partes fica submetida a alguma incerteza contratual em torno dos aspectos mencionados *retro*, o negócio é aleatório, porque subjugado ao imponderável, ao acaso ou a outro elemento independente da vontade das partes para a sua consecução. Exemplo: compra e venda de safra futura, em que o comprador sabe o valor que pagará, mas ignora quanto de produto receberá, eis que isso se atrela à maior ou menor produtividade da lavoura.

Certos negócios serão gratuitos ou onerosos de acordo com a estipulação feita pelas partes em cada situação concreta. São os negócios denominados *bifrontes*, que, todavia, não chegam a formar espécie autônoma. A gratuidade ou a onerosidade dos contratos de mandato e depósito, por exemplo, decorrerá da vontade das partes e não de imposição legal.

Quanto ao número de manifestações de vontade para a concretização, os negócios são *unilaterais* e *bilaterais*. Nos primeiros, a emissão volitiva é feita por apenas uma pessoa ou agrupamento, e nessa configuração se torna eficaz o querer exarado. Admite-se que haja mais de um emitente, mas, para que a iniciativa se qualifique como unilateral é necessário que todos se postem na mesma linha jurídica, sem presença de pólo oposto, e convirjam quanto ao objetivo visado. Exemplo: promessa de recompensa, testamento etc. Os negócios unilaterais bipartem-se em *receptícios* e *não-receptícios*. São receptícios aqueles em que a emissão de vontade deve ser levada ao conhecimento do destinatário para que os seus efeitos sejam produzidos, *v. g.*, na revogação do mandato, que somente se perfectibiliza depois que o mandatário toma ciência da medida. Enquadram-se como não-receptícios aqueles cujas conseqüências independem do conhecimento do destinatário acerca da vontade emitida, *v. g.*, confissão de dívida, podendo o destinatário ser considerado credor mesmo que ignore a iniciativa do devedor.

Por outro lado, nos bilaterais duas ou mais vontades são exaradas a partir de pólos opostos, havendo, porém, coincidência de propósitos exteriorizados. A situação mais comum é a dos contratos em geral, pois neles os celebrantes, cujos interesses podem ser variados, declinam um querer jurídico voltado para a produção de resultados perseguidos por ambos. Os negócios bilaterais bipartem-se em *bilaterais simples* e *sinalagmáticos*. Aqueles alcançam vantagens a somente uma das partes, imputando todos os ônus à outra, como ocorre no comodato. Já os sinalagmáticos acarretam recíprocas vantagens e ônus às partes celebrantes, sendo ilustrativo disso a locação.

Quanto às formalidades para a constituição, os negócios são *solenes* e *não-solenes*. Classificam-se como solenes aqueles cuja existência depende da implementação e observância de determinada forma prescrita na lei (testamento, por exemplo). Para os não-solenes inexistem imposições dessa natureza, ficando as partes liberadas para optar pela forma que mais lhes convier, sem que isso prejudique de qualquer maneira a existência e a perfeição da iniciativa.

Quanto à autonomia existencial, os negócios são *principais* e *acessórios*. No concernente aos principais, a característica que os distingue é a autonomia em relação a qualquer outra modalidade negocial. Eles existem por si mesmos, produzindo todos os corolários comuns à espécie, como acontece com a locação. Os acessórios, por sua vez, não subsistem sem a presença de outro negócio ao qual se atrelam, seguindo-lhe a sorte invariavelmente. A fiança, por exemplo, jamais é autônoma, pois sempre vem vinculada a espécie negocial diversa, garantindo o cumprimento de obrigação gerada dentro do liame principal. Saliente-se, por relevante, que um negócio nunca será principal ou acessório senão quando confrontado com outro, e ainda assim dessa análise nem sempre resultará conclusão no sentido da existência de relação de dependência. Suponha-se um contrato de compra e venda colocado diante de um de doação. Não se vislumbra entre eles qualquer associação de acessoriedade, eis que ambos constituem, simplesmente, contratos autônomos. Portanto, esse tipo de relacionamento somente poderá emergir quando dois ou mais negócios forem reciprocamente considerados.

13.8. Representação e poderes

A representação consiste na atribuição de poderes a determinada pessoa para agir em nome de outra e obrigando-a, nos limites das prerrogativas conferidas. A prática de quaisquer atos da vida civil, quando não for de natureza personalíssima, admite a intervenção de representante, cuja atuação se dará como se fosse o próprio representado. O art. 115 do Código Civil preleciona: "*Os poderes de representação conferem-se por lei ou pelo interessado*". Disso se extrai a conclusão de que, quanto à origem, os poderes são classificados em legais ou voluntários, conforme, respectivamente, decorram de expressa previsão normativa (ex.: os pais administram os interesses e representam os filhos incapazes na constância do pátrio poder, instituto nascido de previsão normativa) ou de simples providência volitiva do interessado (ex.: mandato, seja por instrumento público ou particular). Os absolutamente incapazes (art. 3º do Código Civil) não praticam nenhum ato diretamente, dependendo sempre de representação. Os relativamente incapazes (art. 4º do Código Civil) intervêm pessoalmente na execução dos atos, mas necessitam de acompanhamento de assistente. Cabe destacar que a representação legal *lato sensu* é bipartida em representação e assistência, conforme se trate, respectivamente, de pessoa absoluta ou relativamente incapaz.

Quanto aos limites, a representação é geral ou especial, de acordo com a extensão dos poderes enfeixados no representante. Assim, os pais representam os filhos incapazes em todos os atos da vida civil, contanto que não haja entre as partes conflito de interesse. Já os mandatários podem receber poderes específicos para certo e determinado ato ou, então, poderes genéricos de administração, sem que nisso se inclua a faculdade de disposição dos bens do representado.

A manifestação de vontade pelo representante, nos limites de seus poderes, produz efeitos em relação ao representado (art. 116). Nenhum representante recebe poderes ilimitados, pois nem todos os atos podem ser praticados por meio de terceiros, ainda que dotados de extensas prerrogativas. Assim, no interesse do representado e da segurança das relações jurídicas há barreiras intransponíveis, para além das quais a ineficácia atinge eventuais atos praticados, como se dá no caso de a mãe pretender vender bens imóveis do filho menor sem autorização judicial. De outra banda, importa frisar que todos os atos, quando praticados dentro dos limites conferidos pela lei ou pela vontade humana (também balizada pelo ordenamento), obrigam o representado e fazem com que tenha de suportar os efeitos da manifestação volitiva do representante. Destarte, se uma pessoa recebe poderes para vender um veículo e o faz com estrita observância dos cânones preconizados pelo representado, este não poderá esquivar-se do cumprimento dos deveres assumidos (entrega do bem, transferência da documentação etc.), pois então o ato será tido como se fosse originado da própria manifestação pessoal e presente do outorgante, pois a tônica da representação é exatamente atribuir à manifestação volitiva a mesma eficácia que teria a participação direta do representado.

Entre os efeitos decorrentes da representação está o de gerar para o representado o dever de indenizar prejuízos causados em função da manifestação volitiva, se esta se deu dentro dos limites estabelecidos na lei ou no ato constitutivo, pois o representante nada mais é do que a *longa manus* de outrem, de tal sorte que não auferirá maiores proveitos se da sua atuação, contida nas fronteiras dos poderes recebidos, resultarem multiplicados benefícios em relação aos inicialmente previstos, nem será onerado por percalços verificados no desempenho do seu papel.

Aspecto de singular relevo é o do denominado *contrato consigo mesmo*, também conhecido como *cláusula em causa própria*. Segundo lição de *Sílvio Rodrigues* (obra citada, p. 166), "*contrato consigo mesmo é a convenção em que um só sujeito de direito, revestido de duas qualidades jurídicas diferentes, atua simultaneamente em seu próprio nome e no de outrem*". E prossegue mencionando como exemplo a situação da pessoa que, na condição de procuradora de outra, vende a si mesma determinada coisa. A respeito do tema, o art. 117 discorre: "*Salvo se o permitir a lei ou o representado, é anulável o negócio jurídico que o representante, no seu interesse ou por conta de outrem, celebrar consigo mesmo. Parágrafo único. Para esse efeito, tem-se como celebrado pelo representante o negócio realizado por aquele em quem os poderes houverem sido subestabelecidos*". Tendo em vista a freqüência com que os Tribunais se deparavam com situações nas quais o representante recebia poderes para praticar determinado ato jurídico com terceiro, mas acabava praticando-o consigo mesmo, resolveu o legislador pôr fim às discussões em torno da validade desse proceder, intitulando-o como ilídimo, ressalvadas as hipóteses que menciona. Por isso, quem recebe poderes por meio de mandato cuja finalidade é a venda de certo automóvel, não poderá adquiri-lo para si valendo-se das prerrogativas contratualmente conferidas, exceto quando o representado ou a lei admitirem a prática. Essa autorização deve ser expressa e seguirá a forma adotada para a outorga de poderes (no caso de representação voluntária). Tratando-se de representação legal de incapazes, a autorização será dada por meio de escritura pública ou particular, podendo ainda depender de prévio pronunciamento judicial, como ocorre na alienação de bens imóveis de menores.

Não haverá nulidade absoluta, mas sim anulabilidade — nulidade relativa — no ato de o representante celebrar negócio jurídico consigo mesmo, salvo quando o ato propriamente dito não puder realizar-se sem o preenchimento de uma condição anterior fixada por lei em resguardo ao interesse público (ex.: falta de autorização judicial para a alienação de uma casa pertencente a incapaz), quando então haverá nulidade absoluta. Porém, nessa situação o defeito insanável do ato jurídico emerge por ausência de requisito indispensável e reclamado por lei, e não pelo fato de o representante ter celebrado o negócio consigo mesmo. Noutras palavras, a origem do mal que afeta o ato é diversa e anterior à própria celebração negocial, como diferentes são as conseqüências geradas.

Somente por intermédio de provocação do interessado o Poder Judiciário decretará a insubsistência do negócio jurídico feito por alguém consigo mesmo, pois, cuidando-se de anulabilidade, à parte que outorgou os poderes talvez se mostre mais conveniente conservar os efeitos do negócio realizado, seja em função dos resultados auferidos, seja por outra motivação qualquer. Estará legitimada para buscar judicialmente a anulação do negócio a pessoa que figurou como representada, pois somente a ela diz respeito a avaliação da conveniência ou não de preservar a integridade da conduta do representante. No caso de óbito do representado os sucessores poderão continuar a demanda por ele já iniciada, mas não poderão dar começo à ação se o falecimento aconteceu sem que o representado houvesse tomado a iniciativa de combater a validade do ato. É que a anulação, nesse particular, constitui prerrogativa de caráter pessoal, sendo intransferível a terceiros.

A anulabilidade do negócio jurídico pode ser pleiteada não apenas quando o representante toma a iniciativa de, em seu benefício, celebrá-lo consigo mesmo, mas também quando o faz por conta de terceira pessoa que não participa diretamente do ato, mas é a verdadeira interessada na prática. Logo, tanto é anulável o ato de, *v. g.*, o mandatário transferir um veículo para si próprio no intuito de com ele permanecer, como o negócio que o representante faz na qualidade de interposta pessoa entre o representado e terceiro, passando o domínio para si com a intenção de retransmiti-lo ao destinatário final. É que em ambas as hipóteses existe a presunção legal de que a atuação do representante não ocorre no exato interesse do representado, mas sim em benefício do próprio representante ou de outrem que se imiscui na relação jurídica sub-repticiamente.

Quanto ao teor do parágrafo único do art. 117, cabe aduzir que substabelecimento é forma de transferência de poderes, que passam do representante original, por ato deste, para outra pessoa, de modo que o indivíduo torna-se novo representante, conjunta ou separadamente em relação ao que inicialmente recebeu os poderes. Destarte, sempre que o representante estiver autorizado a substabelecer poderes e efetivamente assim o fizer, a atuação do substabelecido surtirá os mesmos efeitos que adviriam da prática direta do ato pelo representante inicial. Isto se dá inclusive no pertinente à anulabilidade do negócio quando celebrado pelo substabelecido consigo mesmo ou com o representante original, pois do contrário ficaria aberto o caminho para a burla da lei por meio do substabelecimento total de poderes e posterior celebração do negócio entre o substabelecido e o representante original, que por via oblíqua passa a ser celebrante em situação vedada por lei.

Superada a análise do contrato consigo mesmo, passa-se agora ao exame da matéria relacionada à prova da condição de representante e das prerrogativas que enfeixa. O representante é obrigado a provar às pessoas, com quem tratar em nome do representado, a sua qualidade e a extensão de seus poderes, sob pena de, não o fazendo, responder pelos atos que a estes excederem (art. 118). A única segurança jurídica da pessoa que entabula negociações com o representante é exatamente o fato de que este se encontra munido de poderes para realizar o ato para o qual foi nomeado. Disso decorre a obrigação legal, que recai sobre o representante, de apresentar a todos aqueles com quem tratar a prova da extensão dos seus poderes. Isto se dá pela visualização do instrumento constitutivo da representação, que normalmente é a procuração ou o ofício judicial que contém os limites dos poderes do representante. Se este deixar de fazer prova de sua condição e/ou da extensão das prerrogativas transmitidas, chamará para si toda a responsabilidade civil e penal no caso de a negociação restar ineficaz ou lesiva a outrem por força da ausência de poderes ou da superação dos limites definidos no ato constitutivo da representação. Em se tratando de representação legal, em que não existe mandato e procuração, a qualidade fica atrelada a um certo estado (*v. g.*, paternidade, revelada por certidão) ou a algum documento específico de que defluam as faculdades do representante (*v. g.*, nomeação de curador, tutor, síndico da massa falida etc.).

O negócio jurídico somente obrigará o representante se a pessoa a quem foram conferidos poderes agir estritamente dentro das lindes estabelecidas pelo representado ou pela ordem legal. Tudo o que as superar será imputável ao representante que agiu fora das prerrogativas conferidas, sendo inviável ao terceiro lesado, que tratou com aquele, invocar a culpa *in eligendo et in vigilando* ou qualquer outra espécie de responsabilidade do representado pelos atos excedentes aos poderes outorgados, pois em relação a eles não se obrigou. A responsabilidade civil do representante, oriunda de atos excedentes dos poderes que tinha, somente existirá quando demonstrada a ocorrência de danos ao representado ou a quem tratou com o representante, pois do contrário haverá apenas a possibilidade de nulificar o teor da atuação levada a cabo fora dos limites dos poderes de representação. Caso o representado venha a ratificar a manifestação volitiva do representante que atuou excedendo dos poderes de que dispunha, chamará para si todos os encargos e efeitos, perante terceiros, da vontade emitida. Assim, por exemplo, se o mandatário vende dois veículos do representado, quando tinha poderes para vender apenas um deles, ocultando do terceiro com quem negociou a real extensão das prerrogativas recebidas, ainda assim não responderá por eventuais danos posteriores se o representado vier a ratificar a atuação, pois dessa forma este avoca todos os corolários da manifestação de vontade externada pelo representante.

No art. 119 está regra concernente ao conflito de interesses resultante de relação de representação: "*É anulável o negócio concluído pelo representante em conflito de interesses com o representado, se tal fato era ou devia ser do conhecimento de quem com aquele tratou. Parágrafo único- É de cento e oitenta dias, a contar da conclusão do negócio ou da cessação da incapacidade, o prazo de decadência para pleitear-se a anulação prevista neste artigo*". Seja derivada da lei ou da vontade das partes, a representação pressupõe uma relação de confiança entre os envolvidos. No caso da representação prescrita em lei, tal fidúcia junge-se aos laços de parentesco ou à indicação feita pelo juízo; se voluntária, funda-se na opção feita pelo representado, que escolheu especificamente a pessoa do representante (e este aceitou) quando da constituição do liame. Portanto, é inadmissível qualquer forma de atuação pela qual o representante oponha-se à consecução dos objetivos traçados pelo representado, se essa circunstância era conhecida da pessoa com quem o representante tratou. Verificada a prática de atos e a conclusão de negócios em choque com os interesses do representado, caberá a este, querendo, pleitear em juízo o reconhecimento da nulidade de tudo quanto compuser a conduta ilídima, devendo, todavia, demonstrar que a outra parte (ou seja, quem negociou com o representante) sabia da existência de conflito de interesses.

Caso a atuação do representante envolva conflito de interesses com o representado, mas disso não saiba o terceiro com quem aquele tratou, nem tenham sido excedidos os poderes outorgados, nenhuma ação terá o representado para pleitear a nulificação do ato praticado. Isto porque ausente o elemento essencial que propicia a anulação, isto é, a ciência, pelo terceiro, da colisão entre a atuação do representado e os interesses do representante. Exemplo: Pedro, representante de José, recebe poderes para vender uma fração de terras, com expressa autorização para fracioná-la. Todavia, o representado faz ver ao representante que seu interesse mais imediato é desfazer-se da área menos servida por águas, para somente depois alienar as demais porções, eis que está utilizando para irrigação as águas contidas na melhor área. Essa preferência não consta do instrumento de representação, ficando apenas na esfera verbal. Carlos, mesmo sabendo da necessidade de José no sentido de continuar desfrutando das águas, acerta com Paulo a compra da área, tentando, na seqüência, imitir-se na posse da mesma. Essa situação, criada pela colisão entre a atitude do representante e os interesses do representado, à qual soma-se a ciência do terceiro, gera em favor de José a prerrogativa da nulificação do negócio.

É claro que a norma não pretende disciplinar os casos de atuação do representante quando este excede os poderes conferidos, pois isso encontra norte no artigo antecedente. O que o legislador deseja a partir do teor do art. 119 é admitir a nulificação de negócios concluídos pelo representante que não abusa dos poderes recebidos, mas que ainda assim, com o conhecimento da pessoa com quem negociou, ou quando esta deveria conhecer tal realidade, praticou atos conflitantes com os interesses do representado. Neste compasso, atribui ao interessado a prerrogativa de pleitear a anulação do negócio. Todavia, deverá fazê-lo no prazo decadencial de 180 (cento e oitenta) dias, sendo certo que eventual inércia fulminará irremediavelmente o direito de buscar a mencionada insubsistência. O prazo tem início a partir da conclusão do negócio, isto é, a contar da data em que foi praticado o último ato e se tornou finalizada a atuação do representante. De outra banda, é possível que a representação seja daquelas em que o representado é incapaz, como acontece, por exemplo, com os menores de idade e os mentalmente inaptos, circunstância que fará fluir o prazo decadencial do dia em que cessar a incapacidade.

Consta do art. 120 o seguinte ditame: *"Os requisitos e os efeitos da representação legal são os estabelecidos nas normas respectivas; os da representação voluntária são os da Parte Especial deste Código"*. A representação legal contém princípios específicos e geralmente imutáveis pela vontade das partes, porque construídos no interesse público. As normas que disciplinam a matéria estão distribuídas ao longo do Código Civil. O mesmo não acontece com a representação voluntária, que, embora deva atender aos requisitos e produza os efeitos insculpidos na Parte Especial do Código Civil, submete-se com maior vigor ao princípio da autonomia da vontade, por dizer respeito a interesses eminentemente privados.

13.9. Interpretação dos negócios jurídicos

No direito pátrio a interpretação das normas não se prende exclusivamente a determinado meio científico, pois a tarefa de chegar ao sentido real de determinado mandamento legal tem base na simbiose entre os vários métodos exegéticos existentes, mormente os denominados gramatical ou literal, sistemático e lógico, já examinados neste trabalho quando da feitura de considerações acerca da exegese da lei. Com as declarações de vontade não é diferente, guardadas as devidas proporções, porque sempre que houver necessidade de interpretar certa manifestação volitiva (porque nela presente algum ponto controvertido ou aspecto duvidoso) será imprescindível tomá-la no contexto em que estiver inserida. O art. 112 do Código Civil estabelece: *"Nas declarações de vontade se atenderá mais à intenção nelas consubstanciada do que ao sentido literal da linguagem"*. A análise da construção literal é de suma relevância, mas isoladamente pode levar a conclusões equivocadas e mesmo destoantes do sentido correto que o agente pretendeu dar. À literalidade deve-se somar a logicidade da manifestação (integração entre o literal e a impressão deixada pelo conjunto) e a confrontação do conteúdo volitivo com os demais componentes exógenos que porventura o circundem.

Não é raro que a declaração volitiva efetivamente externada não guarde absoluta sintonia com aquilo que as partes pretenderam aos entabular o negócio. Problemas na compreensão dos termos utilizados, defeitos na comunicação havida entre as partes, colocações ambíguas ou dúbias e tantas outras particularidades têm potencial suficiente para gerar a necessidade de emprego de esforço interpretativo, tendo por desiderato a fixação do sentido correto do negócio. Aí é que entram o bom senso na aplicação das regras ditadas pela ordem legal, especialmente tendo em vista a certeza de que ninguém consegue chegar ao exato intento das partes sem antes verificar atenta e extensamente o conteúdo da manifestação declarada. Afinal, é impossível captar na prática o cenário construído no íntimo do indivíduo durante as negociações, pois se trata de elaboração pertencente ao plano cerebral do pactuante, onde ser humano algum tem acesso. É no âmbito externo que incide o trabalho de apuração do conteúdo da vontade, de maneira que partindo dele se tenciona chegar àquilo que originalmente foi mentalmente elaborado pelos declarantes. Logo, é na emissão concretizada que reside o manancial fornecedor de elementos relativos à vontade primitivamente formulada na intimidade. Dessa fonte objetiva provêm todas as perquirições exegéticas feitas em torno dos aspectos subjetivos.

A interpretação do ato ou negócio jurídico pode ser: a) declaratória — quando tem por objetivo expressar a real vontade dos agentes; b) integrativa — quando tenciona preencher lacunas deixadas pelos agentes no momento da emissão de vontade; c) construtiva — quando busca evitar o perecimento de todo o conjunto por meio da junção de elementos esparsos ou desordenados (*Maria Helena Diniz*, obra citada, p. 96). "*O hermeneuta não pode desprezar a declaração de vontade sob o pretexto de aclarar uma intenção interior do agente. Deve partir, então, da declaração da vontade, e procurar seus efeitos jurídicos, sem se vincular ao teor gramatical do ato, porém indagando da verdadeira intenção. Esta pesquisa não pode situar-se no desejo subjetivo do agente, eis que este nem sempre coincide com a produção das conseqüências jurídicas do negócio. Os circunstantes que envolvem a realização do ato, os elementos econômicos e sociais que circundam a emissão de vontade são outros tantos fatores úteis*" (*Caio Mário da Silva Pereira*, obra citada, vol. I, p. 342).

Tendo em vista a preocupação do legislador com o resguardo do elemento anímico real de quem manifesta a vontade, é natural que a tutela da efetiva intenção do agente passe pela atribuição de intensa valoração ao aspecto interno, à elaboração mental, que nem sempre condiz com a exteriorização feita pelo sujeito. Assim, a par de permitir a nulificação de atos jurídicos viciados por defeituosa manifestação de vontade, o ordenamento determina que a intenção do agente seja decisiva na sua interpretação. É evidente que o intérprete não poderá fugir da construção gramatical da manifestação quando esta se der por escrito, ou de aspectos indeléveis captados em outras maneiras de emitir a vontade, pois do contrário poder-se-ia chegar ao absurdo de a exegese desdizer tudo quanto literal ou expressamente afirmado. Todavia, o sentido da manifestação pode variar inclusive quando feita por escrito, pois se o legislador atribuiu até mesmo à reserva mental força bastante para em certos casos tornar insubsistente a vontade emitida (art. 110 do Código Civil), age com coerência ao preconizar intensa valoração da real intenção do agente na análise do sentido da manifestação de vontade.

A boa-fé sempre guardou lugar de destaque no direito nacional, porque revela a presença de espírito desarmado e credulidade por parte de quem dela está imbuído. Atento a isso, o legislador editou o art. 113: "*Os negócios jurídicos devem ser interpretados conforme a boa-fé e os usos do lugar de sua celebração*". É bem verdade que os negócios jurídicos não sobrevivem apenas da boa-fé dos agentes, porque a literalidade e a intenção funcionam como elementos de interpretação decisivos; todavia, trata-se de fator importante na definição das controvérsias judiciais relacionadas aos atos jurídicos em geral, principalmente quando tomado a partir dos parâmetros vigentes no local. Assim, a boa-fé pode revelar-se com as mais variadas facetas, fruto das diferenças regionais existentes no extenso território brasileiro e da diversidade das culturas. O grau de desenvolvimento e de urbanização da sociedade também interfere na definição do que seja o padrão local para fins de estabelecimento da boa-fé, embora as condições pessoais dos envolvidos sejam fundamentais para a aferição desse elemento endógeno. "*O conceito de boa-fé, embora flexível, pode ser dominado por uma regulamentação pragmática, a dizer que o espírito da declaração deve preponderar sobre a letra da cláusula; a vontade efetiva predominar sobre o formalismo; o direito repousar antes na realidade do que nas palavras*" (*Caio Mário da Silva Pereira*, obra citada, vol. I, p. 36). A respeito dos contratos em geral, o art. 422 do Código Civil traz outra alusão expressa às exigências feitas pelo ordenamento quanto à conduta das partes, no sentido de que os contratantes são obrigados a guardar, assim na conclusão do contrato, como em sua execução, os princípios de probidade e boa-fé.

Por outro lado, os usos do local da celebração foram guindados a um patamar superior, adquirindo expressa relevância na interpretação dos negócios jurídicos. Não que estivessem alijados do contexto como elementos de aferição, mas assumem agora um lugar de destaque no rol dos fatores a serem considerados na tarefa exegética. Usos são práticas uniformes e reiteradas de certos atos, formando uma consciência moral de aplicabilidade, do que resulta a sua importância nos negócios jurídicos locais. Destarte, se em certo contrato as partes fazem referência a uma extensão de terras de expressão 100, deixando de mencionar se estão a tratar de hectares, alqueires ou medida diversa, o intérprete deverá levar em consideração a medida comumente utilizada naquela região na celebração de contratações similares, exceto se o contrário resultar das circunstâncias e da prova colhida. Isto porque as medidas usuais de extensão territorial variam bastante de um local para outro, especialmente entre Estados federativos, do que resulta a necessidade de interpretação consonante com tais variações, sob pena de se chegar a resultado final diverso do desejado pelas partes no momento da celebração.

Reforçando o teor do art. 113 do Código Civil, o art. 5º da Lei de Introdução ao Código Civil (Decreto-lei n. 4.657, de 4.9.1942) adiciona: "*Na aplicação da lei, o juiz atenderá aos fins sociais a que ela se dirige e às exigências do bem comum*". Isso faz com que o trabalho exegético tenha de atribuir realce à boa-fé e aos valores coletivos, porque sem eles as relações jurídicas ficariam à mercê de quem, transmitindo falsas impressões de retidão, viesse a provocar a exteriorização de vontades fundadas na esperteza e no ardil. Ainda no âmbito do Código Civil, o legislador solidificou tal posicionamento ao prever que nenhuma convenção prevalecerá se contrariar preceitos de ordem pública, tais como os estabelecidos para assegurar a função social da propriedade e dos contratos (parágrafo único do art. 2.035).

O art. 114 contém norma pertinente à exegese de determinadas manifestações volitivas: "*Os negócios jurídicos benéficos e a renúncia interpretam-se estritamente*". Negócios jurídicos benéficos são aqueles pelos quais o agente, em declaração unilateral de vontade ou por meio de contratação, faz surgirem prerrogativas favoráveis a outrem e alguma forma de oneração a si próprio. É o que acontece principalmente nos contratos, e mormente nas doações puras e demais liberalidades, nos testamentos, nas promessas feitas a título gratuito etc. Em casos dessa natureza a interpretação não poderá ultrapassar os contornos ditados pelos agentes, eis que se mostra exacerbado ultrapassar os limites pretendidos e onerar além daquilo a que expressamente se obrigou o sujeito. Portanto, se na doação é estabelecido que o donatário terá direito aos bens móveis situados sobre determinada fração de terras, e se nela estiverem máquinas agrícolas vinculadas à exploração do solo (e, portanto, equiparadas ao imóvel por acessão intelectual), tais instrumentos não integrarão o rol dos bens doados, porque a exegese restritiva impede que se ampliem os horizontes da contratação.

Por se tratar de ato extremamente gravoso, pelo qual o agente deixa voluntária e espontaneamente de ter determinado direito, a renúncia também é negócio jurídico a ser interpretado de maneira restritiva. Assim, se o herdeiro renuncia à fração que receberia por falecimento do progenitor, continuará tendo direito à eventual fração que lhe sobrevenha por força de indignidade judicialmente reconhecida contra outro herdeiro. Isto porque a causa de receber, então, não mais será a participação direta na herança por força de direito ligado ao estado de filiação, mas sim oriundo da impossibilidade de o co-herdeiro suceder em função de fator impeditivo previsto na lei. Ademais, a vontade do renunciante sempre deve ser encarada como algo limitado, restrito e sem possibilidade de ampliação para além do que expressamente consta.

No caso de dubiedade, contradição ou obscuridade na manifestação volitiva inserida em negócio jurídico benéfico ou em renúncia, deve o intérprete determinar que se adote o caminho menos gravoso e oneroso para o agente que deu origem ao ato, pois isso também integra o modo restritivo de analisar tais situações.

Para ultimar o estudo deste tópico, algumas situações concernentes ao rumo da interpretação da vontade podem ser assim explicitadas: a) na compra e venda, as cláusulas geradoras de dúvidas a respeito da coisa alienada interpretam-se mais favoravelmente ao comprador, eis que o vendedor conhece melhor o bem; b) nos contratos de adesão, eventuais contradições ou ambigüidades conduzem a uma exegese benéfica ao aderente (art. 423 do Código Civil), porque se presume que a outra parte teve ampla oportunidade de construir adequadamente o teor da avença; c) as previsões testamentárias são vistas sob o prisma que melhor assegure o cumprimento da vontade do testador (art. 1.899 do Código Civil); d) nas relações de consumo, as cláusulas passam pela exegese que for mais favorável ao consumidor (art. 47 do Código de Defesa do Consumidor); e) na locação, as dúvidas são dirimidas em favor do locatário, parte presumivelmente mais fraca na relação; f) nas obrigações em geral, emprega-se o sentido menos gravoso ao obrigado (*in dubiis quod minimum est sequimur*); g) a transação sofre interpretação restritiva (art. 843 do Código Civil); h) a fiança não se submete a interpretação extensiva (art. 819 do Código Civil); i) nos contratos em geral, as cláusulas têm de ser analisadas dentro do contexto formado pela associação de todas as previsões idealizadas pelas partes, evitando-se o exame isolado das colocações feitas; j) não se aproveita interpretação inútil, sem lógica e sem razoabilidade; k) quem redige o instrumento suporta exegese menos gravosa à outra parte, que não o elaborou.

13.10. Reserva mental

No art. 110 do Código Civil encontra-se disposição que foi pela primeira vez inserida direta e expressamente no ordenamento: "*A manifestação de vontade subsiste ainda que o seu autor haja feito a reserva mental de não querer o que manifestou, salvo se dela o destinatário tinha conhecimento*". As exteriorizações da vontade devem ser respeitadas ao máximo em seu conteúdo, haja vista que por meio delas as pessoas têm reconhecidos direitos e assumem obrigações. Tanto mais forte será a manifestação volitiva quanto mais correspondente com o ânimo interno do agente, pois defeitos há que maculam a emanação de vontade. Tais vícios podem levar inclusive à nulificação do ato negocial, se forem de envergadura tal que comprometam a própria estabilidade das relações jurídicas e afrontem a lisura que se espera de pessoas que estejam assumindo deveres ou reconhecendo direitos. Por outro lado, há casos em que a falta de correspondência entre a vontade emitida e o querer do agente é de menor gravidade sob o prisma da ofensa ao ordenamento jurídico e aos interesses públicos nele incrustados. Dessa incoincidência entre a vontade manifestada e o efetivo *animus* do agente quanto ao ato praticado é que surge a noção de *reserva mental*, que na verdade se traduz em fenômeno íntimo pelo qual a pessoa exterioriza uma vontade jurídica que por alguma razão não desejaria estar declinando na forma ou com o conteúdo a ela dados.

Não se confundem os vícios da vontade (erro, dolo e coação) e os vícios sociais (simulação e fraude) com o conceito de *reserva mental*, pois nesta não há indução exógena, equívoco na manifestação volitiva, conluio com vistas a fim ilídimo ou vício capaz de por si mesmo macular o negócio; há, isto sim, contradição entre o desejo íntimo e a vontade manifestada, com ciência do destinatário quanto a este aspecto. Embora não configure uma ilicitude civil, a existência da *reserva mental* prevista no dispositivo conduz à insubsistência da vontade exarada, como forma de preservação da real intenção do agente.

Em nome da estabilidade das relações, e visando a evitar uma enxurrada de alegações em torno da insubsistência dos negócios jurídicos por força de *reserva mental* criada pelo agente no momento da manifestação volitiva, o legislador optou por impedir que essa espécie de invocação possa prosperar. Destarte, a chamada *reserva mental* não tem o condão de afetar a perfeição do ato jurídico e de impedir a produção de todos os seus normais efeitos, salvo quando o destinatário do ato tinha conhecimento dessa circunstância. Assim, se determinada pessoa transfere um imóvel a terceiro contra a sua própria vontade internamente formada, pensando em promover apenas um ato transitório e que será revertido quando voltar de viagem que empreenderá ao exterior durante algum tempo, não poderá depois, findada a ausência, pretender desfazer a avença. Todavia, se o adquirente sabia da contrariedade do alienante e aceitou a situação para obter proveito, estará sujeito ao risco de integral afetação do negócio celebrado.

Quanto aos efeitos da reserva mental conhecida do declaratário sobre o negócio jurídico, há posições conflitantes na doutrina. Ao tempo da vigência do Código Civil de 1916, que sequer mencionou a reserva mental, predominava a posição no sentido de que a sua presença levava à invalidação do negócio, à semelhança do que ocorria quando constatados vícios do consentimento. *Nelson Nery Jr.*, na ocasião, bem esgrimiu a matéria: "*A posição que se nos afigura como a melhor, dentre aquelas defendidas pela doutrina, é a que dá à reserva mental conhecida (e não comunicado, previamente, o conhecimento ao reservante) os efeitos da simulação, tornando o negócio assim realizado suscetível de ataque por invalidade*" (Vícios do Ato Jurídico e Reserva Mental, "Revista dos Tribunais", 1983. p. 80). O renomado autor encontrava escudo para o seu entendimento no art. 244 do Código Civil Português, que atribuía à reserva mental conhecida pelo declaratário os efeitos da simulação, que, na codificação brasileira revogada, acarretava a anulabilidade do negócio defeituoso (hoje provoca a nulidade). Tal entendimento não encontrava grande dissonância, prevalecendo entre os doutrinadores de escol e sendo eventualmente acolhido nos Tribunais, onde, contudo, predominava a afirmação de que a reserva mental não tinha nenhuma importância para o mundo jurídico, haja vista a ausência de previsão legal em torno do tema.

A partir do advento da codificação hoje em vigor, que disciplinou a reserva mental no art. 110, voltou à baila com maior ênfase a discussão, pois o legislador não definiu expressamente quais as conseqüências da sua ocorrência. Muitos ainda defendem a mesma noção prevalente à época do direito revogado, ou seja, a de que a reserva mental conhecida da parte destinatária da vontade, à semelhança dos vícios de consentimento, produz a anulabilidade do negócio. Por outro lado, há quem pugne pela idéia de que a reserva mental conhecida da parte contrária importa na falta da intenção de enganar, e, portanto, na conclusão de que não houve manifestação de vontade a ser considerada, razão de inexistência do próprio negócio jurídico como um todo. Segundo *Moreira Alves* (*apud Carlos Roberto Gonçalves*, Direito Civil Brasileiro, Saraiva, vol. I, p. 311), "*a reserva mental conhecida da outra parte não torna nula a declaração de vontade; esta inexiste, e, em conseqüência, não se forma o negócio jurídico*". E adiante, ainda a respeito da reserva mental conhecida do declaratário, diz que "*se configura a hipótese de ausência de vontade, e, conseqüentemente, de inexistência do negócio jurídico*". Existe também quem afirme que a reserva mental conhecida pelo declaratário determina a necessidade de adequação do negócio à intenção real do declarante (*Fábio Ulhoa Coelho*, obra citada, p. 295); tal posição, todavia, não solucionaria por inteiro o problema, pois se a intenção efetiva do emitente não é a de celebrar o negócio naqueles moldes, este há de ser afetado pela reserva de alguma maneira, residindo exatamente nisso a necessidade de avaliar se seria o caso de anulabilidade, de nulidade ou de inexistência. Observado o texto do art. 110 do Código Civil, que trata da questão atinente à subsistência ou não *da manifestação da vontade*, e não à sorte *do negócio jurídico* como um todo, a solução mais adequada consiste em considerar afetada a própria declaração volitiva, que, por se tornar insubsistente, faz ausente qualquer vontade apta a produzir repercussões no plano jurídico. Destarte, insubsistente a declaração de vontade, resta apenas a alternativa de considerar inexistente o negócio jurídico celebrado (porque ausente elemento basilar de constituição, qual seja, a emissão de vontade), aspecto a ser reconhecido em juízo por meio do manejo de demanda apta a declarar tal situação técnica.

São pressupostos para o reconhecimento da alegação de *reserva mental* como fonte de insubsistência da manifestação de vontade: a) divergência entre o elemento anímico interno e o querer efetivamente manifestado; b) ciência dessa circunstância pelo destinatário da manifestação volitiva (comprador, vendedor, donatário, herdeiro testamentário etc.); c) prejuízo material ou moral para o agente (ou sucessores) que emitiu a vontade não querendo aquilo que manifestou, como decorrência do ato jurídico; d) prova inequívoca de todos os elementos ensejadores. Havendo a conjugação de todos esses elementos, entende-se que o declaratário da vontade externada aceitou o seu conteúdo e incorporou ao universo negocial o risco de afetação, a ser concretizado ou não por iniciativa do declarante. Na prática, a reserva mental conhecida pelo declaratário funciona como se houvesse sido realmente exteriorizada, embora continue mantida no plano mental das partes envolvidas.

Saliente-se que, por óbvio, a ciência do declaratário acerca da reserva mental do declarante não depende de manifestação exterior provinda deste. Afinal, uma das peculiaridades marcantes da reserva é exatamente a sua preservação em segredo pelo declarante. Se há expressa apresentação do querer, inexiste reserva em sentido jurídico, não havendo razão para invocar essa circunstância como base da insubsistência do negócio efetivado.

Todavia, é perfeitamente possível que em determinados quadros fáticos o declaratário acabe tomando ciência da reserva mentalmente formulada pelo outro celebrante, seja em virtude das particularidades objetivas do evento como em função da experiência do declaratário em negociações similares. Aliás, não importa como ou por quê este chegou à descoberta da reserva, pois uma vez demonstrado que a conhecida incide a norma que permite a dedução de pleito judicial no sentido da afetação do negócio ajustado, haja vista a ausência de manifestação concreta de vontade. Há inclusive a perspectiva de invocar o conhecimento da reserva a partir de presunção de ciência pelo declaratário, quando provado que este tinha suficientes e inarredáveis motivos para saber da sua existência, ainda que negue essa circunstância.

Não se pode confundir a reserva mental com a simulação, que é causa de nulidade absoluta do negócio. A diferença mais evidente reside no fato de que a simulação, como vício social e fator de afirmação judicial de nulidade, pressupõe o objetivo, que as partes têm, de aparentar a realização de um negócio que na verdade não existiu, *v. g.*, transferindo bens do devedor para o credor como se fosse hipótese de compra e venda, quando na realidade apenas tencionam frustrar créditos alheios por meio de aparente avença onerosa. Na reserva mental não há ajuste volitivo para prejudicar outrem, nem tampouco as partes buscam um desiderato comum. Mesmo quando ambos os celebrantes fazem reserva mental, cada um procura alcançar determinada finalidade autônoma por meio da ocultação recíproca de propósitos. Eles não pretendem simular nada; apenas promovem reserva que, não chegando ao conhecimento do pólo contrário, não atinge a perfeição do negócio. Contudo, se o declaratário tomou ciência da reserva, isso acarretará a derrocada da pretensão deduzida pelo declarante no plano concreto, porque destoante daquela mentalmente formulada.

Capítulo 14

DOS DEFEITOS DOS NEGÓCIOS JURÍDICOS

14.1. Considerações gerais

Todo negócio jurídico provém de manifestação volitiva do agente e visa à produção de determinados efeitos. Pressuposto do surgimento do negócio, portanto, é a existência de uma vontade válida e eficaz a dar-lhe nascedouro escorreito. Faltando a emissão de vontade o negócio jurídico sequer chega a constituir-se, haja vista que a total ausência do consentimento impede que se complete o ciclo de formação previsto no ordenamento. Por outro lado, sempre que houver manifestação volitiva e estiverem preenchidos outros requisitos colocados em lei dá-se a formação do negócio. Isso, contudo, não significa que será perfeito e produzirá os resultados para os quais se destinava, pois a declaração de vontade deve guardar estrita sintonia com o querer íntimo do agente, ou seja, tem de existir consonância entre o desejo íntimo deste e o conteúdo da vontade emitida, sob pena de esta última restar viciada e sujeitar o negócio a invalidação.

A formação perfeita do negócio jurídico depende basicamente de duas avaliações iniciais: a) verificação da existência de manifestação volitiva; b) correspondência entre o elemento anímico interno do agente e a sua exteriorização. Sendo superada essa fase sem sobressaltos, pode-se considerar a existência de negócio apto a produzir as conseqüências a ele inerentes; não havendo equilíbrio entre os itens acima elencados, vislumbra-se a presença de defeito na formação do negócio, circunstância que o poderá levar à anulação. Em suma, há negócio jurídico, mas o ordenamento ameaça-lhe a normal eficácia e admite que seja desfeito mediante provocação do interessado.

Na realidade, quanto à manifestação de vontade os negócios jurídicos podem ser: a) inexistentes: quando não há qualquer emissão volitiva, como acontece no caso de um nubente que, indagado pela autoridade competente, deixa de dizer se aceita ou não casar com o outro; b) nulos: quando a emissão de vontade parte de pessoa a quem o ordenamento jurídico não reconhece aptidão para externá-la de qualquer modo, como na hipótese de compra e venda de imóvel em que figura como alienante um menor de idade ou um interdito, porque então haverá apenas a aparência de que ocorreu manifestação anímica, mas esta é absolutamente írrita; c) anuláveis: quando, embora tendo havido a exteriorização da vontade por pessoa capaz de assim proceder e que teria condições plenas de fazer perfeito o negócio, este fica sujeito a invalidação por força da contrariedade entre o desejo interno e a manifestação efetivamente declinada pelo agente; d) válidos e eficazes: quando o agente emite vontade perfeita e sem espécie alguma de vício, do que decorre a produção normal de todos os efeitos próprios do negócio entabulado.

Pode causar estranheza a expressão *negócio jurídico inexistente*, pois se inexiste nem mesmo pode ser adjetivado de negócio jurídico; todavia, merece referência a distinção entre a nulidade absoluta e a inexistência, pois enquanto nesta falta por inteiro a emissão de vontade, naquela apenas aparentemente está presente a manifestação anímica, diferença que não permite equiparar a inexistência à nulidade.

14.2. Espécies de defeitos

O Código Civil expõe, nos arts. 138 a 165, os defeitos que maculam o negócio jurídico e o tornam anulável, disciplinando os mecanismos de verificação e de afirmação dos vícios, além de enumerar os resultados decorrentes desse quadro. Ao elencar os defeitos, o legislador não se ocupou de fazer uma classificação e tampouco qualquer separação fundada nas peculiaridades de cada instituto, tarefa que cabe exatamente à doutrina e à jurisprudência. Necessário dizer, neste compasso, que são considerados defeitos do negócio jurídico o erro ou ignorância (arts. 138 a 144), o dolo (arts. 145 a 150), a coação (arts. 151 a 155), o estado de perigo (art. 156), a lesão (art. 157) e a fraude contra credores (arts. 158 a 165). Em todos eles existe a afetação da vontade do declarante, ou uma emissão volitiva em descompasso com o ordenamento jurídico visando a finalidade coibida. Daí o porquê de dividir os defeitos do negócio jurídico em vícios do consentimento e vícios sociais, partindo-se, nessa tarefa, da localização do problema no *iter* a ser percorrido com vistas à formação do negócio. Se o defeito está situado na própria vontade do agente, que a emite em desacordo com a elaboração interna que fez, tem-se vício do consentimento. Se, ao contrário, há correspondência efetiva entre a criação mental do agente e a exteriorização dessa vontade internamente gerada, mas o resultado que se tenciona auferir entra em choque com as previsões normativas, está-se diante do denominado vício social. Pelos motivos e exposições que serão feitas na seqüência, desde logo pode-se dizer que ao primeiro grupo pertencem o erro, o dolo, a coação, o estado de perigo e a lesão; pertence ao segundo a fraude contra credores, acompanhada circunstancialmente da simulação, que veio a ser tratada pelo legislador em separado, agora como fonte de nulidade (e não de mera anulabilidade), no art. 167 do Código Civil. Eis, então, as duas categorias de defeitos que afetam os negócios jurídicos: uns atingem a própria manifestação de vontade, razão pela qual chamam-se vícios do consentimento; outros afetam o ato pela desconformidade do seu resultado com a lei, o que os faz serem conhecidos como vícios sociais.

Torna-se a dizer que os vícios do consentimento são marcados por peculiar característica, qual seja, a de que o agente elabora em seu íntimo um querer diferente do externado. Tal situação tem como fonte elementos de natureza interna ou externa, que vão desde a equivocada percepção da realidade pelo agente em si mesmo (*v. g.*, porque auto-iludido por falsa impressão) até a interferência malevolente de terceiros, que perturbam a elaboração da vontade. Necessário observar, neste compasso, que no erro e na lesão a vontade do agente não é afetada por uma conduta provinda da parte contrária ou do sujeito a quem aproveita o resultado do negócio jurídico. No caso de dolo e coação, quem atua no sentido da formação da vontade distorcida do declarante é a própria parte contrária, ou o beneficiário do ato. E, finalmente, no estado de perigo existe o locupletamento de quem se vale de situação extrema do declarante com vistas à obtenção de vantagem. Em suma, e como ponto comum a todas as espécies, nos vícios do consentimento a manifestação volitiva não guarda correspondência com a produção mental formulada, de modo que o genuíno desejo do sujeito não vem a ser materializado, permanecendo recluso na seara abstrata. Como derradeira assertiva, é possível observar que nos defeitos do consentimento a real intenção do indivíduo diverge da forma final exteriorizada, trazendo-se a lume tão-somente a aparência de vontade perfeita, sem que na verdade o seja. Não se está cogitando, aqui, de ausência de manifestação volitiva juridicamente apreciável (produtora de nulidade), de vez que o sujeito efetivamente age no sentido de apresentar o seu desejo negocial; cuida-se, isto sim, de constatar a existência de uma vontade defeituosa, e que como tal pode ser questionada, culminando na sua anulação, nos casos e hipóteses previstos na lei.

Para que o estudo da matéria tome o rumo adequado, impõe-se atentar para o fato de que a presença de vícios do consentimento não provoca, *pleno jure*, a insubsistência do negócio em que se insere. Ainda que inegavelmente se tenha uma imperfeição, o legislador não a considera suficientemente grave a ponto de contaminar irremediavelmente o ato, mormente porque, consoante afirmado *retro*, estão em jogo interesses de natureza privada. Disso se infere que a ingerência do Estado, afora prescindível, poderia ocasionar efeito contrário ao desejado pelo próprio declarante, a quem, embora potencial alvo de prejuízo, deve-se deixar a faculdade de postular a anulação ou admitir que se convalide a espécie imperfeita. É por isso que o rol dos sujeitos legitimados a pleitear a anulação apresenta-se restrito e diminuto, por envolver com exclusividade aqueles que podem vir a sofrer os prejuízos resultantes do negócio jurídico entabulado a partir da emissão imperfeita da vontade. Somente nos casos de vícios insanáveis, invariavelmente revestidos de alargado interesse público em se os combater, é que o legislador prevê a nulidade como única e definitiva solução.

Assim como ocorre nos vícios do consentimento, os denominados vícios sociais também se traduzem em defeitos dos negócios jurídicos. Contudo, há de se fazer distinção entre o tratamento que lhes era dado pelo Código Civil revogado e pela atual codificação. Isto porque a fraude contra credores e a simulação, que desde sempre foram os vícios sociais admitidos pelo legislador pátrio, passaram a trilhar rumos diversos a partir da entrada em vigor do novo Código Civil. Anteriormente, recebiam tratamento idêntico, constituindo-se em defeitos capazes de levar o negócio jurídico à anulação a partir da iniciativa do sujeito legitimado. Agora, enquanto a fraude contra credores continua sendo vício apto a gerar a anulabilidade do ato, a simulação recebeu especial distinção, figurando entre as máculas que o tornam nulo. Considera-se, destarte, sanável a fraude e insanável a simulação, mormente em virtude das características peculiares de cada instituto, que serão oportunamente analisadas.

Embora já se tenha feito referência a isto, importa outra vez mencionar a circunstância de que os vícios sociais atingem de maneira profunda o próprio ato negocial, e não somente a vontade emitida pelo agente. Este, buscando resultado final abominado pela ordem normativa posta, emite vontade que coincide com aquela internamente elaborada, ou seja, inexiste descompasso entre o querer externado e o desejo formado no psiquismo do sujeito. Ele quer efetivamente aquele específico resultado, mas a norma não o admite. A mácula, portanto, está situada única e exclusivamente na diversidade entre o objetivo do declarante e o ordenamento legal, de modo que a insubsistência do negócio é corolário desse conflito. Cabe aqui repisar a afirmação de que a emissão de vontade perfeita é pressuposto essencial da validade do ato; contudo, não basta que exista a exteriorização da vontade, sendo imprescindível que ela seja límpida e isenta de afetações no que pertine ao próprio sujeito emitente e ao imperativo da lei. Essa coincidência não se faz presente, por exemplo, na conduta de quem se desfaz fraudulentamente de todo o acervo patrimonial particular imbuído do desiderato único de evitar o pagamento de suas dívidas. O agente deseja mesmo transferir os bens, e assim procede; todavia, a lei, secundada pelo princípio geral da boa-fé, coíbe esse comportamento por meio de previsão que autoriza o terceiro prejudicado a promover ação tendente a anular as transmissões em relação ao lesado, viabilizando a constrição e a posterior excussão judicial.

Nos negócios jurídicos bilaterais e plurilaterais, basta que uma só vontade esteja viciada, ou que incida uma única intenção contrária à lei ou à boa-fé para que se faça possível a invocação da presença do defeito como elemento apto a produzir a integral insubsistência do ato. Não se pode olvidar, porém, do fato de que terceiros de boa-fé recebem especial atenção do legislador e podem ser resguardados em suas prerrogativas mesmo diante da constatação de que houve imperfeita formação do negócio de que se originaram os direitos subjetivos discutidos. Esses aspectos serão alvo de mais aprofundada análise no momento oportuno, especialmente quando do exame do instituto da fraude contra credores.

Verificada a conformação básica dos defeitos dos negócios jurídicos, cabe aduzir que os vícios do consentimento decorrem de interferências externas ou exógenas, ao passo que os vícios sociais são concebidos a partir de influências endógenas. A explicação é simples: ao externar uma vontade que está em descompasso com o querer interno, o sujeito age impelido por fatores que vêm de fora para dentro, causando distorção na compreensão da realidade que o cerca. Exemplo disso se tem na hipótese da pessoa que compra um terreno situado no meio da quadra quando imagina estar adquirindo o terreno da esquina, sendo levado a isso pela malevolência (dolo) do vendedor. Por outro lado, nos vícios sociais não existe essa formatação, de vez que o defeito está no resultado que se busca, e não na elaboração e tampouco na emissão volitiva. Neste último caso se percebe que o fator predominante a macular o ato é endógeno, partindo de dentro para fora e buscando ferir interesses de terceiros e a lei propriamente dita. Em quaisquer das situações é perceptível a presença de inegável e vigorosa preocupação ética a sustentar a instituição de normas dotadas de caráter protetivo. E não se diga que o princípio da segurança das relações jurídicas fica abalado ante a perspectiva de anulação dos atos. Afinal, o mesmo princípio, que via de regra outorga efetividade aos negócios enseja, noutras vezes, a sua supressão como mecanismo de tutela de interesses mais elevados.

Ao longo da evolução da ciência do direito, pode-se perceber claramente a preocupação dos estudiosos em conciliar, de um lado, a necessidade de atribuir vigor jurídico à declaração emitida, e, de outro, o imperioso mister de respeitar a vontade real do agente. Esse constante embate entre as teorias da declaração e da vontade vem atravessando séculos, tendo como ponto de partida o antigo Direito Romano, que conferia à declaração objetiva o caráter de exclusiva fonte de verificação da vontade negocial do agente. Na seqüência, já na sua fase clássica, o mesmo Direito Romano passou a admitir a possibilidade de que a vontade emitida talvez não coincidisse com o real querer do sujeito, do que emergiu a perspectiva de investigação do elemento anímico concreto — sem, contudo, desprezar a declaração material — como elemento de constatação da efetividade do negócio entabulado. A ordem jurídica brasileira filiou-se a este último posicionamento, de molde que confere predominância da vontade sobre a declaração, mas reconhece nesta a mais imediata fonte de informação acerca do fator anímico do agente. Em suma, faz-se imprescindível a análise conjunta tanto da declaração exteriorizada como da vontade internamente elaborada, para que se possa retirar do contexto o verdadeiro sentido da manifestação do sujeito.

Capítulo 15

DO ERRO OU IGNORÂNCIA

15.1. Considerações gerais

Mesmo que agrupe sob a mesma rubrica o erro e a ignorância, o legislador não cuidou especificamente desta, limitando-se a disciplinar a matéria relativa àquele. É de observar que sequer foi mencionada a ignorância nos dispositivos legais que abordam a questão, de modo que ela recebeu da letra da lei apenas discreta referência, posta no título dado à respectiva Seção codificada. Esse procedimento repetiu o adotado pelo antigo Código Civil, mas desde logo é importante frisar que jamais houve qualquer prejuízo em razão da opção feita, pois erro e ignorância são equiparados em efeitos no concernente à sua colocação como vícios do consentimento, embora não tenham exatamente igual significado técnico.

Ignorância é o completo desconhecimento em torno de determinado tema e da realidade que o cerca. Erro é o conhecimento inexato ou falso a respeito de certo assunto, objeto ou pessoa. Enquanto na ignorância o sujeito tem a mente em branco, ou seja, não forma qualquer definição sobre o aspecto que estiver em apreço, no erro o agente elabora em seu íntimo um quadro equivocado, divergente da realidade. Não obstante essa diferenciação conceitual, o legislador não estabeleceu conseqüências jurídicas diversas para os institutos supracitados, admitindo que a presença de qualquer deles viabilize pleito judicial no sentido da anulação do ato praticado sob a sua nociva influência. Isto porque em ambas as situações o agente é levado a emitir vontade que não exteriorizaria se conhecesse a realidade das circunstâncias que cercam o negócio jurídico. Como elabora internamente um querer baseado em equivocada apreensão dos fatos, manifesta-se com suporte exclusivo — ou principal — nesse quadro e acaba dando nascedouro a ato jurídico passível de anulação.

Ainda que não tenha conferido especial ênfase à ignorância como defeito do negócio jurídico, o legislador em várias ocasiões faz menção ao instituto dentro do Código Civil, *v. g.*, arts. 443 (vícios redibitórios), 850 (transação) e 1.974 (rompimento do testamento). Por sua vez, a alusão ao erro é feita em inúmeras oportunidades na codificação, por ser defeito mais presente nas relações comuns travadas entre particulares.

Não se pode confundir o erro com o dolo, pois enquanto neste o agente é levado a emitir a vontade a partir de ardil ou artifício engendrado por outrem com o fito de ludibriá-lo, naquele é o próprio emitente que se engana sozinho, sem a participação de terceiro que acaso tivesse o intento de afetar a elaboração mental. O dolo pressupõe indução provinda de outra pessoa, ao passo que o erro não deriva de atuação estranha, mas sim da incidência de fatores externos que levam o agente a se equivocar. A diferença entre erro e dolo não se limita ao acima exposto, estendendo-se também para o campo da prova da existência do defeito. O dolo é mais fácil de demonstrar, pois sempre haverá a conduta objetiva de alguém na definição da vontade imperfeita do emitente. É situação que, via de regra, pode deixar vestígios perceptíveis e aptos a funcionarem como prova no sentido da anulação do negócio jurídico. Em relação ao erro a situação muda bastante, porque, ausente o agir malicioso de terceiro, resta ao interessado na anulação demonstrar que o seu elemento anímico foi afetado por imperfeita captação da realidade, nas condições e hipóteses previstas pelo legislador. A auscultação desse quadro interior — indireta e subjetiva — é tormentosa e geralmente traz sérias dificuldades, o que não acontece no tocante ao dolo, de aferição potencialmente direta e objetiva.

15.2. Características do erro

Nem todo erro é capaz de provocar a anulabilidade do negócio. A segurança das relações jurídicas deve ser preservada ao máximo, do que se extrai a necessidade premente de conservação dos atos praticados mediante emissão de vontade. Se a toda invocação pura e simples de erro correspondesse a insubsistência do ato, a segurança das partes ou de terceiros a respeito da validade e da eficácia geral das condutas estaria irremediavelmente comprometida. Em vista disso, o legislador procurou limitar ao máximo a possibilidade de anulação dos negócios jurídicos, reconhecendo como defeitos geradores da anulabilidade ocorrências específicas e pontuais, que exigem perfeita adequação dos fatos à norma para que seja factível a desconstituição do ato produzido.

Em toda anulação tem-se uma exceção à regra geral que indica a relevância da manutenção da validade e da eficácia da vontade emitida. Quando se debate a anulabilidade, entram inexoravelmente em choque princípios de extrema importância no mundo jurídico. De um lado, o vigor que se deve atribuir à vontade concreta e real do declarante; de outro, a já citada necessidade de conservação da segurança das relações jurídicas. Enquanto aquele primeiro fator encaminha a viabilidade da anulação quando a vontade verdadeira do agente não se externa em razão da ingerência do erro, o último reclama a garantia de estabilidade dos vínculos, para que tenham credibilidade e força perante todos. Filiando-se ao sistema da garantia, o direito brasileiro não deixou de admitir — como, de resto, as demais legislações evoluídas — a possibilidade de anulação em casos extremos, marcados pela presença de defeitos que afetam a estrutura negocial em seu núcleo. *"No meio-termo está a virtude, conciliando os dois princípios, e para isto levando em conta a vontade (tendência individualista) mas apenas quando o erro envolve o elemento principal da convenção"* (*Caio Mário da Silva Pereira*, "Instituições de Direito Civil", 12. ed., Forense, p. 354).

A afirmação da existência de erro apto a provocar a anulação acima referida depende da presença de diversos qualificadores, conforme expressa previsão normativa. O art. 138 do Código Civil preleciona: *"São anuláveis os negócios jurídicos, quando as declarações de vontade emanarem de erro substancial que poderia ser percebido por pessoa de diligência normal, em face das circunstâncias do negócio"*. A redação do dispositivo transcrito revela, em primeiro lugar, que para viabilizar a anulação o erro deve ser essencial ou substancial, entendendo-se como tal aquele que recai sobre aspectos fundamentais do negócio jurídico. A conduta do declarante da vontade tem como fator determinante aquele específico aspecto que se invoca como erro, de modo que o agente não se portaria daquela maneira (emitindo a vontade negocial) se soubesse exatamente das efetivas peculiaridades fáticas que cercavam o negócio no momento da declaração. Enfim, erro substancial é aquele que envolve circunstância cujo prévio conhecimento pelo agente faria com que ele não praticasse os atos conducentes à realização do negócio jurídico. É, portanto, defeito crucial e decisivo, pois sem a sua existência o negócio não se realizaria, devido ao fato de que a ciência da realidade pelo sujeito faria com que não tomasse parte no evento. Assim, quem adquire um conjunto de peças que pensa serem de prata, quando na verdade são de outro metal, está incorrendo em erro substancial, porque ao considerar os objetos como sendo de prata teve nisso a causa determinante da conduta de comprá-los, atitude que não tomaria se soubesse que não se tratava de prataria. Por ser essencial ou substancial, resta patente que o erro não pode incidir sobre elemento secundário do negócio, pois se assim for não haverá anulabilidade. Denominam-se *acidentais* as qualidades secundárias da pessoa ou do objeto atrelados ao negócio, caracterizando-se como aspectos praticamente despiciendos para a formação da vontade. E, por assim serem, não interferem na elaboração mental do declarante, que praticaria o ato mesmo se soubesse da realidade dessas qualidades secundárias a respeito das quais obrou em erro. Exige-se para a configuração do erro essencial ou substancial, portanto, que o declarante tenha incorrido em equívoco relacionado ao núcleo básico do negócio, porque nele é que reside o destino final da exteriorização volitiva, suscetível de imperfeição produtora da prerrogativa de anulação.

O erro meramente acidental não vicia a vontade a ponto de ensejar a anulação do negócio, porque diz respeito a aspectos ou qualidades secundárias do objeto e não permite concluir que o sujeito agiria de modo diferente se soubesse dos detalhes que lhe passaram ao largo. Seria acidental, por exemplo, o erro do adquirente que celebra a compra de um veículo da marca que desejava, mas pensando que a sua potência era de 110, quando na verdade era de 100. A diferença constatada não permite supor que o adquirente deixaria de ficar com o carro se soubesse que a potência do motor era um pouco abaixo da imaginada. Como se percebe, o sujeito adquiriu exatamente o bem que desejava, mas enganou-se quanto a um elemento meramente acidental e, portanto, secundário, incapaz de afrontar a regularidade do negócio entabulado. Diferente seria a situação se, por exemplo, o comprador pensasse estar adquirindo o automóvel "A" quando na realidade o objeto do negócio é o veículo "B". Neste caso, o erro do agente, sendo acompanhado das demais qualificadoras postas na lei, autorizaria o declarante da vontade a buscar a anulação do negócio, porque o seu querer interno não teve correspondência do resultado final, fruto da imperfeita impressão volitiva formada. Em cada hipótese concreta é que se pode verificar a ocorrência do erro, sendo impraticável qualquer exercício destinado a aferir de antemão e objetivamente, como se *tabelados* fossem, os acontecimentos que caracterizam o defeito em estudo.

Afora ser essencial ou substancial, o erro deve ter funcionado como causa determinante da realização do ato que se pretende anular, isto é, servir de único ou decisivo fator de convencimento do emitente da vontade. A imposição legal emerge de simples exegese em torno da construção gramatical do art. 138 do Código Civil, que considera verificado o defeito do negócio jurídico "*quando as declarações de vontade emanarem de erro substancial*", deixando entrever claramente a necessidade de que a declaração volitiva tenha sido expedida em função daquele específico quadro fático onde se insere o erro. Se a conduta do sujeito não teve o erro e suas circunstâncias diretas como elemento determinante, não se fará viável a anulação, porque ausente um dos pilares que sustentam a tese de insubsistência do ato, qual seja, a relação umbilical entre a emissão da vontade e o apontado defeito.

Seguindo no exame das particularidades do erro capaz de viabilizar a anulação do negócio jurídico, impende frisar que a dicção do art. 138 do Código Civil permite extrair ainda duas características que têm de existir no indigitado defeito: ele precisa ser escusável e real. Entende-se por escusável o erro que tem por substrato um motivo razoável, ou apresenta tal envergadura que qualquer pessoa de inteligência normal e média diligência poderia cometê-lo, consideradas as circunstâncias em que se efetivou o negócio. Se apenas com extrema desídia ou profunda negligência alguém poderia incorrer em erro naquele específico caso, não haverá defeito apto a anular o negócio, mas sim culpa do agente por atuar de maneira indevida e sem as cautelas mínimas necessárias, impondo-se, assim, que suporte eventuais ônus disso decorrentes. Como se denota, a legislação toma por base de aferição o comportamento do *homo medius*, isto é, a pessoa dotada de normal cognição e inteligência comum. Não exige que o declarante da vontade se porte à semelhança do homem aquinhoado com superior capacidade, nem admite que se comporte como um parvo e dê, culposamente, oportunidade à provocação do próprio infortúnio. Escusável, por assim dizer, é o erro que toda pessoa comum e ordinariamente atenta poderia cometer, tomadas em consideração as peculiaridades do caso concreto. Os erros indesculpáveis não podem servir de substrato para a anulação do negócio, sob pena de restar incentivada e protegida a negligência, quando na verdade o desiderato normativo é que o ser humano tome cuidados mínimos ao praticar atos com repercussão jurídica.

Sopesado tudo quanto se disse acima a respeito dos caracteres do erro como defeito negocial, toma-se exemplo extraído da jurisprudência, relativo a contrato de compra e venda, para melhor ilustrar a situação: "*Verificando-se que a compradora, simples dona do lar, através de seu esposo, igualmente pessoa de poucos conhecimentos — um marceneiro, adquire automóvel em empresa de estacionamento e comércio de veículos, e denotando-se após o pagamento da primeira parcela que o automóvel adquirido estava vinculado a consórcio, circunstância essencial do negócio que, se conhecida, não daria azo à conclusão da avença, deve ser anulado o contrato. Não é de se exigir de simples pessoa do povo que tenha ciência de termos técnicos e usuais do comércio de veículos e bens duráveis, mormente se, quando da efetivação da aquisição do veículo em empresa de automóveis, adquiriu justamente um carro de propriedade particular de um dos donos da firma, o qual estaria vinculado a sistema de consórcio com prestações reajustáveis e não fixas, consoante imaginava a compradora. Inegável, desta forma, a possibilidade de anular-se o negócio por erro, nos exatos termos do Código Civil*" (Apelação

Cível n. 01.013175-7, 1ª Câmara Civil do TJSC). Percebe-se, no contexto da decisão transcrita *retro*, o somatório de todos os pressupostos de aferição do erro, como vício apto a provocar a anulabilidade do negócio jurídico.

Nos negócios jurídicos bilaterais ou plurilaterais, não interessa, para a verificação da ocorrência do erro, qual o comportamento da outra parte celebrante, que em nada contribuiu para o evento. Tampouco será exigido que tenha condição de perceber o erro, ou que o pudesse reconhecer de alguma forma. Ainda que doutrinadores de escol imponham como condição de anulabilidade do negócio o fato de ser *"presumível ou possível o reconhecimento do erro pelo outro contratante"* (*Maria Helena Diniz*, "Curso de Direito Civil Brasileiro", 18. ed., Saraiva, p. 383), não se atribui, na espécie, importância maior ao elemento anímico da outra parte envolvida na avença, exceto quando for gerador direto do defeito (*v. g.* dolo ou coação). É suficiente que o declarante tenha emitido vontade viciada em situação que ensejaria igual procedimento por todos os indivíduos dotados de mediana capacidade mental. O legislador escusa o agente, permitindo que desfaça o ato eivado de vício, exatamente em virtude da perspectiva de que procede como o comum dos mortais faria.

Não se pode desconhecer que a norma ínsita no art. 138 do Código Civil estabelece alguns padrões objetivos de aferição do erro, indicando balizadores como a escusabilidade, a essencialidade e assim por diante. Contudo, não descura da tarefa de ensejar ao julgador considerável margem para proceder à avaliação subjetiva da situação concreta, embora submetida, também aqui, a fatores objetivos. Logo, cada caso posto em exame é de ser considerado de modo singular, como se fosse único, a fim de possibilitar a averiguação das circunstâncias do negócio e das pessoas envolvidas. O erro não existe como fenômeno tabelado e estanque, mas como realidade variável e contingente. Fatores múltiplos influem nessa perquirição, sendo exemplo deles a aptidão intelectual do declarante, o seu nível cultural, o meio de onde provém etc., mas sem que isso torne prescindível a colocação do *homo medius* como paradigma geral.

Consoante sobredito, o erro que vicia o ato deve ser real, isto é, aquele que acarreta efetivo dano para o agente, pois nenhum interesse tem o ordenamento — e nem o indivíduo — em fazer insubsistente um negócio que padece de imperfeição da qual nenhum prejuízo resultou. Essa orientação tem berço na velha máxima de que nenhuma nulidade será reconhecida sem que tenha causado prejuízo. Daí outorgar-se legitimidade para postular a anulação por erro somente a quem aproveitar a sentença, isto é, à pessoa atingida concretamente pelas repercussões jurídicas do vício. Fica excluída do rol, *v. g.*, a parte que celebrou determinado contrato com a pessoa de quem proveio a manifestação imperfeita da vontade.

O art. 139 do Código Civil evita maiores discussões em torno das hipóteses que definem o erro como substancial, fazendo *numerus clausus* acerca do tema. O elenco, destarte, não admite ampliação ou interpretação por analogia: "*Art. 139. O erro é substancial quando: I – interessa à natureza do negócio, ao objeto principal da declaração, ou a alguma das qualidades a ele essenciais; II – concerne à identidade ou à qualidade essencial da pessoa a quem se refira a declaração de vontade, desde que tenha influído nesta de modo relevante;*

III – sendo de direito e não implicando recusa à aplicação da lei, for o motivo único ou principal do negócio jurídico". Dada a relevância dessa norma, faz-se mister apreciá-la em tópicos independentes, conforme disposto na seqüência.

Quanto ao inciso I, principia-se por dizer que o chamado *error in ipso negotio* (erro quanto à natureza do negócio) existe quando o agente pensa em realizar determinada negociação e na prática está participando de outra. Há equívoco relacionado à própria natureza e estrutura do negócio celebrado. Exemplo: Pedro entrega a Fabiano uma quantia em dinheiro a título de mútuo e o recebedor pensa tratar-se de doação. Nesse caso, a idéia que o agente faz em torno do tipo de negócio é destoante do que efetivamente se verifica no plano concreto, de modo que se conhecesse a verdadeira natureza do ato não teria dele tomado parte.

Em determinados países (*v. g.*, Itália, França e Alemanha), importante corrente doutrinária chama esse acontecimento de *erro obstativo ou impróprio*, que tem como conseqüência a nulidade do negócio. O mesmo se verifica na hipótese de erro sobre o objeto principal da declaração, que será analisado na seqüência (*Caio Mário da Silva Pereira apud Maria Helena Diniz*, obra citada, p. 384). Porém, o ordenamento jurídico pátrio não se filiou a tal sistema, por considerar que em ambas as situações existe uma declaração de vontade que pode ser levada em consideração e produzir os efeitos que dela normalmente são esperados. Não existe nulidade, mas anulabilidade (dependente, portanto, de invocação expressa), pois ausente vício tão vigoroso a ponto de tornar imprestável na origem a manifestação do sujeito. Entendimento contrário implicaria na necessidade de aceitar, na prática, a completa ausência de vontade jurídica do sujeito na declaração que formula. Segundo Santoro-Passarelli, o erro obstativo ou erro-obstáculo consiste "*num vício da vontade do ato, excluindo a consciência do significado do próprio ato, de tal forma que este não é determinado, como deveria sê-lo, por uma vontade consciente*". O mesmo haveria se inexistisse vontade negocial, porque diversa na sua integridade (troca de uma declaração por outra) ou em um dos elementos que servem para individualizar o negócio concreto: objeto, pessoa, causa e modalidade (*apud Carlos Roberto Gonçalves*, obra citada, p. 365-366). Volta-se a frisar, todavia, que a noção de erro obstativo ou impróprio não foi incorporada ao direito positivo brasileiro, que optou pelo sistema da anulabilidade decorrente de erro substancial.

O erro sobre o objeto principal da declaração (*error in ipso corpore rei*) consiste na noção distorcida do agente quanto ao bem jurídico que está sendo alvo da negociação. A coisa relativa ao negócio, e que culmina sendo nele inserida, não era pretendida pelo declarante. Destarte, se Paulo dirige-se a determinada imobiliária com o fito de adquirir o terreno situado na esquina da rua "A" com a rua "B" e acaba adquirindo erroneamente outra área, que também se encontra na mesma esquina, mas do lado oposto ao pretendido, incorre em erro quanto ao objeto da manifestação volitiva. Tencionando comprar outro imóvel, e não aquele que por erro acabou adquirindo, poderá desfazer o contrato sob o argumento de que houve vício substancial da vontade. Vale também citar o exemplo da pessoa que compra veículo com chassi adulterado (sem dolo do vendedor), pela configuração, na hipótese, de erro essencial, de feição escusável, sobre a identidade do objeto do ato jurídico, a viciar a vontade do comprador. Servem aqui as mesmas considerações feitas nos parágrafos antecedentes acerca da idéia de *erro obstativo* ou *impróprio*, não integrada ao nosso ordenamento.

Também se considera hábil a desfazer o negócio jurídico o erro substancial quanto a alguma das qualidades essenciais do objeto *(error in substantia ou error in qualitate)*, pois se o agente celebra o negócio jurídico relacionado exatamente ao bem desejado, mas imagina que ele tenha qualidades na prática inexistentes, e que aparentavam existir, estará incorrendo em erro que sujeita à invalidação tudo quanto firmado. O declarante supõe estarem presentes qualidades que a coisa não tem. É o que acontece, por exemplo, se alguém adquire um cão de raça apropriada para guarda, mas o animal escolhido na verdade foi treinado para caça. Embora o objeto adquirido coincida exatamente com o pretendido pelo agente, as suas qualidades não são as imaginadas, quando as características básicas do bem indicavam que estaria dotado dos atributos pretendidos.

Não se confunde o erro sobre as qualidades essenciais do objeto (art. 139, I, segunda parte) com o vício redibitório (arts. 441 a 446 do Código Civil). É certo que este deita raízes na ocorrência de um erro por parte do adquirente da coisa afetada por defeito oculto que a torna imprestável para o seu fim ordinário ou diminui o seu valor. Porém, o vício redibitório deixa patente um erro objetivo sobre a coisa, enquanto o erro sobre as qualidades essenciais tem como fonte a seara subjetiva, pois vinculado à manifestação imperfeita da vontade como resultado de defeituosa formação do querer no íntimo do declarante. Também no que concerne ao desiderato do legislador há diferença importante entre os institutos, pois a anulabilidade por erro substancial visa a oferecer uma faculdade a quem aproveite o seu reconhecimento, ao passo que a teoria do vício redibitório constitui garantia inserida em todo negócio jurídico oneroso e oferece ao lesado a oportunidade de redibi-lo ou de exigir abatimento proporcional no valor pago. Por fim, um exemplo ilustra adequadamente a diferença de ambos no plano concreto: se Pedro adquire um cofre que acredita ser de aço duplo, mas que na realidade é de metal sem resistência, incorre em erro essencial e pode postular a anulação da compra; se, todavia, adquire um cofre de aço — como pretendia — e ele não funciona por defeito oculto no mecanismo de travamento, haverá nisso vício redibitório que enseja o desfazimento da avença ou proporcional diminuição no preço.

Relativamente ao inciso II, é de salientar que não apenas o erro sobre o objeto da declaração de vontade pode gerar a anulação do negócio jurídico. Também o erro acerca das qualidades essenciais da pessoa a que se refira a manifestação volitiva *(error in persona)*, quando for a sua causa determinante, será capaz de acarretar a insubsistência do pactuado. Isto se dá quando determinado negócio é feito tendo em vista a pessoa com quem, ou em relação a quem, firmam-se as bases negociais, havendo erro por parte do agente em torno de aspectos fundamentais que, fossem conhecidos, retirariam do indivíduo o interesse em promover a declaração de vontade. Isso acontece nos negócios jurídicos celebrados *intuito personae*, aqueles em que o declarante tem em linha primordial de consideração aspectos pontuais que pertinem aos atributos do outro celebrante, do destinatário ou do beneficiário do ato. É o que ocorre, *v. g.*, quando Paulo, que pretende casar com Maria por intermédio de procurador, acaba casando com Joana, irmã de Maria, que se apresentou em seu lugar para a celebração e se fez passar pela noiva. São exemplos de alusões a essa modalidade de vício as previsões contidas nos arts. 1.556, 1.557, I a IV e 1903, todos do Código Civil.

O erro quanto à pessoa, embora substancial, somente possibilita a anulação se houver influenciado decisivamente, ou pelo menos de modo considerável e relevante, na manifestação da vontade, pois do contrário nenhuma ingerência terá sobre o negócio. Exemplo: se José adquire um terreno que pensa pertencer a Pedro, mas que tem como titular Carlos, inimigo do adquirente, não poderá postular a anulação do negócio sob o pretexto da existência de erro quanto à pessoa com quem contratou, porque esse detalhe não influiu de maneira essencial no resultado final. Cabe destacar que não haverá o vício em estudo quando o ato jurídico for daqueles praticáveis por um número considerável de pessoas, e não exclusivamente pelo indivíduo com quem o declarante contrata. A fungibilidade do ato afasta a anulabilidade porque a pessoa lesada poderá, mediante indicação de outro sujeito para a execução, alcançar o mesmo resultado originalmente pretendido. Exemplo: João contrata Paulo para fazer um muro, tendo levado em consideração as supostas habilidades do outro contratante. Caso venha a ficar constatado que tais aptidões inexistiam, poderá ser buscada a rescisão do contrato e a devida composição econômica, mas será inviável a anulação do negócio por invocação de erro substancial. Isto porque a singela obra que se tencionava fazer poderia ser executada por muitas outras pessoas sem prejuízo na qualidade do resultado.

A respeito do inciso III é imprescindível tecer algumas considerações especiais, até mesmo em homenagem à novidade que representa como instituto positivado pelo direito brasileiro. A matéria deixou de ser abordada unicamente pela doutrina e jurisprudência, passando a integrar o sistema normativo. Afora o erro substancial de fato, alvo dos incisos analisados acima (e que incide sobre elemento fático e não sobre a regra jurídica), tem-se ainda como causa de anulação do negócio jurídico o denominado erro de direito *(error juris)*, que se verifica quando o agente emite a declaração de vontade pensando que o faz em consonância com os ditames legais, mas na verdade ignora que a norma já não mais vige. Vale o mesmo para a situação do sujeito que imagina ter passado a vigorar certa norma que ainda não produz efeitos, ou para o caso de quem interpreta de forma equivocada a lei vigente, chegando a resultado diverso do pretendido. É bem verdade que o princípio segundo o qual não se pode alegar a ignorância da lei como fundamento para frustrar a sua aplicação *(ignorantia legis neminem excusat)* existe e merece redobrada atenção; todavia, não menos assente é a constatação de que as pessoas podem enganar-se quanto ao alcance da norma, à interpretação adequada da mesma ou ao conteúdo do ordenamento. É certo que se veda a alegação de ignorância pura e simples da lei como fonte de escusa; porém, haverá vício conducente à anulabilidade sempre que o ato for praticado com suporte em equivocada apreensão dos elementos jurídicos que cercam a questão. Portanto, optou o legislador por considerar o *error juris* como fator de anulação do negócio jurídico, contanto que, não implicando recusa à aplicação da lei, seja o motivo único ou principal do negócio jurídico.

Não haverá erro de direito quando a pessoa invocar a ignorância da lei procurando simplesmente afastar a incidência da norma, como no caso da venda de bens inalienáveis e posterior alegação no sentido de que o negócio é perfeito em razão de desconhecer o impedimento normativo. O art. 3º da Lei de Introdução do Código Civil de 1916 foi construído para evitar esse tipo de iniciativa ao referir que ninguém se escusa de cumprir a lei alegando que não a conhece. Destarte, o erro de direito capaz de anular o negócio vai muito além, caracterizando-se por conduta do sujeito que se dispõe a cumprir a lei, mas que tem a visão do *dever ser* distorcida ante o quadro aparente constituído. Exemplo: João firma contrato de compra e venda de um lote de medicamentos cuja comercialização foi proibida pouco antes do negócio. Tendo em vista o erro que funcionou como causa determinante da contratação, o declarante prejudicado pode invocá-lo como substrato da pretendida anulação. Note-se que com essa pretensão de desfazer a avença o sujeito não quer provocar o descumprimento da lei, mas, ao contrário, repor o *status quo ante* com o desiderato de ver observada a disciplina vigente. Ao manifestar a vontade, o sujeito pensa estar agindo de acordo com a lei, quando na realidade esse pressuposto internamente elaborado é equivocado, e nisso reside a perspectiva de anulação, fundada na ausência de má-fé e na demonstração cabal do erro de direito.

15.3. Falso motivo

O Código Civil de 1916 não vislumbrava no falso motivo fundamento bastante para a anulação do ato jurídico. Somente a falsa causa era considerada para a finalidade acima mencionada, haja vista a redação do art. 90: "*Art. 90 – Só vicia o ato a falsa causa, quando expressa como razão determinante ou sob forma de condição*". O novo Código Civil inverteu a situação e guindou o falso motivo ao patamar de fonte geradora da anulabilidade do negócio jurídico, dada a construção do art. 140: "*O falso motivo só vicia a declaração de vontade quando expresso como razão determinante*". Devem ser analisadas as conseqüências trazidas pela diferente opção da norma legal em vigor, se comparada com aquela que sofreu revogação. Motivo é a razão psicológica que leva o agente a realizar o negócio jurídico, ou seja, o impulso interno, subjetivo, acidental, que o impulsiona a exteriorizar a vontade. Não se confunde com a causa, que é o objetivo prático almejado pelo sujeito ao realizar o negócio jurídico, e, por assim dizer, o escopo final visado pela parte. Tomando-se por paradigma ilustrativo um contrato de compra e venda, a causa é o alvo concreto e objetivo do agente (ex: tornar-se dono do bem), a passo que o motivo é a base de ordem psíquica que o impele a tomar parte no negócio (ex: a espécie de satisfação pessoal que proporciona, a intenção de gratificar ou compensar, o pedido de um filho etc.).

A princípio, o negócio jurídico adquire eficácia independentemente do motivo e da causa que o geraram, situação derivada da predileção do legislador pela relevância do acontecimento negocial e pela constatação da inexistência de erro ou vício diverso a afrontá-lo. A menção à causa e ao motivo não figura como requisito posto pelo legislador para que o ato seja considerado válido e eficaz, sendo perfeitamente admissível que o declarante da vontade simplesmente omita toda e qualquer alusão a esses aspectos. Deixado à margem da manifestação volitiva, o motivo é visto como elemento secundário e de nenhuma relevância para a formação perfeita do ato. A presença de agente capaz, objeto lícito e possível, além de forma prescrita ou não defesa em lei e demais pressupostos de constituição válida atribuem perfeição ao negócio jurídico, como regra geral. Contudo, uma vez incorporado à estrutura negocial, o motivo deixa de ser aspecto acidental e assume importância singular, integrando-a como porção digna de consideração jurídica.

Com a modificação de posicionamento do legislador no novo Código Civil, a falsa causa deixou de ser fonte de invocação de insubsistência do ato, passando a surgir em seu lugar o falso motivo. Isto porque na verdade a causa integra o próprio tipo negocial (na compra e venda, por exemplo, o adquirente sempre quer tornar-se dono da coisa), o que não ocorre em relação ao motivo que impeliu o sujeito a comportar-se daquela maneira. Assim procedendo, o ordenamento resguarda o declarante que emite vontade viciada por erro situado na elaboração mental do elemento volitivo, vinculada à definição da fonte geradora da decisão de praticar o ato. Sem dúvida, a estrutura da norma em análise é mais adequada à conjuntura das relações interpessoais da atualidade, de vez que prestigia com maior ênfase o fator de caráter anímico ante o de natureza técnica. Tendo no espírito certo quadro erroneamente formado por ingerência de falso motivo, o agente manifesta vontade imperfeita que pode ser anulada nas circunstâncias ora brandidas.

Somente em quadros excepcionais o motivo será tomado em conta a ponto de autorizar o agente a pleitear, com base na sua falsidade, o reconhecimento de que a manifestação de vontade foi viciada e a conseqüente invalidação do negócio. Tal excepcionalidade apresenta-se quando a razão ou motivação determinante da realização do negócio, além de expressamente consignada pelas partes, vem depois a ser desvendada como falsa, sendo exemplo disso o testamento em que Carlos institui legatário Francisco, declarando que o faz porque este tinha sido um sócio honesto e dedicado na empresa pertencente a ambos. Se o legatário na realidade não houver sido sócio do testador na aludida empresa, ou ficar provado que se apropriara de dinheiro a ela pertencente (ludibriando a outra parte), terá ocorrido erro quanto ao motivo determinante do negócio jurídico *causa mortis*, sujeitando-o à invalidação. Isto porque o motivo que conduziu o agente a externar aquela vontade específica era falso, acarretando uma contraposição entre o desejo do indivíduo, a sua convicção íntima e a realidade exterior.

Para viciar o negócio, a expressa referência ao motivo deverá ser feita no próprio instrumento de celebração, ou em peça apartada que contenha inequívoca ligação com este, devendo, então, ser vazada com adoção da mesma forma de confecção da peça principal. Também os negócios jurídicos feitos verbalmente poderão ser invalidados por erro, mas a existência de certo motivo como razão determinante da manifestação volitiva, bem como a sua falsidade, terão de ser demonstradas de maneira cabal pelo interessado.

15.4. Transmissão errônea da vontade

No art. 141, o Código Civil prevê a possibilidade de anulação dos negócios jurídicos por força de equivocada transmissão da vontade, quando feita por mecanismo indireto, isto é, entre ausentes e sem que o declarante pessoalmente exteriorize o seu querer. Diz o citado dispositivo legal: "*A transmissão errônea da vontade por meios interpostos é anulável nos mesmos casos em que o é a declaração direta*". Meios interpostos são aqueles que não testificam a manifestação volitiva na presença física do agente, mas por meio de artifícios mecânicos ou mesmo de outra pessoa (representante legal, procurador, emissário etc.). É possível que o sujeito recorra a algum dos métodos acima para agilizar a declaração de vontade e fazer mais rapidamente tramitar a concretização do negócio que estiver encaminhando, ou simplesmente opte por meio interposto em virtude da maior comodidade ou conveniência que propicie. Dado o constante avanço tecnológico e a idealização de novos mecanismos de comunicação instantânea, vem crescendo o acesso e a busca de substituição da presença pessoal do contraente por outras formas — ditas indiretas — de exteriorização da vontade, como o *fac-símile*, a Internet etc., além de outras tradicionais, como o telegrama, o telégrafo, o serviço de correios e assim por diante.

Seja no caso de utilização de meios mecânicos, seja por meio de interposta pessoa, a declaração da vontade, quando viciada por erro de direito ou de fato, pode ser tornada inválida, contanto que se enquadre nas mesmas situações teoricamente previstas pelo ordenamento jurídico para anulação da vontade diretamente declinada pelo agente. Isto porque a eleição deste ou daquele meio de transmissão não elide a identidade do elemento anímico, isto é, independentemente do mecanismo idôneo de declaração volitiva escolhido pelo agente, a vontade é exatamente a sua, e não a da interposta pessoa ou a de qualquer outro sujeito. Portanto, se o veículo, por erro essencial, não transmite fielmente o querer do indivíduo, acarretando conflito entre o elemento anímico e o conteúdo declinado, estar-se-á diante de negócio jurídico anulável.

A transmissão errônea da vontade somente será capaz de acarretar a anulabilidade do negócio jurídico quando o defeito derivar de equívoco escusável produzido pelo meio de comunicação escolhido ou pela pessoa interposta. Quando houver culpa do declarante ou do seu emissário não se viabilizará qualquer pleito anulatório, haja vista que tal ocorrência sequer ensejaria a anulação da declaração direta, de maneira que também fica afastada a perspectiva de argüição de vício da vontade indiretamente externada. Afinal, o art. 141 preleciona expressamente que a insubsistência nele referida só será admitida nas mesmas hipóteses previstas para a anulação do negócio por erro verificado na declaração direta. A culpa do agente na transmissão por meio interposto impede a configuração do erro essencial, nisso incluída a hipótese de conduta culposa de quem funcionar como emissário ou procurador, pois então haveria culpa *in eligendo et in vigilando* do senhorio ou mandante. Isto vale tanto para situações culposas como dolosas provindas do intermediário, pois cabia ao ordenador escolher adequadamente a pessoa incumbida de representá-lo. Não se pode olvidar que na atuação de alguém em legítima representação de outrem, a vontade é emitida em nome do representado e o obriga nos exatos termos em que exarada, ressalvada a possibilidade de exercício de direito regressivo em caso de haver abusos em relação aos limites dos poderes conferidos.

15.5. Erro na indicação da pessoa ou da coisa

No direito pátrio vigora o princípio segundo o qual deve aproveitar-se ao máximo a declaração de vontade, exceto quando nela estiver presente vício insuscetível de correção. Ademais, o legislador coloca o erro substancial como fonte geradora de anulabilidade, e não de nulidade, posição que visa exatamente a facultar ao interessado o aproveitamento da vontade emitida. Isso prevalece mesmo quando, embora viciada, não seja conveniente ou útil na prática a invocação do defeito e o desfazimento da estrutura negocial. Destarte, quando a vontade, ainda que imperfeita, contiver dados bastantes à identificação rigorosa da pessoa ou da coisa nela mencionadas, eventual iniciativa do emitente, salvo eventual acordo entre os interessados, poderá conduzir à anulação do negócio, pois o interesse público recomenda que como regra as emissões volitivas sejam de cumprimento obrigatório. É o que preleciona o art. 142 do Código Civil: "*O erro de indicação da pessoa ou da coisa, a que se referir a declaração de vontade, não viciará o negócio quando, por seu contexto e pelas circunstâncias, se puder identificar a coisa ou pessoa cogitada*". Exemplo desse quadro pode ser deduzido nos seguintes termos: por meio de testamento, Pedro institui herdeiro Nilton da Silva, dizendo que lhe deixa certo quinhão em virtude da amizade e dos préstimos que o beneficiário, contabilista, dedicou à empresa do testador. Todavia, o nome da pessoa que se enquadra na descrição feita é Milton da Silva, irmão do indivíduo efetivamente nominado (Nilton nem é contabilista, mas comerciário). Assim, resta evidente que houve mero equívoco perfeitamente contornável, pois a aferição da vontade do agente emerge clara do próprio instrumento e das circunstâncias. Igual solução vigora quando as partes pactuam a negociação de um reprodutor bovino Charolês, de nome X, com três anos de idade, campeão da exposição realizada na cidade de Esteio em certo ano, mas, no momento da entrega, verifica-se que o nome do campeão é Y, de propriedade do vendedor indicado. Sendo da raça pretendida pelo comprador, tendo três anos de idade e figurando como campeão da exposição mencionada no contrato, é evidente que ocorreu superável erro na indicação da coisa e que o animal vendido é mesmo o reprodutor de nome Y.

Portanto, sempre que possível deve prevalecer a declaração de vontade emitida pelos contraentes. Nenhum deles poderá pleitear a anulação do negócio por defeito substancial quando o contexto da avença deixar entrever claramente a vontade do declarante. Igual solução se apresenta para todos os atos, sejam unilaterais, bilaterais ou plurilaterais, dos quais se pode extrair com segurança técnica o exato conteúdo da vontade expendida. Com isso, o erro será considerado meramente acidental, somente vindo a caracterizar-se como essencial se não houver nenhuma condição de desvendar o elemento volitivo do sujeito, quanto à pessoa ou coisa a que aluda a manifestação.

Impende observar que o ônus de provar o erro recai sobre quem alega a sua existência. No caso de argüição de que houve a indicação equivocada prevista no art. 142, o sujeito que alega fica obrigado a demonstrar o erro, podendo valer-se de todos os meios de prova em direito admitidos. Contudo, não se trata de missão singela, de vez que somente através de dados objetivos e concretos se tornaria viável aferir o aspecto subjetivo do emitente da vontade. A investigação do querer do agente só se faz efetiva mediante apuração de acontecimentos exteriorizados, porque impossível auscultar o ânimo do indivíduo sem que dele tenham partido condutas no plano material. Enfim, não basta apenas afirmar a ocorrência do erro na indicação da pessoa ou da coisa, sendo imprescindível prová-lo e às suas circunstâncias.

15.6. Erro de cálculo

Quando a vontade deduzida pelo agente encontra correspondência com a prévia elaboração mental feita em torno da situação, e não entra em conflito com os ditames da lei nos demais aspectos que a cercam, tem-se uma manifestação volitiva perfeita e insuscetível de anulação. Todos os outros pontos que orbitam em volta do núcleo podem ser corrigidos mediante simples intervenção do agente que emitiu a vontade. Não existirá, em tal contexto, erro essencial a macular o ato, mas apenas equívoco de importância secundária e plenamente passível de restauração. É o que acontece no caso de se verificar a ocorrência de erro de cálculo, que admite retificação despida de maiores percalços. A base jurídica situa-se no art. 143 do Código Civil: "*O erro de cálculo apenas autoriza a retificação da declaração de vontade*". A tolerância legislativa quanto ao erro de cálculo tem fundamento na circunstância de que o direito firmado pela declaração de vontade normalmente não se altera em razão de equívoco relacionado ao *quantum* da obrigação, permitindo que a correção realizada mantenha a essência da declaração volitiva.

O erro de cálculo decorre de uma operação mal elaborada, cujo resultado concreto difere daquele mentalmente construído pelo indivíduo. Assim, se as operações que levam à apresentação de certo cálculo são executadas de maneira incorreta poderá haver a sua retificação, isto é, a emenda ou conserto do erro, atitude capaz de sanar o problema e manter em pleno vigor a manifestação de vontade originalmente formulada. Isto porque os contornos anímicos principais não são afetados pelo mero erro material de cálculo, de modo que a correção do *quantum* é suficiente para inviabilizar a anulação do negócio. A retificação deve partir do próprio agente que incorreu em erro, pois do contrário ele responderá pela vontade manifestada, já que o legislador foi enfático ao afirmar que o equívoco no cálculo autoriza *apenas* a retificação, ou seja, nada além dela, que é uma faculdade conferida ao agente. Não obstante, se o prejudicado pela declaração for pessoa diversa do emitente, caber-lhe-á a prerrogativa de pleitear a correção, indicando como membro do pólo processual contrário o sujeito que cometeu o erro.

Para ilustrar o desiderato da norma em análise, vai articulado o seguinte exemplo: Cristiano confessa dívida para com Cláudio no valor de 100, mas na realidade é devedor de 110, tendo chegado ao montante confessado por força de erro na feitura do cálculo, cujas diretrizes estão estampadas no instrumento de confissão. Não há falta de sintonia entre a vontade interna e a manifestação efetivada, no que diz respeito ao objeto do negócio jurídico, que é a existência da dívida. O que está errado é o valor confessado, situação gerada por erro de cálculo que pode ser contornado por nova intervenção do agente, desta feita no sentido de retificar aquilo que anteriormente constara de maneira indevida. Porém, se o interessado não conseguir demonstrar a ocorrência de erro de cálculo, prevalecerá a responsabilidade até o limite do dever assumido, salvo se por outro motivo (*v. g.*, prescrição) restar elidida a obrigação.

Em se tratando de negócio jurídico bilateral, a retificação do cálculo pressupõe que ambas as partes conheçam o seu verdadeiro conteúdo, ou que, pelo menos, estejam inseridas num contexto que não lhes permita invocar o desconhecimento. Se qualquer delas manifestar a vontade acreditando que o cálculo é realmente aquele que foi executado, sem ter razões objetivas para crer noutra coisa, poderá invocar erro essencial e anular o negócio jurídico. Existirá então erro substancial, conducente à anulabilidade do negócio, e não somente erro acidental passível de retificação nos moldes indicados no art. 142 do Código Civil.

Importa ainda trazer à baila outra observação de grande relevância, especificamente no que concerne à circunstância de que a invocação do erro não pode servir para desfazer maus negócios, ou seja, aqueles que, depois de celebrados, não satisfazem em seus resultados. Erro de cálculo (objetivamente considerado) não se confunde com errônea apreciação do contexto econômico do negócio entabulado (aspecto subjetivo da construção volitiva). O erro capaz de gerar a anulação é decorrente da distorção na vontade emitida pelo agente, sendo facultada a sua argüição como mecanismo de resguardo da regularidade do ato praticado. Tal quadro não se apresenta quando o sujeito simplesmente deixa de auferir o proveito esperado do ato, seja por má avaliação de suas peculiaridades, falta de cautela na tomada de decisões, ausência de vocação para atividades negociais e assim por diante. Pode-se citar como exemplo a aquisição de uma coisa por preço inferior ou superior ao de mercado, sem que se vislumbre a presença de quaisquer dos vícios negociais previstos no ordenamento nacional. O simples erro quanto ao valor do objeto em negócio de compra e venda não é causa de anulação do ato, podendo eventualmente caracterizar a lesão (e, então, patentear a anulabilidade), se a desproporção entre o valor real do bem e o valor convencionado for considerável, e ficarem preenchidos os demais pressupostos legais.

15.7. Execução conforme a vontade real

Ainda em atenção ao princípio de que os negócios jurídicos devem ser aproveitados ao máximo, somente sendo anuláveis quando deles resultar prejuízo para os interessados, determinou o legislador que o negócio jurídico não terá sua validade atacada quando a manifestação de vontade que o gerou for cumprida na íntegra, embora por erro tenha sido consignada de maneira diversa quando do seu surgimento. Daí que se o agente a quem se dirige a declaração volitiva dispuser-se a cumpri-la, e assim efetivamente o fizer por inteiro, o negócio conservará plena validade e eficácia, pois a real vontade do declarante acabou sendo observada. Diz o art. 144 do Código Civil: *"O erro não prejudica a validade do negócio jurídico quando a pessoa, a quem a manifestação de vontade se dirige, se oferecer para executá-la na conformidade da vontade real do manifestante"*.

Como se trata de ditame genérico, aplica-se tanto às hipóteses de erro de fato como àquelas em que verificada a ocorrência de erro de direito, bastando que o resultado final seja coincidente com a vontade original para que se dê por perfeito o negócio jurídico. Exemplo: a imobiliária "A" vende um dos apartamentos de certo edifício que está sendo construído pela empresa "B", dizendo ao comprador, por erro, que o bem possui área de construção "X", quando na verdade possui "X-1". Caso a construtora se ofereça para executar a obra de acordo com a vontade real do manifestante e a entregar a unidade ao adquirente com a metragem pactuada, não assistirá a qualquer das partes o direito de questionar a validade do negócio jurídico, pois o erro foi superado pela posterior disposição em contornar o problema surgido. Diante do contexto exposto acima, o erro acabou perdendo uma das características que o fariam apto a gerar a anulabilidade do negócio, qual seja, a de ser *real*. Conforme já referido alhures, o defeito tem de ser essencial ou substancial, escusável e real, traduzindo-se este último aspecto como o que produz prejuízo concreto à parte. Sem que exista prejuízo, desaparece a possibilidade de anular o negócio.

15.8. Interesse negativo

A respeito do vício de consentimento denominado erro ou ignorância, mister ainda tecer breves comentários sobre a questão do chamado *interesse negativo*. Celebrada uma compra e venda que depois vem a ser anulada por erro substancial provindo do adquirente, a volta ao *status quo ante* pode ocasionar prejuízo ao alienante. Cumpre salientar que, presente o vício, nem mesmo a prova cabal de boa-fé deste seria suficiente para eximi-lo da obrigação de restituir ao postulante a quantia paga ou a coisa recebida em virtude do negócio anulado. Assim, se é inevitável a reposição das partes ao estado anterior, ao menos há de ser assegurada, a quem agiu de boa-fé e não deu causa à fixação do defeito, a adequada composição dos prejuízos que sofrer por força da anulação. Imagine-se a seguinte situação: José vende um imóvel para Francisco, que vem a alegar a presença de erro como substrato da anulação do negócio. Decidida a questão judicial em favor do adquirente, de imediato surge a obrigação, para o vendedor, de restituir o valor recebido, além de ficar adstrito ao dever de pagar as custas processuais e os honorários advocatícios do vencedor, em virtude da aplicação do princípio da sucumbência. Caso não tenha havido nenhuma participação do réu na provocação do erro do adquirente, percebe-se claramente que a sentença trouxe reflexos econômicos prejudiciais ao vencido, sem que houvesse por parte deste qualquer contribuição para a anulação do negócio. Disso é que surge o denominado *interesse negativo*, consistente na prerrogativa de ser buscada, pelo sujeito inocente, a composição dos danos que sofreu em decorrência da anulação judicial da avença. Igual raciocínio vale para outros atos e negócios jurídicos, como a promessa de recompensa e a doação com encargo.

Ao contrário do que se verifica noutras legislações, no ordenamento jurídico brasileiro não há previsão normativa específica para abrigar situações dessa natureza. Não se assegura ao celebrante o direito de pleitear o reembolso dos prejuízos experimentados, ao contrário do que acontece noutros países. Embora inexista dispositivo específico a tutelar o lesado, e mesmo tendo sido extirpada do Projeto de Código Civil uma previsão específica acerca da matéria, mostra-se possível a invocação de normas e princípios gerais do direito como fundamento para o pleito reparatório. É visível, no contexto do interesse negativo, que a parte interessada em anular o negócio jurídico tem responsabilidade sobre a provocação do dano a outrem, pois foi ela que deu causa à geração do vício de consentimento, ainda que não se cogite de culpa (pois do contrário estaria afastada a anulabilidade). Haveria inadequada solução se a parte lesada fosse simplesmente obrigada a suportar os ônus resultantes do erro alheio, ficando impedida de exercer o direito de postular a devida reparação. Segundo *Pontes de Miranda*, discorrendo a respeito do interesse negativo, *"há de ser indenizado, estando legitimado à ação de reparação o destinatário da manifestação de vontade receptícia, ou da comunicação de conhecimento*" (*apud Carlos Roberto Gonçalves*, obra citada, p. 369). Acredita-se, portanto, que as incursões doutrinárias e a evolução jurisprudencial levarão a bom termo o problema, de maneira que competirá ao Poder Judiciário, quando da prolação de sentença em ação autônoma ou em reconvenção proposta pela parte que não contribuiu para o erro, assegurar-lhe a devida reparação dos prejuízos verificados. Exemplo disso se tem no seguinte excerto, extraído da AC n. 146.817-3, 6ª Câmara Cível do TJPR: "*Anulado o contrato, sem culpa de nenhuma das partes, o Código Civil determina que as coisas devem ser repostas no mesmo estado em que se encontravam antes da formação do ato (CC art. 158/1916 e 182/2002), o que implica dizer que cada contratante retoma aquilo que deu ao outro, recebendo a parte lesada indenização por eventuais prejuízos*".

Capítulo 16

DOLO

16.1. Considerações gerais

Enquanto o erro consiste em acontecimento creditável ao acaso e se caracteriza como um equívoco em que incorreu a própria vítima, que se engana por si mesma em razão das circunstâncias, no dolo tem-se uma conduta maliciosa do agente, com vistas a obter da vítima certa emissão de vontade que seja proveitosa a si próprio ou a terceiro, em detrimento daquela. Há, além da indução provinda do exterior em direção ao ânimo do declarante, o intento de obter dele uma declaração de vontade favorável a quem utiliza o aparato do engodo a terceiro. Para a anulação do ato jurídico apontado como portador de vício, torna-se necessário demonstrar de forma clara e insofismável que o agente valeu-se de meio doloso, de manobras ilídimas ou imorais, como ainda de qualquer artifício ou expediente ardiloso, no sentido de ludibriar, enganar a vítima, fazendo com que, enganada e afrontada em sua boa-fé e credulidade, declinasse uma vontade lesiva aos seus interesses. A rigor, pode-se dizer que no dolo também existe erro ou ignorância, mas tal estado em que a vítima incorre é orquestrado por outrem, determinando a exteriorização de uma vontade que não seria alcançada de modo diverso. Tanto no dolo como no erro está presente a falsa imagem formulada pelo declarante, mas naquele caso ela resulta de maliciosa intervenção alheia, ao passo que neste a vítima ilude-se independentemente de qualquer conduta externa. Como se percebe, no erro não há ingerência deliberada de outrem na formação do elemento anímico interno do declarante, cuja manifestação é feita com base em imperfeita apreciação do contexto, como fruto de falsa impressão causada por fatores endógenos. Já o dolo pressupõe a atividade exógena comissiva ou omissiva de determinado indivíduo na construção do ânimo do declarante, por meio de artifício astucioso capaz de intencionalmente provocar erro no espírito da vítima. Por isso é que se afirma existir no dolo dupla razão para anular o negócio jurídico: por erro e por dolo propriamente dito. Contudo, a invocação deste é, via de regra, muito mais vantajosa e eficiente, de vez que, afora tratar-se de vício bastante repudiável em termos de convívio social (e, por isso, apto a sensibilizar com maior amplitude o Poder Judiciário), não se pode olvidar que a prova do dolo é menos difícil do que a do erro, já que neste há o componente subjetivo como empecilho a desvendar, enquanto naquele a atividade assume caráter objetivo e viabiliza mais acessível auscultação. Preleciona o art. 145 do Código Civil: "*São os negócios jurídicos anuláveis por dolo, quando este for a sua causa*".

Feitas várias observações em torno da diferença entre dolo e erro, é necessário ainda distinguir de outros institutos o defeito em exame. Não se confunde com a fraude, pois enquanto no dolo é a própria vítima quem age, esse coloca em estado periclitante porque tomada pelo efeito nefasto do ardil jogado sobre o seu ânimo, na fraude consuma-se o resultado sem a intervenção direta do prejudicado, que é atingido por maquinação adrede consumada no bojo de relação mantida entre terceiros. Exemplo: há dolo na conduta de quem vende um anel dizendo ser de ouro, quando na realidade é mera imitação; existe fraude quando o anel de ouro é transferido pelo devedor a terceiro com vistas a tornar-se insolvente e não pagar a dívida ao credor. Percebe-se que no dolo a vítima atua em seu desfavor, concorrendo para a formação do negócio que a lesa; na fraude, sua atitude é passiva quanto à produção e consumação do artifício. Por fim, importa dizer que o dolo é anterior ou, no máximo, praticado no mesmo instante em que se forma o negócio jurídico; já a fraude é sempre posterior ao momento de constituição do direito que objetiva atingir. Entrementes, em ambas as hipóteses o resultado final traduz-se em engodo e prejuízo para o indivíduo visado pela malícia alheia.

Também não se confunde o dolo com a coação, pois nesta é afetada a liberdade da vítima, contra quem se monta um aparato de constrangimento físico ou psicológico destinado a minar-lhe a resistência e fazer com que pratique certo ato, enquanto no dolo a malevolência de alguém busca interferir na construção da vontade da vítima sem a utilização de qualquer mecanismo de pressão física ou moral, valendo-se apenas da geração de imagem distorcida da realidade no seu ânimo. A natureza mesma dos institutos revela que o dolo, embora sempre grave e danoso, é menos profundo e traumático do que a coação; todavia, de ambos emerge a anulabilidade do negócio jurídico defeituoso.

O dolo também não se confunde com a simulação, por razões semelhantes às que o separam da fraude. Na simulação existe o conluio entre dois ou mais indivíduos que se unem para praticar ato cuja aparência é de legalidade, mas que esconde finalidade vedada pelo ordenamento. Exemplo: João simula a venda de um imóvel para Moacir, passando-o para o nome deste com o objetivo de evitar que seja penhorado para pagamento de dívida pendente junto a Carlos. O conchavo dos celebrantes, que fingem estar comprando e vendendo o bem quando na verdade procedem apenas imbuídos do intento de prejudicar alguém, caracteriza simulação. Assim como na fraude, a vítima não participa do negócio simulado, sendo atingida pelo reflexo da conduta de terceiros, que fingem praticar certo ato tencionando burlar a legislação ou prejudicar outrem. É de salientar que a legislação pátria considera mais grave a simulação do que a fraude, fazendo emergir desta a anulabilidade do negócio e daquela a nulidade. Já no dolo, consoante frisado alhures, a vítima participa diretamente da formação do negócio jurídico, mas com a vontade afetada pelo comportamento ardiloso de terceiro ou da outra parte, do que deriva a possibilidade de anulação.

Entre o dolo civil como vício do consentimento e o dolo criminal existem certas afinidades e acentuadas diferenças, seja quanto à configuração como às conseqüências geradas. Na seara penal, dolo envolve a conduta de querer um resultado delituoso ou assumir o risco de produzi-lo (art. 18, I, do Código Penal), variantes que configuram, respectivamente, as espécies direta e eventual. Há a intenção de perpetrar um ato que o agente sabe afrontar a lei. No âmbito civil estão presentes o mau ânimo e a finalidade perversa, veiculados em ardil lançado para beneficiar o próprio agente ou terceiro, sempre em detrimento da vítima. Desimporta se o sujeito pretende prejudicar alguém ou contrariar a lei, bastando que empregue o artifício e consiga iludir o declarante. De outra banda, as repercussões do dolo penal são muito mais intensas, acarretando persecução da máquina oficial com vistas à punição do infrator e à sua recuperação para o convívio social; no caso do dolo civil vislumbra-se apenas a anulabilidade do negócio defeituoso e a perspectiva de que o responsável seja obrigado a reparar eventuais danos ocasionados.

16.2. *Dolus malus* e *dolus bonus*

O dolo capaz de tornar anulável o negócio jurídico é chamado de *dolus malus*, fundado na ignomínia, na abjeção do método utilizado pelo agente. No campo oposto tem-se o *dolus bonus* ou inocente, que se traduz no uso de meios menos gravosos (*v. g.*, lábia, publicidade, superestimativa de qualidades etc.) para levar alguém a emitir determinada vontade ou a aceitar certos detalhes proveitosos ao agente ou a terceiro, sem que isso constitua vício capaz de anular o ato. A propósito, leciona *Washington de Barros Monteiro*: "*Cumpre não esquecer, neste passo, que há na vida real, no mundo dos negócios, uma espécie de dolo perfeitamente tolerado. Por exemplo, o vendedor costuma valorizar a coisa, cuja alienação apregoa; exalta-lhe as qualidades; (...) O comprador, por seu turno, costuma subestimar o objeto, em que encontra defeitos, ou exagera os existentes. Como assevera Cunha Gonçalves, são humanos, são legais esses ligeiros ataques à boa-fé. O exagero, sem artifícios, é o chamado* dolus bônus. *Admissíveis essas manifestações no giro diário dos negócios, porque, com um pouco de diligência, um pouco de perspicácia, podem ser dissipadas. Só o dolus malus, isto é, o dolo grave, vicia o consentimento...*" (obra citada, 1º vol., p. 197). Exemplo de dolo grave: o dono do veículo, para ocultar sérios problemas de ferrugem na lataria, encobre as partes afetadas com massa e por sobre ela faz a pintura, para enganar o adquirente e vender-lhe um automóvel com irrecuperáveis defeitos.

O dolo é um dos mais graves defeitos de consentimento que afetam os negócios jurídicos, podendo levá-los à anulação. Se as razões que conduzem alguém a realizar certo negócio resultam de falsa representação, estar-se-á diante de um vício do consentimento; porém, a análise aprofundada dos elementos internos da manifestação é que irá dizer qual dos vícios se fará presente, especialmente quando confrontados os institutos do dolo e do erro. Isto porque a caracterização fática de ambos, associada à sua notória proximidade ontológica, pode trazer perplexidade quando da investigação dos acontecimentos. Assim, se uma pessoa celebra negócio jurídico que certamente não realizaria se soubesse da realidade dos fatos, deve ter à disposição meios para a invalidação do negócio. Se um dos contratantes silencia sobre a verdadeira situação do liame jurídico que entabula, omitindo circunstâncias importantes e decisivas, além de não cumprir com suas obrigações contratuais depois de celebrado o negócio, caracteriza-se não só o inadimplemento contratual, mas primordialmente a intenção de enganar a outra parte, disso resultando o vício do dolo na sua mais deletéria formatação. Não se poderá falar em *dolus bonus*, haja vista a incidência do engodo sobre elemento crucial da construção do vínculo jurídico, e não em torno de aspecto secundário e de somenos relevância. Em continuidade ao raciocínio esposado, infere-se que, não havendo a contribuição da parte adversa para a formação do imperfeito querer interno do celebrante, restará afirmado unicamente o erro. Nas duas hipóteses a iniciativa do lesado poderá ensejar a anulação do ato defeituoso e promover a restituição das partes ao mesmo estado em que se encontravam no momento da celebração.

Diante do importante avanço da legislação consumerista, que protege adequadamente o consumidor nas relações negociais, deve-se observar se a propaganda, que *prima facie* pode trazer a impressão de estar revestida de *dolus bonus*, não concentra em seu interior o excesso, a tergiversação nociva, a tendência ao engodo. O Código de Defesa do Consumidor (Lei n. 8.078/90), em seus arts. 37 e 38, contém previsões que coíbem a denominada propaganda enganosa ou abusiva, cuja caracterização é descrita na primeira das normas referidas: *Art. 37. É proibida toda publicidade enganosa ou abusiva. § 1º – É enganosa qualquer modalidade de informação ou comunicação de caráter publicitário, inteira ou parcialmente falsa, ou, por qualquer outro modo, mesmo por omissão, capaz de induzir em erro o consumidor a respeito da natureza, características, qualidade, quantidade, propriedades, origem, preço e quaisquer outros dados sobre produtos e serviços. 2º – É abusiva, dentre outras a publicidade discriminatória de qualquer natureza, a que incite à violência, explore o medo ou a superstição, se aproveite da deficiência de julgamento e experiência da criança, desrespeite valores ambientais, ou que seja capaz de induzir o consumidor a se comportar de forma prejudicial ou perigosa à sua saúde ou segurança. § 3º – Para os efeitos deste Código, a publicidade é enganosa por omissão quando deixar de informar sobre dado essencial do produto ou serviço. § 4º – (Vetado).* Em tais casos, ainda que não se fale exatamente em vícios do consentimento como previstos no Código Civil, está-se diante de um meio-termo entre o *dolus malus* e o *dolus bonus*, que, em se tratando de relações de consumo, permite ao consumidor a proteção dos seus direitos por meio do desfazimento do negócio ou da revisão das suas condições. Assim, a legislação consumerista não distingue entre essas espécies de dolo (um dos quais a relação civil comum tolera) para fins de proteção do consumidor, de maneira que a abusividade ou o caráter enganoso da propaganda não comportam a invocação do *dolus bonus* como forma de evitar a afetação do negócio jurídico. Destaque-se, ainda, que o art. 38 da Lei n. 8.078/90 estabelece regra acerca da prova em hipóteses dessa natureza: "*O ônus da prova da veracidade e correção da informação ou comunicação publicitária cabe a quem as patrocina*".

16.3. Dolo principal e dolo acidental

Para viciar o negócio jurídico e fazê-lo anulável, o vício deve funcionar como causa determinante da sua realização. É o chamado dolo principal ou essencial, que difere da espécie meramente acidental ou incidente em virtude de que esta afeta a vontade do declarante no sentido de impulsioná-lo a realizar o negócio jurídico em condições inferiores, sem, contudo, poder-se extrair do contexto a conclusão de que a vítima não emitiria a vontade se conhecesse o quadro real. O art. 146 do Código Civil diz: "*O dolo acidental só obriga à satisfação das perdas e danos, e é acidental quando, a seu despeito, o negócio seria realizado, embora por outro modo*".

O dolo civil pode funcionar como elemento decisivo na formação da vontade defeituosa e gerar resultado todo nefasto aos interesses da vítima (*dolus causam dans* ou principal), ou então apenas conduzi-la à realização de um negócio menos vantajoso ou mais oneroso do que seria em condições normais *(dolus incidens)*. Este último é o dolo acidental ou incidente, tendo como característica básica a circunstância de não afetar profundamente a declaração de vontade e nem interferir diretamente na efetivação do negócio, que seria de qualquer modo concretizado; todavia, agrava a situação da vítima e a induz a negociar em condições menos favoráveis do que as esperadas. Exemplo: o dono de certo veículo colocado à venda afirma que o carro possui rodas de liga leve, sabendo que são de material diverso e menos resistente, embora aparentasse ser da constituição apregoada. O negócio é fechado, porque interessa ao comprador o preço do bem e o seu estado geral. Ao descobrir que as rodas do automóvel são de material diferente do anunciado, o adquirente não poderá desfazer o negócio alegando dolo, porque o teria celebrado mesmo nas condições originalmente referidas pelo outro contratante. Porém, como sofreu prejuízo em razão do dolo com que obrou o vendedor, terá direito de recobrar o montante que pagou a mais.

Quando evidenciado o dolo acidental, terá o lesado direito de pleitear a indenização das perdas e danos suportados, mas nenhuma das partes poderá, com base nesse argumento, desfazer o negócio jurídico, pois ele de toda sorte se realizaria. A indenização de perdas e danos tem por fundamento a inocorrência de afetação da vontade principal emitida, motivo pelo qual basta a reparação dos prejuízos experimentados pelo contraente para que se considerem afastados os resquícios do dolo acidental e moralizada a situação.

Se o dolo existir, mas a pretensa vítima não tiver fundado o seu convencimento no ardil empregado pelo oponente, e sim noutras peculiaridades alheias à atitude irregular deste, não existirá defeito de vontade no negócio consumado. Isto porque estará ausente o nexo de causalidade entre a conduta dolosa e a atuação desenvolvida pela parte visada, eis que esta não teve no artifício empregado a causa determinante da conduta efetivada. Em assim sendo, o dolo deixou de ser a razão decisiva na formação do consentimento, e sequer gerará a possibilidade de aplicação de sanções contra o sujeito. Nisso se vislumbra a relevância dada pelo legislador à essencialidade do dolo no concernente à feitura do negócio (art. 145 do Código Civil), de maneira que somente sendo principal fonte da emissão volitiva poderá conduzir à anulação acaso pretendida. Do conjunto de informações expendidas acima são pinçados os elementos que caracterizam o dolo principal: a) no ânimo do agente deve existir a intenção de induzir o declarante a praticar o ato; b) é necessária a utilização de artifícios de natureza grave, não bastando mecanismos singelos e incapazes de iludir a vítima; c) é preciso que o emprego do ardil funcione como causa determinante e decisiva para a emissão da declaração de vontade; d) a conduta ardilosa deve provir do outro contraente ou de terceiro, e, neste caso, ser conhecida do celebrante, ou, pelo menos, restar evidenciado que ele devia conhecê-la ante as circunstâncias concretas. A ausência de qualquer dos aspectos mencionados acima descaracteriza o dolo e não enseja a anulabilidade do negócio jurídico.

16.4. Dolo comissivo e dolo omissivo

Não importa se o dolo é exteriorizado por meio de ação (positivo ou comissivo) ou de omissão (negativo ou omissivo), pois em ambos os casos há um processo ardiloso de convencimento, seja por intermédio do falseio direto da verdade, seja deixando de apontar para defeito ou problema envolvendo o contexto da negociação, ou ainda por meio do simples silêncio, quando destinado a ocultar fato ou circunstância que a outra parte ignora e que, fosse conhecido, suprimiria nela a intenção de negociar.

Um só exemplo serve para ilustrar as situações relativas à ação e à omissão como fatores de estabelecimento do dolo. Se Manoel mostra a Caetano um terreno, e afirma ser aquele o bem posto à venda, a posterior descoberta de que o contrato de alienação dizia respeito a outro imóvel, de pior localização e inferior utilidade, caracteriza o dolo comissivo e enseja a anulação do negócio. Caso o vendedor deixasse de informar o adquirente sobre fato conhecido, de que o terreno não suportaria a edificação que o comprador pretendia nele fazer, pois a condição geológica lhe era desfavorável, terá havido dolo omissivo e haverá possibilidade de anulação da avença.

O silêncio intencional de uma das partes envolvidas em negócio jurídico bilateral também provoca defeito no negócio. O art. 147 do Código Civil disciplina o tema: "*Nos negócios jurídicos bilaterais, o silêncio intencional de uma das partes a respeito de fato ou qualidade que a outra parte haja ignorado, constitui omissão dolosa, provando-se que sem ela o negócio não se teria celebrado*". O chamado *dolus malus* pode apresentar-se sob a forma de silêncio do agente, se esse for o método escolhido para ludibriar a outra parte. Ao silenciar acerca de fato ou qualidade relevante para a celebração do negócio o agente obra com dolo grave, que será capaz de levar à anulação do pactuado se for possível demonstrar que a parte adversa não participaria da negociação caso conhecesse a circunstância sonegada. É o que acontece na hipótese do último exemplo citado acima, e também na de ser omitida pelo vendedor uma capotagem que comprometeu toda a estrutura do veículo alienado, tornando-o insuscetível de uso normal. É evidente, nas ilustrações feitas, que o silêncio do alienante importa em transmitir ao adquirente a impressão de que o automotor está em perfeitas condições, levando-o a celebrar o negócio porque acreditou na integridade do bem.

A possibilidade de anular o negócio jurídico bilateral não está presente em todas as situações de silêncio intencional de uma das partes. É necessário também que esse comportamento seja catalisador do negócio, funcionando como elemento determinante da celebração, que sem a sua presença não seria efetivada. Ademais, cabe ao interessado a adoção das cautelas necessárias à prudente avaliação das condições do objeto negociado, a fim de que não acabe dando causa ao próprio prejuízo em razão de comportamento negligente e imprudente. Se o problema era perceptível ao homem medianamente dotado de zelo e cuidado, e que ao menor esforço poderia constatá-lo, o negócio não ficará sujeito ao desfazimento, pois a diligência é fator imprescindível em toda celebração. Nesse caso o silêncio do oponente, embora doloso, não será tido como elemento apto a gerar a anulabilidade do negócio, porque a falta de diligência do interessado foi que acabou por conduzir ao resultado final (contratação e advento do prejuízo). Exemplo: se desde as tratativas iniciais o veículo pretendido não funcionava direito, emitia fumaça de maneira anormal e não tinha força de tração, cabia ao adquirente averiguar as causas do evento, e não simplesmente arvorar-se no silêncio do vendedor para buscar a anulação do negócio. Essa situação poderia, no máximo, gerar direito de indenização por perdas e danos se provado o dolo acidental (art. 146 do Código Civil).

16.5. Dolo praticado por terceiro

Tratando-se de dolo praticado por terceiro, a anulabilidade depende da ciência da parte contraente a quem aproveita o resultado do negócio jurídico celebrado. Diz o art. 148 do Código Civil: "*Pode também ser anulado o negócio por dolo de terceiro, se a parte a quem aproveite dele tivesse ou devesse ter conhecimento; em caso contrário, ainda que subsista o negócio jurídico, o terceiro responderá por todas as perdas e danos da parte a quem ludibriou*". A anulabilidade do negócio jurídico viciado por dolo não se limita aos casos em que o agente engendra e aplica diretamente o artifício destinado a obter a manifestação volitiva da outra parte. Isso também acontece quando o dolo provém de terceiro que não integra o negócio, e a atitude dolosa que leva a vítima a contratar é ou deveria ser de conhecimento da pessoa a quem aproveita e que com ela pactuou. Tal situação revela a preocupação do legislador em punir a malevolência e impedir que a presença de interposta pessoa possa servir de subterfúgio para que o agente se esquive das sanções previstas no ordenamento quando verificada a ocorrência de atitude dolosa.

Verifica-se no mandamento em apreço que o legislador criou uma presunção no sentido de que a conduta dolosa de terceiro importa na mancomunação deste com o agente beneficiado, ou ao menos na conivência deste para com o agir daquele, contanto que possam ser demonstrados pela vítima: a) a existência de dolo provindo de terceira pessoa não integrante de pólo contratual, isoladamente ou em conluio com a parte beneficiada; b) que o comportamento doloso era ou deveria ser de conhecimento do beneficiário. Afora isso, não pode o prejudicado ter ciência prévia da atitude dolosa, pois do contrário poderia esquivar-se dela, e se assim não fez assumiu o risco de restar lesado.

Como resultado da anulação, tem-se que o terceiro e o beneficiado responderão em conjunto por perdas e danos suportados pela vítima quando estavam combinados para ludibriá-la, externando, portanto, dolo conjunto; caso o terceiro tenha atuado sozinho, e o beneficiário devesse saber do dolo com que se portava aquele, responderá apenas o terceiro perante a vítima depois de anulado o negócio.

Havendo dolo apenas de terceiro contra a vítima, sem que o beneficiário da manifestação volitiva tenha ciência de tal circunstância, e contanto que não a devesse conhecer em razão do contexto, somente o agente direto da conduta dolosa responderá perante o lesado por perdas e danos apurados. O negócio propriamente dito não será afetado, haja vista a ausência de defeito de vontade patrocinado pela parte a quem aproveitar a declaração, dado que o vício teve por origem o comportamento doloso de pessoa estranha à relação jurídica.

16.6. Dolo do representante

No art. 149 do Código Civil estão previstas as conseqüências da prática de dolo por pessoa que representa o sujeito a quem a vontade original é atribuída: "*O dolo do representante legal de uma das partes só obriga o representado a responder civilmente até a importância do proveito que teve; se, porém, o dolo for do representante convencional, o representado responderá solidariamente com ele por perdas e danos*". Funcionando o dolo do representante como causa determinante do negócio jurídico, poderá o lesado buscar a sua anulação nas mesmas condições em que se dá o ataque a negócios eivados de dolo provindo diretamente do agente ou de dolo de terceiro. Porém, sendo acidental inexiste a possibilidade de anulação do negócio, cabendo apenas ao lesado buscar em ação adequada a indenização das perdas e danos efetivamente experimentados.

É acontecimento comum os negócios serem celebrados por meio de representante, nomeado voluntariamente pelo interessado (*v. g.*, mandatário) ou que atua por força de indicação legal (*v. g.*, progenitor) ou judicial (*v. g.*, tutores e curadores). O dolo de representante não é considerado de terceiro, pois enquanto aquele age como se fosse o próprio representado, o terceiro atua sem vínculo formal algum. Não se pode descartar a hipótese de que o representante venha a agir com dolo, ludibriando a parte com quem está negociando em nome do representado. Por isso mesmo, a manifestação volitiva do representante será tida como geradora de responsabilidade civil para o representado quando dela advierem prejuízos para o pólo adverso. Contudo, essa obrigação de arcar com perdas e danos fica atrelada à espécie de representação que estiver sendo desenvolvida.

No caso de representação legal, isto é, daquela em que o representado não escolhe voluntariamente a pessoa que atuará em seu nome (porque imposta pela lei ou pelo juízo), a obrigação de reparar, se anulado o negócio por dolo, irá exclusivamente até o limite do proveito alcançado pelo representado. Assim, se de determinado negócio resultar benefício no valor de 100, e na celebração tiver ocorrido dolo do representante contra a parte adversa, causando a esta prejuízo de 50, o representado responderá até esse limite; fosse de 150 o prejuízo, o dever somente alcançaria 100, pois foi esse o prejuízo auferido no negócio. O excedente dos danos terá de ser suportado exclusivamente pelo representante, em ação própria, haja vista que obrou com dolo em detrimento da vítima, a quem devem ser assegurados meios idôneos para buscar a necessária reparação.

Tratando-se de representação convencional e de atuação dolosa do representante com vistas a ludibriar a pessoa com quem negocia, a obrigação de reparar, uma vez anulado o negócio, atinge o representado em toda a extensão das perdas e danos, solidariamente com o representante. Isto porque, tendo a possibilidade de escolher livremente alguém para representá-lo, fez recair a opção exatamente sobre pessoa que se mostrou malevolente no desempenho das funções cometidas, razão pela qual recai sobre o optante a responsabilidade civil fundada na culpa *in eligendo et in vigilando*, e sobre o escolhido os efeitos do dolo (culpa civil *lato senso*).

Como decorrência da solidariedade, o lesado poderá buscar junto a qualquer dos co-responsáveis a reparação de todas as perdas e dos danos. Caso o representado pague a dívida, e não tenha tido participação alguma, direta ou indireta, na conduta dolosa do representante, ficará sub-rogado nos direitos creditórios da vítima, podendo reclamá-los por inteiro do culpado, em ação autônoma embasada no exercício do direito de regresso. Se quem paga é o representante, não poderá voltar-se contra o representado inocente, suportando sozinho o ônus. Se o comportamento doloso partiu de ambos, representante e representado repartirão entre si os encargos depois de satisfeita a vítima.

16.7. Dolo de ambas as partes

Estabelece o art. 150 do Código Civil: "*Se ambas as partes procederem com dolo, nenhuma pode alegá-lo para anular o negócio, ou reclamar indenização*". O desiderato nuclear do legislador é de punir o agente que engana a parte adversa, levando-a a negociar iludida pela apresentação de um quadro incompatível com a realidade e causando-lhe prejuízos em razão dessa forma de agir. Em assim sendo, nada mais correto do que punir os celebrantes quando presente o dolo recíproco, ou seja, quando ambos os envolvidos atuam com dolo e buscam em artifícios ilídimos o *modus operandi* para ludibriar o pólo adverso.

A sanção estabelecida pelo ordenamento consiste em vedar a anulação do negócio e proibir qualquer pleito indenizatório quando ambos os contraentes externam conduta dolosa para atingir os fins colimados. Nem mesmo a ocorrência de prejuízo para uma das partes e de lucro indevido para a outra permitirá que o mais prejudicado pela negociação venha a ajuizar demanda tendente a repor o *status quo ante*, pois do contrário estar-se-ia admitindo a existência de proteção legal a quem se valeu do dolo para tentar iludir o adversário (ainda que não logrando êxito), e isso não convive com a intenção legal de punir de maneira rigorosa as pessoas que desbordam dos métodos normais de negociação para adentrar a seara da ilicitude. É o que *Maria Helena Diniz* (obra citada, p. 105) chama de *neutralização do delito*, derivado da compensação entre dois ilícitos, embora um deles apresente maior potencialidade lesiva.

Capítulo 17

COAÇÃO

17.1. Considerações gerais

Coação é o constrangimento físico ou moral aplicado à vítima, tendo como alvo ela própria, sua família ou seus bens, para levá-la a exarar certa manifestação de vontade. Diz o art. 151 do Código Civil: *"A coação, para viciar a declaração da vontade, há de ser tal que incuta ao paciente fundado temor de dano iminente e considerável à sua pessoa, à sua família, ou aos seus bens. Parágrafo único – Se disser respeito a pessoa não pertencente à família do paciente, o juiz, com base nas circunstâncias, decidirá se houve coação"*. Quando se tratar de ameaça física *(vis absoluta)*, como no caso de a pessoa ser compelida a assinar um documento com uma arma apontada para a cabeça e tendo a mão dirigida ao papel pelo ofensor, na prática se constata a ausência da declaração de vontade *stricto senso*, pois esta é substituída pelo ato autômato de ceder à pressão exercida pelo coator. A intimidação moral *(vis compulsiva)*, *v. g.*, quando o coator diz que vai matar o filho da vítima — que não está presente — se esta não assinar o documento, importa efetivamente na existência de vontade imperfeita em seu estado genuíno, pois resultado do agir de quem afeta o livre arbítrio da vítima mediante técnica de atemorização puramente psíquica. Há quem sustente que a *vis absoluta* importaria em nulidade do negócio, ou até mesmo na sua inexistência, por total falta de vontade emitida, atribuindo unicamente à *vis compulsiva* o potencial de anulabilidade, eis que nela estaria presente o ânimo do sujeito, que poderia refletir previamente acerca da conveniência de emiti-la. De qualquer modo, em ambas as hipóteses fica caracterizado o vício de consentimento para fins civis e facultado à vítima buscar a anulação do negócio jurídico, porque se tem uma emissão de vontade, embora muito mais distorcida na coação absoluta. É clara, nas duas situações, a contraposição entre o desejo íntimo do sujeito e a conduta externada. Mesmo na pressão exercida diretamente contra o declarante, de natureza física, não se pode considerar inexistente a vontade, pois ela é perceptível e assume forma, incidindo sobre o negócio, embora seriamente afetada por ameaça mais efetiva e grave do que a verificada na coação relativa ou moral.

17.2. Pressupostos de verificação

Nem todo ato que deixa transparecer *prima facie* a existência de coação pode assim ser juridicamente considerado. Para que haja defeito de consentimento é necessário que a conduta: a) incuta fundado temor na vítima quanto a si mesma, à sua família ou aos seus bens; b) seja séria e irresistível, sob o prisma da subjetividade da vítima; c) consista em risco da prática de mal injusto, atual ou iminente; d) conduza a vítima a optar entre o mal esboçado e a declaração de vontade exigida, sendo aquele mais gravoso do que esta. A coação não se presume, cabendo a quem argüi a sua ocorrência fazer prova inabalável no sentido de sua efetividade, sob pena de restar maculada a segurança das relações jurídicas. A jurisprudência é rigorosa quanto a isso: "*A alegação de vício de vontade por coação moral não pode ser tida como comprovada com base em simples presunção, eis que se exige prova inequívoca a respeito, mormente para elidir a validade de cheque emitido sem qualquer rasura ou defeito aparente que, por isso, mantém íntegra a sua condição de título líquido, certo e exigível*" *(Acórdão n. 10.394 – 3ª Câmara Cível do TAPR).*

Embora seja razoável dizer que todo ato de coação envolve uma ameaça, esta há de se revestir de peculiaridades tais capazes de funcionarem como fator determinante da emissão volitiva. Ademais, é imprescindível que entre o ato violento e o ato extorquido se estabeleça uma relação de causalidade, não bastando que se apresente o primeiro, isolado e sem influência nenhuma na manifestação viciada da vontade. É preciso que a vítima seja acossada por um temor justificado, apto a impressioná-la a tal ponto de acreditar, modo firme e resoluto, que pudesse vir a lhe causar um dano iminente e considerável, dano este relacionado a ele mesmo, à família ou a seus bens. A ameaça que se apresenta como impossível ou remota não caracteriza coação, porque destituída da necessária operacionalidade, como, por exemplo, no caso de o agente dizer ao paciente que vai mandá-lo para a lua se não declinar esta ou aquela vontade, ou que vai maltratar a filha que o paciente vier a ter no futuro, quando a pessoa visada já foi submetida a cirurgia de esterilização. O mesmo vale para a ameaça insignificante, como no caso de ser dito a alguém que a negativa de assinar uma nota promissória fará com que o suposto coator divulgue na cidade boato sobre a avareza do sujeito. Enfim, a pressão com força coativa deve ser passível de concretização e iminente; ademais, tem de afetar a vítima não sob o prisma da generalidade das pessoas, ou tomado por base exclusivamente o *homo medius*, mas sim por meio da análise das circunstâncias pessoais e subjetivas de quem está sendo submetido à conduta do pretenso coator. Isso tudo sem esquecer que há um nível de tolerância comum a todas as pessoas, aspecto que justifica o afastamento da pressão leve e insincera como fonte de defeito da vontade. Cabe outra vez observar que o mal com que acena o coator deve ser considerável, isto é, amplo o bastante para que se justifique a opção do coagido pela emissão da vontade exigida ao invés da resistência à pressão sobre si exercida.

Quanto ao caráter iminente da ameaça, convém dizer que não se exige a perspectiva imediata de consecução do mal. Importa, isto sim, que a vítima perceba claramente a possibilidade de que se venha a concretizar o risco, mesmo sem que se aclarem exatamente os contornos temporais do evento. Na verdade, importa menos a contagem do tempo relativo à consumação do dano e mais a visão que o declarante tem acerca da viabilidade da sua materialização. Isso tudo sem esquecer que a ameaça de provocação de mal remoto a ponto de torná-lo vago e impreciso obsta o reconhecimento do defeito de vontade.

Afora todos os pressupostos citados *retro*, deve haver uma relação direta entre a intimidação e a manifestação volitiva, pois se esta ocorreria independentemente da coação, imperfeição não existe a sanar, ante a ausência do necessário nexo de causalidade. Se a pessoa faz certa venda sob ameaça de morte, mas a exteriorização da vontade não tem na intimidação seu fator determinante porque o vendedor pretendia realizá-la mesmo que nenhuma interferência exógena existisse, terá plena validade o negócio jurídico.

No que diz respeito à admissibilidade da coação tendo por alvo ameaça à família do coagido, importa asseverar que o conceito de *família* é restritivo e envolve apenas o cônjuge, os descendentes e os ascendentes. Quanto a eles, portanto, não se fazem maiores perquirições em torno da possibilidade de reconhecimento do vício de consentimento fundado em coação praticada mediante ameaça de mal a ser executado contra os mesmos. A estreiteza da relação afetiva é presumida em tal hipótese, fazendo com que se mostre irresistível eventual coação séria, injusta e grave que venha a impingir na vítima fundado temor de risco iminente às pessoas acima referidas. Se a coação for exercida sobre a vítima mediante ameaça de dano iminente e considerável a parente em grau mais distante, aplica-se o mesmo critério previsto no parágrafo único, ou seja, o contexto e suas nuanças é que determinarão a ocorrência ou não do defeito de consentimento.

A respeito do teor do parágrafo único, é relevante salientar que o temor impingido à vítima pode ter por substrato a promessa de que alguma represália de monta será efetivada contra pessoa não pertencente à família *(stricto senso)* se não for declinada a vontade pretendida pelo coator. Nesse caso, caberá ao juízo averiguar as circunstâncias e decidir se houve ou não coação. Embora a ameaça tenha sido formulada contra alguém que não integra a família da vítima (em sua exata definição cível), é possível que esta tenha extrema afeição e profunda vinculação emocional, a ponto de restar tomado por incontornável temor e ser levado a declarar a vontade exigida pelo agente da coação. É o que pode acontecer, por exemplo, quando o coator diz que matará a companheira, o enteado, o amigo íntimo ou o tutelado da vítima se esta não doar certo bem imóvel. A investigação em torno da situação deverá valer-se, nesse particular, da análise do vínculo moral e afetivo existente entre a vítima e o alvo final das ameaças, de forma que se o temor infligido ao declarante pelo coator houver funcionado como elemento determinante da manifestação volitiva viciada, esta será tornada insubsistente pelo juízo a pedido do interessado.

17.3. Condições pessoais do coagido

A caracterização de determinada conduta como coação não prescinde da prévia análise das condições pessoais da vítima, de vez que nem todas as pessoas reagem da mesma maneira às pressões que vêm do exterior. A ameaça que atemoriza certo indivíduo pode ser de nenhuma repercussão no ânimo de outro, aspecto que torna fundamental o exame das peculiaridades de cada situação concreta. Conforme já frisado, o referencial para o reconhecimento da coação é a própria situação pessoal do coagido. A maior fragilidade física, a mais acentuada suscetibilidade emocional e uma série de outros fatores interferem na definição do estado final do indivíduo ante a ameaça perpetrada. Por isso mesmo, a anulabilidade da declaração volitiva somente será afirmada quando o quadro de inserção da vítima revelar que sua resistência natural foi quebrada pela incursão ilídima alheia.

Assim, a promessa de mal injusto à integridade física do policial tem diferente efeito se comparada com igual intimidação feita a uma senhora de idade. Logo, para esta pessoa a ameaça pode vir a ser tida como coação, se servir de base para uma declaração de vontade determinada pela atitude do coator; já para o policial surgirá como mais um dos tantos riscos que todo dia corre no desempenho da profissão escolhida, tendo menos probabilidade de ser reconhecida como elemento capaz de levar à anulabilidade da manifestação de vontade.

Também não se ignora que o estado de ânimo momentâneo da vítima pode funcionar como fator decisivo na produção do resultado almejado pelo coator. Uma pessoa em depressão, angústia profunda ou assolada por enfermidade severa é muito mais suscetível à influência de elementos exógenos do que alguém em perfeitas condições de saúde física e mental. Assim, afora a necessária consideração do contexto a partir dos elementos objetivos colhidos, é imprescindível que sejam tomados em linha de conta todos os aspectos subjetivos que envolvem a vítima, pois nisso concentra-se a definição da questão concretamente examinada. *"Isso é assim porque a lei, ao pressupor que todos somos dotados de certa energia ou grau de resistência, não desconhece que sexo, idade, saúde, condição social, temperamento, podem tornar decisiva a coação, que, exercida em certas circunstâncias, pode pressionar e influir mais poderosamente"* (*Maria Helena Diniz*, obra citada, p. 107).

O legislador não exige, para a caracterização do vício, que exista pelo menos equivalência entre os valores postos em embate quando da emissão de vontade. Noutras palavras, não impõe ao sujeito que pretenda invocar a coação como fonte de anulabilidade a comprovação de que o dano que pretendeu evitar por meio da emissão de vontade era igual ou maior em relevância do que o ato extorquido. O Código Civil de 1916 previa essa necessidade, de modo que haveria anulabilidade se, por exemplo, o sujeito coagido defendesse a própria vida ao assinar uma confissão de dívida sob ameaça. Não estaria configurado o defeito, porém, se o indivíduo tencionasse defender exclusivamente um aspecto moral comum ao sucumbir à coação. O novo diploma normativo suprimiu a exigência, de maneira que não se perquire acerca da proporcionalidade dos bens jurídicos em risco, bastando que se demonstre a formatação do vício para que fique admitida a anulação do negócio jurídico.

17.4. Situações excludentes da coação

A coação é uma conduta ilídima provinda do ambiente externo e que acaba por afetar a vontade da vítima antes da exteriorização, tornando-a defeituosa. Há acontecimentos que não podem ser tidos como geradores de defeito de vontade, porque inseridos em contexto diverso daquele reclamado pelo direito para a verificação da anulabilidade. O art. 153 do Código Civil dispõe: *"Não se considera coação a ameaça do exercício normal de um direito, nem o simples temor reverencial"*. Mesmo que da situação gerada resulte pressão sobre o declarante, não se caracteriza como coação a atitude de quem busca simplesmente exercer contra outrem um direito assegurado em lei, ainda que contenha em si o risco de a parte adversa vir a sofrer prejuízo de alguma espécie ou ser submetida a procedimentos previstos no ordenamento jurídico. Exemplo: Jorge não coage Pedro ao dizer a este que ingressará em juízo com demanda executiva de título extrajudicial já vencido se o documento não for resgatado imediatamente. Isto porque o credor estará apenas alertando o devedor para a circunstância de que ajuizará lide visando a alcançar objetivo permitido em lei. Todavia, o exercício regular de direito não pode descambar para a anormalidade ou para a irregularidade, pois então, exatamente por cessar a regularidade, haverá coação apta a invalidar a manifestação volitiva, como acontece quando o titular do direito infunde pavor ou profundo desassossego à parte adversa no intuito de compeli-la a algo que poderia obter de maneira normal.

Também não configura coação o fato de alguém praticar ou omitir determinada conduta por receio de desgostar pessoa a quem deva obediência ou respeito em função de laços de parentesco, profissionais, religiosos etc. Destarte, inexiste coação quando Paulo doa certo bem ao irmão Joaquim por pressão do genitor de ambos, a quem agrada tal atitude e que inclusive disse da mágoa que o assolaria caso Paulo não concretizasse a doação. Como nenhuma ameaça de provocação de mal injusto e grave foi lançada contra o doador, que, entretanto, preferiu atender à vontade do pai a contrariá-la, não há como vislumbrar no exemplo qualquer espécie de coação. Embora possa o agente sentir-se moralmente constrangido pelo assédio do progenitor, a conclusão do negócio jurídico não se deu de maneira viciada e nem por força de irregular ingerência sobre o ânimo das partes, tendo sido produto da vontade legítima dos contraentes.

É relevante observar que o legislador empregou a palavra "simples" para adjetivar o temor reverencial que não caracteriza coação. Tudo o que não for singelo e comum poderá travestir-se de ameaça e derivar para a imperfeição da vontade emitida. Com isso, o ordenamento deixa entrever que estará patenteado o vício quando, permeando relações das quais emerge a reverência, for constatada a presença da ameaça que incuta fundado temor de mal injusto e grave. Assim, se no exemplo apresentado acima a conduta do pai não se cinge à demonstração de desagrado para convencer o filho a doar, mas ultrapassa as fronteiras do tolerável a partir do momento em que o genitor faz ameaça de expulsar o filho do lar se não celebrada a doação, ficará evidenciado o vício de consentimento na hipótese de residir na *vis* utilizada pelo sujeito a causa determinante da concretização do negócio jurídico. Isso demonstra que mesmo nos nichos mais propícios à vigência de simples temor reverencial pode grassar a coação, e dessa resultar a anulabilidade dos atos praticados. Aliás, fica inclusive facilitada a prova da coação em situações dessa natureza, pois a ameaça provinda de quem normalmente já incute temor reverencial na vítima é muito mais eficiente na provocação de distorções sobre a vontade.

Há situações em que a licitude do resultado que se busca não afasta eventual vício na manifestação da vontade. É o que acontece na hipótese de utilização de meio ilídimo e antijurídico na viabilização de objetivo legalmente admitido. Imagine-se a confissão de uma dívida que realmente existe, mas que se obtém mediante ameaça de mal injusto e grave ao devedor. Ainda que exigível o crédito, não pode o titular valer-se de coação para conseguir a emissão formal de vontade da parte contrária. Destarte, será considerada anulável a confissão da dívida, o que não impedirá o credor de, usando meios regulares, cobrá-la em momento posterior.

17.5. Coação exercida por terceiro

Assim como ocorre em relação ao dolo exercido por terceiro, também a coação provinda de outrem vicia a manifestação de vontade e produz conseqüências sobre a mesma, autorizando a sua invalidação. É o que deflui do art. 154 do Código Civil: "*Vicia o negócio jurídico a coação exercida por terceiro, se dela tivesse ou devesse ter conhecimento a parte a que aproveite, e esta responderá solidariamente com aquele por perdas e danos*". Tanto o beneficiado pelo ato como qualquer pessoa estranha à relação negocial pode ser considerado coator e deixar abertas as portas da anulabilidade. Para isso, basta que o ato tenha sido praticado em razão da *vis absoluta* ou da *vis compulsiva* utilizada pelo agente contra a vítima. O que varia são as conseqüências da conduta, conforme seja ou não de conhecimento da parte beneficiada pela manifestação de vontade extraída do indivíduo coagido. Quando o ato coativo for conhecido da parte a que aproveite, esta responderá juntamente com o agente direto da ilicitude civil. Igual solução emergirá dos casos em que o beneficiário, sopesadas as circunstâncias dos fatos, devesse ter conhecimento da prática coativa levada a cabo para captar a vontade defeituosa. Exemplo: Francisco não deseja doar um imóvel a Cristiano, mas o negócio acaba sendo consumado em razão de que Carlos, pai do donatário, julgando-se credor — mas sem título probatório — de valor correspondente ao do bem, coage Francisco, mediante ameaça de morte, a promover a doação. Cristiano, estando ciente de que o pai há muito objetivava receber o bem como satisfação do crédito, e não vendo razão alguma para a doação, deveria saber que o progenitor estava coagindo o doador a entregar o bem. A conivência direta ou indireta do beneficiado transforma-o em responsável solidário por perdas e danos, já que contribuiu decisivamente para a sua verificação ao deixar de impedir a consecução do intento do coator.

A apuração dos valores devidos a título de perdas e danos é feita em sede de liquidação de sentença, se não puder ser demonstrada com exatidão dentro do processo de anulação do negócio jurídico por vício de consentimento de uma das partes. É relevante atentar para o fato de que a reparação dos danos é medida que se cumula com a anulação da vontade imperfeita, de modo que a um só tempo a vítima da coação pode desfazer o ato lesivo e postular a composição dos prejuízos acaso suportados.

Se o declaratário ignorava a ameaça feita por terceiro, aplica-se o art. 155 do Código Civil: "*Subsistirá o negócio jurídico, se a coação decorrer de terceiro, sem que a parte a que aproveite dela tivesse ou devesse ter conhecimento; mas o autor da coação responderá por todas as perdas e danos que houver causado ao coacto*". Caso a parte beneficiada pela manifestação de vontade defeituosa não conhecesse a coação exercida por terceiro, nem pudesse saber da maquinação que levou à sua verificação, a responsabilidade civil por perdas e danos somente atingirá o coator. Não obstante o consentimento seja tecnicamente viciado, nenhuma influência exercerá sobre a validade e eficácia do negócio jurídico, exatamente porque a boa-fé da parte a quem aproveita a manifestação de vontade não permite seja o beneficiário, quando alheio à coação praticada por terceiro contra o emitente, prejudicado por uma situação para cujo desfecho de modo algum contribuiu.

A sistemática anterior da legislação civil sempre admitiu a invalidação do negócio jurídico quando resultante de coação, ainda que exercida por terceiro e sem qualquer vínculo anímico com o beneficiário. Todavia, atento à necessidade de preservação da boa-fé com que este pode estar participando do episódio, e seguindo a disciplina que firmou no pertinente ao dolo (art. 148 do Código Civil), o legislador optou por manter a integridade do negócio jurídico, punindo o coator por meio da obrigação de indenizar perdas e danos suportados pela vítima. Em se tratando de venda feita sob coação, as perdas e os danos serão compostos pela diferença entre o valor percebido pelo coacto e o que alcançaria se vendesse o bem em condições normais de mercado, assim como todas as demais verbas que deixou de auferir em razão da viciada manifestação volitiva (lucros cessantes).

Tratando-se de negócio jurídico unilateral, como são o testamento e a promessa de recompensa, não existem *partes* em sentido estrito, como sinônimo de pólo da relação travada, eis que apenas um agente intervém na constituição do ato. Destarte, a coação que vier a ser exercida sobre ele sempre acarretará anulabilidade, considerando-se o fato de que a vontade exarada ficará atingida pela ameaça exógena. Discute-se em torno da possibilidade de invocação do art. 154 do Código Civil quando for o caso de ato unilateralmente praticado, pois há quem sustente a incidência da norma apenas sobre negócios bilaterais, face à utilização do vocábulo *parte*. Ocorre que o emprego não se dá no sentido de pólo, mas sim de sujeito a quem aproveite a declaração viciada. É possível que terceiro ameace o testador para obter dele certa disposição em favor de alguém que não seja o próprio coator. Em tal situação, vislumbra-se a existência do coator (terceiro), do coagido (testador) e da *parte* potencialmente beneficiada pelo ato. Tem-se aí, *lato senso*, consubstanciada a coação referida no dispositivo supracitado, cuja incidência, portanto, é plena na espécie.

Capítulo 18

ESTADO DE PERIGO

18.1. Considerações gerais

O chamado *estado de perigo* de há muito reclamava integração ao ordenamento jurídico pátrio. Ao funcionar como fator determinante da defeituosa manifestação de vontade, derivada de premente necessidade que tolhe ao declarante a liberdade de opção e o compele a emitir vontade que não declinaria noutras condições, o vício ceifa a plenitude do negócio formulado, sujeitando-o a invalidação. O art. 156 do Código Civil estatui: "*Configura-se o estado de perigo quando alguém, premido da necessidade de salvar-se, ou a pessoa de sua família, de grave dano conhecido pela outra parte, assume obrigação excessivamente onerosa. Parágrafo único – Tratando-se de pessoa não pertencente à família do declarante, o juiz decidirá segundo as circunstâncias*". Para *Moacyr de Oliveira* (*apud Carlos Roberto Gonçalves*, "Direito Civil Brasileiro", Saraiva, p. 388), o instituto se traduz no "*fato necessário que compele à conclusão do negócio jurídico, mediante prestação exorbitante*". O estado de perigo do direito civil tem contornos que em muito lembram o estado de necessidade do direito penal e da própria legislação civilista, porque em ambos o legislador salvaguarda o indivíduo que, entre dois bens jurídicos, opta por um deles em detrimento do outro, tendo razões jurídicas bastantes a justificarem a medida. Por isso mesmo, a pessoa que está inserida nesse contexto especial merece atenção diferenciada do ordenamento, a fim de que não seja tratada da mesma forma rigorosa com que são os indivíduos que agem dotados de plena capacidade de escolha quanto ao rumo a seguir em cada situação. Nota-se também um certo grau de aproximação entre o estado de perigo e a coação, pois em ambos o declarante sente-se ameaçado por situações que o levam a agir em condições diversas das que o motivariam se estivesse configurado um quadro de normalidade. Porém, no estado de perigo o sujeito opta por alternativa menos danosa dentre as que se apresentam, mas ainda assim emite vontade defeituosa face à pressão que sofre do exterior; esta não provém diretamente da parte contrária, e sim do contexto fático vivido. Já a coação não prescinde da violência, que é praticada contra a vítima pelo declaratário ou por terceiro com ciência daquele.

Para aplicação do *caput*, tem-se como *família* o conjunto de pessoas formado pelo cônjuge, ascendentes e descendentes. Quando o manifestante pretende livrar de dano grave parentes de grau mais distante, ou mesmo afins, a solução será invocar a incidência do parágrafo único do dispositivo. Consideram-se excluídos da restritiva definição de *família*, com vistas à aplicação deste mandamento, os colaterais, os afins, o companheiro e todas as demais pessoas que não mantêm vínculo matrimonial, de ascendência ou de descendência com o emitente da vontade tida por defeituosa. Caberá ao interessado, então demonstrar a efetiva ocorrência da imperfeição e dos pressupostos que a caracterizam. Entre as situações que podem ser caracterizadas como estado de perigo situa-se a dos estabelecimentos de saúde que impõem ao paciente ou aos seus familiares o depósito antecipado de dinheiro, como uma espécie de garantia em torno do pagamento das despesas futuras. A subjugação da vontade sob essa forma de conduta, capaz de levar o indivíduo a aceitar algo a que não está obrigado por lei, como pressuposto compulsório da internação, enseja a anulação do negócio jurídico assim celebrado. Afinal, conhecendo a gravidade do estado de saúde do paciente, e sabendo que a pressão exercida redobra o potencial de convencimento, o nosocômio acaba por obter conscientemente uma manifestação volitiva defeituosa, porque vinculada de forma decisiva ao estado de circunstancial inferioridade da outra parte.

18.2. Características do instituto

O estado de perigo leva à anulabilidade da manifestação de vontade defeituosa, fazendo fenecer a estrutura negocial irregularmente formada. Para tanto, faz-se necessária a implementação dos seguintes requisitos: a) que o declarante esteja em situação de necessidade, originada de perigo a si próprio ou à sua família, independentemente de haver ou não contribuído para o seu surgimento; b) que o dano seja imediato e grave; c) que a parte credora da obrigação tenha ciência do estado premente do outro antes de concretizar a negociação; d) que o fator determinante da assunção do dever jurídico seja a necessidade de afastar o perigo de dano grave, ainda que esse objetivo não venha a ser alcançado; e) que a obrigação assumida seja excessivamente onerosa, isto é, não mantenha correspondência com o que aconteceria se inexistisse o estado de perigo e se apresente como desproporcional em relação ao proveito esperado.

O dano grave mencionado na norma deve ser atual ou iminente, pois se for remoto não colocará o agente em situação tal capaz de impedir a devida reflexão que antecede todo negócio jurídico. De outra banda, por *dano grave* deve entender-se qualquer acontecimento de que possa resultar afetação física, patrimonial ou jurídica da pessoa que o declarante pretende resguardar mediante assunção de obrigação excessivamente onerosa. São exemplos disso: a busca de empréstimo em dinheiro com juros extorsivos para evitar a prisão civil do pai, devedor de alimentos, ou para impedir que o imóvel residencial seja levado a hasta pública em razão de fiança prestada; o mútuo tomado com incidência de encargos abusivos, ou a venda de bem por valor irrisório, quando a finalidade for o custeio de tratamento médico urgente em favor do filho. O perigo de que pretende proteger-se o declarante nem sempre precisará ser concreto e real, bastando que se forme determinado quadro capaz de produzir no espírito da vítima a convicção psíquica da sua existência. Afinal, é em razão disso que o declarante se porta da maneira indicada na norma, residindo nesse aspecto anímico a base da tutela que lhe é conferida. O legislador não arrola, dentre as características do estado de perigo, o caráter eminentemente objetivo do quadro; todavia, será necessário que tanto o emitente da vontade como o declaratário estejam convencidos da ocorrência do risco. Exemplo: João acredita que seu filho foi seqüestrado e vende um bem para pagar o resgate. Pedro, comprador, foi avisado pelo alienante de que o negócio destinava-se a apurar fundos com o objetivo acima exposto, e, aproveitando-se da situação, obtém vantagem excessiva em detrimento da vítima. Se ao depois vier a ser constatado que não havia seqüestro nenhum, mesmo assim estará patenteado o estado de perigo, eis que a situação subjetiva das partes fez configurados os pressupostos contidos na lei para a espécie. Por outro lado, se o perigo for real, mas não funcionar como causa primacial da declaração de vontade, defeito negocial não haverá a sanar. O declaratário, então, não terá granjeado proveito do estado anímico alheio, de modo que a emissão volitiva estará isenta de mácula.

Não se prescinde para a configuração do defeito, conforme afirmado acima, do conhecimento da parte contrária a respeito da situação de perigo que compele o declarante a agir. Contudo, não há lugar para perquirição em torno da origem do perigo, pois é indiferente para o direito saber quem o provocou (desde que não haja propósito de constranger, pois então poderá haver coação), admitindo-se inclusive que provenha de acontecimentos naturais, *v. g.*, inundações, vendavais, raios etc. Tanto o ato humano como o fato da natureza são capazes de gerar o estado de perigo que conduz o sujeito a onerar-se exageradamente, carreando à outra parte — conhecedora da situação — injustificado proveito. O perigo causado por ato humano não se confunde com a coação oriunda de terceiros, pois nesta há o objetivo de ameaçar para obter a declaração de vontade, enquanto naquele inexiste o desiderato de provocar na vítima reação de temor apta a conduzi-lo a exteriorizar certa vontade favorável ao declaratário.

Quanto ao alcance do que seja a denominada *obrigação excessivamente onerosa*, impende não confundir tal preceito com aquele que permite a revisão dos contratos em geral, chamado de *princípio da onerosidade excessiva*. Isto porque o defeito de vontade se consubstancia na emissão volitiva imperfeitamente elaborada, como fruto do perigo incidente sobre o sujeito, enquanto a revisão dos contratos se baseia no fato de restar modificada a realidade econômica que originalmente presidiu a celebração, resultado de evento imprevisível e incomum conducente a notório desequilíbrio econômico. O vício de vontade não será reconhecido quando a assunção de dever jurídico não se mostrar desproporcional, isto é, superlativa diante da realidade negocial. Sendo aceitável para os padrões vigentes, a obrigação não poderá ser afirmada como excessivamente onerosa, ainda que acima da média se confrontada com outros eventos de semelhante natureza. O que autoriza a anulação é o excesso do dever assumido, a desproporção entre ele e as situações ordinárias afins. Trata-se do exame das peculiaridades que cercam o negócio realizado, tomando-se por base elementos concretos como avaliações, posição do mercado etc. Não se pode descurar, todavia, das circunstâncias específicas do declarante, pois a onerosidade também tem a ver com a condição individual do atingido. A respeito do último tema, diz *Moacyr de Oliveira* (*apud Carlos Roberto Gonçalves*, obra citada, p. 395): *"O requisito objetivo dessa onerosidade excessiva há de ser examinado pelo juiz em cada caso, à vista da situação financeira da vítima à época da vinculação"*. Enfim, o caráter excessivo da obrigação assumida será verificado a partir da análise dos elementos objetivos que se referem ao declarante e à natureza do ato praticado.

O fundamento pelo qual se reconhece a anulabilidade da manifestação volitiva defeituosa reside no fato de a pessoa com quem o declarante negociou saber do estado de perigo e ainda assim aproveitar-se do mesmo para obter vantagem. Isso configura irregularidade não apenas sob o prisma do vício de consentimento por ausência de condições de reflexão e livre arbítrio, mas também sob o ângulo da moralidade, probidade e boa-fé que se exige de todos os que participam de negócios jurídicos. Não se admite que um indivíduo utilize o desespero alheio como meio de obter vantagem, mesmo porque é manifesta a influência negativa do quadro fático sobre o psiquismo da pessoa que assume dever jurídico desproporcional e fora da normalidade. O estado de perigo leva a pessoa a agir de modo diferente daquele que ordinariamente presidiria a sua conduta se estivesse em condições normais, distante do risco que acaba interferindo na formulação da vontade.

Quando o risco de grave dano pairar sobre pessoa não pertencente à família do declarante, e ainda assim este assumir obrigação excessivamente onerosa em favor do outro para afastar o perigo, caberá ao juízo decidir sobre a verificação ou não das condições que permitem a incidência do conteúdo do *caput* do artigo em apreço. É que então inexistirá o laço familiar estreito capaz de carregar consigo a presunção de que o declarante está agindo em razão do sentimento nobre que mobilizaria qualquer homem de bons princípios, situação que cede lugar à necessidade de prova acerca dessa circunstância.

18.3. Impossibilidade de suprimento

Ao contrário do que se dá com o defeito negocial denominado *lesão* (art. 157 do Código Civil), uma vez patenteado o estado de perigo e ajuizada a demanda visando à anulação do negócio não será possível modificar o contrato para preservar a sua validade e eficácia. Mesmo que pareça existir nisso uma incongruência da norma legal, a verdade é que se considera mais grave o estado de perigo do que a lesão, haja vista a afirmação, naquele, da vantagem que uma das partes tira de outra que se encontra em premente necessidade. Age, portanto, com indesmentível má-fé, atitude inadmissível na vida em sociedade. Procedendo a juízo de valor que tomou por substrato a gravidade dos acontecimentos, entendeu o legislador de não permitir que o beneficiado se disponha, no estado de perigo, a consertar o defeito por meio da redução da onerosidade ou de qualquer mecanismo semelhante. De outra banda, se há boa-fé do declaratário, que desconhece a premente necessidade do sujeito, terá faltado um dos pressupostos de configuração do instituto, razão pela qual o negócio será preservado e não ensejará anulação. Isso não afasta, todavia, a perspectiva de invocação de soluções diversas, como a revisão do contrato ou a readequação dos termos do ato, por onerosidade excessiva ou enriquecimento sem causa, se for viável na situação concreta assim proceder. Daí o porquê do tratamento mais ameno à lesão e de maior rigorismo em relação ao estado de perigo.

Em virtude dos caracteres postos acima, não existirá razão alguma para que a parte beneficiada pelo negócio jurídico, e posteriormente atingida pela anulação, postule alguma espécie de indenização ou vantagem econômica. O comportamento externado, que mostra a aceitação de benefício indevido, e, mais do que isso, o desejo pleno e consciente de obter proveito à custa da séria necessidade alheia, não justificaria jamais a geração de direito em favor do declaratário. Por isso, o retorno das partes ao *status quo ante* é o epílogo do caminho percorrido por quem postula a anulação do negócio com substrato na demonstração do estado de perigo. Por conhecer a necessidade alheia e ainda assim acolher em seu espírito a perspectiva de granjear vantagem revela conduta incompatível com a de quem mereça alguma forma de reparação de eventual prejuízo experimentado. Isto não exclui a possibilidade de que o declaratário demonstre a ocorrência de enriquecimento sem causa do declarante como fundamento da propositura de demanda destinada a reequilibrar a situação, repondo-a no estado original. Tal iniciativa, cuja viabilidade prática é difícil em função da necessidade de haver prova inequívoca em torno do alegado enriquecimento irregular do declarante, pode ser tomada em ação ordinária comum, ou mesmo em sede de reconvenção. A realidade dos acontecimentos demonstra, contudo, que na grande maioria dos casos a simples anulação do negócio é capaz de restabelecer a normalidade, disso não surgindo outras prerrogativas entre as partes.

18.4. Comparação com outros institutos

O Código Civil dedica apenas o art. 156 à disciplina do estado de perigo, fazendo o mesmo relativamente ao vício denominado *lesão* (art. 157). Tais institutos apresentam fundamentos semelhantes, consistentes na defesa dos direitos de quem age premido por circunstâncias graves e determinantes da conduta. Mesmo que seja assim, andou bem o legislador ao discipliná-los por meio de normas diferentes, porque efetivamente há pontos de distanciamento entre ambos. A própria Comissão Revisora do projeto de codificação explicou o porquê de proceder dessa maneira, afirmando que "*os dois institutos não se confundem. O estado de perigo ocorre quando alguém se encontra em perigo, e, por isso, assume obrigação excessivamente onerosa. Aludindo a ele, Espínola (manual do Código Civil Brasileiro, vol. III, parte primeira, p. 396-397) dá este exemplo: 'Será alguma vez um indivíduo prestes a se afogar que promete toda a sua fortuna a quem o salve da morte iminente'. A lesão ocorre quando não há estado de perigo, por necessidade de salvar-se; a 'premente necessidade' é, por exemplo, a de obter recursos. Por outro lado, admitindo o § 2º do art. 155 (art. 157 no novo Código) a suplementação da contraprestação, isso indica que ela só ocorre em contratos comutativos, em que a contraprestação é um dar (e não um fazer). A lesão ocorre quando há usura real. Não há lesão, ao contrário do que ocorre com o estado de perigo, que vicie a simples oferta. Ademais, na lesão não é preciso que a outra parte saiba da necessidade ou da inexperiência; a lesão é objetiva. Já no estado de perigo é preciso que a parte beneficiada saiba que a obrigação foi assumida pela parte contrária para que esta se salve de grave dano (leva-se em conta, pois, elemento subjetivo). Por isso, a existência dos dois institutos, pois só o estado de perigo ou só a lesão não bastam para coibir todas as hipóteses que se podem configurar. E a disciplina deles, conforme as hipóteses em que incidem, é diversa, como se viu acima*".

Percebe-se, destarte, que no estado de perigo há um risco presente e conhecido da outra parte, seja atual ou iminente, a nortear a conduta do indivíduo. A lesão tem na premente necessidade ou inexperiência do declarante o substrato para a assunção de obrigação desproporcional àquela que incumbe à outra parte. Afora isso, o estado de perigo caracteriza-se pela opção do declarante entre duas situações que lhe são prejudiciais, sendo que por meio da escolha de uma delas objetiva afastar o risco provocado pela outra. Já na lesão o sujeito toma parte de um negócio assumindo obrigação de natureza econômica desproporcional à do pólo adverso. Por fim, o estado de perigo pressupõe que a outra parte saiba da situação que assola o declarante, ao passo que na lesão tal ciência não é pressuposto de caracterização do instituto.

O estado de perigo também não se confunde com o estado de necessidade, consoante já se disse acima. Este último elide inclusive a responsabilidade penal, e, igualmente, a de natureza civil (art. 188, II, do Código Civil), contanto que o perigo não tenha sido causado deliberadamente pela pessoa sobre quem recai. O indivíduo é liberado de qualquer dever reparatório, porque atua sob a influência decisiva da necessidade. Esta, se inexistente, produziria a obrigação de indenizar os danos segundo as normas de disciplina da responsabilidade extracontratual. Como a conduta se dá ao abrigo da excludente, o sujeito não fica jungido ao dever de indenizar. No estado de perigo a situação é diferente, pois afeta a manifestação de vontade emitida com vistas à consecução de um negócio jurídico. É evidente que também aqui se concentra elevado grau de necessidade, mas não em situação especificamente capaz de excluir a responsabilidade civil. A premência funciona como fator de anulação do negócio jurídico porque macula a elaboração livre da vontade, enquanto no estado de necessidade genuíno o indivíduo age sabendo que pratica potenciais danos a outrem, mas tem a seu favor a elisão jurídica das conseqüências do ato, que noutras circunstâncias geraria responsabilidade civil plena.

No estado de perigo, uma das partes aufere vantagens negociais do desespero alheio. A vítima age por necessidade premente, e a provocação de prejuízos limita-se ao resultado dessa conduta ilídima. Em se tratando de estado de necessidade, o sujeito que não participa de relação negocial com a vítima causa danos a ela na tentativa de livrar-se de perigo iminente.

No concernente à coação, o estado de perigo guarda determinada proximidade, sem que haja exata identidade nos institutos. Nas duas situações o declarante age em virtude de um quadro de anormalidade fática, sendo perceptível que se portaria de modo diferente caso as condições fossem normais. Contudo, do estado de perigo não decorre qualquer ameaça física ou moral ao declarante da vontade, que emite um querer premido por circunstâncias conhecidas pela outra parte, que se aproveita do desespero alheio para obter vantagem. Por seu turno, a coação pressupõe violência física ou moral contra a vítima, provinda do beneficiário ou de terceiro (sendo, nesta última hipótese, manobra conhecida da parte a que aproveita a declaração).

Capítulo 19

LESÃO

19.1. Considerações gerais

À semelhança do estado de perigo, o quadro de lesão também pode viciar a manifestação de vontade e levá-la à anulação, contanto que o agente, por força de premente necessidade ou inexperiência, assuma obrigação notoriamente desproporcional ao valor daquela assumida pela parte adversa. Quando acossado por necessidade, o declarante não emite vontade livre, e, se atua porque inexperiente, não exara vontade consciente, fazendo com que de ambas as hipóteses resulte a anulabilidade do negócio. Diz o art. 157 do Código Civil: "*Art. 157. Ocorre a lesão quando uma pessoa, sob premente necessidade, ou por inexperiência, se obriga a prestação manifestamente desproporcional ao valor da prestação oposta. § 1º – Aprecia-se a desproporção das prestações segundo os valores vigentes ao tempo em que foi celebrado o negócio jurídico. § 2º – Não se decretará a anulação do negócio, se for oferecido suplemento suficiente, ou se a parte favorecida concordar com a redução do proveito*". Pressuposto da verificação da lesão, portanto, é a desigualdade entre as partes envolvidas, em que uma delas obriga-se além do que em situação de normalidade faria. O dispositivo tem seu maior manancial de incidência no direito contratual, pois nele é que residem as distorções mais candentes e capazes de ferir de forma irremediável o princípio da comutatividade, pelo qual as prestações a que as partes se obrigam na generalidade dos negócios jurídicos bilaterais devem conservar certo grau de equilíbrio.

Já se falou, quando da análise do estado de perigo, sobre as diferenças entre tal instituto e a lesão. Volta-se a frisar, todavia, que eles se estremam fundamentalmente porque no estado de perigo a pessoa que negocia conhece a situação de risco por que passa o declarante e mesmo assim é conivente com a assunção de obrigação excessivamente onerosa. Em contrapartida, na lesão não se exige que a outra parte tenha prévia ciência da premente necessidade ou da inexperiência do declarante, bastando que este manifeste a vontade em virtude de tal quadro e assuma prestação desproporcional àquela incidente sobre o outro contraente.

O fundamento da anulabilidade da declaração reside no fato de o declarante agir motivado por necessidade premente ou inexperiência, situações que impedem a pessoa de refletir corretamente acerca da magnitude da obrigação, fazendo com que a aceite não obstante sua desproporcionalidade com aquela que recai sobre a parte adversa. É o caso, *v. g.*, de venda de veículo a preço vil, quando o vendedor fecho o negócio porque precisa de numerário para evitar o despejo iminente da família, estando a esposa muito adoentada e não podendo ser submetida a abalos emocionais.

O Código Civil de 1916 não arrolava a lesão entre os vícios do consentimento, nem a mencionou em qualquer de seus dispositivos. Ao que se infere, à época da sua edição o rol de defeitos estatuídos era suficiente para coibir práticas viciadas, estando à disposição dos interessados a invocação do erro, dolo, coação, simulação e fraude contra credores. Dada a aparente proximidade conceitual entre alguns deles, em muito devida à flexibilidade que se conferia à interpretação feita em torno do alcance jurídico de cada figura nos casos concretos, foi possível seguir durante décadas sem que adviesse a providência de inserção da lesão na lista dos vícios negociais. A evolução da complexidade das relações interpessoais, porém, trouxe consigo a constatação de que se aproximava o momento de estender a gama de defesas do lesado contra defeitos cuja faceta não mais permitia enquadramento pacífico nas figuras tradicionais. Com a entrada em vigor do atual Código Civil, foram acrescidas duas espécies de defeitos aos já existentes: a lesão e o estado de perigo. Além disso, houve a mudança da natureza do instituto da simulação, que foi deslocada do setor das causas de anulabilidade para o das geradoras da invalidade do negócio jurídico.

Antes da vigência da atual codificação, as referências à lesão eram predominantemente jurisprudenciais, ante a ausência de direito positivado a regular o tema quanto às relações civis comuns. No ano de 1990, sobreveio a edição do Código de Defesa do Consumidor (Lei n. 8.078, de 11.09.90), que, no art. 51, dispôs: "*São nulas de pleno direito, entre outras, as cláusulas contratuais relativas ao fornecimento de produtos e serviços que: IV – estabeleçam obrigações consideradas iníquas, abusivas, que coloquem o consumidor em desvantagem exagerada, ou sejam incompatíveis com a boa-fé ou a eqüidade*". Adiante, no § 1º do mesmo dispositivo, fixou: "*Presume-se exagerada, entre outros casos, a vantagem que: III – se mostra excessivamente onerosa para o consumidor, considerando-se a natureza e conteúdo do contrato, o interesse das partes e outras circunstâncias peculiares ao caso*". Com isso, nas relações de natureza consumerista o consumidor ficou protegido contra os excessos descritos nas normas acima referidas, podendo invocar a nulidade (e não a simples anulabilidade) das cláusulas ilídimas. No pertinente às demais situações, mormente as de direito civil comum, permaneceu em aberto o tema da lesão até que adveio o atual Código Civil, onde está previsto como ensejador de anulabilidade do negócio jurídico defeituoso.

19.2. Características do instituto

Consoante mencionado acima, a lesão, como fonte de anulabilidade, figura pela primeira vez no direito civil brasileiro codificado, eis que o Código Civil de 1916 não a contemplou. Todavia, a jurisprudência — ainda que de forma tímida — já vinha de longa data admitindo o desfazimento dos contratos quando afetado por máculas que hoje consubstanciam a figura típica da lesão. Mesmo no direito pré-codificado já se tinha notícia jurisprudencial do instituto, identificado como "*lesão enorme* e *lesão enormíssima*", sendo que a primeira configurava "*defeito objetivo do contrato, cujo fundamento não era qualquer vício presumido do consentimento, mas sim a injustiça do contrato*", enquanto a segunda era "*fundada no dolo com que se conduzia a parte favorecida com o injusto proveito, dolo presumido, que não precisava ser perquirido na intenção do agente*" (*Washington de Barros Monteiro*, obra citada, p. 246).

A inexperiência citada pelo legislador na norma inserida no atual Código Civil, capaz de afetar a declaração de vontade, significa falta de vivência negocial, ou então consiste no fato de o declarante ser tosco, ingênuo ou simplório, de modo que a sua condição psíquica, associada à ausência de maior prática de vida, leva-o a abraçar prestação notoriamente destoante daquela assumida pela outra parte. A prova dessas circunstâncias se faz por intermédio de quaisquer elementos disponíveis, e inclusive por testemunhas. Como se trata do exame de fatores pertencentes ao campo da subjetividade do indivíduo, e sabendo-se que a sua investigação não pode ser feita com base na palavra do interessado, não há outro meio de se chegar à verdade senão pela averiguação do contexto em que foi realizada a manifestação de vontade. A análise deve limitar-se aos acontecimentos havidos naquele específico evento, embora não se possa desprezar de todo a condição pessoal pretérita dos envolvidos, seus antecedentes em relação a ocorrências similares etc., tudo com vistas a constatar a existência de disparidade de forças entre os envolvidos, destacando-se a inferioridade de um deles em razão da sua comprovada inexperiência. Todavia, a principal fonte de análise é, efetivamente, o caso concreto, de vez que o declarante pode situar-se em inferioridade para determinados negócios e não para outro, haja vista os seus atributos e deficiências pessoais. Da investigação do quadro específico do negócio examinado é que se extrairá a realidade, assim como a perspectiva, ou não, de anulação.

A inexperiência não se equipara à conduta de quem comete erro, de modo que, também por isso, são bastante distintos os institutos do erro e da lesão. A própria Comissão Revisora do Projeto de Lei que gerou o Código Civil encarregou-se de afastar essa similitude conceitual, alegando que "*inexperiência não se confunde com erro, pois não se trata de desconhecimento ou falso conhecimento de uma realidade. O inexperiente conhece a desproporção, mas, por falta da experiência da vida, concorda com ela, sem atentar para as conseqüências maléficas*". Na prática o que se constata é a conotação secundária que se dá à ciência do declarante quanto à desproporção, bastando seja demonstrada a premente necessidade ou a inexperiência, além da objetiva dissonância entre as prestações, para que se mostre factível fomentar a demanda destinada a provar a ocorrência de defeito capaz de anular o negócio jurídico.

Outro cuidado que se deve adotar quando da investigação da alegada inexperiência é o de não permitir que o sujeito, tendo feito um mau negócio e dando-se conta disso, invoque a sua pretensa falta de vivência para o fim de anulação. Inexperiência e culpa são inconciliáveis, cabendo ao sujeito que agiu com negligência ou imprudência suportar os efeitos da sua conduta. Admitir que possa obter a anulação do negócio feito sem a observância de cautelas mínimas importaria em aplaudir o mau procedimento negocial, colocando em constante risco a segurança que deve revestir os vínculos jurídicos criados. Quem pode acautelar-se antes de tomar determinada decisão geradora de liames desse jaez está automaticamente obrigado, pelas próprias diretrizes de convivência (e também pelas regras gerais de direito), a precaver-se quanto ao conteúdo e às repercussões da manifestação de vontade que pretende expender.

A premente necessidade aludida na norma não tem relação com problemas econômicos habituais da parte, ou seja, não se reconhece lesão quando o sujeito invoca o seu estado de pobreza, miséria ou dificuldades financeiras como razão de anulação do negócio jurídico. Obviamente, não poderia ser — e não é — assim, pois o intento do legislador vai muito além disso. Trata-se de necessidade que leva o indivíduo a manifestar aquela específica vontade, em vista da premência de que é assolado. Deve haver, na situação versada, um quadro capaz de revelar que o sujeito se viu compelido, ante as circunstâncias, a promover a exteriorização volitiva em um contexto do qual resulta a conclusão de que não teria agido daquela forma se estivesse em condições diferentes, mais amenas e menos rigorosas do ponto de vista da necessidade de contratar. Importante frisar, ainda, que por necessidade *premente* entende-se por aquela de caráter urgente, impostergável, que exerce pressão sobre o declarante a ponto de romper a sua resistência normal.

A lei, prudentemente, também não se ocupou de tarifar em termos numéricos a desproporção mencionada na norma. Há países onde a definição do que seja desproporcional parte da fixação de fronteiras percentuais. Na Itália, por exemplo, considera-se existente a lesão quando, preenchidos os demais pressupostos normativos, tiver havido estimativa de montante superior à *"metade do preço justo"* (*Carlos Roberto Gonçalves*, obra citada, p. 402). Trilhando caminho diferente, o nosso ordenamento optou por deixar o exame da existência de desproporção a cargo do Poder Judiciário, com base nas provas carreadas aos autos em cada situação concretamente verificada. Não será qualquer diferença de valores que levará à ocorrência de lesão; contudo, hão de ser evidentemente destoantes e inconciliáveis as prestações, pois caso assim não seja estar-se-á ante um risco negocial que existe em toda celebração. Nem sempre ambas as partes estarão fazendo um bom negócio, e nem por isso a necessidade de uma delas ou a sua inexperiência funcionará como aspecto a gerar a anulabilidade da declaração de vontade, sob pena de se tornarem inviáveis as relações jurídicas negociais. O legislador, ao tratar da matéria, valeu-se da expressão *manifestamente desproporcional*, ou seja, exige uma desproporção perceptível e que se revela a todos mediante singelo exame. O instituto já era cogitado na jurisprudência, ao tempo do Código Civil de 1916, quando este ainda não a positivara. Falava-se, então, em *lesão enorme*, exatamente para diferenciá-la de outros acontecimentos de que pudesse resultar a impressão de que fora feito um mau negócio, ou daqueles em que o prejuízo causado a uma das partes não era de tal modo considerável a ponto de ensejar tão dramática providência como é a anulação de todo o negócio jurídico entabulado. O ordenamento atual não se ocupou de adjetivar o vocábulo lesão, mas impôs, para o seu reconhecimento como vício do consentimento, que decorresse da assunção, pela parte, de prestação *manifestamente desproporcional*. Vai nisso uma preocupação de natureza moral com a sorte dos sujeitos de direito envolvidos na celebração, de vez que objetiva corrigir a distorção oriunda do fato de que o declaratário aufere proveito indevido a partir da realização do negócio, trazendo à tona a possibilidade de intervenção do Poder Judiciário para erradicar o desequilíbrio por meio da radical medida da anulação, desde que, por óbvio, haja provocação oriunda do interessado.

Como visto, para a caracterização da lesão é prescindível a ciência do declaratário quanto à premente necessidade ou inexperiência do declarante. Nem por isso deixa de existir o componente moral acima citado, de vez que ele funciona como uma espécie de fator preventivo de novas ocorrências, pois, conhecendo a lei, os celebrantes terão maior cautela em torno da observância dos elementos contratuais e dos aspectos que envolvem a outra parte.A preocupação do ordenamento consiste em resguardar o lesado, e não em reprimir a conduta daquele com quem contrata ou em proveito de quem emite a declaração de vontade.

A desproporção de valores entre as prestações é aferida tendo por base a data em que foi celebrado o negócio jurídico, com desconsideração, portanto, de eventuais alterações posteriores decorrentes da variação de cotação, câmbio, índice etc. Noutras palavras, a desproporção deve existir ao tempo da constituição do negócio que se pretende anular, ser contemporânea a ele. Isso evita que uma das partes invoque a superveniente modificação das condições originais como fator de invalidação do negócio jurídico, quando na realidade o que interessa é a comparação das prestações entre si à época da celebração, haja vista ser aquele o momento exato em que se mostram eventuais distorções. Tudo o mais que levar ao posterior afastamento do equilíbrio original não poderá ser erigido à categoria de elemento apto a conduzir ao desfazimento do negócio. Se for o caso, e desde que cumpridos os pressupostos correspondentes, ensejará o ajuizamento de ação revisional, destinada a restabelecer o equilíbrio primitivo, segundo as normas aplicáveis à espécie. *"Quando a desproporção entre as prestações não se verifica no momento da constituição do negócio jurídico, mas no do cumprimento das obrigações contraídas, não é o caso de lesão, mas sim de onerosidade excessiva"* (*Lotufo, apud Fábio Ulhôa Coelho*, "Curso de Direito Civil", Saraiva, vol. I, p. 330). É de anotar, ainda, que não basta a desproporção, em valor, das obrigações; faz-se imprescindível que o fator determinante da celebração tenha sido a premente necessidade ou a inexperiência do declarante. A jurisprudência traz situações nas quais se vislumbra a configuração do instituto da lesão por meio do concerto de todos os elementos postos na lei: *"Cabível é a anulação do ato jurídico por vício de vontade se emanado de pessoa humilde, sem instrução, em estado emocional abalado pelo falecimento do concubino, somado a evidente discrepância entre o valor real dos bens da herança (132.000,00) e aquele declarado na escritura de cessão de direitos (4.000,00)" – (Processo n. 123101200 4ª Câmara Cível do TJPR).*

Embora o § 1º mencione a desproporção das prestações tomando como referencial os valores das mesmas à data do negócio, também no caso de celebrações envolvendo apenas bens (troca, dação em pagamento etc.) é possível alegar a lesão como causa de anulação do negócio jurídico. Para tanto, basta tomar o valor do bem à data da celebração, comparando-o com a obrigação da parte adversa, do que se extrai a presença ou não da lesão, se presentes os demais requisitos contidos no ditame normativo. Por outro lado, valem aqui as mesmas observações feitas acima, no pertinente à relevância de observar que o teor do § 1º visa a evitar que o sujeito invoque a ocorrência de desproporção tomando por parâmetro o valor apurado ao tempo da propositura da demanda, o que criaria distorções como, por exemplo, a consideração da atualização monetária como fator de perda ou de ganho sobre o valor nominal. Assim procedendo, a parte estaria argüindo a existência de defeito negocial a partir de elementos diferentes daqueles que se apresentavam à época da celebração, fazendo com que, na prática, se estivesse diante de caso de revisão do negócio, e não de anulação relacionada a um dos vícios previstos nas normas em vigor. Logo, a desproporção aludida no dispositivo deverá estar presente já quando da declaração de vontade, pois do contrário não haverá lesão, seja qual for a natureza do negócio celebrado.

19.3. Efeitos da boa-fé do beneficiado

Por força do § 2º do art. 157 do Código Civil, quando a parte favorecida (aquela que granjeou proveito da premente necessidade ou da inexperiência do oponente) aceitar a promoção do equilíbrio negocial oferecendo a diferença que tornava desproporcionais as prestações, o negócio jurídico não será anulado, pois então estará preservada a comutatividade reclamada pelo legislador. Está consagrado aí o princípio de que os vínculos negociais devem ser preservados ao máximo somente ensejando o rompimento aquela situação da qual se extraia a certeza da ocorrência de defeito insuscetível de convalidação. A oferta de suplementação é uma faculdade da parte favorecida, não podendo ser obstada pelo outro contraente a qualquer título. Caberá ao juízo fixar o *quantum* capaz de equilibrar as prestações, sendo possível ao interessado ofertar o suplemento inclusive em sede de contestação da demanda anulatória promovida pelo prejudicado.

Também não será anulado o negócio jurídico quando a parte favorecida concordar com a redução do proveito, o que pode ser feito, por exemplo, mediante supressão de algumas das parcelas finais que deveriam ser pagas pelo comprador, ou por intermédio de alguma forma de abatimento do montante devido. Funda-se essa possibilidade no mesmo motivo que levou o ordenamento a admitir a oferta de suplemento pelo favorecido, qual seja, a promoção do equilíbrio entre os negociadores.

Cumpre salientar que, tratando-se de vício em que não se constata a presença de má-fé da parte beneficiada, a lesão recebe tratamento diverso, nesse particular, do conferido ao estado de perigo. Como se asseverou anteriormente, neste não se admite a possibilidade de suplementação da desvantagem pela parte que se aproveita conscientemente do perigo incidente sobre o declarante. Uma vez proposta a demanda de anulação, caberá ao juízo decidi-la segundo a tese posta na petição inicial, inexistindo em favor do réu prerrogativa análoga à fixada no § 2º do art. 157 do Código Civil.

O reconhecimento do vício da lesão parte da premissa de que o declaratário, que é o destinatário da vontade emitida, não age de má-fé, pois se isso ocorrer poderão entrar em cena figuras jurídicas diversas, tais como o erro ou o dolo. Na lesão, a insubsistência do negócio jurídico pode ser obstada por iniciativa da pessoa beneficiada pela manifestação volitiva feita por outrem. Assim, por exemplo, o fato de vendedor e comprador estarem de boa-fé quando da celebração no contrato não impede que qualquer deles, uma vez verificado o preenchimento dos requisitos para caracterização da lesão, invoque a anulabilidade do negócio tomando por base a respectiva emissão de vontade. Contudo, enseja-se ao declaratário oportunidade de evitar a anulação, desde que se submeta ao teor do § 2º do art. 157 do Código Civil, estabelecendo o equilíbrio que se esperaria em circunstâncias normais.

O legislador determina a existência do vício da lesão considerando a boa-fé do declaratário, mesmo porque se existir malevolência o defeito será outro, mais precisamente o erro. A anulabilidade tem por escopo resguardar a lisura negocial e prestigiar a segurança das relações jurídicas, evitando que alguém se obrigue ao emitir uma vontade defeituosa. Por conseguinte, a viabilidade da preservação do negócio toma por base a disposição do destinatário da vontade no sentido de corrigir o resultado negativo da imperfeição. Não se pode desconhecer que, quando a boa-fé preside a conduta de todos os envolvidos no negócio, surge um impasse concreto e tormentoso: qual a garantia que se atribui ao declaratário que auferiria proveito da manifestação de vontade da outra parte? A lei estabelece a solução posta no referido § 2º, não passando ao largo do tema. Na lesão é ainda mais evidenciada a relevância da tutela dos interesses do declaratário, pois a própria essência do instituto pressupõe o bom ânimo dele ao tempo da realização do negócio. Para ser vislumbrada a lesão basta a presença objetiva da manifesta desproporção entre as prestações assumidas pelas partes, associada ao elemento subjetivo consistente na distorção da vontade do declarante por premente necessidade ou inexperiência para que se tenha a perspectiva de anulação do ato, sem contribuição do declaratário. Está claro, portanto, que o defeito se forma no âmbito interno do declarante, não sendo correto que recaia sobre a parte contrária o reflexo negativo da manifestação imperfeita. "*Chocam-se, então, dois interesses igualmente legítimos. De um lado, o da vítima do defeito interno de consentimento, cuja vontade merece proteção, para que ela não se vincule a negócio não desejado; de outro, o do declaratário, que apenas realizou um bom negócio, sem ter contribuído minimamente para o constrangimento da vontade da parte declarante, e cujos interesses também merecem proteção jurídica*" (*Fábio Ulhoa Coelho*, obra citada, p. 333). Daí o porquê da admissibilidade, pelo legislador, de solução que faz subsistir o negócio e conserva os interesses de todos os envolvidos.

19.4. Argüição em contratos aleatórios

Quanto à visibilidade das prestações, os contratos são classificados em *comutativos* e *aleatórios*. Nos primeiros, as partes celebrantes conhecem o conteúdo das respectivas prestações já no momento da celebração, e, além disso, podem verificar de imediato a equivalência que há entre elas. Na compra e venda de um veículo determinado, por exemplo, existe certo equilíbrio entre o teor econômico do preço e a avaliação da coisa vendida, sem que, contudo, exija-se absoluta paridade entre tais elementos. Nos aleatórios, por sua vez, as prestações de um ou de ambos os celebrantes são incertas, porque submetidas às vicissitudes de um acontecimento futuro e imprevisível, submetido a circunstâncias imponderáveis *(alea)*. É o que se dá, por exemplo, no jogo e na aposta, ou em compra e venda de safra futura.

A lesão, como defeito do negócio jurídico e seguindo-se uma regra geral, somente pode ser invocada nos contratos comutativos, pois neles é que se pode exigir equilíbrio entre as prestações assumidas pelas partes envolvidas. Nos aleatórios existe deliberada assunção de risco, de maneira que a superveniência de prejuízo não passa, *prima facie*, de elemento integrante da gama de possibilidades aceitas voluntária e livremente pelos celebrantes, inclusive no que concerne a eventuais perdas econômicas. A própria previsão contida no § 2º do art. 157, no sentido de ser viável a oferta de suplemento suficiente deixa entrever a adequação do raciocínio feito acima, por ser inimaginável que alguém tencione oferecer suplementação em contrato aleatório regularmente constituído, tendo em vista a *alea* inserida na sua estrutura. Porém, nem sempre será assim, pois esse entendimento comporta exceção, como se verá adiante.

Com a tradicional competência, *Caio Mário da Silva Pereira* aborda os contratos aleatórios e assim se pronuncia sobre a questão referente ao defeito da lesão em tais avenças: "*É de sua própria natureza a inexistência de correlação das prestações, nem pode alegar ter sido lesado o alienante, se recebeu preço certo por uma coisa, cujo valor real dependerá da álea do tempo ou de outro fator. É justamente a incerteza que elimina a possibilidade de aproveitamento de uma parte em prejuízo da outra*" (obra citada, p. 174). Não obstante, constituiria equívoco afirmar que a simples verificação de que se está diante de um contrato aleatório inviabiliza por completo e absolutamente a argüição da lesão como defeito capaz de gerar anulabilidade. Embora no mais das vezes a ausência de correlação entre as prestações seja suficiente para afastar a perspectiva da invocação do vício, não se pode olvidar do fato de que o quadro vislumbrado quando da manifestação de vontade pode indicar a ocorrência do problema. Isto porque se admite um determinado grau de álea, de risco assumido pelo celebrante, mas a ele podem juntar-se os elementos caracterizadores da lesão. Basta, para tanto, que no caso concreto seja patenteada a presença de vantagem exacerbada para uma das partes e em detrimento da outra, decorrente da comparação entre as prestações ajustadas, em que uma das quais é manifestamente desproporcional à devida pelo celebrante adverso. Percebe-se, por assim dizer, que mesmo nos contratos aleatórios exige-se uma relativa razoabilidade nas prestações. Até nos casos de álea total, em que um dos contraentes assume o risco integral de pagar o preço ainda que da coisa nada venha a existir, poderá haver lesão se na origem, quando da celebração do contrato, estiverem presentes os requisitos comuns do instituto. Nessa hipótese, a verificação dos pressupostos passa pela análise do quadro a partir da abstração da álea normalmente presente na modalidade contratual ajustada. Noutras palavras, se a álea normal daquela espécie de contrato for desconsiderada e ainda assim subsistirem os elementos da lesão, estará firmada a idéia de anulabilidade do negócio.

Diante de tudo o que foi explicitado, pode-se dizer que o instituto da lesão é invocável em qualquer espécie de contrato oneroso (nos gratuitos, obviamente, descabe a argüição), ficando condicionado o seu reconhecimento, contudo, à cabal demonstração da presença dos requisitos de configuração previstos na lei.

Capítulo 20

FRAUDE CONTRA CREDORES

20.1. Considerações gerais

A todo sujeito que tenha um crédito lícito é facultado exigir do devedor a respectiva solução. Há créditos privilegiados, que são aqueles cuja satisfação é garantida por algum bem específico do acervo do devedor, como no caso de hipoteca. Há outros que têm preferência sobre os demais créditos, como é o caso dos que possuem natureza fiscal ou trabalhista. Por fim, existem os denominados créditos quirografários, de caráter comum, em relação aos quais inexiste garantia específica ou preferência. Seja qual for a natureza do crédito, é certo que o sujeito ativo tem no acervo patrimonial do devedor a expectativa e a perspectiva de satisfação do seu interesse, tendo ou não algum bem jurídico diretamente vinculado à relação estabelecida.

Existindo o crédito e não havendo a sua oportuna quitação pelo obrigado, fica o credor autorizado pelo ordenamento jurídico a adotar as medidas processuais cabíveis, de modo que o Estado, mediante provocação do titular do direito, fornece os meios necessários para que seja observado o conteúdo da obrigação contraída pelo devedor. Formando-se o processo, tem-se uma série de etapas a cumprir até que os bens do devedor sejam concretamente convertidos em fonte de satisfação do direito invocado pelo credor. Uma delas é a penhora, que consiste na constrição de itens patrimoniais do sujeito passivo para futura colocação em venda pública (leilão de móveis ou hasta de imóveis), com vistas à apuração de montante que possa corresponder à totalidade do crédito exigido. Essa alienação onerosa de bens jurídicos do devedor constitui o manancial de recursos que o credor vai buscar para ver cumprida a obrigação da parte adversa.

A existência de bens no acervo do devedor é, portanto, pressuposto essencial da solução da *obligatio*, pois sem eles não haverá como alcançar ao credor aquilo a que tem direito. Se o devedor não tem recursos para cumprir o dever jurídico assumido, diz-se que é insolvente, ou seja, em termos patrimoniais possui *ativo* menor do que o *passivo*, inviabilizando o sucesso da iniciativa que possa ter partido do titular da faculdade. Essa situação econômica, transmudada para o campo processual, é capaz de gerar a insolvência da pessoa natural e a falência da pessoa jurídica, institutos de severas repercussões sobre a condição civil do insolvente e do falido. Uma delas é o concurso de credores, que se instala a partir da verificação da incapacidade do devedor para cumprir as obrigações que sobre si recaem.

Nele se dá a arrecadação dos bens do devedor para posterior venda pública e divisão do produto entre os credores legalmente habilitados. Insuficiente para solver todos os débitos, o montante arrecadado somente propiciará aos credores a satisfação parcial dos direitos, de maneira que haverá pendências que, provavelmente, jamais serão quitadas, a menos que o devedor venha no futuro a ter outros bens passíveis de constrição.

Considerada a sucinta exposição feita acima, passa-se agora a analisar a questão da fraude contra credores propriamente dita. Não sem antes frisar que ela pode evidenciar-se tanto nos casos em que há prejuízo a um só credor (ocasião em que enseja a anulação do negócio por demanda específica) como naqueles em que se abre concurso geral de credores, assim como nas hipóteses reguladas pelo art. 216 da Lei n. 6.015, de 31.12.73 (Lei dos Registros Públicos). Cabe observar, todavia, que a Súmula n. 195 do Superior Tribunal de Justiça indica a inviabilidade da argüição do instituto em sede de embargos de terceiros: *"Em embargos de terceiro não se anula ato jurídico, por fraude contra credores"*. Isto porque a fraude contra credores envolve hipótese de anulabilidade de negócio jurídico, cujo desfazimento reclama ação própria contra o devedor reputado insolvente e o adquirente tido de má-fé, sendo, portanto, inviável discuti-la em embargos de terceiros, de objeto bastante limitado e que se destina unicamente a arredar a constrição judicial sobre bem de terceiro.

A fraude consiste na utilização, pelo devedor, de expedientes ardilosos visando a prejudicar o credor, suprimindo ou obstando a este o exercício de um direito de crédito juridicamente reconhecido. Nela o devedor insolvente aliena bens de seu acervo patrimonial, quer a título oneroso ou gratuito, em detrimento dos credores e sabendo que os está prejudicando. Ou, então, procede de outras formas igualmente lesivas, como quando promove renúncia de herança ou legado, remissão (perdão) de dívidas, constituição irregular de preferência a certos créditos, desvio ou danificação proposital de bens etc.

20.2. Anulação de negócios gratuitos

Em se tratando de negócios gratuitos, a fraude contra credores normalmente é integrada por dois elementos, embora o defeito seja perceptível, via de regra, já pela implementação do primeiro: a) objetivo — qualquer negócio prejudicial ao credor que importar na condução do devedor a estado de insolvência, ou que for praticado durante o período de insolvência; b) subjetivo — a malícia, a má-fé ou a simples consciência de que o credor poderá ser prejudicado em razão do negócio realizado. Preceitua o art. 158 do Código Civil: *"Os negócios de transmissão gratuita de bens ou remissão de dívida, se os praticar o devedor já insolvente, ou por eles reduzido à insolvência, ainda quando o ignore, poderão ser anulados pelos credores quirografários, como lesivos dos seus direitos. § 1º – Igual direito assiste aos credores cuja garantia se tornar insuficiente. § 2º – Só os credores que já o eram ao tempo daqueles atos podem pleitear a anulação deles"*. Na fraude contra credores não existe vício de consentimento, pois o agente procede de maneira deliberada, buscando o resultado final idealizado no seu íntimo. Todavia, o ordenamento não aceita tal conduta por importar em agressão contra a própria segurança das relações jurídicas. Daí a justificativa para que se considere a fraude como sendo um *vício social*, de que resultam riscos e malefícios não apenas para o indivíduo diretamente lesado, mas também para toda a coletividade.

As práticas fraudulentas podem ser executadas pelo devedor isoladamente, ou então em conluio com terceiro, ficando configuradas não apenas quando evidente o ânimo de lesar, mas também quando demonstrado que o devedor (ou este mais o cúmplice, em *consilium fraudis*), estava ciente de que o comportamento poderia atingir credores. Todavia, ainda que ignorada pelo devedor ou pelo terceiro adquirente a nocividade do negócio, admite o legislador a sua anulação, pois a ação pauliana ou revocatória pode ser proposta com base apenas no elemento objetivo. Quanto ao subjetivo, é presumido — assim como a fraude propriamente dita — a partir da constatação de que o devedor passou ao estado de insolvência em razão da conduta irregular, ou praticou atos lesivos durante um quadro prévio de insolvência.

A anulabilidade acima referida recai sobre os negócios jurídicos feitos a título gratuito (*v. g.*, doação) ou que importarem em remissão (perdão) de dívidas, como acontece na restituição de títulos de crédito ao devedor sem o respectivo pagamento. Quando tais atitudes partirem de pessoa insolvente, ou que por força delas venha a cair em insolvência, extrai-se do contexto a nocividade aos credores, presumindo-se a fraude e facultando-se aos lesados a reposição das partes ao estado anterior. Caberá então ao devedor a obrigação processual de provar a própria solvência, sob pena de ser afirmada a fraude. "*Restando demonstrado que os devedores ficaram insolventes em decorrência de doação com reserva de usufruto realizada a seus filhos, o credor, que já o era ao tempo da doação, pode pleitear a anulação do ato jurídico, por meio da ação pauliana. Incumbe ao devedor provar a própria solvência. Constatada a fraude contra credores, o ato jurídico realizado nessa condição é anulado, restabelecendo-se o 'status quo ante', ao contrário do que acontece na fraude de execução (CPC, art. 593), em que o ato é apenas ineficaz e não produz nenhum efeito em relação ao credor*" (AC n. 70005402227, 9ª Câmara Cível do TJRS).

20.3. Anulação de negócios onerosos

Sem dúvida, o manancial mais suscetível de funcionar como fonte geradora de fraude contra credores é o dos negócios celebrados a título gratuito, pois neles está presente, muitas vezes, a falsa aparência de liberalidade destinada a mascarar a prática de ato que objetiva exclusivamente solapar o direito do credor. Contudo, em termos numéricos a maior incidência da fraude contra credores situa-se nos negócios realizados a título oneroso, eis que neles a possibilidade de argüir a presença de terceiro de boa-fé traz consigo melhor oportunidade de defesa. No art. 159 tem-se previsão acerca do tema: "*Serão igualmente anuláveis os contratos onerosos do devedor insolvente, quando a insolvência for notória, ou houver motivo para ser conhecida do outro contratante*". Não somente os atos gratuitos e afins estão sujeitos à anulação por ocorrência de fraude. Porém, para que os atos onerosos sejam passíveis de desfazimento faz-se mister que, afora o dano e a efetiva insolvência, seja demonstrado que esta era notória, ou que sobre o co-participante, dadas as circunstâncias, recai a presunção de ciência acerca daquele estado. A diferença entre o dispositivo em análise e o antecedente é abissal, pois enquanto os negócios gratuitos sempre acarretam diminuição patrimonial e redução de garantias, os negócios onerosos podem ou não produzir esse resultado, porque o co-participante ofereceu uma contraprestação ao proveito que colheu. Logo, há de ser demonstrado o fato de o negócio haver produzido insolvência ou ter sido praticado dentro do quadro por ela estabelecido, além do conluio entre os participantes visando a fraudar credores. São exemplos: o devedor, mancomunando-se com o adquirente, aliena o único bem que poderia garantir o crédito vencível uma semana depois, ocultando os recursos obtidos. O mesmo acontece quando o devedor desfaz-se do patrimônio a preço irrisório, ou faz a venda para parentes muito próximos, que, embora não conluiados com o alienante, presumivelmente deveriam conhecer o estado de insolvência e evitar a aquisição. "*Tendo o devedor alienado a sua irmã o único imóvel de sua propriedade, quando já em trâmite ação investigatória de paternidade cumulada com alimentos na qual figura como réu, caracterizada está a fraude contra credores a ensejar a anulação da escritura de compra e venda através da qual se efetivou o negócio fraudulento*". (AC n. 70001489962, 20ª Câmara Cível do TJRS)

À luz do artigo em exame, nota-se que a anulabilidade do negócio jurídico oneroso resulta da ciência real do terceiro adquirente acerca da insolvência do alienante, ou então de circunstâncias que lhe revelam o estado econômico deste. Quando notória a insolvência, será inegável o seu conhecimento por todos os que negociam com o sujeito, sendo exemplo disso a existência de protestos de títulos, pedidos judiciais de arresto, ajuizamento de cobranças e assim por diante. Por outro lado, o terceiro teria motivos para conhecer a situação do outro celebrante quando do contexto se puder extrair essa conclusão, levando à presunção de que não havia como ignorar a realidade, *v. g.*, nas vendas por preço insignificante, na dação em pagamento com avaliação irrisória do bem e noutras tantas situações que emergem dos casos concretos individualmente analisados.

Portanto, mesmo no caso do dispositivo em apreço é possível flexibilizar a questão atinente ao *consilium fraudis*, ou seja, ao conluio fraudulento, como requisito para a caracterização do vício. Na verdade, basta que o adquirente tenha ciência do estado de insolvência do alienante para que se perfectibilize o pressuposto subjetivo. Não há necessidade de prova inarredável quanto ao concerto de vontades das partes, quanto ao ajuste direto entre o alienante e o adquirente, para que reste consumada a prática lesiva. Fosse exigida essa espécie de prova, o encargo processual do credor lesado tornar-se-ia quase que insuperável na maior parte das vezes, razão pela qual a flexibilização da norma e da exegese que a ela se deve conferir para a adequada solução do problema. Recai sobre o credor, portanto, a obrigação de demonstrar a notoriedade da insolvência do devedor (da qual resulta a presença do elemento subjetivo que une este ao terceiro), ou a ocorrência das circunstâncias que permitem concluir no sentido de que o terceiro tinha motivos para saber da realidade (do que exsurge a presunção de ciência e a conseqüente verificação do aspecto subjetivo). Quanto ao elemento objetivo, que é o denominado *eventus damni* (evento danoso), para a sua caracterização basta examinar a situação econômica do devedor, ficando patenteada a sua existência sempre que o negócio entabulado houver reduzido o alienante à insolvência ou tiver sido realizado durante um estado de insolvência já previamente instalado.

Com o intuito de oferecer ao adquirente a possibilidade de contornar o defeito que se apresenta, o legislador editou o art. 160 do Código Civil nos seguintes termos: "*Se o adquirente dos bens do devedor insolvente ainda não tiver pago o preço e este for, aproximadamente, o corrente, desobrigar-se-á depositando-o em juízo, com a citação de todos os interessados.*

Parágrafo único – Se inferior, o adquirente, para conservar os bens, poderá depositar o preço que lhes corresponda ao valor real". Como se constata, o adquirente dos bens da pessoa insolvente pode elidir a anulabilidade mediante depósito do valor da aquisição, quando este aproximar-se do praticado no mercado, porque dessa forma será viável a preservação dos direitos de crédito como se não houvesse ocorrido a alienação. O depósito terá de ser judicial e por meio de uma ação de consignação em pagamento com citação dos interessados, circunstância que tolhe destes a legitimidade para promover a anulação do negócio jurídico em ação pauliana, haja vista a manutenção das condições originais do devedor ante os credores, e, portanto, a falta de interesse de agir por parte destes últimos. Caso o adquirente já tenha pago o valor ao alienante, estará afastada a possibilidade de obstar a iniciativa de anulação do negócio, desde que comprovadamente defeituoso, pois então ficará fora do alcance do adquirente a preservação da situação financeira anterior à celebração.

Outra forma de evitar a anulação do ato praticado está prevista no parágrafo único da norma supracitada, e consiste em iniciativa tomada pelo adquirente no sentido de depositar em juízo valor correspondente ao de mercado, quando houver adquirido o bem por montante inferior ao comumente praticado. Com isso, estarão os credores até em melhor condição do que a existente antes do negócio tido por fraudulento, pois a permanência do dinheiro à disposição do juízo garante que será utilizado na satisfação dos débitos do alienante. Diante disso, deixam os credores de ter legitimidade para a propositura de demanda revocatória, já que dela nenhuma proveito jurídico se extrairia.

20.4. Legitimidade para a anulação

A legitimidade para promover a ação revocatória é dos credores quirografários, quais sejam, os que não dispõem de garantia específica para o crédito, contando unicamente com a garantia comum a todos os credores (o conteúdo do patrimônio livre do devedor). Assim, como nenhum bem ou direito está previamente destinado à garantia do crédito (ao contrário do que ocorre na hipoteca, por exemplo), é fácil inferir o grau de lesividade carregado por negócios jurídicos que dilapidam o patrimônio do devedor, razão pela qual são considerados fraudulentos. Quanto aos credores com garantia especial, não poderão pleitear a anulação dos referidos negócios, pois têm no ônus real incidente sobre bens e direitos determinados a fonte de satisfação do crédito.

O § 1º do art. 158 abre exceção à regra de que somente os credores quirografários podem buscar a anulação do negócio eivado de fraude: os credores com garantia real que se mostra insuficiente depois de executada podem pleitear a anulação de negócios feitos durante o período de insolvência ou que levaram o devedor a tal situação. Nesse caso a insolvência decorre da insuficiência do ativo remanescente após a excussão da garantia específica, e não da absoluta ausência de meios de solução do débito.

Executada a garantia real, a parcela remanescente da dívida passa a constituir crédito quirografário, isto é, sem qualquer garantia, e por isso o titular é lançado ao nível dos demais credores para disputar o patrimônio porventura encontrado. Daí que a falta de recursos para solver o passivo autoriza todos os credores sem garantia a pleitearem o reconhecimento da fraude quando os negócios realizados pelo devedor impedirem a satisfação dos créditos.

Como se percebe pela dicção do § 2º do art. 158, o aspecto temporal interfere sobremaneira na definição da legitimidade para a propositura da ação revocatória. Apenas os indivíduos que já eram credores quando da concretização dos negócios fraudulentos poderão pleitear-lhes a anulação, pois os que apenas após a alienação tornaram-se credores já deveriam saber qual a situação econômica da parte adversa, motivo pelo qual cumpria que adotassem antecipadamente as cautelas eventualmente necessárias.

Em relação aos credores privilegiados também se aplica a mesma regra sem distinção de espécie alguma, de tal modo que somente estarão legitimados a anular os negócios fraudulentos os credores com garantia real que à época das condutas viciadas já tinham crédito constituído em seu favor. Os negócios anteriores à constituição da garantia real não carregam a presunção de fraude até mesmo pela superveniência da própria garantia, circunstância que denota e recomenda ao credor que tente assegurar todo o crédito.

Finalmente, é importante destacar que os sucessores dos credores primitivos, a título singular ou universal, têm legitimidade para o ajuizamento de ação pauliana, haja vista que destinatários do crédito afetado pelo negócio jurídico defeituoso. Com isso, possuem a faculdade de propositura da demanda caso o credor original venha a falecer antes de tomar a iniciativa. E, também, são titulares da prerrogativa de dar continuidade à lide ajuizada pelo sujeito de quem são sucessores, na hipótese de sobrevir o óbito durante a sua tramitação.

Quanto à legitimidade passiva para a demanda destinada a anular o negócio viciado por fraude contra credores, diz o art. 161 do Código Civil: *"A ação, nos casos dos arts. 158 e 159, poderá ser intentada contra o devedor insolvente, a pessoa que com ele celebrou a estipulação considerada fraudulenta, ou terceiros adquirentes que hajam procedido de má-fé"*. A ação revocatória ou pauliana não apenas *pode* ser promovida contra as pessoas indicadas no dispositivo, pois, uma vez optando o credor pela interposição da demanda, *deve* postar no pólo passivo da relação processual, em litisconsórcio, as pessoas indicadas no mandamento legal, sob pena de invalidade da lide. Isto porque a força da sentença somente alcança quem integrou a demanda, e seria impossível executar o julgado, recuperando a coisa para assegurar a satisfação do direito do credor lesado, sem a inclusão no pólo passivo de todos os que participaram da fraude. Ademais, a procedência da ação implica geralmente na tomada do bem junto a quem o detinha, razão a mais para que o pólo demandado contenha todos os que celebraram o negócio diretamente com o devedor ou que, como terceiros, agiram de má-fé e estenderam para além a cadeia de transferências ilídimas.

Ao réu, que pretender afastar a imputação que sobre si recai na ação pauliana, cabe o direito de provar que o negócio jurídico não lhe ocasionou insolvência, nem foi celebrado quando ela já se encontrava instalada. Pode o sujeito passivo, destarte, fazer prova de sua própria solvência, a despeito dos atos de alienação impugnados pelo demandante. *"Sabendo-se que somente ante a comprovação da insolvência do devedor, somada à existência dos elementos objetivo e subjetivo caracterizadores da fraude contra credores, é que se torna possível a anulação do ato jurídico tido como fraudulento, a oportunização ao devedor de comprovação da sua solvência, através de perícia para avaliação dos bens por ele indicados, revela-se de suma importância no julgamento da revocatória*" (Agravo de Instrumento n. 0394273-2, 1ª Câmara Cível do TAMG). A ação fica submetida, como não poderia deixar de ser, aos princípios processuais do contraditório e da ampla defesa, mesmo porque nenhum interesse tem o Estado em fomentar o reconhecimento da insolvência sem que se apresentem estremes de dúvidas os requisitos que a caracterizam. Se o credor tem no acervo patrimonial do devedor meios de obter a solução do seu crédito, insolvência não haverá, descabendo a interposição de lide destinada apenas a tornar mais facilitada ou conveniente a excussão de bens pertencentes ao obrigado. O objetivo jurídico da afirmação da fraude é alcançar ao credor uma fonte eficiente de satisfação do seu direito, ficando obstada a utilização do instituto com vistas a tornar menos árdua a tarefa para o sujeito ativo.

Um detalhe merece especial consideração: a situação do terceiro de boa-fé, que sempre foi e continua sendo justamente prestigiado no direito nacional. A ação revocatória ou pauliana somente prosperará contra o terceiro adquirente que houver obrado com má-fé, eis que quanto ao de boa-fé descabe a anulação do negócio jurídico. Portanto, há dois aspectos fundamentais a considerar nesse contexto: a) quando o negócio esgota-se de um só jato, ou seja, quando se dá apenas entre o devedor e quem com ele celebrou, haverá presunção de fraude sempre que presente o objetivo da insolvência, preexistente ou provocada pelo negócio viciado; b) quando se constata a ocorrência de várias etapas negociais, ou seja, nos casos em que o devedor celebra com outra pessoa e esta negocia com terceiro, vigora a presunção de boa-fé em relação a este último, cabendo ao credor lesado elidir a presunção provando a má-fé e o conluio. Mesmo que nas duas hipóteses consideradas acima se tenha a figura do terceiro, que contrata diretamente com o devedor ou com a pessoa que inicialmente negociara com ele, é perceptível que quanto mais longa a seqüência de relações negociais menos visível se torna a fraude para quem está no final da cadeia. Tal dificuldade, via de regra, não se apresenta acentuada para quem trata diretamente com o devedor que pratica a fraude, de modo que se justifica plenamente a tese da existência de presunção diferente para um e para outro caso.

20.5. Prova de insolvência

A prova da insolvência do devedor é requisito indispensável, podendo ser confeccionada a partir de elementos como: títulos vencidos, executados e impagos; execuções em geral, quando frustrado o objetivo a que se destinam; pedidos de insolvência civil; certidões negativas de registros de bens; escrituras de compra e venda etc. A prova testemunhal complementa os indicativos documentais, mas sozinha não conduz à caracterização do estado de insolvência, pois se trata de questão demasiado complexa e mais seguramente demonstrável por meio de prova escrita. Não há fraude contra credores sem que se ateste a supremacia do passivo do devedor em relação ao seu ativo, haja vista que o desfazimento do negócio considerado fraudulento tem por desiderato oferecer ao credor a satisfação de um direito sobrepujado pela ilegal iniciativa do devedor no sentido de se desfazer do acervo patrimonial que poderia solver a pendência. Portanto, se durante o curso da demanda restar provado que a transferência de bens pelo devedor não lhe retirou a capacidade de cumprir a obrigação assumida para com o credor que postula a insubsistência do negócio, a única solução plausível será a improcedência da demanda. Não se pode ignorar, ainda, a circunstância de que o direito do terceiro adquirente da coisa será juridicamente melhor do que o direito do credor nas situações em que não configurada a fraude, prevalecendo sobre o eventual interesse de outrem em romper o liame apontado como irregular.

20.6. Outras situações disciplinadas

Determina o art. 162 do Código Civil: "*O credor quirografário, que receber do devedor insolvente o pagamento da dívida ainda não vencida, ficará obrigado a repor, em proveito do acervo sobre que se tenha de efetuar o concurso de credores, aquilo que recebeu*". Conforme já referido, credores quirografários são aqueles que não têm garantia específica, de qualquer natureza, em relação ao seu crédito. Como eles concorrem em igualdade de condições entre si e disputam o patrimônio livre e desembaraçado que o devedor insolvente tiver, não pode um deles ser privilegiado em detrimento dos demais. Por isso, quando dívida não vencida for antecipadamente paga haverá fraude contra os outros credores, cabendo ao sujeito irregularmente beneficiado restituir ao acervo exatamente aquilo que recebeu, seja em dinheiro monetariamente corrigido ou em bens. Os valores ou bens recuperados serão repostos no monte para partilha entre os credores depois de aberto o respectivo concurso, sendo certo que não aproveitarão apenas àqueles que eventualmente tenham acionado em juízo o credor irregularmente beneficiado e o devedor que antecipou o pagamento, pois irá em socorro de todos os que reclamarem oportuna e adequadamente os créditos que tiverem.

O pagamento de dívida vencida a credor quirografário, quando não instalado concurso e na ausência de outros impedimentos não configura lesão aos demais credores, exatamente porque inexiste garantia em favor de qualquer dos quirografários. Assim, a solução das pendências vencidas é obrigação exigível pelo credor, seja comum ou privilegiado, não caracterizando fraude a sua solução nos moldes previstos no ordenamento jurídico.

No art. 163 do Código Civil encontra-se esta disposição normativa: "*Presumem-se fraudatórias dos direitos dos outros credores as garantias de dívidas que o devedor insolvente tiver dado a algum credor*". Entre os credores quirografários não há preferência para o recebimento do crédito, do que decorre a absoluta igualdade de condições na disputa pela satisfação de cada um deles. Diante disso, é passível de anulação, por meio de ação revocatória ou pauliana, qualquer garantia que seja dada pelo devedor insolvente a credor comum, porque tal comportamento é considerado, por presunção absoluta e insuscetível de prova em contrário, fraudatório dos direitos dos demais credores.

A outorga de garantia a credor quirografário, associada ao estado de insolvência do devedor (conhecido ou não dos interessados) forma um circuito de proteção que impede os outros credores de buscarem o recebimento do que lhes é devido, porque importa em reserva de valores ou bens em favor de crédito sem garantia. Não se pode transformar um credor quirografário em privilegiado quando o devedor se encontra em estado de insolvência, haja vista a necessidade de preservação da igualdade de todos os que conservam similar situação jurídica e que somente cedem passo a créditos com garantias firmadas antes de verificada a situação de insolvência.

Caso a ação revocatória tenha por objetivo apenas a anulação de garantia real prestada pelo devedor a credor quirografário em detrimento dos demais, mediante penhor, hipoteca ou anticrese, a sentença produzirá efeitos exclusivamente sobre o aspecto nuclear da lide, ou seja, acarretará a supressão da lesiva atribuição de preferência; todavia, não afetará o crédito, mantendo-o intacto, embora despido da garantia irregularmente produzida.

O art. 164 do Código Civil trata de outro aspecto relevante: "*Presumem-se, porém, de boa-fé e valem os negócios ordinários indispensáveis à manutenção de estabelecimento mercantil, rural, ou industrial, ou à subsistência do devedor e de sua família*". A princípio, não pode o devedor insolvente realizar negócio jurídico algum que possa representar mais prejuízo aos credores, cuja situação já é periclitante em função da insolvência de quem lhes deve. Entrementes, admite o ordenamento que o devedor possa celebrar negócios ordinários indispensáveis à manutenção de estabelecimento mercantil, rural ou industrial, ou à subsistência dele mesmo e da família. Na primeira hipótese, porque sempre existe a possibilidade de que o devedor venha a melhorar a sua condição financeira por meio de atividades teoricamente rentáveis; na segunda, porque fatores de ordem humanitária e moral não permitem que se prive o devedor insolvente e a respectiva família dos meios necessários à sobrevivência com um mínimo de dignidade.

A presunção de boa-fé, incidente sobre os negócios celebrados em conformidade com os dispositivos em análise, é relativa ou *juris tantum*, aceitando prova em contrário. Isto porque o insolvente pode pretender burlar a vigilância da lei e prejudicar credores dando a um negócio jurídico aparência de legitimidade e resguardo normativo quando na realidade destina-se a fraudar credores. Destarte, cabe aos credores que se sentirem prejudicados o ajuizamento de ação revocatória ou pauliana sempre que puderem contrariar motivadamente a presunção de boa-fé que reveste os negócios executados nos termos do mandamento em análise.

Os negócios acima referidos serão válidos ainda que a pessoa com quem o insolvente pactuou conhecesse o estado de insolvência, porque o amparo outorgado pelo ordenamento somente cessa a partir do momento em que provada a má-fé, e não apenas por força de mera ciência da situação econômica do devedor pelo outro celebrante.

20.7. Diferenças da fraude à execução

Não se confundem fraude contra credores e fraude à execução. Enquanto aquela é defeito do negócio jurídico e o torna anulável através de ação própria, esta pressupõe a existência de demanda em trâmite e se traduz em atitude do devedor tendente a frustrar a prestação jurisdicional e o direito do credor, de maneira que o ato é nulo de pleno direito. Ademais, a fraude contra credores exige o ajuizamento de ação revocatória (exceto em poucos casos excepcionais, *v. g.*, art. 768 do Código de Processo Civil, art. 216 da Lei n. 6.015/73 e mediante ajuizamento de embargos de terceiros), ao passo que a fraude à execução pode ser decretada nos próprios autos do processo em que é argüida, ou até em sede de embargos de terceiro. Por outro lado, a fraude à execução envolve mais diretamente o interesse público, pois consiste em afronta à legislação processual, à dignidade da Justiça e à prestação jurisdicional, caracterizando-se como incidente do processo, do que resulta a sua disciplina por normas de ordem pública; já a fraude à execução atinge com maior envergadura o interesse particular do credor, classificando-se como vício social passível de combate por meio da ação pauliana ou revocatória, sendo regrada por princípios de ordem privada.

Em termos de efeitos, a fraude contra credores faz volver o item patrimonial à esfera jurídica do devedor e, portanto, aproveita a todos os credores, enquanto a fraude à execução torna ineficaz o ato exclusivamente em relação ao credor litigante, como se o bem ou direito jamais houvesse sido deslocado do patrimônio original, mas sem produzir reflexos jurídicos em favor de outros eventuais credores. O art. 165 do Código Civil estabelece: "*Anulados os negócios fraudulentos, a vantagem resultante reverterá em proveito do acervo sobre que se tenha de efetuar o concurso de credores. Parágrafo único – Se esses negócios tinham por único objeto atribuir direitos preferenciais, mediante hipoteca, penhor ou anticrese, sua invalidade importará somente na anulação da preferência ajustada*". O vigor próprio do instituto faz com que o efeito principal da anulação por fraude contra credores consista na devolução do bem ao patrimônio do devedor ou a supressão da garantia real irregularmente concedida (quando for o caso de fraude consubstanciada na constituição ilídima de garantia), a fim de que o bem se incorpore desembaraçadamente ao acervo e seja submetido ao concurso de credores que vier a ser instalado. Noutras palavras, ainda que apenas um dos credores pleiteie a anulação do negócio jurídico, o reconhecimento da fraude a todos aproveitará, dada a situação de insolvência do devedor. Na prática, a instalação de concurso de credores apresenta-se como exceção, até mesmo em virtude da dificuldade que outros eventuais interessados teriam em saber da existência da ação pauliana ou revocatória promovida por um dos credores. Este é que, no mais das vezes, acaba sendo o exclusivo beneficiado pela anulação, circunstância que não afasta a regularidade do procedimento.

Capítulo 21

DA CONDIÇÃO, DO TERMO E DO ENCARGO

21.1. Elementos acidentais do negócio jurídico

Conforme asseverado noutra parte do trabalho, há, nos negócios jurídicos, elementos essenciais, naturais e acidentais. São *essenciais* os que dizem respeito à formatação estrutural do negócio, de maneira que a existência deste fica umbilicalmente atrelada à verificação da presença daqueles. É o que ocorre, por exemplo, com a coisa, preço e consentimento, que, na compra e venda, são erigidos ao patamar de fatores imprescindíveis à constituição do liame jurídico. Já os elementos naturais são os que emergem da natureza mesma do negócio realizado, sem necessidade de expressa previsão pelas partes quando da celebração. Decorrem, por assim dizer, da própria morfologia negocial, podendo ser citada como exemplo a obrigação que todo vendedor tem de suportar eventual ocorrência de evicção sobre o bem alienado. São *acidentais* os elementos cuja aposição pelas partes é meramente opcional, mas que, uma vez inseridos no negócio, afetam o seu modo ordinário de desenvolvimento e execução. Vê-se, daí, que não compõem a estrutura comum do negócio, ficando a critério dos interessados a inserção de aspectos diferenciais, consoante melhor lhes aprouver. O estudo ficará restrito, neste momento, a esses elementos que são voluntariamente adicionados pelas partes ao negócio entabulado.

Denomina-se *puro e simples* o negócio jurídico a que não for acrescido qualquer elemento acidental, eis que vigorará *"sem a interferência de circunstâncias modificativas, operando seus efeitos como decorrência natural do impulso volitivo"* (*Caio Mário da Silva Pereira*, obra citada, vol. I, p. 381).

Condição, termo e encargo são conhecidos como elementos acidentais dos negócios jurídicos. A terminologia já deixa entrever o caráter facultativo da colocação de tais elementos, de vez que as relações jurídicas subsistem mesmo sem a sua estipulação. Eles jamais surgem por força da lei; é a livre manifestação de vontade dos interessados que os faz patentear no mundo jurídico. Todavia, se forem inseridos como acessórios do contexto volitivo contido no negócio celebrado, alteram profundamente o mecanismo de produção dos efeitos que, normalmente, na ausência dos elementos acidentais, seriam verificados. Isto porque o negócio jurídico deixa de dar nascedouro imediato a todas as conseqüências que lhe seriam peculiares, sujeitando-se, quanto à eficácia, a circunstâncias definidas livremente pelas partes, contanto que não se choquem com os princípios gerais norteadores do pacto que pretendem concretizar.

A tônica dos elementos acidentais é a sua acessoriedade em relação ao universo em que estão postos. Isto porque se forem eliminados em nada ficará afetado o negócio jurídico, exceto no que pertine ao momento de verificação dos efeitos, que na ausência da acidentalidade são imediatos; todavia, se o negócio como um todo é suprimido, os elementos acidentais, por serem acessórios, fenecerão juntamente com o principal. Aplica-se, então, a consagrada regra de que o acessório acompanha a sorte do principal. O negócio não precisa do fator acidental para existir, mas este, sendo acoplado à formatação volitiva, segue o destino daquele e se torna inseparável do conjunto.

Embora os elementos acidentais sejam acessórios em relação à vontade principal que norteia o negócio jurídico, não há como dissociar ou separar, na declaração de vontade condicionada pelas partes, a determinação principal da determinação acessória. Isto porque o negócio jurídico surge com caracteres volitivos previamente estabelecidos e que são integrados ao corpo, de modo que se houver o desaparecimento da cláusula fenecerá todo o pactuado, salvo quando a lei estabelecer solução diversa. É que a supressão do elemento acidental, como regra, altera substancialmente a forma e o próprio conteúdo do negócio jurídico, fazendo com que a vontade original não possa mais ser respeitada e gerando, com isso, a falência de tudo quanto estipulado pelas partes.

21.2. Definição e componentes gerais da condição

O art. 121 do Código Civil dispõe: *"Considera-se condição a cláusula que, derivando exclusivamente da vontade das partes, subordina o efeito do negócio jurídico a evento futuro e incerto"*. A condição, como elemento acidental dos negócios jurídicos, somente se caracteriza quando tiver por exclusiva origem a vontade das partes. Inicialmente, é preciso distingui-la dos pressupostos existenciais dos atos jurídicos singularmente considerados. Há imposições normativas que não podem ser suprimidas pelas partes, como é o caso, *v. g.*, da necessidade de confecção de escritura pública para constituição de direitos reais sobre imóveis. Trata-se de corolário que, em virtude da lei, necessariamente deriva dessa espécie de avença, não dependendo de previsão específica provinda dos interessados. Destarte, se o promitente comprador e o promitente vendedor estipulam que o negócio somente será realizado se for por meio de instrumento público, isso não funcionará como elemento acidental, pois da própria lei emerge tal dever jurídico. Logo, se o evento a que se atrela a eficácia do negócio estiver fundado em determinação legal, de condição não se tratará, pois aos interessados não se permite alterar a realidade imposta pelo ordenamento, com o que inexistirá a acidentalidade característica da condição negocial.

É importante frisar que, quando inseridas no negócio, as condições não atingem a sua existência, mas apenas a eficácia e o modo de execução, adicionando componentes que na origem não eram vislumbrados. São caracteres básicos da condição: a) acordo de vontades: as partes devem acertar e aceitar a aposição do elemento acidental no negócio jurídico que pretendem realizar, eis que a condição unilateralmente fixada, se não for aceita, é inválida e como tal deve ser suprimida pelo juízo; b) subordinação a evento futuro: o acontecimento que condiciona a eficácia do negócio jurídico deve ser projetado para o futuro, porque o negócio que contém todos os aspectos definidos e acabados no momento da celebração não fica atrelado a qualquer ocorrência vindoura para produção de seus efeitos; c) incerteza do evento: não se trata de incerteza quanto à impossibilidade de determinação do acontecimento, mas sim quanto à sua efetiva concretização e ao exato momento em que se materializará; d) acessoriedade: a cláusula idealizada pelas partes adere à vontade principal, que somente não produz os resultados que lhe são inerentes exatamente em função da existência de condição que modifica o curso natural da eficácia, subordinando-o a acontecimento projetado no tempo. Exemplo: Paulo promete dar determinada quantia em dinheiro a José (que aceita a estipulação), se o primeiro ganhar na loteria cujo sorteio será realizado no mês seguinte. Nesse singelo caso encontram-se todos os requisitos que consubstanciam a condição: acordo de vontades (um dos interessados propôs e o outro acedeu), subordinação a evento futuro (sorteio dentro de um mês) e incerteza (não é possível assegurar de antemão que Paulo será contemplado).

Quanto à subordinação da eficácia do negócio a evento pretérito, ou seja, que já aconteceu ao tempo da celebração, não se pode ter nisso uma condição. Se as partes, ou pelo menos uma delas, sabiam que o fato estava consumado quando do ajuste de vontades, restará deliberadamente inobservado o requisito da futuridade. E, se nenhuma das partes sabia, ainda assim não poderá ser aproveitada a previsão como elemento acidental, eis que desde sempre faltará a perspectiva da submissão da eficácia à incerteza referente à ocorrência do evento, afora continuar insuperada a questão relativa ao seu caráter futuro. Feitas essas considerações, evidencia-se a natureza pura e simples do negócio submetido a acontecimento já consumado, reputando-se não escrita a fração do negócio a que se tencionava atribuir o cunho de condição. No exame da matéria, e valendo-se de posicionamento oriundo da doutrina francesa, *Sílvio Rodrigues* afirma que havendo a configuração acima referida o negócio "*será puro se o fato ocorrido confirma a avença, e será inexistente se o evento o torna ineficaz*" (obra citada, p. 242).

Cabe ainda aduzir que a certeza do evento futuro não enseja o enquadramento da previsão volitiva na categoria de condição. Haverá, então, o elemento acidental denominado *termo*, sendo exemplo disso a submissão da eficácia do negócio ao advento de determinada data, *v. g.*, tradição, em 10 de janeiro, do veículo alienado. A ocorrência é futura, mas certa, de modo que não existirá mera expectativa de direito ao tempo da celebração, e sim uma prerrogativa concreta, bastando aguardar a chegada do dia fixado para que se integre em definitivo à esfera jurídica do sujeito.

21.3. Classificação e aspectos correlatos

21.3.1. Casuais, potestativas e mistas

Quanto à fonte, as condições tripartem-se em *casuais*, *potestativas* e *mistas*. As *casuais* são aquelas cuja consecução decorre de acontecimento alheio a qualquer manifestação volitiva das partes envolvidas, estando atreladas ao acaso, ao fortuito. Exemplo: venderei o meu veículo a Paulo se amanhã não houver neblina. Os sujeitos a quem atinge o negócio jurídico não têm ao alcance meios capazes de fazer cumprir ou de obstar a materialização da condição fixada. É em virtude disso que, por equiparação, podem ser também enquadradas no rol das casuais as condições cuja verificação subordina-se à vontade exclusiva de terceiro, porque completamente estranhas ao querer dos sujeitos da relação. Exemplo: doarei uma casa a Joaquim se o meu vizinho José, dentro de trinta dias, mudar de domicílio.

Como o próprio nome indica, as *potestativas* submetem-se à alçada volitiva de uma das partes. Assim, a produção do resultado que interessa ao contexto do negócio jurídico depende da vontade de sujeito envolvido na relação, sob cujo poder reside a perspectiva de consecução ou não do acontecimento estabelecido. Noutras palavras, ele pode agir no sentido de provocar a ocorrência ou de obstá-la. Tais condições subdividem-se em *puramente potestativas* e *simplesmente potestativas*, cabendo desde logo salientar que nem todas são lícitas. Para elucidar a questão é preciso definir as espécies acima referidas. São *puramente potestativas* as condições cuja verificação fica sob arbítrio absoluto de uma das partes, sem que haja dependência de fatores exógenos. Em vista disso, a própria eficácia negocial atrela-se umbilicalmente à exclusiva vontade de sujeito que integra o liame jurídico. "*É a cláusula* 'si voluero' *(se me aprouver), muitas vezes sob a forma de 'se eu quiser', 'se eu levantar o braço' e outras, que dependem de mero capricho*" (*Carlos Roberto Gonçalves*, obra citada, p. 342). De outro lado, *simplesmente potestativas*, também conhecidas como *meramente potestativas*, são as que, não obstante atreladas à vontade de uma das partes para a sua consecução, ficam concomitantemente jungidas a alguma ocorrência estranha ao elemento volitivo do sujeito. Há, destarte, a necessidade de que se conjuguem a vontade e um acontecimento externo, de cuja união emergirá o resultado concernente à eficácia do negócio. Exemplo: Paulo condiciona a doação do seu veículo a José se ele escalar o Himalaia. Em primeiro lugar, José poderá ou não querer a doação estabelecida, para depois providenciar meios de chegar ao lugar da escalada. Então, somam-se aí dois elementos: a vontade de aceitar a liberalidade e a busca, no âmbito exterior, do aparato necessário à concretização do acontecimento ajustado. O primeiro depende exclusivamente do indivíduo, bastando que ele deseje o benefício estipulado. Já o segundo elemento fica fora do alcance da pura vontade, por não prescindir da associação de fatores externos (dinheiro, transporte, equipamentos etc.). O direito pátrio não admite as condições puramente potestativas, consoante exsurge do art. 122 do Código Civil, que inclui entre as condições defesas as que sujeitarem o negócio ao puro arbítrio de uma das partes. Em contrapartida, as simplesmente potestativas são lícitas, porque associam à vontade um acontecimento cuja efetiva consecução foge da esfera volitiva do agente.

Prosseguindo na análise, mister analisar as condições *mistas*, que se caracterizam por dependerem simultaneamente da vontade de uma das partes e da vontade de terceiro estranho à relação negocial. É o que se dá, por exemplo, quando Manoel se dispõe a doar um imóvel a Francisco se ele casar com Maria. Percebe-se que não apenas o ânimo do sujeito interferirá na realização da liberalidade, pois também a vontade da mulher indicada pelo doador será decisiva na formação do liame jurídico. Logo, embora estribada no vínculo entre Manoel e Francisco, a eficácia da previsão dependerá também do elemento anímico de pessoa estranha ao negócio.

21.3.2. Lícitas e ilícitas

Quanto à licitude do evento a que se atrelam, as condições podem ser *lícitas* ou *ilícitas*. Diz o art. 122 do Código Civil: *"São lícitas, em geral, todas as condições não contrárias à lei, à ordem pública ou aos bons costumes; entre as condições defesas se incluem as que privarem de todo efeito o negócio jurídico, ou o sujeitarem ao puro arbítrio de uma das partes"*. Desde logo saliente-se que as condições ilícitas, ou de fazer coisa ilícita, invalidam o negócio (art. 123, II). Condição lícita é aquela que não contraria a vontade expressa ou o querer indireto da lei, nem atenta contra a ordem pública (normalidade da convivência social e da supremacia estatal) e os bons costumes (sentimento de pudor e moralidade do *homo medius* em certo espaço territorial). Ilícita é a que encontra óbice no ordenamento, seja de forma direta ou indireta.

Tendo o legislador estabelecido que as condições impossíveis invalidam os negócios a elas subordinados quando suspensivas (art. 123, I, do Código Civil), e sabendo-se que entre as condições juridicamente impossíveis situam-se as que contrariam normas legais, com mais razão ainda determina o legislador que as condições ilícitas ou de fazer coisa ilícita acarretam igual invalidação. Desimporta, nesse contexto, se a condição é suspensiva ou resolutiva, pois a sua ilicitude impede que prospere o ato a que se vincula. Pode-se afirmar, portanto, que condição ilícita é aquela vedada pelo ordenamento jurídico, independentemente da natureza da norma (lei ordinária, delegada, regulamento etc.). Já a condição de fazer coisa ilícita consiste em submeter a validade do negócio a um ato positivo ou negativo contrário à lei (ação ou omissão), a ser implementado por uma das partes envolvidas, *v. g.* quando Paulo compromete-se a dar o valor X a José se este matar um desafeto.

As condições não vedadas pela lei podem, entretanto, ser ilícitas sob o prisma da ordem pública ou dos bons costumes. Assim, condicionar a eficácia de determinado negócio jurídico à realização de um espetáculo de *rock* em praça pública, em data santificada e de recolhimento espiritual de certa comunidade religiosa, agride os bons costumes da localidade. Além disso, ao mesmo tempo coloca em risco a ordem pública, dada a possibilidade de reprimendas e revolta por parte dos ofendidos. Logo, se tal circunstância for invocada como causa de nulidade, e se de outra maneira não puder ser conservado o negócio jurídico, haverá o fenecimento deste como um todo.

O legislador, a título exemplificativo, arrola entre as condições que considera defesas as que privarem de todo efeito o negócio jurídico, ou seja, aquelas que na prática tolhem a eficácia do negócio não obstante verificada a condição que o tornaria apto a gerar todas as conseqüências que lhe seriam naturais. Como ilustração, pode-se citar o caso do contrato de compra e venda de terras aráveis que estabelece como condição de eficácia do pacto o não cultivo pelo adquirente. É claro que nesse caso a condição é ilícita, pois impede que o objeto seja utilizado no fim precípuo a que se destina, ou seja, a agricultura. Se a condição for das que privam apenas parcialmente de certos efeitos o negócio, este subsiste sem maiores percalços. No exemplo fornecido acima, não estaria sujeito a desfazimento o negócio se previsse como condição de eficácia a não utilização das terras, durante dez anos, para cultivo do mesmo tipo de soja que o alienante cultiva na propriedade lindeira e que pretende resguardar da concorrência.

O ordenamento também considera ilícitas as condições que sujeitarem o negócio jurídico ao puro arbítrio de uma das partes, isto é, quando conferirem a um dos celebrantes poder absoluto sobre a eficácia do negócio, como aconteceria, *v. g.*, no caso de ficar estabelecida a ineficácia da compra e venda se o alienante vestir roupa preta nos dez dias subseqüentes ao pacto. Essa espécie já foi examinada quando da abordagem da classificação das condições segundo a fonte de onde provêm.

21.3.3. Suspensivas e resolutivas

Conforme a aptidão que têm para atribuir ou suprimir eficácia, as condições vinculadas ao negócio são suspensivas ou resolutivas. Ora elas impedem que o ajuste se complete integralmente, sobrestando a produção de efeitos até o advento da condição prevista (suspensiva); noutras circunstâncias, comprometem em definitivo os efeitos negociais já produzidos, fazendo-o no exato instante em que sobrevém a concretização da condição (resolutiva).

A disciplina do tema começa pelo art. 125 do Código Civil: "*Subordinando-se a eficácia do negócio jurídico à condição suspensiva, enquanto esta se não verificar, não se terá adquirido o direito, a que ele visa*". Condição suspensiva é aquela que protela temporariamente a eficácia do negócio jurídico, até que o evento futuro e incerto fixado pelas partes se realize. Assim, se determinada doação estiver condicionada à formatura do beneficiário, este somente terá direito de receber o bem após formado. Na hipótese de inocorrer o evento, o sujeito ficará impedido de reclamar, pois nunca terá adquirido o direito estipulado.

A condição suspensiva impede que o direito previsto pelas partes seja imediatamente exeqüível, pois, embora exista como alusão abstrata, depende de uma ocorrência específica para se materializar. É o contrário do que acontece com a aposição de condição resolutiva, pela qual o negócio jurídico tem cessada sua eficácia na hipótese de concretização do evento a que se subordina.

Verifica-se a condição na data em que ocorre o evento previsto pelas partes. Produzirá, então, efeitos *ex tunc*, ou seja, retroagirá no tempo para alcançar a data da celebração do negócio jurídico, se este houver sido celebrado *inter vivos*. Em se tratando de negócio *causa mortis*, a verificação da condição voltará no tempo até alcançar a data da abertura da sucessão.

O art. 126 acrescenta: "*Se alguém dispuser de uma coisa sob condição suspensiva, e, pendente esta, fizer quanto àquela novas disposições, estas não terão valor, realizada a condição, se com ela forem incompatíveis*". O ordenamento jurídico não veda a incidência de novas cláusulas ou a realização de novos negócios relacionados ao mesmo bem sobre o qual pende condição suspensiva. Entretanto, tais intercorrências serão destituídas de valor se, verificada a condição suspensiva precedente, forem incompatíveis com esta. A solução idealizada pelo legislador preserva os negócios de acordo com a sua formulação cronológica, contanto que tenham preenchido os requisitos fixados na lei. Assim, se o dono de um automóvel vende-o a outro fazendo constar cláusula que suspende a eficácia da transação, e depois disso dá em pagamento o mesmo bem a outra pessoa, de nenhuma validade será a última contratação se a condição suspensiva inicialmente aposta vier a implementar-se, pois então o domínio caberá ao comprador do bem, e não a quem o receberia em pagamento. De outra banda, caso a condição não se realize, a dação em pagamento terá plena validade e não poderá ser questionada sob o argumento da preexistência de outro negócio (no exemplo dado, a compra e venda não perfectibilizada).

Caso o negócio jurídico subseqüente não seja incompatível com o implemento da condição suspensiva preexistente, então ambos coexistirão e serão exeqüíveis, sendo exemplo disso a hipótese de alguém que, como dono de uma casa, constitui sobre a mesma direito real de habitação subordinado a condição suspensiva e depois a vende para terceiro. Verificada a condição, o titular do direito real de habitação poderá fazê-lo firme e eficaz, mas isso não retirará do adquirente dominial o direito de manter-se como tal, bastando que respeite a prerrogativa de habitação cabível a outrem.

Importa considerar que a aplicação da norma em relação a bens imóveis somente será possível se houver a oportuna averbação da condição suspensiva — consignada em escritura pública — junto à correspondente matrícula, porque qualquer ato de disposição de imóveis ou direitos reais a eles referentes dependerá de regular transcrição, sob pena de não ser oponível contra terceiros.

Sobre condição resolutiva, manifesta-se assim o art. 127: "*Se for resolutiva a condição, enquanto esta se não realizar, vigorará o negócio jurídico, podendo exercer-se desde a conclusão deste o direito por ele estabelecido*". Condições resolutivas são aquelas dotadas de força suficiente para, uma vez verificado o acontecimento futuro e incerto, extinguir o direito criado pelo negócio jurídico, repondo a situação ao estado original. Em outras palavras, as condições resolutivas fazem desaparecer a eficácia alcançada pelo negócio jurídico quando da sua constituição, ceifando-lhe a existência a partir da consumação do evento a que se subordinava. Quando submetido a determinada condição resolutiva, o negócio desde logo produz todos os efeitos que lhe são peculiares, o que equivale a dizer que as partes adquirem incontinenti os direitos nele previstos. Com o advento do acontecimento futuro e incerto estatuído como resolutivo, as partes vêem desfazer-se o negócio como um todo, volvendo ao estado original.

A cláusula que estabelece condição resolutiva pode estar presente de maneira expressa ou tácita no corpo do negócio jurídico entabulado, mas sempre deverá emergir inequivocamente do contexto, sob pena de não ser reconhecida. Assim, tanto configura condição resolutiva prever que determinada pessoa receberá mesada enquanto não casar (expressa) como estipular que o doador somente subvenciona o beneficiário em razão de o mesmo não estar casado (tácita). Em ambas as hipóteses, contraindo matrimônio a parte beneficiária estará deixando ao alvedrio da outra a cessação do repasse pecuniário, porque implementada a condição apta a extinguir o negócio jurídico. Embora o legislador atual não mais estabeleça que a condição resolutiva expressa opera *pleno jure*, e que a tácita depende de prévia interpelação, isso é conseqüência que deflui da própria natureza da cláusula, pois se a primeira é absolutamente clara quanto ao alcance que pretende ter, a segunda não prescinde de antecedente notificação à parte contrária, a fim de que tenha formal ciência da pretensão extintiva declinada pelo oponente.

Amplia-se o alcance da matéria com a transcrição do art. 128: "*Sobrevindo a condição resolutiva, extingue-se, para todos os efeitos, o direito a que ela se opõe; mas, se aposta a um negócio de execução continuada ou periódica, a sua realização, salvo disposição em contrário, não tem eficácia quanto aos atos já praticados, desde que compatíveis com a natureza da condição pendente e conforme aos ditames de boa-fé*". Enquanto pendente a condição resolutiva, vigora em toda a extensão a declaração de vontade emitida, o que acontece desde quando concluído o negócio jurídico. Porém, implementada a condição os interessados retornam ao *status quo ante*, ressalvadas as hipóteses de execução periódica ou continuada, pois quanto a elas não se produzem as naturais decorrências da materialização da *conditio*. Isto porque os negócios de execução continuada ou periódica fazem nascer a cada interregno temporal uma obrigação nova e que existe em si mesma, como acontece no caso de locação de imóveis. Nesta, a cada vencimento mensal surge para o locatário novo dever jurídico fracionário, qual seja, o de pagar os aluguéis correspondentes ao espaço de tempo em que o bem foi utilizado. Em assim sendo, resta patente a impossibilidade de que o implemento de eventual condição resolutiva que esteja atrelada ao contrato locatício leve à devolução dos pagamentos já satisfeitos, pois estes tiveram por substrato uma utilidade consumada e irreversível sob o prisma jurídico.

Somente previsão em sentido contrário, firmada pela vontade das partes, pode alterar a irreversibilidade do negócio quanto ao aspecto abordado acima, pois então haverá a incidência de fator modificativo da vontade legal, e ninguém melhor do que os diretamente envolvidos para saber se convém ou não a reversão de todos os efeitos produzidos. Porém, na avaliação do contexto não se poderá desprezar a boa-fé das partes e, em especial, a natureza da condição pendente, eis que quanto a esta somente haverá espaço para a integração volitiva preconizada no art. 128 se presente condição resolutiva e de execução fracionada.

No que pertine à retroatividade da condição resolutiva concretizada, leciona com a sabedoria de sempre *Caio Mário da Silva Pereira*: "*A retroatividade da resolutiva é mais franca e mais freqüente do que a da suspensiva: os direitos reais constituídos sobre a coisa desaparecem porque o domínio era limitado pela cláusula adjeta, e não seria ao titular possível transferir direitos mais latos do que os próprios*". Destarte, sobrevindo a materialização do evento futuro e incerto, exterminam-se os efeitos até então produzidos, e se o titular do domínio sob condição resolutiva houver alienado o bem a terceiro tal negócio também será apagado do mundo jurídico, pois a propriedade reverterá em proveito daquele que celebrou o pacto condicional, não permanecendo na seara jurídica do alienante. A este, por óbvio, não era viável desfazer-se seguramente de um domínio que a todo tempo, pela implementação da *conditio*, volveria ao titular original, motivo por que a alienação somente produziria todos os efeitos dela esperados se não fosse verificado o evento futuro e incerto que condicionava a solidez negocial.

Deve-se salientar, por fundamental, que nem todos os corolários do negócio volvem ao estado original; preservam-se, por exemplo, os atos de administração, a percepção de frutos e as práticas de conservação, por serem ligados à tutela da substância do bem ou porque decorrentes do uso e da fruição do mesmo enquanto permanecia sob a titularidade resolúvel do agente. Finalmente, impende observar que para ser oponível *erga omnes* a condição resolutiva incidente sobre imóvel deve constar da matrícula do bem mediante a devida averbação, pois do contrário será considerada *res inter alios* e levará à incidência de presunção de boa-fé em favor de quem negociou com o titular.

Tema de grande relevância é o que diz respeito às prerrogativas do titular de direito eventual decorrente da inserção, no negócio, de certa condição. O art. 130 estabelece: "*Ao titular do direito eventual, nos casos de condição suspensiva ou resolutiva, é permitido praticar os atos destinados a conservá-lo*". A pendência de condição suspensiva gera no agente a justa expectativa de que o direito venha a ser adquirido, pois bastará a verificação do evento futuro e incerto a que se subordina o negócio jurídico para que se torne definitiva a relação pactuada. Por outro lado, a pendência de condição resolutiva não impede que o agente permaneça no exercício integral da sua qualidade de titular resolúvel. Assim, em ambas as hipóteses é permitido ao interessado conservar o direito em todos os seus aspectos, a fim de que não pereça por falta de cuidados, resultado indesejado pelos envolvidos. Para tanto, poderá o sujeito valer-se de meios judiciais e extrajudiciais hábeis, como: ações possessórias, petições às autoridades com vistas à solução de questões administrativas, reforma do bem, promoção de benfeitorias necessárias etc.

No rol das faculdades deferidas ao titular do direito eventual incluem-se os atos de conservação, isto é, aqueles destinados ao gerenciamento, manutenção, controle e viabilização. Quanto a estes, normalmente de caráter administrativo ou puramente materiais, não haverá retroatividade na eficácia da condição se restar implementada, de modo que atos dessa natureza (inclusive os de mera administração) mantêm-se intactos mesmo na superveniência de condição resolutiva, e com mais razão ainda na hipótese de condição suspensiva, pois então o titular terá administrado um direito que se veio a consolidar em sua própria esfera jurídica.

Os atos de disposição não ficam abarcados pelo dispositivo, de tal sorte que as partes neles envolvidas volverão ao estado original na hipótese de verificação da condição. Exemplo: se na pendência de condição resolutiva o adquirente do imóvel vende-o a terceiro, a implementação do evento tornará ineficaz a alienação, pois então o domínio retornará ao alienante original. De igual modo, se na pendência de condição suspensiva o alienante vender o bem a terceiro, a materialização do evento suspensivo consolidará o domínio com o adquirente original, fazendo de nenhuma eficácia o ato de disposição em relação ao terceiro que negociou com o antigo titular.

21.3.4. Possíveis e impossíveis

Quanto à viabilidade, as condições são possíveis ou impossíveis. As primeiras são realizáveis sob o prisma das leis da natureza ou das disposições normativas. As segundas não se podem concretizar, haja vista a existência de obstáculo natural ou legal. As condições fisicamente impossíveis apresentam um óbice natural à sua verificação, como aconteceria, por exemplo, diante de uma estipulação no sentido de que a doação subsistirá se dentro de certo período o donatário descer no mar a uma profundidade de dois mil metros sem equipamentos de mergulho. A impossibilidade física não concerne apenas àquele específico indivíduo por ela afetado, atingindo, igualmente, à generalidade das pessoas. É claro que esse aspecto deve ser sopesado em cada situação concreta, a fim de que não se considerem possíveis certas condições realizáveis apenas por parcela ínfima da humanidade e em circunstâncias excepcionais, como ocorreria na hipótese de se condicionar um negócio à ida de uma das partes à lua. À evidência, essa condição é fisicamente impossível, exceto quando o destinatário da exigência esteja apto a cumpri-la por se colocar em incomum e especial posição.

As condições juridicamente impossíveis não encontram obstáculo na natureza, mas sim no ordenamento, que lhes impede a consumação, a exemplo do que aconteceria na hipótese de a mesma doação acima referida ter sua eficácia condicionada à renúncia genérica ao direito de dispor em testamento. Tal prerrogativa, por sua conformação jurídica, é irrenunciável, de modo que nenhuma condição desse jaez prevaleceria.

A diferença básica entre condição juridicamente impossível e condição ilícita reside na circunstância de que esta vai além da mera impossibilidade jurídica (que pode derivar de simples imoralidade, contrariedade aos bons costumes ou vedação normativa sem presença de ilicitude), adentrando a seara do ilícito propriamente dito, seja ele de natureza civil, penal, administrativa etc. Logo, a ilicitude é um *plus* em relação à impossibilidade jurídica, porque de maior gravidade e insubsistente em qualquer situação.

As condições física ou juridicamente impossíveis conduzem à invalidação do negócio jurídico a elas subordinado, mas apenas no caso de serem suspensivas, pois se forem resolutivas o enlace subsistirá por inteiro, desconsiderada integralmente a condição estabelecida. Em se tratando da modalidade suspensiva, não apenas a cláusula em que se insere a condição anômala deixa de produzir os efeitos que dela se espera, pois todo o negócio fica irremediavelmente comprometido ante a aposição de elemento acidental que impede o seu normal desenvolvimento. Não se pode atrelar a aquisição da eficácia negocial a um acontecimento impossível, mas é viável evitar que o negócio se desfaça quando, tendo nascido perfeito, fique submetido à eventual incidência de condição resolutiva impossível. É como se ao vegetal fosse indevidamente ministrado um herbicida que vem a provocar a morte da planta por inexistência de antídoto.

Sendo suspensivas, as condições física ou juridicamente impossíveis maculam de maneira indelével o negócio que a elas está subordinado, porque se as primeiras são aberrações criadas por uma vontade contaminada e de todo insubsistente, as segundas contrariam o ordenamento e tentam burlar-lhe a vigilância. Em assim sendo, não há como esperar que delas resulte um negócio jurídico válido e eficaz, razão pela qual a suspensividade que em tese se lhes pretende atribuir jamais chegará a se formar na prática, pois não há como vislumbrar nas condições impossíveis força capaz de suspender a eficácia do negócio enquanto não implementadas, pelo simples fato de que nunca poderão ser concretizadas. Logo, atentam contra o fato mesmo da declaração de vontade e não podem suspender a eficácia de algo que jamais atingirá efetividade, do que resulta a invalidação total do negócio jurídico.

O art. 124 do Código Civil estatui: *Têm-se por inexistentes as condições impossíveis, quando resolutivas, e as de não fazer coisa impossível*". Quando a condição física ou juridicamente impossível for resolutiva, o negócio prevalecerá como se não houvesse sido escrita, pois adquiriu validade e eficácia a partir do instante em que concretizado e não deixará de produzir todas as conseqüências que lhe são intrínsecas. Trata-se de condição inexistente, tendo em vista ser abstruso imaginar que pudesse o negócio ficar sujeito à resolução por força da existência de condição impossível, que, sendo irrealizável, jamais conseguirá atacar o núcleo da manifestação volitiva, e, por isso mesmo, será incapaz de combater a perfeição adquirida pelo negócio. Já se disse acima, mas convém reiterar, que o contrário acontece em se tratando de condição suspensiva eivada de impossibilidade, pois então a própria aquisição de eficácia é que em tese ficaria subordinada à sua verificação, e, sendo impossível o implemento da condição, em momento algum o negócio adquiriria perfeição.

Também as condições de não fazer coisa impossível reputam-se inexistentes, pois guardam tamanha carga de impertinência que delas nenhum proveito jurídico se extrai. É o que acontece, *v. g.*, se o negócio fica subordinado em seus contornos à condição de que um dos contraentes não faça a volta ao mundo em uma hora. É mais do que evidente a impossibilidade de realização da epopéia, ainda que não figurasse como condição. Por isso, desconsiderada e tida como inexistente, não ataca a integridade do negócio, que subsiste em todos os seus aspectos.

21.4. Condições incompreensíveis ou contraditórias

O inciso III do art. 123 do Código Civil afirmar que as condições incompreensíveis ou contraditórias invalidam os negócios jurídicos que lhes são subordinados. Condições incompreensíveis são aquelas cujo teor não se desnuda aos olhos dos envolvidos nem permitem interpretação jurídica razoável. É o caso, por exemplo, da submissão da validade de certo negócio ao advento de um dia venturoso para a humanidade. Não se pode precisar o que pretendem os interessados ao formularem tal condição, de sentido inacessível e insondável em termos jurídicos.

Condições contraditórias são as que contêm dupla disposição, cada uma em direção contrária à definida pela outra, como no caso de se estabelecer que o negócio será resolvido se o contraente viúvo casar ou permanecer no estado de viuvez. Na realidade essa condição não permite qualquer interpretação definitiva, pois não é conhecida a real intenção das partes e tanto o casamento como a permanência no estado de viuvez levariam à resolução do pacto. Logo, há insuperável contradição no teor da condição firmada, verdadeira perplexidade que leva à insubsistência de todo o negócio entabulado.

A previsão normativa diz respeito, indistintamente, às condições suspensivas e às resolutivas. Obviamente que, considerada a natureza de uma e de outra, diferem as conseqüências práticas da constatação de que se enquadram como incompreensíveis ou contraditórias. Sendo suspensiva a condição, o negócio jamais terá adquirido eficácia, de modo que a invalidação simplesmente mantém as partes no estado original. Se resolutiva, o negócio terá produzido todos os efeitos que lhe são pertinentes, desfazendo-se assim que afirmada em juízo a incidência da norma supracitada.

21.5. Negócios que repelem qualquer condição

Em princípio, as condições podem ser apostas na generalidade dos negócios jurídicos de caráter patrimonial, mas admitem colocação também em praticamente todas as espécies de atos jurídicos. Contudo, essa possibilidade é excluída como exceção, dada a especial natureza de algumas condutas, mormente aquelas relativas ao Direito de Família e ao Direito das Sucessões, pois revestidos de orientação eminentemente pública que não comporta a interferência da vontade humana para alterar a sua formatação original. São exemplos disso o casamento e a aceitação da herança, atos que devem ser necessariamente executados de maneira incondicional, até mesmo em nome da segurança das relações jurídicas geradas. Em tais hipóteses, prepondera a obrigatoriedade de conformação definitiva das condutas, ficando obstada qualquer iniciativa no sentido de fazê-las submeter a eventos futuros e incertos. Não é aceitável, *v. g.*, que o noivo, ao declinar a sua formal disposição de casar, diga que o vínculo somente ficará perfectibilizado se em trinta dias conseguir emprego. Além dessas situações específicas, é preciso dizer que, em geral, o exercício de direitos personalíssimos não pode ser condicionado; é o que ocorre, por exemplo, com a adoção, a mudança de nome, a emancipação de filho e assim por diante.

A repulsa à fixação de condições se dá tanto no concernente a atos patrimoniais como aos de cunho diverso, mas é menos comum a inviabilidade em condutas dotadas de expressão econômica direta, eis que quanto a elas prevalece o princípio da autonomia da vontade. O campo em que mais acentuadamente surgem óbices à inserção de condições é, efetivamente, o dos direitos pessoais de orientação não-patrimonial, e, dentre estes, os que pertencem à seara da família e das sucessões, consoante sobredito.

Denominam-se *atos puros* os que não podem ser submetidos a condições. Podem ser assim discriminados mais pormenorizadamente, conforme menção de *Francisco Amaral* (*apud Carlos Roberto Gonçalves*, obra citada, p. 337), que agora vai acompanhada de exemplos: a) os negócios jurídicos que, em virtude da sua função, não convivem com incertezas (*v. g.*, renúncia de herança); b) os atos jurídicos em sentido estrito, cujos resultados decorrem da lei e independem de previsão pelos interessados (*v. g.*, hipoteca legal); c) os atos jurídicos de família, nos quais não prepondera a vontade privada e sim o fundamento ético e social (*v. g.*, reconhecimento de filho); d) os atos pertinentes ao exercício de direitos personalíssimos (*v. g.*, reparação de afrontas à honra).

21.6. Condição maliciosamente obstada ou provocada

Os negócios jurídicos devem primar pela boa-fé dos envolvidos. Por isso mesmo o legislador sanciona a malevolência e o comportamento escuso com resultado contrário ao pretendido pelo agente ao portar-se de maneira irregular. É o que consta do art. 129 do Código Civil: "*Reputa-se verificada, quanto aos efeitos jurídicos, a condição cujo implemento for maliciosamente obstado pela parte a quem desfavorecer, considerando-se, ao contrário, não verificada a condição maliciosamente levada a efeito por aquele a quem aproveita o seu implemento*". Se o implemento da condição, seja suspensiva ou resolutiva, for obstado (ou, ao invés, propiciado) pela má-fé daquele a quem desfavoreceria (ou interessaria), considerar-se-á verificada (ou não) para todos os fins de direito. No caso de ser resolutiva e o implemento restar obstado pela malícia daquele que não o deseja concretizado, as partes voltarão ao estado anterior, como se efetivamente houvesse ocorrido o evento. De outra parte, na hipótese de ser suspensiva a condição, e de o agente obstar-lhe maliciosamente a verificação porque não deseja ver eficaz o negócio, ter-se-á por implementado de maneira ficta o evento para fins de surgimento da plenitude do pacto. Igual tratamento recebe a implementação maliciosa da condição, pois, sendo resolutiva e embora concretizada no plano fático, considerar-se-á não verificada, e o negócio permanecerá intacto em seus efeitos; se suspensiva e de maneira malevolente materializada, o negócio não adquirirá eficácia.

Deve-se atentar para o aspecto nuclear da questão: na maioria dos casos depende totalmente das partes, por meio de um agir ou um omitir previstos no negócio, a verificação da condição a que ele se subordina. Logo, é exatamente agindo ou mantendo-se inertes que os interessados darão vida ou tornarão sem eficácia a manifestação volitiva, mas isso não significa que tal comportamento levará à aplicabilidade imediata da norma. Isto porque somente a demonstração da má-fé por parte do agente levará à produção de resultado inverso ao por ele pretendido. Sendo verificada a condição como exteriorização de um agir normal e previsto no negócio, nenhuma sanção recairá sobre as partes. Exemplo 1: se Carlos promete a doação de um carro a Pedro se este colar grau, o fato de Pedro esforçar-se para atingir o objetivo constituirá nada mais do que o resultado natural almejado, figurando a promessa de Carlos apenas como um incentivo adicional. Exemplo 2: se Paulo condiciona a resolução de doação ao fato de José (adquirente) casar com Maria — inimiga do doador — dentro dos dois anos seguintes ao negócio, este deixará de vigorar se o donatário, comprovadamente, passar a viver em concubinato com Maria e, com vistas à preservação da integridade da doação, não contrair formalmente núpcias. Nesse caso ter-se-á por verificada a condição resolutiva na forma ficta, e as partes voltarão ao *status quo ante*.

21.7. Termo: definição e caracteres

Enquanto a condição submete a eficácia do negócio jurídico a acontecimento futuro e incerto, o termo atua sobre a perspectiva de produção de efeitos por meio da submissão do negócio a ocorrência futura e certa. Pode-se dizer que termo *"é o dia no qual tem de começar ou de extinguir-se a eficácia de um negócio jurídico"* (*Clóvis Beviláqua, apud José Náufel*, "Dicionário Jurídico Brasileiro", Ícone, p. 833). Ou, no dizer de *Carvalho de Mendonça*, é a *"declaração aposta ao negócio jurídico, determinando o tempo ou momento certo, a partir do qual devem começar ou cessar a eficácia prática da relação ou o exercício dos direitos e o cumprimento das obrigações dele decorrentes"* (*idem*, p. 833). Por ele, as partes fixam o instante em que principia ou termina a produção dos efeitos inerentes à negociação firmada. A finalidade do termo consiste em sobrestar a exeqüibilidade comum de uma obrigação, colocando-a à mercê do advento de um acontecimento projetado para o futuro, mas que certamente ocorrerá.

Em razão da diferença substancial posta acima, resta patente que a existência de condição faz com que o sujeito seja titular de mero direito eventual, ficando a consecução definitiva subordinada à realização da *conditio*, seja porque esta suspende a eficácia ou em virtude de afetá-la de modo irremediável, resolvendo os efeitos produzidos. Havendo termo, o direito desde já estará deferido, embora o sujeito tenha de aguardar o momento exato, demarcado e certo, para que inicie ou termine a produção de efeitos.

21.8. Espécie: termo inicial e termo final

O art. 131 do Código Civil preconiza: "*O termo inicial suspende o exercício, mas não a aquisição do direito*". O termo é inicial, primordial ou suspensivo *(dies a quo)*, quando estabelece o instante em que os efeitos principiarão; é final, extintivo ou resolutivo *(dies ad quem)* quando nele se concentra a força supressiva da eficácia, de maneira que tolhe o conteúdo do direito até então vigente.

O termo inicial atrelado ao negócio jurídico impede o titular de exercer o direito, mas não tem qualquer influência sobre a aquisição do mesmo, pois sua única finalidade é procrastinar no tempo a assunção do total controle da situação pelo titular. Destarte, se em uma compra e venda fica estabelecido que o adquirente somente entrará na posse do bem trinta dias depois de assinada a correspondente escritura pública, isso não afetará a aquisição do domínio, mas inviabilizará o recebimento da posse. Trata-se, como visto, de evento futuro (no caso, de verificação após trinta dias) e certo (entrega da posse pelo alienante ao adquirente), ao contrário do que acontece na condição, que atrela a eficácia do negócio a acontecimento futuro e incerto. Não obstante, o termo inicial guarda alguma semelhança com a condição suspensiva, pois em ambos projeta-se para o futuro o início de algum aspecto da relação jurídica (na condição, a aquisição do direito; no termo, a assunção do exercício).

Embora esteja momentaneamente alijado do exercício por força do termo, o titular do direito pode tudo fazer para conservá-lo, evitando, assim, que o advento do *dies a quo* seja na prática inútil por fenecimento do próprio direito gerador do futuro exercício. É o que deflui do art. 135 do Código Civil, que permite aplicar ao termo as disposições relacionadas à condição, quando pertinentes.

Ainda que se trate de evento futuro e certo, a aposição de termo inicial pode conter incerteza relativa, mas apenas quanto ao exato momento de sua verificação. Assim, se José assume para com Carlos o dever de, no dia 10 de setembro, preparar a terra deste para plantação, tem-se o chamado *termo certo*. Porém, se o dever consistir em preparar a terra em algum dos dez dias seguintes, estar-se-á ante o denominado *termo incerto*. Importa perceber que a incerteza não reside na ocorrência do evento, mas sim no *dies a quo* propriamente dito. No exemplo dado, é certo que José fará o preparo da terra (e este é o evento futuro e certo), mas o exato dia da execução do dever dependerá da disponibilidade do obrigado dentro do período que tem para começar a execução. Sendo absoluta a incerteza (*v. g.*, praticar o ato em *algum dia*), o negócio jurídico não subsistirá, tendo em vista a necessidade de que o termo inicial seja antevisto ao menos de maneira relativa.

21.9. Prazo: conceito e contagem

Não se confunde o *termo* com o *prazo*, pois este consiste no tempo que transcorre entre a manifestação volitiva e o termo (inicial ou final). Ou, no dizer de *Milhomens* (*apud José Náufel*, obra citada, p. 833): "*Prazo, e não termo, como ainda usado por alguns autores, é o lapso de tempo dentro do qual deve ser realizado o ato. Termo é o limite do prazo; o momento, o ponto em que começa ou em que acaba o prazo*". Exemplo: no dia 5 é assinado contrato que passará a posse do bem a um dos contraentes no dia 15; o prazo é, portanto, de 10 dias. Também pode ser vislumbrada a presença da figura jurídica prazo no período de tempo que flui entre o termo e o acontecimento previsto pelas partes. Exemplo: no dia 5 é firmado pacto para que no dia da primeira chuva um dos contraentes prepare certa área de terras para cultivo; se chover no dia 11, o prazo terá sido de 6 dias.

No art. 132 estão arrolados importantes ditames acerca da contagem dos prazos: "*Salvo disposição legal ou convencional em contrário, computam-se os prazos, excluído o dia do começo, e incluído o do vencimento. § 1º – Se o dia do vencimento cair em feriado, considerar-se-á prorrogado o prazo até o seguinte dia útil. § 2º – Meado considera-se, em qualquer mês, o seu décimo quinto dia. § 3º – Os prazos de meses e anos expiram no dia de igual número do de início, ou no imediato, se faltar exata correspondência. § 4º – Os prazos fixados por hora contar-se-ão de minuto a minuto*". Do texto normativo extraem-se conclusões de suma relevância para o cômputo dos prazos civis em geral, que, embora não se confundam com os de natureza processual, subordinam-se a regras bastante semelhantes (arts. 177 e seguintes, do Código de Processo Civil).

Quando o prazo é definido em dias, a contagem é feita de forma a excluir o dia demarcado para servir de início e inclui aquele firmado como derradeiro, ressalvadas previsões legais em contrário ou a vontade das partes, que podem alterar o mecanismo idealizado pelo legislador. Assim, se o prazo para entrega de obra objeto de empreitada for de vinte dias e o contrato tenha sido firmado no dia 2, para a apuração do *dies ad quem* exclui-se o *dies a quo* (o próprio dia 2) e, iniciando a contagem no dia 3, somam-se então vinte unidades, até chegar ao marco final (dia 22).

Caindo o último dia em feriado, o prazo prorroga-se para alcançar o primeiro dia útil seguinte àquele originalmente considerado como de vencimento. Por feriado entende-se, nesse particular, não apenas o dia oficialmente tornado não útil em função de determinada comemoração ou acontecimento especial, mas também o domingo e o sábado, contanto que, quanto a este último, não seja de expediente ou trabalho normal no local e para fins de cumprimento da obrigação. Exemplo: o prazo de dez dias para pagar uma prestação em estabelecimento comercial não se prorroga até o próximo dia útil se no local de cumprimento do dever o comércio funciona aos sábados, e em um deles está o *dies ad quem*. Não obstante, a Lei n. 7.089, de 23.3.83, veda a cobrança de juros de mora se o vencimento ocorrer em sábado, domingo ou feriado, a fim de evitar maiores discussões em torno do tema. Por outro lado, a prorrogação do prazo impede que haja constituição em mora ou que sobre o obrigado incida qualquer outro encargo, pois a postergação do *dies ad quem* funciona como fator de obstaculização do advento do marco final na data especificamente prevista em lei ou estipulada pelas partes.

Ao contrário do que acontece no direito processual, os prazos substantivos não ensejam exclusão dos feriados ou datas afins quando a contagem em um deles se deva fixar. Destarte, se na sexta-feira é assinado um contrato, o marco inicial será o sábado, independentemente de qualquer perquirição. O ordenamento é extremamente claro ao determinar que a desconsideração de data não útil, com prorrogação para a primeira útil subseqüente, somente acontecerá quando nela estiver o dia final do prazo.

Embora certos meses tenham mais de trinta dias e fevereiro tenha menor duração, considera-se o décimo quinto dia, para fins de contagem de prazos, como sendo o marco da metade de qualquer mês. Essa regra existe para que nas obrigações cujo vencimento não seja fixado em número, mas com a expressão "meado do mês X", "metade do mês X" ou equivalente, tenha-se o dia 15 como *dies ad quem*. De outra banda, ainda que os meses tenham duração invariável (salvo o de fevereiro, no ano bissexto), os prazos civis, quando em meses, computam-se não propriamente dentro do calendário normal, mas sim por meio da consideração de que um mês equivale a trinta dias. Isto porque é de extrema freqüência o estabelecimento de prazos em meses sem que a data inicial coincida exatamente com o mês civil, o que poderia gerar perplexidade não fosse a regra criada pelo legislador. Assim, se o prazo para a devolução do dinheiro dado em mútuo no dia 10 for de dois meses, na realidade, o prazo iniciará no dia 11 e terá por marco final o 60º dia que se seguir, exceto quando recair em data não útil.

No Direito Civil os prazos computam-se em unidades de tempo que se não limitam aos dias e aos meses, abrangendo também as horas e os anos. Quando o prazo for fixado em horas, a contagem ocorrerá minuto a minuto, ou seja, uma hora corresponde ao minuto seguinte àquele em que se deu a manifestação volitiva até encontrar o minuto sessenta daí em diante. A regra se justifica na medida em que a opção por prazo fluente em horas revela absoluto apego ao tempo, reclamando tratamento rigoroso na contagem. Quando o prazo medir-se em anos, entra em cena o art. 1º da Lei n. 810, de 6.9.49, *verbis*: "*Considera-se ano o período de doze meses contados do dia do início ao dia e mês correspondentes do ano seguinte*". Se a vontade das partes é manifestada no dia 10 de janeiro, o prazo de um ano esgota-se em igual dia e mês do ano subseqüente, situação que confirma a regra da exclusão da data em que se manifestam as partes e inclusão da derradeira (*caput* do artigo em comento).

21.10. Situação do devedor e do credor

Em geral, os prazos são computados em favor do devedor, porque a ele cabe dar atendimento à obrigação fixada e, portanto, presume-se necessitar de todo o tempo ajustado. Contudo, ele tem a faculdade de se liberar antes do momento estipulado, mormente porque assim agindo poderá esquivar-se da incidência de encargos, ou, pelo menos, minorar-lhes a extensão (*v. g.*, quanto aos juros aplicáveis). A lei, sensível a tal circunstância, estabeleceu norma acerca do tema. Nos testamentos, presume-se o prazo em favor do herdeiro, que é quem deve cumprir as disposições testamentárias. Nos contratos, em proveito do devedor, salvo, quanto a esses, se do teor do instrumento, ou das circunstâncias, resultar que se estabeleceu a benefício do credor, ou de ambos os contratantes (art. 133 do Código Civil).

Nos testamentos, negócios jurídicos *causa mortis*, o herdeiro poderá antecipar o cumprimento das obrigações que porventura sobre si recaiam. Logo, se o testador instituir legatários Pedro e João, poderá o herdeiro-filho José, encarregado pelo *de cujus* de lhes entregar em noventa dias os bens, cumprir a obrigação antes desse prazo. Não estará com isso burlando a vontade jurídica do testador, nem inobservando o dever que lhe incumbe, mas apenas antecipando o adimplemento. Igual solução é facultada ao devedor em sentido amplo, que verá fluir a seu favor o prazo demarcado no negócio jurídico. Cumprindo a obrigação antes do advento do lapso temporal convencionado, não apenas se livrará da mesma como evitará a incidência dos ônus inerentes à mora, sem que possa o credor opor-se de qualquer maneira à liberação antecipada. De outra banda, não poderá o credor exigir do devedor o adimplemento antecipado da obrigação contratual, porque o prazo corre em proveito do oponente, que poderá optar pela satisfação do dever antes da data aprazada ou aguardar a sua chegada para então se desobrigar. A regra somente será excepcionada se a presunção firmada pelo legislador for elidida a partir de elementos emergentes do próprio instrumento contratual (vontade expressa das partes) ou das circunstâncias (vontade tácita), quando então o prazo poderá fluir em favor de ambas as partes ou apenas do credor. Seria o caso, por exemplo, de contrato em que as partes estabelecem a possibilidade de o credor exigir o cumprimento da obrigação a partir do quinto dia antecedente ao marco final. Também pode-se citar o caso de as partes estabelecerem que tanto pode o devedor antecipar o cumprimento como o credor reclamar tal antecipação a contar de certa data.

21.11. Ausência de prazo

Diz o art. 134: "*Os negócios jurídicos entre vivos, sem prazo, são exeqüíveis desde logo, salvo se a execução tiver de ser feita em lugar diverso ou depender de tempo*". Quando o negócio jurídico for daqueles realizados *inter vivos*, a exeqüibilidade exsurge de imediato, se não houver sido fixado prazo para a operação dos efeitos. A norma justifica-se na medida em que todo negócio jurídico tem por objetivo produzir, em relação às partes, as conseqüências que lhe são próprias, e a predisposição nesse sentido não encontra barreiras temporais senão quando desejadas pelos interessados. A aquisição da executoriedade importa em que a parte em proveito da qual foram estabelecidas cláusulas ou previsões poderá exigir do outro contraente desde logo o cumprimento dos deveres jurídicos assumidos, sem necessidade de aguardar o transcurso do tempo. São estipulações, por assim dizer, de vencimento incontinenti, sem dilação temporal. Destarte, em uma compra e venda à vista de mercadorias expostas em prateleiras de supermercado, o adquirente pode imediatamente reclamar do alienante a entrega do produto, sendo-lhe inclusive facultada a execução judicial do dever no momento seguinte ao da verificação do descumprimento da obrigação instantaneamente gerada.

O princípio estatuído no dispositivo, porém, não implica em que todo e qualquer negócio jurídico possa ser executado no instante seguinte àquele em que restar planificado. Em inúmeras oportunidades será necessário aguardar determinado espaço de tempo para que a convenção adquira maturidade capaz de acenar para a executoriedade. São situações diferentes e que reclamam especial atenção. Exemplo: se entre Francisco e Cristiano é celebrado um negócio pelo qual o primeiro fica obrigado a entregar ao outro o próximo bezerro que nascer da matriz Y, a possibilidade de o credor executar a obrigação assumida pela outra parte surgirá apenas depois de ocorrido o nascimento. Logo, o imediatismo preconizado pelo legislador não é literal, mas circunstancial, pois encontra anteparos naturais e legais que devem ser respeitados a fim de não precipitar os acontecimentos e permitir que se atinja a maturidade negocial, qualidade imprescindível para a atribuição de exeqüibilidade ao estipulado pelas partes.

As ocorrências mais comuns de dilação temporal na geração da exeqüibilidade, em situações nas quais as partes não previram prazo de cumprimento, são as relacionadas à necessidade de execução em local diverso daquele onde houve a convenção e à natural necessidade de observância do decurso de certo espaço temporal. As primeiras verificam-se quando as partes estabelecem que o devedor terá de se deslocar para liberar-se da obrigação, como no caso de alguém assumir o compromisso de ir até Estado distante buscar determinada máquina para a indústria do credor da obrigação. As segundas apresentam-se em todas as situações que reclamam das partes o aguardo de acontecimento ou o advento de peculiaridades capazes de evidenciar a presença das qualidades necessárias à execução do dever, como no caso anteriormente citado.

21.12. Incidência de normas relativas à condição

Considerado o fato de que entre a condição e o termo existem vários aspectos em comum, o legislador editou a regra posta no art. 135: "*Ao termo inicial e final aplicam-se, no que couber, as disposições relativas à condição suspensiva e resolutiva*". Como a pendência de termo inicial não impede a aquisição do direito, mas apenas suspende o exercício (art. 131), poderá o interessado portar-se de forma a conservá-lo e protegê-lo, resguardando a sua utilidade futura. Se assim não fosse, a superveniência da prerrogativa do exercício poderia tornar-se inútil, haja vista os riscos a que pode estar submetido o bem jurídico durante o período que medeia a aquisição do direito e o efetivo exercício pelo titular. Quem, *v. g.*, adquire uma fração de terras, poderá defendê-la em juízo contra a invasão de terceiros ainda quando esteja pendente o termo inicial que transferirá o exercício do direito dominial, pois nesse caso a aquisição da propriedade pela via contratual transmite de imediato ao agente a posse indireta do bem, autorizando-o a fazer valer as qualidades intrínsecas à qualidade de que está investido. Essa *facultas agendi* assemelha em muito a pendência do termo inicial à pendência de condição suspensiva, pois em ambos projeta-se para o futuro a completa implementação do direito na esfera jurídica do contraente. Como conseqüência vinculada a tal similitude, é possível afirmar que, assim como se dá na hipótese de condição suspensiva verificada, o advento do termo faz insubsistentes os atos de disposição praticados antes dele (art. 126). Quanto ao termo final, a sua consecução extingue o direito que a ele se opõe, ressalvadas as hipóteses previstas na lei (art. 128).

Entre as prerrogativas de quem aguarda o advento do termo inicial encontra-se também a defesa de seus interesses contra atos deletérios provindos da parte adversa. É claro que esta continuará no exercício do direito, por si ou por outrem, até que se verifique o *dies a quo*; todavia, não poderá praticar atos que coloquem em risco a substância ou as qualidades essenciais do objeto negociado, pois isso assemelha o titular do exercício ao terceiro que molesta o direito do adquirente, sujeitando-o, portanto, às medidas judiciais e extrajudiciais necessárias à conservação desse mesmo direito.

Pendente termo final, a situação assemelha-se àquela gerada pela expectativa de implementação de condição resolutiva, pois em ambas se percebe que o advento do marco ou da ocorrência previstos no negócio jurídico faz cessar os seus efeitos, e geralmente o próprio direito até então mantido sob a égide jurídica da parte. Logo, na prática produzem conseqüências semelhantes o empréstimo que aguarda pelo *dies ad quem* estipulado pelos contraentes e o empréstimo sujeito a certa condição capaz de resolvê-lo. Essa previsão, entrementes, não deve ser considerada como equiparação legal entre condição e termo, que são elementos acidentais absolutamente distintos em sua gênese; o dispositivo, na verdade, serve apenas para admitir a aplicação das normas disciplinadoras da condição suspensiva e resolutiva sempre que esse aproveitamento for cabível e não se chocar com os preceitos específicos do termo.

21.13. Encargo ou modo

Encargo ou modo é a cláusula pela qual se impõe certa obrigação ao beneficiário de liberalidade, ou seja, de negócio jurídico feito a título gratuito *inter vivos* ou *causa mortis*. No dizer de *Beviláqua*, é "*determinação acessória, em virtude da qual se restringe a vantagem criada pelo ato jurídico, estabelecendo o fim a que deve ser aplicada a coisa adquirida, ou impondo uma certa prestação*" (*apud Sílvio Rodrigues*, obra citada, p. 259). É bastante comum em se tratando de doações, que pela aposição do elemento acidental não se apresentam como puras e simples, mas como modais ou com encargo. Também é corriqueiro em testamentos, quer instituam herdeiros ou legatários. Exemplos: a) Pedro doa um terreno a João, a fim de que nele seja construída uma creche; b) José institui Carlos como herdeiro testamentário, mas deixa-lhe o encargo de que os rendimentos produzidos pela fração hereditária sejam destinados mensalmente a certo asilo.

Como regra, o encargo não impede que o agente receba o direito e passe a exercê-lo, mas submete-o ao cumprimento do dever estabelecido pelo disponente, sob pena de desfazer o negócio em todos os seus aspectos. O art. 136 estipula: "*O encargo não suspende a aquisição nem o exercício do direito, salvo quando expressamente imposto no negócio jurídico, pelo disponente, como condição suspensiva*". Neste compasso, é muito semelhante, nas conseqüências produzidas, à negociação envolvendo condição resolutiva, porque em ambos a não implementação do elemento acidental repõe as partes ao estado anterior. Podem as partes, todavia, estabelecer que enquanto não concretizado o encargo, a aquisição do direito, o seu exercício ou mesmo ambos os atributos ficarão suspensos. Exemplo: Francisco doa a Fabiano um terreno para que nele seja construído um clube de pesca, mas estabelece que a titularidade da área somente será transferida ao donatário depois que ele efetivamente edificar as dependências e obtiver o registro da entidade.

O encargo não se caracteriza como tal quando inserido em negociações onerosas, pois essa circunstância o transformaria em componente ativo da contraprestação, do dever assumido pela parte adversa, fazendo com que eventual descumprimento pudesse corresponder ao inadimplemento do obrigado, com os corolários legais gerados pela situação. Essa natureza contraprestativa não existe no encargo, que funciona como imposição ao beneficiário em negócios gratuitos cuja eficácia estará jungida à submissão do agente à vontade do disponente. A liberalidade é de livre aceitação pelo beneficiário, mas, uma vez acolhido, o encargo funcionará como pressuposto de conservação da eficácia do negócio, levando-o à anulação se descumprido. Já nos contratos onerosos a eventual exigência feita por uma das partes ficará incorporada à obrigação assumida pelo adquirente, como parcela integrante da contraprestação. Exemplo: Pedro aceita vender seu hotel-fazenda contanto que durante dois anos o acesso seja gratuito a quem quiser simplesmente visitar o local. Nesse exemplo o dever integra o pagamento. Fosse o caso de doação do hotel-fazenda, o encargo seria apenas um requisito de conservação da eficácia da liberalidade.

Washington de Barros Monteiro (obra citada, 1º vol., p. 239) elenca importantes diferenças entre encargo e condição: a) na condição, a existência ou extinção do direito fica suspensa até a verificação do acontecimento futuro e incerto; o encargo, ao contrário, não suspende a aquisição, nem o exercício do direito, salvo quando estipulado pelas partes; b) o encargo é coercitivo, e o seu descumprimento anula a disposição; ao contrário, ninguém pode ser constrangido a submeter-se a uma condição; c) a conjunção *se* serve para indicar que se trata de condição; o emprego das locuções *para que, a fim de que* ou *com a obrigação de* denota a presença de encargo.

21.14. Encargo ilícito ou impossível

Consta do art. 137 a seguinte norma: "*Considera-se não escrito o encargo ilícito ou impossível, salvo se constituir o motivo determinante da liberalidade, caso em que se invalida o negócio jurídico*". A ilicitude do encargo ou a sua impossibilidade (física ou jurídica) levam à desconsideração do mesmo, fazendo com que o negócio subsista como se fosse puro e simples. Isso somente não acontecerá se o encargo, embora viciado, for o motivo que determinou a liberalidade, circunstância que a levará à invalidação, pois então não haverá como aproveitar o negócio por falta de substrato fundamental à sua conservação. A preservação do negócio tem em vista a presunção de que, ante a ilicitude ou impossibilidade de que padece o encargo, mais vale a vontade de agraciar do que a de reclamar do beneficiário a produção de certo resultado, fator que leva à subsistência do negócio sempre que isso for viável e não atropelar a sua estrutura essencial. Exemplo: João doa a Carlos um terreno para que nele construa um estabelecimento de distribuição de entorpecentes. Nesse caso, sendo ilícito o encargo, e levando-se em conta que a liberalidade teve por finalidade exclusiva e determinante o ilídimo objetivo, todo o negócio jurídico será considerado inválido, de maneira que as partes volverão ao estado anterior. O mesmo ocorreria, *v. g.*, se João doasse um dirigível para que Carlos nele contornasse o mundo em um dia, encargo fisicamente impossível e que inviabiliza a eficácia do negócio.

Se o conteúdo do ajuste feito puder subsistir não obstante a aposição de encargo ilícito ou impossível, então simplesmente desaparecerá a exigência contrária à lei, mantendo-se intacto o negócio propriamente dito. É o que acontece, por exemplo, no caso de alguém deixar um terreno para outrem em testamento, encarregando o legatário de assumir a paternidade dos filhos do *de cujus* a contar da morte deste. Trata-se de finalidade vedada em lei, apresentando-se como juridicamente impossível; com isso, e considerado o fato de que entre a liberalidade e o encargo inexiste liame que impeça a subsistência daquela, mantém-se na íntegra o legado — que passa a ser puro e simples — e ignora-se o encargo.

21.15. Forma e prova dos negócios jurídicos

Quando da análise geral dos requisitos de validade dos negócios jurídicos, foi dito que entre eles situa-se a forma, que deve ser aquela prescrita (quando o ordenamento impõe) ou outra de livre escolha dos interessados (desde que não proibida expressamente). Cuidam do tema os arts. 104, III, e 107 a 109, todos do Código Civil. Obviamente, as observações já feitas não serão repetidas, para evitar desnecessária tautologia. Contudo, aborda-se agora um conjunto de aspectos complementares acerca do assunto. Sabe-se que os negócios jurídicos são atos absolutamente vinculados à vontade humana, pois dela parte o impulso que produz repercussões no plano do direito. É claro que ninguém pode auscultar o elemento volitivo enquanto ainda estiver situado no âmbito da mera elaboração mental, razão pela qual a única maneira de se chegar à aferição do real querer do indivíduo é por meio da conduta efetivamente externada por ele. O conteúdo da criação subjetiva se revela na manifestação objetivamente posta, de que são extraídos os indicativos do seu concreto teor para fins de interpretação. Somente quando colocada no plano exterior ao agente é que a vontade se torna passível de exame, constituindo, por vezes, declaração negocial.

Em geral, a forma dos negócios jurídicos é livre, somente ficando submetida a específico modelo quando a lei assim dispuser. A evolução do direito vem demonstrando a relevância de serem soltas certas amarras que ainda insistem em formalizar exageradamente os comportamentos humanos. O próprio direito processual vem seguindo esse rumo, sendo exemplo disso a Lei n. 9.099/90, que criou os Juizados Especiais Cível e Criminal, marcados por princípios mais liberais, como o da oralidade e da informalidade. É preciso que, assim como ocorre com o direito adjetivo, o substantivo continue evoluindo, sem prejuízo da necessária cautela em relação a situações cuja formalização não pode ser abolida. Por isso, nos casos em que a lei impuser certa forma, ela funciona como *essentialia negocia*, ou seja, elemento essencial do negócio jurídico.

Ao fixar determinada forma, o legislador tem por desiderato cercar a conduta da maior segurança possível. Isso inclui a liberdade de manifestação volitiva, pois ao estabelecer exigências como o comparecimento ao cartório para confecção de escritura pública a ordem legal enseja às partes a garantia de que o agente estatal fiscaliza e zela pela regularidade do ato. Ademais, este se torna autêntico, como resultado da fé pública que reveste a atuação do servidor. E, por fim, a prova da existência e do conteúdo do ato é facilitada sobremodo, já que se encontra inserida nos livros oficiais e sob guarda do Estado.

Certas condutas são submetidas a níveis maiores de imposições formais, haja vista a extensão dos reflexos que produzem na seara jurídica e pessoal dos interessados e, muitas vezes, de toda a coletividade. Quanto maior a repercussão técnica do ato, mais extensa é a gama de requisitos legais que devem ser observados. Assim, o testamento e o casamento situam-se entre as ocorrências onde prevalecem a solenidade e a formalidade. Na linha intermediária, há situações que podem ser constituídas oficialmente mediante adoção de providências menos vigorosas, mas sem completa abolição do pressuposto formal, como na hipótese de alienação de imóveis acima de certo valor, quando tem de ser feita escritura pública. Outros atos são de ainda menor robustez, bastando a sua realização por escrito particular. Na base da pirâmide, finalmente, estão condutas de menor amplitude, e que por isso dispensam os rigores acima aludidos, optando o legislador, então, por permitir aos interessados que as pratiquem com liberdade quanto à questão da forma.

A importância da forma não se limita ao acima exposto, de vez que nela reside a viabilidade original de outro elemento relevante: a publicidade. Esta consiste em atribuir a todas as pessoas conhecimento acerca da existência e do teor do negócio, o que se perfaz pela sua inserção no registro público. O ordenamento prevê que em certas situações a publicidade funcionará como requisito de validade do ato jurídico, associando-se inexoravelmente à forma imposta. Como exemplo cita-se o registro da escritura pública de compra e venda de imóvel, pois a efetiva transmissão dominial não se dá pelo contrato, mas sim pelo registro e conseqüente publicidade. Noutros casos, a obrigatoriedade da forma não é pressuposto de validade do ato; porém, para que tenha validade frente a terceiros é imprescindível dotá-lo de conhecimento público, via de regra pelo registro junto às repartições competentes. Exemplo: o instrumento particular oriundo de pessoa capaz prova as obrigações convencionais de qualquer valor; mas os seus efeitos somente se operam em relação a terceiros quando inserido no registro público (art. 221 do Código Civil).

Capítulo 22

DA PROVA DOS NEGÓCIOS JURÍDICOS

22.1. Conceito e aspectos gerais

Prova é o conjunto de meios capazes de trazer convicção a respeito da existência e do conteúdo de fatos ou circunstâncias, a respeito dos quais se controverte. A prova do negócio jurídico é praticamente tão importante quanto o surgimento deste no mundo do direito, eis que de nada adianta o sujeito ter participado da celebração se não consegue demonstrar a efetividade dela. Simples alegação, obviamente, não funciona como prova da veracidade do que se diz, de maneira que alegar e não provar equivale a não alegar. Essa realidade se transpõe para o ambiente processual, onde prova *"é meio de convencer o juiz da existência de fato em que se baseia o direito do postulante"* (*Milhomens apud José Náufel*, obra citada, p. 766).

Segundo lição de *Washington de Barros Monteiro* (obra citada, p. 289), a prova, para ser recebida, deve ser *admissível*, *pertinente* e *concludente*. Entende-se por *admissível* a prova que não é proibida por lei e pode ser aplicada ao caso em debate. Assim, a confissão colhida mediante tortura não se enquadra nas espécies aceitas pelo direito. Por outro lado, não incidem no juízo cível as previsões relativas à citação inerente ao processo penal. Considera-se prova *pertinente* aquela apta a demonstrar os fatos debatidos, de acordo com as bases jurídicas argüidas pelos interessados. É *concludente* a prova que esclarece o tema debatido ou corrobora as assertivas deduzidas pelas partes.

Pode parecer estranho que tanto o Código Civil como o Código de Processo Civil dediquem espaço à disciplina da prova. Contudo, é preciso observar que compete ao legislador civil a fixação dos meios de prova e traçar linhas que indiquem o valor de cada mecanismo de demonstração da verdade dos fatos. Já ao legislador processual incumbe a tarefa de apresentar os princípios que orientam a apreciação da prova pelo julgador, o momento em que isso deva ocorrer e tudo o mais que diga respeito à trajetória da prova em juízo. Por outro lado, o caderno substantivo discrimina os meios probantes para situações que não necessariamente desaguarão no Poder Judiciário, dizendo, por exemplo, qual o meio de comprovar o nascimento de uma pessoa. Com isso, o interessado poderá fazer prova extrajudicial do fato (*v. g.* perante repartições públicas), ao passo que o caderno adjetivo encontra limites de atuação no aspecto estritamente judicial, regulando a atuação das partes dentro da lide.

Em princípio, o ônus de fazer prova a respeito dos fatos suscitados é de quem promove a alegação (art. 333, I, do Código de Processo Civil). Se uma pessoa sofre acidente de trânsito e afirma que isso se deu em razão de manobra ilegal de outro condutor, deve apresentar prova da veracidade da sua tese. O acusado não precisa provar nada, eis que tal dever incumbe ao autor da alegação. Contudo, nem sempre é assim, pois muitas vezes a prova figura como obrigação de destinatário da imputação, ou se inverte por força de expressa determinação legal. Quando o devedor apresenta defesa e suscita evento modificativo, extintivo ou impeditivo do direito argüido pela outra parte, cabe-lhe a prova dos fatos, já que, então, estará ele próprio fazendo uma alegação, arcando com o ônus da respectiva revelação (art. 333, II, do Código de Processo Civil). Nas relações de consumo, o Código de Defesa do Consumidor permite a inversão do *onus probandi*, por reconhecer a fragilidade de uma das partes quando confrontada com a outra (art. 6º, VIII, da Lei n. 8.078/90).

Sempre deve ser salientada a circunstância de que a prova diz respeito ao fato, já que ninguém está obrigado a provar o direito, cujo conhecimento pelo juiz é compulsório em função do princípio *jura novit curia*. A eventual incumbência processual de apresentação do texto da lei e da demonstração da sua vigência ao julgador (*v. g.*, na hipótese de legislação municipal, como decorrência do art. 337 do Código de Processo Civil) não modifica essa realidade, já que não se estará fazendo prova do direito, mas apenas levando maior segurança à parte contrária e à prestação jurisdicional. Sobre o interessado, portanto, recai exclusivamente o dever jurídico de provar os fatos invocados como base de aplicação do direito.

Quanto aos fatos considerados notórios, a legislação dispensa prova (art. 334, I, do Código de Processo Civil). Isto porque o conhecimento de certos eventos pela maioria das pessoas de determinada coletividade importa na presunção de que a sua ocorrência seja considerada verídica (*v. g.*, morte de pessoa socialmente destacada). Não dependem de prova, ainda, os fatos afirmados por uma parte e confessados pelo oponente, haja vista que a expressa admissão da veracidade por quem poderia contraditá-la dispensa maiores perquirições (art. 334, II, do Código de Processo Civil). Também os fatos incontroversos independem de prova, porque a parte que deveria resistir às afirmações queda-se inerte, fazendo da sua conduta um reconhecimento tácito da assertiva lançada (art. 334, III, do Código de Processo Civil). Por fim, não reclamam prova os acontecimentos em cujo favor milita presunção legal de existência ou de veracidade (art. 334, IV, do Código de Processo Civil), *v. g.*, quando a lei diz que a revelia do réu importa em presunção no sentido de serem verdadeiros os fatos articulados pelo autor.

22.2. Prova dos negócios de forma especial

Todo ato negocial, como declaração volitiva, surge a partir da conjugação de dois elementos: um subjetivo, que se caracteriza pela elaboração mental da vontade, e outro objetivo, ou seja, a exteriorização da deliberação interna, a materialização do aspecto anímico. O processo de transmutação do processo mental em efetiva manifestação de vontade é realizado por meio de alguma das formas conhecidas, seja verbal, escrita, por gestos e assim por diante. Portanto, forma é o meio pelo qual o agente externa válida e eficazmente a vontade nos negócios jurídicos. Já se disse, mas convém repetir, que às vezes a forma do negócio jurídico constitui requisito essencial de eficácia, reclamando confecção de instrumento público ou privado; noutras tantas, a forma funciona como elemento imprescindível para a prova do negócio. Porém, na maioria dos casos não se exige forma especial para a validade e eficácia do negócio, primando o direito pátrio pela liberdade de forma. Assim, os negócios jurídicos dividem-se em: a) formais ou solenes — dependem obrigatoriamente de constituição por meio de forma prevista em lei, sob pena de ineficácia (*v. g.*, transferência da propriedade imóvel em geral); b) consensuais ou não-solenes — prescindem de forma específica, isto é, são de livre forma, podendo ser constituídos através por qualquer dos mecanismos conhecidos (*v. g.*, compra e venda de bens móveis fungíveis).

Algumas situações específicas, marcadas pelo interesse público ou pela necessidade de extrema segurança probatória, fazem com que o legislador determine a imprescindibilidade da utilização de determinados meios de prova, sem os quais não se reconhecerá a veracidade dos fatos alegados. A exigência da chamada *prova especial* não pode ser contornada pela partes, de maneira que sem a apresentação qualquer esforço probante estará fadado ao mais rotundo fracasso. É o que acontece, por exemplo, com o casamento, cuja prova somente se faz com base no respectivo assento, dele extraindo-se certidão que porta fé pública.

A fixação de certo meio especial de prova retira da parte a liberdade que originalmente teria para demonstrar como quisesse — e pudesse — a plausibilidade das alegações deduzidas. O direito pátrio sempre foi marcado pela liberdade de prova, de maneira que a vinculação a mecanismo específico depende inexoravelmente de expressa previsão normativa. Entretanto, em algumas oportunidades a lei admite o meio-termo entre a livre demonstração dos fatos e o atrelamento a prova especial, alcançando ao interessado a possibilidade de suprir a falta do meio primacial por meio da apresentação de elementos supletivos ou complementares. Assim, se é verdade que o nascimento se prova pelo teor do assento, à falta dele poderá ser demonstrado por outros meios. O mesmo não acontece, por exemplo, com a transmissão dominial imobiliária, que, em valor superior ao tabelado, somente se prova pelo respectivo registro cartorial.

Via de regra, os negócios formais ou solenes somente são passíveis de demonstração pelo mecanismo que lhes confere existência jurídica. Ao impor a escritura pública como forma, o legislador automaticamente está indicando que a eventual prova do negócio terá de ser feita pela apresentação do correspondente instrumento, exceto quando de outra maneira a ordem legal dispuser.

22.3. Prova dos negócios de forma livre

Considerada a circunstância de que em princípio a forma dos negócios jurídicos é livre, outra conclusão não se pode extrair disso senão a de que a sua prova também experimenta igual grau de liberdade. Ato de constituição livre é suscetível de prova por qualquer meio, exceto se a lei estabelecer critério diferenciado. Neste compasso, a disciplina da matéria, no concernente ao seu aspecto eminentemente civil, é feita em vários dispositivos codificados. O art. 212 indica quais são os meios de prova dos negócios de forma livre: *"Salvo o negócio a que se impõe forma especial, o fato jurídico pode ser provado mediante: I – confissão; II – documento; III – testemunha; IV– presunção; V – perícia"*.

22.4. Confissão

Confissão é o reconhecimento, por uma das partes, do fato afirmado pela parte adversa. O instituto jamais servirá para alusão ao direito, eis que a dicção deste compete ao juiz e não à parte. Conforme assevera o caderno processual (art. 348 do CPC), há confissão, quando a parte admite a verdade de um fato, contrário ao seu interesse e favorável ao adversário. Quanto ao âmbito em que se dá, a confissão pode ser *judicial* ou *extrajudicial*, conforme seja realizada, respectivamente, em juízo (dentro de um processo) ou fora dele (podendo, posteriormente, ser lançada aos autos). Observada a conformação da vontade de onde provém, é *espontânea* ou *provocada*, sendo que a primeira é requerida pela parte que confessa e tomada por termo nos autos do processo, enquanto a segunda é obtida em depoimento pessoal cuja tomada foi requerida pela parte contrária. Quanto ao mecanismo de exteriorização, é *expressa* ou *tácita*, de maneira que na primeira espécie tem-se a confecção de instrumento oriundo do confitente ou declinação verbal — direta e de cunho pessoal; a tácita (também denominada *ficta*) se traduz em acontecimentos que a lei faz presumirem a verdade de certos fatos, *v. g.*, na hipótese de revelia do réu ou de negativa de prestar depoimento pessoal em juízo. Em todos os casos, terá igual e plena aceitação, produzindo os efeitos inerentes ao instituto.

Diz o art. 213: *"Não tem eficácia a confissão se provém de quem não é capaz de dispor do direito a que se referem os fatos confessados. Parágrafo único – Se feita a confissão por um representante, somente é eficaz nos limites em que este pode vincular o representado"*. Nem toda pessoa está apta a confessar eficazmente, pois se trata de situação grave que leva à admissão de fato contrário aos interesses do agente e favorável ao adversário. Somente pode confessar quem estiver juridicamente habilitado a dispor do direito a que se reportam os fatos confessados. A confissão oriunda de pessoa estranha à relação jurídica, ou incapaz de dispor do direito afirmado por uma das partes, será ineficaz e destituída de qualquer valor probante. Exemplo: o proprietário rural que está sendo interpelado em razão de venda irregular de suas terras pode confessar o fato imputado; porém, não poderá confessar tal circunstância quem não era dono das terras e nem mantinha qualquer relação que lhe conferisse algum direito sobre as mesmas.

Pode haver confissão por intermédio de outra pessoa que não o agente diretamente desfavorecido, mas o valor do ato dependerá da extensão das prerrogativas de que estiver munido o representante no momento em que reconhecer o fato desfavorável ao representado. Assim, o mandatário que tem poderes gerais de administração não pode confessar fato que desborde de suas prerrogativas comuns. De igual modo, não pode o tutor confessar ilicitude praticada pelo tutelado, pois isso extrapola as faculdades ínsitas na tutela. Quem pretende confessar algum fato por meio de representante nomeado deve atribuir-lhe poderes especiais e específicos para tanto, sendo de ressaltar que a interpretação dada à extensão dos poderes conferidos será sempre restritiva, haja vista a natureza e os gravames decorrentes do ato praticado.

No art. 214 encontra-se esta disposição: "*A confissão é irrevogável, mas pode ser anulada se decorreu de erro de fato ou de coação*". Em hipótese alguma se admite a revogação da confissão, tenha ela sido declinada judicial ou extrajudicialmente. Todavia, levando-se em consideração a circunstância de que a confissão nada mais é do que um ato jurídico, podem ocorrer vícios que impedem a produção dos efeitos dela esperados. Disso não decorre a revogação do teor da confissão, mas sim a sua anulação, admitida pelo legislador em duas situações: a) erro de fato – recai sobre aos elementos fáticos que envolvem a manifestação volitiva, criando um contexto em razão do qual o agente imagina estar praticando determinado ato quando na realidade está dando surgimento a outro (exemplo: Pedro, passageiro de veículo acidentado, assina um termo de confissão de responsabilidade pelo acidente de trânsito quando pensa estar servindo de testemunha); b) coação – pressão física ou psíquica exercida sobre a pessoa para compeli-la à prática de um ato (exemplo: João assina documento em que se confessa devedor, mas é obrigado a fazê-lo sob ameaça de morte).

Outro aspecto a merecer consideração: somente o erro substancial, ou seja, aquele sem o qual o ato não se teria realizado, enseja a anulação da confissão efetivada. Para viabilizar a anulação, o erro terá de funcionar como razão determinante da confissão, pois do contrário seria ilógico invalidar uma circunstância não decisiva na formação do ato supostamente viciado. De banda diversa, cabe observar que apenas o erro de fato pode levar à anulação da confissão. Embora o erro de direito — aquele que diz respeito à própria existência da norma jurídica — esteja previsto genericamente como causa de anulação dos negócios jurídicos em geral quando for substancial (139, II, do Código Civil), esse efeito não se verifica no caso da confissão, pois a ninguém é dado desconhecer a existência e a aplicabilidade das regras a ela relativas.

No campo do direito adjetivo, é importante asseverar que não vale como confissão a admissão, em juízo, de fatos relativos a direitos indisponíveis (art. 351 do Código de Processo Civil). Por outro lado, ampliando o leque do art. 214 da codificação civilista, o art. 352 do Código de Processo Civil estabelece que a confissão, quando emanar de erro, dolo ou coação, pode ser revogada. Finalmente, a confissão é, de regra, indivisível, não podendo a parte, que a quiser invocar como prova, aceitá-la no tópico que a beneficiar e rejeitá-la no que lhe for desfavorável. Cindir-se-á, todavia, quando o confitente lhe aduzir fatos novos, suscetíveis de constituir fundamento de defesa de direito material ou de reconvenção (art. 354 do caderno processual).

22.5. Documento

Entende-se por documento qualquer escrito, público ou particular, utilizado para prova de fatos controvertidos ou para demonstrar a existência de determinada relação jurídica. Não se confundem documento e instrumento, pois enquanto aquele "*é a forma escrita apenas dotada de relativa força probante, contribuindo para a verificação dos fatos*" este "*é a forma especial dotada de força orgânica para realizar ou tornar exeqüível um ato jurídico*" (*João Monteiro apud José Náufel*, obra citada, p. 488). Pode-se afirmar que documento é gênero, de que o instrumento funciona como espécie.

São considerados públicos os documentos lavrados por autoridade regularmente constituída e que tenha competência específica para tanto (*v. g.* certidão de nascimento expedida por Oficial do Registro Civil). São particulares os escritos feitos e assinados, ou apenas assinados, pela pessoa em cujo nome foram confeccionados, sem intervenção estatal (*v. g.* confissão particular de dívida, carta etc.).

22.5.1. Escritura pública

Geralmente, ao impor certa forma para a realização do negócio o legislador atrela a prova dele à apresentação do respectivo instrumento. Entra em cena, então, a escritura pública como elemento fundamental a certas espécies negociais. O art. 215 e os seus parágrafos cuidam do tema: "*A escritura pública, lavrada em notas de tabelião, é documento dotado de fé pública, fazendo prova plena*". A escritura pública é confeccionada perante tabelião ou notário devidamente investido em suas prerrogativas legais. Disso decorre não somente a publicidade do negócio, como também — e especialmente — a fidedignidade do seu conteúdo. Há determinados negócios jurídicos que não podem ter existência e eficácia demonstrada por meios precários ou falhos como o testemunhal, e por isso o ordenamento exige que sejam efetivados mediante adoção de forma especial. A escritura pública faz prova plena dos elementos de formação do negócio, tornando-o juridicamente verdadeiro por dar nascimento a uma presunção *juris tantum* que somente sucumbe ante inequívoca prova em sentido contrário.

Salvo quando exigidos por lei outros requisitos, a escritura pública deve conter: I – data e local de sua realização; II – reconhecimento da identidade e capacidade das partes e de quantos hajam comparecido ao ato, por si, como representantes, intervenientes ou testemunhas; III – nome, nacionalidade, estado civil, profissão, domicílio e residência das partes e demais comparecentes, com a indicação, quando necessário, do regime de bens do casamento, nome do outro cônjuge e filiação; IV – manifestação clara da vontade das partes e dos intervenientes; V – referência ao cumprimento das exigências legais e fiscais inerentes à legitimidade do ato; VI – declaração de ter sido lida na presença das partes e demais comparecentes, ou de que todos a leram; VII – assinatura das partes e dos demais comparecentes, bem como a do tabelião ou seu substituto legal, encerrando o ato (§ 1º). Os requisitos enunciados nas diversas alíneas devem ser preenchidos e estar presentes em qualquer escritura pública, sob pena de invalidade. Isto porque identificam precisamente as partes, o objeto, as condições e todos os demais aspectos necessários à perfeita constituição do negócio, não dando margem a discussões posteriores que possam questionar a estrutura básica do instrumento. Pode a lei, todavia, acrescer outras exigências que entender cabíveis em casos específicos, visando a conferir maior estabilidade ao negócio firmado.

Se algum comparecente não puder ou não souber escrever, outra pessoa capaz assinará por ele, a seu rogo (§ 2º). Assinatura a rogo é o ato pelo qual alguém firma o instrumento em nome da pessoa que é parte na lavratura do escrito público, mas que não pode ou não sabe escrever. Trata-se de uma espécie de substituição da assinatura própria a rogo do interessado, medida que apenas a este obriga, não atingindo, no concernente ao vínculo jurídico estabelecido, quem efetivamente assinou.

A escritura será redigida na língua nacional (§ 3º). Se qualquer dos comparecentes não souber a língua nacional e o tabelião não entender o idioma em que se expressa, deverá comparecer tradutor público para servir de intérprete, ou, não o havendo na localidade, outra pessoa capaz que, a juízo do tabelião, tenha idoneidade e conhecimento bastantes (§ 4º). A escritura pública sempre será redigida em português a fim de que o seu conteúdo esteja ao alcance da compreensão de todos. Ainda que o interessado não saiba a língua nacional, a redação terá de ser feita em português, o que se dará por meio de tradução feita pelo próprio tabelião (quando conhecer o idioma em que se expressa a parte) ou por tradutor público, ou outra pessoa capacitada, que será chamada para traduzir a vontade do interessado.

Se algum dos comparecentes não for conhecido do tabelião, nem puder identificar-se por documento, deverão participar do ato pelo menos duas testemunhas que o conheçam e atestem sua identidade (§ 5º). Compete ao tabelião, em princípio, negar a confecção de escritura pública a quem não se puder identificar, pois dessa lacuna extrai-se inobservância de pressupostos essenciais contidos no § 1º do mesmo artigo. Todavia, será viabilizada a formação do escrito público se o tabelião conhecer pessoalmente o interessado, ou, em caso contrário, se forem apresentadas pelo menos duas testemunhas que conheçam o comparecente e atestem dados de sua identidade. Já que a escritura pública não gera presunção absoluta e pode ser contraditada por prova cabal em sentido oposto àquele nela afirmado, qualquer irregularidade quanto a aspectos como a identificação do interessado ou quanto ao próprio teor do instrumento pode ser submetida ao crivo do Poder Judiciário e vir a sucumbir.

22.5.2. Instrumento particular

Diz o art. 221: "*O instrumento particular, feito e assinado, ou somente assinado por quem esteja na livre disposição e administração de seus bens, prova as obrigações convencionais de qualquer valor; mas os seus efeitos, bem como os da cessão, não se operam, a respeito de terceiros, antes de registrado no registro público. Parágrafo único. A prova do instrumento particular pode suprir-se pelas outras de caráter legal*". Antes de aprofundar o exame, é interessante assinalar que obrigações convencionais são aquelas oriundas da livre vontade dos agentes, como é o caso, principalmente, dos contratos e das declarações unilaterais de vontade. O documento que as contém faz prova de seu teor, da autoria e dos demais aspectos, sempre de maneira relativa e sujeita à reversão por elementos de convicção capazes de elidir a presunção *juris tantum* gerada.

A sistemática do Código Civil de 2002 aboliu a necessidade de subscrição do documento particular por duas testemunhas como condição para muni-lo de força probante das obrigações convencionais, bastando agora que esteja assinado pela pessoa que se obriga. Para a simples prova das obrigações convencionais, também não se impõe que o documento tenha sido confeccionado ou escrito pelo signatário, quer de próprio punho ou mecanicamente, pois a obrigação surgirá ainda que o interessado, conhecendo o conteúdo declarado, embora formatado por outrem, aponha a sua assinatura. Porém, em qualquer das situações mencionadas *retro* a exeqüibilidade judicial do documento dependerá das assinaturas aludidas *retro*, nos termos do art. 585, II, do Código de Processo Civil. Portanto, sem a assinatura do obrigado e de duas testemunhas não surgirá título executivo extrajudicial, devendo haver ajuizamento de ação ordinária de cobrança para reconhecimento do dever insculpido no instrumento.

Diante da necessidade de que a assinatura seja firmada pessoalmente por quem se obriga, não têm valor probante autônomo e definitivo as escrituras particulares assinadas a rogo. Estas servirão, entretanto, como início de prova escrita, a ser obrigatoriamente complementada por outros meios. Tampouco funcionarão como prova das obrigações convencionais os documentos em que constar a impressão digital, o carimbo, a reprodução da assinatura, a subscrição por procurador ou qualquer outra espécie de identificação que não a assinatura de próprio punho, pois só ela atesta com fidelidade a plena ciência do agente acerca do teor documental.

O documento que preencher as condições referidas no art. 221 fará lei entre as partes, mas a sua oponibilidade contra terceiros, seja quanto aos efeitos propriamente ditos, seja no caso de cessão das prerrogativas nele insculpidas, somente advirá do registro perante o cartório competente. Portanto, a falta de registro impede que o conteúdo do documento tenha eficácia *erga omnes*, motivo pelo qual se outro direito melhor provier de terceiro em relação ao objeto da obrigação, restará ao prejudicado reclamar perdas e danos. Todavia, embora não atenda rigorosamente às imposições legais, a prova relativa ao instrumento particular pode ser suprida pelos demais meios em direito admitidos, como perícias, testemunhas, presunções e assim por diante.

22.5.3. Valor jurídico dos documentos firmados

No concernente ao valor dos documentos firmados, o art. 219 estipula: "*As declarações constantes de documentos assinados presumem-se verdadeiras em relação aos signatários. Parágrafo único – Não tendo relação direta, porém, com as disposições principais ou com a legitimidade das partes, as declarações enunciativas não eximem os interessados em sua veracidade do ônus de prová-las*". O conteúdo de documento (ou de instrumento) assinado, público ou particular, é considerado verdadeiro e faz prova em relação ao signatário, por gerar presunção *juris tantum* quanto ao teor nele consignado. Isto acontece nos casos em que a vontade de quem assina é enunciada expressamente no escrito. Exemplo: a declaração do interessado, no sentido de que recebeu determinada quantidade de mercadoria, guarda, em relação ao signatário, presunção de veracidade quanto ao conteúdo, além de provar a autoria e as demais circunstâncias formais emergentes do documento.

As manifestações de vontade feitas em documento público geram certeza jurídica quanto à existência de emissão volitiva e quanto à autoria da mesma, produzindo, ainda, presunção de veracidade das declarações nele incrustadas. Já os documentos particulares, que igualmente geram presunção de veracidade do conteúdo no pertinente ao subscritor, têm esse feito condicionado à comprovação da autenticidade da assinatura, quando tal peculiaridade for questionada. Porém, o reconhecimento de firma por autenticidade, feito por tabelião, fixa desde logo a autoria da assinatura e produz o efeito previsto no dispositivo em análise. O mesmo ocorre quando por outra forma se puder provar a autenticidade da assinatura contida no documento.

O documento público elaborado por oficial incompetente, ou sem as formalidades legais, sendo subscrito pelas partes, tem a mesma eficácia probatória do documento particular (art. 367 do Código de Processo Civil).

A presunção de veracidade do conteúdo existe apenas em relação às declarações principais do subscritor, ou seja, aquelas em que há uma vontade pessoal declinada. Quanto às manifestações meramente enunciativas, que são as que contêm simples declaração de ciência acerca de certo fato, ou que orbitam em torno das manifestações principais, gerarão apenas a presunção de autoria e circunstâncias (data, local etc.), mas nisso não abrangerão o conteúdo, que deverá ser objeto de prova pelos interessados por meios ordinários e sem o amparo de qualquer presunção. Exceção à regra existe no tocante à declaração enunciativa que tiver relação direta com a principal, ou que guardar aspectos ligados à legitimidade das partes, pois então também dará surgimento à presunção de veracidade de seu conteúdo em relação ao signatário. Exemplo: a simples declaração subscrita por terceiro, no sentido de que adquiriu o veículo envolvido em litígio travado por outrem, não constitui elemento suficiente para comprovar as afirmações do fato ali narrado, cabendo ao interessado o ônus de provar o fato declarado.

Consta do art. 220: "*A anuência ou a autorização de outrem, necessária à validade de um ato, provar-se-á do mesmo modo que este, e constará, sempre que se possa, do próprio instrumento*". Em atenção ao princípio de que o acessório segue o principal, deve-se atentar para o fato de que a autorização ou a anuência, quando imprescindíveis à validade de certo ato, terão de seguir-lhe a forma, sob pena de não restar provada a aquiescência. Assim, a fiança prestada por um dos cônjuges como garantia dada em contrato de locação, independentemente do regime de bens, deve ser acompanhada da outorga uxória prestada pelo outro, sob pena de nulidade. Tendo sido o contrato de fiança celebrado por instrumento público, igual forma deverá adotar a outorga uxória; tendo sido constituído por escrito particular, a correspondente anuência adotará o mesmo rumo. Todavia, é admitida a supremacia de força probante do acessório em relação ao principal, de modo que o ato formalizado em escrito particular poderá ter a autorização, quando necessária for à validade daquele, consumada por intermédio de escritura pública.

A fim de evitar ou minimizar futuros questionamentos em torno da prestabilidade ou da existência da anuência ou da autorização, é de todo conveniente que essa manifestação volitiva conste do mesmo instrumento gerador da declaração principal. Embora o legislador não tenha apontado isso como exigência, consignou expressamente sua recomendação para que se aponha no próprio instrumento constitutivo a concordância de quem de direito quando reclamada por lei para a validade da manifestação, pois a um só tempo os interessados estarão assegurando a concomitância das declarações e obedecendo à identidade de modo probante estabelecida pelo dispositivo.

22.5.4. Certidões e outros documentos

A respeito da expressão probante de certidões e documentos de natureza diversa, prevalece o disposto no art. 216: *"Farão a mesma prova que os originais as certidões textuais de qualquer peça judicial, do protocolo das audiências, ou de outro qualquer livro a cargo do escrivão, sendo extraídas por ele, ou sob a sua vigilância, e por ele subscritas, assim como os traslados de autos, quando por outro escrivão consertados"*. Certidão é a reprodução do conteúdo de registro, livro, assento, documento e assim por diante. Pode ser de inteiro teor ou em forma de relatório simplificado. As certidões relativas a peças judiciais, protocolos judiciários, atas de audiência etc., terão potencial probante exatamente igual ao dos originais, desde que extraídas pelo escrivão, ou sob sua vigilância, e assinadas por ele (ou por quem legalmente o substitua), que tem fé pública. Traslado é a cópia fiel de peças processuais, obtidas junto ao escrivão responsável pelo cartório que controla o processo judicial — geralmente arquivado — de onde se extrai a certidão. Esta, por sua vez, tem valor probatório igual ao do texto original quando por outro escrivão conferida.

Em termos processuais, toda reprodução do conteúdo constante de livro ou autos processuais (cópias reprográficas ou fotostáticas e demais formas de multiplicação mecânica), fazem prova como se fossem os próprios originais, contanto que autenticadas. Há duas espécies de autenticação em se tratando de cópias de peças processuais: a formulada pelo escrivão do cartório por onde tramita o processo e a obtida em tabelionato, ambas de mesmo valor perante o juízo. Salvo quando houver razoável motivo para tanto, nenhum óbice deve ser oposto pelo juiz quanto à aceitação de cópias autenticadas, eis que constituem método econômico e eficaz de agilização das demandas e de conservação dos escritos originais.

O art. 217 amplia a compreensão: *"Terão a mesma força probante os traslados e as certidões, extraídos por tabelião ou oficial de registro, de instrumentos ou documentos lançados em suas notas"*. Além dos traslados extraídos e consertados por escrivães judiciais, e das certidões emitidas por escrivães independentemente de conserto, também os traslados e certidões obtidos junto a oficiais públicos responsáveis por cartórios e tabelionatos em geral contêm igual força probatória, contanto que digam respeito aos documentos, registros, notas e afins que estiverem sob sua guarda e vigilância. É o que se dá, por exemplo, com os traslados de escrituras públicas e com as certidões de registro e de assentos. Isto porque tais documentos são considerados públicos e gozam da chamada fé pública, ou seja, presunção de autenticidade e de veracidade, que, todavia, *"só atinge aos elementos de formação do ato e à autoria das declarações das partes, e não ao conteúdo destas mesmas declarações. Pela verdade das afirmações feitas perante o oficial, só mesmo os autores delas são os responsáveis"* (*Humberto Theodoro Júnior*, "Curso de Direito Processual Civil", 6. ed., vol. I, Rio de Janeiro: Editora Forense, 1990. p. 483).

Também o art. 218 cuida do tema: *"Os traslados e as certidões considerar-se-ão instrumentos públicos, se os originais se houverem produzido em juízo como prova de algum ato"*. Os traslados e as certidões extraídos do interior de processos judiciais, cujas peças originais houverem sido apresentadas em juízo como prova de algum ato, serão considerados instrumentos públicos e servirão para atestar a existência do documento propriamente dito. Isso não assegura a veracidade de seu conteúdo, mas unicamente a identidade entre a extração feita pelo servidor e o original constante dos autos, circunstância que autoriza sua utilização para o fim que entender cabível o interessado.

Sobre a valia jurídica do telegrama, o art. 222 preconiza: "*O telegrama, quando lhe for contestada a autenticidade, faz prova mediante conferência com o original assinado*". O telegrama cuja autenticidade não for contestada faz prova imediata do seu conteúdo em relação a quem o expediu. Entretanto, havendo impugnação acerca da sua autenticidade, a força probante dependerá da conferência do texto expedido com o original assinado pelo agente. Em qualquer das hipóteses, porém, o telegrama é prova documental e segundo os princípios a ela atinentes se rege. Caso o original não esteja assinado na agência expedidora, deverá o interessado suprir essa falta por outros meios de prova.

Em se tratando de cópias, o seu aproveitamento obedece a algumas peculiaridades. É o que deflui do art. 223: "*A cópia fotográfica de documento, conferida por tabelião de notas, valerá como prova de declaração da vontade, mas, impugnada sua autenticidade, deverá ser exibido o original. Parágrafo único. A prova não supre a ausência do título de crédito, ou do original, nos casos em que a lei ou as circunstâncias condicionarem o exercício do direito à sua exibição*". A reprodução fotográfica de documento, contanto que conferida ou autenticada por tabelião, faz prova relativa da declaração de vontade, devendo a parte que a produziu, em caso de impugnação, exibir o original de onde foi extraída a cópia. Destarte, não se pode afirmar que o só fato da conferência por tabelião atribui autenticidade absoluta a qualquer espécie de reprodução fotográfica de documento, eis que se constrói apenas uma presunção *juris tantum* de conformidade entre a cópia e o original. Entrementes, por uma questão de segurança e garantia de ampla discussão em torno das provas, admite o legislador a impugnação da reprografia por quem com ela não se resignar quanto à formação e ao conteúdo. O próprio juízo, *ex officio*, poderá no curso da lide exigir a apresentação dos originais, quando as circunstâncias indicarem a necessidade de que assim se proceda por questões de segurança jurídica, ou nos casos em que haja dúvidas quanto à autenticidade ou quanto a outros aspectos da reprodução constante dos autos.

A apresentação de cópia fotográfica de documento, ainda que autenticada, não tem força bastante para suprir a falta do título de crédito, ou mesmo do documento, quando exigida por lei ou pelas peculiaridades do caso concreto a oferta do original. É o que ocorre, por exemplo, na execução dos títulos extrajudiciais elencados no art. 585, I, do Código de Processo Civil (letra de câmbio, nota promissória, duplicata, debênture e cheque), cujos originais deverão ser apresentados com a petição inicial e não poderão ser substituídos, para essa finalidade, por qualquer espécie de cópia. Somente depois de finda a demanda é que poderão ser os originais desentranhados pelo interessado para os fins de direito, com substituição dos mesmos por reproduções autenticadas.

Está no art. 225 a seguinte regra: "*As reproduções fotográficas, cinematográficas, os registros fonográficos e, em geral, quaisquer outras reproduções mecânicas ou eletrônicas de fatos ou de coisas fazem prova plena destes, se a parte, contra quem forem exibidos, não lhes impugnar a exatidão*". Os mecanismos citados no dispositivo somente farão prova plena se não lhes for impugnada a exatidão. Caso não acolhida de plano a impugnação em razão da necessidade de maior investigação em torno da inconformidade da parte interessada quanto à prova ofertada pelo oponente, deverá o juízo ordenar a realização de perícia, a fim de que sejam esclarecidas a autenticidade e as condições em que foi colhida a fotografia, imagem, áudio etc. Cumpre ressaltar a importância de que não se dê guarida a provas captadas de forma ilícita ou clandestina, a fim de preservar o sigilo das comunicações e o direito à privacidade, ambos constitucionalmente assegurados. Todavia, esse princípio não é absoluto e cede lugar a interesses maiores, como no caso de gravações de imagens ou sons quando probantes da ocorrência de fatos de intensa repercussão social ou importantes para a proteção do erário e da moralidade públicos. Também cabe ressaltar que o Superior Tribunal de Justiça tem admitido a gravação de conversa telefônica como meio probante quando não se tratar de interceptação de conversação alheia, mas de simples captação da fala do interessado, parte no processo, com seu interlocutor, pois *"o meio de produção da prova não é ilegal, nem moralmente ilegítimo. Ilegal é a interceptação, ou a escuta de conversa telefônica alheia. Objetivo do processo, em termos de apuração da verdade material, a verdade dos fatos em que se funda a ação ou a defesa"* (Recurso Especial n. 9.012/RJ, STJ, Rel. Desig. Min. Nilson Naves, j. 24.2.97, maioria, DJU 14.4.97, p. 12.735).

"A xerox, a fotografia, a cinematografia e outras espécies similares, são meios de prova independente do próprio documento ou da coisa reproduzida, se a parte contra quem foi produzida a reprodução mecânica não impugná-la, ou seja, admite sua conformidade com o original, não ocorrendo qualquer alteração na carga probante da reprodução mecânica, fazendo prova dos fatos ou das coisas representadas" (*João Abrahão*, "O Valor Probatório das Reproduções Mecânicas", in *Revista de Processo Civil*, vol. 20, p. 126). A apresentação de fotografia como prova depende do acompanhamento do respectivo negativo (ou do componente eletrônico de armazenagem, em caso de imagens digitais), conforme imposto pelo § 1º do art. 385 do CPC, salvo se a parte contrária não argüiu essa circunstância. Por outro lado, a ausência de data nas reproduções fotográficas acompanhadas do negativo ou não contestadas pelo oponente não lhes retira a validade.

Os livros e fichas dos empresários e sociedades provam contra as pessoas a que pertencem, e, em seu favor, quando, escriturados sem vício extrínseco ou intrínseco, forem confirmados por outros subsídios (art. 226). A prova resultante dos livros e fichas não é bastante nos casos em que a lei exige escritura pública, ou escrito particular revestido de requisitos especiais, e pode ser ilidida pela comprovação da falsidade ou inexatidão dos lançamentos (parágrafo único). Os livros e fichas acima referidos geram presunção *juris tantum* acerca da autoria e da veracidade do conteúdo. Isso não se aplica às hipóteses de simples anotações constantes de outros papéis que não aqueles de manutenção obrigatória por empresários e empresas, pois tais escritos servirão apenas como início de prova, sujeitando-se, portanto, às vicissitudes que a caracterizam.

Quando os mencionados documentos estiverem escriturados de maneira escorreita, sem vícios de forma, rasuras, observações de duvidosa procedência ou outras imperfeições, poderão ser invocados pelos titulares em seu próprio benefício, mas terão de ser corroborados por outros meios probantes, como testemunhas, perícias, novos documentos e assim por diante. Ao revés, se não bastarem como prova contra os titulares, nos casos em que a legislação exige a forma pública, ou a particular com peculiaridades especiais (*v. g.*, reconhecimento de firma por autenticidade), os documentos servirão como início de prova escrita, se assim de algum modo puderem ser utilizados e tiverem prestabilidade.

O interessado pode afastar a presunção decorrente do *caput* do art. 226 mediante demonstração cabal no sentido de que o conteúdo dos documentos referidos acima não corresponde à realidade, não obstante partida a irresignação do próprio titular, que nem sempre tem condições materiais para estar ciente de tudo quanto acontece nos meandros da empresa ou sociedade de que participa. A comprovação da falsidade ou da inexatidão pode ser feita por todos os meios admitidos, especialmente perícias contábil e fiscal, incidente de falsidade documental etc.

Os documentos redigidos em língua estrangeira serão traduzidos para o português para ter efeitos legais no País (art. 224). A tarefa é executada por tradutor oficial, intérprete ou perito, ou, no caso de não existirem no local e nas adjacências, por pessoa de notório conhecimento da língua em que confeccionados. Na segunda hipótese, os encarregados atuarão sob compromisso judicial de bem e fielmente desempenhar o mister para o qual foram convocados.

22.6. Testemunha

Testemunha é a pessoa que se dispõe a discorrer, a partir de ciência direta ou indireta, sobre a verdade de um acontecimento debatido. Caso se manifestem acerca do teor de um instrumento que tenham confeccionado (*v. g.*, declaração escrita em torno de certo evento), são consideradas *instrumentárias*. Por outro lado, se prestam depoimento em juízo, por iniciativa das partes ou do magistrado, são denominadas *judiciárias*. Quanto a estas últimas, o Código de Processo Civil, nos arts. 407 a 419, disciplina a sua oitiva no âmbito da lide.

Embora já se tenha dito que a prova testemunhal é frágil, volúvel e insegura, muitas vezes não há como deixar de lançá-la como único meio de solucionar litígios judiciais. No campo penal, por exemplo, a grande maioria das ações precisa da testemunha para chegar a bom termo, haja vista a ausência ou a insuficiência dos demais mecanismos admitidos em direito. Em assim sendo, e não obstante se reconheça a necessidade da adoção de extrema cautela quando da valoração da prova testemunhal, nela ainda se concentra o mais robusto manancial probatório, inclusive na seara cível.

Porém, visando a evitar o uso indiscriminado da testemunha como fonte de informação e convencimento do julgador, a ordem legal limita a possibilidade de emprego desse meio de prova, ou, pelo menos, obsta que em dadas situações ela seja o único a ser aplicado. É o que deflui do art. 227 do Código Civil: "*Salvo os casos expressos, a prova exclusivamente testemunhal só se admite nos negócios jurídicos cujo valor não ultrapasse o décuplo do maior salário mínimo vigente no País ao tempo em que foram celebrados. Parágrafo único – Qualquer que seja o valor do negócio jurídico, a prova testemunhal é admissível como subsidiária ou complementar da prova por escrito.*" *Humberto Theodoro Júnior* (obra citada, vol. I, p. 503), em percuciente lição, afirma: "*Dentro do sistema do livre convencimento motivado, a prova testemunhal não é mais nem menos importante do que os outros meios probatórios, a não ser naqueles casos em que a lei exija a forma solene para reconhecer eficácia ao ato jurídico"*. Muitas vezes, como na norma transcrita acima, a lei admite a prova testemunhal apenas como elemento subsidiário, impondo seja precedida de outros mecanismos suasórios mais consistentes, como por exemplo escritos particulares ou públicos. Nesses casos, o interessado tem o dever de sempre começar a prova de sua pretensão por meio de documento escrito e confeccionado de acordo com a lei, quando prevista forma especial.

A admissão ou não da prova testemunhal, nos negócios jurídicos que envolvem expressão pecuniária, tem como referencial o décuplo do maior salário mínimo vigente no país ao tempo da celebração. Sendo de valor inferior, possível a prova exclusivamente testemunhal; ultrapassado tal limite, imperiosa a comprovação por meio de mecanismo diverso, servindo a prova testemunhal unicamente como subsídio a mais para o convencimento do juízo. Para tal fim, considera-se valor do negócio jurídico aquele que diz respeito ao seu objeto singular ou à soma de todos os seus itens, quando composto. Excluem-se, todavia, as verbas alheias ao núcleo, tais como: despesas de cartório, tributos, emolumentos etc. A operação é simples: toma-se o montante econômico do negócio jurídico e o maior salário mínimo vigente ao tempo da celebração, fazendo-se confrontação entre ambos para chegar ao resultado final.

Tomando-se o conteúdo do art. 227, é viável concluir que no plano civil a limitação à prova exclusivamente testemunhal somente incide sobre os negócios jurídicos contratuais, mas não sobre os demais atos e fatos que repercutem no direito. Isto porque o legislador menciona expressamente a circunstância de que os *negócios*, quando *celebrados* com certo conteúdo econômico, serão demonstrados mediante associação da prova testemunhal com outros mecanismos lídimos, vedada a aplicação isolada dos testemunhos. Destarte, excetuados os negócios *stricto sensu*, e não havendo outras normas a refrear a utilidade dessa espécie de prova, resta patente a viabilidade do seu emprego como único meio suasório em todos os acontecimentos de natureza diversa da negocial.

O sistema processual brasileiro, relativamente à fonte de convicção do julgador para prolação da sentença, tem por base o princípio do livre convencimento. O juiz apreciará livremente a prova, atendendo aos fatos e circunstâncias constantes dos autos, ainda que não alegados pelas partes; mas deverá indicar, na sentença, os motivos que lhe formaram o convencimento (art. 131 do Código de Processo Civil). Neste compasso, afigura-se imprescindível obtemperar que a existência de uma só testemunha de determinado evento não afeta a prestabilidade do depoimento como fator decisivo para a solução da lide. Isso vale inclusive para ações possessórias ou de usucapião, em que, em geral, é salutar a coleta de vários relatos: *"A prova carreada aos autos é suficiente para reconhecer a prescrição aquisitiva, mesmo que baseado no depoimento de uma única testemunha, circunstância não vedada no sistema jurídico pátrio"* (Ap. Cível n. 70009461724, TJRS). Contudo, exige-se que os dizeres da única testemunha sejam absolutamente coerentes e que se coadunem com o contexto dos autos, pois não se pode estribar juízo de procedência ou não de certa lide com suporte em testemunho vago e impreciso. *"O julgador pode decidir com base em depoimento de uma única testemunha, desde que esclareça os fatos de forma clara e precisa, não ensejando dúvidas*" (Ac. 193687, TJDFT). O grau de coerência e exatidão da testemunha solitária deve ser muito mais acentuado do que aquele resultante da coleta de informações junto a várias pessoas, embora isso não seja regra de direito, mas apenas conclusão extraída da experiência comum e do posicionamento dos tribunais.

Ainda que a aceitação da prova testemunhal seja bastante ampla, o legislador cuidou de obstar que algumas pessoas, por razões que a lei explicita ou que decorrem do próprio contexto, sirvam como fonte de informações no âmbito do litígio formado. O art. 228 do Código Civil diz: "*Não podem ser admitidos como testemunhas: I – os menores de dezesseis anos; II – aqueles que, por enfermidade ou retardamento mental, não tiverem discernimento para a prática dos atos da vida civil; III – os cegos e surdos, quando a ciência do fato que se quer provar dependa dos sentidos que lhes faltam; IV – o interessado no litígio, o amigo íntimo ou o inimigo capital das partes; V – os cônjuges, os ascendentes, os descendentes e os colaterais, até o terceiro grau de alguma das partes, por consangüinidade, ou afinidade. Parágrafo único – Para a prova de fatos que só elas conheçam, pode o juiz admitir o depoimento das pessoas a que se refere este artigo*". Como se percebe, há necessidade do preenchimento de certos pressupostos de admissibilidade para que a pessoa possa servir de testemunha. Basicamente, não são admitidas a depor pessoas comprometidas por elementos ligados: a) à capacidade jurídica; b) à compatibilidade entre a função e a condição física da pessoa; e c) à isenção de quem irá depor.

O fundamento para que as pessoas indicadas nos incisos I e II não possam ser admitidas como testemunhas é a falta de condições psíquicas, a incapacidade para o desempenho de tão relevante missão. Os cegos e surdos poderão servir de testemunhas, mas somente quanto a fatos que independam dos sentidos afetados, pois do contrário haverá incompatibilidade da pessoa em relação à natureza do mister a ser desempenhado. Assim, não há óbices à aceitação do cego para depor como testemunha acerca de eventos para cuja prova basta a audição (ex.: ofensa verbal); também se admite que o surdo deponha quando tenha visualizado fatos sobre os quais possa manifestar-se em juízo. Ainda quanto aos surdos, para que sirvam como testemunhas é fundamental que possuam condições de se expressar de forma inteligível perante o juiz, menção que se faz em razão de que os problemas de audição muitas vezes interferem no desenvolvimento da fala, e se o surdo não estiver alfabetizado por linguagem especial ficará sem condições de exprimir-se com a clareza que a tarefa exige.

Obviamente, quem tem interesse no deslinde do feito não possui isenção, motivo bastante para ser mantido longe do panorama instrutório. Interessado no litígio é aquele que de alguma forma poderá ser afetado pela decisão a ser proferida no processo em que se pretende ouvi-lo como testemunha, *v. g.*, o fiador ainda não demandando, dentro dos embargos interpostos pelo devedor executado. Evidente — e isso é natural e compreensível em razão do comum instinto defensivo — que uma pessoa envolta nessas circunstâncias não terá a necessária alheação de espírito para prestar depoimento de maneira imparcial. O óbice estende-se igualmente ao amigo íntimo, pessoa que mantém laços de afeição ou de amizade tão estreitos com a parte envolvida no litígio que se vê privada da necessária imparcialidade para depor. Essa situação é aferida não apenas por expressa declaração do indivíduo perante o juízo quanto à amizade íntima com uma ou ambas as partes, mas também pela conjugação de elementos objetivos, como no caso de a pessoa declarar que freqüenta a casa da parte, que nutre por ela profunda afeição, que a acompanha em eventos sociais etc. Cabe ao juiz agir com bom senso e, embora não declarada a amizade íntima pelo depoente, recusar-lhe a condição de testemunha, ouvindo-o, no máximo, como informante e sem prestação de compromisso. Razões de semelhante ordem impedem o inimigo capital de funcionar como testemunha. Inimigo capital é a pessoa que nutre por uma ou ambas as partes profundo ódio, ojeriza, evidente desprezo, sentimentos que lhe retiram a isenção de ânimo. Assim como no pertinente à amizade íntima, a existência de inimizade capital não deflui apenas de expressa declaração nesse sentido, podendo ser inferida do comportamento e das declarações iniciais da pessoa perante o juiz no momento em que vai ser ouvida.

O parentesco próximo também não permite que a pessoa sirva de testemunha, em virtude dos laços de afeição e até de obediência que se criam entre os envolvidos. A vedação atinge não apenas os parentes consangüíneos da parte (relação de ascendência e descendência, ou colaterais), mas também os chamados afins (afinidade é o laço que une o cônjuge aos parentes do outro). A proibição vai até o terceiro grau (inclusive), abrangendo pais, irmãos, tios, sobrinhos, cunhados, sogros etc., ainda quando arrolados pela parte adversa.

Talvez ocorra que as únicas pessoas a terem ciência dos fatos controvertidos sejam exatamente aquelas a que a lei não confere, em princípio, a condição de testemunhas. Se não houver outra maneira de esclarecer os acontecimentos, é facultado ao juiz tomar os depoimentos de tais indivíduos. Trata-se de uma prerrogativa do juiz, pois ele mesmo, percebendo diretamente as dificuldades da situação, pode chegar à conclusão de que é completa a inconveniência da coleta dos dizeres das pessoas referidas no dispositivo. Caso sejam ouvidas, as pessoas não deverão ser submetidas à prestação de compromisso de dizer a verdade, dado o peculiar quadro em que se inserem. Caberá ao julgador, então, valorar o teor dos depoimentos conforme melhor indicado pelo conjunto probatório colhido.

As pessoas arroladas para prestar depoimento em juízo têm o dever de comparecer e de falar sobre o que souberem e lhes for perguntado acerca dos fatos debatidos pelas partes. Todavia, há exceções a essa regra, porque levada em consideração a existência de quadros que reclamam tratamento diferenciado. O art. 229 consigna: "*Ninguém pode ser obrigado a depor sobre fato: I – a cujo respeito, por estado ou profissão, deva guardar segredo; II – a que não possa responder sem desonra própria, de seu cônjuge, parente em grau sucessível, ou amigo íntimo; III – que o exponha, ou às pessoas referidas no inciso antecedente, a perigo de vida, de demanda, ou de dano patrimonial imediato*". Excetuadas tais hipóteses, não há escusa capaz de liberar a testemunha da obrigação de depor, que constitui um *munus* público de primeira grandeza, porque precioso para a prestação jurisdicional devida pelo Estado.

Em certas situações, ainda que haja obrigação de ir até o juízo quando arrolada como testemunha, a pessoa pode negar-se a falar sobre determinados acontecimentos, seja em razão da profissão, dos riscos que adviriam da revelação etc. Os fatos que chegam ao conhecimento de alguém por força de estado ou profissão somente poderão ser revelados quando a lei assim o permitir (há pessoas obrigadas por lei ao sigilo profissional), e contanto que a testemunha se disponha a declina-los em juízo. Isso decorre da relação de confiança estabelecida entre o profissional e o cliente, de tal sorte que muitas vezes os acontecimentos como verdadeiramente concretizados somente são revelados por força desse laço de fidúcia firmado entre os envolvidos. Destarte, o advogado, o médico, os sacerdotes e tantos outros profissionais não estão obrigados a depor sobre fatos que captaram em razão de estado ou profissão. A nenhuma sanção ficarão sujeitos, exatamente porque a recusa em depor não configura, em situações desse jaez, ilicitude ou irregularidade. Por outro lado, contraria a natureza humana revelar fatos que possam causar desonra própria ou ao cônjuge, parente até o quarto grau ou amigo íntimo. É algo como que uma escusa de consciência, pois poderia a testemunha vislumbrar uma traição a outrem, ou uma violência contra si mesma, no ato de revelar detalhes constrangedores. Exemplo: o pai não está obrigado a falar sobre o alegado homossexualismo do filho em juízo, quando indagado a esse respeito em ação de dissolução de sociedade fática movida pelo suposto parceiro. A mulher não está obrigada a falar sobre o apontado alcoolismo do marido. A testemunha pode negar-se a falar sobre o relacionamento adúltero que manteve com uma das partes. Por fim, também pode a testemunha negar-se a depor quando do teor das declarações puder resultar perigo de vida, de ser ajuizada demanda ou de superveniência de dano patrimonial a si mesma ou às pessoas elencadas no segundo inciso. O fundamento do permissivo consiste em que ninguém pode ser constrangido a prejudicar a si mesmo ou a pessoa com quem mantém estreitos laços de parentesco ou amizade. Assim, a testemunha não pode ser compelida a depor sobre fatos cuja revelação poderia acarretar represálias contra a sua integridade física. De igual forma, pode calar quando do depoimento aflorar risco potencial para o patrimônio, como quando é perguntada sobre certa transação patrimonial obscura. No processo penal vigora princípio similar, pois ninguém pode ser instado a promover auto-incriminação.

22.7. Presunção

Ensina *Sílvio Rodrigues* (obra citada, p. 277) que presunção *"é a ilação tirada de um fato conhecido para um desconhecido"*. Se o julgador não consegue extrair diretamente do contexto a realidade do evento, pode empregar raciocínio capaz de relacionar acontecimentos de que está ciente com outros advindos da vivência comum, da natureza dos fatos, do que regularmente ocorre etc. Sempre, porém, com suporte no ordenamento legal em vigor, que muitas vezes estabelece presunções expressas. Consoante assevera *Caio Mário da Silva Pereira* (obra citada, p. 423), *"não é, propriamente, uma prova, porém um processo lógico, por via do qual a mente atinge a uma verdade legal"*. As presunções podem ser: a) comuns – as que, não estabelecidas pela lei, encontram fundamento naquilo que ordinariamente acontece e se conhece pela experiência do cotidiano; b) legais – as firmadas expressamente pelo direito positivo para valerem como prova do fato ou circunstância que mencionarem. As presunções legais bipartem-se em absolutas e relativas. As primeiras *(juris et de jure)*, por envoltas em interesses de natureza pública, não admitem prova em contrário, servindo como prova inabalável e indelével do fato jurídico por elas citado ainda quando não corresponderem à verdade real. As segundas *(juris tantum)* admitem prova em contrário, cedendo lugar à mesma quando bastante para elidir a verdade juridicamente enunciada. Adicione-se a isso a observação de que nas presunções relativas há inversão do ônus da prova, pois cabe àquele contra quem milita a verdade presumida fazer prova apta a ilidi-la.

As presunções, que não as legais, não se admitem nos casos em que a lei exclui a prova testemunhal (art. 230 do Código Civil). As consideradas comuns são de menor força jurídica e normalmente volúveis, motivo pelo qual se veda ao julgador a sua aplicação nos casos em que a lei exclui a prova testemunhal. Os acontecimentos que não podem ser demonstrados por testemunhas — e, portanto, somente admitem prova documental ou correlata (e, ainda assim, muitas vezes com restrições de caráter formal) — são os de maior relevância para a estabilidade das relações jurídicas e interpessoais, reclamando elementos probantes vigorosos e submetidos a condições especiais. Portanto, deles não se podem extrair presunções comuns, admitindo-se, exclusivamente e quando prevista em lei, a incidência das presunções legais. Não pode o juiz retirar de fatos provados por meios rigorosos como os documentos, as perícias e a confissão, ilações capazes de alterar essa realidade. Quanto às presunções legais, deve o juízo fazê-las incidir no caso concreto, de acordo com as peculiaridades por ele apresentadas.

Ao julgador, todavia, é facultado extrair presunções de fatos para os quais a lei admite a prova testemunhal, ainda que essa não tenha sido efetivamente produzida. O diferencial para a admissibilidade das presunções comuns não se situa, portanto, na produção ou não da prova testemunhal no caso concreto, mas sim na sua previsão e aceitação em abstrato pelo ordenamento jurídico. Caso a lei não vede a prova testemunhal em relação a determinada situação, poderá o julgador, ao decidir, valer-se das presunções comuns que emergirem logicamente do contexto probante, ainda que não se tenham ouvido testemunhas.

22.8. Perícia

Nos termos do art. 420 do Código de Processo Civil, a prova pericial consiste em exame, vistoria ou avaliação. Exame é a análise de alguma coisa, por perito nomeado pelo juiz, a quem será encaminhado o resultado para que receba a valoração probatória pertinente (*v. g.*, exame de DNA destinado à apuração da paternidade). Vistoria é a inspeção ocular feita por pessoa designada pelo juízo, tendo por finalidade constatar o estado de uma coisa (*v. g.*, situação de determinado veículo envolvido em acidente). Como medida de prevenção, existe a vistoria *ad perpetuam rei memoriam* (arts. 846 a 851 do Código de Processo Civil), consistente na produção antecipada da prova — ou seja, antes do momento processual normalmente oportuno — para evitar que os indícios ou vestígios da existência do evento desapareçam (*v. g.*, avaliação do resultado de uma cirurgia, quando, em razão do estado de saúde do paciente, será necessária a realização de outra para reparar os danos causados pela primeira). Assim, perpetua-se a memória do episódio a partir da realização da coleta da prova, passível de utilização em futuro processo nas mesmas condições em que o seria se houvesse sido captada dentro de uma lide cognitiva comum. Finalmente, avaliação é a análise feita por perito indicado pelo juízo, tendente a apurar o conteúdo econômico de uma coisa, estimando-lhe o valor em pecúnia ou a obrigação a que se vincula.

O art. 231 do Código Civil prevê: "*Aquele que se nega a submeter-se a exame médico necessário não poderá aproveitar-se de sua recusa*". O avanço da tecnologia, especialmente na área médica, fez com que a prova pericial fundada na medicina viesse a tornar-se um dos mais profícuos e seguros mananciais probatórios em considerável variedade de casos submetidos à apreciação do Poder Judiciário. É bem verdade que ninguém pode ser constrangido a submeter-se a exame médico, pois isso constitui indevida incursão contra a liberdade de escolha, representando inclusive, por vezes, violação da integridade corporal do indivíduo, como no caso da coleta de sangue ou amostras de outros tecidos. Assim, a submissão forçada a exame médico poderia caracterizar até mesmo o delito de lesão corporal, eis que subsumível ao tipo previsto no art. 129 do Código Penal. Não obstante, ninguém pode alegar em proveito próprio a recusa em submeter-se a exame médico necessário, que é todo aquele imprescindível à solução ou ao encaminhamento da lide debatida. Tal necessidade emergirá das circunstâncias de cada evento concreto, ou então de previsão expressa da lei. Destarte, o indivíduo que se recusar a fazer o exame não poderá invocar a falta do mesmo como fundamento para a solução da lide em seu favor, pois isso significaria inaceitável prestígio à má-fé, ao ardil e, especialmente, grave ofensa ao princípio da lealdade processual. Não cabe, por parte de quem se nega a aceitar o exame médico, argüição da imprescindibilidade do mesmo como fonte de definição da demanda, ficando o julgador autorizado a valer-se de outras provas porventura colhidas para decidir. A negativa, portanto, não beneficiará o agente em circunstância alguma; porém, poderá ser-lhe desfavorável na hipótese contida no artigo subseqüente.

O art. 232 amplia o alcance da matéria: "*A recusa à perícia médica ordenada pelo juiz poderá suprir a prova que se pretendia obter com o exame*". Considerando que o juiz tem a prerrogativa de determinar a realização das provas que entender cabíveis para a instrução do processo, poderá, ainda que sem requerimento das partes, ordenar a efetivação de perícia médica, como no caso de investigação de paternidade (teste de DNA), acidente com lesões (pesquisa de seqüelas, tempo de inação etc.) e assim por diante. Conforme já salientado, ninguém está obrigado a submeter-se a exame médico, mas com essa atitude acabará gerando prova indireta contra si mesmo, dada a circunstância de que o legislador admite o suprimento da prova, que se pretendia obter por meio de perícia, tomando por base exatamente a negativa manifestada por quem poderia colaborar para mais segura e ágil solução da lide.

O fundamento do permissivo legal reside no fato de que a ausência de interesse na submissão à perícia determinada pelo juízo contém implícito o receio quanto ao resultado que dela adviria, deixando entrever a hipótese de que a parte está tentando impedir a materialização de conclusões periciais que lhe seriam adversas. É o caso, por exemplo, da negativa do réu em submeter-se ao teste de DNA dentro da ação de investigação de paternidade a que responde. Esse comportamento, aliado a outros elementos colhidos, ou mesmo à míngua de outras fontes probantes, pode levar o julgador a concluir pela procedência da ação, tendo por substrato legal a presunção que emerge da recusa do sujeito passivo em colaborar para a realização da perícia.

O conteúdo do art. 232 é ainda mais vigoroso quando conjugado com o do art. 231, pois se de um lado o indivíduo não pode invocar em seu favor a própria recusa em submeter-se a exame médico, de outro poderá ser, pelo juízo, considerada suprida a prova que decorreria da perícia, ante a presunção nascida do comportamento esquivo da parte. Entretanto, sendo vedado o aproveitamento da recusa em favor daquele de quem se originou, a falta de elementos de prova funcionará, via de regra, em sentido contrário às suas pretensões, como na hipótese de o autor da ação negar-se a participar de perícia médica destinada a apurar qual a extensão das lesões que apresenta e a existência ou não de nexo de causalidade entre a conduta imputada à parte adversa e o resultado lesivo. A ausência de conclusões quanto a esses aspectos, motivada pela negativa da parte em submeter-se à perícia ordenada pelo juiz, afetará a pretensão declinada, até porque o ônus da prova incumbe ao autor quanto ao fato constitutivo do seu direito (art. 333, I, do Código de Processo Civil).

Capítulo 23

DA INVALIDADE DO NEGÓCIO JURÍDICO

23.1. Negócio jurídico nulo e anulável

Sob o título denominado "Da Invalidade do Negócio Jurídico", que comporta os arts. 166 a 184, o Código Civil disciplina as questões atinentes à nulidade e à anulabilidade. Na codificação anterior, o mesmo tema foi tratado sob a rubrica "Das Nulidades", agora substituída por designação mais moderna e adaptada ao atual estado de evolução do direito. Tratava-se o tema, então, sob a ótica da chamada *nulidade absoluta* e *da nulidade relativa*, que agora receberam simplesmente a denominação de *nulidade* e *anulabilidade*, sem, todavia, operar-se qualquer alteração estrutural na sua conformação primitiva.

Sabe-se que o negócio jurídico é conduta que pressupõe emissão de vontade pelos agentes envolvidos, cuja finalidade perseguida é a produção de determinados efeitos previstos na lei. Ordinariamente, a validade dos negócios depende do preenchimento de três requisitos básicos: capacidade, objeto lícito e possível, forma adequada à previsão legal. Percebe-se, nisso, que eventual desatendimento de tais pressupostos implica na invalidade do negócio, seja porque jamais produziu os efeitos buscados (hipótese de nulidade), seja em virtude de supressão por decisão judicial nos casos em que a eficácia chega a ser alcançada (quando patenteada a anulabilidade). No dizer de *Clóvis Beviláqua*, "*nulidade é a declaração legal de que a determinados atos não se prendem os efeitos jurídicos, normalmente produzidos por atos semelhantes*" (*apud Sílvio Rodrigues*, obra citada, p. 284).

A validade e a eficácia dos negócios jurídicos estão submetidas à perfeita emissão da vontade e à rigorosa observância das normas legais. Os negócios jurídicos podem estar maculados por imperfeições, que vão desde as plenamente sanáveis até as incorrigíveis; conforme o grau e as peculiaridades que apresentarem, produzirão variadas conseqüências. Em princípio, pode-se classificar os negócios jurídicos em: a) inexistentes – são aqueles incompletos ou inacabados, aos quais falta elemento essencial ao próprio surgimento no mundo jurídico (consentimento, objeto, causa etc.), disso decorrendo a ausência de produção de qualquer efeito; b) nulos – são os que, não obstante congregando todos os elementos essenciais, foram praticados com inobservância da lei ou atingiram aspectos ligados à moralidade e aos bons costumes, e por isso mesmo o ordenamento nega-lhes a eficácia que teriam se fossem escorreitos e faz com que nenhum efeito produzam; c) anuláveis – são aqueles realizados com imperfeições da vontade, seja porque exarada por relativamente incapaz, eivada de vício do consentimento ou voltada para prejudicar alguém. Os negócios jurídicos anuláveis produzem efeitos como se não estivessem maculados; todavia, isso somente ocorre enquanto não forem nulificados mediante provocação do interessado.

Certos negócios jurídicos, ditos nulos, padecem de vícios incontornáveis, insanáveis e que tolhem a possibilidade de produção dos efeitos normalmente esperados pelas partes. Exemplo: compra e venda celebrada por pessoa com menos de 16 anos de idade. Outros, considerados anuláveis, sofrem de males sanáveis, ficando a sua convalidação subjugada à vontade dos interessados, que podem ou não tomar providências destinadas a fazer cessar a eficácia até então verificada. Exemplo: locação firmada por relativamente incapaz sem a devida assistência.

Afora as circunstâncias mencionadas acima, é preciso dizer que as conseqüências mais severas da nulidade em relação à anulabilidade prende raízes na constatação de que o interesse social sofre profunda afetação no caso de negócios que não respeitam a exigência de integração de elementos basilares prescritos em lei. A nulidade decorre da inobservância de preceitos de ordem pública, cuja tutela se faz necessária à paz social e à segurança das relações jurídicas. Em tais hipóteses, a própria sociedade, por meio das normas positivadas, desencadeia reação que faz fenecer o ato inquinado de vício. O mesmo não acontece com os anuláveis, em que marcantemente predomina o interesse particular, sendo certo que a sua relevância para a coletividade afigura-se apenas secundária. Logo, não cabe à sociedade reagir com vistas ao resguardo de prerrogativas privadas; todavia, ela alcança ao interessado meios de atacar a estrutura defeituosa para fazê-la fenecer. Situa essa perspectiva, todavia, no campo das faculdades, pois a lei não obriga o prejudicado a anular o negócio, deixando ao livre arbítrio dele a verificação da conveniência ou não de tomar a iniciativa cabível. Em suma, ao considerar nulos determinados negócios, o ordenamento tenciona proteger a teia social em razão de ofensa a princípios de ordem pública. Já ao prever a anulabilidade de outros, tem como fim munir certos indivíduos, postados em contextos específicos e notadamente lesivos a interesses próprios, de meios aptos a fazer ruir a formatação negocial.

Relevante observar singular detalhe que estrema negócios nulos de anuláveis: a prescrição somente atinge estes últimos. Realmente, sendo caso de nulidade a prescritibilidade estará afastada, pois se trata de defeito tão nocivo à coletividade que seria inadequado permitir a sua ilisão por força do decurso do tempo. Maiores considerações acerca dos negócios jurídicos nulos e anuláveis serão feitas na seqüência, com exame de cada uma das espécies e identificação das suas características fundamentais.

23.2. Negócios inexistentes

A idéia de inexistência dos negócios jurídicos nunca foi positivada pelo legislador brasileiro, que sempre se limitou a reconhecer, apenas, os atos nulos e anuláveis. Destarte, a noção de ato inexistente vem do âmbito doutrinário, por influência original da escola francesa. Cuida-se de tema relevante, eis que ao lado dos negócios que preenchem as imposições elementares da lei quanto à capacidade, ao objeto e à forma, há outros que padecem da completa falta de pelo menos um deles, ou ignora exigência específica do ato que se pretenda praticar. Imagine-se a situação de um casamento em que, à pergunta sobre se querem casar, os nubentes silenciam, ou se manifestam de maneira lacônica. Sobrevindo pronunciamento da autoridade celebrante, no sentido de que os declara casados, surge a indagação: será hipótese de casamento nulo, anulável ou inexistente? Ora, constatada a ausência de um dos pilares de estruturação do instituto, somente se pode concluir pela inexistência do ato. Seria diferente, por exemplo, se o casamento fosse celebrado com infração a impedimento (*v. g.*, tendo como nubentes meio-irmãos), pois nisso estaria patenteada a nulidade. Por igual modo, diversa situação haveria no matrimônio de pessoa coagida, pois disso resultaria a anulabilidade e a perspectiva de desfazimento, dependente, porém, de iniciativa judicial da parte prejudicada. Os exemplos ilustram a distância que separa os atos inexistentes dos nulos e anuláveis, pois enquanto nestes se encontram todos os elementos que ensejam a sua formação defeituosa, naqueles se evidencia a carência de algo imprescindível à constituição do ato. De modo que fica inviável falar em defeito, pois o negócio inexistente sequer pode ser classificado como defeituoso, já que nem mesmo surge para o mundo jurídico. Na nulidade e na anulabilidade, há vícios que impedem a produção dos efeitos normais do ato praticado, mas indubitavelmente eles se formam e têm existência jurídica.

É certo que os negócios inexistentes jamais produzem efeitos, eis que equivalem a nada. Ao contrário, os atos anuláveis são eficazes, mas essa eficácia pode ser ceifada, juntamente com a validade, por iniciativa do prejudicado. Os nulos, por fim, não fazem surgir efeitos de negócios válidos, mas excepcionalmente o legislador permite que repercutam no mundo jurídico com tamanha firmeza que acabam acarretando, na prática, conseqüência semelhantes às dos anuláveis. É o que ocorre, por exemplo, no casamento putativo, que, embora nulo ou anulável, produz em relação ao cônjuge de boa-fé, até sobrevir sentença de reconhecimento do vício, os mesmos efeitos do ato válido (art. 1.561, § 1º, do Código Civil), *v. g*, quanto ao regime de bens. Assim, para o cônjuge de boa-fé o casamento é circunstancialmente eficaz, atribuindo-lhe o direito de pleitear alimentos, partilhar os bens de acordo com o regime aplicado etc. Já para o cônjuge de má-fé nenhum proveito resultará, devendo suportar as desvantagens jurídicas advindas da sua malevolência.

Discute-se acerca da necessidade do ajuizamento de ação para reconhecimento da inexistência do negócio. A rigor, aquilo que não existe não pode ser discutido. Porém, o único mecanismo capaz de trazer segurança em torno do enquadramento de certo contexto no rol dos inexistentes é por pronunciamento judicial. Afinal, também o negócio nulo, que não produz efeitos de válido e por isso dispensaria debates em torno da sua estrutura, muitas vezes precisa de afirmação judicial nesse sentido para definitivamente restar patenteada a sua situação no mundo do direito. O mesmo acontece com os anuláveis, cuja eficácia cessa com a decisão judicial afirmativa do vício. A análise permite entrever, destarte, a possibilidade de convivência harmônica entre a teoria dos atos e negócios inexistentes e a idéia de reconhecimento, pelo Poder Judiciário, da efetiva inexistência. Logo, ainda pinçando o exemplo acima colacionado, concernente ao matrimônio, pode-se afirmar que só há casamento putativo quando nulo ou anulável, pois impossível conceber a tese da putatividade em enlace que inexiste.

23.3. Hipóteses de nulidade

O art. 166 do Código Civil estabelece: "*É nulo o negócio jurídico quando: I – celebrado por pessoa absolutamente incapaz; II – for ilícito, impossível ou indeterminável o seu objeto; III – o motivo determinante, comum a ambas as partes, for ilícito; IV – não revestir a forma prescrita em lei; V – for preterida alguma solenidade que a lei considere essencial para a sua validade; VI – tiver por objetivo fraudar lei imperativa; VII – a lei taxativamente o declarar nulo, ou proibir-lhe a prática, sem cominar sanção*". A nulidade absoluta (como era conhecida na codificação revogada), ou simplesmente nulidade, consiste em conseqüência prevista pelo legislador em razão de ofensa à ordem legal, fazendo com que o negócio jurídico não produza efeitos por força da presença de imperfeições incorrigíveis, capazes de ceifar qualquer expectativa no sentido da subsistência do seu conteúdo. O negócio nulo é tratado como se nunca houvesse existido, sendo de salientar que a posterior declaração da invalidade e ineficácia retroage no tempo para alcançar a data da celebração (opera *ex tunc*), apagando todos os resquícios da sua efêmera existência. A declaração da nulidade do negócio não depende da apuração de prejuízo, bastando que seja constatada afronta insanável à ordem legal.

Afora o elenco do art. 166, há ainda outras situações que ensejam a nulidade; dentre elas está a de simulação, instituto ao qual o legislador dedicou regra específica (art. 167). No momento adequado serão tecidas considerações em torno da matéria, bastando, por ora, referir a existência de previsão normativa quanto à nulidade dos negócios afetados por simulação, que deixou o rol das anulabilidades para incorporar-se ao de nulidades, inovação trazida pelo Código Civil de 2002. Existem outros acontecimentos especiais que recebem do ordenamento atenção redobrada, inclusive com cominação de nulidade. É o que ocorre com a inobservância de solenidades exigidas por lei, sendo exemplo disso a confecção de testamento público sem que o ato seja presenciado por duas testemunhas. Ademais, a nulidade também tem lugar quando o legislador expressamente a indica para incidência em quadros esparsos, como ocorre com as cláusulas que autorizam o credor pignoratício, anticrético ou hipotecário a ficar com o objeto da garantia, se a dívida não for paga no vencimento (art. 1.428 do Código Civil) ou que proíbem ao proprietário alienar imóvel hipotecado (art. 1.475 do mesmo diploma).

No concernente aos negócios nulos indicados no art. 166, é preciso tecer alguns comentários. Os atos praticados por absolutamente incapazes (inciso I) não podem ser consertados e nem convalescem por qualquer meio. Padecendo de nulidade, não produzem nenhum dos efeitos que em condições normais lhes seriam peculiares. Por outro lado, mesmo que as partes sejam capazes, haverá nulidade se imperfeito o objeto (inciso II), pois a sua licitude, possibilidade e determinabilidade funcionam como requisitos de validade e de eficácia do negócio jurídico. O objeto será lícito quando a sua colocação no liame jurídico não for expressamente proibida por lei. O requisito da possibilidade deve ser entendido no sentido físico e jurídico, importando aquele em estar ao alcance das partes contraentes para figurar na relação negocial, e, este, em inexistir óbice algum à sua livre inserção no negócio. Por fim, o objeto deve ser determinado ou, ao menos, determinável; a indeterminabilidade do objeto não é tolerada pelo direito, porque impede o exato dimensionamento e a escorreita definição da relação travada entre as partes.

A ilicitude do motivo determinante da realização do negócio jurídico leva à sua nulidade, desde que seja comum a ambas as partes (inciso III). Entende-se por motivo determinante o fim, propósito ou escopo que funcionou como elemento decisivo no impulsionamento da celebração do negócio, *v. g.*, o desiderato de enriquecer ilicitamente. A nulidade decorre, então, da relevância de se preservar da moralidade e a regularidade das relações interpessoais, maculadas quando presente objetivo contrário à lei, visado por ambas as partes contraentes. Se o motivo determinante disser respeito a apenas uma das partes, o negócio não será nulo, mas poderá produzir conseqüências contrárias aos interesses de quem agiu imbuído de ilídimo ânimo.

Quando a lei impuser determinada forma como condição de validade e eficácia do negócio jurídico, a inobservância da determinação normativa acarreta a nulidade do pacto (inciso IV). Se, porém, não houver forma prescrita em lei, vigorará o princípio da liberdade de forma, de maneira que a adoção de qualquer delas servirá para a regular celebração da avença. Situação semelhante se apresenta quando exigida pela lei a realização de alguma solenidade como base essencial para a perfeição do negócio, pois eventual preterição provocará a sua nulidade (inciso V). Trata-se de vício insanável, porque relacionado à própria validade do negócio, não podendo ser contornado por qualquer outra providência jurídica.

Saliente-se, igualmente, que a fraude à lei sempre é combatida pelo direito nacional, porque desestabiliza as relações entre o Poder constituído e os membros da coletividade. O objetivo de burlar lei de cunho imperativo tem como conseqüência a nulidade do negócio jurídico, desde que efetivamente provoque o rompimento da estrutura normativa (inciso VI). Cabe destacar que a simples existência da intenção de fraudar a lei não conduz à nulidade, porque não terá passado de mera elaboração mental sem repercussão no mundo jurídico. Somente a concreta afetação da norma posta provocará a reação do ordenamento e a nulidade do negócio.

Também haverá nulidade do negócio jurídico nas hipóteses em que a lei taxativamente o declarar nulo, ou proibir-lhe a prática sem cominar sanção de natureza diversa (inciso VII). No primeiro caso, a expressa determinação da lei quanto à nulidade do negócio fará com que não produza os efeitos que lhe seriam peculiares. No segundo, a falta de previsão de outra penalidade para o desatendimento da proibição de praticar certo ato leva necessariamente à sua nulidade. Esta não se verificará, porém, se sanção de ordem diversa estiver expressamente cominada para a hipótese de descumprimento do dever de abstenção, pois então a incidência da nulidade tornaria sem sentido a outra pena imposta.

23.4. Argüição da nulidade e outros aspectos

As nulidades previstas nos arts. 166 e 167 (simulação) podem ser alegadas por qualquer interessado, ou pelo Ministério Público, quando lhe couber intervir. As nulidades devem ser pronunciadas pelo juiz, quando conhecer do negócio jurídico ou dos seus efeitos e as encontrar provadas, não lhe sendo permitido supri-las, ainda que a requerimento das partes (art. 168 e parágrafo único, do Código Civil). Ao contrário do que ocorre nos casos de simples anulabilidade, quando se cuidar de nulidade o rol das pessoas legitimadas a alegá-la é bem mais amplo, abarcando qualquer interessado e o Ministério Público. Tem-se como interessados todos os que foram afetados direta ou indiretamente pela nulidade e que tenham legítimo interesse econômico ou moral em atacá-la. Entre eles situam-se, por exemplo, o incapaz, o adquirente lesado, o terceiro de boa-fé etc., aos quais faculta-se a busca da supressão do negócio irregular.

Ao Ministério Público faculta-se a invocação das nulidades, mas apenas nas hipóteses em que, na condição de *custos legis* ou parte, possa intervir praticando todos os atos compatíveis com a qualidade de que está investido. Exemplos disso tem-se: na alegação de nulidade de negócio simulado que seja prejudicial a incapaz em inventário; no pleito visando ao desfazimento de alienação danosa ao cônjuge quando da partilha de bens em divórcio. Nos demais casos, isto é, naqueles em que não lhe cabe intervir e nem figura como parte, ainda que presente a nulidade de maneira notória, não poderá partir do Ministério Público a alegação tendente ao seu reconhecimento judicial.

Além das pessoas citadas no *caput* do dispositivo legal, também o juiz poderá pronunciar *ex officio* as nulidades, bastando para tanto que as encontre provadas dentro do processo em trâmite sob sua condução, sendo-lhe vedado reconhecer nulidade fora de demanda já intentada pelas partes ou em lide que não esteja a seu comando. O fato de a norma afirmar que o reconhecimento *ex officio* poderá ser feito quando o juiz encontrar provadas as nulidades não significa que ele esteja impedido de diligenciar no sentido de aclarar certa situação da qual transpareça alguma irregularidade. Ao contrário, deve o juízo tomar todas as medidas necessárias para que eventuais nulidades indicadas pelo contexto sejam desvendadas e combatidas. Ao juiz é vedado sanar a nulidade mesmo que as partes, em comum acordo, assim o desejem e requeiram, porque as situações geradoras da nulidade são de ordem pública e versam sobre aspectos insuscetíveis de convalidação pela vontade dos interessados, especialmente por dizerem respeito ao interesse coletivo e à preservação da segurança das relações interpessoais como um todo.

O art. 169 do Código Civil fecha questão em torno da irreversibilidade do quadro quando constatada a presença de nulidade: "*O negócio jurídico nulo não é suscetível de confirmação, nem convalesce pelo decurso do tempo*". Inversamente do que acontece com as anulabilidades (em tese, sempre sanáveis), as nulidades não podem ser contornadas, seja por vontade das partes, seja pelo transcurso do tempo. Tendo em vista os princípios de ordem pública que as disciplinam, uma vez constatadas impedem a perfectibilização do negócio jurídico em todos os seus aspectos, afetando-o irremediavelmente.

Embora o legislador não utilize as expressões *nulidade absoluta* e *nulidade relativa* para diferenciar a chamada nulidade da anulabilidade, a adjetivação não é incompatível com os elementos das nulidades, sendo mesmo proveitosa em termos teóricos e doutrinários. Destarte, as nulidades mais graves, porque absolutas e de eminente ordem pública, são insuscetíveis de convalidação por ratificação ou pelo fluir temporal; já as nulidades menos severas, ou relativas, podem convalescer tanto por iniciativa dos interessados — por meio da ratificação — como pelo efeito do tempo sobre elas, tornando-as aproveitáveis para o mundo jurídico. O Código Civil de 2002, reitere-se por apego à terminologia oficial, optou pelos vocábulos *nulidades* e *anulabilidades* para indicar ocorrências também apontadas como *nulidades absolutas* e *nulidades relativas.*

Dispõe o art. 170 do Código Civil: "*Se, porém, o negócio jurídico nulo contiver os requisitos de outro, subsistirá este quando o fim a que visavam as partes permitir supor que o teriam querido, se houvessem previsto a nulidade*". No intuito de prestigiar a boa-fé dos contraentes, e tendo em vista a crescente necessidade de aproveitar ao máximo os negócios jurídicos até onde consigam escapulir às garras da nulidade, o legislador admite que mesmo diante da presença desta possa subsistir a celebração, mas com suas características modificadas. Para tanto, deve o fim a que visavam as partes possibilitar suposição no sentido de que teriam agido de maneira diversa se houvessem previsto a nulidade que veio a se abater sobre o negócio jurídico realizado. Mais importante ainda é a configuração do negócio celebrado, que deve conter os requisitos de outro, exatamente aquele que veio a ser considerado subsistente. Em suma, o mecanismo idealizado pelo legislador é o seguinte: o negócio realizado não produz efeitos, mas, por trazer consigo caracteres que o podem transformar noutro, acaba por dar lugar a este, de normal eficácia e plena validade.

O reconhecimento da subsistência do negócio pode representar inclusive grande economia de tempo e numerário, pois muitas vezes evitará que as partes tenham de refazer todo o trâmite para chegarem ao ponto que poderiam atingir mediante singela interferência do juízo. Se o negócio nulo "X" carrega os requisitos do negócio "Y" e assim pode ser aproveitado, inexiste fundamento para que o juízo declare a nulidade do primeiro sem aproveitar o segundo, mesmo porque este geralmente poderá ser alcançado ao depois por outros mecanismos, via de regra mais dispendiosos e demorados. Deve ser rigorosa a aferição judicial dos pressupostos de aproveitamento do negócio jurídico encoberto por uma celebração nula, pois se trata de exceção à regra. Por isso mesmo, tem de ser aplicada com parcimônia e equilíbrio pelo juízo, sob pena de passar a constituir lugar-comum cujo maior defeito seria exatamente o de burlar a vigilância da lei sobre os negócios jurídicos nulos, tradicionalmente desprestigiados pelo direito pátrio. A subsistência somente deve ser reconhecida quando evidenciado que as partes não teriam celebrado aquele negócio eivado de vício incontornável se o conhecessem em toda a extensão. Exemplo: Pedro é pai de José e negocia com este um terreno sem o consentimento dos demais, denominando de compra e venda tal operação e fazendo-a por instrumento particular. Tem-se, no caso, uma anulabilidade (a falta de consentimento) e uma nulidade (o desatendimento da forma pública). A porção anulável pode ser consertada pela ratificação, ao passo que a falta de escritura pública pode, de acordo com as circunstâncias do negócio, acarretar a conversão do contrato nulo em compromisso de compra e venda totalmente perfeito e acabado.

23.5. Hipóteses de anulabilidade e argüição

A partir do art. 171 do Código Civil estão assentadas disposições em torno da anulabilidade do negócio jurídico: "*Além dos casos expressamente declarados na lei, é anulável o negócio jurídico: I – por incapacidade relativa do agente; II – por vício resultante de erro, dolo, coação, estado de perigo, lesão ou fraude contra credores*". A anulabilidade não tem o mesmo rigor da nulidade, nem é alicerçada em iguais princípios. Enquanto esta tem em vista o interesse público e por conta disso inadmite o convalescimento do defeito, aquela contém exclusivo interesse e conveniência das partes, motivo por que o ordenamento permite seja sanada a imperfeição que afeta o negócio jurídico, visando a torná-lo apto a continuar produzindo os efeitos normais. Aliás, nisso reside outra diferença essencial, pois se a nulidade impede a produção de efeitos pelo negócio realizado, a anulabilidade faz com que o mesmo acarrete as reações jurídicas que lhe são peculiares, somente cessando tal situação a partir do momento em que sobrevier sentença contrária ao estabelecido na celebração.

Consta do art. 177 a seguinte regra: "*A anulabilidade não tem efeito antes de julgada por sentença, nem se pronuncia de ofício; só os interessados a podem alegar, e aproveita exclusivamente aos que a alegarem, salvo o caso de solidariedade ou indivisibilidade*". Enquanto as nulidades ditas absolutas repercutem sobre os negócios de modo a impedir a produção dos efeitos deles esperados, as anulabilidades (ou nulidades relativas) somente quando reconhecidas em juízo retiram dos negócios a eficácia adquirida a partir da celebração. Diz-se, portanto, que a anulação opera *ex nunc*, ou seja, da decretação em diante, com preservação da inteireza dos efeitos anteriormente produzidos. Se assim não fosse, seria impossível admitir a possibilidade de convalidação do negócio pelo decurso do tempo ou pela confirmação, haja vista o fato de que somente se ratifica algo que existe e é eficaz, o que não acontece em se tratando de nulidade, que somente pode ser contornada mediante a reiteração integral do ato — quando ainda possível — com afastamento do vício original que impedia a consecução dos efeitos desejados. O momento da cessação dos efeitos do negócio imperfeito corresponde ao do trânsito em julgado da sentença que o anula, de modo que a existência de recurso pendente conserva os efeitos já produzidos e não impede a superveniência de outros.

O espectro de legitimidade para argüição da anulabilidade é bem mais restrito do que o pertinente à nulidade, pois enquanto em relação a esta pode qualquer interessado e inclusive o Ministério Público manifestarem-se, ou mesmo o juiz reconhecê-la de ofício, naquela somente a própria parte estará apta a invocá-la como causa de fenecimento do negócio jurídico, sendo defesa a sua decretação *ex officio*. Isto porque pode ser mais conveniente aos envolvidos a conservação dos efeitos do negócio anulável ao invés da supressão do mesmo mediante provocação endereçada ao juízo. Afora as hipóteses genéricas previstas nos incisos do art. 171, que são a incapacidade relativa do agente (art. 4º do Código Civil) e os vícios de consentimento ou sociais, muitos outros casos de anulabilidade encontram-se esparsos pela legislação, com os mesmos caracteres e forças enunciados *retro*.

A anulação não pode derivar de medida *ex officio* do juiz, cabendo exclusivamente aos prejudicados ou aos seus representantes legais a invocação tendente a combater o negócio imperfeito. Como o negócio anulável padece de defeito considerado menos grave pelo ordenamento, somente o entendimento de conveniência e oportunidade da parte poderá levá-la a optar pela anulação, mesmo porque a iniciativa diz respeito a interesses de ordem eminentemente privada. Quanto ao alcance da anulação, cumpre salientar que apenas os que a argüirem serão atingidos pelas suas conseqüências, de sorte que a decretação não alcança terceiros estranhos à relação negocial, salvo no que disser com os corolários normais de uma sentença dessa natureza. A exceção à regra se faz sentir quando houve solidariedade entre os integrantes do pólo negocial do qual participa o sujeito que argüiu a anulabilidade, ou então quando o objeto do negócio for indivisível, porque em tais hipóteses será juridicamente inviável estremar a posição de uns e de outros. Em suma, sempre que presente a solidariedade ou a indivisibilidade, a anulação do negócio, embora pleiteada apenas por um dos interessados, repercutirá sobre todos.

Quanto ao prazo para que o interessado adote medidas referentes à anulação, o art. 178 do Código Civil estabelece: "*É de quatro anos o prazo de decadência para pleitear-se a anulação do negócio jurídico, contado: I – no caso de coação, do dia em que ela cessar; II – no de erro, dolo, fraude contra credores, estado de perigo ou lesão, do dia em que se realizou o negócio jurídico; III – no de atos de incapazes, do dia em que cessar a incapacidade*". Como é sabido, operada a decadência fenece o direito que poderia ser exercitado em juízo pelo titular, e, conseqüentemente, desaparecerá a faculdade de propugnar pela anulação do negócio jurídico viciado. Com isso, considerar-se-á sanada a imperfeição e o negócio continuará produzindo todos os efeitos que lhe são peculiares, como se jamais houvesse existido o vício que o tornava anulável.

Na contagem do prazo, exclui-se o dia do início e inclui-se o do final, de forma que a efetiva fluência terá como marco *a quo* o dia útil seguinte àquele mencionado pelo legislador. O art. 1º da Lei n. 810, de 06.09.49, dispõe: "*Considera-se ano o período de 12 (doze) meses contados do dia do início ao dia e mês correspondentes do ano seguinte*". Exemplo: celebração do negócio em 02 de fevereiro, com defeito de vontade traduzido em erro; início do prazo decadencial: 03 de fevereiro, se for útil; término do prazo: 03 de fevereiro do quarto ano, se for útil.

Outros aspectos relevantes foram disciplinados pela norma em exame. O prazo de quatro anos passa a fluir da data em que cessar a coação, ou seja, terá por marco inicial o dia em que se verificar o desaparecimento da situação que mantinha coagido o manifestante da vontade. Essa regra se justifica na medida em que antes de cessada a coação a vítima continua sob o efeito da pressão exercida por outrem, ficando psiquicamente impossibilitada, portanto, de adotar as medidas necessárias ao combate do negócio jurídico. O fim da coação representa algo como a libertação do coacto do estado de letargia imposto pela atividade nociva alheia, cujo maior resultado é a captação de uma vontade defeituosa e, muitas vezes, a conservação da vítima no quadro de pressão inibidora da livre manifestação anímica. Entretanto, também é possível cogitar do fim da coação a partir do exato instante em que captada a vontade viciada, fazendo com que coincidam os momentos de verificação do defeito volitivo e do início da fluência do prazo decadencial.

Tendo em vista a circunstância de que no erro, dolo, fraude contra credores, estado de perigo e lesão não há pressão ou violência direta na obtenção da vontade da vítima, mas sim a incidência de outros fatores menos agressivos e que não mantêm o indivíduo forçadamente no estado em que restou inserido, o lapso decadencial tem início na data da celebração do negócio jurídico. Por fim, cabe ressaltar que contra os incapazes não correm prazos prescricionais e decadenciais, de tal sorte que somente depois de cessada a incapacidade terá início o lapso de decadência para ajuizamento de ação tendente à anulação do negócio jurídico imperfeito.

O art. 179 do Código Civil estatui: "*Quando a lei dispuser que determinado ato é anulável, sem estabelecer prazo para pleitear-se a anulação, será este de dois anos, a contar da data da conclusão do ato*". O prazo de quatro anos diz respeito exclusivamente aos negócios anuláveis previstos no artigo antecedente, relacionado aos vícios do consentimento, ao consentimento de incapazes e a um dos vícios sociais (a fraude contra credores). Todavia, muitos outros casos há de anulabilidade fora dos elencados na norma anterior, seja no Código Civil como na legislação civil esparsa, valendo para essas hipóteses, então, a regra geral que fixa em dois anos o prazo para adoção das medidas necessárias à invocação do defeito.

A aludida regra geral somente será excepcionada quando o comando normativo que mencionar a anulabilidade de certo ato contiver previsão de prazo decadencial superior ou inferior aos dois anos apontados no dispositivo em análise. Logo, no silêncio da lei vigorará o lapso bienal, que cederá espaço, entrementes, a qualquer outro prazo específico estatuído pelo legislador em relação ao ato anulável.

Não obstante o dispositivo em questão fale em *ato anulável*, deve-se entender que o prazo decadencial bienal incide também sobre o negócio jurídico para o qual a lei preveja a sanção da anulabilidade. A menção ao vocábulo *ato* teve em vista, por certo, revelar que não somente os negócios como um todo podem estar sujeitos à anulação, como também qualquer etapa que os constitua, contanto que expressamente estabelecido pelo legislador. Assim, a anulabilidade de ato (ou de negócio como um todo acabado), salvo prazo diverso expresso, estará sujeita a decadência em dois anos. A fluência de tal prazo terá início a partir da conclusão do ato, isto é, desde quando for praticado e estiver apto a produzir os efeitos dele esperados, seja como etapa de uma celebração maior (ato propriamente dito), seja como universo já completo (o negócio), nos moldes definidos pelo mandamento que disciplinar o caso específico de anulabilidade.

Sobre os reflexos da anulação, diz o art. 182 do Código Civil: "*Anulado o negócio jurídico, restituir-se-ão as partes ao estado em que antes dele se achavam, e, não sendo possível restituí-las, serão indenizadas com o equivalente*". Nem sempre a reposição das partes ao *status quo ante* pode ser feita nos exatos moldes materiais em que se encontravam no período que precedeu o negócio anulado. Muitas vezes o objeto da celebração já não mais está em poder do destinatário, seja porque destruído, deteriorado ou perdido, seja por ter sido transferido a terceiro de boa-fé, inatingível pelos efeitos da anulação. Entretanto, de alguma forma os celebrantes terão de voltar ao estado original, e isso, quando impossível em termos específicos, será feito mediante indenização de uma parte a outra pelo equivalente daquilo que por direito deveria ser restituído. A solução funciona como conversão do dever surgido com a anulação (retorno das partes à origem), em valor que se entrega a título indenizatório. Não se trata de perdas e danos, pois esses reclamam prova robusta acerca da sua existência; cuida-se, isto sim, de permitir aos celebrantes a retomada do estado em que se encontravam antes de firmado o negócio que veio a se tornar inconsistente por padecer de alguma imperfeição prevista na lei.

A reposição das partes ao estado anterior decorre da anulação, mas independe da espécie de imperfeição que levou ao reconhecimento da insubsistência do negócio jurídico.

Quaisquer dos vícios do consentimento, dos vícios sociais ou de outros defeitos estatuídos em lei, e que têm como sanção a anulabilidade, obrigam os celebrantes à restituição das coisas ao patamar original, ou à sua conversão em indenização pelo equivalente se aquilo for impossível.

Quando anulada obrigação que envolve dinheiro, quem o recebeu terá de devolvê-lo monetariamente corrigido a partir do desembolso, a fim de ser preservado o valor intrínseco da moeda. Quando tratar-se de outra modalidade de prestação (*v. g.*, envolvendo bens móveis), e sendo impossível a devolução da mesma por destruição do objeto, a indenização far-se-á por avaliação procedida pelo juízo, cujo desiderato é alcançar a exata expressão econômica do bem e determinar qual o montante indenizatório cabível.

23.6. Ratificação dos negócios anuláveis

Quanto ao destino a ser dado ao negócio anulável, o legislador aponta uma solução capaz de preservar a sua integridade jurídica, fazendo-o por meio do art. 172 do Código Civil: "*O negócio anulável pode ser confirmado pelas partes, salvo direito de terceiro*". As partes interessadas na conservação do negócio jurídico anulável e dos efeitos produzidos a partir da celebração podem confirmar, ou seja, ratificar a vontade manifestada, com observância das formalidades legais, ilidindo a anulabilidade e sacramentando em definitivo a manifestação inicial. A confirmação pode ser expressa ou tácita e retroage à data do negócio, de forma que este é tratado como se jamais houvesse sido afetado por qualquer espécie de imperfeição. Será expressa quando as partes inequivocamente manifestarem o interesse em ratificar os termos em que celebrado o negócio jurídico; será tácita quando os interessados praticarem atos compatíveis com a sustentação do negócio anulável. Exemplo: confirmação expressa — comprador e vendedor de imóvel ratificam a celebração originalmente viciada por erro do adquirente, manifestando tal vontade em escritura pública; confirmação tácita — o doador que foi coagido a assinar o contrato de doação entrega espontânea e voluntariamente o objeto.

Somente não será admitida a confirmação do negócio imperfeito quando terceira pessoa puder ser prejudicada por isso. Logo, ainda que venham a ser praticados atos expressos de ratificação, estes de nada valerão, porque o direito de terceiros deve ser conservado antes de qualquer outro aspecto negocial. Portanto, se José, que é relativamente incapaz, doa certo bem a Pedro sem estar assistido na forma da lei, não poderá confirmar essa doação ao atingir a maioridade caso faça a venda do mesmo objeto a Carlos. Isto porque Carlos será terceiro prejudicado por eventual confirmação, razão pela qual o negócio jurídico perfeitamente celebrado (venda) não cederá espaço ao anulável (doação). O terceiro de boa-fé não poderá ser prejudicado pela confirmação, mas, se for constatado que estava de má-fé continuará intacta a prerrogativa, cabível às partes interessadas, de ratificação do negócio jurídico entabulado com defeito na origem.

Ainda a respeito da ratificação, o legislador construiu o art. 173 do Código Civil: "*O ato de confirmação deve conter a substância do negócio celebrado e a vontade expressa de mantê-lo*". Ressalvado o conteúdo do art. 174, a confirmação deverá ser feita de maneira expressa, ou seja, com a perfeita indicação do negócio a ser alcançado e com a específica consignação da vontade das partes no sentido de mantê-lo integralmente. Não será aceita como ratificação a colocação de palavras vagas, lacônicas e sem inequívoco conteúdo confirmatório; tampouco será tido como tal o pronunciamento condicional ou submetido a eventos de natureza diversa. A confirmação é feita por descrição clara do negócio celebrado — preferencialmente com reprodução, no instrumento, de seus principais trechos — e de menção à livre vontade de mantê-lo como originalmente avençado. A confirmação seguirá a forma adotada para a celebração do negócio. Assim, aquele feito por escritura pública somente por outra será considerado sanado em sua imperfeição; aquele feito por escritura particular será ratificado por igual modo ou por instrumento público, pois quem pode o mais pode o menos.

No art. 174 do Código Civil tem-se exceção à regra posta no dispositivo antecedente: *"É escusada a confirmação expressa, quando o negócio já foi cumprido em parte pelo devedor, ciente do vício que o inquinava"*. O cumprimento parcial — ou mesmo total — da obrigação contraída pelo devedor quando da celebração dispensa a confirmação expressa do negócio realizado com vício que o torna anulável, pois importa em renúncia tácita ao direito de contestá-lo. Ninguém cumpre dever jurídico oriundo de negócio anulável se não estiver imbuído da inequívoca intenção de confirmá-lo em todos os seus aspectos por conduta compatível com a aceitação dos termos em que idealizado. Exemplo: Carlos, dono de um veículo, permuta-o com Francisco, titular de certo terreno. O primeiro contraente pensa estar recebendo outro imóvel, cuja localização é próxima ao efetivamente permutado, em circunstâncias caracterizadoras de erro. Entretanto, depois de ciente da real situação Carlos ainda assim entrega o veículo e recebe o terreno, com o que resta dissipada a faculdade de anular o negócio inicialmente viciado, e que se veio a convalidar em função do cumprimento da obrigação assumida.

A propósito do mesmo tema, preleciona o art. 175 do Código Civil: *"A confirmação expressa, ou a execução voluntária de negócio anulável, nos termos dos arts. 172 a 174, importa a extinção de todas as ações, ou exceções, de que contra ele dispusesse o devedor"*. Tanto na hipótese da confirmação expressa como na da execução parcial ou integral do negócio anulável (ratificação tácita), não mais poderão as partes buscar em juízo a anulação do negócio por força do vício de que padecia, porque este ficou sanado a partir da prática de uma das condutas elencadas no mandamento legal.

Como decorrência da supressão da faculdade de anular o negócio, tem-se que nenhuma ação ou exceção ficará ao alcance das partes daí em diante. No caso de já haver sido interposta alguma demanda tendente a anular a celebração, ainda assim as partes voltarão ao estado anterior e o negócio ficará consolidado, porque a confirmação ou a execução produzem efeitos análogos ao da desistência sobre a lide ajuizada, bastando ao interessado apresentar ao julgador prova da ocorrência do fator obstativo do prosseguimento da ação.

Diz o art. 176 do Código Civil: *"Quando a anulabilidade do ato resultar da falta de autorização de terceiro, será validado se este a der posteriormente"*. A confirmação do negócio jurídico anulável nem sempre provém ou depende exclusivamente da vontade das partes celebrantes, pois circunstancialmente pode estar atrelada ao elemento anímico de terceiro.

Isto acontece quando certo negócio, que não poderia ser avençado sem a autorização de outrem, ainda assim é contraído à margem da necessária aquiescência, com o que passa a padecer de anulabilidade. A posterior autorização alcançada junto ao terceiro que desde o princípio deveria ter concordado com a celebração convalida o negócio jurídico, escoimando o vício e vedando qualquer iniciativa no sentido da anulação. Exemplo: se determinada venda de imóvel dependia da concordância de credor privilegiado para ser realizada, mas é feita sem a devida consulta a este, a superveniente autorização que der importará no convalescimento do negócio jurídico. Em verdade, a posterior autorização de terceiro, de que dependia a firmeza do negócio, produz sobre este efeitos idênticos aos verificados por ocasião da ratificação expressa ou da execução do dever por parte do obrigado, afastando a imperfeição que maculava a celebração.

23.7. Obrigações contraídas por menores

Em relação ao menor de idade, e das implicações que sobre ele recaem quando assume obrigações, considerada a disciplina da invalidade dos negócios jurídicos, dispõe o art. 180 do Código Civil: "*O menor, entre dezesseis e dezoito anos, não pode, para eximir-se de uma obrigação, invocar a sua idade se dolosamente a ocultou quando inquirido pela outra parte, ou se, no ato de obrigar-se, declarou-se maior*". Sendo relativamente incapaz, o menor deve ser assistido pelo representante legal ao celebrar qualquer negócio jurídico, ressalvadas as exceções previstas em lei. Caso assuma dever jurídico sem a necessária assistência, será passível de anulação tudo quanto firmado pelo agente. Todavia, o legislador não admite a malevolência do menor que, para contornar o obstáculo posto pela lei — necessidade de assistência — deliberadamente afirma-se maior ou simplesmente oculta a idade ao ser sobre ela indagado, como acontece, por exemplo, quando aparenta ter mais idade do que a real e deixa passar *in albis*, ainda que inquirido, a oportunidade de alertar a parte adversa para tal circunstância obstativa da celebração.

O ordenamento prevê a anulabilidade dos negócios jurídicos celebrados por menores relativamente incapazes exatamente por neles vislumbrar a ausência das condições mínimas de maturidade para, sozinhos, entenderem a amplitude dos deveres assumidos. Destarte, ao ocultar dolosamente a idade ou ao fazer-se passar por maior o sujeito estará, em função da malícia com que obra, dando mostras inequívocas em sentido contrário ao imaginado pela lei, desmerecendo a proteção outorgada em favor da sua suposta imaturidade. Quem consegue ludibriar o outro contraente a ponto de conseguir escapulir à declinação da verdadeira idade é maduro o bastante para responder pelos atos praticados e que redundaram na assunção da obrigação jurídica. Entendimento contrário constituir-se-ia em prêmio à má-fé e incentivaria os menores de duvidosa idoneidade a buscarem lesar terceiros que, via de regra, estão imbuídos de plena boa-fé e fidúcia.

A anulabilidade da obrigação assumida pelo menor não é afastada quando a parte que com ele negocia deixa de tomar as cautelas indispensáveis e as medidas normais de qualquer celebração. Entre os deveres de todo indivíduo que participa de algum negócio jurídico está o de verificar o preenchimento dos pressupostos de capacidade da parte adversa, especialmente no que pertine à idade, fator fundamental para a perfeição da celebração. Deixando de inquirir o outro celebrante acerca da idade, ou de buscar meios de esclarecer esse aspecto, estará o agente cometendo inescusável negligência, com o que ficará mantida a possibilidade de invocação, pelo menor, da incapacidade relativa como causa bastante para a anulação do dever jurídico irregularmente assumido. Nem mesmo a prova de má-fé por parte do menor será suficiente para a manutenção dos efeitos do negócio se a outra parte não tomou os cuidados objetivos imprescindíveis na ocasião, principalmente quanto à investigação da idade do outro celebrante. Somente se tiver agido prudentemente é que será analisado o *animus* do menor, de modo que se este houver ocultado dolosamente a idade quando sobre ela indagado, ou por qualquer expediente escuso conseguir passar-se por maior é que ficará elidida a anulabilidade da obrigação, tornando definitivo o negócio jurídico firmado.

O art. 181 do Código Civil continua a abordagem do tema por meio desta norma: *"Ninguém pode reclamar o que, por uma obrigação anulada, pagou a um incapaz, se não provar que reverteu em proveito dele a importância paga"*. Toda anulação judicialmente decretada por deficiência de idade de uma das partes faz presumir a falta de cautela do outro contraente, por negligenciar na investigação da capacidade da pessoa com quem foi celebrado o negócio. Por isso mesmo, se houver pago a incapaz a título de cumprimento parcial ou integral da obrigação pactuada, somente mediante prova no sentido de que o montante reverteu em proveito do menor é que será possível pleitear a repetição, pois a entrega de valores a incapaz faz supor que este não terá condições de aplicar de maneira correta o numerário, sendo presumível que o desperdiçará por falta de maturidade psíquica no seu manuseio. Disso se infere que o agente na realidade deu causa ao próprio prejuízo ao pagar a menor de idade sem antes esgotar todas as possibilidades de verificação da capacidade daquele com quem pactuou certa obrigação que vem a ser anulada.

Provado que a soma foi bem aplicada pelo menor ou por alguém em benefício dele (*v. g.*, aplicação em poupança, aquisição de imóvel, custeio dos estudos ou da alimentação etc.), será ordenada a restituição do montante devidamente corrigido. Isto porque não se pode permitir o enriquecimento sem causa do incapaz, e a negativa de restituir faria com que auferisse proveito indevido; primeiro, porque o valor recebido reverteu em seu benefício; segundo, porque ao não devolvê-lo promove indevida apropriação e não restabelece o equilíbrio entre as partes. A obrigação anulada tem como principal conseqüência a reposição das partes ao *status quo ante*, motivo pelo qual, ressalvada a falta de provas acerca do proveito auferido pelo menor com o pagamento, o valor que foi repassado ao incapaz terá de ser inteiramente restituído. O ônus da prova recai sobre aquele que pagou, dada a proteção legal dispensada aos relativamente incapazes.

23.8. Invalidade do instrumento e invalidade parcial

O legislador preocupou-se também com a questão atinente ao instrumento gerador da obrigação, no que pertine a eventuais defeitos de que possa padecer. Para tanto, editou o art. 183 do Código Civil: *"A invalidade do instrumento não induz a do negócio jurídico sempre que este puder provar-se por outro meio"*. O instrumento constitutivo pode padecer de invalidade e ainda assim não afetar o negócio jurídico, mas somente quando este puder provar-se por outros meios. Sendo por qualquer motivo inválido o instrumento, e exigindo a lei que fosse provado exclusivamente por mecanismo destituído de força jurídica, mostrar-se-á impossível a preservação do celebrado, porque faltará elemento essencial à sua regular configuração. É o que acontece, por exemplo, na compra e venda de imóvel feita por escritura pública nula. Não há como provar a ocorrência e a legitimidade da transação imobiliária se o instrumento que a deveria solidificar estiver eivado de nulidade, pois a lei reclama escritura pública (que é da substância mesma do negócio) em casos dessa natureza. Portanto, a invalidade do instrumento induz automaticamente a do próprio negócio, repondo as partes no estado anterior.

Noutras ocasiões, embora celebrado por intermédio de instrumento válido, o negócio jurídico persistirá em todas as suas conformações como se vício algum houvesse, contanto que provado por outros dos meios admitidos em lei. É o caso, *v. g.*, do empréstimo de um relógio comum, contrato cuja formalização se deu por meio de escritura pública por alguma razão nula. O comodato não deve ser necessariamente feito mediante adoção da forma pública do instrumento, podendo ser constituído verbalmente. Logo, sendo nula a escritura que as partes resolveram confeccionar, a subsistência do negócio não sofrerá afetação se o interessado demonstra a existência e os contornos do contrato mediante prova testemunhal.

Por fim, dispõe o art. 184 do Código Civil: "*Respeitada a intenção das partes, a invalidade parcial de um negócio jurídico não o prejudicará na parte válida, se esta for separável; a invalidade da obrigação principal implica a das obrigações acessórias, mas a destas não induz a da obrigação principal*". No direito brasileiro dá-se especial atenção à intenção das partes, que deve ser analisada em sintonia com a construção literal do negócio, a fim de que disso seja extraído o real sentido desejado pelos contraentes. Em vista dessa situação, sempre que determinado negócio contiver defeito que o torne em parte inválido e inaproveitável para o mundo jurídico, a parcela porventura remanescente — e não afetada pela imperfeição — será aproveitada e não levará à invalidação integral do negócio, contanto que dele possa ser separada para sobreviver de forma autônoma. É a aplicação do princípio *utile per inutile non vitiatur*, ou seja, o útil não se considera viciado pelo inútil, subsistindo a fração não contaminada do negócio jurídico. Exemplo: João, em testamento público, deixa a parte disponível para o amigo Pedro e aproveita o instrumento para reconhecer Cristina como filha. Caso o testamento não possa ser mantido na parte da disposição hereditária por inobservância das formalidades previstas para a sua regular constituição, será aproveitado, porém, na parcela utilizada para o reconhecimento da filha, porque inequívoca e completa a manifestação da vontade nesse sentido.

Na segunda parte do dispositivo encontra-se a reiteração do princípio *accesorium sequitur principale*, isto é, o acessório segue o principal. Logo, se a obrigação principal é inválida, igual vício contaminará a obrigação acessória, como no caso de um contrato de locação viciado e que acarretará, se invalidado, a insubsistência da fiança que a ele estiver jungida. No mesmo rumo, nula será a cláusula que fixa juros se a obrigação principal derivada de mútuo for invalidada. Entretanto, o contrário não é verdadeiro, de tal sorte que, sendo inválida a obrigação acessória, a principal permanecerá vigorante e inalterada, como na hipótese de apenas a fiança locatícia ser imperfeita, circunstância que a fará fenecer; porém, manter-se-á o contrato de locação que lhe é principal. De idêntico modo, nulificada a cláusula que fixa juros, preserva-se a obrigação principal que a continha.

Capítulo 24

SIMULAÇÃO

24.1. Considerações gerais

Antes de iniciar a investigação dos principais aspectos do instituto, mister dizer que a simulação recebeu do Código Civil em vigor tratamento extremamente mais severo do que aquele previsto na codificação anterior. Isto porque a matéria deixou de ser abordada no setor destinado aos defeitos do negócio jurídico, que trazem consigo a anulabilidade, para inserir-se dentre as causas de invalidade, cuja conseqüência é a nulidade do negócio realizado. Este, pode-se dizer, padece de um defeito insanável, razão pela qual a nulidade é o único caminho plausível com vistas a evitar que a propagação dos deletérios efeitos da simulação afete definitivamente o interesse público que em tais casos se faz notar com grande ênfase.

A simulação, assim como a fraude contra credores, é um dos chamados vícios sociais, pois além de atingir pessoas determinadas agride a ordem pública e a segurança das relações jurídicas. Traduz-se no deliberado desacordo entre a vontade interna e a exteriorizada, dando nascedouro a um negócio jurídico que somente existe na aparência, sem qualquer correspondência com a realidade, ou, então, ocultando o negócio desejado por meio de declaração artificiosa da vontade, objetivando produzir efeito diferente do aparentemente indicado. Não se classifica como vício do consentimento, porque não atinge a formação da vontade do agente, mesmo porque este conhece perfeitamente a realidade negocial e age exatamente de acordo com tal discernimento. Em suma, no dizer de *Clóvis Beviláqua*, simulação *"é a declaração enganosa da vontade, visando a produzir efeito diverso do ostensivamente indicado"* (*apud Maria Helena Diniz*, obra citada, p. 403). Na lição de *Caio Mário da Silva Pereira* (obra citada, p. 367), *"consiste a simulação em celebrar-se um ato, que tem aparência normal, mas que, na verdade, não visa ao efeito que juridicamente devia produzir"*. Verificada a simulação, o negócio jurídico realizado considera-se nulo, e não simplesmente anulável, ao contrário do que ocorria sob a égide da codificação anterior, que considerava sanável o defeito.

O cotidiano apresenta-se repleto de exemplos de simulação, seja em demandas judiciais como, principalmente, nos contratos e declarações de vontade em geral, que acabam remetendo os interessados ao debate perante o Poder Judiciário. Tanto é verdade que o Código de Processo Civil, no seu art. 129, estabelece regramento específico para a hipótese de conluio entre as partes com a finalidade de, valendo-se do processo, praticarem ato simulado. Determina-se, em tal caso, que o juiz profira sentença capaz de obstar os objetivos dos litigantes. Em caráter extrajudicial, a mais notória fonte de simulação reside nas aparentes transferências onerosas de bens pela via da compra e venda, quando na verdade a mudança de nome no registro encobre um negócio simulado que tem por desiderato evitar o pagamento de dívidas do suposto alienante. É muito comum a figura do "testa-de-ferro", pessoa que se dispõe a colocar no próprio nome bens de amigos ou parentes, como se os estivesse comprando regularmente, com vistas a tentar impedir o assédio dos credores do pretenso alienante contra o acervo patrimonial deste. Enfim, há inúmeras situações que podem demonstrar o quanto é utilizado o expediente da simulação (aposição de data falsa em instrumentos, declarações formais inverídicas, indicação de preço menor para escapar da cobrança fiscal etc.), combatido pelo direito brasileiro como um mal de severas conseqüências sobre as vítimas e sobre os interesses do Estado e, portanto, da coletividade.

24.2. Características do instituto

Entre os caracteres básicos da simulação estão os seguintes: a) encontra seu mais fértil campo no direito contratual, mas também pode estar presente em declarações unilaterais de vontade; b) decorre de conluio entre as partes, ou entre uma das partes e as pessoas a quem se destina a celebração simulada; c) aparenta uma vontade que não corresponde àquela vigente no íntimo do manifestante; d) como regra, objetiva ludibriar, enganar e iludir terceiros, no intuito de captar alguma vantagem direta ou indireta. Exemplos: a venda simulada de imóvel feita entre o locador e terceiro, com o fito de forjar situação apta a provocar o despejo do locatário, é de nenhum efeito e assim será declarada pelo juízo, mantendo as partes no estado original. Também padece de simulação a venda de imóvel a terceiro que, depois, transfere-o a um dos filhos do alienante original, em atitude tendente a burlar a vedação legal da venda de ascendente a descendente sem o consentimento dos demais.

Ainda que nos negócios jurídicos bilaterais esteja o *locus* mais propício à prática da simulação, porque neles as partes podem manipular e maquiar com melhor eficiência a manifestação volitiva que produzem com o fito de lesar outrem, não se descarta a possibilidade da ocorrência do evento nos atos unilaterais (testamentos, declarações de vontade, emissão de títulos etc.), bastando, para isso, que o declarante concerte o seu elemento anímico com o de outrem e busquem, com esse procedimento, carrear prejuízo a terceiro. Aspecto marcante da simulação é o seu conhecimento pela pessoa com quem o declarante está tratando, de modo que ambos têm ciência exata daquilo que acontece e da potencialidade lesiva a terceiro (que ignora a maquinação), incrustada na conduta; daí o porquê de ser admissível a sua verificação tanto em negócios jurídicos bilaterais e plurilaterais como nos unilaterais.

Outro fator determinante na simulação é a deliberada divergência entre a vontade real do agente e aquela que vem a ser exteriorizada quando da constituição do negócio jurídico. Em conluio com outrem, o declarante esconde a sua verdadeira intenção por meio da criação de um quadro que se mostra efetivo e concreto a terceiros, mas que não passa de ilusionismo, de cortina de fumaça, cujo objetivo é exatamente gerar uma impressão irreal ou fictícia. Desse contexto extrai-se o caldo de cultura que vai impingir à mente alheia a aparência de celebração de negócio lídimo, mas que na prática mascara a real intenção do declarante e a perspectiva de provocação de prejuízos.

É certo que a prova da simulação muitas vezes afigura-se de tormentosa confecção, pois se faz mister perquirir particularidades que no mais das vezes passam ao largo de indicações ou vestígios materiais (documentos, declarações escritas, recibos etc.). Ninguém simula admitindo deixar marcas da sua conduta, pois ao mesmo tempo em que se pratica o ato ilídimo evita-se o espargimento de indícios e de provas. Por essa razão, a busca de elementos probantes raramente é tarefa confortável, o que levou o legislador a admitir a aplicação, pelo interessado, de todos os meios lícitos e moralmente aceitáveis, desde o arrolamento de testemunhas até a coleta de informações de qualquer natureza para fins de comprovação da ocorrência da prática irregular. É o que consta do art. 404 do Código de Processo Civil: "*É lícito à parte inocente provar com testemunhas: I – nos contratos simulados, a divergência entre a vontade real e a vontade declarada*". A construção do dispositivo não impede que o litigante se valha da prova testemunhal também para provar simulação havida em declarações unilaterais ou em eventos que não possuam natureza contratual. Basta que invoque os arts. 332 e 400 do caderno processual, cujos dizeres são de caráter genérico e se aplicam a todos os casos em que a lei não vede expressamente o uso de testemunhas. "*A prova da simulação pode assentar em indícios e presunções, desde que precisos, graves e concordantes*" (*Washington de Barros Monteiro*, obra citada, p. 251), mesmo porque, dada a severidade das conseqüências do instituto, cumpre ofertar à parte interessada a mais ampla gama possível de alternativas capazes de trazer à tona os subterrâneos da simulação, por si mesma desleal, abjeta e nociva.

24.3. Diferença de outros institutos

A simulação apresenta peculiaridades que a distinguem das demais figuras jurídicas analisadas. A começar pela mais marcante característica, que diz respeito à provocação da nulidade do negócio jurídico, enquanto os outros vícios acarretam apenas a anulabilidade. Como já se disse, o legislador indicou a simulação como fonte de invalidade, ao passo que os outros institutos foram apontados como defeitos aptos unicamente a acarretar a anulação dos negócios jurídicos.

Comparada com o erro, a simulação é bastante diferente. Naquele há equivocada manifestação da vontade, como fruto de aparência externa capaz de interferir na formação do elemento anímico do agente, sem que ocorra participação maliciosa do declaratário ou de terceiro. Nesta, ao contrário, a vontade é manifestada de maneira perfeita, mas vai impregnada da intenção de lesar outrem através de falsa aparência deliberadamente forjada.

A mais clara distinção entre a simulação e o dolo reside no fato de que por meio deste uma das partes, que integra ativamente a prática negocial, é ludibriada pela outra ou por terceiro, enquanto naquela há conchavo entre os indivíduos que tomam parte no ato para iludirem terceiro. Na simulação, ao contrário do que acontece no dolo, nenhum dos agentes diretos é enganado pelo outro, eis que reúnem esforços com o fito de atingirem terceiro.

Se na coação acontece o emprego de pressão física ou moral sobre o coacto, objetivando conseguir deste certa manifestação de vontade que lhe é prejudicial, na simulação há concerto de vontades entre agentes interessados em lesar outra pessoa, ou, mais simplesmente, emissão volitiva tendente a prejudicar a vítima. Ninguém é forçado a produzir manifestação alguma, de vez que a essência do negócio simulado consiste exatamente em formar uma vontade propositalmente voltada para ludibriar outrem.

Difere também a simulação do estado de perigo e da lesão, pois nestes existe um quadro todo de dificuldades suportadas pela vítima. No primeiro caso, ela pensa em salvar-se ou a pessoa da família, de grave dano, e com base nisso dispõe-se a assumir obrigação excessivamente onerosa. No segundo, o agente aproveita-se da necessidade ou da inexperiência da vítima para levá-la a realizar negócio jurídico prejudicial. Em tais situações, constata-se que a vítima toma assento diretamente na realização do negócio jurídico, o que não se dá na simulação, em que o lesado é estranho ao liame negocial estabelecido.

24.4. Simulação e reserva mental

Neste momento, é importante tecer outras breves considerações em torno do instituto da *reserva mental* ou *reticência* (já analisado em diversos de seus contornos alhures), porque ela contém caracteres próximos daqueles apresentados pela simulação, embora não se confundam. Considera-se reserva mental a conduta do agente no sentido de fazer ressalva de não querer o conteúdo e tampouco o verdadeiro resultado do ato que está praticando. Em se tratando de reserva mental, o Código Civil estabeleceu, no art. 110, a seguinte regra: "*A manifestação de vontade subsiste ainda que o seu autor haja feito a reserva mental de não querer o que manifestou, salvo se dela o destinatário tinha conhecimento*". Portanto, a comunicação da reticência à outra parte viabiliza posterior postulação de insubsistência, eis que houve assunção de tal risco pelo destinatário da manifestação volitiva, e a observação deixa de residir apenas no âmbito da reserva mental propriamente dita para tornar-se de conhecimento da parte interessada. Ao contrário, se a reserva é conservada no plano interno do agente, há perspectiva de se buscar a afirmação da insubsistência do ato, desde que a manobra destinada a ludibriar outrem tenha funcionado como elemento de convencimento do destinatário.

Ainda que a simulação e a reserva mental possuam um ponto comum, qual seja, o de manifestar vontade enganosa com o objetivo de ludibriar alguém, não são idênticos os institutos. A começar pelo fato de que na simulação o enganando é sempre terceiro, e não uma das partes envolvidas no negócio jurídico. Já na reserva mental o declarante pode direcionar o engodo para o próprio indivíduo com quem negocia, *v. g.*, quando o agente entrega dinheiro, sob suposto título de empréstimo, mas na realidade querendo apenas afastar o risco imediato, a pessoa que diz estar pensando em suicidar-se caso não consiga recursos para pagar dívidas. O exemplo, referido por *Maria Helena Diniz* (obra citada, p. 404), ilustra bem a situação, já que de parte do agente não há intenção de celebrar mútuo, mas sim de conjurar o perigo do suicídio anunciado. Tal reserva mental, todavia, não importa na produção de ato defeituoso, sendo perfeitamente válida a manifestação contratual de vontade ante a circunstância de que a outra parte desconhecia a reticência. A vontade reservada não prevalece sobre a declarada, a menos que se transmude para o plano real por meio de informação feita ao destinatário da manifestação volitiva, quando então deixa de ser secreta e integra a estrutura mesma do negócio celebrado.

24.5. Simulação relativa e absoluta

No § 1º do art. 167 do Código Civil, o legislador elenca taxativamente as situações que caracterizam simulação, em rol que não admite extensão ou interpretação por analogia. Quanto ao inciso I da norma, importa dizer que cuidou da simulação relativa, que acontecerá quando o negócio aparentar conferir ou transmitir direitos a pessoas diversas daquelas a quem realmente se conferem, ou transmitem, e ainda quando visa a encobrir a existência de outro, de diferente natureza. Noutras palavras, há divergência intencional entre a vontade interna e a manifestada, de modo que o agente deixa ingressar no plano externo a aparência de negócio jurídico fictício, quando na realidade em seu querer íntimo pensa na concretização de outro cuja natureza é diversa. A simulação relativa é caracterizada pela pretensão das partes no sentido de realizar certo negócio que venha a ser lesivo a terceiro ou contrário à letra da lei. *"Compõe-se, pois, de dois negócios: um deles é o simulado, aparente, destinado a enganar; o outro é o dissimulado, oculto, mas verdadeiramente desejado. O negócio aparente, simulado, serve apenas para ocultar a efetiva intenção dos contratantes, ou seja, o negócio real"* (*Carlos Roberto Gonçalves*, obra citada, p. 438). Exemplo disso ocorre na hipótese do homem casado que, impedido pela lei de doar bens à concubina, simula a venda dos mesmos a terceiro para que este os faça chegar à destinatária final, o que caracteriza doação por interposta pessoa. Chama-se relativa porque o agente deseja o resultado que acaba atingindo, mas esse resultado não é o normal do negócio jurídico praticado (no exemplo ofertado, chegou-se a uma doação por meio de uma compra e venda). Ele somente atua daquela forma porque busca contornar um determinado óbice legal à consecução da sua verdadeira vontade. Constata-se nisso a presença de dois negócios jurídicos, sendo um deles idealizado mentalmente pelo sujeito como finalidade última, e outro que vai exteriorizado apenas como ficção, destinada a prejudicar outrem e a alcançar o objetivo que a lei não autorizaria se fosse buscado por meio do ato realmente desejado.

Já no inciso II tem-se a hipótese de simulação absoluta, que acontece quando o negócio contém declaração, confissão, condição ou cláusula não verdadeira, sendo realizado para não ter efeito algum; o agente apenas na aparência deseja o resultado, mas na verdade não o visa sob nenhuma forma, como acontece, por exemplo, quando o devedor simula a constituição de dívidas junto a pessoas de sua confiança e depois vem a supostamente solvê-las através da entrega de bens do casal, visando a prejudicar a esposa em futura partilha de bens. A alienação inexistiu e o pseudo-alienante não a pretendia ver consumada, tendo sido forjada a aparente transação exatamente para iludir terceiros. Na prática, nenhum negócio foi executado, havendo mera aparência de ato jurídico perfeito e acabado. Embora se externe um negócio jurídico de caráter bilateral ou unilateral, na verdade o agente não deseja concretizá-lo quanto à eficácia, tendo utilizado o expediente como meio de atingir desiderato final que, fosse procurado por via direta, encontraria empecilho legal à sua consecução. É exatamente em razão disso que tal proceder carrega a designação de simulação absoluta, de vez que a manifestação volitiva é feita sem que nela esteja contida a expectativa da produção dos efeitos que lhe seriam peculiares. Ao invés disso, o agente destina-a propositalmente à inocuidade, à completa inexistência de resultados no mundo dos fatos.

A rigor, não se confundem a simulação e a dissimulação, pois enquanto naquela a intenção do agente é de lesar outrem por meio da geração de um estado de credulidade na vítima acerca de um evento que não é verdadeiro, na dissimulação o agente esconde da vítima determinada faceta que efetivamente existe no negócio jurídico, ainda que de maneira indireta, mas que passa ao largo em razão da conduta de ocultação protagonizada pelo interessado. *"Na simulação, faz-se aparecer o que não existe; na dissimulação oculta-se o que é"* (*Ferrara apud Washington de Barros Monteiro*, obra citada, p. 254). O Código Civil deu importância a essa particularidade, tendo previsto, na segunda metade do *caput* do art. 167, ser passível de aproveitamento tudo o que se dissimulou (portanto, na modalidade relativa), desde que válido na substância e na forma, ao passo que guindou a simulação absoluta à condição de elemento de invalidação do negócio jurídico. *"Na simulação, procura-se aparentar o que não existe; na dissimulação, oculta-se o que é verdadeiro. Na simulação, há o propósito de enganar sobre a existência de situação não-verdadeira; na dissimulação, sobre a inexistência de situação real"* (*Carlos Roberto Gonçalves*, obra citada, p. 438). Assim, percebe-se com clareza ter o legislador estabelecido, na esteira do *caput* do art. 167, que em caso de simulação relativa o negócio dissimulado terá condições de subsistir se for válido na forma e na substância, enquanto a simulação absoluta provocará inderrogável nulidade do negócio jurídico realizado, eis que totalmente inviável o seu aproveitamento face à gravidade do defeito vislumbrado na espécie.

Acerca do inciso III, cumpre asseverar que a simulação formulada em torno da data correta dos instrumentos é vício social por demais grave, pois tenciona transmitir a aparência de que a realização do negócio se deu antes ou depois do dia exato em que verificada a celebração. Isso pode acontecer inclusive no que concerne à data de reconhecimento de assinaturas em instrumentos particulares, pois há notícias freqüentes de simulação forjada com a conivência de alguns maus cartórios e tabeliães, que se dispõem a reconhecer firma apondo no carimbo de autenticidade data não condizente com aquela em que as partes comparecem perante o servidor. Trata-se de simulação das mais repugnantes, por valer-se da fé pública de que são investidos os agentes cartoriais no intuito de ludibriar terceiros, situação que, para viabilizar a declaração de nulidade, reclama prova em contrário difícil de ser produzida.

24.6. Terceiro de boa-fé

No § 2º do art. 167 do Código Civil está planificada a necessária proteção ao terceiro de boa-fé. Este, protegido pelo direito pátrio em muitas ocasiões, também fica resguardado contra os deletérios reflexos da simulação, pois o negócio jurídico simulado não o atingirá. Em assim sendo, o terceiro de boa-fé poderá fazer valer o direito ou conservar o negócio jurídico quando isso por alguma razão lhe for conveniente ou proveitoso, ainda que se trate de simulação e não obstante a manutenção das conseqüências do negócio possa ser extremamente prejudicial aos simuladores, os quais assumiram o risco de experimentar danos ao promover a celebração nociva a quem de boa-fé. Somente o terceiro de boa-fé terá, então, qualidade para atacar em juízo o negócio viciado e obter a declaração de nulidade da chamada *simulação maliciosa*, denominação decorrente da intenção de prejudicar outrem por meio da prática irregular.

A propósito, a distinção entre simulação *maliciosa* e *inocente* merece ser mencionada, embora hoje desperte mais interesse sob o prisma teórico do que pelo ângulo prático. Diz-se inocente a simulação quando quem emite a vontade não tem o objetivo de ludibriar outrem. É o que ocorre, por exemplo, na afirmação, contida em cláusula contratual, de que o adquirente mediu a área de terras comprada, quando na verdade ele não o fez. Está-se diante de uma afirmação insincera das partes, que simulam a ocorrência de certo fato, mas sem que nisso exista intenção de prejudicar terceiro ou de causar efetivo prejuízo a quem quer que seja. Difere da simulação maliciosa, na qual o desiderato do emitente consiste em lesar alguém por meio de engendração dotada de aparente regularidade. É o que acontece, *v. g.*, na hipótese da celebração de um contrato de doação mascarado de compra e venda, visando a prejudicar direitos do cônjuge. Observada a diferença posta acima, cabe ainda frisar que mesmo a simulação inocente carrega o germe da nulidade, ao contrário do que ocorria quando vigente a codificação revogada. Tanto quanto na simulação maliciosa, há um defeito que acarreta a invalidade do negócio, por enquadrar-se na previsão legal e na estrutura de configuração ditada pelo legislador.

Impende asseverar, também, que o atual Código Civil modificou profundamente o norte dado à questão da legitimidade para a invocação da nulidade decorrente da simulação. O revogado art. 104 da codificação de 1916 vedava a propositura de ação de um simulador contra o outro, e respeitável corrente doutrinária e jurisprudencial justificava a providência com o argumento de que no negócio jurídico bilateral o impedimento contido na norma desestimularia a prática ilegal. Não obstante, prevaleceu entendimento diverso, agora normatizado, que indica a possibilidade de argüição da simulação inclusive quando provinda de um dos agentes envolvidos no negócio defeituoso, ressalvados os direitos de terceiros de boa-fé. Estes serão protegidos, e os seus interesses prevalecerão quando confrontados com os de quem invocar a nulidade.

Capítulo 25

DOS ATOS ILÍCITOS

25.1. Observações gerais

Os fatos humanos podem ser voluntários ou independentes da vontade individual. Os primeiros são denominados *atos jurídicos*, cujas principais características são exatamente: a) a relação de dependência que mantêm, para sua existência, com a vontade do agente; e b) o atendimento dos requisitos contidos na lei, capazes de levarem à sua perfeita constituição em conformidade com o querer normativo. Os atos jurídicos têm como conseqüências essenciais a aquisição, o resguardo, a conservação, a transferência, a modificação ou a extinção de direitos, no que coincidem com as finalidades dos negócios jurídicos. Cabe destacar que aos atos jurídicos lícitos aplicam-se as disposições referentes aos negócios jurídicos, consoante preconizado no art. 185 do Código Civil, dada a circunstância de que o negócio não deixa de ser, a rigor, um ato — ou uma série conjugada deles — cujos resultados são previstos em lei. Quando os fatos humanos voluntários contrariarem o ordenamento não serão considerados *atos jurídicos*, mas sim *atos ilícitos*, marcados pelo desatendimento da vontade legal quando de sua introdução no mundo jurídico. Já os fatos que independem do elemento anímico humano, mas ainda assim produzem conseqüências previstas na lei, entram na extensa seara dos chamados *fatos jurídicos*.

Dentro do âmbito dos atos jurídicos, pode-se vislumbrar sua bipartição em atos jurídicos *lato sensu* e *stricto sensu*. Os primeiros abarcam: a) as ações humanas que atendem às determinações do ordenamento, produzindo resultados *ex lege* e independentemente de serem ou não desejados pelo agente, assim como; b) as declarações de vontade tendentes à obtenção de certo resultado e aptas à produção do efeito jurídico almejado. Os acontecimentos pertencentes a esta última classe é que são denominados *negócios jurídicos*, ou seja, declarações de vontade direcionadas à obtenção de determinado resultado previsto em lei.

A diferença básica entre *negócio jurídico* e *ato jurídico*, portanto, consiste em que, enquanto naquele o agente vai em busca do resultado pretendido e para isso pratica todas as atividades necessárias e previstas no ordenamento, neste, apesar da presença de uma manifestação volitiva em sintonia com as prescrições legais, o resultado verificado independe de ser ou não perseguido diretamente pelo indivíduo, porque gerado pela lei em si mesma. A rigor, o *negócio jurídico* pode ser entendido como uma espécie do gênero *ato jurídico*, porque este é mais amplo e geral, ao passo que aquele é restrito, minudente e específico em seus contornos. Ambos, porém, integram a grande categoria dos *atos lícitos*, porque não se distanciam do querer normativo e nem afrontam a ordem vigente. Integram, ainda, o elenco dos denominados *fatos humanos voluntários*, eis que oriundos de determinada emissão de vontade com repercussões jurídicas. Um contrato de compra e venda, por exemplo, pertence à categoria dos negócios jurídicos, de vez que os contraentes conhecem exatamente os efeitos, desejam que se verifiquem e para tanto atendem a todas as determinações legais pertinentes. Quem adquire paga o preço e recebe o bem; quem vende recebe o preço e entrega o bem, tendo na transferência dominial a expressão maior do querer individual. Já o registro de nascimento é um ato jurídico, porque suas conseqüências, sejam queridas, indesejadas ou ignoradas pelo indivíduo, verificam-se *ex lege*, isto é, são geradas pela própria lei e operam à margem do elemento anímico, que somente tem relevância como fator que impulsiona o surgimento do ato para o mundo jurídico.

Especificamente em relação ao ato ilícito, a codificação dedicou-lhe três artigos: 186, 187 e 188. Contudo, ao prever a aferição da culpa e os reflexos da ilicitude, disciplinou a matéria em maior número de dispositivos: arts. 927 a 943 ("Da obrigação de Indenizar") e arts. 944 a 954 ("Da Indenização"). O legislador, pelo conteúdo da redação dada ao art. 186 do Código Civil, impede maiores discussões em torno da definição de *ato ilícito* para fins cíveis, considerando como tal todas as condutas que, ferindo direito subjetivo alheio e provocando danos, forem praticadas com culpa pelo agente, do que resulta o dever de indenizar. A norma aludida diz: "*Aquele que, por ação ou omissão voluntária, negligência ou imprudência, violar direito e causar dano a outrem, ainda que exclusivamente moral, comete ato ilícito*". São elementos básicos do ato ilícito: a) evento lesivo causado com culpa em forma de ação ou omissão voluntária, negligência ou imprudência; b) afronta a direito subjetivo ou violação de direito alheio, desejadas ou não pelo agente; c) produção de dano patrimonial ou moral; d) nexo de causalidade entre a conduta e o resultado danoso.

Disso tudo resulta conclusão no sentido de que acontece ato ilícito, *a priori*, quando a conduta do agente infringe dever jurídico preexistente de não causar danos a outrem. Todavia, também existe ilicitude na hipótese de abuso de direito (art. 187), surgindo concretamente, em ambas as situações, o dever de indenizar previsto no art. 927. Observe-se desde logo que o comportamento do agente, apto a acarretar a mencionada obrigação, pode ser positivo (ação) ou negativo (omissão). O ordenamento jurídico não distingue a natureza da conduta quando trata da verificação da ilicitude, de maneira que ao agir contrariamente à ordem legal ou abster-se de algo que deveria realizar, ocasionando danos a outrem, o sujeito desafia igualmente a incidência das normas relativas à responsabilidade civil decorrente da prática de ato ilícito. Na verdade, a responsabilidade que recai sobre o agente da ilicitude é uma reação do ordenamento jurídico à conduta que afronta o dever legalmente fixado.

É fundamental destacar que nem sempre a constatação de que houve conduta ilícita acarretará o dever de indenizar. Isto porque um dos pressupostos da responsabilidade civil é a ocorrência de danos, sendo certo que, mesmo ao agir contrariamente à lei, o indivíduo não se coloca necessariamente sob o rigor dos dispositivos concernentes ao dever de indenizar. Imagine-se, por exemplo, a situação de quem tenta furtar certo objeto, sem obter êxito na iniciativa. Embora sob o prisma penal tenha havido o cometimento de crime, do que serão gerados os corolários pertinentes, sob o ângulo cível isso nada representará se não tiver havido prejuízo à vítima. Logo, o dano é tão relevante para a responsabilização do agente quanto o elemento anímico com que se portou, evidenciando-se, à falta de qualquer deles, a inexistência da obrigação de indenizar, ressalvadas as expressas exceções apontadas pela lei.

A composição dos danos envolve a indenização dos que tiverem natureza material e também os de cunho moral. Em termos materiais envolve, portanto, danos emergentes (aquilo que efetivamente se perdeu) e lucros cessantes (valor que razoavelmente se deixou de ganhar). Na seara moral, implica na reparação dos males do espírito, mediante entrega de valor ao lesado, que seja capaz de propiciar a restauração da esfera psíquica. Os danos morais são reparáveis ainda que se apresentem como efeito exclusivo de certo ato ilícito. Essa posição já estava firmada na jurisprudência muito antes do advento da norma expressa, tendo então como fundamento o art. 5º, V e X da Constituição Federal. Em assim sendo, os atos ilícitos produzem fundamentalmente três espécies de danos indenizáveis: puramente morais, puramente materiais ou mistos (danos morais e materiais oriundos do mesmo evento lesivo), os quais podem ter sua indenização buscada pelo lesado isolada ou cumulativamente, sem que a opção pela primeira forma faça precluir a segunda.

25.2. Abuso de direito

O art. 187 do Código Civil estabelece: *"Também comete ato ilícito o titular de um direito que, ao exercê-lo, excede manifestamente os limites impostos pelo seu fim econômico ou social, pela boa-fé ou pelos bons costumes"*. O titular do direito tem a prerrogativa de tirar dele todo proveito normal que a sua condição autorizar. Isso faz com que seja facultado ao titular explorar de forma ampla as prerrogativas intrínsecas ao direito, exigindo respeito ao seu conteúdo, fazendo com que melhore, frutifique, seja alterado, conservado etc. É inclusive reconhecida a possibilidade de disposição em relação ao direito, ainda que isso represente a extinção do mesmo (por exemplo, destruindo o objeto de que é proprietário ou perdoando uma dívida). O que não se admite é o uso anormal sob o prisma jurídico dos demais indivíduos, ou seja, a atividade que desborda do comportamento comum e tolerável, partindo para a anormalidade capaz de atingir direitos alheios e de provocar danos.

Não se pode atestar a ocorrência de anormalidade no uso (ou seja, abuso do direito) pelo simples fato de o exercício do direito causar dano a outrem. Ao contrário, em muitas situações o normal e regular exercício causa prejuízos como resultado da própria natureza da prerrogativa de que o agente é titular. Como exemplo pode-se citar o caso de uma reintegração de posse, por meio da qual o sujeito consegue coercitivamente retomar a posse de que foi afastado e a isso aliar medidas complementares, como a demolição de construções. Disso decorre evidente diminuição econômica para o demandado, mas ao mesmo tempo não se imputa ao demandante a obrigação de recompor o estado das coisas, pois agiu dentro dos estritos limites estabelecidos pelo ordenamento jurídico. O abuso do direito, portanto, consiste na utilização do mesmo como fonte de prejuízo, transtorno ou malefício a outrem sem que o agente tenha outro desiderato senão o de fustigar, causar o mal ou simplesmente atuar como se nenhum outro direito senão o seu existisse. Isso traz consigo a idéia de que a conduta da pessoa deve ser marcada pelo *interesse*, considerando-se normal, *a priori*, o comportamento fundado em legítimo interesse no resultado que se busca, e anormal aquele revestido do ânimo de prejudicar ou mesmo despido de qualquer interesse lídimo e proveitoso ao agente. Há evidente cunho ético na norma, pois objetiva evitar que a falta de obstáculo normativo à conduta do titular do direito autorize-o implicitamente a praticar toda e qualquer forma de ato, ainda que não lhe traga proveito algum ou vise unicamente a causar danos a terceiro.

O abuso do direito é tido como ato ilícito no ordenamento pátrio, dele decorrendo todas as conseqüências da ilicitude civil, tais como: dever de indenizar, obrigação de fazer cessar a abusividade, reposição ao estado anterior etc. Assim, quem congrega diversas empresas (uso do direito) para que juntas estabeleçam preços elevados, acabando na prática com a concorrência (abuso do direito), comete ilícito civil — afora as repercussões penais — em razão de que a finalidade econômica das pessoas jurídicas é a de competir no mercado, auferindo lucros normais, sem causar prejuízos aos consumidores. De igual modo, mas noutra seara, todo proprietário de prédio residencial tem amplos poderes e faculdades quanto às atividades admitidas em suas dependências, mas não se permite, por exemplo, que cause transtornos aos vizinhos com a produção de barulho (uso do direito) fora dos padrões aceitáveis para o horário em que se verifica a situação considerada anômala (abuso do direito), ou que faça escoar águas (exercício do direito) prejudiciais à salubridade dos habitantes do prédio contíguo (abuso do direito).

O ato ilícito com origem no exercício do direito de maneira estranha ao desejado pelo legislador pressupõe que o agente exceda manifestamente os limites ditados pelos fins econômico ou social, pela boa-fé ou bons costumes, ou seja, ultrapasse notoriamente as barreiras do razoável e tolerável, descambando para o abuso do direito. Importa ter sempre em mente, na aferição do que seja conduta abusiva, que o exercício do direito é, em si mesmo, legal e incentivado pela lei, motivo pelo qual a ilicitude, na hipótese do art. 187, não reside exatamente na contrariedade do comportamento do agente em relação a uma imposição normativa direta que fixe rigorosamente a fronteira entre lícito e ilícito (como ocorre em se tratando das ilicitudes em geral, especialmente as previstas no dispositivo anterior), mas se consubstancia, isto sim, pela permanência do titular dentro da linha do legal, porém com crescente distanciamento da zona da regularidade do uso do próprio direito. É, noutras palavras, espécie de ilicitude que se caracteriza pela detida análise do conjunto de elementos componentes de determinado contexto jurídico, e não pelo simples contraste entre a conduta do agente e alguma norma direta — que na verdade não existe — capaz de inseri-la incontinenti no rol dos atos ilícitos.

25.3. Exclusão da ilicitude

Nem todos os atos danosos e que afrontam o direito alheio são considerados ilícitos, ainda que preencham integralmente os pressupostos fáticos que conduzem à constatação de sua contrariedade ao ordenamento jurídico. Determinadas condutas são toleradas pelo direito em função dos motivos que levam o agente a praticá-las, sempre vinculados à sobreposição comparativa de valores para disso extrair-se conclusão em torno da exigibilidade ou não de que o sujeito sacrificasse certo direito para deixar intacto outro. Entre dois bens jurídicos, permite a lei que o agente opte por um, próprio, em detrimento de outro, alheio, sem que haja nisso qualquer ilicitude e nem surgimento do dever de indenizar. O art. 188 do Código Civil prevê: "*Não constituem atos ilícitos: I – os praticados em legítima defesa ou no exercício regular de um direito reconhecido; II – a deterioração ou destruição da coisa alheia, ou a lesão a pessoa, a fim de remover perigo iminente. Parágrafo único – No caso do inciso II, o ato será legítimo somente quando as circunstâncias o tornarem absolutamente necessário, não excedendo os limites do indispensável para a remoção do perigo*".

Legítima defesa é direito inerente ao ser humano, que desde o nascimento carrega consigo um intenso instinto de preservação que se alastra desde o aspecto físico (resguardo da vida e da incolumidade corporal) até os mais minudentes aspectos jurídicos e sociais. Em certas situações mostra-se insuficiente ou impossível recorrer à autoridade pública para solucionar problemas emergenciais ou urgentes, circunstância que leva o indivíduo a, com a concordância da lei, valer-se de seus próprios meios para conferir proteção ao direito de que é titular. Os requisitos para a verificação da legítima defesa cível não se afastam daqueles preconizados pelo ordenamento no que pertine à legítima defesa penal. São eles: a) agressão atual ou iminente; b) que a agressão seja injusta; c) uso moderado dos meios necessários da repulsa à agressão. Difere substancialmente, a legítima defesa, do delito de exercício arbitrário das próprias razões (art. 345 do Código Penal), pois embora em ambas as hipóteses exista um ato de fazer justiça privada e com o emprego de recursos pessoais, na legítima defesa o agir está tutelado pelo direito e encontra limites na necessidade premente de resguardo (*v. g.*, matar cão de raça pertencente ao vizinho quando este o instiga a avançar contra seu desafeto), ao passo que ao exercer arbitrariamente as próprias razões o sujeito deixa de recorrer aos meios legais que deveria acionar para investir-se indevidamente de atribuições somente cabíveis às autoridades (*v. g.*, invadir domicílio para procurar eletrodoméstico que foi furtado e que estaria em poder do suposto autor do fato, dono do imóvel devassado).

Também o exercício regular de um direito reconhecido funciona como excludente da ilicitude e da responsabilidade civil. Consiste na invocação de preceito normativo, ou de permissivo legal direto ou indireto, para amparar determinada conduta, de modo a eliminar qualquer possibilidade de indenização de eventuais danos suportados por terceiro em razão da prática reconhecida pelo ordenamento. É o caso, por exemplo, do credor que indica veículo do devedor (dono de estabelecimento dedicado à locação de automóveis), para penhora dentro de lide executória, fazendo com que seja depositado junto ao leiloeiro oficial e, portanto, privando o proprietário da renda que estava produzindo. Nesse caso, os lucros cessantes não serão imputáveis à pessoa que apontou o bem para constrição, haja vista que estava atuando no exercício regular de um direito processual assegurado pela legislação adjetiva. O mesmo se dá quando o dono de um terreno de frente para o mar nele constrói um edifício e com isso prejudica a vista que os moradores de outro prédio tinham antes das obras.

A hipótese contida no inciso II constitui o que se denomina *estado de necessidade*, cujas bases estão lançadas, à semelhança do que acontece no tocante à legítima defesa, no Direito Penal. São requisitos para a sua caracterização: a) existência de perigo iminente; b) a conservação de um bem jurídico que, comparado ao que é sacrificado, representa nas circunstâncias maior valia e justifica a opção do agente; c) atuação nos limites do necessário para a remoção do perigo. O legislador reconhece o estado de necessidade não apenas em favor de quem destrói coisa alheia para escoimar perigo iminente que não provocou, tendo ampliado os horizontes normativos de modo a fazer com que também a lesão a pessoa, cumpridos os pressupostos contidos no mandamento, seja abrigada pela excludente de ilicitude. Trata-se de avanço importante e que aperfeiçoa o elenco das escusativas ao emendar um *plus* no que se refere aos danos derivados de ofensas à integridade física, anteriormente contemplados apenas pela legítima defesa. O reconhecimento do estado de necessidade independe do valor do bem ou de sua importância para o titular ou para a sociedade, estando atrelado apenas a requisitos objetivos de configuração, os quais são ligados principalmente à existência do perigo e à aceitação do sacrifício de um bem jurídico em nome da preservação de outro.

Embora certas situações possam assemelhar a legítima defesa e o estado de necessidade, seus limites são inconfundíveis. Tome-se como exemplo o caso de ofensa à integridade corporal alheia para repelir agressão injusta e para escapulir de tumulto em ginásio de esportes, não causado pela vítima. No primeiro caso, o autor da investida é afastado pela vítima mediante uso dos meios necessários à sua proteção, resultado de um ataque cuja responsabilidade é da própria pessoa que ao final acaba suportando danos (*v. g.*, lesão corporal que exige gastos com médicos para recuperação). Já no segundo caso a vítima não contribuiu para a geração do tumulto, mas, dado o perigo iminente a que estava submetida, e no afã de abrir caminho para a fuga, culmina por lesionar. Tem-se colocados acima, respectivamente, exemplos de legítima defesa e de estado de necessidade, cuja verificação exclui a ilicitude que normalmente haveria na produção dos danos se não incidissem as causas idealizadas pelo legislador, pois *a priori* todo aquele que provoca danos fica obrigado a repará-los.

Havendo o agente excedido os limites do indispensável à remoção do perigo, ou nos casos em que inexistia objetivamente a necessidade de sacrifício do bem para conservação do outro, o ato será considerado ilícito e não incidirá a excludente. Destarte, ficará o indivíduo obrigado a reparar todos os males apurados, sem que em seu favor milite qualquer fator de amenização da responsabilidade civil. Note-se que o afastamento da excludente somente será feito depois de ampla análise do fato dentro das circunstâncias que o motivaram, e não apenas com sua consideração abstrata, pois um mesmo evento assume conformações diversas se inserido no exato contexto fático que o gerou.

25.4. Responsabilidade contratual e extracontratual

Conforme dito acima, a ocorrência de ato ilícito pressupõe a infração a dever jurídico. Acresça-se, agora, a observação de que tal dever pode ser de natureza convencional ou legal. Com isso, surge para o agente, respectivamente, a responsabilidade contratual ou extracontratual, sendo que esta é também denominada *aquiliana* (porque prende origem na *Lex Aquilia*, precursora da responsabilidade civil).

O ordenamento brasileiro estabelece que, não cumprida a obrigação, responde o devedor por perdas e danos, mais juros e atualização monetária segundo índices oficiais regularmente estabelecidos, e honorários de advogado (art. 389 do Código Civil). Aí vai consagrada a responsabilidade contratual, pertencente ao direito obrigacional e atrelada à verificação de inadimplemento causador de prejuízos a outrem. Nesse caso, existe um vínculo baseado em convenção estabelecida entre o indivíduo de quem proveio o descumprimento e o sujeito lesado, cabendo a este a faculdade de postular indenização e o que mais a lei assegura. De banda diversa, se verificada a violação de dever jurídico imposto diretamente pela lei — dever de conduta — e independente de convenção, tem-se a responsabilidade extracontratual ou aquiliana. Ela está prevista no art. 927 do Código Civil, em que se afirma: aquele que, por ato ilícito (arts. 186 e 187), causar dano a outrem, fica obrigado a repará-lo.

A responsabilidade extracontratual pode decorrer de uma conduta ativa ou passiva do agente. Com efeito, a obrigação de indenizar não depende necessariamente da prática de uma ação positiva (*v. g.*, desferir um golpe que leva a vítima ao hospital e ocasiona gastos médicos), sendo admissível que também por inércia surja o dever, contanto que o sujeito se abstenha quando esteja diante de uma situação em que deveria agir (*v. g.*, bombeiro que se omite em incêndio, permitindo a produção de lesões na vítima).

A circunstância de haver repercussão cível da conduta ilícita não significa que o agente será responsabilizado apenas nessa seara, eis que as normas de direito assumem nuanças variadas, de tal sorte que um mesmo ato pode sensibilizar regras de natureza cível, penal, administrativa etc., tudo a um só tempo. Destarte, o funcionário público que atenta contra a vida de um colega em serviço afetará normas capazes de levá-lo a responder a processos criminal, cível e administrativo, concomitantemente ou não, já que as diversas órbitas do direito são independentes e trazem resultados autônomos.

O legislador não diferencia, em termos de conseqüências práticas, a responsabilidade contratual e a aquiliana. Ambas, uma vez patenteadas, acarretam basicamente o dever de indenizar os prejuízos produzidos. Logo, embora a ordem legal estabeleça nitidamente a acolhida das duas espécies, tanto no campo da responsabilidade decorrente da convenção (arts. 186, 187 e 927 do Código Civil) como no da responsabilidade legal (arts. 389 e 395 e seguintes do mesmo diploma) o agente causador do dano fica vinculado à obrigação de restabelecer o estado anterior das coisas, afora arcar com os demais consectários previstos na legislação vigente.

Não obstante o que se disse acima, relativamente ao momento posterior ao reconhecimento da responsabilidade, há algumas diferenças a salientar quanto ao período que antecede essa fase, qual seja, o da prova de que o agente deve ser responsabilizado. No caso de responsabilidade contratual, basta ao lesado demonstrar que a parte contrária descumpriu o teor contratual, disso emergindo presunção da ocorrência de conduta culposa por parte do infrator. É o que acontece, por exemplo, no contrato de transporte, eis que com a celebração do contrato o transportador assume a obrigação jurídica de levar ao destino, sem percalços, as pessoas ou os produtos que lhe foram confiados. Na responsabilidade aquiliana é diferente, pois incumbe ao lesado fazer prova no sentido da culpa da parte adversa na provocação do resultado lesivo. Outro aspecto a ressaltar consiste em que a responsabilidade contratual não prescinde da capacidade do agente, pois somente quem é civilmente capaz pode assumir obrigações convencionais; já a responsabilidade extracontratual convive com a idéia de que os incapazes (amentais, menores etc.) praticam atos dos quais é gerado o dever de indenizar, embora nem sempre esteja ao efetivo alcance da vítima a recomposição da lacuna deixada, face aos óbices normativos por vezes postos.

Em termos de responsabilidade extracontratual, o exame dos casos de incidência não se resume ao manancial de condutas realizadas pelo próprio sujeito sobre quem recai o dever jurídico. Além de ficar obrigado por atos que diretamente praticar (*v. g.*, cobrança de dívida ainda não vencida, art. 939), o indivíduo também é vinculado na hipótese de danos provocados por animais (*v. g.*, quando um touro escapa e lesiona alguém, art. 936) ou por coisas (*v. g.*, na ruína de edifício, art. 937).

25.5. Responsabilidade subjetiva

A responsabilidade subjetiva, desde quando originalmente concebida, tem por base a comprovação da culpa do lesante, circunstância que se verifica pela constatação de ter havido imprudência, negligência ou imperícia no comportamento lesivo, estabelecendo um nexo de causalidade entre a violação do direito causadora de dano e a conduta ilídima. Desse liame subjetivo é que se extrai o dever de indenizar, porque revelador de direta associação entre o agir do sujeito e o resultado, daí surgindo a obrigação de restabelecer o *status quo ante*. Isto ocorre ainda que o agente não deseje o resultado final produzido, bastando que se tenha portado com culpa, na sua estruturação clássica, para que sobre si recaia o encargo previsto na regra de direito. É preciso observar que o legislador civil poucas vezes se reporta ao vocábulo *dolo* como pressuposto da responsabilidade civil, eis que geralmente basta a presença do elemento anímico *culpa* para o desencadeamento da repercussão normativa. Todavia, na definição da culpa civil está automaticamente inserido o dolo, de maneira que, ao indicar a necessidade daquela, admite incontinenti que também a existência deste provoque igual desfecho. Afinal, haverá responsabilidade civil quando presente a culpa, com muito mais razão existirá na hipótese de constatado o dolo. O contrário não é correto, eis que ao reclamar a ocorrência específica de dolo o legislador não aceita que a simples culpa provoque a responsabilização do agente, pois aquele é muito mais profundo do que esta.

Apenas a título de consolidação de conceitos, impende relembrar alguns aspectos básicos. Quando o sujeito atuou deliberadamente no sentido de produzir o dano e infringir o dever normativamente fixado, ou assumiu conscientemente o risco de que viesse a ser concretizado o resultado lesivo, diz-se que agiu com dolo. Se, diversamente, obrou sem o intento proposital de lesar e nem assumiu o risco de causar o mal, mas ainda assim este sobreveio por falta de observância de uma regra de conduta, diz-se que o indivíduo atuou com culpa. Portanto, a culpa consiste em um comportamento contrário ao direito (e, destarte, violador de dever jurídico preexistente), intencional ou não, porém imputável por qualquer razão ao causador do dano, podendo ser caracterizada tanto por ação como por omissão (*Caio Mário da Silva Pereira*, obra citada, vol. I, p. 455). A culpa é subdividida em várias modalidades, das quais as principais são: a) imprudência — atuação intempestiva, irrefletida (*v. g.*, conduzir veículo que se suspeita estar com defeito nos freios); b) negligência — falta de atenção no momento em que era exigida (*v. g.*, atravessar pista de rolamento sem olhar atentamente para ambos os lados); c) imperícia — ausência de conhecimentos necessários para certa atividade, ou má aplicação dos que se possui (*v. g.*, cirurgião que exagera na incisão por falta de habilidade e atinge órgão vital). Existem ainda outras modalidades de culpa, e que normalmente admitem enquadramento em uma das formas basilares. São elas: *in eligendo* (má escolha de representante ou preposto que vem a causar danos a outrem), *in vigilando* (ausência de fiscalização do patrão sobre a conduta dos empregados, ou do responsável pela coisa sobre o destino dela mesma), *in custodiendo* (falta de atenção sobre pessoa, animal ou objeto que estão momentaneamente sob os cuidados do sujeito).

No direito pátrio não tem relevância prática a colocação, oriunda da doutrina francesa, no sentido de que os atos ilícitos dolosos são *delitos*, em contraposição aos *quase-delitos*, que seriam as condutas culposas. Na realidade, a amplitude do elemento culpa, no plano civil, é suficiente para ensejar a responsabilização do agente. E, quando de dolo se trata, a lei expressamente se reporta ao vocábulo, exigindo, então, a demonstração dele como fundamento da responsabilidade. De resto, sejam culposos ou dolosos (*delituais* ou *quase-delituais*), os atos ilícitos sempre trazem a mesma conseqüência, qual seja, a geração do dever de indenizar. Este encontra suporte muito mais na extensão dos danos provocados do que propriamente no elemento anímico do sujeito que lhes dá causa.

Se a atitude do agente acusado de praticar o dano foi causa suficiente para a sua consumação, deverá reparar a totalidade dos prejuízos sofridos pela vítima. Todavia, a culpa pela provocação do resultado lesivo pode ter sido exclusivamente da vítima, o que acarretará a ausência de responsabilidade do sujeito a quem se atribuiu a prática do dano. Há, ainda, uma terceira perspectiva: a de que ambos tenham contribuído para a produção do resultado final, como na hipótese do motorista que trafega pela preferencial em alta velocidade e vem a colidir contra outro veículo que desrespeitou o sinal de parada. Nesse contexto, os dois personagens terão dado causa ao episódio, cada um em grau a ser aferido pelo julgador, a quem competirá fixar o percentual ou fração de responsabilidade de cada um. Com base nisso será individualizado o dever jurídico, de maneira que, por exemplo, se o autor da ação reclama o valor de 150 e a sua culpa no evento foi estabelecida em 40%, receberá do réu apenas a importância de 90. E poderá ser obrigado, havendo pleito da parte contrária, a indenizar os danos causados no veículo desta, na proporção acima indicada (40% da expressão econômica do dano).

25.6. Responsabilidade objetiva

Prevalece no direito brasileiro a teoria subjetiva, pela qual, consoante sobredito, a responsabilidade civil deriva da culpa com que se porta o agente causador do dano a outrem. Em determinadas oportunidades, porém, a lei abre espaço para a denominada responsabilidade objetiva, que prescinde de qualquer investigação em torno do elemento anímico do agente e impõe a este o dever de indenizar com suporte na simples existência da conduta, do resultado e da relação de causalidade entre tais elementos. Essa teoria parte da afirmação de que, em princípio, toda espécie de dano a ela submetida é passível de indenização, contanto que não haja causa excludente da obrigação incidente sobre o sujeito. A propósito, a responsabilidade objetiva é afastada sempre que a pessoa a quem se atribui o dever de indenizar demonstra cabalmente a culpa exclusiva da vítima na provocação do resultado lesivo, ou que o evento teve origem em caso fortuito ou força maior. Assim, se alguém prova que a vítima de suposto acidente de trabalho deliberadamente amputou dedos para obter vantagem previdenciária ou cível, ficará a salvo da obrigação de indenizar. Aliás, a infortunística laboral é um dos campos de aplicação da responsabilidade objetiva por expressa previsão legal, ao lado das relações de consumo e de outras situações indicadas no ordenamento.

Por outro lado, não se pode descartar a possibilidade de que a vítima tenha contribuído em algum grau para a verificação do dano que ela mesma sofreu, sem que a sua participação funcione como fator exclusivo. Se isso acontecer, o agente a quem a lei atribui o dever de responder objetivamente arcará com a fração de responsabilidade que lhe couber, consoante determinação fixada pelo juiz à vista dos elementos de prova carreados aos autos. A culpa da vítima, ainda que não se mostre exclusiva, reduzirá a indenização proporcionalmente à contribuição que o lesado deu para a consecução do desfecho danoso.

A responsabilidade objetiva encontra fundamento primário na idéia do risco, preconizando que a lei deve, em certas situações específicas, assegurar ao lesado meios eficientes de obter recomposição dos danos experimentados. O dever recai sobre o lesante mesmo que atue sem qualquer culpa, e inclusive sem que se tenha de partir para a afirmação de presunção em torno do elemento anímico do agente. Não se trata, portanto, de presumir a culpa do ofensor, eis que a teoria objetiva prescinde do exame do ânimo da pessoa, bastando a existência da prova da conduta, do resultado lesivo e da relação de causalidade para que surja a obrigação jurídica. A fonte da responsabilidade, então, é única e exclusivamente a lei, que reconhece a fragilidade da vítima frente ao quadro de que emerge o dano, garantindo-lhe o direito de pleitear indenização mesmo nos casos em que ausente qualquer indicativo de conduta ilídima por parte do responsável. Geralmente, o ordenamento se vale da expressão "*independentemente de culpa*" para consagrar a sua preferência pela responsabilidade objetiva (*v. g.*, no Código Civil, parágrafo único do art. 927 e art. 931), embora inexista fórmula rigorosa a ser seguida para tanto.

A teoria da responsabilidade objetiva não utiliza o raciocínio de que o sujeito afronta dever jurídico preexistente e por isso fica obrigado a repor o estado das coisas. Considera, isto sim, que a atividade desenvolvida pela pessoa, ou a espécie de conduta praticada ocasiona risco a outrem, do que exsurge a imposição legal. Não há falar em imputabilidade, pois esta é elemento integrante da responsabilidade subjetiva, em que o defeito do comportamento é que desafia a incidência das regras a ela pertinentes.

O atual estágio de evolução da responsabilidade objetiva não enseja uma visão tão restritiva como a originalmente concebida em torno dos fatores que desencadeiam a sua aplicação. Se o risco foi, primitivamente, a causa maior a sustentar a espécie objetiva, hoje se sabe que não é preciso a presença do perigo na conduta para que exista o dever de indenizar. O lucro também passou a funcionar com igual vigor em certos quadros fáticos indicados na lei, de maneira que o indivíduo cuja conduta tende a buscar a vantagem econômica como fim primacial também tem sido alvo do rigor das normas.

Em geral, o legislador conjuga aspectos atrelados ao risco e pertinentes à natureza econômica da atividade, ordenando então a prevalência da responsabilidade objetiva. "*A responsabilidade objetiva funda-se num princípio de eqüidade, existente desde o direito romano: aquele que lucra com uma situação deve responder pelo risco ou pelas desvantagens dela resultantes (ubi emolumentum, ibi onus; ubi commoda, ibi incommoda". Essa responsabilidade tem como fundamento a atividade exercida pelo agente, pelo perigo que pode causar à vida, à saúde ou a outros bens, criando risco de dano para terceiros*" (*Maria Helena Diniz*, obra citada, p. 40). Exemplo disso está no art. 12 do Código de Defesa do Consumidor (Lei n. 8.078/90), pelo qual o fabricante, o produtor, o construtor, nacional ou estrangeiro, e o importador respondem, independentemente da existência de culpa, pela reparação dos danos causados aos consumidores por defeitos decorrentes de projeto, fabricação, construção, montagem, fórmulas, manipulação, apresentação ou acondicionamento de seus produtos, bem como por informações insuficientes ou inadequadas sobre sua utilização e riscos.

Salienta-se que o autor da ação não precisa fazer prova no sentido de que naquele específico episódio o sujeito atuou de modo perigoso. Afigura-se irrelevante a performance do indivíduo no caso concreto, pois basta a existência do potencial de perigo, da latência do risco, para que a consumação do dano acarrete a responsabilização objetiva. Incumbe ao lesado unicamente demonstrar que entre a conduta (*v. g.*, fabricar bicicleta que vem a perder um dos componentes) e o resultado (*v. g.*, queda do condutor, com verificação de prejuízos) há relação de causalidade.

Não se discute, no âmbito da responsabilidade civil, temas relacionados à licitude ou não da atividade desenvolvida pelo indivíduo. O quadro acima especificado revela que mesmo das condutas absolutamente lídimas pode emergir o dever de indenizar, pois, volta-se a observar, a espécie objetiva prescinde de elementos essenciais à modalidade subjetiva. A imputabilidade, a culpa, o fator anímico e outras tantas particularidades não integram o rol de pressupostos da responsabilização objetiva.

25.7. Responsabilidade dos incapazes

Segundo a concepção clássica de responsabilidade civil, as pessoas sem discernimento são inimputáveis e não suportam as conseqüências dos danos que provocam. Na hipótese de ocasionarem concretamente prejuízos, a sua situação recebe tratamento similar ao destinado a eventos marcados pela verificação de caso fortuito ou força maior. O ordenamento nacional não se filiou exatamente a essa corrente, mas apanhou particularidades da sua constituição e elaborou um sistema que mescla a proteção aos incapazes e o resguardo das prerrogativas da vítima.

Como o direito brasileiro centra a noção de responsabilidade civil predominantemente no seu formato subjetivo, a culpa é elemento essencial de configuração do dever de indenizar. Disso resulta a necessidade de que o agente causador do prejuízo seja imputável, porque a prática de ato ilícito por quem não tenha suficiente maturidade e discernimento contraria a linha técnica geral do instituto. A rigor, quem não tem vontade jurídica não pratica atos com repercussão no mundo do direito a ponto de ser obrigado a compor os danos provocados. Somente o indivíduo capaz é imputável, de modo que, em princípio, os incapazes não podem ser diretamente responsabilizados com suporte na teoria subjetiva, ressalvadas as situações expressamente aludidas no regramento pertinente.

Atento a isso, o legislador estabelece que as pessoas sob cuja guarda estiver o incapaz serão obrigadas a indenizar os prejuízos causados por este. Contudo, acentua que o incapaz responde pelos prejuízos que causar, se as pessoas por ele responsáveis não tiverem obrigação de fazê-lo ou não dispuserem de meios suficientes (art. 928 do Código Civil). Neste caso, a indenização prevista deverá ser eqüitativa e não terá lugar se privar do necessário o incapaz ou as pessoas que dele dependem (parágrafo único). Cuida-se, aqui, de especial formatação da responsabilidade civil, eis que, por atingir incapaz (despido, portanto, de condições mentais para compreender a natureza do ato praticado), apresenta-se mitigada, reduzida em seu alcance.

Na intenção de preservar com maior eficiência os direitos da vítima do dano, a lei estabelece que são também responsáveis pela reparação civil: os pais, pelos filhos menores que estiverem sob sua autoridade e em sua companhia; o tutor e o curador, pelos pupilos e curatelados, que se acharem nas mesmas condições (art. 932, I e II do Código Civil). As pessoas acima indicadas, ainda que não haja culpa de sua parte, responderão pelos atos praticados pelos terceiros ali referidos (art. 933). Logo, de nada adianta alegar ausência de comportamento culposo por parte dos pais, tutores ou curadores, já que a lei não embasa em tal elemento anímico o dever de indenizar. Funda-o, isto sim, na necessidade de oferecer maior garantia ao direito da vítima, pois se assim não fosse ela acabaria ficando sem indenização sempre que viesse a sofrer danos oriundos de conduta de pessoa incapaz.

Diante do contexto vislumbrado, é possível afirmar que o lesado tem dupla fonte de indenização na hipótese de danos causados por incapazes: o responsável pelo lesante e o próprio incapaz, nos moldes apontados pelas normas aplicáveis. Isso não importa na existência de maior segurança ou garantia em relação a quem sofre prejuízos provocados por indivíduos capazes, já que na prática os menores de idade, os tutelados e os curatelados não possuem acervo patrimonial apto a suportar as repercussões dos danos. Não obstante, a previsão abstratamente colocada serve para endereçar ao lesado uma perspectiva a mais de ver preenchida a lacuna deixada pelo agir alheio. A ordem de postulação deve atender aos indicativos do art. 928, ou seja, o incapaz somente poderá ser demandado se as pessoas por ele responsáveis não tiverem obrigação de fazê-lo ou não dispuserem de meios suficientes. Caso contrário, será parte ilegítima o incapaz para figurar no pólo passivo da relação processual. Compete ao autor, então, demonstrar que aparelhou lide contra os responsáveis primários e não obteve êxito por força de uma das circunstâncias indicadas no dispositivo citado *retro*, para somente então se viabilizar o acesso ao incapaz — subsidiariamente obrigado — e ao respectivo acervo patrimonial.

Interessante questão surge quando analisada a responsabilidade civil no caso de amentais que, sendo maiores de idade, não têm curador. Há quem pugne pela responsabilização dos pais em cuja companhia estiverem (*Aguiar Dias apud Carlos Roberto Gonçalves*, obra citada, p. 453). Todavia, essa não parece ser a melhor solução, pois o dever de indenizar que recai sobre genitores, tutores e curadores deriva de expressa previsão legal e independe de culpa. Tal forma de imposição de responsabilidade somente pode ter por fonte o direto querer da norma. Logo, a vítima de danos provocados por maior de idade e incapaz, que vive com os pais, terá no acervo patrimonial do causador a única fonte de indenização, desde que comprove o nexo de causalidade entre a conduta e o resultado. Isto porque os genitores não têm obrigação jurídica de guarda do filho nesse contexto, sendo inviável atribuir-lhes o dever de suportar os reflexos dos danos por ele ocasionados. Embora não se possa falar estritamente em culpa (porque de incapaz se trata), a responsabilização leva em conta a relevância de assegurar ao lesado a busca da recomposição, ainda que o prejuízo provenha da conduta de um amental. Fica suprimida, então, a fase intermediária prevista na segunda parte do art. 928 do Código Civil, facultando-se ao interessado a promoção imediata da lide contra o agente direto.

Outro detalhe merece esclarecimento, referente à emancipação do filho menor de idade que já contar 16 anos completos, por iniciativa dos pais (art. 5º, parágrafo único, I, do Código Civil). Tendo em vista que a capacidade plena é adquirida antecipadamente em virtude da emancipação, e que isso, em termos de efeitos jurídicos, produz resultados iguais aos que adviriam da maioridade, mister concluir no sentido da liberação dos genitores da responsabilidade por atos praticados pelos filhos emancipados, ainda que permaneçam em sua companhia. Isto porque já não mais estarão sob *autoridade* dos pais, requisito que, mencionado literalmente na norma supracitada, funciona como base da responsabilização deles. Logo, o filho emancipado torna-se capaz e responsável pelos atos causadores de danos a outrem, mesmo porque então haverá genuína conduta ilícita, face à presença do elemento imputabilidade, que decorre da capacidade plena. Aduza-se, também, que as demais causas de aquisição antecipada da capacidade (incisos II a V do parágrafo único do art. 5º) igualmente exoneram os pais de qualquer dever em relação às condutas ilícitas dos filhos capazes.

Capítulo 26

DA PRESCRIÇÃO E DA DECADÊNCIA

26.1. Conceito e espécies

As questões atreladas à segurança dos liames interpessoais e à estabilidade da convivência social reclamam a adoção de providências no sentido de impedir que as relações jurídicas se perpetuem. O predomínio do interesse público sobre o particular recomenda o rompimento da prerrogativa de agir quando o titular do direito simplesmente se queda inerte durante certo tempo, submetendo a parte adversa a um inadmissível e permanente estado de vigília, pois a qualquer momento poderia ser ajuizada determinada lide contra si. Em vista disso, a discussão acerca da prescrição e da decadência nada mais configura do que a análise da repercussão da passagem do tempo sobre os vínculos embasados no ordenamento legal.

O fundamento do instituto é exatamente o de propiciar antecipadamente a visão de um marco final para as pretensões. Se é verdade que o sujeito a quem aproveita a condição de credor tem interesse na preservação do crédito, não menos real é a necessidade social de estabelecer um limite de tempo para o exercício da faculdade de exigir do obrigado, pela via judicial, o cumprimento do seu dever. Diante desse contexto, o interesse do devedor na prescrição também acaba sendo inferior ao da sociedade, pois esta precisa oferecer a todos certo grau de equilíbrio nos vínculos desenvolvidos pelos membros da coletividade.

Ao sofrer violação, o direito passa a receber especial resguardo, ficando munido de ação judicial apta a permitir ao titular o exercício da defesa necessária. Afinal, a todo direito corresponde uma ação, pois do contrário não haveria sentido prático em reconhecer a existência da *facultas agendi* sem conferir ao indivíduo a possibilidade de fazê-la efetiva no plano concreto, mediante postulação sustentada em seu vigor pelo poder estatal. Daí a previsão de ações específicas ou genéricas para tutelar cada direito reconhecido pelo ordenamento jurídico. Todavia, o aparato normativo não pode ficar *ad infinitum* à espera de que o titular encaminhe a materialização do direito por meio da lide pertinente, pois nisso haveria severa perturbação da harmonia coletiva, ensejando contínua instabilidade no meio social. A quase todos interessa a afirmação legislativa da finitude do tempo disponibilizado ao sujeito para o exercício da prerrogativa de reclamar em juízo a proteção que entende cabível.

Na esteira do raciocínio posto acima, a pretensão surgida com a violação do direito subjetivo não fica *ad aeternum* à espera de que o titular a exerça e faça valer o seu conteúdo.

Se de um lado é importante que seja assegurado tal exercício a fim de evitar prejuízos ao indivíduo investido nos atributos da pretensão, de outro não se afigura produtivo admitir que essa prerrogativa persista intacta indefinidamente no tempo, sob pena de levar angústia ao obrigado e desnecessária vantagem a quem revela desinteresse por meio da inércia em que se mantém. O art. 189 do Código Civil diz: "*Violado o direito, nasce para o titular a pretensão, a qual se extingue, pela prescrição, nos prazos a que aludem os arts. 205 e 206*". Percebe-se, nisso, que o transcorrer do tempo afeta definitivamente a perspectiva de proteção do direito, seja pela prescrição ou pela decadência, conforme será visto adiante.

Existem duas formas básicas de prescrição: a *extintiva ou liberatória*, cujo advento retira do titular a pretensão nascida com a violação do direito, e a *aquisitiva*, que torna inderrogável e definitiva a situação jurídica mantida pelo indivíduo durante determinado espaço de tempo, atribuindo-lhe prerrogativas, contanto que cumpridos os demais pressupostos legais. O conceito que se pode dar à denominada *prescrição extintiva* é o seguinte: perda da pretensão decorrente de um direito, e, por via indireta, do próprio direito e de todo o seu aparato defensivo, em conseqüência do seu não exercício ou uso durante determinado espaço de tempo previsto em lei. Considerando que com o advento da prescrição a pretensão desaparece, o titular deixa de ter à sua disposição a ação que o guarnecia, sendo imperioso dizer que o próprio direito acaba por fenecer como faculdade, não mais se mostrando possível o exercício coercitivo dos atributos de que era dotado. O cumprimento voluntário do conteúdo da prestação, depois de prescrita, pelo sujeito que estava obrigado a isso antes de a pretensão prescrever, não altera a realidade acima colocada, pois embora a perspectiva de ajuizamento da lide tenha desaparecido, a causa moral do cumprimento subsiste, motivo pelo qual uma vez satisfeito o teor da pretensão, ainda que já prescrita, não poderá o *solvens* reclamar a reposição das partes ao estado anterior ao advento do *dies ad quem* prescricional.

Quanto à *prescrição aquisitiva*, basta dizer que se opera criando o direito e a ação para um novo titular por meio da conjugação do agir positivo do adquirente com a inércia da outra parte, gerando com isso a aquisição do domínio pela posse qualificada e prolongada no tempo. Na realidade, a única manifestação da prescrição aquisitiva no direito positivo pátrio é o usucapião, pois todas as demais situações sujeitas à prescrição dizem respeito à espécie extintiva, na qual o poder destruidor do transcurso do tempo é mais forte do que o poder criador, inversamente do que acontece na forma aquisitiva, em que prepondera a atitude positiva do indivíduo e não a inércia capaz de levar ao fenecimento de direitos subjetivos. "*É aquisitiva esta prescrição, porque não é limitado seu efeito à mera recusa a outrem de uma ação visando a atacar o direito do prescribente. Mais do que isto, convalesce o direito cujo título não era inicialmente escorreito, ou dispensa mesmo o título, transformando em direito real a situação de fato. Num e noutro caso há um efeito aquisitivo em razão do tempo, com a criação, ou a depuração, da relação de direito*" (*Caio Mário da Silva Pereira*, obra citada, p. 472).

Sendo certo que as hipóteses de prescrição extintiva predominam flagrantemente no direito pátrio em relação às da modalidade aquisitiva, doravante todas as referências serão dirigidas, observadas eventuais ressalvas, àquela primeira espécie. Fundamentalmente, na prescrição conjugam-se dois elementos: a inércia do titular da ação a partir do momento em que afrontado o direito seu e a continuidade desse estado de indiferença durante todo o período estatuído em lei. Desse contexto surge o principal efeito da prescrição, traduzido na perda da ação que até então poderia proteger o direito violado.

Há absoluta relevância em observar, mesmo reiterando fatores já expostos, a circunstância de não haver, em se tratando de prescrição, fenecimento do direito propriamente dito. Este permanece intacto e integrado ao acervo patrimonial do titular, exceto se sobrevier causa apta a afetá-lo irremediavelmente. Contudo, a prescrição ilide a possibilidade de resguardo judicial da faculdade, quase sempre eliminando, de modo reflexo, a eficácia do direito. Exemplo: Pedro é atropelado por João, que agiu com culpa e, portanto, ficou obrigado a indenizar os danos causados. A vítima tem três anos para ajuizar a ação correspondente, pois do contrário haverá prescrição. Se não propuser a lide no prazo, o lesado terá suprimida a faculdade de agir judicialmente, de maneira que o seu direito ficará desprotegido. Logo, o cumprimento da obrigação ficará jungido exclusivamente à boa vontade do devedor, a quem é dado reconhecer espontaneamente o direito alheio e cumprir o dever que não mais pode ser reclamado perante o Poder Judiciário. Na prática, sabe-se que a incidência da prescrição acaba obstando a eficácia do direito, pois dificilmente alguém se dispõe a solver dívida prescrita.

26.2. Diferenças entre prescrição e outros institutos

Não se pode confundir prescrição com outros institutos que produzem efeitos semelhantes ou correlatos. Assim, prescrição e decadência diferem em vários aspectos. Enquanto aquela pode ser interrompida ou suspensa nos casos previstos em lei, esta nunca tem cortado o seu fluxo, de forma que uma vez iniciado somente cessa quando do advento do *dies ad quem*, sem solução de continuidade. Com as alterações promovidas pelo legislador, a principal diferença entre os dois institutos, qual seja, a de que a prescrição conduz ao fenecimento da ação que guarnecia o direito (e, por via oblíqua, dele mesmo), enquanto a decadência opera a extinção do próprio direito, pode ser explicitada sob ótica mais dinâmica, sem alterar substancialmente o sentido da original formatação. A prescrição leva ao desaparecimento da pretensão surgida com a violação do direito (ferindo-o de morte por força indireta), enquanto a decadência incide diretamente sobre o próprio direito de que surge a pretensão, fazendo-o desaparecer.

Na mesma senda, mas com ângulo alternativo de exame, pode-se afirmar que a origem da ação que tutela o direito oferece elementos para saber se é caso de prescrição ou de decadência. É bem verdade que o esforço despendido na averiguação em torno desse critério perdeu grande parte da sua importância original. Isto porque o Código Civil de 2002 dedica um capítulo autônomo à decadência, e, ademais, deixa entrever, quando da fixação de prazos, se é hipótese de um ou outro instituto. Tal não ocorria quando em vigor a codificação revogada, que não previa expressamente a decadência, mas inseria, dentre situações de suposta prescrição, casos decadenciais, ocasionando perplexidade. De toda sorte, permanece intacta a viabilidade de perscrutar a influência do tempo sobre as relações a partir da natureza da lide gerada. "*Quando a ação e o direito têm origem comum, trata-se de prazo de caducidade. (...) Porém, se o direito preexiste à ação, que só aparece com a violação daquele, o prazo é de prescrição"* (*Sílvio Rodrigues*, obra citada, p. 329). Assim, no casamento que padece de erro essencial o direito de anular surge ao mesmo tempo em que a ação, indicando hipótese de decadência. Por outro lado, na compra e venda o direito que o vendedor tem, de receber o preço, já estava integrado ao acervo do alienante quando da celebração (a norma legal, abstratamente posta, diz que todo comprador precisa pagar), de modo que eventual inadimplemento fará surgir a respectiva ação para propositura no prazo definido, patenteando tratar-se de prescrição.

Outro item a estremar tais institutos consiste em que a prescrição não corre contra incapazes e admite interrupção em determinadas situações, afora ser passível de suspensão noutras. Já a decadência inicia o seu curso e não experimenta qualquer afetação na continuidade, transcorrendo indistintamente contra todos, não sendo suspensa e tampouco interrompida.

Também são inconfundíveis prescrição e preclusão, porque aquela é um elemento civil, enquanto esta, que se traduz pela perda, extinção ou consumação de uma oportunidade processual, pertence ao regramento adjetivo e sempre depende da existência de uma lide em andamento, dentro da qual a parte deixou de agir no momento oportunizado pela lei para a prática de certo ato ou adoção de medida processual. Há diferenças, ainda, entre prescrição e perempção, derivada do fato de que na primeira desaparece definitivamente a pretensão, restando fulminada pela inércia do titular da faculdade de agir; já na segunda, pertinente à esfera processual, ocorre a vedação de nova propositura da mesma ação por força do fato de que a parte deu causa por três vezes à extinção da instância ou do processo por abandono (art. 268, parágrafo único, do Código de Processo Civil). Isso não impede o interessado, contudo, de invocar o seu eventual direito material em sede de defesa, caso a parte contrária, seja qual for o motivo, dê início a processo em que possa ser utilizada como elemento defensivo a matéria debatida na lide perempta.

26.3. Renúncia ou alteração de prazos

Conseqüência direta do caráter público das normas que regem o instituto consiste em que as partes não podem renunciar antecipadamente a prerrogativa de invocar prescrição. O art. 191 do Código Civil diz: *"A renúncia da prescrição pode ser expressa ou tácita, e só valerá, sendo feita, sem prejuízo de terceiro, depois que a prescrição se consumar; tácita é a renúncia quando se presume de fatos do interessado, incompatíveis com a prescrição"*.

Embora tenha como principal efeito provocar o desaparecimento da pretensão, a prescrição pode ser renunciada pela parte a quem aproveitaria, independentemente da aquiescência do pólo adverso. Disso decorre o restabelecimento da situação anterior à consumação do instituto pela fluência do lapso temporal fixado no ordenamento para cada caso, viabilizando a propositura da ação destinada a fazer valer a pretensão que nasceu com a violação do direito subjetivo alheio, ou impedindo que a parte que deu cumprimento voluntário à obrigação prescrita possa invocá-la como mecanismo de repetição do que ofereceu ao oponente (por exemplo, pagamento em dinheiro de dívida prescrita). Noutros termos, a superveniência de renúncia faz com que a parte que poderia invocar a prescrição a seu favor fique impedida de assim proceder, seja qual for a circunstância.

A renúncia à prescrição, todavia, somente pode acontecer depois de consumada, ou seja, a partir de quando implementado por inteiro o transcurso do tempo estatuído na lei e o instituto tornar-se invocável como matéria defensiva. Não há, pois, renúncia antecipada aos benefícios da prescrição, de tal forma que se veda ao interessado abrir mão previamente da prerrogativa de argüí-la, devendo aguardar a sua consumação para daí em diante proceder como quiser. Isto porque depois de transcorrido o lapso prescricional o devedor terá incorporado concretamente ao seu acervo a faculdade de abdicar dos benefícios resultantes do instituto.

Ocorre renúncia expressa quando a parte, de maneira inequívoca, positiva e explícita abre mão da prescrição e afirma que dela não pretende fazer uso. Por outro lado, dá-se tacitamente a renúncia quando o prescribente age de modo incompatível com a qualidade de quem está ao abrigo da faculdade, deixando entrever seu definitivo desinteresse pelo instituto, como acontece, *v. g.*, no caso de o interessado reconhecer dívida prescrita. Cumpre frisar que a renúncia é ato unilateral do prescribente, sendo vedada qualquer interferência exógena sobre o elemento anímico emitido, situação que se verificada é capaz de gerar a anulação do ato por defeito de vontade, especialmente quando provinda do credor ou de quem se beneficiaria com a renúncia.

A prerrogativa de renunciar não é ilimitada, sendo vedada tal medida quando prejudicar terceiros, os quais poderão tornar inválida a manifestação expressa do prescribente ou a sua tácita incursão na seara da prescrição. Isso fará com que a prescrição já consumada continue a produzir todos os efeitos que lhe são inerentes. Justifica-se o teor da norma na medida em que o devedor, ao abdicar da prerrogativa de renunciar, submete o seu próprio acervo patrimonial à incursão do credor, colocando potencialmente em risco outros créditos (por exemplo, aqueles que perdem em preferência para o prescrito). Assim, a renúncia acaba correspondendo em efeitos a uma liberalidade, por devolver ao credor a oportunidade de exigir o conteúdo da relação atingida. Logo, terceiros prejudicados pela iniciativa poderão obstar a renúncia, seja antes ou depois de pronunciada, intervindo de forma a conservar intactos os efeitos da prescrição.

A lei não impõe especial forma para a renúncia expressa, sendo lídimo ao interessado adotar a que quiser. Todavia, a manifestação precisa assumir expressa e direta dicção, pois a sua regularidade pressupõe ato inequívoco do declarante. Na dúvida quanto à ocorrência ou não de renúncia, opta-se sempre pela resposta negativa, já que se trata de providência excepcional do titular da prerrogativa. De banda diversa, a interpretação da renúncia deve ser estrita, inclusive porque o ordenamento é incisivo ao determinar essa solução para os negócios jurídicos, aplicando-se idêntico raciocínio para o ato unilateral de renunciar (art. 114 do Código Civil).

Aspecto de igual relevância reclama exame. É tão manifesto o vigor do instituto que a vontade privada não tem o condão de interferir no prazo prescricional. Este, fixado em lei, fica imune à ingerência das partes, que não o podem alterar, seja para aumentá-lo ou reduzi-lo. O art. 192 estipula: "*Os prazos de prescrição não podem ser alterados por acordo das partes*". Toda a disciplina normativa pertinente à prescrição é de ordem pública, e, portanto, insuscetível de transformação por vontade privada. Os limites definidos pelo legislador, em especial no que se referem aos prazos prescricionais, devem ser rigorosamente observados, e tudo o que os contrariar é nulo de pleno direito. O fato de ser facultada ao interessado a renúncia do instituto não importa em liberar às partes os demais aspectos relacionados à prescrição, de sorte que mesmo por expresso acordo de vontades, ou manifestação inequívoca da intenção de modificar as condições de consumação ou eficácia, será negada qualquer validade às emissões volitivas que contrariarem os princípios norteadores do instituto. A imutabilidade dos prazos prescricionais não é cingida aos casos em que se os pretenda alterar com base na vontade das partes; toda e qualquer forma de investida contra os aludidos prazos restará fulminada, a não ser quando a lei os modificar para o futuro, e contanto que respeitadas as situações regidas pelas normas em vigor ao tempo da superveniência da lei nova.

Outra conseqüência do interesse público envolvido na prescrição é a de impedir que os particulares manifestem vontade no sentido de que as ações atreladas a certo liame (*v. g.*, contrato) recebam a qualidade de imprescritíveis. A importância do instituto para o convívio social suplanta qualquer conveniência individual, fazendo de rigor a sua incidência, salvo quando a lei expressamente afastá-lo (*v. g.*, art. 1.601 do Código Civil, que atribui ao marido o direito de contestar a paternidade dos filhos nascidos de sua mulher, sendo tal ação imprescritível). Logo, há casos de imprescritibilidade emergentes do ordenamento pátrio, mas sempre como corolário de expressa previsão nesse sentido, e jamais como conclusão extraída da vontade das partes ou do contexto indireto das normas.

26.4. Oportunidade de alegação

O art. 193 dispõe: "*A prescrição pode ser alegada em qualquer grau de jurisdição, pela parte a quem aproveita*". A circunstância de ser suprimida ou ultrapassada uma das esferas jurisdicionais sem que o interessado tenha argüido a prescrição não importa em perda da prerrogativa de invocá-la a todo tempo, perante o juízo singular ou os colegiados (Tribunais de Justiça, Cortes Superiores etc.), dado tratar-se de matéria de ordem pública e que, portanto, diz com o interesse estatal na estabilização das relações interpessoais. Portanto, pode a parte a quem aproveita a matéria alegar a ocorrência de prescrição: a) já na contestação; b) na audiência de conciliação ou na de instrução e julgamento; c) durante os debates ou em memoriais; d) em razões de apelação; e) na interposição de embargos infringentes; f) na execução de sentença etc. É aceita a alegação inclusive dentro de processo cautelar, sendo de ressaltar que o seu acolhimento influi no julgamento da ação principal. Entretanto, não se admite a argüição da prescrição em sede de recurso especial e de recurso extraordinário se não tiver havido o indispensável pré-questionamento nos graus inferiores (Súmula n. 282 do Supremo Tribunal Federal). Destaque-se que, consoante observado *retro*, a prerrogativa de invocar a prescrição deixa de existir se tiver havido renúncia ou se, uma vez argüida, tiver sido rechaçada em decisão com trânsito em julgado.

Nos embargos interpostos em execução fundada em título judicial, somente a prescrição superveniente à sentença pode ser alegada (art. 741, VI, do Código de Processo Civil). Nos embargos à arrematação ou à adjudicação, somente pode-se alegar em embargos a prescrição superveniente à penhora (art. 746 do Código de Processo Civil).

Tem legitimidade para argüir a prescrição a parte a quem aproveita, ou seja, em primeiro lugar o sujeito passivo da relação processual, seja pessoa física ou jurídica (esta se submete, ativa ou passivamente, em igualdade de condições com as pessoas físicas, aos seus efeitos). Porém, não se exaure nele a faculdade, sendo passível de invocação ainda pelo herdeiro (quando o *de cujus* já compuser a lide quando do óbito), pelo sócio, pelo credor do prescribente, pelo co-devedor solidário, pelo co-obrigado em obrigação indivisível, pelo fiador do prescribente e assim por diante, contanto que dessa alegação possa emergir proveito em favor de quem deduzir em juízo matéria referente à prescrição da pretensão debatida.

Quanto à perspectiva de afirmação *ex officio*, o art. 194 do Código Civil, em sua redação original, estabelecia: "*O juiz não pode suprir, de ofício, a alegação de prescrição, salvo se favorecer a absolutamente incapaz*". Porém, tal dispositivo foi revogado pela Lei n. 11.280, de 16.2.2006, que foi publicada no Diário Oficial da União em 17.2.2006, e passou a ter vigência 90 dias após a data de sua publicação. De outra banda, o legislador reformulou o conteúdo do § 5º do art. 219 do Código de Processo Civil, cuja redação foi dada, nos moldes seguintes, pela mesma Lei n. 11.280, de 16.2.2006: "*O juiz pronunciará, de ofício, a prescrição*". Considerada essa construção normativa, acentua-se sobremodo o interesse público envolvido no reconhecimento da prescrição, visando a evitar que as pendências relativas aos direitos subjetivos se eternizem no tempo à espera de iniciativa pelo titular. Por isso, tão logo tome ciência ou constate que o prazo prescricional fluiu, deverá o julgador afirmar a prescrição e encerrar o processo sem julgamento do mérito com supedâneo no art. 267, IV, do Código de Processo Civil. Tal solução independe da natureza da lide em debate, eis que o permissivo legal não excepciona matéria alguma, o que, à evidência, impõe ao juiz a adoção da supracitada providência.

26.5. Causas que impedem ou suspendem a prescrição

Na prática, a prescrição geralmente inicia o seu curso e não sofre qualquer solução de continuidade, atingindo o prazo indicado na lei e produzindo os efeitos que lhe são peculiares. Estará, então, consumada. Porém, o ordenamento contém previsões no sentido de evitar o início da contagem do prazo (impede, portanto, o cômputo), ou fazer cessar o fluxo para determinar o seu integral reinício (interrupção) ou complementação em momento posterior (suspensão).

Nos arts. 197 a 201, o Código Civil dispõe sobre as causas que impedem ou suspendem a prescrição. Tais hipóteses afetam o fluxo temporal de maneira precária, deixando-o bloqueado provisoriamente a partir da verificação de um dos acontecimentos previstos na lei. Trata-se de uma espécie de paralisação da possibilidade de contagem do tempo. Suplantada a razão jurídica que levou ao sobrestamento do transcurso do prazo, este corre naturalmente até integralizar a prescrição. Há certa diferença teórica entre suspensão e impedimento, cuja relevância prática não é das mais contundentes. Verifica-se a suspensão quando, já iniciado o prazo, este vem a ser paralisado pela superveniência de causa constante de lei, para posterior retomada pelo período faltante; já o impedimento resulta do fato de o prazo prescricional sequer iniciar o seu percurso, porque verificada a presença de acontecimento capaz de evitar temporariamente a fluência. Ambos, contudo, são provisórios e dão lugar à contagem do lapso prescricional tão logo desaparecidas as causas que os originaram.

O art. 197 cuida de situações que impedem o início da contagem do prazo prescricional, mas que também servem para barrar a sua continuidade, se já principiada: *"Não corre a prescrição: I – entre os cônjuges, na constância da sociedade conjugal; II – entre ascendentes e descendentes, durante o poder familiar; III – entre tutelados ou curatelados e seus tutores ou curadores, durante a tutela ou curatela"*. Sociedade conjugal é o vínculo patrimonial que se forma entre os consortes pelo casamento, tendo como principal componente o regime de bens, seja convencional, legal ou obrigatório, vigente a partir da celebração do matrimônio. O motivo pelo qual não corre a prescrição entre os cônjuges é eminentemente moral. Os laços de confiança e amizade que os unem são inconciliáveis com a construção de quadros capazes de fazerem fenecer pretensões jurídicas que eventualmente tenham um contra o outro. Assim, até mesmo como maneira de evitar discórdias e de preservar a união matrimonial é que a prescrição tem seu início de contagem, ou a continuação da mesma, sobrestadas na constância do sociedade conjugal. Somente depois de cessada esta pela separação judicial, divórcio, morte, anulação do casamento ou inclusive pela separação fática prolongada (a ser valorada em juízo, segundo as circunstâncias) é que o prazo prescricional encetará o seu curso normal.

Também o segundo inciso carrega motivações de ordem moral, que levaram o legislador a evitar o curso da prescrição entre ascendentes e descendentes. Porém, subsiste o impedimento ou a suspensão apenas durante o período em que exercido o chamado *poder familiar*, que se traduz no fato de uns estarem sob a responsabilidade, os cuidados ou o comando dos outros, constituindo uma espécie de hierarquia fundada no contexto fático vivenciado pelas partes. O poder familiar encontra muitos pontos comuns com o antigo pátrio poder (linguagem superada pela codificação de 2002), já que este sempre traduziu o conjunto de prerrogativas e de deveres dos pais sobre os filhos menores e respectivos bens. Entretanto, é possível que o poder familiar seja exercido pelos descendentes em relação aos ascendentes, ou por ascendentes que não os pais no tocante aos descendentes, como acontece, *v. g.*, no caso de os progenitores idosos estarem na companhia dos filhos e destes dependendo economicamente. Destarte, o poder familiar é uma situação fática ou jurídica que denota a existência de relação de dependência ou de alguma forma de hierarquia que demonstre serem inconciliáveis as posições ocupadas pelos interessados e a fluência do lapso prescricional, tendo em vista a necessidade de preservação das relações familiares. As circunstâncias de cada evento concreto é que vão definir a incidência ou não das regras pertinentes ao impedimento e à suspensão do transcurso do prazo de prescrição.

Do mesmo modo que nos quadros analisados acima, é fundamentalmente moral a razão pela qual não corre a prescrição entre tutelados e curatelados e tutores ou curadores, durante a tutela ou curatela. Isto porque é inegável a existência de laços de dependência (e, no geral, até afetivos) entre os envolvidos, de modo que seria temerário e improdutivo permitir que, por exemplo, o crédito do pupilo contra o tutor pudesse sofrer os efeitos da prescrição. Extinto o liame por qualquer das hipóteses cabíveis, o fluxo do prazo segue normalmente seu rumo.

O art. 198 continua a disciplinar o tema relativo às causas que impedem ou suspendem a fluência do lapso prescricional: "*Também não corre a prescrição: I – contra os incapazes de que trata o art. 3º; II – contra os ausentes do País em serviço público da União, dos Estados ou dos Municípios; III – contra os que se acharem servindo nas Forças Armadas, em tempo de guerra*". O fundamento que sustenta o impedimento ou a suspensão da prescrição determinados nos incisos transcritos *retro* não mais é o de natureza exclusivamente moral. Passa o legislador a ter em linha de consideração a necessidade de proteger os indivíduos postados em situações peculiares que os expõem demasiadamente à passagem do tempo, sem que tenham reais condições de adotar medidas hábeis a evitar a consumação da prescrição. Assim, cuida-se de casos especiais que reclamam o sobrestamento do fluxo prescricional, pois do contrário haveria concessão de indevida vantagem a uma das partes em detrimento da outra.

Os absolutamente incapazes não têm vontade jurídica própria, sendo totalmente dependentes dos representantes legais para a defesa dos direitos assegurados em lei. Todavia, o só fato de terem representantes legais não garante a lisura procedimental destes ou o seu efetivo empenho na proteção dos interesses dos representados, razão pela qual o ordenamento jurídico estabelece diversas formas de resguardo aos direitos dos incapazes absolutos, entre as quais sobressaem a possibilidade de decretação *ex officio* e também o impedimento ou a suspensão do transcurso do prazo prescricional enquanto mantido o estado de incapacidade. Exemplo: se o pai de um menor com 10 anos de idade falece, todas as pretensões acaso decorrentes do passamento do progenitor não se sujeitam à prescrição, que fica sobrestada até que o infante atinja a capacidade relativa (aos 16 anos de idade), quando então passará a fluir pelo lapso faltante. A partir da aquisição da capacidade relativa, deverá a prescrição, se necessário, ser argüida ou evitada pelo assistente. Portanto, se o menor acima referido for filho único e receber uma área de terras, eventual ocupação da mesma não assumirá feições de posse *ad usucapionem* enquanto absolutamente incapaz o titular dominial.

Como medida adicional de proteção aos relativamente incapazes e também às pessoas jurídicas, no concernente à argüição do evento prescritivo por quem a tanto esteja obrigado, o art. 195 do Código Civil dispõe: "*Os relativamente incapazes e as pessoas jurídicas têm ação contra os seus assistentes ou representantes legais, que derem causa à prescrição, ou não a alegarem oportunamente*". Quando a invocação do instituto for proveitosa aos relativamente incapazes ou às pessoas jurídicas, caberá aos respectivos assistentes ou representantes a apresentação do argumento como matéria defensiva dentro da lide ajuizada pela parte adversa. Deixando de alegar a prescrição, o assistente do relativamente incapaz e o representante da pessoa jurídica sujeitam-se à responsabilização civil por meio das vias ordinárias, em ação autônoma, ficando obrigados a reparar os danos advindos da omissão. O fundamento do dever de repor o estado das coisas reside nas regras gerais da responsabilidade civil, que obriga todo causador de danos a outrem, tendo agido com culpa, a indenizar por inteiro os prejuízos apurados. Esse efeito, repita-se, sempre depende da existência de dolo ou de culpa, eis que o dever de indenizar não surge do só fato da falta de argüição oportuna (a ser promovida em qualquer grau de jurisdição e fase processual); causas exógenas muitas vezes impedem a argüição, como no caso da insuficiência de elementos para constatação objetiva da consumação do instituto, e isso não pode ser atribuído incontinenti a comportamento do assistente ou do representante. Ainda que a invocação da fluência do lapso prescricional aconteça nos graus superiores, não serão nesse caso responsabilizados de forma alguma o assistente e o representante da pessoa jurídica, pois a sua obrigação consiste basicamente em invocar o instituto. Assim, é oportuna a invocação sempre que feita quando ainda possa, em tese, ser útil à defesa do indivíduo assistido ou da pessoa jurídica representada.

Também quando o assistente ou o representante der causa à prescrição responderá civilmente pelos prejuízos causados. Isto porque se de um lado a falta de argüição oportuna da prescrição como matéria defensiva leva à responsabilização civil quando provada a ocorrência de danos oriundos dessa inércia, de outro é inequívoca a potencialidade lesiva do ato de ensejar, por culpa, o transcurso do lapso temporal necessário à verificação da prescrição em determinado caso concreto. É que o fenecimento da pretensão impede o titular de exercê-la contra a parte adversa, do que podem decorrer prejuízos consideráveis, os quais serão suportados pelo assistente ou representante que deixou de adotar oportunamente as medidas necessárias à conservação da pretensão fulminada, especialmente por meio do ajuizamento da ação que a guarnecia. Como nem sempre a fluência por inteiro do prazo prescricional não é circunstância automaticamente imputável ao assistente do incapaz relativo ou ao representante da pessoa jurídica, a responsabilização civil destes somente terá lugar se cabalmente demonstrado que deram causa à consumação do instituto por inércia no exercício da pretensão, quando a isso estavam obrigados.

O assistente do incapaz relativo ilide a responsabilidade se comprovar que não deu causa à verificação da prescrição, pois, como é sabido, intervém em conjunto com o assistido, dado que este já tem vontade jurídica própria — mas não plena — e deve ser acompanhado para que esta prevaleça. Assim, como a atuação do assistente depende em certo grau da vontade do assistido, pode este mesmo acabar causando a prescrição por de conduta que dificulte o exercício da pretensão em tempo hábil, situação que libera de qualquer responsabilidade o assistente. Somente a culpa deste é elemento apto a compeli-lo a reparar os prejuízos advindos da falta de exercício da pretensão quando ainda oportuno.

Quanto ao inciso II, há total interesse do ordenamento jurídico no sentido de que todas as pessoas deslocadas do território nacional a serviço, para cuidarem de assuntos de interesse da União, dos Estados e dos Municípios possam estar isentas de pressões psicológicas capazes de afetar o cumprimento das missões para as quais foram designadas. Destarte, impede-se ou suspende-se o curso da prescrição, contra as pessoas elencadas no dispositivo, a partir do momento em que ocorrer a saída do território pátrio nas condições acima expostas, voltando a fluir a contagem quando do retorno ao país. Por *serviço público*, para fins de aplicação do mandamento legal, deve-se entender toda e qualquer atividade prestada em regime especial, em relação à qual o Poder Público tenha a titularidade e seja capaz de impor unilateralmente as condições de instituição e de prestação. Desimporta que o indivíduo seja efetivo ou não no serviço público, bastando que esteja no desempenho de funções a ele inerentes. A regra vale sem restrição para as pessoas naturais que trabalham para os entes estatais da administração direta ou indireta, ressalvadas as empresas públicas e as sociedades de economia mista que desempenham atividade econômica, pois atuam em regime e condições de direito privado. A exegese do dispositivo é ampliativa, haja vista envolver intenso interesse público.

As mesmas razões que motivaram o legislador a prever o impedimento ou a suspensão do curso prescricional no pertinente ao segundo inciso levaram-no a estabelecer igual caminho em relação às pessoas que servirem nas Forças Armadas em tempo de guerra, ou seja, a supremacia do interesse público e a necessidade de oferecer alguma garantia aos que se ausentam para defender o país, fazendo com que possam, no retorno, encontrar a mesma situação jurídica deixada quando da partida.

O art. 199 amplia o elenco: *"Não corre igualmente a prescrição: I – pendendo condição suspensiva; II – não estando vencido o prazo; III – pendendo ação de evicção"*. As três hipóteses de sobrestamento do curso da prescrição têm por base a não verificação de evento capaz de patentear a exigibilidade do direito subjetivo em mira, de modo que, estando na dependência de certo acontecimento ou solução, permanece em estado meramente potencial, sendo, portanto, necessário aguardar a sua implementação para que se dê início ao transcurso do lapso prescricional. Em suma, enquanto não nasce a pretensão em toda a sua plenitude, ou enquanto estiver sendo alvo de questionamentos capazes de transformá-la objetiva ou subjetivamente, não há razão jurídica para que corra a prescrição, até porque esta deve corresponder a um tempo útil ao exercício da ação que guarnece a pretensão do titular.

Se não verificada a condição suspensiva de que depende a eficácia do negócio jurídico, o direito a que ele visa não terá sido adquirido e a pretensão não terá ainda surgido para ensejar a execução do dever jurídico afeto à parte adversa. Portanto, a prescrição não transcorre contra a parte que aguarda a implementação da condição suspensiva. Tão logo isso ocorra, começará a contagem do prazo prescricional, pois superada a causa que o bloqueava. Exemplo: Paulo tem um crédito em relação a João, mas a sua exigibilidade depende da verificação de condição suspensiva, pois restou pactuado que a dívida somente seria exigível quando colhida a safra de soja produzida pela lavoura do devedor. Portanto, a prescrição da pretensão oriunda do crédito acima referido somente correrá a partir do momento em que o credor puder efetivamente demandar do devedor o pagamento avençado, ou seja, desde o dia em que ultimada a colheita da safra de soja. Isto porque até então o credor mantinha a pretensão em estado de aguardo, de latência, posto estar condicionado a acontecimento futuro.

A inocorrência de vencimento do prazo equipara-se à pendência de condição suspensiva, nesse particular aspecto do impedimento ou suspensão do transcurso do tempo prescricional, pois em ambos verifica-se a falta de exigibilidade imediata do conteúdo da pretensão emergente de determinado direito, nascido do negócio jurídico firmado entre as partes. Logo, a prescrição corre apenas depois de vencido o prazo demarcado, instante em que se torna exigível o cumprimento do dever pelo credor. Exemplo: Carlos emite nota promissória em favor de Francisco, com vencimento trinta dias depois. Evidente que a exigibilidade do crédito estará atrelada ao vencimento do título, e que, portanto, o curso do prazo de prescrição terá por *dies a quo* o mesmo marco.

Por último, a pendência de ação de evicção revela incerteza quanto ao destino final do objeto sobre o qual se debatem as partes. Assim, deve-se aguardar o trânsito em julgado da decisão tomada na lide para que tenha reinício o curso do prazo prescricional. Enquanto não solucionada a questão, fica sobrestada a contagem como medida de resguardo aos interesses dos envolvidos e de terceiros.

Outra causa de bloqueio do fluxo prescricional está no art. 200: "*Quando a ação se originar de fato que deva ser apurado no juízo criminal, não correrá a prescrição antes da respectiva sentença definitiva*". Entre os juízos cível e criminal existem pontos em comum quando se tratar de ações propostas no juízo cível tendo por base fatos a serem apurados no âmbito penal. Tanto isso é verdade que a decisão proferida neste último faz coisa julgada também na esfera civil quando apontar a autoria e a materialidade do fato, bem como nos casos em que for reconhecida a atuação do agente em estado de necessidade, legítima defesa, em estrito cumprimento de dever legal ou no exercício regular de direito (art. 65 do Código de Processo Penal). Não menos real é a circunstância de que o juízo cível poderá suspender o curso da ação quando a decisão a ser proferida depender da apuração de fatos no juízo criminal, conforme preceitua o parágrafo único do art. 64 do caderno adjetivo penal, *verbis*: "*Intentada a ação penal, o juiz da ação civil poderá suspender o curso desta, até o julgamento definitivo daquela*".

Diante do acima exposto, constata-se que a previsão normativa entra em perfeita sintonia com as demais regras disciplinadoras da matéria, pois determina a paralisação do curso da prescrição quando a ação que pode ser utilizada pelo titular para o exercício da pretensão depender de fato a ser apurado no juízo criminal. É bem verdade que a propositura da ação cível pode ser feita embora ainda não haja persecução penal contra a parte adversa, ou mesmo que esteja em trâmite a lide na seara criminal. Todavia, não é correto impedir que o lesado aguarde as providências do juízo criminal antes de ajuizar a ação cível, até porque muitas vezes a precipitação pode levar ao ajuizamento de demandas temerárias ou para as quais faltam elementos básicos. Destarte, obstaculizado o fluxo do prazo prescricional fica o interessado à vontade para tomar as medidas que entender necessárias ao resguardo de seus direitos, podendo inclusive optar pela espera do trânsito em julgado da sentença criminal para somente depois disso interpor a lide civil.

A suspensão da prescrição se dá desde o dia em que tiver início a ação penal, por meio do recebimento da denúncia ou medida afim, até que transite em julgado a correspondente sentença. A existência de investigação ou inquérito policial, assim como o oferecimento de denúncia que não vem a ser recebida pelo juízo não têm força para evitar a fluência do prazo de prescrição, motivo pelo qual é de todo prudente ajuizar a ação cível quando aproximar-se o *dies ad quem* da consumação da prescrição sem que tenha tido início a persecução criminal.

O conteúdo do art. 200 incide, obviamente, sobre a faculdade abstrata de ajuizar a ação cível, obstando o curso prescricional até que sobrevenha sentença penal definitiva.

Todavia, se a ação cível for interposta antes de decidida a ação penal, evidente que a norma legal não terá qualquer influência sobre a situação jurídica já estabelecida, mesmo porque então não se haverá de falar em suspensão da prescrição, pois o despacho do juiz que ordenar a citação cível interrompe o seu transcurso (art. 202, I, do Código Civil).

Cabe salientar, por relevante, que a superveniência de sentença penal absolutória nem sempre impede a propositura da ação civil, consoante consta dos arts. 66 e 67 do Código de Processo Penal. O primeiro deles estatui: "*Não obstante a sentença absolutória no juízo criminal, a ação civil poderá ser proposta quando não tiver sido, categoricamente, reconhecida a inexistência material do fato*". Já o segundo dispõe: "*Não impedirão igualmente a propositura da ação civil: I – o despacho de arquivamento do inquérito ou das peças de informação; II – a decisão que julgar extinta a punibilidade; III – a sentença absolutória que decidir que o fato imputado não constitui crime*".

A respeito das conseqüências da suspensão da prescrição quando houver solidariedade, o art. 201 dispõe: "*Suspensa a prescrição em favor de um dos credores solidários, só aproveitam os outros se a obrigação for indivisível*". A invocação da prescrição é atributo pessoal do interessado, não se comunicando a outras pessoas que eventualmente estejam inseridas no mesmo contexto. Excepciona-se essa regra, entrementes, quando a situação jurídica não viabiliza a preservação da pretensão por força da indivisibilidade da obrigação que recai sobre devedores solidários, pois nesse caso o destino de uns estará indissociavelmente atrelado ao dos outros. Sendo divisível a obrigação, a suspensão da prescrição em favor de um dos devedores, ainda que solidários, somente a ele aproveita, continuando a correr normalmente contra os demais. Exemplo: Pedro falece deixando aos herdeiros um crédito, representado por confissão de dívida vencida. Carlos, menor absolutamente incapaz, é um dos herdeiros. Como se sabe, antes da partilha o crédito é indivisível. Assim, a prescrição da pretensão derivada daquele crédito ficará suspensa em relação a todos os herdeiros, pois a situação pessoal do incapaz excepcionalmente comunica-se aos demais. O mesmo não aconteceria se, por exemplo, várias pessoas tivessem um crédito divisível e de origem não sucessória, pois então a presença de um absolutamente incapaz entre os credores somente suspenderia a prescrição em relação a ele, continuando a correr contra os demais.

26.6. Causas que interrompem a prescrição

Ao contrário da suspensão e do impedimento, que geralmente incidem sobre as situações concretas por força direta da lei, o desencadeamento da interrupção da contagem do prazo depende, no mais das vezes, de efetiva atuação da parte interessada. Noutras palavras, para suspender ou impedir o curso do cômputo basta o enquadramento da situação fática em alguns dos mandamentos legais (*v. g.*, como não corre contra os absolutamente incapazes, é suficiente estar nessa condição), enquanto que para interromper é necessária a adoção de providência ativa pela parte legitimada (*v. g.*, protestar o título de crédito).

No art. 202 encontram-se as hipóteses de interrupção: "*A interrupção da prescrição, que somente poderá ocorrer uma vez, dar-se-á: I – por despacho do juiz, mesmo incompetente, que ordenar a citação, se o interessado a promover no prazo e na forma da lei processual; II – por protesto, nas condições do inciso antecedente; III – por protesto cambial; IV – pela apresentação do título de crédito em juízo de inventário ou em concurso de credores; V – por qualquer ato judicial que constitua em mora o devedor; VI – por qualquer ato inequívoco, ainda que extrajudicial, que importe reconhecimento do direito pelo devedor. Parágrafo único – A prescrição interrompida recomeça a correr da data do ato que a interrompeu, ou do último ato do processo para a interromper".* Interrompe-se a prescrição quando ocorrer fato, previsto em lei, capaz de tornar inútil o prazo de contagem já transcorrido até o momento da sua verificação, fazendo com que a partir de então se reinicie outra vez do marco zero. A diferença básica em relação à suspensão consiste, portanto, em que nesta a contagem é apenas retomada desde quando cessada a causa suspensiva, enquanto na interrupção todo o tempo escoado se torna imprestável.

O fundamento pelo qual o legislador inutiliza o tempo já decorrido no rumo da prescrição reside na circunstância de que esta tem sua razão de ser na inércia do indivíduo quanto à prerrogativa de fazer valer a pretensão de que é titular. Destarte, se demonstra vivo interesse em conservá-la intacta, por meio de uma das formas preconizadas, considera-se que continua a merecer o resguardo da lei e poderá exercer a faculdade durante a fluência de novo período igual àquele que havia originalmente recebido do ordenamento.

No intuito de evitar que se projete indefinidamente a prerrogativa do exercício da pretensão, determina a norma legal que somente por uma vez seja possível interromper a prescrição. Esse comando evita que o titular provoque a interrupção a cada vez que se aproximar a consumação do curso prescricional, mantendo intacta *ad infinitum* a faculdade jurídica e conservando em permanente estado de espera a parte adversa. Assim, qualquer que tenha sido a causa ensejadora da primeira interrupção, desconsiderar-se-á a incidência das posteriores, de modo que, depois de ter reiniciado do marco zero, o prazo prescricional não mais será interrompido. Todavia, nada obsta que seja suspenso se verificada alguma das razões para tanto, eis que a suspensão somente refreia momentaneamente o avanço da contagem do tempo.

A maneira ordinariamente utilizada pelo titular da pretensão para fazê-la observar é também a mais proveitosa como fonte de interrupção do prazo prescricional: o ajuizamento da ação. Todavia, não é exatamente esse o momento em que se verifica tal efeito, pois a interrupção acontece na data do despacho do juiz que ordenar a citação da parte contrária, contanto que a citação tenha obedecido aos ditames prescritos pela legislação adjetiva. Isto porque não será interrompido o curso prescricional quando o requerimento de citação deixar de atender à disciplina contida na lei, dado que seria ilógico buscar em um ato viciado tão severo efeito como é o de interromper a prescrição. De outra banda, caso o interessado promova a citação dentro dos parâmetros legais, desimporta para fins de interrupção da prescrição que o juiz ordenador do despacho seja de qualquer forma incompetente, pois todas as medidas necessárias ao perfeito ajuizamento da ação foram tomadas pelo interessado, e o fato de juiz incompetente determinar a citação é facilmente contornado pela posterior remessa dos autos à autoridade competente, que dará normal seguimento à demanda. Contudo, a citação feita com vício de forma ou quando já perempta a instância não produz efeito interruptivo da prescrição. Por outro lado, ainda que haja posterior anulação do processo, pelo mesmo ou em superior juízo, será mantida a interrupção derivada do despacho de citação se esta tiver sido validamente promovida. O art. 219 do Código de Processo Civil vaza norma no mesmo sentido exposto acima, afirmando, ademais, que a interrupção da prescrição retroagirá à data da propositura da ação (§ 1º).

O protesto de que trata o inciso II é o judicial, disciplinado pelo art. 867 do Código de Processo Civil, pelo qual "*todo aquele que desejar prevenir responsabilidade, prover a conservação e ressalva de seus direitos ou manifestar qualquer intenção de modo formal, poderá fazer por escrito o seu protesto, em petição dirigida ao juiz, e requerer que do mesmo se intime a quem de direito*". Funciona como forma de cientificação judicial daquele contra quem no futuro poderá vir a ser ajuizada a demanda, de modo que pelo protesto fica patenteada pelo autor a intenção de fazer observar a pretensão de que é titular. O protesto interruptivo da prescrição será somente aquele que estiver enquadrado dentro de todas as previsões normativas e isento de vícios que o tornem totalmente írrito, nos moldes do exigido pelo inciso anterior no pertinente à citação.

O protesto cambial, sob a égide da codificação anterior, apenas constituía o devedor em mora; todavia, por força de expressa disposição passou a funcionar como causa de interrupção da prescrição, fazendo com que a contagem do prazo volte ao marco zero a partir do momento em que efetivado o protesto no cartório competente e mediante adoção das providências estipuladas na legislação específica. Assim, ele tem como efeitos básicos a constituição do devedor em mora (provocando a incidência dos encargos legais sobre o débito) e a interrupção da prescrição.

A apresentação, no juízo de inventário, de quaisquer dos títulos de crédito definidos em lei, tem como conseqüência a interrupção da contagem prescricional. Trata-se de providência equiparável à citação, pois cientifica formalmente os participantes do inventário acerca da existência de pretensão pendente em favor do apresentante e revela firme intenção do credor no sentido do recebimento do conteúdo do título. Como providência de igual conotação, a habilitação do crédito feita regularmente em inventário também interrompe a prescrição com base no dispositivo em análise. O mesmo se dá com o despacho do juiz que remete as partes às vias ordinárias depois de impugnação do espólio contra pedido de habilitação feito por credor de título. O inciso IV incluiu ainda entre as causas interruptivas da prescrição a apresentação de título de crédito em concurso de credores, efeito que se verifica também, por analogia, pela habilitação em processo de falência ou de liquidação extrajudicial de bancos e instituições afins.

Por outro lado, toda conduta ativa do credor, capaz de constituir em mora o devedor dentro de processo judicial, produz a interrupção da prescrição, por configurar atitude positiva de irresignação contra a não satisfação do crédito. Embora não estejam especificadas as modalidades de atos judiciais hábeis à geração da interrupção da contagem prescricional, percebe-se que entre elas estão as medidas cautelares preparatórias ou incidentais, as notificações, as interpelações etc. Cabe frisar que providências extrajudiciais como as notificações e as interpelações não influem no curso da prescrição, porque não contempladas no inciso em estudo.

Finalmente, toda manifestação do devedor direcionada ao reconhecimento direto ou indireto do débito, embora extrajudicial, acarreta a interrupção da prescrição, eis que reaviva a força da relação jurídica e reacende a expectativa de cumprimento da obrigação. São exemplos de atos inequívocos do devedor, aptos a gerar a interrupção da prescrição: confissão de dívida, pagamento parcial do débito, pagamento de juros, pedido de parcelamento etc. Não há necessidade de atendimento de qualquer formalidade por parte do devedor para que sua manifestação tenha o condão de cortar o curso prescricional. Basta que o conteúdo da mesma seja inequívoco, até porque não se presume a existência do ato ou do seu teor. A manifestação que opera a interrupção pode ser efetivada por meio de correspondência, notificação, depósito bancário com identificação de origem e finalidade, escrito público ou particular e assim por diante.

Quanto à legitimidade para a iniciativa, a prescrição pode ser interrompida por qualquer interessado (art. 203). Essa previsão, de largo espectro, abrange: o próprio titular da pretensão em via de prescrição ou seu representante legal; o credor do titular da pretensão, ou seu fiador; o cônjuge do titular da pretensão ameaçada; o terceiro com legítimo interesse moral ou econômico etc. É relevante obtemperar, porém, que a interrupção da prescrição por um credor não aproveita aos outros; semelhantemente, a interrupção operada contra o co-devedor, ou seu herdeiro, não prejudica aos demais co-obrigados (art. 204). A palavra *herdeiro* significa, aqui, qualquer pessoa que esteja investida de titularidade para o recebimento de bem, quota ou fração do acervo deixado pelo *de cujus*, seja por força da vocação hereditária legal, seja por instituição de herdeiro ou legatário em testamento, desimportando se a título universal ou singular. As exceções ao conteúdo do *caput* estão elencadas nos parágrafos que o complementam.

A interrupção por um dos credores solidários aproveita aos outros; assim como a interrupção efetuada contra o devedor solidário envolve os demais e seus herdeiros (§ 1º). A interrupção operada contra um dos herdeiros do devedor solidário não prejudica os outros herdeiros ou devedores, senão quando se trate de obrigações e direitos indivisíveis (§ 2º). A interrupção produzida contra o principal devedor prejudica o fiador (§ 3º). Como pacto acessório, a fiança segue o destino da obrigação à qual está atrelada. Tal conseqüência independe da circunstância de o fiador ter ou não renunciado o benefício de ordem estabelecido em seu proveito pelo legislador.

26.7. Prazos de prescrição

O legislador de 2002 optou pela redução dos prazos prescricionais em geral, fixando em 10 (dez) anos o que serve de base, ou seja, aquele prazo aplicável às hipóteses de silêncio da lei quanto à determinação de lapso temporal específico para a verificação da prescrição. Realmente, a prescrição ocorre em dez anos, quando a lei não lhe haja fixado prazo menor (art. 205). Não mais existe, portanto, diferença entre os prazos-base para a prescrição das ações reais (que ocorria em 20 anos) e das ações pessoais (verificada em 10 anos entre presentes ou em 15 anos entre ausentes), previstos na codificação de 1916. Hoje vigora o prazo uniforme de prescrição de 10 (dez) anos em relação a toda e qualquer pretensão, seja de que natureza for, salvo previsão expressa em contrário.

O art. 206 traz prazos específicos para situações que expressamente enuncia, tendo em vista as peculiares circunstâncias que as envolvem. No § 1º, inciso I, afirma que prescreve em um ano a pretensão dos hospedeiros ou fornecedores de víveres destinados a consumo no próprio estabelecimento, para o pagamento da hospedagem ou dos alimentos. Hospedeiros são os que recebem pessoas para estadia em estabelecimento comercial, independentemente do tempo de duração da permanência, como ocorre com hotéis, casas de hospedagem, pensões e similares. Fornecedores de víveres são os que, mediante contraprestação pecuniária, preparam produtos alimentícios em geral destinados ao consumo no próprio local, como é o caso de restaurantes, lancherias etc. Tanto os hospedeiros como os fornecedores têm o prazo de um ano, contado da prestação do serviço ou do fornecimento do produto, para exercerem a pretensão relativa à cobrança do que lhes é devido.

Igual lapso temporal recai sobre a pretensão do segurado contra o segurador, ou a deste contra aquele (inciso II), contado o prazo:

a) para o segurado, no caso de seguro de responsabilidade civil, da data em que é citado para responder à ação de indenização proposta pelo terceiro prejudicado, ou da data que a este indeniza, com a anuência do segurador;

b) quanto aos demais seguros, da ciência do fato gerador da pretensão. Merece destaque o fato de que a denunciação da lide ao segurador configura exercício da pretensão, motivo pelo qual interrompe o fluxo prescricional. Entrementes, ainda que não promova a medida, o segurado poderá litigar contra o segurador dentro dos limites e na forma estabelecidos no dispositivo em estudo.

O inciso III diz prescrever em um ano a pretensão dos tabeliães, auxiliares da justiça, serventuários judiciais, árbitros e peritos, pela percepção de emolumentos, custas e honorários. A contagem do prazo tem início na data em que passarem a ser devidos os emolumentos, custas e honorários das pessoas indicadas. Via de regra o marco inicial flui do dia em que são praticados os atos inerentes às atribuições de cada uma delas. Igual prazo vigora para a pretensão contra os peritos, pela avaliação dos bens que entraram para a formação do capital de sociedade anônima, contado da publicação da ata da assembléia que aprovar o laudo (inciso IV). E também para a pretensão dos credores não pagos contra os sócios ou acionistas e os liquidantes, contado o prazo da publicação da ata de encerramento da liquidação da sociedade (inciso V).

Nos termos do § 2º, prescreve em dois anos a pretensão para haver prestações alimentares, a partir da data em que se vencerem. A pretensão ao recebimento de alimentos é imprescritível, pois, enquanto for vivo, o alimentando tem a prerrogativa de buscar junto ao obrigado o amparo necessário à sua subsistência, cumpridos os pressupostos legais. Todavia, uma vez fixado em juízo o montante devido, a pretensão relacionada ao recebimento das prestações vencidas sofre os efeitos do decurso do tempo, quando associada à inércia do titular. O legislador reduziu de cinco para dois anos o prazo de prescrição da pretensão para haver prestações alimentares, tendo em vista que o decurso do tempo vai retirando o caráter alimentar do débito e reduzindo o interesse prático do ordenamento em fazê-lo cumprir. Presume-se que se o credor optou pela inércia foi porque não necessitava das prestações vencidas para prover à própria subsistência, e por isso não tem mantida a pretensão para além de dois anos, tempo mais do que razoável para a demonstração de efetivo interesse em cobrar do devedor. Importa ressaltar que o vencimento de cada parcela abre prazo particular para o exercício da pretensão dela emanada, de modo que o acúmulo de parcelas vencidas e não cobradas somente faz prescrever a pretensão relacionada às concretamente prescritas, mantendo intactas as demais até que sobre elas também incida a consumação do lapso prescricional.

Várias são as hipóteses de prescrição em três anos (§ 3º). A começar pela pretensão relativa a aluguéis de prédios urbanos ou rústicos (inciso I). Cada aluguel vencido é considerado como prerrogativa autônoma, de modo que apenas os valores atingidos pelo curso do prazo de três anos é que são considerados prescritos. O contrato de locação é dos que ocasionam vencimento espaçado das prestações, sendo por isso de trato sucessivo e execução diferida, de tal forma que os aluguéis não são considerados necessariamente no conjunto, mas individualmente, ensejando o exercício autônomo de cada pretensão surgida com o vencimento e, portanto, a incidência da prescrição sobre cada uma em particular. O lapso prescricional diz respeito a todas as locações prediais, sejam urbanas ou rústicas, residenciais ou comerciais.

No mesmo prazo prescreve a pretensão para receber prestações vencidas de rendas temporárias ou vitalícias (inciso II), assim como a pretensão para haver juros, dividendos ou quaisquer prestações acessórias, pagáveis, em períodos não maiores de um ano, com capitalização ou sem ela (inciso III). Todavia, não se sujeitam ao prazo prescricional em análise os chamados juros legais, mas somente os convencionados entre as partes ou de natureza outra que não a imposição da lei. Assim, os juros computados sobre verbas depositadas em juízo ou devidas por força de ilicitude civil não sofrem os efeitos da prescrição trienal. Idêntico é o período em que prescreve a pretensão de ressarcimento de enriquecimento sem causa (inciso IV). Sujeita-se a esse prazo, por exemplo, o tema relativo à repetição de valores indevidamente pagos a outrem, se não estiver indicado prazo diverso específico.

Prescreve ainda em três anos a pretensão de reparação civil (inciso V), desde que não submetida a prazo especial. A hipótese abarca, indistintamente, prerrogativas referentes a danos materiais, a danos morais ou a danos de natureza mista. A chamada reparação civil envolve pretensões que buscam a reposição do estado anterior ao acontecimento conducente à alteração de certa situação jurídica preexistente. Portanto, todas as situações concernentes a indenizações por ilicitudes civis ou por influência de outros ramos do Direito na esfera cível estarão sujeitas à prescrição trienal. A sentença penal condenatória com trânsito em julgado, por firmar a obrigação de o agente indenizar eventuais danos causados à vítima, dá nascedouro à pretensão que se submete ao prazo trienal de prescrição, cujo fluxo tem início exatamente quando passa em julgado a decisão criminal.

Submetem-se, também, ao prazo de três anos: a pretensão de restituição dos lucros ou dividendos recebidos de má-fé, correndo o prazo da data em que foi deliberada a distribuição (inciso VI); a pretensão contra as pessoas em seguida indicadas por violação da lei ou do estatuto, contado o prazo: a) para os fundadores, da publicação dos atos constitutivos da sociedade anônima; b) para os administradores, ou fiscais, da apresentação, aos sócios, do balanço referente ao exercício em que a violação tenha sido praticada, ou da reunião ou assembléia geral que dela deva tomar conhecimento; c) para os liquidantes, da primeira assembléia semestral posterior à violação (inciso VII); a pretensão para haver o pagamento de título de crédito, a contar do vencimento, ressalvadas as disposições de lei especial (inciso VIII); a pretensão do beneficiário contra o segurador, e a do terceiro prejudicado, no caso de seguro de responsabilidade civil obrigatório (inciso IX).

Conforme consta do § 4º, é de quatro anos o lapso prescricional para a pretensão relativa à tutela, a contar da data da aprovação das contas. Como é sabido, o tutor assiste pessoa relativamente incapaz em todos os atos da vida civil, sendo encarregado, conseqüentemente, de gerir o patrimônio do tutelado. Dessa gama de atividades, e da má administração eventualmente promovida, podem resultar prejuízos ou incorreções cuja responsabilidade será imputável ao tutor, que arcará com os respectivos ônus. Por força de lei, o tutor está obrigado a prestar contas periodicamente de sua atuação no desempenho dos encargos que lhe foram cometidos, fluindo da data em que houver a aprovação das aludidas contas o prazo prescricional de quatro anos para que o tutelado, ou quem legitimado a tanto, postule junto ao representante o ressarcimento porventura devido em função de acontecimentos relacionados à tutela.

O § 5º traz situações de prescrição qüinqüenal. Assim, é de cinco anos o prazo em que prescreve a pretensão de cobrança de dívidas líquidas constantes de instrumento público ou particular (inciso I). As partes envolvidas em determinado negócio jurídico podem fazer consignar em instrumento público ou particular a existência de dívida líquida de uma para com a outra. Essa providência não exige forma especial, bastando que os termos em que elaborada deixem entrever a pendência e suas principais características, como valor (que caracteriza a liquidez), vencimento (cuja falta pode ser suprida por interpelação capaz de constituir em mora do devedor) etc. A exigibilidade é circunstância decorrente do advento da data aposta no documento ou da regular constituição em mora do sujeito passivo.

Caso o instrumento preencha determinados requisitos previstos no Código de Processo Civil, adquirirá a qualidade de título executivo extrajudicial, podendo ser submetido não ao processo de conhecimento tendente à cobrança da dívida, mas diretamente ao processo de execução. Para tanto, deverá adequar-se ao teor do art. 585, II, do Código de Processo Civil, que dispõe: "*São títulos executivos extrajudiciais: (...) II – a escritura pública ou outro documento público assinado pelo devedor; o documento particular assinado pelo devedor e duas testemunhas; (...)*". Deve-se atentar para o fato de que a prerrogativa de promover a execução do instrumento público ou particular guindado à condição de título executivo extrajudicial submete-se ao mesmo prazo prescricional definido para o exercício da faculdade de cobrança do escrito não-executivo, ou seja, cinco anos.

É de cinco anos a prescrição para a pretensão dos profissionais liberais em geral, procuradores judiciais, curadores e professores pelos seus honorários, contado o prazo da conclusão dos serviços, da cessação dos respectivos contratos ou mandato (inciso II). Profissionais liberais são aqueles que trabalham por sua própria conta e risco, sem submissão a contrato de trabalho ou a vínculo empregatício de qualquer natureza, como pode ser o caso de advogados (o art. 25 da Lei n. 8.906, de 4.7.94 também define em cinco anos a prescrição concernente à cobrança de honorários advocatícios), médicos, dentistas, engenheiros, contabilistas etc. Não recebem salários, mas honorários profissionais, os quais podem ser reclamados junto aos clientes ou devedores dentro do prazo de cinco anos, contados do marco gerador da pendência.

Também prescreve em cinco anos a pretensão do vencedor para haver do vencido o que despendeu em juízo. Quando há litígio judicial e uma das partes resta vencida, sobre ela recaem encargos processuais previstos em lei, entre os quais o pagamento de despesas do processo e honorários advocatícios do patrono da parte adversa. Quanto às despesas judiciais, poderá aquele que as suportou, vencendo o embate, reclamar junto ao oponente o ressarcimento das mesmas, no prazo acima referido, contado da data em que transitar em julgado a decisão que definir a lide.

Afigura-se essencial chamar a atenção para o ditame ínsito no art. 196 do Código Civil: "*A prescrição iniciada contra uma pessoa continua a correr contra o seu sucessor*". A morte do sujeito em relação ao qual fluía a prescrição não fulmina a pretensão de que era titular. A contagem do prazo continua a transcorrer contra os sucessores do obituado, sejam aqueles a título universal (herdeiros, em especial), como os inseridos na categoria de sucessores a título singular (cessionários, legatários etc.). O falecimento, portanto, não ocasiona a interrupção nem a suspensão do prazo prescricional, mas leva simplesmente a uma alteração subjetiva no pólo anteriormente ocupado pelo *de cujus*, com a inserção dos seus sucessores na posição até então por ele mantida. Portanto, se alguém é titular de determinado crédito vencido e dispõe de três anos para reclamá-lo em juízo, o fato de falecer depois de transcorrido um ano não extingue a dívida, e tampouco impede os sucessores de exercerem a pretensão, o que poderá ser feito dentro dos dois anos subseqüentes, tempo que faltava para completar o lapso. As qualidades e defeitos das pretensões são mantidas intactas mesmo com a superveniência do óbito do titular, transferindo-se aos sucessores nas mesmas condições existentes antes do passamento.

Importa salientar que também a prescrição que aproveitaria ao *de cujus* continua seu curso após o seu falecimento. Destarte, se faltavam dois anos para prescrever a pretensão do credor de nota promissória, o fluxo temporal continuará sem alteração alguma após o óbito do emitente, a não ser no que diz respeito ao direcionamento subjetivo do mesmo, pois então a legitimidade para alegação do instituto, uma vez consumada a prescrição, será dos sucessores tão logo acionados para cumprimento do dever assumido pelo *de cujus*.

26.8. Prazos de prescrição das exceções e da execução

Além da abordagem dos prazos prescricionais referentes às pretensões comuns, é necessário atentar para o fato de que as exceções postas à disposição das partes também sofrem a interferência do fluxo do tempo. Na verdade, as exceções funcionam como mecanismo de resguardo de interesses tanto quanto as demais pretensões originalmente deduzidas em lides, embora configuradas processualmente de maneira diversa. Atento a isso, o legislador editou, no art. 190, a seguinte norma: "*A exceção prescreve no mesmo prazo em que a pretensão*".

Exceção é a faculdade ou poder de opor uma determinada defesa para elidir a pretensão declinada em juízo pela parte adversa. Durante muito tempo tratou-se a exceção como se fosse um instituto imprescritível, pelo que poderia ser argüido a todo tempo visando ao combate do teor do pleito esposado pelo adversário. A expressa disposição legal veio trazer solução definitiva para a matéria, sendo hoje pacífico que não apenas a pretensão, como também a exceção que lhe seria oponível prescrevem pelo fluir do lapso estabelecido para a primeira. Assim, caso certa faculdade de iniciativa seja fulminada em termos prescricionais pelo decurso de dois anos, em igual período fenecerá a exceção.

A coincidência de prazos prescricionais entre a pretensão e a exceção tem singelo fundamento: enquanto persistir intacta a *actio* (a faculdade abstrata de fazer valer em juízo o direito subjetivo violado), também continuará inabalada a *exceptio* (defesa cabível contra a pretensão). Não seria correto nem justo destituir o indivíduo da prerrogativa de invocar a exceção antes de retirar da outra parte a faculdade de exercer a pretensão, mesmo porque para opor a defesa o interessado depende de iniciativa do adversário no sentido da concreta apresentação de postulado em juízo. Em assim sendo, havendo indissociável relação de dependência entre a faculdade representada pela *exceptio* e o conteúdo a ser invocado por meio da *actio*, e sendo a exceção uma técnica de defesa que somente se torna viável depois de deduzida a pretensão, nada mais lógico do que dotar ambas as partes de igual lapso temporal para atacar e defender.

Apresentada a pretensão no limite temporal máximo admitido, ou seja, no limiar do advento do prazo prescricional, a faculdade de invocar a exceção persiste até quando esgotado o prazo de defesa concedido à parte adversa, pois entendimento contrário permitiria a utilização do tempo como fator obstativo de invocação das exceções, em evidente premiação à malícia e à astúcia. Entrementes, caso de algum modo pretenda o interessado argüir o conteúdo de certa exceção não como matéria defensiva, mas como fonte geradora de ação fundada em direito subjetivo de que seja titular, o prazo prescricional computa-se do mesmo modo e nas mesmas condições atinentes ao fluxo prescricional da pretensão que, se fosse deduzida, geraria a prerrogativa de apresentar a defesa.

Quanto ao tempo de que dispõe o credor de obrigação para aparelhar a demanda executiva, a Súmula n. 150, do Supremo Tribunal Federal, estatui que *"prescreve a execução no mesmo prazo de prescrição da ação"*. Valem aqui as mesmas considerações feitas em torno da contagem do período e das causas que impedem, suspendem e interrompem o fluxo, no que couberem à espécie. Ressalte-se que o executivo fiscal versa sobre direito de natureza patrimonial, de maneira que o julgador não pode afirmar *ex officio* a ocorrência de prescrição, mas somente por invocação da parte a quem aproveita, nos moldes do art. 219, § 5º, do Código de Processo Civil. Conta-se a prescrição da ação executiva a partir do trânsito em julgado da sentença proferida no processo de conhecimento.

26.9. Regras específicas da decadência

Diversamente do que acontece com a prescrição, não se conformam à decadência as normas que impedem, suspendem ou interrompem a prescrição, salvo disposição legal em contrário (art. 207). Ordinariamente uma vez iniciados os prazos decadenciais não sofrem refreio na marcha empreendida rumo à consumação do lapso temporal estabelecido pelo ordenamento jurídico. Isso não acontece com a prescrição, que, como visto anteriormente, pode ser impedida, suspensa ou interrompida quando preenchidos certos requisitos. Já se afirmou neste trabalho, mas convém reiterar, que a decadência, também denominada caducidade, consiste no perecimento do direito pelo seu não-exercício durante o prazo determinado em lei. O titular decai do direito em razão da inércia, eis que condição inarredável para o seu exercício é a adoção das medidas cabíveis dentro do tempo predeterminado, sob pena de rompimento da própria relação jurídica. Há duas formas básicas de decadência: a) convencional – estabelecida pela vontade das partes, faz com que certo direito subjetivo pereça em decorrência do não-exercício ao longo de período temporal predeterminado em comum acordo; b) legal – imposta pelo ordenamento e insuscetível de alteração pela vontade dos interessados.

Também diversamente do que acontece em relação à prescrição, em que os prazos são gerais e abarcam todas as situações concretas que se enquadrarem na previsão abstrata, a decadência opera-se quanto a acontecimentos certos e definidos em lei, sem espaço para que sejam inseridos outros eventos que não os expressamente previstos. Tanto isso é verdade que os prazos prescricionais são arrolados em conjuntos de considerável amplitude (art. 206 do Código Civil), ou então o ordenamento estabelece prazos gerais e uniformes para disciplinar as demais situações (art. 205 do Código Civil); já as normas relativas à decadência (arts. 207 a 211 do Código Civil) não estatuem prazos gerais e nem arrolam conjuntos de situações enquadráveis em prazos certos, limitando-se a regrar genericamente o instituto e deixando a critério do legislador, ao longo da codificação, o estabelecimento de prazos decadenciais incidentes sobre eventos particularmente discriminados.

Aplica-se à decadência o disposto nos arts. 195 e 198, inciso I, por força da previsão contida no art. 208. Assim, no tocante aos relativamente incapazes nenhum obstáculo há para o transcurso da decadência; mas, constatado que a sua invocação deixou de ser efetivada no momento oportuno por culpa do assistente, ou sendo verificado que este deu causa à consumação, poderá o prejudicado demandar contra o assistente em busca da reparação de todos os danos com origem na indevida conduta. Igual direito terão as pessoas jurídicas, que poderão reclamar dos representantes legais a composição dos prejuízos experimentados em função das aludidas condutas. Quanto aos absolutamente incapazes, contra eles não corre o prazo decadencial, de modo que somente depois de superada a incapacidade começará a fluir o lapso fixado.

Outro aspecto a merecer destaque consiste em que é nula a renúncia à decadência fixada em lei (art. 209). Sendo de interesse público o respeito aos prazos decadenciais, tendo em vista que ocasionam o perecimento dos direitos subjetivos geradores de pretensões, é de nenhum efeito qualquer ato de renúncia porventura praticado. Todavia, isto se dá apenas no concernente aos prazos legais de decadência, pois quanto aos prazos convencionais é perfeitamente possível a renúncia por quem a tanto estiver legitimado. A determinação normativa demonstra, assim, a grande importância atribuída pelo ordenamento à decadência e a rigidez do instituto em sua modalidade legal, eis que de um lado não é impedida, suspensa ou interrompida (salvo expressa previsão normativa), e de outro é irrenunciável. O mesmo não ocorre com a prescrição, que, conforme visto noutra etapa, admite renúncia desde quando consumada.

Segundo o art. 210, deve o juiz, de ofício, conhecer da decadência, quando estabelecida por lei. Todavia, no concernente à espécie convencional nenhuma ingerência deve o juízo ter, senão quando expressamente provocado pela parte interessada. O reconhecimento da decadência legal pelo juiz pode ter lugar em qualquer fase processual, independentemente do grau em que esteja tramitando, dado tratar-se de matéria regida por princípios de ordem eminentemente pública. Quanto à perspectiva de alegação pela parte a quem aproveita, o legislador estabelece ser lídimo fazê-lo em qualquer grau de jurisdição (art. 211). Não há exigência de forma especial para a argüição, bastando que se a faça por meio de petitório regularmente levado aos autos.

BIBLIOGRAFIA

ASCENSÃO, José de Oliveira. O Direito — Introdução e Teoria Geral. Uma perspectiva luso-brasileira. 10. ed. Coimbra: Almedina, 1997.

BASTOS, Celso Ribeiro. Curso de Direito Constitucional. 20. ed. São Paulo: Saraiva, 1999.

BEVILACQUA, Clóvis. Teoria Geral do Direito Civil. Edição histórica atualizada por Caio Mário da Silva Pereira. Rio de Janeiro: Editora Rio, 1980.

BITTAR, Carlos Alberto. Os Direitos da Personalidae. 5. ed. Rio de Janeiro: Forense Universitária, 2001.

CÂMARA LEAL, Antônio Luiz. Da Prescrição e Decadência. Rio de Janeiro: Forense, 1978.

CARVALHO SANTOS. Código Civil Brasileiro Interpretado, vol. II. Rio de Janeiro: Freitas Bastos, 1964.

COELHO, Fábio Ulhoa. Curso de Direito Civil, vol. I. São Paulo: Saraiva, 2003.

DINIZ, Maria Helena. Curso de Direito Civil Brasileiro. 22. ed., vol. I. São Paulo: Saraiva, 2007.

FIUZA, Ricardo. Novo Código Civil Comentado, vários autores. São Paulo, Saraiva, 2002.

GAGLIANO, Pablo Stoze. Novo Curso de Direito Civil, em conjunto com Rodolfo Pamplona Filho. vol. I. São Paulo: Saraiva, 2006.

GOMES, Orlando. Introdução ao Direito Civil. 3. ed. Rio de Janeiro: Forense, 1971.

GONÇALVES, Carlos Roberto. Direito Civil Brasileiro. São Paulo: Saraiva, 2003.

LOTUFO, Renan. Código Civil Comentado, vol. I. São Paulo: Saraiva, 2003.

MATIELLO, Fabrício Zamprogna. Código Civil Comentado. 2. ed. São Paulo: LTr, 2005.

MEIRELLES, Hely Lopes. Direito Administrativo Brasileiro. 16. ed. São Paulo: RT, 1991.

MENDES, Gilmar. Curso de Direito Constitucional, vários autores. São Paulo: Saraiva, 2007.

MONTEIRO, Washington de Barros. Curso de Direito Civil, vol. I. 39. ed. São Paulo: Saraiva, 2003.

PEREIRA, Caio Mário da Silva. Instituições de Direito Civil, vol. I. 12. ed. Rio de Janeiro: Forense, 1990.

RODRIGUES, Sílvio. Direito Civil, vol. I. 32. ed. São Paulo: Saraiva, 2002.

SERPA LOPES. Curso de Direito Civil, vol. II. 4. ed. Rio de Janeiro: Freitas Bastos, 2000.

SILVA, José Afonso da. Curso de Direito Constitucional Positivo. 16. ed. São Paulo: Malheiros, 1999.

WALD, Arnoldo. Direito Civil — Introdução e Parte Geral. 9. ed. São Paulo: Saraiva, 2002.